KB068771

다시 읽고 싶은

한국행정학
좋은논문
선

박순애 편

김병섭 · 남궁근 · 문명재
박통희 · 오석홍 · 오연천
윤성식 · 이명석 · 이승종
이종수 · 임도빈 · 최병선
최종원 · 홍준형

박영사

머리말

　본서는 우리나라 행정학 발전에의 기여가 뚜렷한 논문을 선별하여 소개하고, 이에 대한 해제를 함께 제시하여 행정학의 발전사와 현 시대에 주는 함의를 성찰할 수 있는 장을 마련하고자 기획되었습니다. 특히 저서와 달리 논문은 일반인들이 접근하기 어려워 잘 읽히지 않는 안타까운 현실에 행정학 논문 컬렉션 형태의 책을 통해 우수한 논문들을 널리 읽히고 또한 행정학에 대한 젊은 학도들의 학문적 관심을 고양하는 데 본서의 목적이 있습니다. "정부가 하는 모든 일이 곧 행정"(If government does it, it is 'public administration')이라고 할 만큼, 행정학이 아우르는 분야는 실로 방대합니다. 첫 권에서는 정부의 역할에 대한 논의, 정부 관료제 및 관리에 관한 논의, 그리고 지방 자치와 관련한 논의를 큰 줄기로 삼아 행정에 관한 이야기를 풀어가려고 합니다. 특히 한국 행정학의 좋은 논문 모음집이라는 본 저서의 취지에 충실하고자 가급적 우리나라 행정학 발전사와 논의를 맞추려고 노력하였습니다.

　우리나라 행정학은 1956년 한국행정연구회가 창립된 이래(1961년 한국행정학회로 개편) 미국 행정학 개론서 번역본들이 출간되었으며, 이후 관료제를 주제로 한 책들과 인사 관리, 조직 관리, 정부 예산과 관련한 교과서들이 소개되었습니다. 더불어 1962년 서울대학교 행정대학원에서 출간한 행정논총과 1967년 한국행정학보가 발간되면서 국내에도 행정학 논문들이 본격적으로 발표되었습니다. 이 외에도 정부의 역할에 대한 비평과 제언을 담은 수많은 연구들이 수행되어 왔습니다.

　　한국 행정학의 발전사를 구분하는 기준은 다양하지만 본서에서는 '발전행정(1963~1987년), 민주화(1988~1997년), 신공공관리(1998년 이후)'를 우리 정부의 역할 변화와 행정학 논의의 흐름을 설명하는 핵심 주제어로 삼아, 시대별로 구분하여 논문을 추천받았습니다. 1960년대까지는 행정학 연구논문이나 저서가 드물었기 때문에 본서에서는 우선 1960년대 이후, 그 중에서도 특히 우리나라 행정학에 대한 본격적인 고찰이 이루어진 1980년대 이후의 연구물들을 중심으로 현재에도 시사점을 줄 수 있는 좋은 논문들을 선별하고자 노력하였습니다.

　　우선, 제1장과 제2장은 발전행정기에 제시된 논문들입니다. 특히 제1장 "발전행정과 행정체제"는 강한 정부의 특성을 갖는 국가 또는 발전도상국들의 행정체제가 맡아야 할 역할과 개혁과제에 대해 조명하고 있어 우리나라의 행정을 이해하는 것 뿐만 아니라 한국의 발전 경험을 배우고자 하는 개발도상국들에게 많은 시사점을 제시해주고 있습니다. 제2장 "지방재정자립도 산정방식의 한계와 지방재정력 측정지표의 활용 방안"은 지방자치제도가 주민들의 선호에 부합하는 방향으로 운영되기 위해 필요한 요건으로 지방재정의 자율적 기반조성과 더불어 지방재정 운용의 건전성 및 자주성 확보에 주목하고 있습니다. 이 논문은 지방자치제도가 시행된 지 20여 년이 지난 현재에도 여전히 논쟁적인 주제인 지방재정자립도 산정방식의 한계와 문제점에 대한 유용한 지식과 시각을 제시해주고 있습니다. 제3장 "정책유형의 도시 공공 서비스 배분에 대한 효과"는 우리나라의 현실에 비추어 서구의 공공서비스 배분 모형의 적실성을 평가하고, 지방자치 실시 이후 지방정부의 공공서비스 배분에 대한 본격적인 연구가 필요하다는 점을 강조하고 있습니다. 공공서비스의 배분에 관한 기존의 논의들이 주로 효율성 관점에서 이루어지고 있었던 것에 반하여, 이 논문은 정치적 관점에서 논의를 이끌어가면서도 정부/지방정부의 대응성, 그리고 공공서비스 배분의 효과성 분석에 대한 가이드라인을 제시하고 있다는 점에서 현실행정에의 함의가 높은 논문으로 볼 수 있습니다.

　　제4장부터 제7장까지는 기존 발전행정·권위주의 정권에서 민주정권으로 변모해가는 시기에 발표된 논문들로 구성되어 있습니다. 제4장

"정책혁신으로서 행정정보공개조례 채택"은 어떠한 요인이 정부로 하여금 혁신적 정책의 채택에 영향을 미치는지, 또한 정책의 확산에 영향을 미치는 요인이 무엇인가를 밝히려는 시도로, 행정개혁과 정책의 확산에 대해 깊이 있는 논의를 펼치고 있습니다. 제5장 '감사인의 독립성과 적정 감사인의 규모'는 정책의 기획과 집행에 있어 막강한 권한이 있는 정부의 정책과 예산, 그리고 관료의 부정부패를 감독하는 감사조직에 대해 조명한 논문입니다. 구체적으로는 민주적인 정부를 구성하고 이러한 체제의 공고화를 위해 감사를 강화해야 한다는 사회적 요구에 어떻게 대응을 해야 할 것인가에 대해 감사인의 전략적 역할과 감사의 횟수 즉 적정 감사인의 규모에 주목하고 있습니다. 제6장 "정부관료제의 가외적 직무구조와 분할지배에 의한 정책관리"는 기존 인사행정 분야의 연구들이 대체로 제도 자체에 초점을 두는 데 반해, 본 논문은 정보의 비대칭성과 목표의 차이로 인한 대리인문제에 주목하고 있습니다. 즉, 정책을 결정하는 관료들 역시 상급자-하급자 간 업무에 있어 위임-대리인 관계에 있다는 것입니다. 제7장 "국가배상과 공무원 개인책임"은 민주화 이후 시민들의 권리 의식이 크게 신장되고, 법치주의가 공고히 자리를 잡아 가는 환경 속에서 이루어지는 법의 집행과 책임에 대한 문제를 논하고 있습니다. 다양한 해외 사례와 관련 학설들을 고찰하여 향후에 더욱 첨예해질 국가 손해배상 책임에 대해 중요한 함의를 제시해주고 있습니다.

제8장부터 제10장까지는 외환위기를 극복하며 수립된 김대중 정부 시기에 발표된 논문들입니다. 제8장 "불확실성하에서의 정부의 규제정책결정의 한계"는 현실의 의사결정 및 정책 대안의 선택에 있어 합리적 선택이론의 한계를 제시하고, 불확실한 정책 환경 속에서 이루어지는 의사결정 전략의 문제점과 이에 따른 사회적 비용에 대해 논의하고 있습니다. 특히 경쟁제한적 규제정책결정 및 일반 대중을 보호하기 위한 보호적 규제정책결정과 같이 일상생활에서 흔히 발견할 수 있는 정부의 규제 사례에 초점을 두어 문제점과 그 원인을 이론적 시각에 비추어 설명하고 있습니다. 제9장 "정부주도의 경제사회 운영과 행정윤리"는 기존에 논의되어 왔던 정부의 범위와 역할에 대한 인식을 환기시켜준 논문입니다. 과거 발전행정 시기 정부주도의 급속한

경제성장을 이룩한 우리나라에서 정부는 '가부장적 국가'라고 칭해질 만큼 기능과 권한 측면에서 매우 강력하며, 또한 경제 및 사회가 당면한 문제를 해결하는 주체로 여겨지는 측면이 큽니다. 이 논문은 이러한 관점들을 냉철하게 비판하면서 '강한 정부의 역설'과 '자생적 질서'에 대한 논의를 설득력 있게 풀어내고 있습니다. 제10장 "거버넌스의 개념화"는 거버넌스가 개혁의 논리로 중요하게 활용되고 있음에도 불구하고 여전히 개념 정의가 모호하다는 문제제기를 통해, 동시대에 논의된 거버넌스의 개념을 다양한 측면에서 설명하고 민주주의 방식의 사회적 조정(신거버넌스)에 중점을 둔 거버넌스 논의를 전개하고 있습니다.

제11장부터 제14장까지는 대형국책사업의 성과를 돌아보고, 신공공관리론의 시각에서 바라본 관료제 논의의 타당성을 고찰하고 있습니다. 제11장 "대형국책사업 집행실패의 영향요인 분석"은 200여 개 대형국책사업을 검토하여 초과 소요시간과 초과 소요비용을 사업집행실패로 조작적 정의를 내리고, 이러한 집행실패를 불러오는 다양한 요인들을 중심으로 집행실패와의 인과관계에 대해 검증하고 있습니다. 이러한 논의는 향후 추진될 국책사업의 성공을 위한 함의를 제공하는 한편 점차 대형화되고 있는 지방정부의 사회간접자본사업에 대해 많은 이론적, 실천적 함의를 제공할 수 있을 것입니다. 제12장 "관료제를 위한 변론"은 외환위기 이후 본격적인 정부 개혁 조치가 이루어지면서 공공연하게 언급되어 온 정부실패, 정부의 비효율성, 관료의 복지부동 등 한국 관료제에 대한 비판적인 인식이 과연 정당한가라는 문제를 제기하면서, 관료는 우수한 집단임에도 불구하고 충분히 평가받지 못하고 있다는 점을 설득력 있게 설명하고 있습니다. 제13장 "공공기관 임원의 정치적 임명에 관한 연구"는 소위 '낙하산 인사'를 막기 위한 법제도와 대통령이 공공기관의 정치적 임용에 어떠한 영향을 미치는가에 대해 실증자료를 토대로 논의를 전개하고 있습니다. 이를 통해 과연 적절한 정치적 임명의 범주는 어디까지 허용해야 하는지, 제도의 집행을 감시 감독하는 기관의 역할은 어떠해야 하는가에 대해 반추할 수 있는 기회를 제공합니다. 제14장 "공동체주의 이론의 부상과 자치공동체에 대한 함의"는 기존의 지방자치에

대한 연구가 '지방행정'의 관점에 천착되어 있었다는 점을 비판하면서 단체자치에 더하여 주민자치라는 측면에 주목해야 한다는 점을 강조하고 있습니다. 특히 국가와 개인 사이에 '공동체'가 존재하는 것으로 가정하고, 이러한 공동체가 국가주의의 폐해를 완화하는 동시에 개인주의의 한계를 보완할 수 있다는 관점에서 논의를 전개하고 있습니다. 성공적인 자치를 위한 개인의 참여를 제고하고 연대를 강화하여 지역공동체의 형성 방안에 대한 통찰력 있는 논의를 전개하고 있다는 점에서 다시 한 번 조명을 받을 만합니다.

이 책에 실린 논문들은 각기 다른 주제와 시각으로 집필되었지만, 공통적으로 정부의 성과제고 및 국정운영에 관한 철학을 심도있게 다루고 있습니다. 이 책에서는 우리나라의 발전과정을 행정학 발전사와 연계하여 걸출한 연구물들을 소개하고, 현대에 주는 의미를 해제 형식을 통해 제시하였습니다. 시대별로 주요 함의가 있는 글들을 가급적 다양하게 소개하고자 노력하였음에도 불구하고 정부 수립 초기에 발표된 1세대 행정학 논문의 소개가 미진한 점이 못내 아쉬움으로 남습니다. 또한 대부분의 주제들이 중앙정부의 운영 및 의사결정에 치우쳐 있어 보다 다양한 주제를 다루지 못한 점 또한 보완되어야 할 것입니다. 후속편에서는 본 책에서 다루지 못한 주옥같은 글들을 다시금 소개하려고 합니다.

이 책이 나오기까지 많은 관심과 성원을 보내주신 서울대학교 행정대학원 명예 교수님들과 현직 교수님들, 그리고 행정학계에서 활발하게 연구 활동을 지속하고 계신 여러 교수님들께 머리숙여 깊이 감사드립니다. 더불어 이 책의 기획과정에서 많은 도움을 주신 서울대학교 강호인 초빙교수님과 구민교 교수님, 이수영 교수님, 이광훈 박사님께도 감사의 말씀을 드립니다. 책의 발간 과정에서 물심양면으로 도와주신 박영사 조성호 이사님과 저자들과의 연락 및 수많은 잡무를 헌신적으로 지원해 준 서울대학교 행정대학원 공공성과관리센터의 손지은 연구원, 윤지경 연구원, 은승환 연구원께도 감사의 인사를 전합니다.

2015년 3월 관악산 자락에서
공공성과관리연구센터 소장 박순애

목차

발전행정과 행정체제

다시 읽고 싶은
한국행정학 좋은 논문 14선

발전행정과 행정체제

오석홍(서울대학교 행정대학원 명예교수)

[필자의 일러두기] 이 글은 『행정논총』 제26권 제1호(서울대학교 행정대학원, 1988. 6)에 발표한 것이다. 필자는 발전행정학파의 득세시대와 개발연대의 끝자락에서 이 글을 썼다. 독자들은 이 글의 집필시기를 유념하기 바란다. 오늘날 학계에서는 발전행정연구가 흘러간 일로 취급받고 있다. 학생들에게는 발전행정이라는 말조차 낯설 것이다. 그러나 행정학설사와 행정학의 학문적 특성을 설명하고 우리나라 행정의 변천과정을 설명하는 데 발전행정의 연구와 실천에 대한 이해는 불가결하다. 발전행정학파는 행정학설사에서 소홀히 할 수 없는 비중을 차지하고 있다. 이런 생각에서 발전행정학의 대강을 소개하는 개론적인 글을 이 책에 싣도록 제안하였다. 발전행정학의 전성기에 박사학위과정의 공부를 했던 필자가 학생들에게 옛날이야기를 들려주고 싶었다.

이 글에서는 발전행정학의 주요 관심사를 고찰하려 한다. 논의의 초점은 발전도상국의 행정체제가 맡아야 할 역할이 무엇인가에 대한 발전행정학의 처방에 모아지겠지만, 그에 앞서 발전행정연구의 발자취와 연구의 기본적인 관점 내지 근가정(根假定)을 먼저 설명하려 한다. 국가발전의 의미와 후진국 또는 발전도상국의 조건에 대한 발전행정학의 설명도 소개하려 한다. 행정체제의 역할 즉 발전행정책임을 고찰한 다음에는 행정체제의 실상과 개혁과제에 대해서도 언급하려 한다.

Ⅰ. 발전행정연구의 관점

발전행정학은 발전도상국의 국가발전을 위한 국가적·행정적 관리활동을 연구해 온 행정학의 한 분야이다.

발전이 전혀 없거나 계획적인 국가발전노력을 외면하는 현대국가는 상상할 수 없다. 그러나 발전도상국들에서는 발전문제가 보다 더 심각하고 '특이하게' 부각되어 왔다. 저개발국 또는 발전도상국이라 불리는 나라들에서 국가발전의 촉진은 국가의 지상과제로 되어 있다. 그리고 이런 나라들에서 국가발전추진은 선진국의 경우와는 다른 특수한 문제들을 내포하고 있다. 행정 자체의 특성이나 그것이 대응해야 하는 문제들은 선진국의 경우와 구별되는 여러 가지 요소를 지니고 있다.

발전도상국들의 특수한 조건에 관심을 갖게 된 연구인들이 발전행정연구를 개척 하기 시작하였다. 발전행정은 1960년대를 전후해 미국학계의 주도로 활발하게 연구 되었다. 이 시기에 발전행정학의 이론구조가 구축되었으며 그에 바탕을 둔 발전관리 모형과 전략들은 후진국에 많은 영향을 미쳤다. 그러나 머지않아 발전행정이론은 혹 심한 비판의 대상이 되기도 했다. 시간의 흐름에 따라 발전도상국의 상황도 달라지고 국가발전에 대한 연구인들의 관점도 달라졌다. 그러한 일련의 변화에 따라 발전행정 연구의 시야는 많이 넓어져 왔다. 이러한 까닭으로 오늘날(1980년대) 발전행정학의 정체성은 점점 엷어지고 현대행정학의 일반적인 연구조류에 흡수되어가는 경향을 보 이고 있다. 그러므로 현시점을 기준으로 해서는 발전행정학의 특질을 배타적으로 간 명하게 설명하기 어렵다는 애로가 있음을 이해하여야 한다.

1. 발전행정의 정의

발전도상국에서 국가발전을 위해 행정이 해야 하는 일을 발전행정이라 하며 그 것은 발전행정학의 연구대상이다. 발전행정학의 시각을 이야기하고 행정의 역할을 논 의하기에 앞서 발전행정의 정의를 먼저 해둘 필요가 있다. 여기서 정의하는 발전행정 의 개념은 물론 발전행정학의 관점을 반영하는 것이다.

발전행정이란 발전도상국에서 행정체제가 국가발전을 선도·관리하고, 그러한 일 을 하기 위해 행정체제 스스로의 발전도 추구하는 활동이라고 정의할 수 있다. 이러 한 정의에 내포된 발전행정의 개념적 속성은 크게 세 가지로 나누어 볼 수 있다. 세 가지의 속성이란 첫째 발전도상국의 일이라는 것, 둘째 발전관리에 관한 일이라는 것, 그리고 셋째 행정발전을 위한 노력을 포함한다는 것을 말한다.

　　어느 나라에서나 행정은 국가발전을 위해 노력하고 있으므로 발전을 위한 행정
과 행정의 발전이 발전도상국에만 국한된 현상이라고 할 수는 없다. 그러나 발전행정
학은 원칙적으로 발전도상국의 국가발전과 행정문제에 관심을 집중하였다. 행정학의
한 분야로서 발전행정학이 독자적인 위상을 설정할 수 있었던 이유 가운데 하나는 그
것이 발전도상국의 문제를 연구의 대상으로 삼는다는 점이었다. 발전행정학에서 정의
하는 발전행정의 개념에는 그것이 발전도상국의 현상이라는 의미가 함축되어 있다.

　　발전행정의 두 번째 특징은 그것이 발전관리에 직결되는 행정이라는 점이다. 발
전행정은 행정 또는 공공문제의 모든 국면을 포괄하는 개념이 아니다. 발전행정은 국
가발전을 촉진하는 행정이며 그 주된 관심은 현상의 유지가 아니라 변화와 쇄신에 있
다. 발전행정의 목표는 국가발전목표의 성취에 있다.

　　법과 질서의 유지 기타 전통적 정부기능은 발전행정의 전제이며 여건이지만 발
전행정의 테두리 안에는 포함시키지 않는 것이 발전행정학의 대체적인 입장이었다.
행정체제 내의 모든 관계와 교호작용을 발전행정의 개념에 포괄시킨다면 '행정'과 '발
전행정'의 개념적 차이가 없어질 뿐만 아니라 너무 광범해서 특정적인 논의가 어려워
진다. 따라서 발전행정학은 '발전'이라는 명제를 기준으로 하여 발전행정의 범위를 한
정해 왔다.[1)

　　발전행정의 세 번째 특징은 발전관리를 위한 행정능력의 향상을 포함한다는 것
이다. 발전도상국에 특유한 행정발전문제들은 발전행정개념의 울타리 안에 포함되는
것으로 본다.

　　엄격하게 개념 구분을 한다면 발전행정(development administration)과 그것을 위
한 행정개혁 또는 행정발전(administrative development)은 서로 다른 말이기 때문에
양자는 대등한 차원에서 따로 논의할 수도 있을 것이다. 실제로 발전행정을 정의하는
학자들 가운데는 행정발전을 제외하거나 그것을 간과하여 발전행정을 좁은 의미로
파악하는 사람들도 없지 않다.

　　그러나 발전행정연구문헌에 나타난 지배적인 경향은 행정발전을 발전행정 개념
에 포함시키는 것이다. 발전행정학은 정부가 발전목표를 달성하기 위해 추진하는 정
책과 사업의 시행방법 그리고 행정능력의 향상방안을 함께 연구 대상으로 삼아 왔다.

---

1) cf., William Siffin, "Development Administration as Strategic Perspective," U.N., *International Seminar on Major Administrative Reforms in Developing Countries*(1975. Vol. Ⅲ), pp. 152−160; George F. Gant, *Development Administration: Concepts, Goals, Methods*(University of Wisconsin Press, 1979), pp. 20−23.

부적절한 행정능력이 발전행정을 저해하는 결정적인 요인이라고 보았기 때문에 발전행정연구인들은 행정발전을 효과적인 발전행정의 필요조건이라 전제하고 이를 연구하였다. 발전행정학의 범위에 행정발전의 연구가 포함되기 때문에 개념적으로는 다소 어색하지만 발전행정학의 대상인 발전행정을 정의할 때에는 행정발전을 포함시켜 온 것으로 생각된다.

미국에서 1960년대에 활동한 비교행정 연구모임(CAG)[2]의 참여자들이 발전행정의 개념정립에 주도적인 역할을 하였다. 그 뒤의 연구인들도 CAG의 영향을 많이 받았다. 주요 논자들의 개념정의를 몇 가지 살펴보면 위에서 시도한 우리의 개념정의를 이해하는 데 도움이 될 것이다.

Faul Meadows는 "발전행정이란 의식적인 정책에 의하여 경제적 및 사회적 변동을 공적으로 관리하는 것"이라고 정의하였다.[3]

Merle Fainsod는 발전행정의 의미에 대해 다음과 같이 말하였다. "발전행정은 쇄신적 가치의 운반체(carrier)이다. 이 용어의 일반적인 용례에 따르면 발전행정은 근대화와 산업화의 길로 나선 발전도상국 정부들이 맡게 되는 일련의 새로운 기능들을 포괄하는 것이다. 발전행정에는 경제성장의 계획 그리고 국민소득의 향상을 위한 자원의 동원과 배분을 관장할 기구의 설립이 포함된다."[4]

Donald C. Stone은 "정치적으로 결정된 목표에 따라 계획·정책·사업·과제 등을 입안하고 실천하는 과정 및 임무에 주된 관심을 갖는 것이 발전행정"이라고 말하였다.[5]

John D. Montgomery는 "발전행정이란 국가활동의 경제영역(농업이나 공업 또는 이 양자를 지원하는 사회간접자본) 그리고 경제영역의 경우보다는 좁은 범위 내의 사회적 영역(특히 교육과 공중보건)에서의 계획적 변동을 시행하는 것"이라고 정의하였다. 그는 발전행정이 주로 경제발전을 위한 것이며 사회발전에 대한 발전행정의 관심은 별로 크지 않음을 시사하였다. 그리고 정치와 발전행정의 관계는 긴밀한 것이 사실이지만 정치적 역량의 향상을 위한 노력은 발전행정에 포함되지 않는다고

---

2) CAG는 미국행정학회 산하에 구성되었던 Comparative Administration Group의 약칭이다. 비교행정이라는 말을 넣은 명칭에도 불구하고 발전행정문제를 주로 연구하였다.
3) Paul Meadow, "Motivation for Change and Development Administration," in Irving Swerdlow, ed., *Development Administration: Concepts and Problems*(Syracuse University Press, 1963), p. 86.
4) Merle Fainsod, "The Structure of Development Administration," in Swerdlow, *ibid.,* p. 2.
5) Donald C. Stone, *Tasks, Precedents, and Approaches to Education for Development Administration,* mimeo. (University of Pittsburgh, 1965), p. 5.

말하였다.[6]

Fred Riggs에 의하면 "발전행정이란 물적·인적 및 문화적 환경을 개조하려고 입안한 사업을 실천하기 위한 정부의 노력뿐만 아니라 그러한 사업을 수행하는 정부의 능력을 키우기 위한 노력까지를 지칭하는 것"이라고 한다. Riggs는 발전행정학의 주된 관심이 발전목표달성을 위한 정책과 계획의 실천방법 그리고 행정능력의 향상방법에 있다고 보았기 때문에 그러한 두 가지 국면을 포괄하는 발전행정의 개념정의를 한 것이다.[7]

UN의 한 보고서는 발전행정의 의미를 다음과 같이 설명하였다. "행정이라는 말 대신 발전행정이라는 말을 쓰는 까닭은 행정체제를 국가발전이라는 총체적 노력의 한 구성부분으로 만들고 그것을 개선하는 데 관심의 초점이 있음을 강조하기 위한 것이다. 발전행정은 발전의 행정(국가발전의 한 도구로서의 행정)과 행정의 발전(발전을 위한 행정능력향상의 방안)을 포괄하는 개념이다. 즉 발전행정은 행정의 발전과 발전의 행정(관리)이라는 두 가지 국면을 가진 말이다. 여기서 행정의 발전이란 (국가)발전을 위한 행정능력의 향상을 의미한다. 그리고 행정능력이란 조직을 통해 달성하려고 기도한 결과를 성취하는 능력을 말한다."[8]

George Gant는 발전행정의 의미를 다음과 같이 설명하였다. "발전행정은 발전목표의 성취를 위해 정부가 만드는 기구·관리체제 및 과정(절차)의 복합체를 지칭하는 용어로 쓰여 왔다. … 발전행정은 발전목표에 기여하기 위한 정책·사업 그리고 과제의 관리이다."[9]

Ralph C. Chandler와 Jack Plano는 발전행정을 "발전도상국에서 국가목표를 규명하고 정돈하며 실천하기 위한 수단적 도구"라고 정의하였다.[10]

---

6) John D. Montgomery, "A Royal Invitation: Variations on Three Classic Themes," in Montgomery and William Siffin, eds., *Approaches to Development: Politics, Administration and Change* (McGraw-Hill, 1966), p. 259.

7) Fred W. Riggs, "The Context of Development Administration," in Riggs, ed., *Frontiers of Development Administration* (Duke University Press, 1971), pp. 73-75.

8) UN, Department of Economic and Social Affairs, *Development Administration: Current Approaches and Trends in Public Administration for National Development* (New York, 1975), p. 3 and 32.

9) Gant, *op. cit.*, p. 20.

10) Ralph C. Chandler and Jack C. Plano, *The Public Administration Dictionary*(John Wiley and Sons, 1982), p. 13.

2. 연혁·근가정·비판

1) 연혁

발전행정학은 미국 행정학계의 주도로 1950년대부터 점차 형성되기 시작하였으며 1960년대에 가장 큰 세력을 떨쳤다. 1960년대는 행정학설사(行政學說史)의 흐름에서 발전연구의 연대라고 할 수 있을 만큼 발전행정의 연구와 그에 대한 투자가 활발히 이루어졌다. 1970년대부터는 발전행정에 대한 행정학의 관심이 현저히 위축되어 왔다.[11]

발전행정학은 비교행정학의 한 영역 또는 분파로 출발한 것이며 지금도 그렇게 이해되고 있다. 문화권을 달리하는 나라들의 행정을 비교연구하는 사람들이 선진국과 후진국의 행정을 비교하기 시작하고, 후진국 또는 발전도상국의 국가발전과 행정발전의 연구에 깊이 빠져들면서 발전행정학이 형성되었다.

선진국의 학자들이 후진국의 행정과 사회체제를 연구하면서 왜 연구하는지를 자문(自問)하게 되었고 그 해답은 후진국의 발전에 이바지한다는 데서 찾았다. 발전처방을 제공하기 위해서 후진국의 문제를 연구한다고 했기 때문에 '발전'이라는 말이 이 분야 연구활동의 접두어로 쓰이게 되었다. 그리하여 발전도상국의 국가발전과 행정발전에 관한 비교연구 그리고 발전처방활동을 발전행정학이라 부르게 된 것이다.[12] 발전행정에 관한 연구활동이 비교행정학의 주축을 이루었던 1960년대에는 비교행정학과 발전행정학의 영역이 거의 겹치는 듯한 양상을 보이기도 하였다. 이 무렵 양자를 한데 묶어 비교 및 발전행정학(comparative and development administration)이라 부르는 모호한 용어관행도 생겨났다.

발전행정학의 출발시기를 어디에서 찾아야 할 것인가에 대해 이론(異論)이 없는 것은 아니다. Woodrow Wilson이 1887년에 보편적 법칙을 발견하기 위해 서로 다른 유형의 정체(政體)들을 연구할 필요가 있다고 말한 때까지 거슬러 올라가 발전행정학의 뿌리를 찾으려는 사람도 있다. 그러나 발전행정학의 모태가 된 비교행정학이 자리

---

11) 발전행정학의 유래에 관해서는 다음 문헌 참조: Nicholas L. Henry, Public *Administration and Public Affairs,* 3rd ed. (Prentice—Hall, 1986), pp. 30—32; Ferrel Heady, *Public Administration : A Comparative Perspective,* 2nd ed. (Marcel Dekker, 1979), pp. 1—48; Jerome B. Mckinney and Lawrence C. Howard, *Public Administration: Balancing Power and Accountability* (Moore Pub. Co., 1979), pp. 394—395; Chandler and Plano, *ibid.,* pp. 12—13; Paul Meadows, *op. cit.,* p. 109; Dwight Waldo, *Comparative Public Administration: Prologue, Problems and Promise*(Papers on CPA Special Series, No. 2, CAG, ASPA, 1964).

12) Gant는 'development administration'이라는 개념이 1955년 또는 1956년쯤에 만들어진 듯하다고 말한다. Gant, *op. cit.,* p. 19.

를 잡기 시작한 것은 1940년대부터이다.

1950년대에 접어들면서 미국정치학회, 미국행정학회 등이 비교행정 그리고 발전
행정의 연구활동에 활기를 불어넣기 시작하였다. 미국은 2차 세계대전 후 냉전상황의
세계에서 후진국들을 위한 기술원조에 열을 올리고 있을 때였으므로 발전행정연구에
대한 좋은 투자여건이 조성되고 있었다. 1960년에 구성된 비교행정 연구모임(CAG)이
1962년부터 포드재단(Ford Foundation)의 많은 재정지원을 받기 시작한 것은 발전행
정학의 세력확장에 중요한 전기(轉機)가 되었다. CAG에 대한 포드재단의 지원은
1971년에 종결되었으며 CAG는 1973년에 해체되었다. CAG의 해체는 발전행정학의
쇠퇴를 상징하는 것이었다. 1970년대부터 발전행정학의 접근방법은 호된 비판의 대
상이 되었으며 그 뒤 발전행정연구의 열기는 1960년대만큼 되살아나지 못했다.

1950년대와 1960년대에 주조(主調)를 이루었던 발전행정학의 접근방법은 전통적
인 경제이론과 행정학의 결합으로 형성된 것처럼 보인다. 발전 즉 국가발전의 목표상
태를 경제적인 관점에서 규정하고, 발전목표를 추구하는 데 필요한 조직으로는 행정
학의 전통이론에 입각한 합리적 관료제를 처방하였기 때문이다.

경제성장을 국가발전목표의 기본으로 보았기 때문에 다수의 연구인들이 국가발
전의 지표로 국민총생산 또는 국민소득을 제시하였다. 사회적·정치적 문제들은 고작
해야 경제성장에 연관된 조건이라는 정도의 수준에서 검토되었다. 후진국의 상황적
조건이 특이함을 강조하고 생태적 접근을 주장한 사람들이 많았음에도 불구하고 행
정발전에 관해서는 '서구적 편견'(구미식 편견: 歐美式 偏見: Western bias)에 따라 합리
적 관료제를 처방하였다. 전문적이고 중립적인 관료, 합리적인 행정구조와 기술 등이
행정발전처방에서 중요시되었다.

정통적인 발전행정에 대한 반성의 움직임이 일면서부터 경제성장 이외에 부의
균형분배와 사회발전의 중요성도 진지한 관심을 끌게 되었다.

2) 근가정

정통적(orthodox) 발전행정학은 몇 가지의 근가정(根假定: root assumption)에 입
각해 있다. 선진국과 발전도상국은 서로 다르며 발전도상국은 어떻게든 발전하도록
해야 한다는 생각으로 발전처방들을 연구한 발전행정학의 가장 핵심적인 근가정 또
는 전제는 다음과 같다.13)

---

13) 발전행정학이라 부르는 영역의 연구경향이 처음부터 오늘날에 이르기까지 통합된 정체성을
유지하고 있는 것으로 보기는 어렵다. 시대적으로 변천이 있어 왔으며 동시대적으로도 접근

첫째, 선량주의지향(選良主義志向: elitist orientation)의 근가정을 들 수 있다. 선량주의지향의 근가정은 '유도된 발전'(guided change)이라는 관념을 바탕에 깔고 있다. 발전행정학에서는 국가발전을 인위적으로 유도되는 변동이라고 파악한다. 국가발전이나 행정발전은 인위적으로 관리될 수 있고 또 관리되어야 한다고 믿는다. 이러한 관점은 발전적 변동의 추진자가 있다는 설명에 연결된다. 소극적·현상유지적이기보다는 능동적·변동지향적인 이념과 능력을 가진 변동추진집단이 변동을 인도해 가야 한다는 논리의 바탕은 선량주의적 사고인 것이다. 그것은 계명적인 생각과 능력을 가진 지도자들이 낙후된 인구를 발전으로 이끌어 가야 한다는 사고방식이다. 그러나 여기서 선량주의적 사고방식이란 변동을 선도·관리하는 행동주체가 있어야 한다는 처방에 더 역점을 둔 연구지향이라는 사실을 유념해야 한다. 선량이 최고선을 체현(體現)하는 문자 그대로의 '선량'이라거나 완벽한 현자(賢者)여야 한다는 주장이 있는 것은 아니다.

둘째, 국가주의지향(國家主義志向: statist orientation)의 근가정을 들 수 있다. 위에서 말한 발전관리의 선량은 국가와 행정체제에서 찾아야 한다는 근가정이다. 즉 국가 또는 행정이 국가발전을 이끄는 데 주도적인 역할을 해야 한다는 것이다.

국가발전에 대한 접근방법에 국가주의적 접근방법만 있는 것은 아니다. 종속이론, 종속적 발전이론, 선진문물의 삼투에 관한 이론 등 국가주의적 접근방법과 입장을 달리하는 이론들도 여러 가지이다.[14] 다양한 입장 가운데서 발전행정학에 가장 많은 영향을 미친 것은 국가주의적 입장이다.

발전행정학은 근대국가의 발전이 합리적 정부관료제의 발달과 함께 이루어졌다고 믿었으며 따라서 국가의 행정체제가 발전도상국의 발전에 결정적인 역할을 해야 한다고 주장하였다. 국가조직 가운데서 행정체제의 중요성을 특히 강조하였다. 대다

방법의 분화가 있었음을 알 수 있다. 그러나 1950년대와 1960년대에 걸쳐 구축된 발전행정학을 정통적 발전행정학으로 명명하고 그 대체적인 집합적 특성을 이야기해 보는 것은 가능하다고 생각한다.

14) 종속이론(dependency theory)은 후진국이 선진국의 영향 때문에 후진의 악순환을 겪게 된다는 이론이다. 종속적 발전이론(dependent development theories)은 다국적기업 등 선진국들의 영향과 국가 및 토착자본가들의 노력이 함께 어우러져 국가발전을 추진할 수 있다는 이론이다. 선진문물의 삼투에 관한 이론은 이른바 근대화이론(modernization theories)으로서 선·후진국의 긴밀한 교호작용을 통해 선진국의 문물이 후진국에 도입·확산되면 국가발전이 촉진된다는 이론이다. cf., Suk Joon Kim, *The Role of the State and Public Policy in the Development of the Newly Industrializing Countries: The Cases of the Neo-Mercantile Security States in South Korea and Taiwan*(Unpublished Ph.D. Dissertation, University of California, LA, 1987), pp. 11-28.

수의 발전행정연구인들은 통치지도자집단(governing elites)과 국가의 관료인 행정가들이 의식적으로 노력해 국가발전을 유도할 수 있다고 전제하였다. 그리하여 행정체제의 능력강화를 처방하게 되었다.

발전행정학의 국가주의적 편향에는 물론 약간의 단서가 붙어야 한다. 발전행정이론들은 국가주도의 발전추진방법과 내용에 관한 처방을 할 때에 흔히 선진국을 모형으로 삼았기 때문이다. 원칙적인 근가정은 국가주의지향이었지만 그에 기초한 실천적 처방의 내용은 외래적이었기 때문에 종속적인 요소의 개입이 있었다는 사실을 외면할 수 없다.

셋째, 성장주의지향(成長主義志向: growth orientation)의 근가정을 들 수 있다. 성장 즉 경제성장이 후진국의 어려움을 극복하는 핵심이며 첩경의 해결방안이라고 믿는 것이 정통적 발전행정학의 입장이었다. 쉽게 말하면 후진국을 가난과 배고픔에서 구제해 주는 것이 초미의 과제라고 생각하였다. 따라서 정통적 발전행정학은 사회체제의 통합보다는 성장을 위주로 하는 발전전략과 제도들을 연구하였고 국민소득과 같은 경제적 지표를 국가발전의 주된 척도로 삼았다. 발전행정은 '산업화의 행정'(administration of industrialization)인 것처럼 되어 있었다.

3) 비판

발전행정학의 발전에는 비판이 따랐다. 특히 1970년대에 접어들면서 발전행정연구의 정통이론은 강한 비판과 도전의 대상이 되었다. 접근방법의 편파성과 서구적 편견의 개입, 지나치게 광범하고 추상적인 이론정립, 현실괴리의 처방 등이 방법론적 내지 이론적 차원에서 공격받았다. 그리고 발전행정학의 처방모형이 발전도상국에서 초래한 그리고 초래할 수 있는 '반발전(反發展)'의 결과와 위험이 또한 비판의 대상으로 되었다.[15]

발전행정모형의 적용이 초래할 수 있는 부정적인 결과는 여러 가지로 지적되었으나 그 요점은 권력집중과 독재의 조장, 행정간여의 팽창과 관료의 탈선, 인간적 발전과 자유의 억압, 부의 집중으로 인한 부익부 빈익빈의 조장 등이라고 할 수 있다.

발전행정의 선량주의와 국가주의는 국가권력 특히 행정권력을 비대화시켰다. 집

---

15) cf,. "A Symposium on Comparative and Development Administration: Retrospect and Prospect" *Public Administration Review* (Vol. 36, No. 6, Nov./Dec. 1976), pp. 615−654; Everett E. Hagen, "Public Administration and the Private Sector in Economic Development," in Swerdlow, ed., *op. cit.*, p. 129ff; Howard E. McCurdy, *Public Administration: A Synthesis*(Cummings Publishing Co., 1977), p. 203.

중된 권력은 발전행정을 빙자하여 인권을 유린하는 일이 많았다. 발전행정의 논리는 독재적·군사적 정권을 발전의 유일한 또는 최선의 관리자로 규정하여 지지하는 데까지 연결되기도 하였다. 행정력의 강화에 치중하고 그에 대한 통제는 소홀히 다루었기 때문에 행정의 권력비대화 자체가 목표인 것처럼 왜곡되기도 하였으며, 행정이 소수 특권층의 이익을 옹호하고 국민을 억압하는 도구로 전락하기도 하였다. 행정가들은 스스로 현자요 영도자라고 생각하는 오만에 빠져 '개조대상'으로 간주된 국민들의 의견과 선호를 수렴하려 하지 않았다. 행정발전이나 발전행정은 점차 국가통제와 인간 조종의 증대를 의미하는 것으로 되어 갔다.

　권위주의적인 정권과 행정체제가 경제성장을 촉진하기도 했지만 농촌과 도시빈민 등 소외계층의 복지를 희생시키고 인간적 존엄성을 해쳤다. 소득배분의 심한 형평상실과 부의 편재는 사회적 갈등을 야기하였다. 경제영역에 대한 정부의 지나친 간여는 민간부문에서 활용해야 할 자원을 정부가 독점하여 부적절하게 사용하는 폐단을 빚었으며 민간부문의 창의적·자율적 성장을 저해하였다. 행정권의 경제간여가 깊은 가운데 경제성장이 촉진됨에 따라 정치적·행정적 병폐가 심각해졌다. 부패의 체제화가 조장되었다.

　정통이론에 대한 이와 같은 비판은 국가발전목표의 확대, 정치발전의 강조, 경제에 대한 국가간여의 한계설정, 국민의 참여 강조 등 수정적 논조를 발전행정학이 채택해 가도록 하는 데 기여해 왔다.

Ⅱ. 발전도상국

　발전행정학이 준거 또는 대상으로 삼은 국가(문화권)는 발전도상국이다.[16] 발전도상국이란 이른바 선진국에 비해 국가사회의 상태가 낙후되어 있으며, 빨리 선진국의 수준에 도달하려 노력하고, 급속한 변화를 겪고 있는 일단의 국가들을 지칭하는 개념이다. 발전도상국의 범주에는 많은 종류의 국가들이 포함되며 그들 사이에 나타나는 발전정도의 차이는 구구한 것이다. 발전행정연구인들이 구체적인 논구의 대상으

---

16) 발전도상국이라는 말 이외에도 신생국, 저개발국, 저소득국, 후진국, 제3세계국가, 신생공업국가(중진국) 등의 용어가 서로 비슷한 뜻으로 또는 약간씩의 상이한 의미로 쓰여 왔다. 이 글에서는 문맥에 따라 발전도상국과 후진국 등의 용어를 상호교환적으로 사용하려 한다. 영어사용국들에서는 underdeveloped countries, developing countries, less developed countries, low-income countries, new nations, emerging nations, transitional societies, third world nations, 'The South,' newly-industrializing societies 등의 용어가 쓰여 왔다.

로 삼는 나라들은 천차만별일 수 있지만 발전행정학의 표준적인 준거대상은 발전의 과도적인 과정에 놓여 있는 중위적 위치(中位的 位置)의 나라들과 약간씩 선진 또는 후진으로 치우친 나라들이다.

발전행정학의 문헌들 가운데는 발전도상국을 집합적으로 파악하여 그에 대한 일반이론을 전개하는 것들이 많으나 발전도상국의 문제를 보다 구체적으로 연구하려는 사람들은 발전도상국의 유형론에 관심을 갖는다.

1. 발전도상국의 유형

발전도상국을 범주화한 유형론에는 여러 가지가 있다. 가장 자주 거론되는 예로 경제발전단계에 따른 유형론, 정권유형에 따른 유형론, 그리고 정치발전단계에 따른 유형론을 들 수 있다.

1) 경제발전단계에 따른 유형론

경제발전의 수준에 따라 심한 빈곤에 시달리는 전통적 농업사회, 수입대체산업이 육성되고 있는 초기공업사회, 중화학공업이 육성되고 소비재뿐만 아니라 생산재와 중간생산재의 생산이 촉진되고 있는 신흥공업사회(중진국) 등을 구분할 때가 있다.

오직 경제적 생산 또는 경제성장에 급급한 나라와 경제성장 뿐만 아니라 부의 균형분배, 인적·물적 자원의 효율적 개발, 자연보호, 사회발전 등이 실천적인 발전목표로 될 수 있는 정도의 발전을 이룩하고 있는 나라를 구분하기도 한다.

복지수준, 생활수준 등의 지표를 써서 경제사회발전의 여러 단계에 걸쳐 있는 국가들을 분류하기도 한다.[17]

W. W. Rostow가 제시한 경제발전단계론과 그에 따른 사회분류는 가장 '유명한' 유형론이다.[18] 그는 경제발전의 5단계를 ⅰ) 전통사회의 단계(traditional society), ⅱ) 도약의 선행조건형성단계(preconditions for take-off), ⅲ) 도약단계(the take-off), ⅳ) 경제성숙추구단계(the drive to maturity), 그리고 ⅴ) 대량소비단계(the age of high mass consumption)로 나누고 각 단계에 대응하는 사회를 분류하였다.

전통사회는 전근대적 기술에 바탕을 둔 저생산구조(低生産構造)를 가진 사회이다. 선행조건형성기의 사회는 경제도약의 기초가 마련되는 전환과정의 사회이다. 도약단

---

17) 참조: 한상진, 사회발전과정에서의 국가의 역할(현대사회연구원, 1984), pp. 6−9.
18) W. W. Rostow, "The Stages of Economic Growth," *Economic History Review*(August, 1959), pp. 1−3.

계의 사회는 지속적인 경제성장의 획기적인 계기가 형성된 사회이다. 국민소득의 10% 이상에 해당하는 생산투자율, 고도성장율을 나타내는 제조업부문의 발달, 그리고 근대화과정을 이끌어갈 정치적·사회적·제도적 장치의 등장은 도약단계사회의 세 가지 조건이다. 경제성숙추구 및 대량소비사회는 산업구조의 고도화·경제규모의 확대가 진행 또는 성숙된 사회이다. 도약단계의 사회까지가 전형적인 발전도상국으로 이해된다. 경제성숙추구단계의 사회도 중진국으로 불리는 발전도상국의 한 범주로 보는 경우가 있다.

2) 정치발전단계와 정권유형에 따른 유형론

A. F. K. Organski는 경제발전의 진도에 대응하는 정치발전의 단계를 네 가지로 분류하고 각 단계별로 정치적·사회적 특성을 규정하였다. 네 가지 단계란 ⅰ) 원시적 통일의 정치(politics of primitive unification), ⅱ) 산업화의 정치(politics of industrialization), ⅲ) 국민복지의 정치(politics of national welfare), 그리고 ⅳ) 풍요의 정치(politics of abundance)를 말한다.[19] 네 번째 범주는 발전도상국 정치의 범주에서 제외해야 할 것이다.

첫째 범주의 경우 정부의 주된 기능은 통일국가의 형성이다. 두 번째 범주의 정치에서는 정부가 경제적 근대화를 지지하고 지원하는 기능을 한다. 세 번째 범주의 정치는 산업사회의 신고(辛苦: hardship)로부터 국민을 보호하고 국민복지를 향상시키는 역할을 한다. 네 번째 범주의 정치는 생산활동의 자동화(automation)와 경제적 풍요화에 따른 사회재편을 조정하고 자동화된 경제의 정치적 책임성을 확보하는 역할을 한다.

정권의 유형(regime type) 또는 정치체제의 특성을 기준으로 한 발전도상국 유형론은 많다. Milton Esman은 정권유형을 ⅰ) 보수적 과두체제(conservative oligarchies), ⅱ) 경쟁적 정당체제(competitive interest-oriented party systems), ⅲ) 단일정당체제(dominant mass party systems), ⅳ) 권위주의적 군사통치체제(authoritarian military reformers), ⅴ) 공산전체체제(Communist totalitarians) 등으로 분류하였다. 전통적인 가치와 지배방법에 따라 소수의 통치지도자들이 정치권력을 장악하고 있는 정치체제를 그는 보수적 과두체제라 규정하였다. 경쟁적 정당체제는 구미식(Western style)의 대의적 민주정체와 흡사한 외형을 갖춘 체제라고 한다. 위광적(charismatic) 지도자가 대중동원적 단일정당을 기반으로 하여 통치권력을 장악하고 있는 체제가 단일정당체제(일당체제)라고 한다. 권위주의적

---

19) A. F. K. Organski, *The Stage of Political Development*(Alfred A. Knopf, 1965).

군사통치체제는 개혁지향적 군관료가 통치권을 장악하고 있는 체제라고 한다. 공산전제체제는 공산주의이념에 입각한 공산당지배의 체제이다.[20]

　　Ferrel Heady도 여섯 가지의 정권유형을 분류하였다. 여섯 가지 유형이란 ⅰ) 전통적 독재체제(traditional autocratic systems), ⅱ) 관료지배체제(bureaucratic elite systems), ⅲ) 구미식 민주정체와 유사한 체제(polyarchal competitive systems), ⅳ) 준경쟁적 체제(dominant-party semicompetitive systems), ⅴ) 단일정당에 의한 동원체제(dominant-party mobilization systems), 그리고 ⅵ) 공산전제체제(Communist totalitarian systems)를 말한다.

　　Heady의 설명에 의하면 관료지배체제란 문민관료제 또는 군관료제의 지배계층이 통치권력을 장악하고 있는 체제라고 한다. 이 유형은 군관료와 문민관료의 세력비례 등의 기준에 따라 다시 세구분된다. 구미식 민주정체와 유사한 체제는 선거, 대의기관, 권력분립, 정치적 의사표시의 자유 등을 특색으로 하는 구미(歐美)의 정치제도와 유사한 제도적 장치를 가진 체제이다. 그러나 제도운영의 실제가 반드시 선진국의 기준에 부합되는 것은 아니다. 준경쟁적 체제하에서는 단일의 대정당이 정치권력을 사실상 독점하고 있지만 다른 정당의 존립이 허용되고 있는 체제이다. 단일정당에 의한 동원체제는 하나의 집권정당만이 합법적으로 인정되고 정치적 자유가 현저히 제한되어 있는 체제이다. 전통적 독재체제와 공산전제체제의 의미는 스스로 자명하리라 생각된다.[21]

2. 발전도상국의 일반적 조건

　　위에서 본 유형론들은 발전도상국들의 다양성을 전제한 것이다. 발전도상국을 정확하게 진단하려면 여러 가지 유형별로 또는 개별 국가별로 심층적인 분석을 해야 할

---

20) Milton J. Esman, "The Politics of Development Administration," in Montgomery and Siffin, eds., *op. cit.,* pp. 59-112.

21) Ferrel Heady, *op. cit.,* p.266ff. 이 밖에도 정권유형론은 많다. Alfred Diamant는 i) traditional autocratic, ii) limited polyarchy, iii) polyarchy, iv) movement regime 등 네 가지의 정권유형을 분류한 바 있고, Merle Fainsod는 i) ruler dominated bureaucracies, ii) military-dominated bureaucracies, iii) ruling bureaucracies, iv) representative bureaucracies, v) party-state bureaucracies 등 다섯 가지 유형을 분류한 바 있다. Fainsod의 분류는 정치권력과 정부관료제의 관계에 착안한 것이다. Diamant, "Bureaucracy in Developmental Movement Regimes," in Fred Riggs, ed. *op. cit.,* pp. 490-494; Fainsod, "Bureaucracy and Modernization: The Russian and Soviet Case," in Joseph LaPalombara, ed., *Bureaucracy and Political Development* (Princeton University Press, 1963), pp. 234-237.

것이다.

그러나 발전도상국이라는 집합적 범주에 대한 일반이론의 발전이 또한 필요하며 그것은 가능한 일이기도 하다. 발전도상국들은 각기 개별성 또는 고유성을 지니고 있을 뿐만 아니라 그들 사이에는 공통점도 많기 때문이다. 아래에서 발전도상국들의 공통적 특성 내지 문제들을 정리해 보겠는데 발전도상국들의 완전한 평균치를 준거로 하는 일이 될 수 없음을 미리 말해둔다. 발전도상의 중위적 상태 또는 가장 높은 빈도로 나타나는 상태가 준거로 될 것이다.[22]

1) 국가발전에 대한 압력

다소간의 정도차이는 있겠으나 모든 발전도상국들은 계획적으로 국가발전을 촉진해야 한다는 강한 압력을 받고 있다. 국제적 문물교류가 점점 긴밀하고 신속해지는 시대에 사는 발전도상국의 국민들이 자기들 나라의 저개발상황에 만족할 까닭이 없다. 선진국들은 전시효과(demonstration effect)를 통해 발전도상국에서 폭증하는 발전 갈망에 연쇄적 영향을 미친다.

우선 선진국들은 전시효과의 영향을 미쳐 후진국의 욕망수준을 높이고 선진국을 뒤쫓는 길고 긴 경주를 해야 한다는 자각을 일깨운다. 그리고 압축효과(compression effect)를 거두어 발전의 목표상태에 이르는 시간을 크게 단축시키려는 욕망을 키운다. 즉 선진국들이 현재의 발전수준에 이르기까지 걸린 시간보다 훨씬 짧은 시간 내에 선진화의 목표를 성취하려는 욕망과 노력을 자극한다.

발전도상국 국민들의 욕망수준은 현실의 충족가능성보다 월등히 앞서서 팽창해 가고 있기 때문에 급속한 국가발전의 추구는 거역할 수 없는 소명이 된다. 따라서 통치지도자들은 '국가발전의 이념'(ideology of national development)을 지상(至上)의 정

---

22) cf., Heady, *ibid.,* p. 234ff; Milton J. Esman, "Administrative Doctrine and Developmental Needs," E. Philip Morgan, ed., *The Administration of Change in Africa: Essays in the Theory and Practice of Development Administration in Africa*(Dunell Pub. Co., 1974), pp. 11 - 12; Lucian W. Pye, "The Political Context of National Development," in Swerdlow, ed., *op. cit.,* pp. 35 - 43 and "The Nature of Transitional Politics," in Jason L. Finkle and Richard W. Gable, eds., *Political Development and Social Change*(John Wiley & Sons, 1966), pp. 519 - 530; Irving Louis Horowitz, *Three Worlds of Development: The Theory and Practice of International Stratification,* 2nd ed. (Oxford University Press, 1972), pp. 4 - 5; Gunnar Myrdal, " 'Value - Loaded' Concepts," in Hugo Hegeland, ed., *Money, Growth, and Methodology and Other Essays in Economics* (CWK GLEERUP Lund, Sweden, 1961). p. 285; Philip M. Hauser, "Some Cultural and Personal Characteristics of the Less Developed Areas," in Finkle and Gable, pp. 54 - 64.

치신조로 삼지 않을 수 없다. 그러나 사회체제의 능력은 국가발전을 원하는 욕망을 따라가기에는 너무나 미흡한 것이 또한 발전도상국의 현실이다. 기업가적·관리적 및 전문적 능력의 공급은 아주 부족하고 그나마 전략적 인력은 정부부문에 편중적으로 흡수되어 있다. 그러므로 정부부문에 부하되는 발전행정책무는 매우 커진다. 국가발전을 위해 정부가 맡아야 하는 역할에 대한 요구는 대단히 커지는데, 그러한 요구는 정부의 행정적 및 경제적 능력을 초과한다.

2) 과도적 사회

전통사회와 현대의 선진사회를 양쪽 끝에 놓아 대조시킨다면 발전도상국의 사회는 그 둘을 잇는 연속선상에서 변동을 겪고 있는 과도적 사회 또는 전환기의 사회라 부를 수 있다.

산업화이후사회 또는 선진사회로 지목되고 있는 나라들에 비해 발전도상국의 형편은 낙후되어 있으며 모두 변동을 겪고 있다는 공통점을 지닌다. 아무리 전통적 유산을 뿌리깊이 간직하고 있는 나라도 급속한 변동의 세계적인 물결로부터 고립해 있을 수는 없다. 발전도상국들이 경험하고 있는 변동은 선진국에서 경험해 온 바와 같이 오랜 시일에 걸쳐 연속적으로 이루어지는 변동과 구별되는 특성을 가지고 있다. 발전도상국에서의 변동은 대개 급격하고 단절적이거나 기존 체제를 심히 교란하는 것들이다.

발전도상국에서 일어나는 변동이 언제나 단일방향적·선형적인 것은 아니다. 변동의 경로에는 우여곡절이 많고 변동의 방향은 다양할 수 있다. 그러나 집합적으로 파악할 때 발전도상국들은 선진국의 모형에 근접하는 현대화의 노정(路程)에서 전환을 겪고 있다고 보아야 할 것이다. 현대화의 길목에서 발전도상국들은 변화의 자율성을 완전히 누릴 수 없는 것이 또한 실정이다. 국제적 영향을 많이 받고 있다. 세계는 두 갈래 또는 세 갈래의 세력권으로 갈려있으며 발전도상국들은 각기 연계되어 있는 세력권의 영향을 무겁게 받고 있다. 대개 구미형이라 불리어지는 선진민주국가의 모형이나 공산주의모형이 발전도상국들에서 모방되는 경향을 보여 왔으나 그 어느 것도 발전도상국의 상황에 온전히 적용되거나 정착되지 못해 애로를 겪고 있는 것이 보통이다.

흔히 급격한 변동을 겪고 있는 발전도상국들은 과도적 사회로서 여러 가지 특이한 사회·경제적 조건들을 가지고 있다.

경제성장이 촉진되고는 있지만 비교적으로 말할 때 경제수준은 낮다. 나라에 따라서 다르기는 하지만 부적절한 생산방식, 낮은 생산과 소득, 낮은 대중적 복지 등은 비교적 차원에서 파악되는 발전도상국의 틀림없는 조건들이다. 그리고 경제성장의 과실이 적정히 배분되지 못하는 어려움이 있다. 경제적 혜택의 편중 때문에 특권적 상류층과 빈곤한 대중으로 사회구조가 이원화되기도 한다. 경제의 성장은 국민의 경제적 욕망을 더욱 크게 팽창시키는 경향이 있다. 경제의 성장이 기대에 부응하지 못하고 더구나 부의 분배가 부적절해서 대중의 환멸을 초래하기도 한다. 경제성장의 대외의존도가 지나쳐 성장기반을 위태롭게 하는 것은 자주 관찰되는 현상이다. 앞서 지적한 바와 같이 민간부문의 자력성장능력이나 자율조정능력이 취약하기 때문에 공공부문에 과중한 부담을 안겨주고 있다.

전통적 가치 또는 문화가 와해되어 가고 현대적 가치가 이입(移入)되는 과정에서 이원적 가치구조·가치기준와해·가치상실과 같은 현상이 빚어지고 있다. 경제·사회의 급속한 변동은 사회적 전위(轉位)를 빈번하게 하며 그것은 갈등과 혼란의 현재적 또는 잠재적 원인이 되고 있다. 가치의 혼란과 사회적 전위로 인한 갈등의 심화는 사회적 불안감을 조성하고 사회적 응집력을 약화시키는 경향이 있다.

전통적 제도가 현대적 제도로 개체(改替)되어 가는 과정에서 외래적 제도들의 도입이 많은 시행착오로 낭비를 빚거나 상황적 조건과의 괴리로 부적응의 문제들을 야기하고 있다. 공식적인 제도와 제도운영의 실제 사이에 심한 간극이 있음을 말해주는 형식주의는 발전도상국이라면 거의 모두 앓고 있는 질병이다.

경제성장의 과정에서 성급하게 일어나는 과잉도시화(overurbanization)나 인구의 급격한 증가도 발전도상에 있는 사회의 특징이며 어려움이다. 공업화 등을 통해 도시화가 필요하게 되는 수준을 훨씬 앞질러서 도시인구가 비대해질 때에는 여러 가지 사회문제를 야기할 뿐만 아니라 경제적으로도 도시민의 복지를 위한 투자부담이 과중해져 다른 생산활동에 대한 투자가 제약받게 된다. 출산율은 크게 둔화되지 않은 가운데 생활조건의 개선으로 사망률은 낮아지기 때문에 인구가 과도하게 팽창된다. 과도한 인구팽창은 발전도상국의 경제발전에 무거운 짐이 된다.

많은 발전도상국에서 선진국들의 제도를 모방하거나 그로부터 영향을 받은 정치제도를 채택하고 있으나 과도적인 혼란을 겪고 있다. 참여정치에 대한 민중적 훈련은 부족한데다 여러 가지 장애가 있기 때문에 정치과정에 대한 대중참여는 제약되고 '정치적 혼란' 아니면 '독재'라는 극단적 현상이 흔히 빚어진다. 대체적인 추세는 정치적 자유의 제한이다. 정치문제에 대해서는 다음 항에서 따로 논의하려 한다.

3) 정치적 경쟁의 제약

발전도상국에서 국가발전의 추구는 가장 중요한 정치이념이다. 정치부문(국가, 정부, 행정)이 국가발전 추진의 중핵적 임무를 맡게 되어 있다. 그러나 정치부문의 역량 부족과 여러 가지 여건상의 애로 때문에 시련을 겪고 있다.

위에서 말한 바와 같이 참여정치에 대한 국민대중의 훈련이 부족하고 정치적 선량과 일반대중 사이의 정치의식격차가 크다. 정치인들과 대중(民草: grass roots) 사이의 연계는 취약하다. 정치와 다른 분야 사이의 분화는 제대로 되어 있지 않다. 정당의 목적은 대개 모호하고 개인에 대한 충성심에 따라 정당인들은 이합집산하는 경향이 있다. 정치인들은 국가적 이익보다 자기 집단의 이익옹호에 열중하는 행동성향을 보인다.

정치부문 내의 분야별 불균형 성장은 아주 심하다. 군과 문민관료제가 정치무대의 중앙을 차지하고 있는 것이 일반적인 현상이다. 발전도상국에는 정치적 혼란이 현재화되어 있거나 큰 정치적 혼란유발요인이 잠재되어 있다.

발전도상국에서 관찰되는 대체적인 경향은 정치적 경쟁과 자유의 제약이다. 정권유형이 다름에 따라 정치적 자유의 제약에는 강약의 차이가 있겠으나 선진민주국가에서와 같은 정치적 경쟁이 온전하게 보장되고 있는 발전도상국은 거의 없다. 통치지도층은 정치권력을 독점하고 그들에게 도전하려는 정치세력을 억압한다. 권력독점과 억압의 명분은 대개 지속적·능률적 경제성장을 추진하는 데 필요한 정치적 안정의 유지에서 찾는다.

민주주의와 자본주의를 헌정의 기본으로 채택한 나라들에서까지 음으로 양으로 정치적 경쟁을 제한하고, 정권의 정당화근거를 국민의 지지보다는 정치적 안정과 경제발전의 성취에서 찾으려하는 경향이 있다. 정권에 도전하려는 세력은 적대시·죄악시된다. 이런 조건하에서 야당이나 반대세력은 과격해지고 혁명적 성향을 띠게 되는 경우가 많다.

여기에 연관된 또 하나의 경향은 정치에 대한 군사개입이다. 발전도상국에서 군관료의 정치개입은 아주 흔한 일로 되어 있다. 군개입의 유형은 물론 여러 가지이다. 군관료집단이 공식적으로 정권을 장악하여 군사전제정치를 하는 유형에서부터 군관료제가 민간정권의 지지기반으로서 은연중에 영향력을 행사하는 유형에 이르기까지 군사개입의 형태는 다양하다.

군관료가 정치에 개입하는 이유나 명분 또한 여러 가지이겠지만 대개는 대내적 갈등과 혼란을 수습하고 대외적인 위험에 맞서 헌정질서를 수호한다는 이유를 대고 있다. 문민정치의 부패와 비능률을 방치할 수 없다는 것도 자주 표방되는 명분이다. 군사개입이 길어지면 자기이익 보호적인 동기가 노출될 수밖에 없다고 관찰자들은 말하고 있다. 군인이 정치를 하지 않으면 국기(國基)가 위태로워진다는 망상 때문에 빚어지는 군사개입도 드물지 않다.

정치에 대한 군사개입의 공과에 대해서는 의견이 엇갈리고 있다. 국가발전에 적극적으로 기여한다는 주장, 국가발전에 장애가 된다는 주장, 그리고 나라마다의 경제발전수준에 따라 그 공과가 달라질 것이라는 주장 등이 있다.

군사개입을 긍정적으로 보는 사람들은 군관료제가 다른 사회집단보다 먼저 현대화의 물결에 노출되고 실적에 따른 경력발전이 가능한 집단으로 성장했다는 것, 군관료는 직업정신이 투철하며 국가공동체에 대한 충성심이 강하고 행동지향적이라는 것 등을 이유로 들어 그들이 국가발전을 적극적으로 추진하는 역군이 될 수 있다고 말한다.

군사개입을 부정적으로 보는 사람들은 군관료들이 경제개발을 포함한 민간정부의 사업을 추진하는 데 필요한 지식과 경험을 갖추고 있지 않다는 것, 상호양보의 정치적 절충에 필요한 능력과 의욕을 결여하고 있다는 것, 국민의 정치적 교화와 대중적 지지기반을 구축하는 데 무력하다는 것 등을 그 이유로 들고 있다. 비판론자들은 군의 정치개입이 상황적 조건으로 보아 처음부터 불청객이었던 경우 또는 정치개입을 정당화해 주었던 임무가 끝난 뒤에까지 군이 정치에서 물러나지 않는 경우에는 특히 더 심한 해독을 국가와 국민에게 끼치게 된다고 말한다.

위에서는 많은 발전행정연구인들의 견해를 종합하여 발전도상국들의 일반적인 특성을 열거해 보았다. 발전도상의 사회에 관한 여러 이론 또는 모형들을 개별적으로 소개하지는 못했다. 이 항을 떠나기에 앞서 Fred Riggs의 모형 하나만을 간단히 소개하려 한다.[23]

---

23) 발전도상국 또는 과도적 사회에 대한 Riggs의 모형은 발전행정학에서 대표적·개척적인 것으로 취급되고 또 널리 인용되어 왔다. Fred W. Riggs "Agraria and Industria: Toward a Typology of Comparative Administration," in William Siffin, ed., *Toward the Comparative Study of Comparative Administration*(Indiana University, 1957), pp. 23–116; "An Ecological Approach: The 'Sala' Model," in Ferrel Heady and Sybil L. Strokes, eds., *Papers in Comparative Public Administration*(University of Michigan, 1962); "Models in the Comparative Study of Public Administration," in Riggs and Edward W. Weidner, eds, *Models and Priorities in the Comparative Study of Public Administration*(Papers in CPA Special Series No.1, ASPA, 1963), pp. 6–43.

Riggs는 비교행정의 준거가 된 사회유형을 세 가지로 분류하였다. 세 가지 사회유형의 이름을 처음에는 농업사회(agraria), 산업사회(industria), 그리고 과도사회(transitia)라고 하였다. 농업사회는 순수한 전통적 농업사회의 모형이라고 한다. 산업사회는 순수한 현대적 산업사회라고 한다. 과도사회는 농업사회에서 산업사회로 변동해가고 있는 사회라고 한다. 뒤에 그는 이 세 가지 사회모형의 이름을 바꾸었다. 전통적인 또는 원시적인 사회의 연구에 사용될 모형을 용합(溶合)사회(fused type)라 하고 선진공업국인 구미사회를 연구하는 데 길잡이가 될 모형을 굴절사회(refracted type)라 불렀다. 이 두 모형의 중간에 위치한 과도사회 또는 전환사회의 모형을 분광적 사회(prismatic type)라 불렀다.

Riggs가 과도사회(분광적 사회)의 특성, 그리고 그런 사회에서 발견되는 행정('sala' model)의 특성이라고 열거한 것들을 보면 다음과 같다.

첫째, 전통적인 요소와 현대적인 요소가 혼합되는 데서 비롯된 이질성(heterogeneity)이 높다.

둘째, 형식주의(formalism)의 수준이 높다. 형식주의란 공식적 처방(규범)과 실천(현실) 사이의 괴리 또는 합치의 수준에 관한 개념이다. 공식적 처방과 실천 사이의 괴리가 클수록 형식주의의 수준이 높은 것이다.

셋째, 신·구제도의 중첩(overlapping)이 심하다. 선진사회의 분화된 제도와 전통사회의 미분화된 제도가 공존한다. 새로운 선진제도가 공식적으로 도입되더라도 그에 관련된 실질적인 기능은 상당 부분 오래된 전통적 제도가 담당한다.

넷째, 족벌주의(nepotism)가 만연되어 있다.

다섯째, 다원사회집단성(poly-communalism)이 높다. 인종적·종파적 소수집단들을 지배계층이 동원해 지배하지만 그들이 지배계층에 동화되지 못하는 사례가 과도사회에는 많다. 그리 되면 여러 사회집단이 비교적 적대적인 교호작용을 하면서 공존하게 된다. 이러한 사회적 환경에서는 현대적인 2차집단도 준전통적(準傳統的)인 도당(徒黨)으로 변질된다.

여섯째, 선진시장제도는 호혜적이고 재분배적인 전통적 제도와 중첩적으로 존재한다. 이러한 시장제도('Bazaar-Canteen')에서는 가격불확정성(price indeterminacy)과 같은 특이한 행태가 나타난다. 가격불확정성이란 같은 재화·용역에 대한 값을 구매자가 누구냐에 따라 다르게 표시하는 행동성향을 지칭한다.

일곱째, 부패가 제도화되어 있다. 과도적 사회의 행정부패는 가격이 불확정적인 시장거래관행과 맞물려 있다.

여덟째, 다규범성(poly-normativism)을 과도사회의 특징으로 들 수 있다. 새로운 규범과 전래적 규범이 중첩적으로 존재하기 때문에 합의부재(lack of consensus)의 상태가 흔하다.

아홉째, 합법적인 권한과 비공식적·실질적 통제가 많이 괴리되어 있다. 공식적으로 규정된 권한체제 이외의 제도들이 행정행태를 크게 좌우한다.

Ⅲ. 국가발전과 행정체제

1. 국가발전

앞에서 말한 바와 같이 발전행정학의 국가발전관이 원래부터 통합적으로 형성되어 있었다고는 보기 어렵다. 대체적인 경향으로 보아 경제발전을 위주로 하던 편협한 시각에서 점차 균형잡힌 시각을 반영하는 것으로 국가발전관이 변모되어 왔다고 말할 수 있다. 그러나 초기의 정통이론가들이 경제발전을 촉진하는 문제들에 우선적인 주의를 기울였다고 하지만 그들도 경제 이외의 발전영역이 있음을 일부러 부인하지는 않았다. 그리고 국가발전의 개념을 일반적으로 정의한 논자들은 일찍부터 '포괄적 관점'을 보여주기도 했다. 근래의 논자들은 모두 국가발전의 영역을 넓게(포괄적으로) 보고 있다.

1) 국가발전의 정의

국가발전(national development)이라는 말은 국가사회체제(societal system)의 바람직한 변동을 지칭하는 것이며 경제발전, 사회발전, 정치발전 등 부문별 발전을 모두 포함한다. 부분적인 발전과 구별하기 위해 발전이라는 말 앞에 국가라는 말을 붙이게 된다. 국가발전은 한 국가사회의 전체가 어떤 상태에서 그보다 바람직한 다른 상태로 변화되는 것을 말한다. 발전행정학에서 관심을 갖는 국가발전은 정부가 계획하고 관리하거나 적어도 정부의 영향 하에 이루어지는 바람직한 변동이다.[24]

국가발전을 바람직한 변동이라고 정의할 때에 '바람직한 상태'라는 목표상태가

---

24) cf., Saul M. Katz, *A Systems Approach to Development Administration*(Papers in Comparative Public Administration Special Series, No. 6, 1965), p. 2; S. N. Eisenstadt, *Continuity of Modernization and Development of Administration*(CAG Occasional Papers, American Society for Public Administration, 1965), pp. 6-8; and Karl Deutsch, "Social Mobilization and Political Development," *American Political Science Review* IV(1961). pp. 463-515; John Montgomery, "A Royal Invitation," *op. cit.*, p. 259.

무엇인가를 규명하는 것은 쉬운 일이 아니다. 이것은 나라마다 국가전체의 집합적인 목표로 추구하는 가치에 비추어 상황적응적으로 결정해야 하기 때문에 구체적인 내용은 나라마다 다르게 마련이다. 따라서 현재 선진국이라고 불리는 몇몇 나라의 상태와 똑같은 것만이 언제나 보다 바람직한 상태로 되어야 한다고 말할 수는 없다. 나라마다 구체적으로 지향하는 발전의 내용은 각기 다를 수 있다는 것을 전제로 하여 어느 경우에나 적합하도록 가장 일반적으로 보다 바람직한 상태를 규정하자면 '인간생활이 향상된 상태'라 할 수 있다. 그런 상태에 도달하려면 어느 정도 사회적 유동성이 높아지고 구조적 분화가 확대되어야 하며, 중요한 생활영역에 보편적·성취지향적 기준의 적용이 확대되어야 한다고 말할 수 있다.

국가발전의 바람직한 상태(desired state; end-state)를 일반적으로 규정하려고 노력한 학자들은 많다. 몇 사람의 예를 보기로 한다.

Fred Riggs는 국가발전을 "인류사회가 그들의 물적·인적 및 문화적 환경을 개조할 수 있는 향상된 능력을 갖는 것"이라고 하였다.[25] A. F. K. Organski는 "국가발전은 경제적 생산성의 향상, 지리적 및 사회적 유동성의 증가, 그리고 국가목표의 추구를 위해 국가의 인적·물적 자원을 동원하는 정치의 능률향상으로 특징지어진다"고 하였다.[26] Irving L. Horowitz는 "발전이란 사회구조가 달성한 합리성의 수준 그리고 선진생산기술과 양립할 수 있는 복잡성의 수준을 지칭하는 것"이라고 하였다.[27] Denis Goulet는 발전의 혜택을 "경제적 복리, 제도의 현대성(근대성), 사회적 유동성 및 기술적 능률"이라고 규정함으로써 국가발전의 바람직한 상태가 무엇인가를 시사하였다.[28]

국가발전은 경제발전·사회발전·정치발전 등 부문별 발전을 포괄하는 개념이다. 이러한 부문별 발전의 내용 또는 목표상태가 무엇인지에 대해서도 많은 논자들이 이야기 해 왔다. 부문별 발전의 내용에까지 구체적으로 언급하다 보면 일반성 내지 보편성을 상실한 편견에 빠지기 쉽다. 특히 정치발전의 논의에서 어떤 문화권의 편견이 개입될 위험이 가장 크다. 각 부문별 발전에 관한 이론을 여기서 널리 검토할 수는 없으므로 몇 가지 문헌에 나타난 개념정의를 소개하는 데 그치려 한다.

Charles Kindleberger는 경제발전을 "경제성장과 경제구조의 바람직한 변동을 포

---

25) Riggs, "The Context of Development Administration," *op. cit.*, pp. 73-75.
26) Organski, *op. cit.*, pp. 5-6.
27) Horowitz, *op. cit.*, p. 511.
28) Denis A. Goulet, "Development Administration and Structures of Vulnerability," Philip Morgan, ed., *op. cit.*, p. 53.

괄하는 개념"이라고 정의하고 경제성장은 보다 많은 산출을 의미하는 것이며, 경제발전은 보다 많은 산출뿐만 아니라 그것을 생산해내는 기술적 및 제도적 장치의 변동까지 함께 지칭하는 것이라고 하였다.[29] 이러한 정의가 오늘날까지 널리 통용되고 있다.

UN의 한 보고서는 사회발전을 "국민의 복리향상"이라 규정하고, 사회발전의 측정기준은 복지수준(질병, 빈곤 등 사회병리의 감소 그리고 육체적·정신적·사회적 건강)과 생활수준(물질적 욕구의 만족수준)이라고 하였다.[30]

그러나 많은 학자들은 사회발전의 내용에 사회생활의 복리향상 뿐만 아니라 사회구조의 분화와 생산적인 가치관의 확대 그리고 사회적 유동성의 증대 등을 포함시키고 있다.[31]

Lucian Pye는 정치발전의 특성 내지 구성요소를 평등성, 정치체제의 능력과 분화 및 전문화라고 하였다.[32] Alfred Diamant는 정치발전을 "새로운 요구, 목표 및 조직을 융통성 있게 성공적으로 지탱(감당)하는 일반적 과정"이라고 정의하였다.[33]

2) 국가발전과 국가형성

국가발전은 국가형성(nation-building)과 경제·사회발전 등을 포괄하는 개념이다. 국가발전은 국가형성을 전제로 하는 개념이라고 말할 수도 있을 것이다. 발전시킬 국가가 있고, 국가의 정체성이 지속적으로 유지될 때 다른 발전을 이야기할 수 있기 때문이다. 국가형성이란 일정한 지리적 경계 내에 정치적으로 통합된 공동체를 의식적으로 구성하고 국가라는 단일의 정치제도가 그러한 공동체를 지배할 수 있게 하는 것을 말한다.[34] 국가형성은 국가의 구성원들에게 상호 간의 견해 차이를 좁히는 데 도움이 되는 단결심을 고취하며, 국가사회의 공통적인 활동에 적극적으로 참여해야 한다는 책임감을 갖게 하고, 공동적인 노력의 성과에 자긍심을 갖게 하는 일이라고 규정되기도 한다.[35]

29) Charles P. Kindleberger, *Economic Development*, 2nd ed. (McGraw—Hill, 1965), p. 1.
30) UN, *op. cit.*, p. 8.
31) cf., F. X. Sutton, "Analyzing Social Systems," in Finkle and Gable, *op. cit.*, pp. 19—26; Wilbert E. Moore, *Social Change*(Prentice—Hall, 1963), pp. 89—105.
32) Lucian Pye, "The Concept of Political Development" in Finkle and Gable, *ibid.*, p. 90.
33) Alfred Diamant, "The Nature of Political Development," in Finkle and Gable, *ibid.*, p. 96.
34) Milton J. Esman, "The Politics of Development Administration," *op. cit.*, p. 59. Esman은 국가형성과 국가발전의 개념적 차이에 별로 관심을 갖지 않았던 것으로 보인다. 그는 국가형성과 국가발전의 여건조성에 관한 정부부문의 임무를 함께 열거하고 있다.
35) Georg Hahn, "Social Development as Absolute Priority in the Course of Nation Building," in Ministry of Government Affairs, *The Role of Public Administration in National Development*

2. 국가발전을 위한 행정체제의 역할

국가의 한 조직체인 행정체제는 국가가 있는 곳에는 어디에나 있으며 그들의 기본구조에는 공통적인 요소도 있다. 그러나 각기 처해 있는 여건이 다름에 따라 나라마다 행정체제의 구체적인 모습과 역할은 다르며 특히 행태적 특징은 현저히 다를 수 있다. 여기서 말하는 행정체제는 구미선진국들에서 일찍이 그 전형을 찾아볼 수 있었던 이른바 법적·합리적 관료제만을 지칭하는 것이 아니라 그 밖의 여러 가지 유형을 널리 포함하는 것이다.

행정체제 또는 정부관료제라는 말은 당초에 문민관료제(civilian bureaucracy)를 설명하기 위한 것이었다. 그러나 발전도상국에서는 행정체제의 구성과 활동에 관련하여 군관료제와 문민관료제의 구획이 흐린 경우가 많다. 논의대상의 조건여하에 따라서는 발전도상국의 정부관료제에 군관료제까지 포함시켜 이해하는 것이 편리할 때가 있다.

발전행정연구인들이 그동안 전개해 온 이론을 바탕으로 하여 발전도상국의 행정체제가 왜 발전행정의 막중한 책무를 져야하는가 그리고 국가발전을 위한 행정체제의 기대역할은 무엇인가를 다음에 검토해 보려 한다.

1) 역할기대 폭증의 이유

거의 모든 발전도상국에서 국가발전의 추구는 가장 중요한 국가의 이념으로 되어 있다. 그리고 계획적인 국가발전노력의 중심적 과업을 행정체제가 걸머지지 않을 수 없는 형편에 있어 행정체제의 임무와 생산목표는 매우 크다. 대개 행정체제에 대한 역할기대가 그 능력을 크게 웃돌고 있다.

한 사회체제를 공공부문(정부부문·정치부문)과 민간부문으로 구분하는 경우 행정체제는 물론 공공부문에 속하는 하나의 하위체제이다. 공공부문의 하위체제인 행정체제는 다른 하위체제들과의 연계하에서 공공부문이 맡아야 할 국가발전의 과업을 추진해야 한다. 그러나 여러 가지 이유로 행정체제가 공공부문에서 중핵적인 역할을 수행하지 않을 수 없기 때문에 행정체제의 발전행정책임이 전면에 부각된다. 행정체제 우위의 가장 근본적인 이유는 정치체제의 불균형성장 때문에 행정체제 이외의 정치집단이 무능하다는 것이다. 그리고 행정체제는 인력 등 발전관리에 필요한 전략적 요소들을 편중적으로 차지하고 있기 때문이다.

국가발전과업의 추진에서 정부부문 특히 행정체제가 '중심적 위치'를 점하게 되

(1971), p. 53.

는 이유의 요점은 두 가지이다. 그 첫째는 민간부문의 부실이다. 둘째는 발전욕구의 폭증과 발전을 급속하게 달성해야 한다는 압력이다. 그리고 국가가 국민생활을 깊이 통제해 온 권위주의적 전통이라든지 선진국의 경제적·기술적 원조가 정부를 상대로 또는 정부를 통해서 이루어졌다는 사실이라든지 하는 요인들도 행정의 역할 확대에 기여했을 것이다.

국가형성의 기초도 제대로 구축되지 않은 신생국의 경우, 독립 이전에 있었던 행정체제를 물려받았다면 그것은 거의 유일한 국가적 조직체일 수밖에 없다. 식민통치 하에서 행정체제에 참여해 행정경험을 쌓은 토착민들은 식민통치를 벗어났을 때 신생독립국가의 행정체제를 유지할 수 있게 해 준다. 비록 불완전하고 빈약한 행정체제이더라도 그것은 국가형성의 책무부터 걸머져야 하는 국가의 유일한 세력중추일 수밖에 없다.

국가형성의 초기단계를 벗어난 발전도상국들에서도 행정체제가 국가발전을 위한 핵심적 역할을 모면할 수는 없다. 국가사회의 다른 부문에 발전을 광범위하게 선도할 만한 능력을 가진 조직된 세력이 없거나 취약하기 때문이다. 정부부문과 힘을 합쳐 성장과 사회적 통합을 위한 노력을 분담해 줄 수 있는 민간부문의 발전이 부진하기 때문에 정부부문이 앞장서서 무거운 짐을 지지 않을 수 없다.

발전도상국에서 행정체제가 가진 자원·조직·관리능력은 다른 부문의 경우에 비해 우월하다. 발전행정의 초기단계에는 행정체제가 사회적·경제적 변혁에 필요한 전문적·기술적 및 관리적 자원을 거의 다 차지하고 있는 듯한 양상을 보인다. 발전사업에 필요한 자원의 동원과 투자도 행정체제가 거의 전적으로 주도하게 된다. 국가발전의 진척이 상당히 이루어진 발전도상국에서도 행정체제의 우월한 위치나 발전사업의 정부주도성향은 좀처럼 사라지기 어렵게 되어 있다.

발전도상국에서 국가발전에 관련하여 행정체제에 대한 압력이 특별한 문제로 다루어지게 되는 까닭은 변동 또는 변동욕구의 급박성 때문이기도 하다. 우리가 선진국이라고 부르는 나라들에서는 대개 그 발전과정이 점진적이었으며, 따라서 비교적 차근차근 형성된 발전의 여건에 힘입어 발전을 지속시켜 왔다.

반면에 오늘날의 발전도상국들은 선진국들이 수백 년 동안에 차례로 이룩해 온 발전을 짧은 기간 내에 그리고 한꺼번에 얻으려 하며 적어도 얻으려 노력하도록 압력을 받고 있다. 그러므로 발전성취의 문제는 더욱 복잡하고 힘든 것이다.

국가형성도 제대로 안 된 이른바 신생국에서도 물질적 생활의 향상, 정치적 참여 등에 대한 국민의 욕망은 한꺼번에 팽창하고 있는 것이 보통이다. 이와 같이 욕구수준은 높은 데 반해 인적·물적 자원은 부족하고 국민은 부정적 전통과 행태에 휩싸여 있다. 이러한 악조건 속에서 급속한 발전을 성취해야 하는 압력을 받고 있는 것이 발전도상국의 행정체제이다.

2) 행정체제의 역할

어느 나라에서나 행정체제는 정치과정을 통해서 수립된 정책의 충실한 집행 뿐 아니라 정책의 형성에 참여하는 등 복수기능적(multi-functional) 임무를 수행하지만 발전도상국의 행정체제는 더욱 다양한 기능을 수행하지 않을 수 없게 되어 있다. 행정체제의 복수기능성이 커지고 기능의 내용도 특수성을 띠게 된다. 발전도상국의 행정체제는 법과 질서의 유지에 필요한 전통적 기능도 수행해야 하지만 그에 더하여 국가형성과 발전을 촉진하기 위해 폭넓고 능동적인 역할을 맡아 줄 것이 기대된다. 우리가 여기서 특별히 관심을 갖는 것은 국가발전을 선도·관리하는 발전행정의 역할이다.

발전행정의 역할기대는 물론 나라마다의 사정에 따라 달라질 수 있다. 국가발전의 진행과정을 집합적으로 단계화 또는 유형화하는 경우에도 단계별로 발전행정의 역점이 달라지는 것을 간과할 수 없을 것이다. 국가발전의 출발단계에서는 국가의 정체성 구축과 보존에 역점이 놓이게 될 것이며 그 다음에는 성장(경제성장)에 최우선의 역점이 놓이게 될 것이다. 성장이 진척되면 사회적 통합을 위한 발전행정의 책임이 커질 것이다.

초기의 정통적 이론이 경제성장을 촉진하는 발전행정의 책임에 주의를 집중하였으나 그 뒤 발전행정의 역할에 관한 시야가 많이 넓어져 왔다는 점에 대해서는 앞에서 이야기한 바 있다.

지금까지의 발전행정이론이 처방하고 또 발전도상국의 실제에서 관찰할 수 있었던 행정의 역할을 다음에 간추려 볼 터인데 이것을 이해할 때에는 주의할 점이 있다.[36] 즉 보편성의 제약에 유의하여야 한다. 여기서 열거하는 역할들은 가장 흔히 거

---

36) cf., UN, *Development Administration: Current Approaches and Trends in Public Administration for National Development*(1975), pp. 9-10; UN, *Public Administration in the Second United Nations Development Decade*(1971); Irving Swerdlow, "Economics as Part of Development Administration," in Swerdlow, ed., *op. cit.*, pp. 103-123; Richard Harris, *The Role of the Administration under Conditions of Systemic Political Change*(CAG Occasional Papers, ASPA, 1967), p. 5; Milton J. Esman, "The Politics of Development Administration," *op. cit.*, pp. 61-65; Jan Tinbergen, *The Design of Development*(Johns Hopkins Press, 1958). p. 3ff; UN,

론되고 있는 것들일 뿐이다. 망라적이라거나 보편적인 법칙성을 지니는 것은 아니다. 그리고 어느 정도 혼합경제하의 상황을 준거로 삼는 경향이 있음을 또한 간파해야 한다. 민간부문을 전혀 인정하지 않는 사회에서는 행정체제의 역할이 달라질 것이다.

① 종파·종족·지방별로 갈라진 할거적 집단들을 국가적 정치사회에 융합시키고, 정권의 정당성에 대한 국민의 신뢰를 얻고, 국민적 일체감을 형성하는 등 국가형성의 기초적 과업을 추진하는 데 행정체제가 주도적인 역할을 해야 한다. 국가형성의 과제는 아주 초보적인 것으로부터 시작하여 점차 복잡한 것에 이르는 연속적인 과제이다. 그러므로 발전도상국의 행정체제는 국가의 형성과 유지에 필요한 임무를 지속적으로 수행하여야 한다.

② 경제분야에서는 민간부문의 생산구조나 자원동원능력이 보잘 것 없는 가운데 행정체제가 경제발전을 서둘러 이끌어야 한다.

첫째, 행정체제는 경제발전의 추진이 가능하도록 안전과 안정을 유지하고 경제정책실현의 수단을 확보함으로써 경제발전에 유리한 여건을 조성해야 한다.

둘째, 행정체제는 경제발전계획을 수립하고 집행하는 계획자(planner)의 책임을 져야 한다. 발전과제를 확인하고, 발전사업의 우선순위를 정하고, 자원을 배분하는 중추적 역할을 행정체제가 맡아야 한다.[37]

셋째, 민간저축이 빈약하기 때문에 행정체제는 국내외의 자원을 동원하여 직접 경제발전사업을 수행하거나 민간부문의 생산활동을 선별적으로 집중지원·육성하여야 한다. 행정체제는 사회간접자본에 투자하고 민간부문에 앞장서거나 그에 가름하여 여러 가지 경제발전사업을 맡아야 할 필요에 직면한다.

넷째, 민간경제의 성장을 촉성(促成)하고 또 통제해야 한다. 정부와 기업 그리고 국민이 발전의 가능성과 이점을 알 수 있도록 조사·정보제공 등의 기능을 수행하고 세제(稅制) 등 여러 가지 수단을 동원해 민간경제활동을 자극·지원해야 한다. 민간의 생산기반이 취약할 뿐만 아니라 시장제도가 불완전하고 효율성이 크게 제한되어 있기 때문에 행정체제는 민간의 경제활동에 간섭하지 않을 수 없다. 행정체제는 구체적·개별적으로 민간의 경제를 직접통제하거나 일반적인 기준과 조건을 설정해 간접적으로 통제하기도 한다. 설득과 조언 등을 통해 비공식적인 영향력을 행사하기도 한

ECAFE, "The Increasing Role of the Public Sector," in *Economic Survey of Asia and Far East*(Bangkok, 1961), pp. 53−56.

37) 어떤 정치이념을 추구하는 체제인가에 따라 경제계획의 의미와 기능은 현저히 달라질 수 있다. '마르크스주의'(Marxist philosophy)를 기본으로 삼는 체제 하에서는 국가의 계획에 따라 경제를 전체적으로 통제한다.

다. 경제에 대한 간여의 총량은 선진국의 경우에 비해 현저하게 많은 것이 발전도상
국의 현실이다. 경제성장이 진행되어 민간부문의 역할이 점차 증대되더라도 행정체제
가 계획하고 지원하며 규제하는 작용은 타성화되어 좀처럼 줄어들지 않는다.

다섯째, 경제성장에 필요한 전략적 인력의 양성도 행정체제가 주도해야 한다. 그와
함께 기술개발에도 행정체제가 깊이 간여해야 한다. 행정체제는 기술의 개발·이전·전파
를 위해 연구개발사업을 직접 관장하거나 민간의 연구개발사업을 육성하고 규율해야
한다.

여섯째, 경제발전의 촉진에 필요한 법령을 입안하고 제도와 조직을 신설 또는 개
편하는 과업도 행정체제가 주도적으로 추진해야 한다. 정부 내외에서 국가발전에 기
여할 기관형성을 촉진하는 것은 행정체제의 중요과제이다. 발전에 불리한 신분제도·
토지제도 등을 타파하는 데도 행정체제가 앞장서야 한다.

③ 발전의 초기단계에서는 경제의 성장이라는 비교적 단순한 과업에 행정체제
가 매달릴 수밖에 없지만 발전이 계속되면 보다 복잡한 발전과제에 직면하게 된다.
국민생산의 균형배분, 국민의 복지와 생활수준의 향상, 의미 있는 직업생활의 보장,
교육기회의 확대 등 사회발전에 관한 행정체제의 역할이 증대된다. 행정체제는 자
연자원의 개발과 보존 그리고 공해방지와 환경보전에 관한 임무를 또한 수행해야
한다.

④ 행정체제는 지속적인 국가발전이 가능하도록 사회세력들을 개편하고 전통적
인 경제적 및 사회적 가치를 바람직한 것으로 대체하는 노력을 이끌어야 한다. 행정
체제는 사람들이 전통적인 또는 '역발전적'인 유대와 태도에서 벗어나 새로운 삶을
영위하고 변동하는 질서에 적응할 수 있도록 영향력을 행사해야 한다. 그리고 국가발
전을 위한 공동노력에 국민이 널리 참여하도록 국민을 계몽하고 다양한 이익집결과
표출의 원활화를 위해 힘써야 한다.

⑤ 행정체제는 직능집단 또는 현대적인 이익집단의 다원적인 형성과 그들의 독
자적인 이익표출능력을 향상시키는 데 기여해야 한다. 행정체제는 정치적 통신의 많
은 부분을 맡아야 하고 국민의 정치적 훈련에도 조력해야 한다. 정치체제의 균형발전
에 유리한 기반을 조성하는 것도 행정체제가 맡아야 하는 임무 가운데 하나라고 할
수 있다.[38]

---

38) 많은 발전행정연구인들이 정치발전을 발전행정의 대상에서 제외해 왔다는 점, 그리고 행정체
제의 강화가 다른 정치부문의 발전을 저해한다는 주장이 없지 않았다는 점 등을 생각하면 정
치발전을 위해 행정체제가 어떤 역할을 맡아야 한다는 논의는 다소 예외적인 것으로 이해될

⑥ 발전도상국에서 경제발전 못지않게 중요한 것은 사회적 통합이다. 행정체제는 급속한 변동과정에서 야기되는 갈등과 저항을 '적응적으로' 극복 또는 조정해 사회적 통합을 유지해야 하며, 사회변동에서 생겨나는 불안과 긴장을 해소하고 국민에게 안전감을 줄 수 있도록 노력해야 한다.

변동에는 저항이 따르기 마련이며 새로운 것과 낡은 것 사이에서 사람들은 갈등과 불안을 느끼게 된다. 그리고 급속한 변동의 과정에서 사회체제의 하위부문 간에 발전의 불균형이 생기기 쉬운데 그것은 사회적 갈등을 증대시키게 된다.39) 사회적 분화의 촉진과 상호작용의 증대가 또한 갈등야기의 상황적 조건이 될 수 있다.

발전이라는 급속한 변동의 과정에서 야기되는 문화적·경제적·사회적 분화 내지 이질화로부터 파생되는 사회구조 내의 갈등, 광범한 사회적 재조직에 따라 부단히 진행되는 힘의 재분배에서 생겨나는 갈등, 그리고 불균형성장과 배분의 형평성 결여에서 비롯되는 부문 간 및 계층 간 갈등을 관리하는 데 행정체제가 중요한 역할을 해야 한다. 그리고 걷잡을 수 없이 팽창하는 국민의 욕망수준을 적절히 진정시키고 건설적인 방향으로 유도하기 위해 행정체제가 노력해야 한다.

우리나라에서도 1960년대 이래 공공부문 주도하에 국가발전을 위한 계획적 노력을 크게 확대해 왔다. 행정체제는 대체로 위에서 열거한 역할들을 수행하기 위해 노력해 왔다. 이 과정에서 '발전행정모형'의 영향을 많이 받았을 것으로 생각된다.

1960년대 이후 우리나라에서 발전행정의 양상은 시기별 또는 발전단계별로 달라져 왔다. 경제발전의 기반조성에서 출발한 경제성장위주의 발전노력은 경제구조 고도화의 추구를 거쳐 사회개발을 강조하는 발전노력에 이르기까지 변천해 왔다.

국가발전을 위한 발전행정의 역할은 1962년부터 여섯 차례에 걸쳐 수립·시행한 '경제개발 5개년계획' 또는 '경제사회발전 5개년계획'들에 잘 반영되어 있다.40)

제1차계획기간(1962~1966)의 발전행정목표는 모든 사회경제적 악순환을 시정하고 자립경제의 달성을 위한 기반을 구축하는 것이었다. 이러한 목표 하에 세 가지의 전략을 채택하였다. 첫째, 자유기업의 원칙을 토대로 하되 기간산업부문과 그 밖의 중요부문에 대하여는 정부가 직접적으로 간여하거나 또는 간접적으로 유도정책을 쓰는 '지도받는 자본주의체제'를 이끌어 간다. 둘째, 계획추진에서는 정부가 직접적인

수도 있다.
39) 발전과정에서 우연히 또는 반사적으로 빚어지는 불균형만 있는 것이 아니다. 계획적인 불균형성장전략이 처방되기도 한다.
40) 1차부터 4차까지의 계획은 경제개발 5개년계획이라 부르고 5차 이후의 계획은 경제사회발전 5개년계획이라 불렀다. 대한민국정부 또는 경제기획원에서 간행한 계획서들을 참조하기 바란다.

정책수단을 보유하는 공적 부문에 그 중심을 둔다. 셋째, 자립적 성장과 공업화의 기반을 구축한다.

제2차계획의 기본목표는 산업구조의 근대화와 자립경제확립의 촉진이었다. 제3차계획은 성장·안정·균형의 조화를 기조로 삼았다. 그리고 수출의 획기적 증대를 촉진하고 중화학공업건설에 박차를 가하기 시작하였다. 제4차계획기간부터 경제성장과 더불어 사회개발에도 주의를 기울이기 시작하였다. 제5차계획기간에는 경제안정기반의 정착, 경제성장기반의 공고화, 그리고 균형발전을 추구하면서 사회개발확대를 더욱 부각시켰다. 1987년부터 시행한 제6차계획의 발전행정목표는 경제사회의 제도발전(민간의 창의와 자율을 촉진하는 발전)과 질서의 선진화, 산업구조의 개편과 기술입국(技術立國)의 실현, 그리고 지역사회의 균형발전과 국민복지의 증진으로 되어 있다.

3. 발전행정을 위한 행정발전

1) 행정체제의 실상과 개혁의 필요

발전도상국에서 국가발전을 주도하는 행정체제는 다른 부문보다 앞서 성장하고 국가체제 내에서 강력한 세력중추로 군림하고 있다. 행정체제는 권위적이고 사회 안에서 높은 지위를 누리고 있다. 그럼에도 불구하고 거의 모든 발전도상국의 행정체제는 그에 맡겨진 발전행정의 역할을 감내하기에는 역부족이다. 대개 행정능력이 역할기대에 현저히 미치지 못한다.[41]

발전도상국의 행정체제에는 재래적인 능력결함과 폐습이라는 큰 장애가 있다. 새로운 외래제도의 도입은 무계획한 답습 또는 모방에 치우쳐 고유상황에 부적응을 야기하는 경우가 많다. 스스로 생산적·발전지향적 행동방향을 설정하지 못하고, 국민에 의한 외적 통제는 약하기 때문에 정당한 활동범위를 벗어나 세력을 확장하고 자기지위유지에 몰두하여 다른 정치세력의 성장을 저해하기도 한다.

심한 경우에는 행정체제가 그릇된 노선을 밟아 '반발전적인' 작용을 할 수도 있고, 행정체제가 전통적인 소수지배계층의 수족이 되어 현상유지와 특수이익의 옹호에 앞장 설 수도 있다. 행정체제가 여러 가지 탄압수단을 써서 국민의 정당한 정치적 요구와 조직을 억압하는 경우도 있다. 물론 행정체제가 이 정도까지 탈선하는 것은 일반화시키기 어려운 예라 하겠다. 그러나 발전지향적인 통치지도자들의 행동수단으로

---

41) cf., Ferrel Heady, *Public Administration, op. cit.*, pp. 243–282; Jay B. Westcott, "Governmental Organization and Methods in Developing Countries," in Swerdlow, *op. cit.*, pp. 45–67; Donald C. Stone, *op. cit.*, pp. 6–10.

서 비교적 본분을 지키도록 규제되고 있는 행정체제의 경우에도 국가발전의 관리임무를 제대로 수행하기에는 부적당하거나 미흡한 면모를 드러내고 있는 것이 일반적으로 관찰되는 현상이다.

발전도상국마다 행정발전의 정도는 서로 다르기 때문에 공통적인 행정결함들을 일반화하기는 어렵다. 다만 발전행정연구인들이 발전도상국 행정체제의 구조와 과정, 인적·물적 자원 등에 관련하여 약점이라고 널리 지적해 온 것들을 다음과 같이 간추려 볼 수 있을 뿐이다. 여기에 열거하는 행정체제의 결함들 가운데 일부는 정통적 발전행정학의 초기적 행정개혁처방에서 비롯된 것이기도 하다. 초기적 개혁처방이란 수단적 능률을 강조한 전통적 행정학의 개혁처방을 말한다.

① 이념체계 내지 목표체계의 명확하고 일관성 있는 설정과 그것의 내재화가 미흡하여 정책과 사업의 추진에 혼란을 초래하기 쉽다.

② 행정구조가 새로운 활동요청에 대응하기에는 너무 낡았고, 낡은 구조에 새로운 요소가 도입될 때마다 상황의 필요에 제대로 적응하지 못하거나 도입취지와는 다른 방향으로 토착화가 이루어지고 있다.

③ 분립된 구조의 원활한 통합은 제대로 안 되어 있으면서도 지나친 집권화와 상향적 참여의 제약이라는 결함을 드러내고 있다. 형식적인 위원회, 협의체 등이 남설되어 있는 것도 한 특징이다.

④ 관리부문의 구조와 전문성도 취약하지만 중·하위계층의 행정 그리고 발전행정의 전달체계는 더 낙후되어 있다.

⑤ 활동과정은 적응성 없는 법령의 규정과 과도한 문서처리 때문에 비효율적이다. 지나친 형식주의와 비밀주의도 폐단이다. 행정과정의 행정수요에 대한 대응성은 크게 부족하다.

⑥ 행정체제의 유지·관리와 생산활동에 사용할 수 있는 기술적·물적 자원의 부족은 형식주의, 목표왜곡, 생산성저하, 낭비 등의 원인이 되고 있다.

⑦ 발전행정을 담당할 전문적 인력의 부족이 일반적으로 지적되고 있다. 특히 중·하위계층의 유능한 인력을 확보하는 데 어려움을 겪고 있다. 관료들은 비생산적인 가치관에 얽매여 있다. 실적주의가 정착되지 못했으며 직무유인의 배분에서 흔히 일관성이 결여되고 보수는 생계비에 미달하여 여러 가지 폐단을 빚고 있다. 공직의 부패는 거의 제도화되어 있다.

발전도상국에서 발전행정을 원활히 추진할 수 있게 하려면 위에 지적한 결함들을 제거해야 한다. 구체적인 개혁처방은 상황에 따라 달라지겠지만 개괄적인 개혁방향을 후기발전행정학의 관점을 반영해 다음과 같이 요약해볼 수 있을 것 같다.

첫째, 국가목표로부터 도출되는 행정목표의 체계를 확립하고 내재화시켜야 한다.

둘째, 발전관리를 맡는 행정구조의 과잉경직화 · 과잉집권화를 시정해야 한다. 외래적 구조설계모형의 무분별한 도입으로 빚어진 혼란을 극복하기 위해 외래적 처방을 상황의 요청에 맞게 정비해야 한다. 발전행정의 전달체계를 개선해 그 능력을 향상시켜야 한다.

셋째, 행정절차의 번문욕례로 인한 목표대치, 형식주의, 비밀주의 등을 시정해야 한다. 행정과정에 쇄신기능을 내장시켜 환경적 요청에 높은 대응성을 보이게 해야 한다.

넷째, 발전행정을 담당할 유능한 인력을 획득·육성하고 인사운용의 공정성과 실적성을 높여 나가야 한다. 관료들의 가치지향을 생산적이고 능동적인 것으로 바꾸어야 한다.

다섯째, 제도의 개선과 교화활동을 통해 제도화된 공직부패를 억제해야 한다.

2) 행정발전의 필요성에 대한 논쟁

발전행정을 돕기 위해 기술원조를 하는 선진국들이 발전도상국의 행정체제를 강화하는 데 협조할 것인가 하는 문제를 놓고 논자들이 서로 대립하는 이론을 펼치기도 했다. 행정발전(행정개혁)의 필요성 유무에 대해 엇갈리는 주장을 한 이론들의 요지를 보면 다음과 같다.[42]

① 부정적인 견해: 발전도상국의 행정체제를 더욱 발전시키는 것은 바람직하지 않다는 견해가 있다. 많은 발전도상국들이 절대군주체제하에 있었거나 선진국의 식민통치를 받았었기 때문에 행정체제는 통치자의 지배수단으로 일찍부터 성장해 왔지만, 이와 균형을 이루어야 할 다른 정치부문은 성장을 보지 못해 정치체제 내에서 부문 간에 심한 불균형을 드러내고 있다고 한다. 식민통치에서 벗어난 지 얼마 안 되는 신생국들에서는 군대와 문민관료제가 국가적으로 조직된 유일한 세력인 경우가 많으며, 그 밖의 발전도상국에서도 대개 행정체제가 지배적인 위치를 점하거나 가장 강력하게 조직된 세력이라고 한다. 이러한 형편에서 행정체제만을 더욱 강화하면 다른 정치부문의 성장을 좌절시키며, 결국 행정체제를 탈선하게 하거나 타락하게 하는 결과를 빚게 된다고 한다.[43]

---

42) Ferrel Heady, *Bureaucracies in Developing Countries: Internal Roles and External Assistance* (CAG Occasional Papers, ASPA, 1966), pp. 7−17.

43) Fred Riggs, "Bureaucrats and Political Development: A Paradoxical View," Joseph LaPalombara, ed., *Bureaucracy and Political Development*(Princeton University Press, 1963), pp. 120−167.

② 긍정적인 견해: 행정개혁은 어느 경우에나 본래적으로 바람직한 것이므로 발전도상국의 행정체제를 발전시켜야 한다고 보는 견해가 있다. 이 견해에 따르면 발전도상국들은 선진국의 제도를 선택적으로 도입해 적응시켜 행정능력을 향상시킬 수 있다고 한다.

③ 절충적인 견해: 발전도상국에서 정치체제의 균형 있는 성장이 바람직하고 장기적으로는 정치체제의 각 부문이 골고루 성장하여 그들이 행정체제를 견제해야 하지만 우선은 다른 정치과정의 성숙여부에 불구하고 과도적으로 행정개혁을 촉진해야 한다는 견해가 있다.

원래 발전도상국의 국가발전과정에서는 분화가 촉진되고 분화된 부문들 사이에 불균형이 나타나기 마련인데 그것을 모두 회피하려고 할 수는 없다고 한다. 그리고 행정체제에 대한 역할기대가 너무 크기 때문에 다른 부문의 성장을 기다리기 위해 행정체제의 발전을 지체할 수는 없다고 한다. 행정체제를 먼저 발전시키면 그것이 반드시 탈선하고 다른 정치과정을 위축시킨다는 것은 기우이며, 행정체제의 발전효과는 다른 부문에 전파될 수도 있다고 한다.[44]

행정체제를 발전시킬 필요에 대한 의견이 갈렸던 것은 발전도상국의 여건을 어떻게 이해할 것이며, 무엇을 행정체제의 발전이라고 볼 것인가에 대한 인식이 서로 다르기 때문에 빚어졌다고 생각한다.

행정체제의 발전을 일부러 촉진할 필요가 없다는 주장은 발전을 단순한 '강화' 또는 '세력확장'으로 이해한 데서 나온 듯하다. 행정체제의 세력을 무턱대고 확장시켜 지배적인 지위를 확보하게만 하고 그에 대한 통제는 소홀히 하는 발전행정의 일부 경향에 반발하여 나온 주장이라고 생각된다.

행정체제가 국가적 필요에 대응하여 본분을 지키면서 일을 더 잘할 수 있게 만드는 것이 행정체제의 발전이라 한다면, 그러한 의미의 발전은 어느 경우에나 바람직한 것이라 하겠다. 행정체제가 본분을 벗어나 자기이익의 옹호에 치중하거나 다른 부문의 발전을 저해하려는 것을 막는 조치도 행정체제를 발전시키는 일이라 할 수 있기 때문에, 행정체제가 강화되면 다른 부문이 자동적으로 위축된다는 주장은 성립될 수

---

44) cf., Ralph Braibanti, *Administrative Reform in the Context of Political Growth*(Brookings Institute, 1965), pp. 6-18; Milton J. Esman, *The CAG and the Study of Public Administration: A Mid-Term Appraisal* (Prepared for the Conference of the Comparative Administration Group, University of Maryland, Apr. 1966), pp. 29-30.

없는 것이다. 행정체제의 발전을 위해서는 다른 사회세력의 협조와 정치적 지도력의 지원이 필요한 것은 확실하다. 그러나 정치체제의 각 부문이 모두 균형 있게 발전하고 구미식 민주정체에서와 같이 행정체제를 견제하는 외부세력이 발전할 때까지 행정체제의 발전을 늦추어야 한다는 주장은 호소력이 없다.

참고문헌

한상진. (1984). 「사회발전과정에서의 국가의 역할」, 서울: 현대사회연구원.

Braibanti, Ralph. (1965). *Administrative Reform in the Context of Political Growth*, Brookings Institute.

Chandler, Ralph C. and Jack C. Plano. (1982). *The Public Administration Dictionary*, John Wiley and Sons.

Deutsch, Karl. (1961). "Social Mobilization and Political Development," *Political Science Review*, IV, 463~515.

Eisenstadt, S. N. (1965). *Continuity of Modernization and Development of Administration*, American Society for Public Administration.

Esman, Milton J. (1966). *The CAG and the Study of Public Administration: A Mid-Term Appraisal*, University of Maryland.

Finkle, Jason L. and Richard W. Gable, eds. (1996). *Political Development and Social Change*, John Wiley & Sons.

Gant, George F. (1979). *Development Administration: Concepts, Goals, Methods*, University of Wisconsin Press.

Heady, Ferrel and Sybil L. Stokes, eds. (1962). *Papers in Comparative Public Administration*, University of Michigan.

Heady, Ferrel. (1966). *Bureaucracies in Developing Countries: Internal Roles and External Assistance,* ASPA, CAG Occasional Papers.

_____ . (1979). *Public Administration: A Comparative Perspective*, 2nd ed., Marcel Dekker.

Henry, Nicholas. (1986). *Public Administration and Public Affairs*, 3rd ed., Prentice-Hall.

Hegeland, Hugo, ed. (1961). *Money, Growth, and Methodology and Other Essays in Economics*, Sweden, CWK GEERUP Lund.

Harris, Richard. (1967). *The Role of the Administration under Conditions of Systemic Political Change*, ASPA, CAG Occasional Papers.

Horowitz, Irving Louis. (1972). *Three Worlds of Development: The Theory and Practice of International Stratification*, 2nd ed., Oxford University Press.

Katz, Saul M. (1965). *A Systems Approach to Development Administration*, ASPA, Papers in Comparative Public Administration Special Series, No. 6.

Kim, Suk Joon. (1987). *The Role of the State and Public Policy in the Development of the Newly Industrializing Countries: The Cases of the Neo-Mercantile Security States in South Korea and Taiwan*, Unpublished Ph.D. Dissertation, University of California, LA.

Kindleberger, Charles P. (1965). *Economic Development*, 2nd ed., McGraw-Hill.

LaPalombara, Joseph, ed. (1963). *Bureaucracy and Political Development*, Princeton University Press.

McCurdy, Howard E. (1977). *Public Administration: A Synthesis*, Cummings Publishing Co.

Montgomery, John D. and William Siffin, eds. (1966). *Approaches to Development: Politics, Administration and Change*, McGraw-Hill.

Organski, A. F. K. (1965). *The Stage of Political Development*, Alfred A. Knopf.

Morgan, E. Philip. (1974). *The Administration of Change in Africa: Essays in the Theory and Practice of Development Administration in Africa*, Dunell Publishing Co.

Riggs, Fred W. and Edward W. Weidner, eds. (1963). *Models and Priorities in the Comparative Study of Public Administration*, ASPA, Papers in CPA Special Series No. 1.

Riggs, Fred W., ed. (1971). *Frontiers of Development Administration*, Duke University Press.

Rostow, W. W. (1959). "The Stages of Economic Growth," *Economic History Review*, August, 1-3.

Swerdlow, Irving, ed. (1963). *Development Administration: Concepts and Problems*, Syracuse University Press.

Siffin, William, ed. (1957). *Toward the Comparative Study of Comparative Administration*, Indiana University.

Stone, Donald C. (1965). *Tasks, Precedents, and Approaches to Education for Development Administration*, University of Pittsburgh.

Tinbergen, Jan. (1958). *The Design of Development*, Johns Hopkins Press.

U.N. (1975). *International Seminar on Major Administrative Reforms in Developing Countries*, Vol. III.

____. (1975). *Development Administration: Current Approaches and Trends in Public Administration for National Development.*

____. (1971). *Public Administration in the Second United Nations Development Decade.*

Waldo, Dwight. (1964). *Comparative Public Administration: Prologue, Problems and Promise,* CAG, ASPA, Papers on CPA Special Series, No. 2.

* 이 논문은 참고문헌을 본문 하단의 각주로 표기하던 시절에 쓴 것이다. 상세한 문헌 정보는 각주에서 찾아보기 바란다. 논문말미의 참고문헌 소개는 이 책의 편제를 통일하기 위해 새로 작성한 것이다.

▶ ▶ ▶ 리뷰

고길곤(서울대학교 행정대학원)

1. 서론

국가발전에 결부된 행정의 여러 문제를 연구하는 발전행정학(development administration)은 1960년대 전후로 미국 학계를 중심으로 활발하게 논의되다가 학계의 관심에서 점차 멀어졌다. 하지만 1990년대 후반부터 세계화(globalization)와 국제개발협력(official development assistance, ODA), 그리고 아시아를 중심으로 한 발전도상국들의 약진이 두드러지면서 발전행정의 중요성이 새롭게 조망을 받고 있다. 또한 한국 행정학의 역사적 흐름을 이해하기 위해서는 발전행정학의 이론을 이해하는 것이 매우 중요하다. 특히 한국의 발전경험을 배우고자 하는 발전도상국들에게 발전행정학은 많은 시사점을 제시해 줄 수 있다.

오석홍 교수님(이하 존칭 생략)의 "발전행정과 행정체제" 논문은 세 가지 측면에서 그 중요성을 확인할 수 있다. 첫째, 발전도상국의 관점에서 발전행정을 해석했다는 점이다. 발전행정학은 냉전시대에 미국의 발전도상국에 대한 대외원조 정책의 이론적 기초를 제공하는 과정에서 발전해왔다. 1970년대 이후 주로 세계은행(World Bank)이나 국제연합(United Nations)을 비롯한 국제기구의 시각에서 발전행정이 논의되었다. 그러나 오석홍의 논문은 발전도상국의 관점 특히 한국의 관점에서 발전행정을 이해하고 있다는 점에서 큰 특징이 있다.

둘째, 행정의 역할을 국가발전의 관점에서 해석하고 있다는 점이다. 최근 주류 행정학의 관심은 성과관리나 조직 및 정책관리와 관련된 공공관리(public management)에 초점이 맞추어지고 있다. 그러나 저자는 발전행정학을 소개하면서 행정이 국가발전의 목표를 설정하고 선도·관리하는 적극적인 역할을 강조하고 있다. 이것은 정치에 종속된 관리 지향적 행정을 벗어나 경제·사회·정치 발전에 적극적으로 기여하는 행정의 모습을 제시한다는 점에서 의미가 크다.

셋째, 발전행정의 관점에서 행정역량발전과 개혁의 필요성을 역설하고 있다. 행정에 대한 적극적인 수요에도 불구하고 발전도상국의 행정체제는 이러한 수요에 부응하고 있지 못한 실정이다. 물론 이러한 문제는 선진국에서도 유사하게 나타날 수 있지만 적극적인 행정에 대한 수요가 크고 환경변화가 빠른 발전도상국에서 행정개혁의 필요성은 더욱 크다고 할 수 있다.

2. 논문내용의 요약

논문은 발전행정연구의 논리를 검토하는 데에서 출발하고 있다. 먼저 발전행정연구의 영역은 발전도상국의 행정체제와 국가발전이 연구 대상임을 명확히 하고 있다. 국가발전은 발전도상국만의 문제는 아니지만 발전행정은 원칙적으로 발전도상국에 초점을 맞춘다는 점에서 일반적인 행정학과 구분이 될 수 있다고 본 것이다. 또한 정부의 모든 활동이 국가발전과 관련이 있지만 법·질서 유지를 위한 전통적 정부기능은 발전행정의 전제로 간주하고, 발전행정의 범위를 국가발전과 직접 관련되어 있는 행정활동에 한정하였다. 한편 발전행정과 행정발전의 개념을 엄격히 구분하는 견해도 있지만 저자는 대부분의 발전행정 연구와 마찬가지로 발전관리를 위한 행정발전도 발전행정의 영역에 포함시키고 있다.

선진국과 후진국의 행정을 비교하는 비교행정학에 뿌리를 두고 출발한 발전행정학은 1950년대와 1960년대를 거치면서 연구와 투자가 활발히 이루어졌다. 이 시기에 구축된 전통 발전행정은 엘리트 지향(elite orientation), 국가주의지향(statist orientation), 성장주의 지향(growth orientation)의 관점을 견지하고 있다. 논문은 이러한 가정에 기초한 행정처방이 행정권력의 비대화의 문제를 초래하고 있으며 민간부문의 창의적·자율적 성장을 저해하고 있음을 비판적으로 지적하고 있다.

이후 논문은 본격적으로 발전행정의 개념요소에 따라 발전도상국은 어떠한 국가를 말하며, 국가발전이란 무엇인지, 국가발전을 위한 행정체제의 역할은 무엇인지를 논의하고, 끝으로 행정발전을 위한 행정개혁의 필요성과 방향을 고민하고 있다. 먼저 발전도상국은 정치적 경쟁과 자유가 제약되어 있는 상황에서 국가발전을 촉진해야 한다는 압력을 받는다는 공통적인 특징을 보인다고 하였다. 이러한 발전도상국이 직면하는 국가발전의 과제는 나라마다 지향하는 내용이 다르다. 국가발전을 "사회·경제·정치체제가 바람직한 상태에 도달하는 것"으로 이해할 수 있지만 '바람직한 상태'가 무엇인지는 시간, 지역, 사회·경제·정치의 발전 단계에 따라 달라질 수 있다. 누가 이러한 목표상태를 정의할지가 쟁점이 될 수 있으나 발전행정이론에서는 행정체제가 목표상태를 정의하고 해결책을 찾아 간다는 관점을 제시한다.

다음으로 저자는 발전도상국에서 국가발전을 위한 행정의 적극적 역할을 강조하고 있다. 특히 정치체제의 불균형 성장으로 정치 집단이 무능하고 민간부문이 부실한 상황에서 자원, 조직, 관리능력이 상대적으로 우월한 행정체제가 국가발전의 목표를 설정하고 선도·관리하는 역할을 할 필요가 있음을 지적하였다. 정치적 정당성을 갖는 의회가 목표를 설정하고 행정은 이를 집행한다는 주류 미국 행정학의 관점과 비교해보면, 적극적인 행정역할을 강조하는 것은 발전행정의 특징을 잘 보여준다고 할 수 있다.

실제로 동아시아 국가에서는 정부의 적극적인 역할을 통해 경제발전을 달성한 경우가 많았다는 점에서 행정에 대한 높은 수요는 발전행정에서 자연스러운 현상일 수 있다. 실제로 Chalmers Johnson(1982)의 "MITI and the Japanese Miracle", Peter Evans(1995)의 "Embedded Autonomy: States and Industrial Transformation", Huck-ju Kwon(2005)의 "Transforming the Developmental Welfare State in East Asia" 등을 통해 이론화 된 발전국가(developmental state)이론 역시 아시아 국가 발전에서 국가의 적극적 역할을 강조한다. 하지만 아프리카나 라틴아메리카의 많은 발전도상국들은 정부에 대한 낮은 신뢰로 인해 행정체제에 대한 기대 수준이 낮은 경우도 흔히 발견된다. 특히 우리나라와 같이 실적주의에 입각한 유능한 관료들이 행정체제를 이끌어가지 않는 나라에서는 행정의 적극적 역할에 대한 기대수준이 낮다. 따라서 행정의 적극적 역할의 수요는 국가에 따라 달라질 수 있음에 주목할 필요가 있다.

논문에서는 행정의 적극적 역할이 구체적으로 어떤 것인지에 대한 논의도 제시되고 있다. 특히 경제발전은 국가발전의 핵심적인 내용이므로 발전행정에서는 경제분야에서 행정체제의 선도적 역할을 중요하게 다루고 있다. 주목할 만한 것은 계획수립부터 자원배분, 시장의 규율과 통제, 인력양성, 법과 제도 및 조직의 신설 등에 걸친 광범위한 활동을 통해 행정체제가 경제발전에 기여할 수 있다고 주장한다는 점이다. 하지만 논문에서 정부 개입에 대한 근거는 잘 설명하고 있으면서도 개입의 효과성이나 정부 실패 가능성은 중요하게 논의하고 있지 않다. 이것은 논문이 정부주도의 경제발전을 성공적으로 이룩했던 한국의 경험에 바탕을 두고 발전행정을 이해한 것으로 해석할 수 있다.

또한 발전행정에서는 사회적 통합, 다원적 가치를 추구하는 집단의 형성과 지원, 그리고 복지, 건강, 환경 등 사회발전에 관한 행정체제의 적극적 역할의 중요성도 지적하고 있다. 다만 논문에서는 행정체제가 다른 정치체제나 사회체제와 어떻게 상호작용을 하면서 이러한 역할들을 수행해야 될지에 대해서는 크게 논의하지 않았다. 이것은 1980년대 한국 행정학에 행정부 우위의 관점이 강하게 투영되고 있음을 시사한다.

마지막으로 저자는 행정개혁의 필요성을 제시하고 있다. 발전도상국에서는 행정체제가 국가발전의 주도적 역할을 수행하지만, 현실적으로 행정능력이 역할기대에 크게 미치지 못하는 문제가 있다. 논문에서는 발전도상국 행정체제의 여러 문제점을 구체적으로 지적해주고 있는데 이 중 흥미로운 것은 유능한 중·하위층 인력 확보의 어려움에 대한 것이다. 우리나라의 경우 고시제도를 통해 등용된 유능한 고위공무원의 긍정적 역할에 대한 논의는 많았지만 중·하위층 공무원의 역할에 대한 관심은 크지 않았다. 본 논문에서는 실적주의가 제대로 정착되지 못한 경우 행정의 효율성이 떨어지고 부패가 제도화 되는 문제가 초래 될 수 있음을 지적하고 있다. 따라서 발전행정을 원활히 추진하기 위해서는 (1) 행정목적을 확립하고, (2) 행정구조를 발전시키고, (3) 과도한 형식주의로 인한 폐단을 시정하며, (4) 유능한 인력을 육성하고 (5) 제도화된 공직부패를 억제하기 위한 수단이 필요함을 역설하였다. 끝으로 저자는 비록 근본적으로 행정개혁의 필요성을 부정하는 견해가 존재하는 것이 사실이지만, 행정발전을 사회적 요구에 대해 더 잘 대응하는 것으로 이해한다면, 발전도상국의 급박한 국가발전 압박 속에서 행정개혁을 통한 행정역량 강화와 행정발전이 피해갈 수 없는 과제임을 지적하였다.

3. 시사점

본 논문은 행정에 대한 관점이 1980년대와 현재에 어떻게 다른지를 잘 보여준다. 본 논문에서 제시하고 있는 발전행정의 여러 모습들은 현재 우리나라의 행정과는 많은 차이를 보인다. 행정체제가 국가목표를 설정하고 발전을 주도한다는 관점은 점차 약화되고 국회와 정치체제의 역할이 강조되고 있다. 특히 참여, 책임성, 민주성이 강조되는 현대 행정에서 발전과 성장이라는 가치는 점차 주목을 받지 못하고 있다. 또한 국가중심주의는 시민사회와 민간부문의 성장에 따라 참여민주주의로 대체되고 있다.

일부 독자들은 과거의 발전행정 이론을 시대에 뒤떨어진 것으로 오해할 수도 있을 것이다. 하지만 국가발전을 위해 행정체제가 사회·경제·정치 문제를 적극적으로 해결해야 된다는 문제의식, 그리고 그 역할과정에서 발생할 수 있는 여러 문제에 대한 인식은 여전히 유효하다고 할 것이다. 또한 발전도상국과 우리나라 행정체제의 발전 경험을 공유할 때 우리나라가 발전도상국 단계에 있었을 때의 고민을 공유하는 것이 바람직할 수 있다. 이런 점에서 저자의 논문은 오랜 시간이 지난 오늘 시점에서도 여전히 큰 시사점을 던져준다고 할 것이다.

지방재정자립도 산정방식의 한계와 지방재정력 측정지표의 활용 방안

지방재정자립도 산정방식의 한계와
지방재정력 측정지표의 활용 방안*

오연천(울산대학교 총장)**

I. 서론

민주정부의 기본요건의 하나로 간주되는 지방자치의 실시가 임박하였다. 지방자치가 시민적 요구, 선호에 부합하는 방향으로 운영되기 위해서는 지역주민에 의한 자율적인 지방정부 구성이 보장되고, 중앙정부로부터의 정치적 통제가 최소한도에 머무르는 가운데, 지방재정 운용의 건전성과 자주성이 일정 범위 내에서 확보되어야 한다. 이런 점에서 지방재정 측면에서의 자율적 기반조성은 지방자치의 원활한 운영을 가능케하는 주요 과제의 하나로 여겨진다.

지방자치단체의 일반회계 기준으로 지방세입에서 지방세와 세외수입이 차지하는 비율로 표시되는 현행『재정자립도』는 비록 지방재정의 실질적인 건전도와 대응능력을 적절하게 반영하지 못하는 한계를 지니고 있지만 지방자치단체의 외형적 자립 수준과 지방세입의 자치단체 간 불균형을 손쉽게 나타내 주고 있어 지방재정 분야에서 자주 활용되는 지표이다. 제5공화국 헌법에서도 자치단체의 재정자립도를 감안하여 지방의회를 순차적으로 구성하도록 규정함으로써, 이러한 지방재정자립도의 수준이 지방자치 실시의 관건임을 명백히 한 바 있을 뿐 아니라 향후 지방자치 실시의 범위와 수준을 논의함에 있어서도 동 개념이 자주 원용되고 있다.

이에 본고에서는 지방자치단체가 안고 있는 재정자립 수준의『절대적 취약성』과 재정력의『지역적불균형』을 표현하는 데 광범위하게 활용되고 있는 지방재정자립도를 중심으로 우리나라 지방재정의 실태를 분석하고, 이러한 지방재정자립도 산정방식이 내포하고 있는 문제점을 살펴본 후 지방재정의 실질적 자립 수준 및 재정구조의 건전성을 보다 정밀하게 나타내 줄 수 있는 재정지표의 활용 방안을 제시하고자 한다.

---

* 이 논문은 1988년『행정논총』, 제26권 제2호, pp. 267-293에 게재된 글을 수정·보완하였다.
** 본 원고 작성시 서울대학교 행정대학원에 재직. 본고의 작성에는 본 대학원 곽채기 석사와 이재원 조교의 도움이 컸음.

Ⅱ. 지방재정자립도에 의거한 지방재정의 실태 분석

1. 지방재정 자립 수준의 추이

지방자치단체 재정자립 수준의 추이를 연도별로 살펴보면 <표 1>과 같다. 우선 1987년 일반회계 기준으로 전국 자치단체의 평균 재정자립도는 52.7%를 나타내고 있으며, 자치단체별로는 서울특별시가 97.5%, 직할시가 84.0%로서 높은 자립 수준을 보여주고 있는 반면, 시·군에 대한 조정적·통합적 기능을 수행하는 도가 32.7% 수준을 나타내고 있다. 또한 같은 일선지방자치단체이면서도 시는 57.6%라는 상대적으로 높은 자립수준을 보이고 있는 반면 군은 25.9%에 머무르고 있는 실정이다.

표 1 지방재정자립도의 연도별 추이(일반회계)

(단위: %)

구분	1979	1980	1981	1982	1983	1984	1985	1986	1987
전국	55.1	54.3	55.5	57.8	59.6	58.1	58.3	56.0	52.4
서울	94.7	93.9	95.2	96.0	97.6	97.9	98.5	98.1	97.5
직할시	86.7	85.4	92.3	88.8	90.4	91.6	91.3	89.6	84.0
도	42.6	38.6	46.1	44.7	45.1	43.5	41.8	40.3	32.7
시	64.4	67.4	62.4	59.1	58.7	60.8	57.5	61.9	57.6
군	31.2	32.8	30.8	33.1	32.4	32.0	28.1	30.0	25.9

주: 1979년에서 1986년까지는 일반회계 총계 결산기준이며, 1987년은 최종예산기준임.
자료: 내무부 『지방재정연감』 1984, 1986, 1987.

이러한 재정자립비율에 비추어볼 때 지방재정 자립 수준의 취약성이 도와 군 단위에서 현저함을 알 수 있다. 또한 지방재정자립도의 전반적인 추세를 총괄적으로 살펴볼 때는 최근 10년 동안 대체로 54~60% 내외에 머무르고 있는 가운데 자치단체별로 기복이 있음을 알 수 있다. 즉, 서울특별시는 전반적인 자립도가 높아지고 있으며, 직할시와 도의 경우는 주요 도시의 직할시 편입에 따라 재정자립비율에 기복이 있다. 한편, 자치단체의 근간을 이루는 시와 군이 그동안 외형적 재정자립수준에 있어 별다른 진전이 없었음을 알 수 있는데, 이는 시·군지역 지방재정의 건실화를 위한 획기적 노력이 장기적 안목에서 마련되어야 할 것이라는 점을 시사해 주는 것이다.

각 자치단체의 재정자립도가 연도에 따라 기복을 보이고 있는 것은 자체재원 확보 수준이 연도에 따라 차이가 나는 것도 원인의 일부를 이루겠으나, 보다 근본적인 원인은 중앙정부의 이전재원(교부세, 보조금)이 문자 그대로 중앙재정의 정책 방향과 중앙정부 세입 변화에 영향을 받기 때문이라고 할 수 있다. 가령 국고보조금 규모 변화에 따라서도 지방재정자립도가 민감하게 변화하였음을 확인할 수 있다. 1987년의 전국기준 일반회계 재정자립비율(52.4%)이 1986년(56.1%)에 비해 약 4% 정도 낮아진 것은 1987년 예산에서 세외수입이 감소한 데에도 원인이 있으나, 국고보조금이 전년도에 비해 약 2,000억원 이상이나 증가한 데에도 그 원인이 있다.

2. 지방재정 자립 수준의 지역별 격차

지금까지 자치단체별 재정자립 수준의 추이를 살펴보았으나, 여기서는 동일한 자치단체 계층 내에서 재정자립도의 지역별 격차를 파악해 보기로 한다. <표 2>는 1986년 일반회계 결산기준으로 특별시·직할시를 제외한 9개 지역의 도·시·군 자치단체의 재정자립도를 표시한 것이다. <표 2>의 도는 각 지역의 도 단위 자치단체의 재정자립 수준을 표시하고 있지만, 시·군은 해당 지역 시·군 자치단체의 평균적인 재정자립 수준을 표시하고 있음에 유념해야 한다.

표 2 지역별 지방자치단체의 평균재정자립도(1986)

(단위: %)

구분	도	시	군
경기	60.9	70.0	41.4
강원	31.1	43.5	22.8
충북	29.9	64.5	21.2
충남	36.1	61.6	27.7
전북	27.6	55.1	20.3
전남	30.8	57.4	22.7
경북	30.8	55.2	23.8
경남	41.4	70.9	27.3
제주	37.4	46.4	31.9
평균	37.9	61.0	27.0

주: 1986년도 일반회계 결산 기준.
자료: 내무부, 『지방재정연감』, 1987.

우선 도의 경우, 자립도가 30% 미만인 전북·충북으로부터 자립도가 높은 경기 (60.9%)에 걸쳐 지역 간 격차가 현저함을 알 수 있다. 시에 있어서도 경기·경남지역 시의 평균재정자립도가 70%에 이르고 있는 반면 강원·제주지역의 시는 50% 미만에 불과하다. 도 역시 경기 지역은 41.4%로서 전국의 평균 자립수준을 14%나 초과하고 있으나 강원·충북·전북·전남지역의 군은 20%를 약간 상회하고 있을 뿐이다. 여기에서 시와 군은 해당 지역의 평균 자립도를 나타내고 있는데도 이와 같이 지역적인 격차가 크다는 사실을 감안한다면 개별 자치단체간 재정자립도의 지역 간 불균형은 더욱 심하리라는 것을 쉽게 짐작할 수 있다.

이와 같이 동일한 기능과 재정체계를 가진 자치단체이면서도 지역별로 자립 수준의 심한 격차가 나타나고 있는 것은 지역에 따라 산업 발전의 수준, 사회간접자본의 형성, 취업 인구 분포, 인구밀도 등이 현격하게 차이가 남으로써 지역경제력과 세입확보 능력의 불균형이 초래되기 때문이라고 말할 수 있다.

3. 지방재정의 취약성에 대한 시각의 정립

그동안 지방자치가 유보되어 왔던 이유로서 가장 큰 몫을 차지했던 것은 지방재정의 취약성과 지역별 불균형이었다. 우리는 현재 지방재정의 자립기반이 성숙되지 않았음을 부인할 수 없겠으나, 지방자치 실시 시기와 타당성의 논의에 있어 그 전제조건으로 지방재정의 실상에 대한 획일적 이해가 지방자치의 나아갈 바를 그릇 이해시켜 왔음에 유념할 필요가 있다. 특히 『재정자립도』라고 하는 단선적 기준에 의거하여 전반적인 지방재정의 실상과 개별 자치단체의 재정건전성이 표현됨으로써 지방재정의 위상과 정책적 진단을 오도하였던 점을 부인할 수 없다.

환언하면 지방재정의 절대적 자립수준이 낮고 지역 간 재정력의 격차가 매우 현격한 것이 사실이나, 이러한 것이 지방자치 실시 유보나 일부 지역에 한정된 지방자치 실시 주장의 명분이 될 수는 없다는 것이다.

이런 점에서 지방재정자립비율이 낮은 자치단체라고 하여 "지방자치 실시의 여건이 조성되어 있지 않아 지방의회를 구성함에 있어 신중을 기해야 한다"는 주장은 지방자치의 본질을 충분히 이해하지 못한 데서 연유하는 발상이라고 할 수 있다. 설령 재정자립수준이 현저하게 낮은 자치단체라고 하더라도 이를 보완하기 위한 지방재정조정기구가 원활하게 기능한다면 자치기구의 원만한 운영이 저해되지 않을 것이다. 환언하면, "자치단체의 외부재원 의존비율이 높은 만큼 그에 상응하여 자율적 의사결정 영역이 축소될 수밖에 없다"라는 견해는 불식되어야 한다는 것이다.

흔히 '낮은 지방재정자립도'로 표시되는 우리나라 지방재정의 취약성은 기본적으로 국민경제가 부담할 수 있는 공공부문의 가용재원을 중앙정부와 지방정부 간에 어떻게 배분하느냐에 달린 문제로서 지방정부 고유의 문제로 국한해서는 안 될 것이다. 가상적으로 말해 국민경제가 건실하게 성장·발전하고 있으며 중앙정부가 건실한 재정구조를 가지고 있는 상태에서 만일 지방정부의 재정상태가 절대적 수준에서 취약하다면 이는 국민경제적 차원에서 지방정부에 대한 배려가 이루어지지 않고 있는 것으로 이해되어야 할 문제이다.

아울러 지방자치 실시와 지방재정 건실화의 장애요인으로 지적되고 있는 지역경제력 및 지방재정의 지역별 불균형 문제 역시 우리만의 고유한 문제가 아니라고 할 수 있다. 왜냐하면 어떤 국가에서도 지역적으로 균등한 발전이 이루어지고 있는 예를 발견하기 어려우며, 산업의 입지조건이나 자연환경, 역사적 배경에 차이가 있는 한 지역 간에 경제력의 차이가 발생하는 것은 불가피한 현상이라고 할 수 있기 때문이다. 이런 점에서 지방자치의 실시는 국토의 균형있는 발전과 지역경제의 활성화를 촉진할 수 있는 좋은 계기가 될 것으로 전망된다. 우리와 같은 권위주의적 정치문화 하에서는 정치적 의사결정 메커니즘이 존재하는 곳에 경제·사회·문화 등 제 영역의 기능이 집중되는 경향이 있다는 것을 생각할 때, 정치적 의사결정센터를 지방으로 분산하는 것이야말로 지역경제의 발전, 지방재정의 건실화 및 지방문화의 창달을 위한 가장 유효한 방안이라는 점도 강조되어야 할 것이다.

III. 현행 『지방재정자립도』 산정방식의 제약점

일반적으로 일반회계 세입을 기준으로 지방세와 세외수입을 합한 자체재원이 전체 세입[자체재원＋의존재원(지방교부세와 보조금)]에서 차지하는 비율로 표시되고 있는 지방재정자립도는 지방재정부문에서 자주 사용되는 지표의 하나임에 틀림없으나, 개별 자치단체의 재정능력과 재정 운용의 건전성을 정확하게 반영하지 못한다는 문제를 안고 있다. 특히 서울특별시를 비롯한 대도시 자치단체들에 있어, 지방재정자립도를 활용하여 자립 수준을 판단할 경우 실질적인 재정자립 수준이 과대평가 되는 등 제반 문제점이 현저하게 나타나고 있다.

본장에서는 개별 자치단체의 실질적인 지방재정수준과 재정구조의 건전성을 보다 정밀하게 나타내 줄 수 있는 재정지표를 개발하기 위한 사전적 노력의 일환으로 현재 지방재정당국 또는 재정 통계자료에서 광범위하게 통용되고 있는 『지방재정자립도』 산정방식이 내포하고 있는 문제점 또는 제약점을 살펴보기로 한다.

1. 일반회계 위주의 재정자립도

지방재정의 자립수준을 나타내는 데 사용되는 『지방재정자립도』는 일반적으로 일반회계의 세입을 중심으로 자체재원이 전체 세입에서 차지하는 비율로 표시되고 있는데, 특별회계를 제외한 상태에서 일반회계로만 재정자립도를 획일적으로 산정한다면 지방재정의 실질적인 자립수준이 실제보다 과소평가될 수 있다. 왜냐하면 특별회계에서는 자체재원으로 분류되는 사업수입, 사업외수입 등 세외수입이 월등히 높은 비중을 차지하는 관계로, 특별회계와 일반회계를 합한 상태에서는 자체재원의 비중이 커질 수밖에 없다. 이런 점에서 지방자치단체의 실질적인 재정구조를 파악하고자 특별회계를 포함한 통합재정수지 개념에서 재정자립도를 산정할 경우에는 일반회계를 기준으로 산정할 때보다 높게 나타난다는 점이 간과되어서는 안 될 것이다.

<표 3>을 통해 확인할 수 있는 바와 같이 재정자립도를 일반·특별회계 총계기준으로 산정하면, 서울특별시를 제외하고는 재정자립도가 한결 높게 나타나고 있다. 즉 일반·특별회계 총계기준에 의거한 전국 평균 재정자립도가 일반회계기준에 의거한 경우에 비해 무려 16%정도나 높은 것으로 표시된다. 반면에 서울특별시에 있어서 일반·특별회계 총계기준으로 자립도를 산정할 경우, 일반회계기준에 비해 그 비율이 오히려 낮아지는 것은 서울특별시에 있어서는 일반회계의 보조금에 비해 그 규모가 큰 특별회계 보조금이 일반·특별회계 합산 시 의존재원에 포함되어 산정되기 때문이다. 그런데 <표 3>에서 확인할 수 있는 바와 같이, 전반적으로 특별회계의 상대적 비중이 큰 자치단체, 특히 도시형 자치단체일수록 일반·특별회계 합계에 의한 재정자립도가 일반회계 기준 시에 비해 큰 차이를 보이게 된다.

실질적인 정부 활동을 종합적으로 파악하기 위해서는 조세를 주요 재원으로 하여 일반적 보상관계에 입각한 일반적 정부 활동을 주로 계리하는 '일반회계'뿐 아니라 공기업 활동을 위시한 각종 사업 활동을 계리하는 '특별회계'(공기업특별회계와 기타 특별회계)까지도 포함한 통합재정수지에 입각하여 재정규모 및 재정적자를 나타내는 경우가 더 효과적이다.[1]

---

1) 재정수지의 계리방식과 통합재정수지의 유용성에 관하여서는 졸고, <재정수지(적자) 계리의 접근방식과 재정수지관리방향>, 『행정논총』 제24권 제2호, 서울대학교 행정대학원, 1986을 참조 바람.

| 표 3 | 일반회계와 총재정수지에 의거한 지방재정자립도 비교(1987) |

(단위: %)

구분	일반회계	일반 · 특별회계 총계
전국	52.4	68.3
서울	97.5	95.3
직할시	84.0	91.5
도	32.7	45.4
시	57.8	74.9
군	25.9	36.7

주: 1987년도 총계 예산기준.
자료: 내무부, 『1987년도 지방자치단체예산개요』, 1987.

특히 지방정부에 있어서는 공기업부문을 포함한 특별회계부문이 큰 비중을 차지하고 있어 실질적인 지방정부 활동을 포괄적으로 파악하기 위해서는 이들을 모두 망라하여 재정규모를 산정하는 것이 바람직하다고 할 수 있다. 흔히 중앙정부의 규모 산정에 있어서 특별회계 또는 공기업부문을 제외시키는 것이 일반적인 관례임에도 지방정부의 규모 산정에는 지방공기업을 중심으로 한 특별회계부문을 포함시켜 계리하는 것이 오히려 일반적인 관례가 되고 있는 것은, 중앙정부에 있어서는 순수공공재적 성격이 강한 재화 · 서비스를 공급하는 기능을 수행하는 일반정부부문과 공기업(또는 특별회계)부문이 명확하게 구획되지만, 지방정부에 있어서는 공공서비스 자체가 사업적 성격을 띠는 것이 많아 일반행정서비스와 공기업서비스를 구분하는 것 자체가 의미가 적을 뿐 아니라 별도의 법인격을 창설하지 않은 채 지방자치단체가 직접 운영하는 공기업이 많기 때문이라고 해석할 수 있다. 이런 점에서 지방재정 자립수준을 가늠해주는 재정자립도를 일반회계 기준 뿐 아니라 일반 · 특별회계 기준에 의해서도 산정하는 것이 타당하다고 생각된다.

2. 총계기준에 의거한 재정자립도

정부부문의 세입과 세출을 계리하는 방식은 흔히 총계기준에 의거한 방식과 순계기준에 의거한 방식으로 구분된다. 일반적으로 총계기준에 의한 예산규모가 순계기준에 의한 규모에 비해 크게 표시되는데, 이와 같이 두 계산에 차이가 나는 것은 일반 · 특별회계 간 상호 전출 · 전입이 빈번하게 발생할 뿐 아니라 중앙정부 · 지방정부 간 또는 상 · 하 자치단체 간에 재원의 이전(특히 지방교부세나 국고보조금)이 이루어지기 때문이다.

이와 같은 재정규모 산정방식 중 어느 것을 취하느냐에 따라 지방재정자립비율의 고저가 좌우된다. 현행 지방재정자립도는 관례상으로 총계규모기준에 입각하여 산정되고 있는데, 이러한 총계기준에 기초한 재정자립도는 순계기준에 의한 경우에 비해 전반적으로 낮게 표현된다. 왜냐하면 총계기준에 의할 경우, 보조금이 상하 자치단체 간 중복됨으로써 실제보다 크게 나타나 외부의존재원비율이 높게 표시되기 때문이다. 지방세수입이나 지방교부세의 경우에는 총계·순계기준에 관계없이 일정한 규모로 표시되고 있지만, 보조금과 세외수입은 그 기준에 따라 규모가 달라지게 된다.

<표 4>에 나타난 바와 같이 일반회계 총계기준에 의할 경우 우리나라 전체의 평균 지방재정자립도가 56.0%를 보이고 있으나, 순계기준에 입각할 경우 그 비율이 61.9%로 높아지게 된다. 이는 기본적으로 순계규모에 따른 보조금이 총계규모에 따른 보조금의 50% 수준에 불과한 것으로 표시되었기 때문이다. 아울러 세외수입에 있어서도 일반적으로 순계규모기준에 의하면 금액이 작아지게 되거나 그 규모가 보조금 감소 규모에 비해 매우 적기 때문에 재정자립비율의 변화에 주는 영향은 미미한 것으로 나타나고 있다.

표 4 총계·순계규모에 의거한 재정자립도 비교(1986)

(단위: 백만원, %)

구분	총계규모	순계규모
지방세	1,809,751(32.6)	1,809,751(38.0)
세외수입	1,303,018(23.5)	1,133,010(23.8)
지방교부세	1,295,903(23.3)	1,295,903(27.3)
보조금	1,146,102(20.6)	518,428(10.9)
합계	5,554,775(100.0)	4,757,094(100.0)
자립도	56.0	61.9

주: 1986년 일반회계 최종 예산기준.
자료: 내무부, 『지방재정연감』, 1987.

3. 지방교부세의 의의와 재정자립도의 해석

지방재정자립도 산정 방식에 있어 지방세입 구조에서 상당한 비중(1987년 기준 일반회계 세입의 24%)을 차지하고 있는 지방교부세를 이의 없이 의존재원으로 획일적으로 처리함으로써 지방재정 자립수준의 외견적 비율의 낮음이 강조되고 있다는 사실을 간과할 수가 없다. 현행 지방교부세제도는 중앙정부가 거두어들인 세수를 지방재정의 재원부족을 보충하고, 지방재정의 자치단체별·지역별 불균형을 시정하기 위해 지방자치단체에 재배분하는 지방재정조정제도에 해당되는 바, 이러한 성격의 지방교부세는 그 재원이 중앙정부의 내국세이며 재원 배분결정이 중앙정부 수준에서 이루어진다는 사실을 제외하고는 내국세의 일정비율(13.27%)을 지방재정에 배정토록 법정화되어 있다는 점, 그리고 교부재원의 대부분이 지방자치단체의 일반재원에 충당된다는 점을 감안할 때, 대체세원으로서의 성격을 띠고 있다고 할 수 있다.2) 따라서 지방교부세는 중앙정부의 지방정부에 대한 하강적인 재정원조로서 이해될 것이 아니라, 본래 지방세로 배분하지 않으면 아니 될 세원을 지방자치단체의 세원 편재에서 비롯되는 지역적 불균형의 심화를 막기 위해서 중앙정부가 국세로 징수하여 국고를 통하여 지방으로 재분배하는 '독립공유재원'으로 이해되어야 할 것이다. 이런 점에서 지방교부세를 획일적으로 자체수입원에서 제외시킨 상태에서 지방재정자립도를 산정하는 현재의 방식은 상당히 제약된 의미를 내포하고 있다. 특히 지방교부세가 일정 산식에 의거하여 자치단체에 배분됨으로써 중앙정부의 관여가 없다면 이러한 교부세재원은 지방자치단체의 일반재원으로서 지방세와 큰 차이가 없다는 점에서, 지방교부세를 획일적으로 의존재원으로 처리하는 현행 지방재정자립도 산정 방식은 재평가되어야 할 것이다.

4. 지방세외수입과 재정자립도

현행 지방세입 분류방식에 의하면 세외수입은 지방세와 함께 지방자치단체의 독자적인 노력과 절차에 의한 자주재원으로 분류되고 있어 세외수입의 확충은 다른 여건이 같은 한, 지방자치단체의 재정적 자립수준을 높여주는 역할을 한다.

지방세외수입은 통상적으로 지방정부의 자체재원 중에서 지방세 수입을 제외한 나머지 수입을 가리키는 것으로서 지방세 수입에 대응되는 의미로 이해되고 있다. 그런데 지방세외수입은 사용료, 수수료, 재산수입 등 지방정부가 사업을 운영하거나 특정한 서비스를 제공하는데 따른 반대급부로서 징수하는 수입, 이월금·전입금·이자수입 등 지방세입의 운영과 회계처리 과정에서 발생하는 부수적이고 명목적인 수입, 그리고 지방채·융자금과 같은 외부차입 수입 등 다양하고 이질적인 수입원을 광범위하게 포함하고 있어 이들을 '세외수입'이라는 단일의 틀 속에서 자체재원으로 획일적으로 처리함으로써 재정자립 수준의 실상을 왜곡할 여지를 안고 있다. 환언하면 세외수

---

2) 졸저, 『한국지방재정론』(서울: 박영사, 1987), p. 296.

입이 명목상으로 자치단체 스스로의 노력에 의하여 확보하는 수입의 한 형태인 것은 사실이나, 이질적인 수입원을 다양하게 포함하고 있을 뿐 아니라 단순한 회계적 수입이나 임시적 수입도 포함하고 있어, 이들이 획일적으로 자체재원에 포함되어 재정자립도가 산정될 경우, 지방재정의 실질적인 자립 수준이 과대평가될 소지를 안게 된다. 사실상 개별 자치단체의 재정자립도 수준의 변화가 지방세 수입의 증감보다는 세외수입의 증감에 영향을 받는 경우가 많았던 것도 세외수입의 불규칙적·불안정적 수입원으로서의 일면을 보여주는 것이라고 할 수 있다.

지방세와 세외수입을 비교해 볼 때, 지방세의 증가는 당해 자치단체 재정능력의 비례적인 증가로 해석될 수 있는 반면, 세외수입의 증가는 비록 자체재원의 범위가 넓어졌다하더라도 당해 자치단체의 실질적 재정능력이 비례적으로 높아졌다고 말하기는 어려울 것이다. 이런 점에서 세외수입을 획일적으로 지방세와 동일한 수준에 놓고 재정자립도를 산정하는 방식은 제약된 의미를 내포할 수밖에 없다.

5. 지방채의 성격과 재정자립도

지방채는 지방재정자립도를 산정할 때, 지방세외수입으로 분류되는 관계로 자체재원에 포함되고 있는데, 사실 지방채가 실질적으로 외부의존재원임에도 불구하고 자체재원에 포함됨으로써 자립 수준을 실제보다 높게 평가해 주는 역할을 한다. <표 5>는 지방채의 대 지방세입 비중이 높은 서울특별시, 직할시 등의 경우 재정자립도(일반회계기준)가 높은 반면, 지방채의 비중이 상대적으로 낮은 도·시·군의 경우 재정자립도 역시 낮게 나타나고 있음을 보여주고 있다. 특히 지방채의 비율이 지방세입의 2.5%에 불과한 군은 자립도가 25.9%에 지나지 않는다. 이와 같이 대규모 건설사업을 많이 추진하는 대도시는 자연적으로 지방채 수입의 비중이 높아 원리금 상환에 따른 재정적 압박에 직면하고 있는데, 현행 재정자립도 산정 방식으로는 이를 반영할 수 없음에 유념해야 한다. 따라서 재정자립도만 가지고는 대외채무와 관련된 재정수지의 실질적 건전도나 대외지불능력의 수준을 평가할 수 없다. 예를 들면 서울특별시 지하철공사가 1986년 말 현재 안고 있는 누적 부채는 모두 2조 398억원에 달하고 있는데 (표 6), 이는 서울특별시 일반회계 연간 예산규모인 1조원의 2배에 달하는 수준이다. 서울특별시 지하철특별회계의 원리금 상환 규모가 1987년도에는 4,306억원으로서[3] 동 특별회계 총지출규모 5,568억원의 77%에 이르고 있다. 현재까지 지하철사업이 적

---

3) 서울특별시, 『'87 시정』, 1987.7, pp. 670−671.

자운영을 면치 못한다는 점을 감안할 때, 지하철건설을 위해 진 부채는 당분간 지하철특별회계가 독자적으로 상환할 능력이 없음으로 일반회계가 상환을 분담해야 하는 상황에 직면할 우려를 배제할 수 없다.

표 5 자치단체별 지방채의 대 지방세입 비중과 지방재정자립도(1986)

(단위: 백만원, %)

구분	지방채 (A)[1]	세입총계 (B)[2]	지방채의 대 세입총계비교 (A/B)	재정자립도[3]
서울시	302,381	2,200,858	13.7	98.1
직할시	108,935	1,244,510	14.5	89.6
도	160,697	1,901,182	8.5	40.3
시	107,342	1,341,027	8.0	61.9
군	46,182	1,873,579	2.5	30.0
합계	797,537	8,561,155	9.3	56.0

주: 1) 1986년 결산기준으로서 당해연도 지방채 수입임.
   2) 1986년 일반회계 · 특별회계 세입 결산 총계 기준.
   3) 재정자립도는 1986년 일반회계 총계 결산 기준.
자료: 내무부, 『지방재정연감』, 1987.
   내무부, 『지방세정연감』, 1987.

표 6 서울특별시 지하철특별회계의 부채 현황

(단위: 억원, %)

구분		부채규모
내국채	재정	4,478
	금융	4,884
	공채	3,408
	공사채	2,871
	소계	15,641(77%)
외채	차관	4,487
	외자	270
	소계	4,757(23%)
합계		20,398(100%)

주: 1986년 말 기준.
자료: 서울특별시, 『'87 시정』, 1987, p. 671.

　　그러나 아이러니컬하게도 이와 같이 많은 부채로 심각한 재정난을 염려하는 서울특별시의 재정자립도가 98.1%(1986년 결산기준)로 표시된다는 것은 현재의 재정자립도가 부분적인 평가기준밖에 되지 않는다는 사실을 말해준다. 따라서 지방자치단체의 세입에서 지방채 수입(부채)을 포함한 자체재원이 차지하는 비중을 말하는 지방재정자립도라는 개념은 이런 의미에서 재검토되어야 한다.[4]

6. 지방재정의 총량적 규모와 재정자립도

　　우리나라의 지방정부가 당면하고 있는 근원적 문제로서 지방정부가 현존 또는 향후 예상되는 공공수요를 충족시키기에는 아직도 지방정부의 재정규모가 적절한 수준에 이르지 못하고 있다는 점이 지적될 수 있다. 그런데 지방세입의 외부의존재원비율을 나타내주는 지방재정자립도는 지방재정 규모의 적정성을 표현해 주지 못하고 있다는 문제를 안고 있다. 가령 도시가 구비하여야 할 기본적인 시설을 제대로 갖추지 못하고 있을 뿐만 아니라 이러한 시설의 구비를 위한 예산의 계상이 여러 가지 이유로 허용되지 못하고 있는 상황 하에서 세입 총액에서 자체재원이 차지하는 비중만 가지고 산출된 재정자립도란 무의미하다는 것이다. 따라서 지방재정이 "도시화의 파고 속에서 지역개발과 사회복지를 위한 각종 시책의 담당자로서의 역무"를 수행하기에 적절한 규모를 지니고 있는가를 판단할 수 있는 기준의 설정에 초점이 맞추어져야 할 것이다.[5] 재정규모가 작아 지방자치단체가 스스로에게 부하된 기능을 제대로 수행하지 못하는 상태에서 재정자립도가 높다면 그러한 지방재정은 건전하다고 평가할 수가 없을 것이다.

7. 1인당 재정규모와 재정자립도

　　현행 재정자립도의 개념은 자치단체별로 산정하기 때문에 자치단체를 구성하는 주민의 1인당 재정규모가 파악되지 않는다.[6] <표 7>은 각 자치단체별로 일반회계 예산규모가 가장 큰 자치단체, 가장 작은 자치단체, 그리고 중간인 자치단체를 각각 골라 재정자립도와 1인당 세출규모(일반회계 기준)를 대비시킨 것이다. 이에 따르면 서울특별시와 직할시 등은 재정자립도가 높으면서 1인당 세출규모도 상대적으로 큰 편이나, 여타 지역은 대체로 이들 간에 불규칙한 관계를 보여주고 있다. 즉, 경기도는 지방재정자립도는 60.9%로서 도 자치단체 중에서 제일 높으나 1인당 세출규모는 자

---

4) 유훈 외, 『지방자치단체 재정력측정지표 개발에 관한 연구』, 인천시, 1984.1, pp. 20−21.
5) 노융희, <'83 지방재정의 회고와 평가>, 『지방재정』(1983.12.) p. 14.
6) 유훈 외, 전게서, pp. 17−18.

립도가 낮은 충남, 제주에 비해서도 낮은 수준에 머무르고 있으며, 시중에서 자립도
가 높은 수준인 대전(74.9%)과 창원(86.9%)이 자립도가 33.9%에 불과한 삼척의 1인당
세출규모보다 작다는 것이다.

이와 같은 현상은 경상적 성격의 지출이 높은 비중을 차지하고 있는 일반회계를
기준으로 삼을 경우 인구 규모가 큰 자치단체에 있어서는 규모의 경제가 작용하여 1
인당 세출규모가 상대적으로 낮아지게 되는 반면, 인구 규모가 적은 자치단체에 있어
서는 재정규모에 비해 경상적 경비의 비율이 높아지게 마련이어서 자연히 일반회계
세출의 1인당 규모가 상대적으로 커지게 되는데, 즉 규모의 경제가 적게 작용하는 데
기인하는 것으로 풀이할 수 있다.

표 7 지역별 재정자립도와 1인당 세출규모

(단위: %, 억원, 천명, 백원)

지역		재정자립도[1]	일반회계 규모[1] (억원)	인구[2] (천명)	1인당세출규모 (백원)
서울특별시		98.4	9,836	9,646	1,020
직할시	부산	92.3	2,784	3,517	792
	대구	90.4	1,447	2,031	712
	인천	93.2	1,189	1,387	857
도	경기	60.9	2,428	4,794	506
	충청	36.1	1,738	3,002	579
	제주	37.4	325	489	665
시	대전	74.9	522	867	602
	창원	68.9	135	174	776
	삼척	34.9	42	51	824
군	화성	58.6	174	226	770
	서천	24.9	100	110	909
	울릉	16.2	48	17	2,824

주: 1) 재정자립도와 일반회계 예산은 1986년 일반회계 총계예산 기준.
2) 인구규모는 1985년 11월 1일 현재기준임. 단, 삼척시는 1986년 1월 1일 기준임.
자료: 경제기획원, 『1985 인구 및 주택센서스 잠정보고』, 1986.4.
내무부, 『1986년도 지방자치단체 예산개요』, 1986.
내무부, 『지방재정연감』, 1986.
내무부, 『한국도시연감』, 1986.

더 나아가서 일반회계 1인당 세출 규모가 큰 도·시·군의 경우 대부분 낙후지역
으로서 지역경제력이 상대적으로 취약한 나머지 지방재정조정장치를 통한 중앙정부
의 정책적 배려가 현저히 이루어졌던 점도 이러한 현상의 한 배경을 구성하고 있다.
그러나 재정자립 수준이 낮은 자치단체의 경우, 지방교부세 등 중앙정부의 이전재원
에 크게 의존하는 상태임에도 불구하고 그러한 지방재정조정으로 인해 1인당 세출규
모가 자립 수준이 높은 자치단체보다 크게 됨으로써 보다 많은 지방서비스를 제공받
는다면(1인당 세출 규모로 표시한 상태에서), 조세부담 및 세외부담이 상대적으로 높아
재정자립도가 높은 자치단체의 납세자 입장에서는 불공평한 것으로 생각하게 되는
문제점을 안고 있다. 아울러 지방세입의 자체재원 확보 노력이 높은 것으로 간주되는
자치단체의 1인당 세출규모가 재정자립 수준이 낮은 자치단체의 1인당 세출규모에
비해 작다는 사실은 현행 지방재정조정제도가 지방자치단체의 자체재원 확충 노력을
촉진하지 못하고 있음을 암시해주는 대목이라고 할 수 있다.

8. 지방세출의 구조적 특징과 재정자립도

중앙정부 또는 상위자치단체로부터의 이전재정 규모의 수준을 기계적으로 표현
해주는 재정자립도는 자치단체 세출구조의 특징을 전혀 반영하지 못하는 문제를 안
고 있다.

현행 지방재정자립도는 지방세입의 대분류(지방세, 세외수입, 지방교부세, 보조금)를
기준으로 상위정부(주로 중앙정부)로부터의 이전재원을 제외한 자체수입이 차지하는
비율로 표시되고 있음으로 세출구조 측면에서 본 개별 자치단체의 재정상 건전도나
정부 활동의 수준이 동 자립도를 통하여 파악될 수가 없다.

우선 지방자치단체의 세출 예산 중에서 지방자치단체 유지를 위한 기본경비나
자치단체 임의로 지출 수준을 조정할 수 없는 경직적 성격의 경비 비율이 높을수록
당해 자치단체의 재정선택 범위는 좁아질 수밖에 없으며, 궁극적으로 지역주민의 공
공수요에 대응할 능력을 저하시키게 된다. 가령 세입측면에서의 재정자립도가 동일한
수준인 두 개 자치단체에 있어 경직성 비율이 상대적으로 낮은 자치단체가 동 비율이
높은 단체에 비해 재정수지의 건전도나 재정의 대응능력이 높다고 평가할 수 있을 것
이다. 아울러 동일한 재정자립도 수준 내에서 지방세출의 경제성질별 분류에 의한 투
자사업비의 비율이 높을수록 그 자치단체의 재정운영이 탄력성을 지니고 있으며, 재
정지출의 경제적 성과가 클 것이라고 짐작할 수 있다.

더 나아가 지방세출은 지방자치단체 활동의 재정적·계수적 표현일 뿐만 아니라

지방자치단체의 존립과 지방재원조달 정당성의 기반을 이루고 있다는 점에서, 지방세출의 측면을 배제한 상태에서의 재정자립수준에 대한 평가는 그 의의가 반감될 수밖에 없을 것이다.

9. 지방재정자립도 산정방식의 과제

지금까지 지방재정자립도 산정방식이 지니고 있는 문제점을 살펴보았다. 즉, 일반회계를 기준으로 한 재정자립도는 개별 자치단체의 총합적 재정력과 외부재원 의존 수준을 나타내주는 지표로써 광범위하게 활용되고 있으나, 특별회계의 포함여부, 지방교부세의 처리여하, 지방채의 포함여부 등에 따라 상이하게 해석될 수 있는 설정적 성격을 띠고 있을 뿐 아니라 지방재정의 적정 규모, 조세부담 또는 세출의 1인당 규모나 지역주민의 행정수요를 충족하는 정도, 지방세입구조의 건전성 등을 적절하게 반영하지 못하는 문제를 안고 있다. 환언하면 현행 지방재정자립도의 고저 문제는 궁극적으로 자치단체의 실질적인 자립수준과 지방재정의 건전성을 비례적으로 반영하지 않는다는 것이다.

이런 점에서 지방재정자립도에 대한 획일적 이해는 지방재정의 실상을 그릇 이해시킬 수 있음에 유념해야 할 것이며, 아울러 자치단체의 실질적인 재정능력과 재정구조의 건전성을 정확히 나타내주는 표준화된 재정지표의 개발이 긴요하다고 하겠다.

Ⅳ. 새로운 지방재정지표의 활용 방안

1. 새로운 지방재정지표 활용 필요성

'지방재정자립도'가 내포하고 있는 문제점에 대한 인식을 토대로 자치단체의 실질적인 재정능력과 재정수지의 건전성을 정확히 나타내주는 표준화된 재정지표의 개발 필요성이 제기되고 있다. 우선 일반회계·특별회계를 망라한 통합재정수지와 순계 기준에 기초한 재정자립도도 아울러 활용함으로써 기존의 일반회계 총계위주의 재정자립도 산정 방식이 지니고 있는 한계를 보완할 필요가 있다고 생각된다. 또한 1인당 세출 규모나 1인당 조세 수입 또는 1인당 지방채 발행 규모 등의 지표를 활용하여 주민의 실질적인 편익·부담 수준의 파악을 용이하게 하는 방안도 강구되어야 할 것이다. 그리고 당해 지방재정의 지출 규모가 지역주민의 자치단체에 대한 공공수요를 수용하는 데 있어 적절한 규모를 지니고 있는지에 대한 평가가 아울러 이루어져야 할 것이다. 더 나아가서, 현행 지방재정자립도는 단순히 지방세입을 기준으로 상위정부로부터의 이전수입과 자체수입의 비율을 나타내고 있는 나머지 지방세출구조의 특징과 건전성, 그리고 지방세출수요에 대응하는 또는 대응할 수 있는 지방세입부문의 능력에 대한 평가를 전혀 포함하지 않고 있기 때문에 이들의 성격을 나타내 줄 수 있는 재정지표의 개발과 활용이 요망된다고 하겠다. 결국 이러한 점들을 감안하여, 『지방재정자립도』를 보완할 수 있는 표준화된 재정지표의 개발과 다양한 활용이 이루어져야 할 것이다. 이러한 노력은 궁극적으로 지역주민의 지방재정의 실상에 대한 이해를 촉진시킬 뿐 아니라, 지방교부세 및 국고보조금 재원의 배분 등 지방재정에 관한 의사결정의 합리화에 기여할 것이다.

본장에서는 현행 지방재정자립도 산정 방식의 제약점을 보완하려는 취지에서 지방세출의 구조적 특징을 나타내 줄 수 있는 경상적 경비, 인건비, 물건비의 대 지방세출 비중과 이러한 경비에 대처할 수 있는 지방세입의 확보 수준을 살펴 본 후, 지방자치단체의 징세노력 정도와 지방채 원리금 상환 비용의 대 지방세입 비중을 차례로 분석하기로 한다.

2. 경상재원비율

현행 지방재정자립도 산정 방식은 지방재정의 적정 규모 여부나 세출구조의 특징, 그리고 재정수지의 건전성이나 새로운 재정수요에 대처할 수 있는 대응능력 등을 반영하지 못하는 문제점을 안고 있는 것은 물론이고 지방세입 측면에서도 지방자치단체의 실질적인 자립수준을 표현해주지 못하고 있다.

지방재정자립도가 일반회계 지방세입을 외형적 관점에서 자체재원과 상위정부로부터의 이전재원이라는 단순한 이원적 구분에 의거하여 산정되는 결과, 지방교부세의 실질적인 지방대체세원적 성격이 간과되는 반면, 지방채 수입을 포함한 세외수입이 획일적으로 자체재원에 포함되어 실질적 자립수준이 과대평가되고 있다는 점을 감안하여, 지방세입 측면에서만이라도 현행 지방재정자립도 산정방식을 보완할 수 있는 방안이 강구되어야 할 것이다. 이러한 노력의 일환으로 지방세입의 경상재원비율 또는 일반재원비율을 활용하는 방안도 검토될 수 있을 것이다.

가칭 경상재원비율은 일반회계의 틀 속에서 첫째, 예측가능 범위가 넓고(예측성), 둘째 재원의 사용에 특별한 제한이 가해지지 않으며(일반성), 셋째 자치단체의 정상적인 세입확보 노력 수준 하에서 확보할 수 있는(세입확보의 보편성) 재원이 일반회계 세입 총규모에서 차지하는 비율을 나타내는 것으로서, 현행 지방재정조정체계와 지방세

체계를 전제로 통상적 지방재정수요에 대응할 수 있는 개별 자치단체의 통합적 재원 확보 능력의 수준을 가늠해 줄 수 있는 것으로 판단된다.

경상재원비율은 지방세 수입에 상기 조건을 갖춘 수입을 합산하여, 합산 금액이 일반회계 세입 규모에서 차지하는 비율을 계산함으로써 산정된다. 보다 구체적으로 서술하면, 우선 지방교부세 중에서 중앙정부의 재량적 배분 범위에 속해 있는 특별교부세와 보통교부세 중 시책분을 제외한 순수 일반재원적 성격을 띤 보통교부세만을 경상재원으로 간주할 뿐 아니라 세외수입 중에서도 비교적 예측이 가능하고 지역경제활동 또는 지역주민의 실질적 부담과 연계되는 수입만을 지방세 수입과 함께 경상재원으로 간주한다는 것이다.

일반회계 세외수입은 경상적 수입과 임시적 수입으로 구분되는 가운데 그 범위가 광범위하고 다양한 수입원을 포괄하고 있어 의미있는 지방세입 분류기준이 되지 못하고 있다.7) 일반회계 임시적 세외수입의 대종을 이루고 있는 과년도수입, 재산매각수입, 이월금, 지방채, 부담금 등은 수입 규모의 연도별 변화가 심할 뿐 아니라 단순한 회계적 성격의 수입도 망라되어 있어 자립재원으로서의 세외수입으로는 부적당한 측면이 있기 때문에 이들을 경상재원비율 산정 시 배제하는 것이 합당하다고 볼 수 있다.

이럴 경우, 지방채 수입도 자동적으로 경상재원비율로부터 배제됨으로써 지방채수입이 세외수입의 한 형태로 자체재원에 포함됨으로써 야기되는 문제점, 즉 실질적 자립 수준의 과대평가를 최소화할 수 있는 이점을 지니고 있다고 할 것이다.

3. 경상적 경비의 대 지방세출 비중

지방세출은 지출이 내포하는 경제적 성질에 따라 투자비, 사회복지비, 경상적 경비로 분류되는데, 이러한 분류에 따른 경상적 경비가 지방세출에서 차지하는 비율은 당해 자치단체의 재정지출의 팽창적 효과 또는 재정 운용의 탄력성을 평가해 주는 지표의 하나로 간주된다. 왜냐하면 경상적 경비의 비율이 클수록 투자비, 사회복지비등 자치단체의 실체적 기능을 수행하는 부문으로의 재원배분이 적을 수밖에 없어 재정 지출이 지역경제에 미치는 팽창효과는 상대적으로 낮아질 뿐 아니라 재정운영의

---

7) 대통령령, 부령, 조례 등의 법령과 사법상의 계약 등에 근거를 둔 159종('85년 현재)에 달하는 세외수입은 종류가 많고, 부담구조가 복잡·다양하기 때문에 개별 세입원의 경제적 성격과 효과, 부담의 분포, 요율구조의 적정성 여부 등을 효과적으로 파악하지 못하고 있는 실정이다. 졸저, 『한국지방재정론』, p. 290.

선택 범위가 적게될 수밖에 없기 때문이다. 현행 지방세출 분류 방식에 따르면 투자비에는 공익사업, 산업경제, 일반투자비 등이 포함되고, 경상적 경비에는 인건비, 관서당경비 등이 포함된다.

행정조직이 자체유지를 위하여 어느 정도의 비용을 지출하느냐는 당해 행정조직 경비지출의 정당성의 수준을 반영할 수 있기 때문에 이러한 의미의 경상비는 정치적으로도 중요한 의미를 지니고 있다. 경상비는 어떤 조직의 실체적인 목표를 수행하기 위한 지원적 비용의 성질을 지니고 있는 것이므로 어떤 자치단체의 경상비 지출이 전체 예산에서 차지하는 비중이 높으면 높을수록 그 단체의 지출구조의 경제적 정당성은 낮아진다고 해석할 수 있다. 물론 행정조직은 인건비를 포함한 경상적 지출이 사기업분야에 비해 높은 것이 일반적이다. 그러나 조직의 재원이 주민의 세금에 의존한다는 사실을 고려할 때 조직의 자체유지를 위한 비용을 최소화하면서 주민에 대한 실체적 편익을 제공하는 기능에의 재원 배분을 극대화해야하는 과제를 안고 있다.

<표 8>에 의하면 1985년 일반회계 예산을 기준으로 경상비가 예산 총규모에서 차지하는 비율은 전국 평균 36.7%에 이르고 있으며, 자치단체별로는 서울이 30.2%, 부산·대구·인천 등 3개 직할시가 32.3%, 9개 도가 21.2%, 시 41%, 그리고 군은 48.5%를 차지하는 등 지방자치단체별 지출구조의 차이가 현저하게 존재한다는 것을 알 수 있다.

표 8 지방자치단체별 세출예산의 경제성질별 분류[1]

(단위: 억원, %)

구분	서울특별시	직할시	도	시	군	합계
투자비	4,781(57.4)	2,208(52.6)	3,840(68.9)	2,451(43.1)	4,303(39.7)	17,223(50.5)
사회복사비	903(10.8)	550(13.1)	355(7.0)	767(13.5)	1,063(9.8)	3,638(10.7)
경상적경비	2,514(30.2)	1,355(32.3)	1,073(21.2)	2,332(41.0)	5,257(48.5)	12,531(36.7)
기타	133(1.6)	85(2.0)	147(2.9)	134(2.4)	225(2.0)	724(2.1)
합계	8,331(100.0)	4,198(100.0)	4,198(100.0)	5,055(100.0)	5,684(100.0)	10,848 (100.0)
재정자립도[2]	98.5	91.3	41.8	57.5	28.1	58.3

주: 1) 1985년도 일반회계예산 순계 기준.
   2) 1985년도 일반회계예산 총계 기준.
자료: 내무부, 『지방재정연감』, 1985.

도를 제외하고, 경상비의 비율이 서울특별시, 직할시, 시, 군의 순서로 높아지고 있는데, 이는 세출에서 차지하는 경상비의 비율이 지역경제력, 세입확보능력, 산업구조, 인구밀도, 도시화 정도, 규모의 경제 등과 밀접한 관련이 있기 때문인 것으로 해석할 수 있다. 서울을 비롯한 도시지역이 경상비의 비중이 낮고 투자비의 비중이 높은 것은 도시지역에서 도시계획, 도로확충, 대중교통망의 구축, 환경정비사업 등 대규모 투자지출 수요가 높아 공익사업비의 비중이 클 뿐 아니라 인구밀도가 높은 대도시지역의 경우 행정조직에 있어 '규모의 경제'가 작용하기 때문인 것으로 해석된다.

한편 도에 있어 경상비의 비율이 낮은 것은 도가 중앙정부와 일선지방자치단체 사이에 위치하여 일선지방자치단체인 시·군에 대한 매개·조정 기능을 수행하는 관계로 세출구조에 있어서도 기초자치단체로의 이전적 지출, 특히 보조금의 비중이 높을 수밖에 없기 때문이다.

도를 제외한 서울특별시, 직할시, 시, 군의 재정자립도와 경상적 경비지출 비율을 비교해 보면 자립도가 높을수록 경상비의 비중이 낮은 것을 알 수 있다. 즉, 경상비의 비중이 낮은 서울특별시와 직할시의 경우 자립도가 98.5%, 91.3%에 이르고 있는 반면, 경상비의 비중이 높은 시와 군은 각각 57.5%와 28.1%에 불과하다. 이러한 두 지표의 상관관계로 미루어 볼 때, 경상비 구조의 자치단체별 불균형은 전반적인 지방세입 구조의 불균형, 더 나아가서는 전반적인 지방재정 구조의 취약성을 반영하는 것이라고 할 수 있다. 이런 점에서 각 자치단체 세출예산에서 경상적 경비가 차지하는 비율은 세출의 구조적 성격을 나타내 주지 못하는 지방재정자립도를 보완하는 지표로 활용될 수 있다.

4. 인건비의 대 지방세출 및 자체수입 비중

인건비는 지방세출의 품목별 분류에서 자본지출을 제외하고는 가장 비중이 높은 항목일 뿐 아니라 경제성질별 분류에 의한 경상적 경비의 대종을 이루고 있다. 우리 나라의 많은 자치단체가 자체수입으로 인건비를 해결하기가 어렵다고 하는 사실은 지방재정이 당면하고 있는 문제를 단적으로 나타내준다. 이런 점에서 자치단체별 인건비의 비중과 지방세입 또는 자체수입의 대 인건비 충당 비율은 지방자치단체의 실질적인 자립능력을 표현해 주는 주요 지표의 하나로 간주된다.

<표 9>에서 나타난 바와 같이 특별시·직할시는 인건비가 일반회계 세출에서 20% 내외를 차지하고 있으나, 시와 군은 각기 27%와 29%로서 상대적으로 높은 비중을 차지하고 있다. 그리고 도의 인건비 비중이 낮은(5%) 것은 도가 현행 지방행정체계

하에서 하위자치단체인 시와 군에 대한 조정단체로서 세출 중 하위자치단체에 대한 경상이전비와 자본지출비가 높은 비중을 차지하고 있으며 직접적인 대민서비스가 많지 않아, 세출 규모에 비해 상대적으로 적은 인력을 보유하기 때문이라고 할 수 있다.

또한 인건비를 자체수입으로 충당할 수 있는지의 여부는 당해 자치단체의 재정구조의 건전성을 평가하는 기준으로 활용될 수 있다. <표 9>에서 나타난 대로, 특별시와 직할시는 인건비가 각각 자체수입의 20%와 26%에 불과하나 시는 46.8%로서 매우 높은 수준을 보이고 있으며, 군은 평균적 관점에서 자체수입으로 인건비를 감당하지 못하고 있는 실정이다.

한편 일반회계 자체수입의 주류를 이루는 지방세 수입을 통하여 인건비를 어느 정도 충당하는가를 살펴보는 것도 의의가 있는 일이다. <표 9>에 따르면, 특별시·직할시의 경우 각각 인건비가 지방세 수입의 25.4%와 35%를 차지하고 있으나 시는 89%를 차지하고 있고 군은 지방세를 통하여 인건비의 절반도 충당하지 못하는 실정이다.

표 9 인건비[1]의 대 지방세출 및 자체수입 비중

(단위: 억원, %)

단체별	세출예산	자체수입	지방세	인건비	인건비 비율(%)[2]		
					대 세출예산 (D/A)	대 자체수입 (D/B)	대 지방세 (D/C)
계	56,559	29,603	19,784	11,037	19.5	37.3	55.8
서울시	10,314	10,059	7,898	2,006	19.4	20.0	25.4
직할시	6,627	5,565	4,065	1,421	21.4	26.0	35.0
도	15,199	4,967	3,090	747	4.9	15.0	24.2
시	8,445	4,878	2,559	2,285	27.1	46.8	89.3
군	15,974	4,134	2,172	4,578	28.7	△10.7	△110.8

주: 1) 인건비는 전국 평균 기준으로 경상비의 70%의 수준에 이르고 있음.
   2) 1987년도 예산 일반회계 총계 기준.
자료: 내무부, 『지방자치단체예산개요』, 1987.

5. 인건비·물건비의 대 지방세 및 자체수입 비중

지방재정은 비록 수지균형을 이루고 있다 하더라도 세입·세출의 구조가 경제여건의 변동이나 외부상황의 변화에 부응하여 고유의 행정기능을 원활하게 수행할 수

있도록 신축성을 띠어야 한다.8) 따라서 수입의 감소에 상응하여 지출을 감소시킬 수 있는 지방재정 구조의 탄력성 수준은 건전한 재정 운용의 중요한 요건이 될 뿐 아니라 실질적인 재정자립 수준을 반영하는 지표로 간주된다. 재정구조가 어느 정도 탄력적인 구조를 지니고 있느냐는 지방세와 세외수입과 같은 자체수입으로서 경상적 지출을 어느 정도 충당 또는 초과하느냐에 달려있으며, 경상수입에서 경상지출을 감한 수치, 즉 재정잉여로써 측정될 수 있다.

여기에서는 지방세출의 품목별 분류에 기초하여 대표적인 경상적 경비의 성격을 띠고 있는 인건비와 물건비 합계를 지방세수입 또는 자체수입(지방세와 세외수입의 합계)이 어느 정도 충당하는지를 살펴봄으로써 경상적 지출수요에 대응할 수 있는 지방자치단체의 일반재원확보능력을 평가해 보기로 한다.

<표 10>에 나타난 바와 같이 서울시·직할시 등 대도시와 도의 경우는 지방세수입이 인건비·물건비를 충당하고도 상당한 여력이 있는 반면, 시·군지역은 평균적 관점에서 지방세수입으로 이들 비용을 충당하지 못하고 있어 실질적인 재정자립수준이 현저히 낮은 것으로 판단된다. 한편 지방자체수입을 기준으로 하여 살펴보면, 서울시·직할시·도의 경우 자체수입이 인건비·물건비 합계의 3배, 시의 경우 1.6배에 달하고 있는 반면, 군에 있어서는 자체수입으로 상기 비용을 79%밖에 충당하지 못하고 있음을 확인할 수 있다.

표 10 자치단체 자체수입의 대 인건비·물건비 비율[1](1986)

(단위: 백만원, %)

구분	인건비 및 물건비[2] (A)	지방세수입 (B)	지방세수입 및 세외수입(C)	$\frac{B}{A}$×100	$\frac{C}{A}$×100
서울시	276,682	706,010	960,366	255	347
직할시	173,182	361,467	523,409	209	302
도	189,944	316,021	593,959	166	313
시	269,378	222,539	440,395	83	163
군	535,520	203,715	424,633	38	79
합계	1,023,266	1,809,752	2,942,762	177	288

주: 1) 1986년 일반회계 순계 결산 기준.
2) 1986년 일반회계 경제성질별 순계 결산 기준.
자료: 내무부, 『지방재정연감』, 1987.

8) 이상희, 『지방재정론』(서울: 계명사, 1982), p. 97.

6. 징세노력계수와 실질세외수입계수

　지방세의 세원이 지역사회 경제활동의 규모 및 구조와 밀접한 관계를 가져야 한다는 명제를 염두에 둔다면, 지방재정 건실화의 전제조건으로서 각 지방자치단체의 경제 수준과 부담능력에 맞는 세수 확보 노력이 보장되어야 할 것이다. 이런 점에서 각 자치단체의 징세노력계수(실질담세계수)는 지방자치단체의 재정자립 수준 제고를 위한 노력을 평가함에 있어 의미있는 재정지표의 하나로 간주된다. 그럼에도 불구하고 이러한 분석이 본격적으로 행해지지 않은 가장 중요한 이유는 자치단체의 경제력을 측정할 수 있는 지방단위의 기본통계자료가 미비할 뿐만 아니라 지방재정에 대한 관심과 인식이 중앙재정에 비해 부족한 데에 기인한 것으로 풀이된다.

　여기에서는 세입분석과 이론적 모형을 바탕으로 각 지역별로 실제 지방세입 또는 지방세외수입이 지역경제력에 기초한 잠재세입한도를 어느 정도 커버하는가를 살펴보고자 한다.[9] 즉, 각 자치단체가 잠재한계세입한도액 중 어느 정도 비율로 지방세 또는 지방세외수입을 거두어 들이는가를 나타내는 실질담세계수[징세노력계수(Coefficient of Tax Effort)]와 실질세외수입계수의 개념을 원용하여 지역별 세입 확보 노력을 평가해보기로 한다.[10]

　<표 11>은 1980년도 기준으로 지역총생산(GRP), 지방세수입, 지방세외수입, 실질담세계수, 그리고 실질세외수입계수를 나타낸 것이다. 여기서 1980년을 기준으로 세입확보 노력 수준을 분석한 것은 취득 가능한 지역총생산 자료 중 1980년이 현재에 가장 가까운 시기이기 때문이다. 지역총생산 자료와 일치시키기 위해 지방세와 세외수입도 같은 1980년도 자료를 이용하였으며 세외수입은 일반회계·특별회계 순계 규모를 사용하였다. 앞서의 분석에서처럼 실질담세계수가 지역 간에 큰 차이를 나타내고 있다(표 11 참조). 특히 서울·부산·대구·인천 등 대도시 지역의 세수확보 노력이 두드러진 반면, 강원·충북·충남·경남 등 비도시지역은 낮은 수준에 머물러 있다.

　한편, 지역총생산과 관련한 각 지역의 세외수입의 확보수준도 지역별로 현저한 차이가 나고 있음을 알 수 있다. 즉, 대구·충북·제주·강원 등은 실질세외수입계수가 140에 육박하고 있는 반면, 충북·경남·경기·전남·경북 등은 80 내외에 머무르고 있어 실질세외수입계수의 지역 간 차이(range)가 60에 이르고 있다.

---

9) 이에 관한 상세한 내용은 졸고, 『지방세입의 지역적 불균형에 관한 경험적 연구−지역경제력과 잠재세입한도(Fiscal Capacity) 추계모형을 중심으로−』(한국경제연구원, 1982.11)와 졸고, <지방세외수입의 운영실태와 발전방향>, 『국가예산과 정책목표』, 한국개발연구원, 1985를 참조.

10) 이의 도출 과정과 의미는 졸저, 『한국지방재정론』, 제3편 제5장 참조.

표 11 지역별 실질담세계수 및 실질세외수입계수(1980)

(단위: 백만원, %)

구분	지역총생산	지방세수입	세외수입[1]	실질담세계수 (%)	실질세외 수입계수(%)
서울	10,857,722	300,431	392,247	127	117
부산	2,877,094	85,503	74,814	136	84
대구	1,158,416	18,691	53,183	116	149
인천	981,256	16,460	35,735	117	118
경기	3,724,554	91,240	95,459	102	83
강원	1,135,376	15,931	47,520	64	136
충북	1,230,967	16,314	53,625	61	141
충남	2,212,223	39,417	48,606	82	71
전북	1,663,564	31,567	51,404	87	100
전남	2,954,320	43,416	73,849	61	81
경북	2,320,556	50,086	59,184	78	83
경남	3,604,974	50,931	88,045	65	79
제주	323,568	7,712	13,709	109	137
합계	35,224,590	767,681	1,087,381	전국 100	전국 100

주: 1) 일반회계·특별회계 순계규모(1980년 결산 기준).
자료: 내무부, 『주민소득연보』, 1980. 내무부, 『지방재정연감』, 1981.
　　　내무부, 『지방세정연감』, 1981.

　　지방자치단체로 하여금 재정자립 수준 향상을 도모케하기 위한 노력의 일환으로 이와 같은 세입확보노력지수의 활용이 요망되는 바, 동 지수는 특히 지방교부세 재원의 합리적 배분을 설계하는 데 유용할 것이다.

　　교부세제도는 일정 범위 내에서 교부세 배정액을 세입확보 수준과 연계시킴으로써 하위정부로 하여금 자체재원 개발 노력을 유도하려는 의도를 아울러 지니고 있다. 그런데 기준재정수입원이 기준재정수요액에 미달하는 부족재원을 보전해주는 현행 지방교부세 체계하에서는 개별 자치단체의 세입확보 노력, 특히 징세노력을 반영하여 교부세 배정액이 증가하는 것이 아니고 오히려 감소하게 되는 결과 교부세제도가 지방자치단체의 세입확보 노력을 촉진하기보다는 사실상 제약하는 문제를 안고 있다. 따라서 지방교부세제도가 자치단체로 하여금 자체재원 개발 노력, 즉 추가적 세입 확보 노력을 촉진할 수 있는 동기부여의 역할을 할 수 있도록 유인장치의 보완이 필요하다고 생각된다. 이와 같은 유인장치의 보완을 위해서는 기본적으로 기준재정수요액을 기준으로 하여 기준재정수입액과의 차액을 교부세로 지급하는 현행 보통교부세 산정 방식을 지방자치단체의 징세 노력 또는 세외수입 확보 노력과 교부세 배정액이 정의 관계를 유지하도록 근원적으로 개편하는 방안이 강구되어야 할 것이다.[11]

7. 지방채 원리금 상환액의 대 지방세입 비중

지방자치단체가 발행한 지방채의 원리금 상환액이 자체수입, 특히 지방세 수입에서 차지하는 비율은 당해 자치단체의 지방채 발행으로 인한 재정적 압박 수준을 나타내줄 뿐 아니라 자치단체가 추가적 공채를 발행할 때 대외지불능력을 판단하는 자료로 활용될 수 있다. 따라서 일반회계·특별회계의 지방채 원리금 상환액이 지방세 수입에서 차지하는 비율 역시 자치단체의 재정능력을 평가하는 지표의 하나로 이용되어야 한다는 취지에서 1986년 기준 자료를 중심으로 각 자치단체별로 원리금 상한액의 대 지방세입 비율을 비교해 보기로 한다.

<표 12>는 일반회계·특별회계 지방채 원리금 상환액의 대 지방세입 순계, 자체수입, 그리고 지방세비율을 자치단체별로 표시한 것이다. 이에 따르면 서울·시·군 등의 경우 원리금의 대 지방세입 순계비율이 4% 미만에 머무르고 있으나 직할시·도는 각각 13%와 15.1%로서 원리금 상환에 따른 재정부담이 높은 것으로 평가된다.

표 12 자치단체별 지방채원리금의 대 지방세입 비중[1](1986)

(단위: 백만원, %)

구분	지방채원리금상환액			세입 순계 (B)	자체 수입 (C)	지방세 (D)	$\dfrac{A}{B}$	$\dfrac{A}{C}$	$\dfrac{A}{D}$
	일반 회계	특별 회계	합계 (A)						
서울[2]	–	58,164	58,164	2,167,049	2,137,961	706,010	2.7	2.7	8.2
직할시	9,015	143,835	152,850	1,174,397	1,109,556	361,467	13.0	13.8	42.3
도	263.876	11,167	275,043	1,825,988	821,295	316,021	15.1	33.5	87.0
시	12,375	29,295	41,670	1,085,168	896,740	222,539	2.8	4.6	18.7
군	12,981	35,430	48,411	1,222,051	602,715	203,715	4.0	8.0	23.8

주: 1) 1986년 일반·특별회계 세입결산 순계 기준.
    2) 서울시의 경우 지하철특별회계를 제외한 나머지 원리금 상환 금액임.
자료: 내무부 『지방재정연감』, 1987.

---

11) 지방경제연구회, 『지방교부세산정방법개선연구』, 1988.9, pp. 21–22.

각 지방자치단체의 지방채 원리금상환에 따른 재정적 압박의 정도는 원리금 상환액을 자체수입이나 지방세와 비교해 보면 더욱 확연하게 드러난다. 즉, 자체수입을 기준으로 할 때 도는 자체수입의 33.5%를 원리금 상환에 충당함으로써 스스로의 재원조달 능력에 비해 높은 대외채무를 지고 있음을 알 수 있으며, 직할시·군은 4.6%이하를 원리금 상환에 충당하고 있음을 알 수 있다. 한편, 연간 원리금 상환액을 자체재원 중 가장 전형적인 일반재원 조달 수단인 지방세 수입과 대비시켜보는 것이 해당 자치단체의 대외채무에 대한 잠재적인 재정압박의 정도를 파악하는 데 유용할 것이다. <표 12>에서 나타난대로, 도와 직할시의 경우 각각 지방세수입의 87%와 42.3%에 해당하는 금액을 원리금 상환에 충당하고 있음으로써, 지방채의 원리금 상환에 따른 재정적인 부담이 매우 큰 것으로 평가되고 있으며, 시와 군은 각각 지방세수입의 18.7%와 23.8%에 상당하는 금액을 원리금 상환에 충당하고 있다. 한편, 지방채 발행 규모가 매우 큰 것으로 간주되고 있는 서울시의 경우 그 비율이 크게 높지 않은 것은 지방세제의 재원조달기능이 지방채 원리금 상환 규모에 비해 매우 원활하기 때문인 것으로 해석할 수 있다. 이와 같이 원리금 상환금액의 대 지방세입규모 비율이 자치단체별로 현저하게 차이를 보이고 있다는 사실은 원리금 상환액의 대 지방세입비율, 특히 자체수입과 지방세수입 비율이 개별 자치단체 재정구조의 건전성 또는 지불능력을 평가하는데 있어 간과해서는 안 될 주요 요소의 하나라는 점을 시사해 주고 있다.

8. 다년도 기준재정수입 및 수요액의 활용

표준화된 지방재정지표 개발 노력의 대표적인 것으로서, 지방재정력 측정 지표를 재정규모, 재정력일반, 재정수입, 재정지출의 4개 부문으로 나누는 방안이 제시되고 있어 주목을 받고 있다. 그중 재정력의 일반지표로서 재정력지수, 재정의 건전성지수, 책임재정지수 등을 들고 있는데, 특히 재정력지수는 일본의 자치성에서 지방교부세액을 산정하는 데 활용하는 지표에 근거하여, 자치단체가 자신에게 맡겨진 기본적 행정수요를 자체재원으로 해결할 수 있는 잠재력이 어느 수준인가를 측정하려는 것이다.[12] 즉, 재정력지수의 산정방식은 해당년도를 포함한 3개 년도에 걸친 기준재정수입액을 기준재정수요액으로 나누어 얻은 수치를 평균하는 것으로서, 지방정부에 대한 행정 수요와 재원의 조달능력이 동시에 고려된다는 점, 그리고 단일년도가 아닌 3개 년도에 걸쳐 기준재정수입·수요액을 평균한다는 점에서 현행 지방재정자립도에 비해

---

12) 이에 관한 자세한 내용은 유훈 외, 전게서, 제3장을 참조할 것.

지방재정의 실질적인 대응능력을 보다 적절하게 나타내 주는 것이라고 할 수 있다.

그림 1 재정력지수의 계산방식

$$재정력지수=\left[\frac{t년도의\ 기준재정수입액}{t년도의\ 기준재정수요액}+\frac{t-1년도의\ 기준재정수입액}{t-1년도의\ 기준재정수요액}+\frac{t-2년도의\ 기준재정수입액}{t-2년도의\ 기준재정수요액}\right]\div 계산에\ 포함된\ 회계년도\ 수의\ 합계$$

자료: 유훈 외, 『지방자치단체 재정력측정지표개발에 관한 연구』, 인천시, 1984.1, p. 52.

V. 결론

지금까지 자치단체의 자체재원 의존비율을 나타내주는 『지방재정자립도』를 중심으로 우리나라 지방재정의 취약성과 지역적 불균형을 살펴본 후, 현행 『지방재정자립도』 산정 방식이 내포하고 있는 제약점을 파악하였다. 지방재정자립도는 자치단체의 외형적 자립수준 또는 상위정부 이전재원 의존율을 손쉽게 나타내주고 있어 지방재정 분야에서 광범위하게 활용되고 있으나 실질적인 재정자립 수준이나 재정구조의 건전성, 또는 대외지불능력을 정밀하게 반영하지 못할뿐 아니라 기술적 산정방식의 차이에 따라 재정자립도가 다르게 표현될 수 있는 설정적 성격을 띠고 있음을 확인하였다.

이런 점에서 『지방재정자립도』를 통한 지방재정의 단선적 평가는 지방재정의 실상을 그릇 이해시킬 수 있음에 유념해야 할 것이며, 아울러 자치단체의 실질적인 자립 수준과 재정구조의 건전성을 보다 정밀하게 나타내주는 표준화된 측정 지표의 개발이 긴요함을 일깨워주고 있다. 현행 『지방재정자립도』를 보완할 수 있는 과학적인 측정 지표의 개발과 이의 적극적인 활용은 지역주민 및 납세자들의 지방재정의 실상, 특히 당면과제인 재원의 부족과 지출수요의 증대에 대한 이해를 촉진시킬 뿐 아니라 정책입안자들의 지방재정부문에 관한 의사결정, 특히 지방교부세 및 보조금 재원 배분결정의 합리화에 기여함으로써 궁극적으로 지방재정의 자율적 기반조성에 일조할 수 있을 것이다.

본고의 후반부에서는 현행 지방재정자립도를 보완하는 여러 재정지표를 개발하기 위한 노력의 일환으로, 지방세출의 구조적 특징과 지방세출 수요, 특히 경상적 성격의 경비에 대응하는 지방재원의 조달능력, 그리고 개별 자치단체의 자체수입 확보 노력 수준과 지방채 원리금 상환 비용의 대 지방세입 비율을 서술하였다. 여기에 제시된 지표들은 어디까지나 다양한 측정지표 중의 일부에 불과한 것이며, 지방세출의 성격을 경직성 기준으로 구분하는 가운데 지방세입 확보 노력을 첨가한 것에 지나지 않는다. 특히, 현재 진행 중인 지방재정조정제도의 개선 노력과 병행하여 지방재정조정 재원의 자치단체 간 합리적 배분의 척도가 될 수 있는 지방재정지표의 발굴과 표준화, 계량화 작업이 지속적으로 이루어져야 할 것이다.

끝으로 과학적인 지방재정지표의 개발이 이루어지기 위해서는 현행 지방재정관련 통계자료의 재분류작업이 이루어지는 동시에 동 자료에 대한 적극적인 공개가 허용되어야 할 것이다.

참고문헌

노융희. (1983). " '83 지방재정의 회고와 평가". 「지방재정」.

서울특별시. (1987). 「'87 시정」.

오연천. (1982). 「지방세입의 지역적 불균형에 관한 경험적 연구: 지역경제력과 잠재세입한도(Fiscal Capacity) 추계모형을 중심으로」, 한국경제연구원.

_____. (1985). "지방세외수입의 운영실태와 발전방향". 「국가예산과 정책목표」, 한국개발연구원.

_____. (1986). "재정수지(적자) 계리의 접근방식과 재정수지관리방향". 「행정논총」, 24(2): 2077 − 2087.

_____. (1987). 「한국지방재정론」. 서울: 박영사.

유훈 외. (1984). 「지방자치단체 재정력측정지표 개발에 관한 연구」. 인천광역시.

이상희. (1982). 「지방재정론」. 서울: 계명사.

지방경제연구회. (1988). 「지방교부세산정방법개선연구」.

▶ ▶ ▶ **리뷰**

곽채기(동국대학교 행정학과)

1. 본 연구의 의의

지방자치 실시 이후 20년이 지났지만 아직도 지방재정자립도가 계속 낮아지고 있는 현실을 문제 삼고 있는 시각이 있다. 재정자립도와 그 수준에 대해서는 예나 지금이나 몰이해와 오용 및 왜곡이 끊이지 않고 있다.

지방자치가 부활되기 직전인 1988년에 작성하여 『행정논총』(제26권 제2호)에 게재한 오연천 총장의 "지방재정자립도 산정방식의 한계와 지방재정력 측정지표의 활용 방안"에 관한 이 논문은 지금도 논쟁적 이슈인 '지방재정자립도' 산정방식의 한계와 문제점을 체계적으로 분석하고, 그 개선 방안과 새로운 재정지표 개발 방안을 제시하고 있다.

이 논문이 작성된 당시에는 1991년에 시행하기로 계획된 지방자치제도의 성공적 운용에 필요한 제도적 기반을 구축하기 위한 활동이 다양하게 전개되었다. 이와 관련하여 '재정자립도'를 통해 드러나는 지방자치단체 재정자립 수준의 절대적 취약성과 재정력의 지역적 불균형 문제는 지방자치의 성공적 실시를 위해 해결해야 할 핵심 이슈였다. 이 당시 재정자립도가 이렇게 큰 관심의 대상이 되었던 것은 제5공화국 헌법 부칙에 "지방자치실시를 유보하면서 앞으로 자치단체의 재정자립도를 감안하여 지방의회를 순차적으로 구성하도록 한다"는 규정에 대한 해석을 둘러싸고 대립적 관점들이 제기되었던 점에 기인한 바도 있었다.

이러한 시대적 상황을 배경으로 작성된 이 논문은 설정적 성격을 지닌 지방재정자립도의 한계와 문제점에 대한 올바른 이해를 견인하였고, 이 논문에서 제시된 개선 대안이 2013년부터 새로운 재정분석지표로 도입된 통합재정자립도, 통합재정자주도로 구체화되는 등 재정지표 개발에 큰 기여를 하였다. 또한 지방재정자립도 산정방식의 한계와 연계하여 제시하였던 지방세외수입 범위 설정의 불합리성에 대한 분석 내용도 그 이후 지방세외수입 범위 조정 과정에서 지속적으로 반영되었다.

2. 본 논문의 주요 내용과 재정지표 개발에 대한 기여

본 논문에서는 지방재정자립도를 활용하여 1988년 당시 시점을 기준으로 우리나라 지방재정의 실태를 분석하면서 '낮은 재정자립도'로 집약되는 우리나라 지방재정의 취약성은 기본적으로 국민경제가 부담할 수 있는 공공부문의 가용재원을 중앙정부와 지방자치단체 간에 어떻게 배분하느냐에 달린 문제로서 지방자치단체 고유의 문제로 이해해서는 안 된다는 점을 강조하고 있다. 그런 다음에 일반회계 세입(歲入)을 기준으로 지방세와 지방세외수입이 전체 세입에서 차지하는 비율로 표시하는 지방재정자립도 산정방식의 설정적 성격을 중심으로 그 한계와 문제점을 집중적으로 분석하고 있다.

이 논문에서는 지방재정자립도는 특별회계의 포함여부, 지방교부세 수입의 성격에 대한 해석의 차이, 지방채와 임시적·회계적 수입이 포함된 지방세외수입의 범위 설정 여하 등에 따라 재정자립도가 다르게 표현될 수 있는 설정적 성격을 띠고 있다는 점을 체계적으로 분석하였다. 또한 지방재정의 적정 규모와 실질적인 재정자립 수준, 조세부담 또는 세출의 1인당 규모나 지역주민의 행정수요를 충족하는 정도, 지방세입구조의 건전성 등을 적정하게 반영하지 못하고 있는 문제점들을 체계적으로 분석하였다. 이 과정에서 통합재정과 순계재정규모를 기준으로 한 재정자립도 산정방식 개발 필요성, 지방세외수입 범위의 합리적 조정 방안 등을 제안하고 있다.

이와 같이 산정방식의 구조적 한계와 자체수입의 범위 설정의 적정성 등으로 인해 설정적 성격을 띠고 있는 지방재정자립도의 문제점을 해결하기 위해서는 지방자치단체의 실질적인 재정능력과 지방세출구조의 건전성을 보다 정확하게 나타내 줄 수 있는 새로운 재정지표의 개발 및 활용이 필요하다. 따라서 이 논문의 후반부에서는 이러한 새로운 재정지표 개발 대안으로서 경상재원비율, 경상적 경비의 대 지방세출 비중, 인건비의 대 지방세출 및 자체수입 비중, 인건비·물건비의 대 지방세 및 자체수입 비중, 징세노력계수와 실질세외수입계수, 지방채원리금 상환액의 대 지방세입 비중, 재정력지수 등을 제시하고 있다.

본 논문의 이러한 연구 결과와 제안들은 1991년 지방자치 부활 이후 지방재정지표 개발에 지속적으로 활용·반영되어 왔다. 1994년 12월에 제도화된 지방재정분석·진단제도의 재정분석지표를 개발하고 개선·보완하는 데 본 논문의 제안들이 지속적으로 활용되었다. 또한 통합재정에 기초한 실질적인 재정능력 측정 지표 개발 방안에 대한 제안은 이 논문 발표 후 25년이 경과한 2013년에 통합재정자립도와 통합재정자주도가 재정지표로 새로 도입되면서 결실을 맺게 되었다.

또한 지방재정자립도 산정방식의 설정적 성격을 초래하는 주요 요인 중의 하나로 이 논문에서 지적하였던 지방세외수입 범위의 합리적 조정 필요성에 대한 제안도 그 이후 지방세외수입의 범위 재설정 과정에서 모두 반영되었다. 우선 지방채는 1997년에 지방세외수입 범위에서 제외되었다. 그리고 지방세외수입의 범위 설정에 있어서 가장 결정적인 변화라고 할 수 있는 2013년에 단행된 임시적 세외수입의 과목 개편 결과에 이 논문에서 제기하였던 문제점 해소 방안이 전적으로 반영되었다고 볼 수 있다. 그 동안 '임시적 세외수입' 과목으로 편성되어 왔던 잉여금, 전년도 이월금, 융자금 원금수입, 전입금, 예탁금 및 예수금 등 5개 세입을 세외수입에서 제외하였고, 이를 신설 세입과목인 '보전수입 등 및 내부거래'의 수입 항목으로 재분류하였다. 이들 5개 항목은 행정기관 내부에서 회계처리상 발생하는 내부거래(전입금, 예수금 및 예탁금)와 잉여금(불용액, 초과세입) 또는 보전수입(전년도 이월금, 융자금 원금회수수입)으로 실질적 세입이 아닌 명목상의 수입에 해당하는 것들이다. 따라서 2013년의 지방세입 과목구조 전면 개편 결과를 통해 지방세외수입의 범위는 실질적인 세외수입을 중심으로 재구성되었다.

이와 같은 지방재정제도 설계 및 개선에 대한 이 논문의 기여도는 문제해결 지향적인 행정학 분야 연구가 지향해야 할 모습과 성과를 잘 보여주고 있는 것으로 평가된다.

3. 남아 있는 과제와 향후 연구 방향

이 논문을 통해 지방재정자립도의 설정적 성격과 한계를 잘 보여주었음에도 불구하고 아직도 재정자립도에 대한 올바른 이해가 공유되지 않고 있는 현실의 모습이 확인되고 있다. 재정자립도를 통한 지방재정의 단선적 평가는 지방재정의 실상을 오도할 수 있음을 널리 확산시키는 것이 필요하다. 이를 통해 외형적인 자립비율이 내포하고 있는 허구적 측면에 대한 올바른 이해를 도모해야 한다. 입헌적 기구의 창설에 따른 중앙정부와 지방자치단체 간 재정분담구조를 마치 외부의존재원이 높아 구조적 취약성이 심화된 양 분석하는 것은 오류임이 분명하다. 따라서 현행 지방재정자립도 산정방식을 통해 도출되는 재정자립도는 중앙정부와 지방자치단체 간 재원의 분담구조를 표현하는 재정지표일 뿐이라는 점에 대한 정확한 이해가 필요하고, 이를 문제 진단이나 정책대안의 제시에 활용하는 것은 신중을 기할 필요가 있다.

이 논문에서 새로운 지방재정지표 개발 및 활용 방안으로 제시하였던 대안 중에서 아직껏 제대로 활용되지 못하고 있지만 잠재적 가치가 높은 재정지표 중의 하나로 징세노력계수와 실질세외수입계수가 있다. 이 지표는 자치단체별 지역총생산(GRDP) 통계자료가 생산되어야만 활용될 수 있다. 기초자치단체 수준에서 GRDP 자료를 생산하는 것은 아직까지 여전히 어려움이 있지만, 광역자치단체 수준에서는 이미 GRDP 자료를 생산하고 있다. 따라서 앞으로 최소한 광역자치단체 수준에서 해당 지역의 지역경제력에 기초한 잠재세입한도를 기준으로 자치단체별로 지방세와 지방세외수입을 포함한 자체수입 확보 노력 수준을 측정하는 실질징세계수(실질담세계수)와 실질세외수입계수를 측정하는 타당한 모델을 개발하는 노력을 적극적으로 전개할 필요가 있다. 또한 타당한 모델에 기초하여 신뢰할 수 있는 실질징세계수(실질담세계수)와 실질세외수입계수가 산정될 경우, 이를 지방교부세, 조정교부금 등 자치단체 간, 지역 간 합리적인 재원배분을 위한 새로운 전략적 기준으로 활용하는 방안을 설계할 필요가 있다.

정책유형의 도시 공공 서비스 배분에 대한 효과: 통합이론모형의 제시

정책유형의 도시 공공서비스 배분에 대한 효과: 통합이론모형의 제시[*]

정책유형의 도시 공공서비스 배분에 대한 효과: 통합이론모형의 제시[*]

이승종(서울대학교 행정대학원)

I. 서론

Harold Lasswell(1958)이 정치를 "누가 무엇을 정치하는가(Who gets what)"의 문제와 동일시하여 종래의 권력중심의 정치학 연구에 경종을 울린 이래 정부산출물의 배분문제(distributional issue)는 정치학도들의 가장 중요한 관심사 중의 하나가 되었음은 주지의 사실인 바, 특히 최근 십수 년 동안 일단의 구미학자들은 도시내에서 배분문제 즉, 도시의 공공서비스(municipal services)가 관할구역내에서 과연 어떻게 배분되는가에 대한 해답을 찾는 노력을 통하여 상당한 수준의 이론적·경험적 연구를 축적해 왔다.

이들 연구의 초점은 도시의 공공서비스가 객관적이고 합리적인 기준에 의하여 배분되는지 아니면 자의적 내지는 비합리적인 기준에 의하여 배분되는지에 있어 왔는데, 대체로 보아 지금까지 제시된 도시의 공공서비스 배분(이하 서비스 배분이라 한다)에 관한 이론적 설명은 (1) 서비스 배분이 선출직 공무원(elected officials)[1]의 선거에 대한 고려에 따라 영향 받는다는 정치적 모형(the political model), (2) 하층계급주민이 상층계급주민에 비하여 상대적으로 불리하게 서비스가 배분된다는 계급차별모형(the class bial model), 및 (3) 서비스는 정치적인 고려나 주민의 사회·경제적 지위에 영향받지 아니하고 중립적인 행정관료에 의하여 객관적·합리적인 결정기준에 따라 배분된다고 보는 관료제적 모형(the bureaucratic model) 등 세 가지 견해간의 논쟁으로 요약될 수 있고, 아울러 이에 관한 경험적인 연구결과도 서로 일치하지 않고

---

* 이 논문은 1990년 『한국행정학보』, 제24권 제2호, pp. 1091–1115에 게재된 글을 수정·보완한 것이다.
1) 여기서 선출직 공무원이라 함은 선거를 통하여 충원되는 지방자치단체의 상급직원을 의미하는 바, 시장·구청장 등의 행정부의 고위직과 지방의회의원을 포함하는 것으로 본다.

있다.

따라서 논쟁중인 제 이론모형의 통합을 위한 연구노력이 요망된다 하겠으나 불행히도 연구자들은 자신들이 지지하는 각 이론모형의 타 이론모형에 대한 상대적 우위성을 입증하기 위한 경험적 증거수집에 치중한 나머지 아직까지 그 누구도 이론모형들 간의 갈등을 통합·조화시키고자 하는 노력을 기울이지 않고 있는 실정이다.

본 논문은 기존의 서비스 배분에 관한 제 이론모형이 사실상 상충되는 것은 아니며 기존의 이론모형간의 논쟁이 현재와 같이 이론상의 진전이 답보된 상태에서 추가적인 경험적 증거의 축적에 따라 해소될 성질의 것이 아니라는 인식하에, 기존 이론모형의 설명들을 포괄할 수 있는 통합이론모형(a comprehensive model)을 제시하고자 하는 최초의 연구이다. 통합이론모형을 개발함에 있어서 본 논문은 아직껏 서비스 배분에 대한 연구에서 잊혀져 왔던 정책 또는 서비스 유형(policy or service type)의 서비스 배분에 대한 효과에 주목한다.2) 즉 새로운 서비스의 분류체계(typology)를 개발·도입하여 서비스 유형의 변화에 따라 서비스 배분형태가 달라짐을 보여줌으로써 서비스 유형이 서비스 배분형태를 결정짓는 중요한 요인임(service type matters in service distribution)을 보여줄 것이다. 또한 그렇게 함으로써 기존 이론모형간의 상대적 우월성에 대한 논쟁이 부적절할 뿐만 아니라 인위적인 것이며, 일견모순되는 것처럼 보이는 제 이론모형의 설명들이 서비스 유형의 서비스 배분에 대한 효과를 고려할 때 사실상 모순되는 것이 아니라는 사실을 보여주게 될 것이다.

아울러 이러한 "서비스 유형 효과 모형(a service-type-matters model)"을 전개함에 있어서, 본 논문은 특히 서비스 배분과정에 있어서의 중심적인 행위자인 관료의 행태(bureaucratic behavior)에 주목한다. 그 이유는 서비스 배분이 예산의 결정권을 가진 선출직 공무원보다도 할당된 예산을 직접 집행하는 행정관료에 의하여 사실상 좌우되기 때문이다(Lineberry, 1977, 1980; Clark et al., 1981). 끝으로 여기서 제시하는 이론모형은 미국 New York시의 사례분석을 통하여 입증될 것이다.

---

2) 정책유형에 대한 관심이 전혀 새로운 것은 아니며 Therdore Lowi(1964)의 논문 "American business, public policy, case studies ans political theory"이후 정책유형이 정책과정 및 결과에 미치는 영향에 대한 학문적 관심이 증대되어 왔다(예, Lowi, 1972; Salisbury, 1968; Salisbury and Heinz, 1970; Hayes, 1981; Spitzer, 1987; Ripley and Franklin, 1987). 그러나 유독 지방정부의 공공서비스 배분에 관한 연구는 이에 대한 구체적인 관심을 표명하지 않고 있는 실정이다.

II. 서비스 배분에 관한 기존 이론모형

1. 정치적 모형

선출직 공무원(elected officials)은 득표극대화를 추구하는 합리적 행위자이며[3] 관료는 선출직 공무원의 이익·요구에 민감하다는 가정하에 서비스 배분은 선출직 공무원의 선거전략에 따라 좌우된다고 보는 것이 정치적 모형의 주장이다. 즉 선출직 공무원은 계속 집권에의 관건인 선거에서 승리하기 위하여 서비스를 전략적으로 배분하기 원하며, 선출직 공무원에 의해 통제받는 관료들은 선출직 공무원이 원하는 바에 따라 서비스를 배분하게 된다는 것이다. 요컨대 정치적 모형은 선거과정을 매개로 한 주민의 행정관료에 대한 간접적 영향력을 강조하는 이론모형이다(Rich, 1982; Aqua, 1982; Vedlitz and Dyer, 1984; Koehler and Wrighton, 1987).

2. 계급차별모형

Floyd Hunter(1953)가 지방정부의 정책에 대한 정치의 영향에 대해 의문을 제기하는 한편 선출직 공무원 및 관료에 대한 엘리트의 영향력을 강조한 이래, 서비스는 상층계급에 비하여 하층계급에게 상대적으로 불리하게 배분된다는 전통적 견해를 수용한 소위 '하층계급가설(the underclass hypothesis)'이 계급차별모형의 핵심적 설명이다.

이 모형에 의하면 상층계급은 선출직 공무원이나 관료에 대한 요구·압력과 같은 현시적인 영향력(visible influence) 행사를 통해서 뿐만 아니라 사회계층구조(social stratification)에서 비롯되는 보이지 않는 구조적인 영향력(invisible structural influence)을 통하여서도 서비스 배분상의 이익을 향유하는데, 특히 이러한 상층계급의 정책과정에 대한 잠재적 또는 구조적인 영향력은 "nondecision"(Bachrach and Baratz, 1962), "mobilization of bias"(Schattschneider, 1960), 또는 "systemic power"(Stone, 1980) 등으로 표현되어 왔다. 요컨대 하층계급은 그들의 이익을 유효하게 정책과정에 투입시킬 수 있는 수단이 열악할 뿐만 아니라[4] 상층계급의 일원이 아님으로 해서 서비스 배분상의 불이익을 받게 된다고 보는 것이 계급차별모형의 핵심적인 설명이다(Cingranelli, 1981).

---

3) 물론 선출직 공무원들의 목표로는 경제성장(Peterson, 1981 : 29; Elkin, 1987 : 36), 건전재정 운영 또는 주민간의 분쟁조정(Shefter, 1985 : 4) 등의 다른 목표도 있겠으나 계속집권의 관건인 선거에서의 승리를 제일차적 목표로 간주함은 타당한 견해라 생각된다.
4) 물론 하층계급도 집단행동들을 통해 그들의 이익을 어느정도 정책과정에 투입시킬 수는 있겠지만(Hirschman, 1970; Skogan, 1975; Alinsky, 1969), 그 빈도나 유효성에 있어 상층계급의 그것과 비할 바 못된다 하겠다.

3. 관료제적 모형

정치적 모형이나 계급차별 모형이 정치적 고려 또는 사회경제적 지위와 같은 관료제 외부의 비합리적인 요소에 의해 차별적인 서비스 배분이 이루어진다고 보는 "왜곡형 이론모형(bias models)"인 것과는 달리, 관료제적 모형은 서비스 배분이 그와 같은 비합리적 요인에 의해 영향받지 않는다고 보는 "중립적 이론모형(a neutral model)"이다.

우선 관료제적 모형은 정치적 모형이나 계급차별모형과는 달리 관료들이 상층계급의 영향력으로부터 자주성(autonomy)을 견지한다는 가정에 기초하고 있다(Jones, 1977). 이 모형에 따르면 서비스 배분에 대한 관료의 의사결정은 아무렇게나 이루어지는 것이 아니라 서비스 수요(need)와 같은 객관적이고 합리적인 기준에 근거하여 설정된 관료조직내의 의사결정 규칙에 따라 이루어지는 것이며 조직외적인 정치·경제·사회적 요인에 의해 영향받지 아니하는 것으로 본다(Lineberry, 1977, 1985; Levy et al., 1974; Jones et al., 1977; Viteritti, 1979; Mladenka, 1980).[5]

한가지 부언할 것은 아무리 관료들이 서비스 수요와 같은 객관적 기준에 따라 서비스를 배분한다고 하여도 그 배분의 결과는 필연적으로 차별적일 수밖에 없어서 특정집단 또는 지역이 상대적으로 유리 또는 불리해진다는 것이다. 그러나 이러한 서비스 배분결과의 차별성은 비의도적인 것으로서 정치적 모형이나 계급차별 모형이 상정하고 있는 의도적인 차별성과는 다른 것이다(Rich, 1982).[6]

4. 경험적 연구

지금까지 이러한 상충하는 제 이론모형들에 대하여 많은 검증이 이루어져 왔는 바, 연구자들은 도시정부 관할구역내에서의 서비스 배분형태를 분석함으로써 서비스 배분이 자주적인 관료들의 중립적인 결정에 의하여 이루어지는지(관료제적 모형) 아니면 정치적인 고려 또는 사회·경제적 요인과 같은 관료조직 외부로부터의 영향(external influence)에 의해 왜곡되는지를(정치적 모형, 계급차별모형) 알아보고자 하였다.

그러나 연구결과는 상충되어 왔으며 서비스 배분에 대한 일관성 있는 설명은 아직

---

5) 여기서 서비스 수요의 개념은 서비스의 공급을 통하여 해소되어야 하는 문제의 정도를 의미하는 것으로서 특정 서비스의 공급에만 영향을 주는 "서비스 수요(예, 도서관 서비스에 대한 독서인구)"와 일반 서비스의 공급에 영향을 주는 "서비스 조건(예, 諸서비스의 공급에 대한 인구밀도)"을 포함하는 바, 여기에서 서비스조건은 어떤 지역의 생태적인 조건(ecological attributes)과 같다(Lineberry, 1977: 62).

6) Lineberry(1977)는 이를 가리켜 무정형의 불평등(unpatterned inequality)이라 한 바 있다.

까지 결여된 상태이다. 우선 상당수의 연구가 관료제적 모형에 부합하는 결론을 얻을 수 있었다. 예컨대 Weicher(1971), Levy et al.(1974), Lineberry(1975, 1977), Antunes and Plumlee(1977), Mladenka and Hill(1977, 1978), Jones(1977, 1980), Jones et al.(1978), Nivola(1978), Mladenka(1980, 1981), Sanger(1976), Vedlitz and Dyer(1984) 등이 그것이다. 특히 이같은 많은 수의 경험적 연구에 고무되어 Lineberry(1985)는 관료제적 모형이 서비스 배분을 설명하는 데 있어서 설득력있는 유일한 이론적 모형이라고 단언하기도 하였다.

그러나 반대되는 증거도 많아 그와 같은 단언이 성급한 것임을 알려준다. 즉 Benson and Lund(1969), Jacob(1972), Nardulli and Stonecash(1981), Cingrannelli(1981), Boyle and Jacob(1982), Abney and Lauth(1980), Bolotin and Cingranelli(1983), Browning et al.(1984), Feiock(1986), Pecorella(1986), Koehler and Wrighton(1987)등의 연구가 그 예로서 서비스 배분형태는 정치 또는 사회·경제적 요인과 밀접한 관련이 있음이 보고되었던 것이다.

요컨대 서비스 배분에 대한 논쟁은 아직도 진행중인 것으로서 이러한 제 이론모형 및 그 검증결과간의 불일치를 해소하기 위하여는 이들을 포괄할 수 있는 통합이론모형의 개발 및 검증이 절실하다 하겠는 바, 이하에서는 서비스 유형에 따라 행정관료의 외부압력에 대응하는 형태가 변화하게 되고 그 결과 서비스 배분형태도 달라지는 것을 보여줌으로써 기존 이론모형간의 괴리를 좁히고자 한다.

III. 통합이론 모형: 서비스 유형의 서비스 배분에 대한 효과

서비스 유형의 서비스 배분에 대한 효과를 논하기 위하여는 먼저 서비스 배분의 실질적 주체인 행정관료의 행태에 영향을 미치는 두가지 상충요인 즉, 관료의 동기(bureaucratic motivation) 및 관료에 대한 외부의 압력(external influence)에 관한 검토가 선행되어야 한다.

1. 관료의 동기(bureaucratic motivation)

관료의 동기요인은 관료제적 의사결정 기준이나 외부환경만큼이나 서비스 배분결정에 중요한 영향을 미친다. 그럼에도 불구하고 기존의 연구들은 관료의 동기측면에 적절한 관심을 두지 아니하였다. 즉 정치적 모형이나 계급차별 모형은 관료제 외부의 요인에 지나치게 주목함으로써, 그리고 관료제적 모형은 서비스 배분결정에 있어서의 관료의 역할을 중시하였음에도 불구하고 관료의 동기측면을 소홀히 취급하였던 것이다.

결론부터 말하자면 관료의 동기는 관료들로 하여금 객관적·합리적인 기준에 의하여 서비스를 배분하고자 하는 기본적 경향을 갖도록 한다. 즉, 관료의 동기구조는 강력한 외부압력의 유입이 있지 않는 한, 관료로 하여금 이미 확립된 객관적 결정기준을 일탈하여 서비스 배분에 대한 자의적 또는 재량적인 결정(discretion)을 내리지 않도록 한다는 것이다.

관료들이 정책을 결정 또는 집행하는데 작용하는 동기는 크게 나누어 탁월한 업적을 통하여 좋은 평가를 얻고자 하는 호평추구동기(credit-claiming motivation)와 환영받지 못하는 업무수행에 대한 외부로부터의 비난을 회피하고자 하는 비난회피동기(blame-avoiding motivation)로 나누어 볼 수 있다.[7] 여기서 호평추구동기는 정책 결정자로 하여금 재량권 행사를 촉발하는 반면 비난회피동기는 이미 확립된 정책 결정기준을 일탈하는 재량권 행사를 제약하는 요인으로 작용한다.

문제는 어떤 동기가 관료의 행태에 더 큰 영향을 미치느냐 하는 것인 바, 만족스런 측면보다는 불만족스런 측면을 보다 쉽게 감지하고 보다 적극적으로 불만을 표명하는 외부의 "부정적 평가경향(negativity bias)"에 기인하며[8] 비난 회피동기가 호평추구동기보다 더 지배적인 영향력을 미친다(Weaver, 1988). 그리하여 관료들은 의사결정에 앞서 어떤 결정이 그들에게 "이로울 것인가"를 묻기에 앞서 "해로울 것인가"부터 묻게 되는 것이다. 물론 호평추구동기도 관료의 정책결정에 영향을 미치기는 하겠으나 관료의 비난에 대한 감수성이 상대적으로 훨씬 크기 때문에, 일반적으로 관료의 행동은 비난회피동기에 의해 지배받게 되는 것이다(여기에서는 논의를 관료에 대하여 한정시켰으나 사실상 선출직 공무원도 정책결정자의 일원으로서 관료와 마찬가지로 비난회피동기에 의해 지배받는다는 것을 지적해 둔다). 관료들은 이와 같이 외부의 비난에 대하여 매우 예민하며 또 예민해야만 한다. 그것은 비난이 축적되는 경우, 관료 개인의 신상은 물론이고 조직의 목표달성 나아가서는 조직의 존립자체가 위협받게 될 것이기 때문이다(Rourke, 1984). 따라서 관료들은 서비스를 배분함에 있어서 외부의 비난을 감수해도 좋을 만큼의 유인이 주어지지 않는 한 비난의 소지가 있는 결정 즉, 객관적·합리적인 기준에 의거하지 않은 자의적인 재량권 행사는 삼가려 할 것이다.

---

7) Weaver(1988)는 이에 "좋은 정책에 대한 동기(good-policy motivation)"를 추가하고 있으나 생략한다.

8) 부정적 평가경향에 대한 경험적 연구로는 Kernell(1977)을 참조.

이상에서는 비난회피동기가 관료의 행태를 좌우하는 지배적 동기인데 기인하여 관료들은 서비스를 배분함에 있어 기본적으로 객관적·합리적인 결정기준에 따르려는 경향을 갖게 될 것이라는 것을 설명하였다. 그러나 관료의 동기구조를 살피는 것만으로는 서비스 배분이 여하히 이루어지는가를 설명하기는 부족하다. 그것은 관료들의 서비스 배분에 관한 결정은 또 다른 하나의 요인 즉, 관료에 대한 외부압력의 영향을 받기 때문이다.

2. 관료와 환경

앞에서 관료들은 기본적으로 합리적·객관적인 기준에 따라 서비스를 배분하려 한다고 하였으나, 관료가 처해 있는 환경은 관료들의 서비스 배분에 대한 결정에 대하여 중립적이지 못하다. 오히려 관료들은 주민, 이익단체, 정당, 선출직 공무원과 같은 외부행위자들로부터 서비스 배분에 관한 끊임없는 요구와 압력을 받는다. 이에 관하여 정치적 모형은 "선출직 공무원으로부터의 압력"을, 계급차별모형은 "상층계급으로부터의 압력"을 중요시 하고 있으나 생각건대 이들 중 가장 영향력있는 행위자는 선출직 공무원(특히 시장)이다. 그 이유는 다른 행위자들은 선출직 공무원이 관료에 대하여 갖는 공식적인 권위를 갖고 있지 못할 뿐만 아니라, 이익표출에 있어서도 선출직 공무원의 중개(mediation)에 의존하는 경우가 대부분이기 때문이다(Eisinger, 1972).[9]

물론 관료들은 그들의 기본성향에 따라 이와 같은 외부압력에 저항하려 하겠으나 문제는 관료들이 외부압력에 대하여 얼마만큼 자주적(autonomous)인가 하는 것이다. 이에 관하여 기존 이론모형들의 견해는 근본적인 괴리를 보인다. 관료제적 모형은 관료들이 자주성을 견지하므로 외부의 압력에 대하여 반응하지 아니한다고 본다(Lowi, 1967). 반면 정치적 모형이나 계급차별모형은 관료들의 자주성이 낮아 외부압력에 대단히 민감하다고 본다. 즉, 정치·경제·사회적 환경에서 비롯되는 외부영향력은 관료들이 도외시할 수 없을 정도로 강력한 경우가 보통이라는 것이다(Boyle and Jacob, 1982).

생각건대 이와 같은 기존 이론모형들(특히 관료제적 모형)의 견해는 다소 과장된

---

9) 계급차별모형에 의하면 관료들은 이와 같은 현시적인 외부압력 뿐만 아니라 사회계층화에 따른 구조적인 압력도 받는다. 그러나 관료의 행태에 미치는 영향력의 크기에 있어서 외부행위자로부터의 명시적인 압력이 잠재적·구조적 압력보다 훨씬 중요하다. 실제로 외부의 압력이 명시적으로 와 닿지 않은 상태에서 관료들이 비난의 소지를 감수하면서까지 구체화되지 아니한 상태의 상층계급 주민의 이익을 자발적으로 보호하려 한다는 가정은 무리가 있는 것이다.

것이라 하겠는 바, 관료들이 외부압력에 대하여 갖는 자주성은 상대적인 것(relative autonomy)으로 봄이 보다 타당한 견해라 하겠다.[10) 여기서 상대적 자주성이라 함은 관료들이 기본적으로는 외부에 대하여 자주성을 갖지만 그 자주성은 외부압력으로부터 완전히 차단된 것이 아니고 외부압력에 의해 제약받는 것임을 의미하는 것이다.

지금까지의 관료의 동기 및 외부압력에 관한 논의는 관료들이 서비스 배분에 대한 결정을 함에 있어서 처해야 하는 곤경(dilemma)을 가르쳐 주는 바, 그와 같은 곤경은 비난을 회피하기 위하여 재량권 행사를 자제해야 할 필요성과 외부압력을 수용하기 위하여 객관적 결정기준을 일탈하여 재량권을 행사해야 할 필요성 사이의 갈등에 기인하는 것이다. 만일 외부압력이 없다면 관료들은 비난을 회피하기 위하여 재량권 행사를 삼가게 될 것이다. 모든 서비스 배분에 대한 결정에는 필연적으로 다소간의 비난가능성이 잠재되어 있을 것이기 때문이다. 그럼에도 불구하고 관료들은 완전한 자주성을 갖고 있지 못하기 때문에 종종 외부압력에 반응하지 않을 수 없을 것이다. 그렇다면 관료들은 언제, 어떻게 외부압력에 대응하는가? 이에 대한 대답을 위하여는 서비스 유형에 논의가 필요하다.

3. 서비스의 유형

결론부터 말하자면 서비스 배분에 있어서의 관료들의 외부압력에 대한 반응(또는 저항)의 정도는 서비스의 종류에 따라 다를 것이다. 그 이유는 (1) 관료들의 외부압력에 대한 반응의 정도는 배분하고자 하는 서비스에 잠재되어 있는 비난의 소지 즉, 잠재적 비난의 크기(blame potential)와 밀접한 함수관계에 있고(관료의 의사결정이 비난회피동기에 의해 지배받음은 이미 앞에서 논의하였음), (2) 잠재적 비난의 크기는 서비스의 종류마다 다르기 때문이다. 그럼에도 불구하고 기존의 이론모형은 이러한 사실을 인식하지 못하고 관료의 외부압력에 대한 반응패턴이 서비스 유형에 상관없이 "일정하다"는 틀린 결론을 내리고 있다. 근본적으로 이와 같은 결론은 관료의 의사결정이 관료의 동기요인과 외부압력이라는 두 가지 상충요인에 의해 결정된다는 사실을 충분히

---

10) 특히 외부의 압력 중 가장 중요한 것은 관료의 상위에 있는 선거직공무원으로부터의 압력인 바, 이에 대한 관료의 자주성 정도에 대하여도 학설은 이견을 보인다. 즉, 관료의 자주성을 강조하는 견해(Banfield and Wilson, 1963; Sayre and Kaufman, 1965; Lowi, 1967; Heclo, 1977; Niskanen, 1971; Neustadt, 1980; Kaufman, 1981 등), 선출직 공무원의 영향력을 강조하는 견해(Moe, 1984; Beck, 1982; Weingast and Moran, 1983), 및 양자간의 균형을 강조하는 견해(Rourke, 1984; Lindblom, 1985; Dornan, 1977; Wood, 1988; Viteritti, 1982) 등이 그것인데 여기서는 마지막 견해에 따르는 것이다.

인식하지 못한데 기인하는 것인 바, 관료제적 모형은 객관적 기준에 따르려는 관료의 기본적 성향은 고려했으나 관료가 외부압력에 반응해야 할 필요성을 무시함으로써 관료가 외부압력에 "항상 무감각하다"는 결론을 내리게 되었고, 정치적 모형 및 계급차별모형은 외부압력은 고려했으나 관료의 기본적 성향을 무시함으로써 관료가 외부압력에 "항상 반응한다"는 결론에 도달하였던 것이다.

관료들의 외부압력에 대한 반응이 서비스 종류에 따라 구체적으로 어떻게 다른가를 설명하기 위하여는 서비스의 유형에 대한 논의가 필요하겠는 바, 이하에서는 새로운 서비스 분류체계를 제시한 뒤 그 분류체계를 통해서 서비스 유형이 여하히 관료의 외부압력에 대한 반응에 영향을 미치게 되는가를 설명하겠다.

우선 서비스를 분류함에 있어 본 논문의 주 관심사는 잠재적 비난의 크기가 서비스 유형에 따라 어떻게 변화하는가에 있다. 그 이유는 이미 앞에서 지적한 바와 같이 관료의 의사결정이 비난회피동기에 의해 지배받기 때문에 관료의 외부압력에 대한 대응패턴이 잠재적 비난의 크기에 따라 변화하고 또 그 결과로 서비스 배분형태가 달라질 것이기 때문이다. 여기서 (잠재적) 비난의 크기라는 개념은 비난의 강도 (intensity)와 비난의 범위(extent)를 포함하는 개념인 바, 비난의 강도는 주민들이 얼마나 "심하게" 비난할 것이냐를, 비난의 범위는 얼마나 "많은" 주민들이 비난할 것이냐를 가리킨다. 그런데 비난의 강도와 범위는 반드시 일치하지는 않는다. 예컨대 복지서비스의 경우 비난의 범위는 서비스의 수혜자가 한정되어 있기 때문에 넓지 않은 반면, 당 서비스가 수혜자에게 주는 의미가 큰 때문에 부당한 서비스 배분에 대한 비난의 강도는 클 것이다. 그렇기 때문에 우리는 서비스의 유형화에 있어 비난의 크기의 양 측면 모두에 관심을 가져야 하는 것이다.

본 논문은 다음 4가지 분류기준에 의하여 서비스를 유형화한다(처음 두 가지 기준은 비난의 강도와 다음 두 가지 기준은 비난의 범위와 관련되어 있다).

(1) 서비스의 우선순위(service priority)

서비스의 중요도 또는 우선순위에 따라 서비스는 고순위 서비스(core service)와 저순위 서비스(secondary service)로 나누어 볼 수 있다. 대체로 고순위 서비스의 특징은 당해 서비스의 공급이 안정적이고, 인간의 기본적 생활에 필수적이며, 도시정부의 기본적이고 정당한 의무로 간주되는데 있으며, 저순위 서비스의 특징은 그 반대의 경우이다(Rich, 1982; Fossett, 1983).

여기서 우리의 관심은 잠재적 비난의 크기에 있는 바, 생각건대 주민들은 고순위 서비스의 배분에 대하여 저순위 서비스의 배분보다 더 민감할 것이므로, 고순위 서비스에서의 잠재적 비난의 강도가 저순위 서비스에서의 그것보다 클 것으로 사료된다.

(2) 공공부문의 역할범위(public coverage)

이 기준은 공공서비스가 어느 정도까지 특정서비스에 대한 민간의 수요를 충족시키느냐 하는 것을 나타낸다. 만일 특정서비스에 대한 수요가 공공부문에 의해서 충족되어야 할 것으로 간주되고 또 실제로 그러한 경우, 그러한 서비스는 포괄적 서비스(comprehensive service)이고, 그렇지 아니한 서비스는 보완적 서비스(complementary service)이다.

생각건대 포괄적 서비스에 있어서의 관료에 대한 잠재적 비난의 강도는 클 것이다. 왜냐하면 일반적으로 포괄적 서비스에 대한 수요충족은 도시정부의 책임으로 간주되기 때문이다. 반면 보완적 서비스에 있어서의 잠재적 비난의 강도는 상대적으로 작을 것이다. 보완적 서비스에 대한 수요충족이 도시정부의 필수적 의무라고 간주되지는 않기 때문이다.

(3) 수혜자의 범위(scope of beneficiaries)

이 기준에 따르면 서비스의 수혜자가 주민일반인 경우의 서비스를 보편적 서비스(universal service), 특정집단에 한하는 경우의 서비스를 한정적 서비스(particularistic service)로 나누어 볼 수 있다.

한편 보편적 서비스의 수혜자의 범위는 한정적 서비스의 수혜자의 범위보다 넓기 때문에 그것은 서비스 수혜자의 범위가 잠재적 비난의 범위와 정비례한다는 데서 쉽게 이해된다.

보편적 서비스에 있어서의 비난의 범위는 한정적 서비스의 경우보다 넓을 것이다.

(4) 서비스의 영향(service impact)

이 기준에 따르면 그 경제적 효과가 중립적인 분배적 서비스(distributive service)와 차별적인 재분배적 또는 발전적 서비스(redistributive or developmental service)로 서비스를 구분할 수 있다(Peterson, 1981; Lowi, 1964). 여기서 서비스 수혜자의 범위에 초점을 맞추는 경우, 앞에서 논의한 바와 같은 논리에 의하여 분배적 서비스에 있어서의 비난의 범위가 재분배적 또는 발전적 서비스에 있어서의 비난의 범위보다 상대적으로 넓을 것임을 알 수 있다.

유형 I : 행정적(administrative) 서비스(고순위·포괄적·보편적·분배적)

  ○ 비난의 강도: 큼, 비난의 범위: 넓음

  ○ 예: 경찰, 소방, 위생, 상·하수도, 공원, 도로

유형 II : 혼합형(mixed) 서비스(고순위·포괄적·한정적·재분배─발전적)

  ○ 비난의 강도: 큼, 비난의 범위: 좁음

  ○ 예: 복지, 교육

유형 III : 혼합형(mixed) 서비스(저순위·보완적·보편적·분배적)

  ○ 비난의 강도: 작음, 비난의 범위: 넓음

  ○ 예: 도서관, 문화활동

유형 IV : 정치적(political) 서비스(저순위·보완적·한정적·재분배─발전적)

  ○ 비난의 강도: 작음, 비난의 범위: 좁음

  ○ 예: 노인, 경제개발, 보건, 주택, 정신보건, 청소년

(단, 여기서 행정적, 정치적이라는 이름이 무엇을 의미하는가에 대하여 후술함)

  이상의 4가지 기준을 종합함으로써 도시공공서비스를 유형화하여 <그림 1>에 나타냈는바, 서비스는 다음 4가지 유형으로 분류됨을 알 수 있다.[11]

---

11) <그림 1>에서 서비스의 우선순위와 공공부문의 역할범위기준, 그리고 수혜자의 범위 및 서비스의 영향기준은 그 구체적인 분류결과에 있어 각각 같음을 알 수 있다.

그림 1 도시 공공서비스의 유형

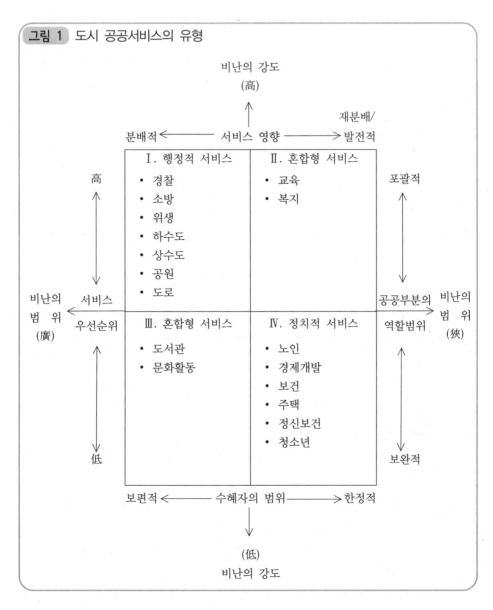

이와 같은 잠재적 비난의 크기(강도와 범위)에 초점을 맞춘 서비스 분류체계는 관료들의 외부압력에 대한 반응 즉, 서비스 배분에 대한 결정이 서비스 종류에 따라 구체적으로 어떻게 달라지는지를 예측할 수 있게 해 준다.

4. 서비스 유형과 서비스 배분결정

앞에서 관료들의 외부압력에 대한 반응은 서비스의 종류에 따라 다르다 하였는 바, 반응의 크기는 자의적인 배분결정에 대한 잠재적인 비난의 크기가 큰 서비스를 배분하는 경우에는 작을 것이고, 잠재적 비난의 크기가 상대적으로 작은 서비스를 배분하는 경우에는 상대적으로 클 것이다.

(1) 기본적 경향

서비스 유형에 관계없이, 비난에 민감한 관료들은 객관적·합리적인 의사결정 기준에 따라 서비스를 배분하려 할 것이다. 그러나 그들은 외부압력으로부터 완전히 차단되어 있지 않기 때문에 서비스를 배분함에 있어 어느 정도까지 외부압력의 영향을 막아낼 수 있을 것인가가 문제가 된다.

(2) 행정적 서비스(유형 I)의 배분

이 유형의 서비스에서는 잠재적 비난의 크기가 크므로(비난의 강도와 범위가 모두 크다) 관료들은 비난가능성에 대해 매우 예민하게 되고 따라서 서비스 배분상의 재량권 행사의 여지가 별로 없다. 즉, 이 유형의 서비스를 배분함에 있어 객관적·합리적인 기준을 무시하는데 따르는 부의 대가가 너무 크므로 관료들은 최대한 외부압력으로부터의 영향을 배제하고 객관적 기준에 의거 서비스를 배분함으로써 비난의 소지를 극소화하려 할 것이다.

문제는 관료들이 외부행위자의 영향력으로부터 완전히 자주적이지 못하다는 것이다. 외부행위자 중 특히 선출직 공무원의 영향력이 중요하다(그 이유로서 선출직 공무원이 관료에 대하여 갖는 공식적인 권위 외에도, 주민, 이익집단과 같은 다른 행위자의 요구가 사실상 대부분 선출직 공무원을 통하여 정책결정과정에 전달되기 때문임은 이미 언급한 바와 같다).

그런데 관료들에게 있어 다행인 것은 이 유형의 서비스 배분에 대하여는 선출직 공무원들이 관료에 대한 압력행사를 자제하리라는 것이다. 왜냐하면 객관적 기준에서 일탈한 재량적 서비스 배분에 대한 비난에 대하여는 배분의 당사자인 관료들 뿐만 아니라 관료에 대한 공식적 통제권을 갖고 있는 선출직 공무원도 관료의 상급자로서 책임을 지게 될 것이기 때문이다. 즉, 행정적 서비스의 배분에 있어서는 선출직 공무원도 관료와 마찬가지로 자의적인 서비스 배분에 대하여 주저할 입장에 있게 되는 것이며, 나아가서 선출직 공무원들은 자신의 요구 뿐만 아니라 그들의 중개를 요하는 다른 외부 행위자의 요구를 위해서도 관료에 대한 영향력 행사를 자제할 것이다. 그리고 그 결과로 행정적 서비스의 배분과정은 소위 선출직 공무원으로부터의 "무관심권"(zone of indifference, Wilson, 1968) 또는 "관료 고유의 결정영역"(Antunes and Mladenka, 1976) 안에 남게 될 것이다.

물론 선출직 공무원에 의해 중개되지 아니한 일반주민, 이익집단과 같은 외부행위자로부터의 직접적인 요구투입도 생각해 보아야 한다. 그러나 이미 지적했던 바와 같이 이와 같은 요구의 관료에 대한 영향력은 선출직 공무원의 또는 선출직 공무원에 의해 중개된 요구투입에 비하여 그 영향력이 훨씬 못 미치는 바(Yates, 1977), 이에 대한 관료의 대응성은 특히 잠재적 비난의 크기가 큰 행정적 서비스의 경우에는 기대난망이라 하겠다. 한편 이에 관하여 관료들이 그들이 속한 조직의 존속·발전을 위하여 관계주민 또는 단체(constituencies)로부터의 지지를 획득할 필요가 있음을 지적할 수도 있겠다(Wildavsky, 1974; Rouke, 1984). 물론 관련 단체의 지지획득을 위하여 관료들이 관련 단체의 요구를 배분결정에 반영할 수도 있을 것이다. 그러나 행정적 서비스는 일반적으로 도시정부의 의무적 기능으로 간주되는 서비스이기 때문에(고순위 서어버스), 이 유형의 서비스를 제공하는 관료조직의 존속·발전은 관련단체의 지지에 크게 의존하지 않으므로 이같은 지적은 타당성이 적다고 본다. 더구나 행정적 서비스는 그 수혜자의 범위가 넓어(보편적 서비스), 특수이익의 형성을 통한 외부압력의 가능성도 상대적으로 작다고 하겠다.

요컨대, (a) 관료의 외부압력에 대한 강한 저항 및 (b) 상대적으로 위축된 외부압력이라는 두 가지 요인에 의하여 행정적 서비스의 배분은 외부압력에 영향받지 않고 객관적·합리적인 의사결정기준에 의해 이루어질 것이다. 즉 행정적 서비스는 상층계급지역이거나 선거전략상 중요한 지역이라고 해서 유리하게 배분되지는 않을 것이다(가설 1). 여기서 "행정적 서비스"라 함은 이 유형의 서비스의 배분이 "정치·사회·경제적인 외부요인에 대하여 비탄력적(inelastic)으로" 또는 "관료조직의 객관적·합리적인 의사결정기준에 의해" 결정된다는 것을 의미한다. 한가지 첨언할 것은 행정적 서비스의 배분이 외부압력에 의하여 왜곡되지 않는 것은 외부압력이 결여되어서가 아니라 외부압력이 관료의 저항을 압도하기에 불충분한데 기인하기 때문이라는 것이다.

(3) 정치적 서비스(유형 IV)의 배분

행정적 서비스의 경우와 비교해 볼 때, 이 유형의 서비스에서는 잠재적 비난의 크기가 상대적으로 작으므로(상대적으로 비난의 강도와 범위가 모두 작다), 관료들은 비난가능성에 대하여 덜 예민하게 되고 따라서 서비스 배분상의 재량권 행사여지가 상대적으로 많다. 즉, 이 유형의 서비스를 배분함에 있어서 객관적·합리적인 기준을 무시하는 데 따르는 부의 대가는 행정적 서비스의 경우와 비교해서 상대적으로 작으므로, 관료들의 외부압력에 대한 저항은 상대적으로 작을 것이다.

외부압력은 어떠한가? 먼저 선출직 공무원의 경우를 보자. 우리는 앞에서 잠재적 비난의 소지가 큰 행정적 서비스의 배분의 경우에는 선출직 공무원도 관료와 마찬가지로 비난에 대하여 예민하게 되어 객관적 기준을 벗어나는 관료에 대한 압력을 삼갈 것이라 하였다. 같은 논리로 잠재적 비난의 소지가 크지 않은 정치적 서비스의 배분에 있어서 선출직 공무원은 비난에 대하여 덜 예민하게 되고 따라서 관료의 서비스 배분결정에 영향력 행사를 하려 할 것이다.

아울러 관료들은 이 유형의 서비스 배분에 대한 선출직 공무원 이외의 다른 행위자로부터의 압력에도 상대적으로 더 반응할 것이다. 정치적 서비스는 비난의 소지가 상대적으로 작기 때문이다. 더구나 행정적 서비스의 경우와 비교해 볼 때 정치적 서비스를 배분하는 관료들은 그들이 속한 행정조직의 존속 발전을 위하여 관련단체로부터의 지지를 획득할 필요성이 상대적으로 크다. 즉 관련단체의 지지획득을 위하여 관련단체의 요구를 배분결정에 반영할 필요성이 있는 것이다. 왜냐하면 정치적 서비스는 행정적 서비스와는 달리 도시정부의 의무적 기능으로서의 당위성에 대하여 논란이 없지 않기 때문이다(저순위 서비스). 또한 정치적 서비스는 그 수혜자의 범위가 한정되어(한정적 서비스) 특수이익의 형성이 보다 쉽고, 그 결과 외부압력의 크기도 상대적으로 크다고 하겠다.

요컨대, (a) 관료의 외부압력에 대한 저항의 상대적 약화 및 (b) 상대적으로 강화된 외부압력이라는 두가지 요인에 의하여 정치적 서비스의 배분은 객관적·합리적인 의사결정기준외에 외부압력을 반영하게 될 것이다. 즉, 정치적 서비스는 상층계급 지역 또는 선거전략상 중요한 지역에 유리하게 배분된다는 것이다(가설 2). 또한 이 유형의 서비스를 "정치적 서비스"라 함은 이 유형의 서비스 배분이 "정치·경제·사회적인 외부압력에 대하여 탄력적(elastic)으로" 또는 "관료조직의 객관적·합리적인 기준에서 일탈하여" 결정된다는 것을 의미한다. 또한 이와 같이 정치적 서비스의 배분이 외부압력에 의하여 왜곡되는 것은 비난의 소지가 결여됐기 때문이 아니라 외부압력이 관료의 저항보다 크기 때문이라는 것을 부언해 둔다.[12]

---

12) 한편 이에 대하여 정치적 서비스의 경우도 비난의 소지가 전적으로 결여되어 있지 않는 한 선출직 공무원은 영향력 행사를 삼가리라는 가정도 해 봄직 하겠다. 그러나 선출직 공무원은 자신의 이익(집권 또는 집권을 위한 다른 목적)을 위하여 어떠한 형태로든 서비스 배분에 대한 영향력 행사가

(4) 혼합형 서비스(유형 II, III)의 배분

이 두 유형의 서비스에서는 비난의 강도와 범위가 일치하지 않기 때문에, 각 유형에 따라 서비스 배분이 어떻게 달라지는가를 비교하기 위하여는 비난의 강도와 범위가 각각 관료의 의사결정에 미치는 영향력의 상대적 크기를 알 수 있음이 바람직하다. 이에 대하여 폭동이나 데모가 정부로부터 유리한 서비스 혜택을 도출하는데 유효하다는 근거를 들어 비난의 강도의 비난의 범위에 대한 상대적 중요성을 주장할 수도 있겠고, 그러한 폭동이나 데모가 개인이 아닌 집단에 의해 수행될 때에만 효과가 있을 것이라는 근거를 들어 비난의 범위의 비난의 강도에 대한 상대적 중요성을 주장할 수도 있겠다. 그러나 불행히도 어떤 주장이 옳은지는 증명할 방법이 없다. 그럼에도 불구하고 확실한 것은 서비스 유형 II 또는 III에서의 총체적인 잠재적 비난의 크기는 행정적 서비스의 경우보다는 크고 정치적 서비스의 경우보다는 작다는 것이다. 따라서이들 두 서비스 유형의 배분형태는 행정적 및 정치적 서비스의 배분형태의 중간 형태가 될 것이다. 즉, 혼합형 서비스의 배분은 객관적·합리적인 의사결정기준외에 외부압력을 반영하겠지만 그 반영의 정도는 정치적 서비스의 경우보다는 작을 것이다. 환언하자면, 정치적 서비스의 경우와 같이 혼합형 서비스도 상층계급지역 또는 선거전략상 중요한 지역에 유리하게 배분되지만 그 왜곡의 정도는 정치적 서비스의 경우와 비교해 볼 때 상대적으로 작을 것이라는 것이다(가설 3).

지금까지의 논의는 아래와 같이 정식화하여 요약할 수 있다. 먼저 기존 이론모형을 정식화 하면 다음과 같다.

정치적   모형: 서비스 배분 = f(정치적 변수)
계급차별 모형: 서비스 배분 = f(계급 변수)
관료제적 모형: 서비스 배분 = f(객관적 기준)
(단, 객관적 기준은 서비스 조건 및 수요를 말함)

필요하겠는 바, 그 영향력은 관료의 저항 및 비난의 가능성이 상대적으로 작은 정치적 서비스의 배분에 집중될 것이다. 그리고 관료들은 선출직 공무원의 영향력 행사에 반응함으로써 그들에게 귀속되는 부의 대가가 크지 않기 때문에 선출직 공무원의 압력에 반응하게 되는 것이다.

본 논문에서 제시한 서비스 유형을 고려하면, 기존 이론모형들은 다음과 같이 통합적으로 표현될 수 있는 바, 이것이 본 논문이 제시하는 가설이다.

가설 1: 행정적 서비스의 배분 = f(객관적 기준)
가설 2: 정치적 서비스의 배분 = f(객관적 기준, 정치적 변수, 계급변수)
가설 3: 혼합형 서비스의 배분 = f(객관적 기준, 정치적 변수, 계급변수)
     (단, r 정치적, 계급변수·혼합형 서비스의 배분 < r 정치적, 계급변수·정치적 서비스의 배분)

IV. 분석

1. 분석대상

본 연구는 미국 뉴욕시가 관할 59개의 동(community district)에 제공하는 11개 공공서비스의 지리적 배분에 대하여 분석한다. 첫째, 분석의 단위는 동으로서, 동별 서비스 배분을 연구하는 이유는 뉴욕시의 서비스가 일반적으로 동을 단위로 하여 이루어지고 있기 때문이다.[13] 둘째, 지리적 배분에 대하여 분석하는 이유는 일반적으로 지리적 구획이 사회·경제적 지위가 유사한 주민집단간의 경계를 적절하게 반영한다는 사실을 고려했기 때문이다(Logan, 1978). 셋째, 데이터의 제약으로 분석대상을 11개의 서비스 분야로 한정하였다. 그럼에도 불구하고 이것은 지금까지의 연구중 가장 넓은 범위의 서비스를 대상으로 한 것이며, 따라서 본 연구결과의 일반화에도 기여하리라 본다.

2. 변수 및 데이터

(1) 종속변수

종속변수 즉, 서비스의 배분상태를 나타내는 지표는 <표 1>과 같다.

---

13) 그러나 유동인구 비율이 지나치게 높아 타 동과 비교하기 어려운 중심 상업지구의 2개의 동은 분석에서 제외하였다. 그 이유에 대해서는 Cingranelli(1982), 또는 Bolotin and Cingranelli(1983) 참조.

| 표 1 | 종속변수 측정지표[14] |

서비스	지 표
노인복지	노인을 위한 무료급식, 방문조력, 교통편의제공을 위한 계약 서비스 비용/1000
경제개발	상업지구 재개발 기금 및 도시재개발 기금의 배분/1000
소 방	소방공무원수/1000
보 건	보건소 및 진료소 운영비용/1000
주 택	노후주택철거, 재산관리, 대리관리, 재배치, 감정평가, 법률집행, 렌트통제, 지역개발, 재개발을 위한 계약서비스비용/1000
복 지	복지지출비용/1000
정신보건	지진아, 장애자를 위한 계약 서비스 비용/1000
경 찰	경찰운영비용/1000
공 원	공원 유지·관리 비용/1000
위 생	청소 및 쓰레기 수거 비용/1000
청 소 년	청소년 사업비/1000

주: 1) FY1983과 FY1984의 데이터를 사용하였다.
2) 모든 경비와 인력은 거주인구수(1000명 단위)로 나눈 뒤, 이러한 수치의 2개년도분을 더한 후에 단일 지표를 얻기 위하여 2로 나누었다. 그리고 나서 위의 지표를 표준점수화하였다.
3) 자료출처: New York City, the District Resource Statement(FY1983 & FY1984, FY1984 & 1985)

(2) 독립변수

기존 이론모형의 타당성을 검증하기 위하여 각 모형의 가설을 나타내는 변수들을 독립변수로 채용하였는바, 그 목록을 <표 2>에 나타냈다.

---

14) 성과지표 대신 <표 1>에서 보는 바와 같이 경비나 인력과 같은 투입지표를 사용하여 서비스 수순을 측정하는데 대하여 투입지표가 가격 또는 임금의 지역격차, 인위적 파손행위, 서비스 수요 등과 같은 요인들을 잘 반영하지 못한다는 지적이 있을 수 있다(Lineberry, 1974). 그러나 그러한 지적은 Boyle과 Jacob(1983)이 지적하듯 반드시 타당한 것은 아니다. 더구나 투입의 수준은 정부목표의 달성을 위한 필수적인 전제 조건인 바(Skogan, 1988), 경비나 인력과 같은 투입지표는 정부의 노력 또는 정책의 우선순위를 명백히 드러내 주는 장점이 있는 것이다(Welch, 1975; Viteritti, 1979).

표 2 독립변수

개 념	변 수
정치적 변수	
정치적 참여도	투표율 증가(1977−1981)
계급변수	
사회경제적 엘리트	사회경제적 지위(SES)지수
소수인종	흑인인구(%)
객관적 기준	
서비스 조건	상공업지역 면적(%)
	인구증가율(1970−1980)(%)
	인구밀도
서비스 수요	
노인복지	65세 이상인구(%)
보건	영아사망율
주택	1950년 이전에 지은 건물(%)
	방화율
정신보건	범죄건수/1000
청소년	18세 이하인구(%)
복지	15세 미만 및 65세 이상 인구(%)
소방	1950년 이전에 지은 건물(%)
	화재발생건수/1000
	방화율
공원	공원수/1000
	공원이용자수/1000
	공원면적/1000
경찰	서비스 요청건수/1000
	범죄건수/1000
위생	일일 쓰레기 수거량(톤)/1000
	청소장비소요댓수/1000
	거리청결지수(%)
통제변수	
공무원수	지방공무원수(%)

출처: 독립변수를 위한 통계치는 대부분 1980년 미국 센서스에 의존하였다. 단 투표율은 New York 시 선거위원회의 미발간 자료, 비거주지역 면적은 Community District Needs(New York City, 1985); 영아 사망률은 Summary of Vital Statistics(1981); 범죄건수 및 서비스 건수는 Police Department Statistical Report(1980); 화재발생건수, 공원수, 공원이용자수, 쓰레기 수거량, 거리청결지수, 방화율 등은 District Resource Statement(1981, 1982)에서 발췌.

정치적 변수 및 SES 지수에 대하여는 추가설명이 필요하다. 먼저 투표율은 서비스 배분에 대한 잠재적 영향력을 나타낸다고 하겠는 바(Cingranelli, 1981), 본 논문은 주민의 정치참여도(political mobilization)를 직접적으로 나타내주는 투표율의 변화를 정치적 변수로서 사용하였다. 한 선거에서의 투표율 대신 두 선거사이의 투표율의 변화에 주목하는 이유는 한 시점에서의 투표율이 선출직 공무원에게 주는 의미가 사소할 것으로 판단되기 때문이다. 생각건대 과거 한 시점에서 투표율은 선거직 공무원의 관심을 끌기에 불충분할 것이다. 왜냐하면 한 시점에서의 투표율은 현직 선출직 공무원의 관심사인 미래 선거에서의 투표율을 잘 가르쳐 줄 수 없기 때문이다. 반면 두 시점간의 투표율의 변화는 미래 선거에서의 투표율 변화를 보다 잘 예측할 수 있게 해준다. 예컨대 투표율이 증가추세에 있는 지역은 미래의 선거에서 보다 높은 투표율(즉 참여율)을 보일 것으로 예상되는 것이며, 선출직 공무원은 미래의 선거에서 높은 투표율을 보일 것으로 생각되는 지역에 보다 많은 관심을 갖게 되는 것이다. 그렇다면 선출직 공무원은 왜 투표율이 높은 지역에 대하여 예민해야만 하는가? 그것은 어떤 지역의 투표율의 증가는 일반적으로 그 지역의 현직 선출직 공무원에 대한 부정적 평가 즉 비난의 증가를 의미하기 때문이다(Levin, 1960). 이것은 앞에서 논한 주민의 부정적 평가경향을 상기하면 쉽게 이해되는 것이다.[15]

또한 각 동의 사회경제적 지위를 나타내는 지표는 고소득 가구비율, 평균가계수입, 고학력자 비율, 평균주택가격, 평균임차비, 전문직업인 구성비율 등 6개 지표를 요인분석(factor analysis)을 통하여 단일지표화하여 만들었다.

3. 결과의 분석

앞에서 제시한 가설을 다중회귀분석을 사용하여 검증하였는 바, 분석에 사용된 회귀방정식은 다음과 같다.

서비스 배분 = b1(정치적 변수) + b2(계급변수) + b3(객관적 기준) + e
(단 b1, b2, b3 = 회귀계수,   e = 오차항목)

---

15) 투표율에 더하여 현직 선출직 공무원에 대한 지지율을 정치적 변수의 하나로 택할 수도 있겠다. 그러나 두 가지 이유에서 지지율은 제외하였다. 첫째, 정책결정자의 비난회피 동기를 고려하건대 투표율의 증가(비난의 증가)가 지지율(긍정적 평가)보다 선출직 공무원에게 중요한 의미를 갖는다는 고려 때문이다. 둘째 뉴욕시의 경우 1981년 선거에서 Koch시장은 59개 동 중 4개만을 제외한 모든 지역에서 50%이상의 압도적인 지지를 획득했다. 그와 같은 보편적 지지현상은 선출직 공무원으로 하여금 지지율에 따른 지역차별을 어렵게 만들 것이라는 고려 때문이다.

11개 서비스 분야에 대한 회귀분석의 결과는 <표 3>에 요약하였다.

표 3 유형별 서비스에 배분에 대한 회귀분석 결과

	행정적 서비스				정치적 서비스						혼합형 서비스
	소방	공원	경찰	위생	노인복지	경제개발	보건	주택	정신보건	청소년	복지
정치적 변수											
투표율 증가 (1977 - 1981)	0.08	0.17	−0.04	−0.09	0.40***	0.16	0.31**	0.12**	0.23**	0.34**	0.17**
계급변수											
SES지수	−0.01	0.19	0.04	0.09	−0.13	0.17	0.01	−0.21**	0.01	−0.06	−0.21**
흑인인구(%)	−0.03	−0.05	0.23	0.31	−0.02	0.20	0.26	0.16**	0.02	0.14	0.04**
서비스 조건											
비거주지면적(%)	0.12	—	0.14	0.30*	—	0.38**	—	−0.03	—	—	—
인구증가율(%)	−0.11	−0.19	−0.31**	−0.08	−0.22	−0.43**	−0.47**	−0.08	−0.09	−0.3**	−0.38**
인구밀도	−0.39***	0.29**	−0.07	−0.32	0.06	−0.48**	−0.29*	0.04	0.16	0.16	0.06*
서비스 수요											
노후주택(%)	−0.01	—	—	—	—	—	—	−0.02	—	—	—
화재발생건수 /1000	0.82***	—	—	—	—	—	—	—	—	—	—
방화율	0.06	—	—	—	—	—	0.06***	—	—	—	—
공원수/1000	—	0.44***	—	—	—	—	—	—	—	—	—
공원면적/1000	—	0.37**	—	—	—	—	—	—	—	—	—
공원이용자수 /1000	—	0.17	—	—	—	—	—	—	—	—	—
서비스요청건수 /1000	—	—	0.28**	—	—	—	—	—	—	—	—
범죄건수/1000	—	—	−0.03	—	—	—	—	—	0.37**	−0.14	—
일일쓰레기 수거량(톤)/1000	—	—	—	0.26**	—	—	—	—	—	—	—
청소장비소요 대수/1000	—	—	—	0.55**	—	—	—	—	—	—	—
거리청결지수(%)	—	—	—	−0.19	—	—	—	—	—	—	—
노령인구(%)	—	—	—	—	0.42***	—	—	—	—	—	—
영아사망율	—	—	—	—	—	—	0.17	—	—	—	—
청소년인구(%)	—	—	—	—	—	—	—	—	—	−0.25	—
노소연령인구(%)	—	—	—	—	—	—	—	—	—	—	0.24**
통계변수											
공무원수(%)	−0.11	0.23	0.18	−0.18	0.06	−0.20	−0.36	−0.10	0.15	0.36*	0.04
R^2	0.86	0.58	0.57	0.59	0.27	0.44	0.42	0.93	0.49	0.56	0.86
R^2 수정치	0.83	0.48	0.50	0.50	0.17	0.32	0.33	0.92	0.42	0.41	0.84
N	56	51	49	56	57	41	55	56	54	54	57

* $p < 0.1$
** $p < 0.05$
*** $p < 0.01$
주: 회귀계수는 표준회귀계수(beta)이다.

<표 3>에서 볼 때 비교적 높은 수치의 결정계수(R^2)는 여기서 제시하는 회귀모형의 설명력이 높음을 알려준다. 그러나 모든 결정계수의 수치가 높은 것은 아니다. 특히 노인복지 서비스에 대한 회귀모형의 설명력은 예외적으로 낮다(R^2 수정치 = 0.17). 그럼에도 불구하고 일부 서비스에 대한 회귀모형의 설명력이 높지 않다는 사실은 본 연구에 있어서 크게 문제되지 않는다. 그것은 본 연구의 주목적이 실제로 배분된 서비스의 수준을 추정하는데 있지 않고 서비스의 배분형태를 식별하는데 있기 때문이다.

(1) 행정적 서비스의 배분

<표 3>의 회귀분석 결과는 행정적 서비스가 객관적 기준에 의해 배분되며 상층계급지역 또는 선거전략상 중요한 지역이라고 해서 유리하게 배분되지는 않는다는 가설1을 입증해 준다. 즉 뉴욕시의 소방·공원·경찰 및 위생 서비스의 배분은 각 동의 계급적 요인(사회경제적 특성, 흑인인구비율)이나 정치적 요인(투표율 증가)가 유의한 상관관계가 없는 것으로 나타났다.

대신 행정적 서비스의 배분은 서비스 조건이나 서비스 수요와 같은 객관적 기준에 의해 잘 설명된다. 즉 소방서비스에서는 인구밀도 및 화재발생율; 공원 서비스에서는 인구밀도, 공원수 및 공원이용자수; 경찰서비스에서는 인구증가율 및 서비스청구권수; 위생서비스에서는 비거주지면적비율, 일일쓰레기수거량, 청소장비소요대수 등의 변수가 각각 통계적으로 유의한 설명 변수인 것으로 나타난 것이다.

또한 회귀계수의 크기를 비교해 보면 이들 객관적 결정기준을 나타내는 변수들은 통계적으로 유의미할 뿐만 아니라, 그 예측력의 크기에 있어서도 대체로 다른 변수들보다 큼을 알 수 있는바, 이 사실은 이 유형의 서비스의 배분이 기본적으로 객관적 기준에 의해 결정된다는 사실을 단적으로 입증해 주는 것이다.

(2) 정치적 서비스의 배분

정치적 서비스의 배분에 대한 회귀분석결과는 이 유형의 서비스가 상층계급지역 또는 선거전략상 중요한 지역에 유리하게 배분될 것이라는 가설2를 입증해 준다. 즉 <표 3>은 투표율의 증가가 노인복지, 보건, 주택, 정신보건 및 청소년 서비스의 배분을 유의한 상관관계가 있음을 보여주고 있다. 이것은 뉴욕시의 현직 선출직 공무원들이 선거상의 이익을 확보하기 위하여 이 유형의 서비스배분에 대한 관료의 결정에 영향력을 행사하였음을 암시해 주는 것이다.

예외적인 것은 투표율의 증가가 경제개발기금의 배분과는 유의한 상관관계가 없는 것으로 나타난 것이다. 그러나 이러한 사실이 뉴욕시의 선출직 공무원이 경제개발 서비스의 배분에 대하여 영향력을 행사할 능력을 결여했다는 것을 의미하지는 않는 다. 그 이유는 경제개발 기금의 목적, 즉 재개발사업은 민간부문(특히 기업인)의 주도 에 의하여 이루어지게 되어 있기 때문에 사실상 공공부문이 개입할 여지가 크지 않은 데 있다. 환언하자면 경제개발기금의 배분에 있어서는 선출직 공무원들이 영향력을 행사할 만한 대상범위 자체가 극히 제한적이기 때문에 선출직 공무원이 자신의 이익 을 투입할 여지자체가 별로 없었을 것이라는 것이다.

한편 정치적 변수(투표율증가)가 대부분의 정치적 서비스의 유의한 설명변수로 나 타난 것과는 달리 계급변수는 그렇지 아니한 것으로 나타났다. 즉 <표 3>에서 노인 복지, 주택, 또는 정신보건서비스의 배분이 상층계급지역에 유리하게 배분되었다는 증거를 찾을 수 없는 것이다. 오히려 주택서비스는 하층계급지역 또는 흑인거주지역 에 상대적으로 유리하게 배분된 것으로 나타났다.16) 한편 상층계급지역이 유리한 서 비스 배분을 받았다는 증거는 경제개발기금의 배분의 경우에서 찾을 수 있다. 오히려 주택서비스는 하층계급지역 즉 상층계급주민, 특히 기업인들의 이익은 비거주지(상공 업 지역)에 집중되어 있다 하겠는 바, 경제개발기금은 비거주지 면적비율과 밀접한 관 련이 있는 것으로 나타난 것이다.

(3) 혼합형 서비스의 배분

혼합형 서비스에 대한 회귀분석결과는 이 유형의 서비스가 상층계급지역 또는 선거전략상 중요한 지역에 유리하게 배분되나, 그 유리한 정도가 정치적 서비스의 경 우와 비교해 볼 때 상대적으로 작다는 가설 3을 입증해 준다.

먼저 가설 3의 전반부는 정치적 변수(투표율의 증가)가 복지서비스 배분에 대한 통 계적으로 유의한 결정요인이라는 사실에 의하여 입증된다. 그러나 이 사실만으로는 정치적 서비스의 배분형태와 혼합형 서비스의 배분형태간의 차이를 구별하기는 어렵 다. 양자간의 구별을 위하여는 가설 3의 후반부를 입증할 증거가 필요하다.

이를 위하여 양 서비스 유형에 있어서의 정치적 변수의 회귀계수의 크기를 상호비 교해 보자(표 4 참조).17) 명심할 것은 여기에서처럼 횡단비교(cross-comparison)를 하

---

16) 그렇지만 이러한 사실이 하층계급지역이 유리한 주택서비스의 배분을 받았다는 것을 반드시 의미하는 것은 아니다. 그것은 저소득층을 위한 밀집주택건설은 일반적으로 지역주민으로부 터 저항을 받는다는 사실에서 알 수 있다(Baer, 1985).
17) 정치적 변수를 비교의 도구로 사용하는 것은 이 변수가 정치적 및 혼합형 서비스에 걸쳐 일관 되게 유의한 변수였음을 고려했기 때문이다.

는 경우에는 표준회귀계수가 아닌 비표준화된 회귀계수(unstandardized regression coefficient)을 사용해야 한다는 것이다. 그 이유는 표준회귀계수의 수치가 독립변수의 변량(variance)의 크기에 따라 변화하기 때문이다(Lewis-Beck, 1980).

표 4 정치적 및 혼합형 서비스 배분형태 비교 : 정치적 변수의 회귀변수(비표준 회귀계수)

	서비스	회귀계수
정치적 서비스	노인	11.24[*]
	경제개발	18.86
	보건	7.20[**]
	주택	3.13[**]
	정신보건	6.39[*]
	청소년	7.98[**]
혼합형 서비스	복지	4.83[**]

* p < 0.1
** p < 0.05

<표 4>는 혼합형 서비스인 복지서비스가 투표율증가의 회귀계수의 크기에 있어 대부분의 정치적 서비스의 그것보다 작다는 사실을 가르쳐 준다(b=4.83). 즉 이 사실은 외부압력이 서비스 배분에 미치는 영향력의 크기에 있어서 혼합형 서비스가 정치적 서비스보다 상대적으로 작다는 가설 3의 후반부를 입증해 주는 것이다.

(4) 기타 논점

분석결과에 의하면 객관적인 결정기준(서비스 조건 또는 서비스 수요)은 서비스 유형에 상관없이 서비스 배분을 결정하는 중요한 요인인 것으로 나타났는데, 이는 서비스 배분에 대한 관료의 기본적 경향이 객관적 결정기준을 준수하는 것이라는 사실을 뒷받침해 준다. 즉, 청소년 서비스를 제외한 모든 서비스 분야에서 서비스 배분에 대한 가장 강력한 결정요인은 정치적 변수나 계급적 변수가 아닌 서비스 조건이나 서비스 수요변수 중의 하나였던 것인 바, 이는 각 회귀방정식내에서 표준회귀계수의 크기를 비교해 보면 알 수 있다(표 3 참조).[18]

---

18) 구체적으로 그 변수들을 보면 화재발생건수(소방), 공원수(공원), 인구증가율(경찰, 보건, 복지), 청소장비소요대수(위생), 노령인구(노인복지), 인구밀도(경제개발), 방화율(주택), 범죄건수(정신보건) 등이다.

또한 <표 3>을 자세히 보면 정치적 또는 혼합형 서비스의 배분은 외부압력을 반영할 것이라고 가정했음에도 불구하고 회귀분석결과는 이들 서비스가 상층계급지역에 유리하게 배분되지 "않았음"을 알 수 있다. 이같은 결과는 특히 서비스가 상층계급에 유리하게 배분된다고 보는 계급차별모형에 직접적으로 위배되는 것이라 하겠는 바, 우리는 여기서 왜 계급요소가 서비스 배분에 반영되지 않았는가에 대해 의문을 제기해 본다.

그 대답은 모든 주민이 동일한 서비스를 원하는 것은 아니라는데서 찾을 수 있다. 대부분의 정치적 및 혼합형 서비스는 사실상 하층계급을 위한 서비스로서, 상층계급주민의 이러한 서비스에 대한 요구는 상대적으로 작다. 그 이유는 그들이 이러한 서비스를 필요로 하지 않거나(예, 복지서비스) 또는 민간부문에서 보다 양질의 서비스를 자비로라도 획득하는 것을 선호하기 때문이다(Viteritti, 1982; Baer, 1985). 만일 상층계급 지역주민이 이들 서비스 배분에 대해 적극적인 요구를 투입했다면 결과는 달라졌을 것이나 그들은 그렇게 할 충분한 동기를 갖고 있지 않았다고 보는 것이다.

V. 결론

본 논문은 기존 이론모형간의 갈등을 조화·통합시킬 수 있는 통합이론모형의 개발을 목표로 하였는 바, 그를 위하여 서비스 유형의 서비스 배분에 미치는 차별적 효과에 대한 몇 개의 가설을 세우고 이를 경험적으로 분석하였다.

분석결과가 보여주듯이 기존이론모형의 설명력에는 명백한 한계가 있다. 그것은 서비스 유형이 서비스 배분에 미치는 차별적 효과를 고려하지 않은 때문인 바, 관료제적 모형은 행정적 서비스 의 배분을 설명하는 데는 효과적이었으나 그 외의 서비스 배분은 잘 설명할 수 없었다. 마찬가지로 정치적 또는 계급차별모형은 정치적 또는 혼합형 서비스의 배분은 효과적으로 설명하고 있으나 다른 서비스의 배분은 잘 설명할 수 없었던 것이다. 이와 같은 사실은 서비스 배분에 관한 연구는 반드시 서비스 유형의 서비스 배분에 미치는 효과를 감안해야만 한다는 것을 가르쳐 주는 것이며, 또한 그렇기 때문에 하나 또는 몇 개의 특정 서비스의 배분에 대한 연구결과를 서비스 유형에 대한 신중한 고려없이 범위를 확대하여 일반화해서는 안 될 것이다.

한편 여기서 제시하는 이론모형이 우리의 현실에도 부합하겠느냐는 문제와 관련하여 몇가지 의문을 제기할 수 있다. 그러한 의문은 근본적으로 우리나라가 구미와는 달리 지방선출직 공무원(특히 지방자치단체장)을 선거제를 통하여 충원하고 있지 않기 때문에 비롯된다. 첫째, 우리나라 도시정부의 관료들이 행정적 서비스를 배분함에 있어 임명직으로 충원된 지방정부의 장(시장)의 요구를 무시하고 객관적 기준에 의거하여 서비스를 배분할 수 있겠느냐는 것이다. 물론 타당한 지적이겠으나 본 논문이 제시하는 행정적 서비스가 객관적 기준에 따라 배분되는 이유는 관료가 완전한 자주성을 갖고 있기 때문이 아니라 관료의 외부압력에 대한 저항 및 외부압력의 약화라는 복잡한 요인 때문이라는 사실을 상기할 필요가 있다. 즉 임명직, 선거직을 막론하고 모든 정책결정자들이 비난회피동기에 지배받는 한, 행정적 서비스는 객관적 기준에 따라 배분될 것이다.

둘째, 지방선거를 실시하지 않는 상황에서 정치적 또는 혼합형 서비스가 정치적 고려에 의하여 배분되겠느냐는 것이다. 이 또한 타당한 지적이겠으나 이들 서비스의 배분이 행정적 서비스의 경우와 비교해 볼 때 상대적으로 외부압력에 대하여 열려있다는 점에서 서비스 유형에 따라 서비스의 배분형태가 달라진다는 본 논문이 주장하는 바의 기본적 타당성은 불변이라 하겠다. 더욱이 장차 지방자치제가 본격적으로 실시되는 경우 이와 같은 지적들은 그 의미가 반감될 것이다.

셋째, 서비스 유형화에 대한 반론이 있을 수 있다. 예컨대 본 논문에서는 공원서비스가 고순위 서비스로 간주되어 행정적 서비스의 하나로 분류되었으나 우리의 경우는 공원이 저순위 서비스이므로 혼합형 서비스(유형 III)의 하나로 분류되어야 한다는 주장도 있을 수 있는 것이다. 생각건대 서비스의 유형화기준, 특히 서비스의 우선순위 기준은 그 나라의 경제·사회·문화적 여건에 따라 다를 수 있는 것이므로 앞으로 이를 감안한 서비스 유형화의 노력이 필요하다고 본다.

끝으로 강조할 것은 특히 지방자치의 시대를 앞두고 우리나라에서도 도시정부, 넓게는 지방정부의 서비스 배분에 대한 본격적인 연구가 필요하다는 것이다. 그 이유는 지방자치제를 통하여 각 지역주민은 소속지역에 대한 보다 뚜렷한 정체의식 (identity)을 갖게 될 것이기 때문이다. 정체의식의 증대는 소속지역과 다른 지역과의 공공서비스의 상대적 수혜량을 비교하는 욕구를 촉발시킬 것으로 예상된다. 예컨대 주민들은 우리 동이 이웃 동에 비하여 소방 서비스를 얼마만큼 공평하게 또는 불공평하게 받고 있는가에 대한 관심을 더욱 많이 가지게 될 것이라는 것이다. 자방자치 실시 전에는 이와 같은 지역간의 비교욕구가 상대적으로 작았다고 하겠다. 왜냐하면 이러한 비교욕구는 소속지역에 대한 정체의식을 필요로 하는 바 정체의식은 지방자치의 실시를 통하여 증대되는 것이기 때문이다. 실제로 지난날 우리나라는 지방자치가 결여된 상태에서 산업화를 추진하였기 때문에 중앙단위의 외연적 성장에만 지나치게 관심을 두게 되었고 지방정부내에서의 부의 배분문제는 진지한 논의의 대상에서 제외시켜 왔다. 그러나 이제 지방자치제 실시로 지방화가 진전이 되면 각 지역주민들은 성장의 총화 뿐만 아니라 서로의 몫을 상호비교하는 노력을 배가하게 될 것인바, 이와 같은 '비교의 시대'의 도래는 서비스 배분에 대한 본격적인 연구가 필요함으로 가르쳐 주는 것이다.

참고문헌

Abney, G., and T. P. Lauth. (1982). "A comparative analysis of distributional and enforcement decisions in cities." *Journal of Politics* 44: 193–200.

Alinsky, S. (1969). *Reveille for Radicals*. New York: Vintage Books.

Antunes, G. E. and J. P. Plumlee. (1977). " The distribution of urban public service: ethnicity, socioeconomic status, and bureaucracy as determinants of the quality of neighborhood streets," *Urban Affairs Quarterly* 12: 313–332.

Antunes, G. E. and K. R. Mladenka. (1976). "The politics of local services and service distribution," in L. H. Masotti and R. L. Lineberry eds. *The New Urban Politics* Cambridge: Ballinger Publishing Co. 37–60.

Aqua, R. (1982). "Transforming needs into services: the Japanese case," in R. C. Rich, *The Politics of Urban Public Services*, Lexington: Lexington Books, 173–188.

Bachrach, P. and M. Baratz. (1962). "Two faces of power," *American Political Science Review* 56: 947–952.

Baer, W. C. (1985). "Just what is an urban service, anyway?" *Journal of Politics* 47: 881–898.

Banfield, E. and J. Q. Wilson. (1963). *City Politics*. New York: Vintage.

Beck, N. (1982). "Presidential influence on the Federal Reserve in the 1970's," *American Journal of Political Science* 26: 415–445.

Benson, C. S. and P. B. Lund. (1969). *Neighborhood Distribution of Local Public Services*. Berkeley: Institute of Governmental Studies, University of California.

Bolotin, F. N., and D. L. Cingranelli. (1983). "Equity and urban policy: the underclass hypothesis revisited," *Journal of politics* 45: 209−219.

Boyle, J. and D. Jacob. (1982). "The intracity distribution of services: a multivariate analysis," *American Political Science Review* 76: 371−379.

Browning, R., D. Marshall. and D. Tabb. (1984). *Protest Is Not Enough: The Struggle of Blacks and Hispanics for Equity in Urban Politics.* Berkeley: University of California.

Cingranelli, D. L. (1981). "Race, politics and elites: testing alternative models of municipal service distribution," *American Journal of Political Science* 25: 664−692.

Clark, T. N. et al. (1981). "Urban policy analysis: a new research," in Clark, T. N. ed. *Urban Policy Analysis: Directions for Future Research*, Urban Affairs Annual Reviews, vol. 21, Beverly Hills, CA: Sage, 23−78.

Dornan, P. B. (1977). "Whither urban policy analysis?: a review essay," *Policy* 9: 503−527.

Eisinger, P. K. (1972). "The pattern of citizen contacts with urban officials," in H. Hahn ed., *People and Politics in Urban Society* Beverly Hills: Sage.

Feiock, R. C. (1986). "The political economy of urban service distribution: a test of the under class hypothesis," *Journal of Urban Affairs* 8: 31−42.

Fossett, J. W. (1983). *Federal Aid to Big Cities: The Politics of Dependence.* Washington, D. C.:Brookings Institution.

Hayes, M. T. (1981). *Lobbyists and Legislators: A Theory of Political Market.* New Brunswick: Rutgers University.

Heclo, H. (1977). *A Government of Strangers*, Washington: Brookings Institution.

Hirschman, A. O. (1970). *Exit, Voice, and Loyalty: Responses to Decline in Firms, Organizations, and States*, Cambridge: Harvard University Press.

Jacob, H. (1972). "Contact with government agencies: a preliminary analysis of the distribution of government services," *Midwest Journal of Political Science* 16: 123−146.

Jones, B. D. (1977). "Distributional considerations in models of government services provision," *Urban Affairs Quarterly* 12: 199−312.

_____. (1980). *Service Delivery in The City.* New York: Longman.

Jones, B. D., S. Greenberg, C. Kaufman and J. Drew. (1977). "Bureaucratic response to citizen—initiated contacts: environmental enforcement in Detroit," *American Political Science Review* 71: 148—165.

Jones, B. D., S. Greenberg, C. Kaufman and J. Drew. (1978). "Services delivery rules and the distribution of local government services: three Detroit bureaucracies," *Journal of Politics* 40: 332—368.

Kaufman, H. (1981). *The Administrative Behavior of Federal Bureau Chiefs.* Washington: Brookings Institution.

Kernell, S. (1977). "Presidential popularity and negative voting: and alternative explanation of the mid—term congressional decline of the president's party," American Political Science Review 71: 44—66.

Koehler, D. H. and M. T. Wrighton. (1987). "Inequality in the delivery of urban services: a consideration of the Chicago parks," *Journal of Politics* 49: 80—99.

Lasswell, H. (1958). *Politics: Who Gets What, When, and How.* New York: Meridian Bool.

Levin, M. B. (1960). *The Alienated Voter: Politics in Boston.* New York: Holt, Rinehart and Winston.

Levy, F., A. J. Meltsner, and A. Wildavsky. (1974). *Urban Outcomes.* Berkeley: University of California Press.

Lewis—Beck, M. S. (1980). *Applied Regression: An Introduction.* Beverly Hills: Sage.

Lindblom, C. E. (1965). *The Intelligence of Democracy.* New York: Free Press.

Lineberry, R. L. (1977). *Equality and Urban Policy: The Distribution of Municipal Public Services.* Beverly Hills: Sage.

_____. (1978). "Politicians and the distribution of public policies," *Policy Studies Journal* 3: 407—411.

Logan, J. R. (1978). "Growth, politics, and the stratification of places," *American Journal of Sociology* 84: 407—411.

Lowi, T. (1964). "American business, public policy, case studies, and politics," *World politics,* 16: 677—719.

_____. (1972). "Four systems of policy, politics and choice," *Public Administration Review* 32: 298−310.

_____. (1967). "Machine politics: old and new," *Public Interest* 9: 83−92.

Mladenka, K. R. (1980). "The urban bureaucracy and the Chicago political machine: who gets what and the limits to political control," *American Political Science Review* 74: 991−998.

_____. (1981). "Citizen demands and urban services: the distribution of bureaucratic response in Chicago and Houston," *American Journal of Political Science* 225: 693−714.

Mladenka, K. R. and K. Q. Hill. (1977). "The distribution of job benefits in an urban environment: parks and libraries in Houston," *Urban Affairs Quarterly* 12: 73−93.

Moe, T. M. (1984). "The new economics of organization," *American Journal of Political Science* 28: 739−777.

Nardulli, P. F., and J. Stonecash. (1981). *Politics, Professionalism, and Urban Service: The Police*. Cambridge, MA: Oelgeschlager, Gunn, and Hain.

Neustadt, R. E. (1980). *Presidential Power: The Politics of Leadership from FDR to Carter* New York: John Wiley & Sons.

Niskanen, W. A. (1971). *Bureaucracy and Representative Government*. New York: Adline−Atherton.

Nivola, P. S. (1978). "Distributing a municipal service: A case study of housing inspection," *Journal of Politics* 40: 59−81.

Pecorella, R. F. (1986). "Community input and the city budget: geographically based budgeting in New York City," *Journal of Urban Affairs* 8: 57−70.

Peterson, R. F. (1981). *City Limits*. Chicago: University of Chicago Press.

Rich, R. C. (1982). "The political economy of urban service distribution," in R. C. Rich, *the Politics of Urban Public Services*. Lexington: Lexington Boks, 1−16.

Ripley, R. B. and G. A. Franklin. (1987). *Congress, the Bureaucracy and Public Policy* 4th ed. Chicago: Dorsey.

Rourke, F. E. (1984). *Bureaucracy, Politics, and Public Policy* 3rd ed. Boston: Little, Brow.

Salisbury, R. H. (1968). "The analysis of public policy: a research for theories and rules," in A Ranney ed. *Political Science and Public Policy* Chicago: Markham, 151−175.

Salisbury, R. H. and J. P. Heinz. (1970). "The theory of policy analysis and some preliminary application," in I. Sharkansky ed. *Policy Analysis in Political Science*. Chicago: Markham, 39−60.

Sanger, M. B. (1976). "Public services: an investigation of intra−city distribution patterns," Unpublished Ph.D dissertation, Brandeis University.

Sayre, W. S. and H. Kaufman. (1965). *Governing New York City* : Politics in the Metropolis. New York : Norton & Company.

Schattschneider, E. E. (1960). *The Semi−Sovereign People*. New York : Holt, Rinehart, and Winston.

Skogan, W. G. (1975). "Groups in the policy process : the police and urban crime," in R. L. Lineberry and L.H. Masotti eds. *Urban Problems and Public Policy*. Lexington, MA: D. C. Heath and Company, 51−57.

Skogan, W. G. (1988). "Community organization and crime," in M. Tonry and N. Morris eds. *Crime and Justice, Chicago* : University of Chicago Press, 39−78.

Spitzer, R. J. (1987). "Promoting policy theory : revising the arenas of power," *Policy Studies Journal* 15 : 675−689.

Stone, C. N. (1980). "Systemic power in community decision−making : a restatement of stratification theory," *American Political Science Review* 74 : 978−990.

Vedlitz, A., and J. A. Dyer. (1984). "Bureaucratic response to citizen contacts : neighborhood demands and administrative reaction in Dallas." *Journal of Politics* 46 : 1207−1216.

Viteritti, J. P. (1979). Bureaucracy and Social Justice : *The Allocation of Jobs and Services to Minority Groups*. Port Washington : Kennika Press.

Weaver, R. K. (1988). Automatic Government: *The Politics of Indexation*. Washington, D. C. : Brookings Institution.

Weicher, J. C. (1971). "The allocation of police protection by income class," *Urban Studies* 8 : 207−220.

Weingast, B. R. and M. J. Moran. (1983). "Bureaucratic discretion or congressional control : regulatory policymaking by the Federal Trade Commission," *Journal of Political Economy* 91 : 765−800.

Welch, S. (1975). "The impact of urban riots on urban expenditures," *American Journal of Political Science* 19 : 741−760.

Wildavsky, A. (1974). *The Politics of Budgetary Process* 2nd edition, Boston : Little, Brow in Eight Communities, Cambridge : Harvard University Press.

Wilson, J. Q. (1968). *Varieties of Police Behavior: The Management of Law and Order in Eight Communities.* Cambridge : Harvard University Press.

Wood, D. B. (1988). "Principals bureaucrats and responsiveness in clean air enforcement." *American Political Science Review* 82 : 213−236.

Yates, D. (1977). *The Ungovernable City.* Cambridge : MIT Press.

▶ ▶ ▶ **리뷰**

김혜정(선문대학교 행정학과)

1. 서론

공공서비스에 대한 대부분의 연구는 경제적 관점, 즉 효율성 위주의 시각에 편중되어 서비스를 받는 주체, 즉 수혜자에 대한 배분상의 공평성이나 대응성을 고려하는 시각은 매우 드물다. 예산 및 투입지표에 대한 정량적인 분석과 산출물에 대한 평가가 분석상 용이하기 때문인 것으로 보인다. 그러나 효율성 중심의 분석은 공공서비스가 지니는 정치적 성격, 즉 "누가 무엇을 차지하는가(Who gets what)"(Lasswell, 1958)의 배분 문제를 간과하도록 한다. 그간 공공서비스에 대한 편향된 연구경향으로 인하여 공공서비스 배분의 정치적 측면을 의미있게 고려하지 못하여 왔다.

이승종 교수의 논문은 공공서비스의 배분을 정치적 관점에서 분석하면서도 어느 특정 이론에 편향되지 않고, 기존의 이론들이 서로 다른 결론을 내리게 된 원인을 밝혀내어 이론적 논쟁들을 정리하는 통합적 이론모형을 제시한다. 공공서비스의 배분이 정책결정자와 관료들로부터 영향을 받게 되는 양상을 보다 정교하고 세밀하게 분석하고, 이들의 행태가 서비스 유형에 따라 어떻게 달라지는지를 동태적으로 분석하여 공공서비스 배분체계와 효과를 매우 통찰력있게 분석하고 제시한다. 정치적 모형, 계급차별 모형, 관료제적 모형들이 이론적으로 대립하고 연구자들마다 서로 다른 실증적 결론을 내리는 원인을 정밀하게 파악하여 기존 연구들의 문제점을 극복하는 방법을 고안함으로써 이론적으로 의미있는 통합모형을 가설적으로 제시하였을 뿐만 아니라 다양한 공공서비스들을 분석대상에 포함하여 실증적으로 검증함으로써 이론의 일반화 가능성을 제고하였다.

본 논문이 발표된 지 20여년이 지났지만 이 논문이 제시하는 이론을 반박할 새로운 이론이나 모형은 전혀 나오지 않았을 뿐만 아니라 국내에서는 관련된 연구를 시도한 경우도 없다. 외국에서는 통합적 이론모형이 적실하다는 논의들이 최근 들어서야 조금씩 부각되고 있지만 본 논문처럼 다양한 공공서비스를 포괄하여 유형화하는 분석적 시도는 거의 없다.

이러한 점에서 본 논문은 매우 혁신적이고 통찰력있는 논문으로 평가할 수 있다.

또한 시간의 경과에도 여전히 매우 중요한 접근방법과 이론체계를 제시하는 살아있는 논문으로 기능하고 있다는 점에서 본 논문은 국내외를 통틀어 행정학 분야에 매우 의미있는 한 획을 그은 연구일 뿐만 아니라 반드시 이론적으로 재조명될 필요가 있는 연구이다. 본 논문에 대하여 여러 후속학자들이 읽고 우리나라의 공공서비스 배분에 대한 정치적 관점의 다각적 분석을 지속적으로 이어나가야 할 필요성이 매우 높기에 본 논문의 중요성이 부각되어야 한다.

2. 해당 논문의 개요 및 주요 내용

1) 개요

본 논문은 도시의 공공서비스 배분에 관한 기존의 제 이론을 검토하고, 서비스 유형에 따른 서비스 배분에 대한 효과를 실증적으로 분석함으로써 통합모형을 구축하고 새로운 이론체계를 구성한다. 기존의 도시의 공공서비스 배분에 관한 이론은 서비스 배분이 선출직 공무원의 선거에 대한 고려에 따라 영향을 받는다는 정치적 모형(the political model), 하층계급 주민이 상층계급주민에 비하여 상대적으로 불리하게 서비스가 배분된다는 계급차별 모형(the class bias model) 및 서비스는 중립적인 행정관료에 의하여 객관적·합리적 결정기준에 따라 배분된다고 보는 관료제적 모형(the bureaucratic model) 등 세 가지 이론이 대립하고 있다. 경험적 연구도 서로 각 이론들을 지지하는 결론들을 제시하고 있어 혼란을 주고 있다. 저자는 이러한 이론적 논쟁들이 사실상 상충되는 것이 아니고, 이론상의 진전이 답보된 상태에서 경험적 증거만 추가된다고 해소될 성질의 것도 아니라고 본다. 무엇보다 중요한 것은 이론적 발전을 위한 노력이라고 보고, 기존 이론모형의 설명들을 포괄할 수 있는 통합이론모형을 제시하고자 한 최초의 연구이다.

서비스 유형별 서비스 배분에 대한 효과를 분석하기 위해 서비스 배분의 실질적 주체인 행정관료의 행태에 주목한다. 관료의 비난회피동기와 관료들이 외부압력(환경)에 대하여 갖는 자주성이 상대적이라는 관점에서 관료들의 대응방식에 따라 서비스 배분형태가 달라질 수 있음을 제시한다. 관료들의 외부압력에 대한 반응이 서비스 종류에 따라 구체적으로 어떻게 다른가를 설명하기 위해 비난의 크기(비난의 강도/비난의 범위) 관점에서 서비스를 네 가지로 분류한다. 비난의 강도와 관련하여 서비스의 우선순위, 즉 고순위 서비스인지, 저순위 서비스인지를, 공공부문의 역할범위, 즉 포괄적 서비스인지 보완적 서비스인지를 구분한다. 비난의 범위와 관련하여 수혜자의 범위, 즉 보편적 서비스인지, 한정적 서비스인지를, 서비스 영향, 즉 효과가 중립적인 분배적 서비스인지, 재분배적 또는 발전적 서비스인지를 구분한다. 그에 따라 Ⅰ. 행정적 서비스(고순위·포괄적·보편적·분배적), Ⅱ. 혼합형 서비스(고순위·포괄적 : 한정적·재분배-발전적), Ⅲ. 혼합형 서비스(저순위·보완적·보편적·분배적), Ⅳ. 정치적 서비스(저순위·보완적·한정적·재분배-발전적) 등 네 가지로 유형화된다.

분석결과 가설에서 제시한 바와 같이 행정적 서비스는 잠재적 비난의 크기가 크므로 관료들은 비난가능성에 매우 예민하게 되고, 서비스 배분상의 재량권을 행사할 여지가 별로 없으며, 서비스 배분상에서 객관적·합리적 기준을 무시하는데 따르는 대가가 너무 크므로 관료들은 최대한 외부압력으로부터의 영향을 배제하고 객관적 기준에 의거하여 서비스를 배분하는 양상이 나타났다. 정치적 서비스는 비난의 크기가 상대적으로 작아서 관료들은 비난가능성에 대하여 덜 예민하게 되고 서비스 배분상의 재량권을 행사할 여지가 상대적으로 많다. 관료들은 외부압력에 대한 저항이 상대적으로 약화되고, 외부압력은 상대적으로 강화되기 때문에 상층계급지역 또는 선거전략상 중요한 지역에 유리하게 배분하는 경향이 나타났다. 마지막으로 혼합형 서비스는 상층계급지역 또는 선거전략상 중요한 지역에 유리하게 배분되는 경향이 나타났으나, 그 정도는 정치적 서비스의 경우보다 작은 것으로 나타났다. 다만 대부분의 서비스 유형에 있어서 서비스 배분에 가장 강력한 결정요인은 서비스의 조건이나 서비스의 수요 등 객관적 기준인바 비난에 민감한 관료들은 서비스 유형에 관계없이 기본적으로 객관적·합리적인 기준에 따라 배분하려 한다는 연구자의 가설을 모두 지지하는 것으로 나타났다.

기존의 이론 모형들은 서비스 유형을 감안하지 않았기에 분석대상인 서비스에 따라 제각기 다른 이론을 주장할 수밖에 없었는바, 본 연구는 서비스를 보다 정교하게 유형화함으로써 서비스 유형이 서비스 배분에 미치는 차별적 효과를 제시하였다. 또한 기존의 이론 모형들을 통합하는 새로운 통합이론을 제시한다.

2) 추천이유

도시 공공서비스에 대한 연구는 경제적 측면에 초점을 맞춘 연구와 정치적 측면에 초점을 맞춘 연구로 나누어 볼 수 있다. 경제적 측면은 서비스 제공의 효율성과 제공에 따른 효과성 등을 보는 반면, 정치적 측면은 서비스의 대응성이나 형평성 등의 기준에 초점을 맞춘다(김인, 1985: 117 재인용). 서비스의 수혜자인 주민집단의 관점에서는 효율성보다는 대응성이나 형평성의 기준이 더욱 의미있는 측면이라는 점에서

도시 공공서비스의 배분에 있어서 정치적 측면의 연구와 분석은 매우 중요하다. 그럼에도 불구하고 도시 공공서비스에 대한 기존의 연구는 단순히 시민의 만족도나 서비스의 능률성과 경제성에 초점을 맞추어 이루어져 왔고, 시민들간의 형평성이나 상대적 복리증진 등의 가치를 간과하여 왔다. 본 연구는 서비스의 대응성이나 배분에 영향을 미치는 요인들을 정치적 관점을 포함한 종합적 관점에서 분석함으로써 다양한 가치들을 분석할 수 있는 이론적 시초를 제공하였다.

둘째, 본 연구는 공공서비스 배분을 분석함에 있어 한 가지 서비스에 국한하는 것이 아닌 11개의 공공서비스를 대상으로 분석 범위를 확대하였다. 소수의 공공서비스 사례를 중심으로 분석할 경우 서비스의 유형에 따라 특정 이론을 지지하는 결론이 나올 수 있음을 통찰적으로 인지하고, 다수의 공공서비스 영역을 포함하여 서비스 분류체계를 형성하고 분석에 포함함으로써 분석결과의 일반화 가능성을 제고하였다.

셋째, 타 연구들이 공공서비스들을 단편적으로 나열하여 분석하거나 Lowi의 정책유형에 따라 서비스를 분석하는데 반하여 본 연구는 공공서비스를 분류하는 새로운 분석모형틀을 제시하였다는 의미를 지닌다. 관료들이 비난에 대해 반응하는 형태는 서비스 종류에 따라 다를 것임을 파악하고, 비난의 강도와 범위를 고려한 네 가지 서비스 분류기준을 제시함으로써 서비스 유형에 따라 정책결정자 및 관료들의 반응방식과 공공서비스 배분의 효과를 동태적으로 분석하는데 효과적인 기준틀을 마련하였다. 공공서비스를 체계적으로 구조화하였다는 의미도 지닌다. 새로운 구조적 틀을 통해 서비스 유형에 따라 관료들이 공공서비스를 공급하는 행태에 대한 가설을 의미 있고 동태적으로 제시하였다.

넷째, 기존에 있었던 논쟁적 이론들이 서로 다른 논의를 하는 것이 아님을 통찰하고, 다양한 공공서비스를 통합적인 형태로 실증 분석함으로써 서비스 유형에 따라 서비스 효과가 이론적으로 다르게 나타날 수 있음을 규명하였다. 이로써 기존에 있었던 이론적 논쟁의 원인을 파악하고, 서비스 유형에 따른 배분효과를 밝혀냄으로써 이론적 논쟁을 종식시킬 수 있는 통합이론모형을 제시하였다. 이론적 정밀성과 분석적 범위의 확대로 일반화가능성을 제고한 연구라는 점에서 이론의 발전을 이루어낸 획기적인 논문이다.

다섯째, 국내에서 저서와 논문을 통틀어 공공서비스 배분에 관한 이론, 관료의 동기와 환경에 대한 이론들을 가장 잘 정리하였다. 공공서비스에 대한 연구를 하기 위해 필요한 이론들을 숙지하는데 가장 좋은 논문이다. 더욱이 도시의 공공서비스를 유형화하는 새로운 분석체계는 연구자의 획기적이고 구조화된 산물로 지속적으로 분석과 적용이 필요한 분야라 하겠다.

3) 최신자료 및 최근 상황과의 비교

우리나라의 공공서비스에 대한 연구는 활발히 이루어지지 않았고, 그나마 공공서 비스에 대한 연구들은 효율적 배분에 초점을 맞추거나 민간위탁 등의 대안적 고려에 대한 연구가 주를 이루었다. 공공서비스 배분의 형평성에 관심을 가진 연구로는 김인 (1986)의 연구나 조경호·전성표(1999)의 연구, 형평성과 효율성을 동시에 고려한 이 영범(2004)의 연구 등을 들 수 있다. 그러나 이들 연구들은 특정 서비스 한 유형을 중 심으로 분석하는 경우가 대부분이고, 형평적인지의 여부를 측정하는데 관심을 가질 뿐이다. 어떠한 메커니즘에 의해 서비스 배분상의 형평성이 영향을 받는지, 서비스 배분이 어떻게 이루어지는지에 대한 분석을 시도한 연구는 없다.

외국의 도시서비스 연구는 오늘날에도 여전히 정치모형, 관료제적 모형, 사회계층 모형들의 이론적 논쟁이 지속되고 있다. 최근에는 경제적·정치적·제도적·행태 및 수요 간의 균형에 초점을 맞춘 연구들도 나타나고 있다(Hajnal and Trounstine, 2010; Koehler and Wrightson, 1987; Meier and Stewart, 1991). 이론들을 통합하려는 시도는 있 지만 외국의 연구에서도 이론적 논쟁은 여전히 지속되고 있고, 특정 서비스를 중심으 로 한 실증연구를 통한 검증 역시도 지속되고 있다. Hanjal et al. (2010)은 이들 이론 들이 논쟁을 지속하고 있지만 서비스 배분 결정에 영향을 미치는 요인에 대하여 특정 요소를 강조하는 것은 불완전하다고 본다. 미국 도시에서는 여론이나 정치적 리더십 등이 서비스 지출결정에 중요한 영향을 미치지만, 재분배정책이나 개발정책 등을 함 께 고려할 때에는 경제적 여력, 제도적 제약, 관료적 수요 등에 의해 영향을 받게 됨 을 제시하고 있어 본 논문의 기본 사조와 맥을 같이하고 있다. 이승종 교수의 논문은 15년 전에 이미 이러한 이론적 통찰과 분석을 한 것이고, 공공서비스 유형의 분류 체 계도 새롭게 구성하였던 점을 고려하면 오랜 시간의 경과에도 견고하게 바뀌지 않는 혁신적인 이론체계를 완성하였다고 평가할 수 있다.

3. 향후 연구에 대한 제언

본 논문이 발표된 지 25년 가까운 시간이 지났지만 공공서비스 배분을 체계적이 고 심도있게 연구한 논문은 거의 전무하다. 대부분의 우리나라 공공서비스에 대한 연 구는 효율성을 중심으로 분석하고, 더욱이 한 종류의 서비스를 중심으로 경제적 성과 를 분석하는데 초점을 맞추고 있다. 본 논문이 이루어낸 혁신적인 이론적 성과에도 불구하고 관련 연구가 후속적으로 이루어지지 못하고 있는 것은 안타까운 일이다. 본 논문에서 이루어낸 공공서비스 이론과 통합이론모형을 지속적으로 발전시키기 위해서는 후속 연구가 보다 시급하다 하겠다. 향후 이루어져야 할 연구는 저자가 제시하는 우리나라 공공서비스에 대한 현실적합성에 대한 의문에서 재출발할 수 있을 것이다.

본 연구가 발표된 1990년은 지방자치가 부활하기 이전으로 미국의 공공서비스 배분을 분석한 것이 우리나라의 현실에 부합할 것인가의 논의가 제기된 바 있다. 물론 지방정부의 장이 선거직이 아니라 해도 비난회피동기에 지배를 받는 한 의미있을 것이라는 판단을 하고는 있지만, 지방자치가 본격적으로 실시된 지 20년이 되어가는 현재 우리나라의 공공서비스 배분 양태를 전체적으로 분석해보는 것은 의미있을 것이다.

둘째, 공공서비스를 서비스의 우선순위, 공공부문의 역할범위, 수혜자의 범위, 서비스의 영향에 따라 네 가지 형태로 분류하고 있는데, 이러한 획기적인 분석틀은 오늘날에도 중요하고 의미있는 체계로 기능할 여지가 크다. 다만 여기에 포함될 개별 서비스 유형은 시대의 변화에 따라 달라질 수 있다. 서비스의 우선순위나 공공부문의 역할범위에 대한 인식 등은 시대가 변화함에 따라 많은 변화가 발생할 수 있는 영역인바, 본 연구의 공공서비스 유형화를 구성하는 분석틀에 분류되는 공공서비스 유형을 확인하고 재구성하는 시도의 연구가 이루어질 필요가 있다.

셋째, 관료의 행태적 동기와 환경이 과거에 비하여 달라진 점이 없는지에 대한 연구도 필요하다. 본 논문은 비난회피동기에 기인하여 분석하였으나 오늘날 시민의식이 제고되고 시민참여가 활성화됨에 따라 정책결정자들이 직면하는 환경은 과거와 달리 더욱 새롭고 다차원적일 것이다. 이를테면 비난회피동기가 더욱 강하게 작용할 수도 있고, 또는 호평추구동기가 새롭게 더 중요해질 수도 있는 것이다. 관료들이 받는 환경적 압력의 형태도 훨씬 동태적으로 변화할 수 있다. 이러한 점에서 관료 및 정책결정자들이 받는 정치적 압력의 형태와 양상을 동태적으로 구조화하는 연구가 이루어진다면 본 연구를 지속적으로 발전시키는데 기여할 것이다.

참고문헌

Hanjal, Zoltan L., and Jessica Trounstine. (2010). "Who or What Governs? : The Effects of Economics, Politics, Institutions and Needs on Local Spending". *American Political Research* 37(6): 1130−1163.

Koehler, D. H., and M. T. Wrightson. (1987). "Inequality in the Delivery of Urban Services: A Reconsideration of the Chicago Parks". *Journal of Politics* 49: 80−99.

Meier, K. J., Jr., J. stewart and R. E. England. (1991). "The Politics of Bureaucratic Discretion: Educational Access and Urban Service". *American Journal of Political Science* 35: 155−177.

정책혁신으로서
행정정보공개조례 채택

정책혁신으로서 행정정보공개조례 채택[*]

남궁근(서울과학기술대학교 총장)

I. 서론

지방의회가 1991년에 구성된 이후 지방정부가 중앙정부의 획일적인 통제에서 벗어나 자율적으로 조례를 제정할 수 있게 되었다. 본 연구에서는 지방정부가 조례를 통하여 새로운 제도를 채택(adoption)하는 것을 일종의 혁신으로 본다. 지방정부에서의 새로운 정책의 채택을 혁신(innovation) 또는 혁신의 확산(diffusion of innovation)으로 보는 관점은 Walker(1969)가 미국 주정부(state governments)에서의 정책프로그램 채택에 관한 연구에서 제시한 이래, 민권, 복지, 교육분야에서 주정부의 혁신성에 관한 Gray(1973)의 연구 등 미국 지방정부의 정책, 행정관리기법, 사법부의 판결 등 여러 분야에서 후속연구가 이루어졌다(예를 들면, Grupp and Richards, 1975; Cannon and Baum, 1981; Perry and Kraemer, 1978; Berry and Berry, 1990, 1992; Berry, 1994 참조).

본 연구의 목적은 우리나라 지방정부가 채택·시행하고 있는 조례 중 행정정보공개조례의 채택 현상을 정책혁신 및 그 확산이라는 관점에서 설명하고, 이어서 주민에 의한 정보공개조례의 활용과 관련요인을 분석하는 것이다. 즉 본 논문의 연구문제는 왜 어떤 자치단체에서는 정보공개조례를 채택하였는데, 다른 자치단체에서는 이를 채택하지 않았는가, 그리고 자치단체에 따라 주민의 정보공개 활용정도가 다른 이유는

---

[*] 이 논문은 1994년 『한국정치학회보』, 제28권 제1호, pp. 101－121에 게재된 글을 수정·보완하였다. 또한 이 글은 남궁근, 비교정책연구(법문사, 1998) 제 14장에 수록되었다. 지방의회가 1991년에 부활된 이후, 기초자치단체인 청주시가 1992년 전국 최초로 행정정보공개조례를 채택하였다. 이를 기점으로 다른 기초자치단체들은 물론 광역자치단체들도 정보공개조례를 채택하였으며, 1996년에는 중앙정부가 정보공개법을 제정함으로써, 기초자치단체가 채택한 정책이 중앙정부 정책 채택으로 확산되었다. 1996년 12월 31일 제정된 중앙 정부 차원의 정보공개법(공공기관의 정보공개에 관한 법률)이 1998년 1월 1일부터 시행되었는데, 이 법의 제정으로 우리나라는 세계에서 열세 번째, 아시아에서 첫 번째로 정보공개법을 가진 국가가 되었다.
21년전에 발표한 글이지만 자치단체 정보공개조례 채택현상에 대하여 정책 혁신 및 확산 이론과 내부적 결정요인 모형을 결합한 관점의 설명력을 실증적 자료를 토대로 검증하려고 시도했다는 점에서 여전히 학술적 가치를 가진 것으로 판단하여 수정없이 게재하였다.

무엇인가라는 것이다. 정보공개제도는 행정기관이 독점하고 있는 정보를 지역주민들이 공유할 수 있도록 제도화함으로써 집행기관을 통제하고, 공직자의 부정부패를 방지하며, 나아가서 지방정치의 활성화와 민주화를 이룩할 수 있는 핵심적인 제도라고 평가된다. 이러한 정보공개제도의 채택 및 활용과 관련된 요인을 체계적으로 파악하여 그 활성화방안을 모색하는 연구는 시의적절할 뿐 아니라 학문적으로나 정책적으로 의미가 크다고 생각된다.

본 연구에서 정보공개조례의 채택 및 활용에 대한 분석의 단위는 기초자치단체로서 67개 시, 56개 자치구, 그리고 137개 군 등 260개의 자치단체가 분석에 포함되었다. 이들 단체에 관한 자료는 신문기사, 내무부 내부자료, 각종 통계연감 등 2차 자료를 체계적으로 수집하여 SPSS－PC를 사용한 판별분석, 회귀분석 등의 기법을 사용하여 분석하였다.

Ⅱ. 우리나라 지방정부의 행정정보공개제도 채택현황

1. 정보공개제도 개관

정보공개제도는 정부와 국민간에 자유로운 정보의 흐름(free－flow of information)을 보장하는 원칙에 기초를 두고(Mehra, 1986), 정부기관이 획득·축적·관리하는 정보에 대한 국민의 청구권적 권리를 제도적으로 보장한 것이다(이승종, 1991: 894; 박영기, 1992: 22－23). 국민의 정보공개 청구를 전제로 하는 정보공개는 정보보유기관이 자발적으로 또는 의무적으로 보유정보를 공개하는 정보제공 또는 정보공표와는 구분된다. 그런데 행정정보의 공개가 이루어지기 위해서는 국민(주민)의 정보청구권과 정부의 공개의무를 명시적으로 규정하는 제도적 장치가 마련되어야 한다. 이러한 제도적 장치는 중앙정부 차원의 정보공개법 또는 지방정부 차원의 정보공개조례의 형태로 제공된다. 1994년 현재 중앙정부 차원에서 정보공개법을 법제화한 국가로는 스웨덴, 미국, 핀랜드, 덴마크, 노르웨이, 프랑스, 네덜란드, 오스트레일리아, 캐나다, 뉴질랜드, 그리고 오스트리아 등이 있다. 이들 중 1966년에 제정된 미국의 정보자유법(Freedom of Information Act)은 정보공개제도에 관하여 가장 선진적인 입법으로서 다른 나라 정보공개법의 모델로 여겨지고 있다(Relyea 1986). 한편 일본의 경우 중앙정부 차원에서는 정보공개에 대한 일반법이 제정되지 않았지만, 1993년 4월 1일 현재 232개 지방자치단체에서 정보공개를 시행하고 있다(한규인, 1993: 1423).[1]

---

1) 서구 국가 및 일본의 정보공개제도의 성립배경과 특징에 관하여는 박영기(1992), 이승종(1991).

2. 우리나라 지방정부 행정정보공개조례 채택현황

우리나라 중앙정부 차원에서는 1995년에 정보공개법을 제정할 계획으로 준비단계에 있는데[2] 지방정부 차원에서는 충북 청주시에서 1992년 1월 행정정보공개조례를 최초로 채택·공포한 이래 1994년 1월 현재 88개 기초자치단체와 7개 광역자치단체에서 정보공개조례를 채택·시행하고 있다. 중앙정부보다 앞서서 지방정부차원에서 정보공개제도를 시행하고 있다는 점에서 미국, 일본 등 이미 정보공개제도를 법제화한 나라와 유사한 순서를 밟고 있다.

청주시에서는 행정정보공개조례의 채택을 둘러싸고 시의회와 시집행부, 그리고 지방정부와 중앙정부 사이에 심각한 정치적 갈등을 경험한 바 있다. 청주시 의회는 1991년 11월 25일 특별심사위원회가 4개월 동안 준비하여 상정한 행정정보공개조례안을 1992년 7월 1일부터 시행하는 것으로 만장일치로 의결하였다(한겨레신문, 1991.11.26). 집행기관인 청주시는 "모법(가칭 정보공개법)이 제정된 뒤에 조례를 제정하는 것이 바람직하고, 일부조항이 지방자치법 시행령에 위배"된다고 주장하여 12월 13일에 시의회에 재의결을 요구하였다(한겨레신문, 1991.12.17 14면). 청주시의회는 청주시의 반대에도 불구하고 12월 27일에 행정정보 공개조례안을 원안대로 확정했다(경향신문, 1991.12.28 14면). 청주시는 1992년 1월 9일 의회가 제정한 행정정보공개조례의 취소를 요구하는 소송을 대법원에 제기했는데(중앙일보 1992.1.9) 기초자치단체가 시의회에서 제정한 조례에 대해 취소청구소송을 낸 것은 지방자치제도가 부활한 이후 처음 있는 일이었다. 대법원 특별 2부는 1992년 6월 23일 판결문에서 "행정정보공개 제도는 이미 오래 전부터 세계 각국에서 채택, 시행하고 있는 실정이므로 상위법(가칭 행정정보공개법)의 입법미비를 들어 지방의회의 자주적인 조례제정권 행사를 가로 막을 수 없다"고 밝혀 원고패소판결을 내렸다(중앙일보 1992.6.23). 대법원 승소판결에 따라 청주시의회는 당초 7월 1일부터 시행키로 한 이 조례를 3개월 늦춰 10월 1일부터 시행토록 하는 내용의 개정조례안을 의결하였고(중앙일보 1992.6.26), 이에 따라 1992년 10월 1일부터 전국에서 처음으로 청주시에서 행정정보공개제도가 시행에 들어가게 되었다.[3]

---

2) 행정정보공개제도의 도입 필요성은 1980년대부터 꾸준히 제기되었으며, 김영삼 대통령이 선거공약으로 제시하면서 정책의제로 대두되었는데 1993년 9월 3일에는 대통령 직속 자문기구인 행정쇄신위원회에서 1995년 중 행정정보공개조례법안을 마련하기로 결정한 바 있다(한국일보 1994.9.6). 한편 1994년 7월 1일부터 국무총리훈령으로 정보공개제도가 단계적으로 시행되고 있다(한국일보 1994.3.2).
3) 행정정보조례의 채택 및 공포일자는 청주시보다 늦으나 시행일자는 1992년 10월 1일부터 청주시와 같이 정보공개조례를 시행에 들어간 지역에는 경남 밀양시와 광주시 광산구가 있다.

청주시가 대법원에 제기한 소송의 판결이 나온 직후인 1992년 7월에는 전남 여천
시, 경남 마산시, 밀양시, 의령군 등 4개 지방의회에서 행정정보공개 조례안을 통과시
킨 것을 비롯하여 1992년 8월에는 전북 전주시, 남원시, 고창군, 경남 진주시, 삼천포
시, 남해군, 광주직할시 광산구 등 7개 지방의회가 행정정보공개 조례안을 통과시켰
다. 그 이후에 기초자치단체의 행정정보공개조례의 채택이 꾸준하게 확대되어 1994년
1월 31일 현재 88개 기초자치단체가 행정정보공개조례를 채택하였다(표 1 참조).

표 1 기초자치단체 정보공개조례 채택 현황

(1994. 1. 31 현재)

조례공포일 (년 월)	채택 단체수	누 계	자 치 단 체 명
1992. 1.	1	1	충북 청주시
1992. 7.	4	5	전남 여천시, 경남 마산시, 밀양시, 의령군
1992. 8.	7	12	광주시 광산구, 전북 전주시, 남원시, 고창군, 경남 진주시, 삼천포시, 남해군
1992. 9.	6	18	전북 이리시, 정주시, 충북 옥천군, 전남 강진군, 경남 하동군, 산청군
1992. 10.	11	29	부산시 동래구, 남구, 광주시 서구, 경기 파주군, 전북 완주군, 무주군, 임실군, 전남 영암군, 영광군, 경남 창원시, 거제군
1992. 11.	5	34	경기 안양시, 광주시 북구, 전남 여천군, 장흥군, 완도군
1992. 12.	2	36	전남 해남군, 경남 창원군
1993. 1.	11	47	서울시 중랑구, 부산시 해운대구, 인천시 남구, 남동구, 경기 송탄시, 오산시, 평택군, 강원 철원군, 전남 순천시, 곡성군, 나주군
1993. 2.	1	48	전북 정읍군
1993. 3.	3	51	충남 서산시, 강원 원주시, 전남 광양시
1993. 4.	3	54	경기 수원시, 의정부시, 서울시 양천구
1993. 5.	4	58	경기 하남시, 전남 목포시, 서울시 성북구, 부산시 서구
1993. 6.	5	63	전남 나주시, 담양군, 경기 포천군, 강원 원주군, 전북 장수군
1993. 7.	2	65	경기 화성군, 경남 고성군
1993. 8.	6	71	경기 성남시, 전남 여수시, 경기 양주군, 가평군, 경남 진양군, 창령군
1993. 9.	4	75	경기 과천시, 양평군, 제주 서귀포시, 전남 진도군
1993. 10.	1	76	부산 영도구
1993. 11.	6	82	경기 광명시, 강원 속초시, 서울 강남구, 부산 부산진구, 북구, 강원 횡성군
1993. 12.	2	84	경기 연천군, 경남 사천군
1994. 1.	4	88	경기 동두천시, 전북 김제시, 경남 울산시, 전남 구례군

출처: 내무부 내부 자료.

한편, 광역자치단체의 경우에는 전남(1992.10.19 공포), 경남(1992.11.23 공포), 경기(1992.12.7 공포), 전북(1992.1.7 공포), 광주(1993.1.11 공포), 부산(1993.6 공포), 대전(1994.1.11 공포) 등 7개 자치단체에서 행정정보공개조례를 채택하였다.

3. 지방정부 행정정보공개조례 채택의 의의

청주시를 포함한 지방정부에서 행정정보공개조례의 채택으로 정보공개를 위한 제도적 장치를 마련하였는데, 여기에 다음과 같은 몇 가지 의미를 부여할 수 있을 것이다.

첫째, 지방정부 차원에서 '알 권리의 충족'이라는 국민의 기본권을 신장시킨 대표적인 사례이다. 이러한 제도적 장치가 지방정부, 특히 기초자치단체에서 시작되었다는 점에서 의미가 크다.

둘째, 대부분의 지방정부에서 행정정보공개조례가 의원입법으로 발의되었다는 점, 즉 지방의회 의원들이 의제로 제기하여 집행부의 반대에도 불구하고 이를 법제화하였다는 점에 주목할 필요가 있다. 집행부의 적극적인 반대를 극복하고 의원발의로 조례를 채택하였다는 점에서 자치시대의 의회가 집행부에 대한 통제기능을 실현한 사례이다.

셋째, 청주시의 경우 집행부는 내무부의 지시에 따라 소송을 낸 것으로 알려져 시의회와 집행부의 갈등은 사실상 지방자치단체와 중앙정부간의 권한다툼이었는데, 그 다툼에서 지방정부가 승리한 사례이다.

넷째, 청주시의 행정정보공개조례에 관한 대법원의 판결은 미국 등지에서 인권(Civil Rights) 분야에서 이루어지고 있는 사법부에 의한 정책결정이 우리나라에서도 이루어진 사례이다. 대법원의 판결은 다른 지방자치단체에 대한 파급효과가 대단히 컸을 뿐 아니라, 중앙정부 차원의 정보공개법의 제정을 촉구하는 방향으로 영향을 미쳤다.

요약하면 지방정부가 행정정보공개조례를 채택함으로써 행정정보에 대한 주민의 접근을 보장하여 지방정치의 활성화에 크게 기여하고, 지방의회의 집행부 견제기능을 충실히 수행할 수 있는 제도적인 장치를 마련하였다는 점에서 획기적인 것이라고 평가된다.

Ⅲ. 정책혁신과 확산으로서의 행정정보공개조례 채택에 관한 분석

1. 정책혁신에 관한 기존문헌의 검토

자치단체에 따라 정보공개조례의 채택여부 및 시기가 다른데, 이러한 차이는 왜 발생하는가에 관한 의문이 제기된다. 이러한 의문에 대하여 해답을 제공할 수 있는 이론적 관점으로 혁신에 관한 이론을 살펴보기로 한다.

일반적으로 혁신이란 새로운 것으로 인지된 아이디어가 잠재적 채택자에 의하여 채택되는 것으로 정의된다(cf, Rogers, 1983: 6). 한편 혁신의 확산이란 개인, 집단 또는 다른 채택단위에 의하여 어떤 혁신이 수용되어 그 수용자의 수가 확대되어 나가는 것이다(Eystone, 1977: 441; 박용치, 1983: 22). 정보공개조례와 같은 정책의 채택을 혁신 (innovation) 또는 혁신의 확산(diffusion of innovation)으로 보는 관점은 Walker(1969) 의 선구적 연구에서 제시되었다. Walker(1969: 881)는 각각의 주정부가 새로운 프로그램 및 정책을 채택하는 것을 혁신으로 정의하고, 미국의 50개 주정부에서 88개 정책 프로그램이 채택되는 과정을 혁신의 확산이라는 관점에서 분석하였다. 그 이후 이러한 관점에서 주정부 차원에서의 민권, 복지, 교육 분야 법률의 채택에 관한 연구(Gray, 1973), 조세 및 복권제도의 채택에 관한 연구(Berry and Berry, 1990; Berry and Berry, 1992), 불법행위에 관한 법률(tort law)의 채택에 관한 연구(Cannon and Baum, 1981), 사법행정의 혁신에 관한 연구(Glick, 1981), 그리고 지방정부에서의 컴퓨터 활용의 확산에 관한 연구(Perry and Kraemer, 1978) 등 후속연구가 이루어졌다.

본 연구에서는 지방정부가 행정정보공개조례라는 새로운 제도를 채택(adoption) 하는 것을 일종의 혁신으로 보고, 이러한 조례가 후속적으로 여러 지역에서 채택되는 과정을 혁신의 확산과정으로 보기로 한다. 그런데 지방정부 차원에서 혁신의 확산문제에 대한 해답은 두 가지 흐름으로 정리해 볼 수 있는데, 하나는 외부적 확산모형 (external diffusion model)으로, 다른 하나는 내부적 결정요인모형(internal determinant model)로 부르기로 한다.

(1) 외부적 확산모형의 관점에 의한 설명

외부적 확산모형의 관점에서는 정부가 정책문제에 직면했을 때, 인접지역을 포함한 다른 정부의 정책을 모방한다는 가정 하에 다른 정부의 영향력을 강조한다. Walker (1969: 890)는 의사결정에 관한 Simon(1957)의 만족화모형(satisficing model)을 인용하면서, 지방정부의 정책결정자들은 그들의 정책결정과정을 단순화시키기 위해서 끊임없이 인접지역의 정부정책에서 계기를 찾으려고 노력하는 것으로 본다. 그런데 Walker(1973)에 따르면 주정부 정책결정자들 간의 상호작용에 있어서의 지역적 장애 (regional barrier)가 있기 때문에 정책혁신이 전국적인 수준(national base)에서 확산되는 것이 아니라 지역적 확산(regional diffusion)현상이 나타난다는 것이다. 이러한 맥락에서 다른 연구(Sharkansky, 1970; Grupp and Rechards, 1975; Light, 1978)에서도 지역의 지도적 위치에 있는 주정부(regional leader states)에서 어떤 정책을 채택하면 인접지역의 주정부에서 이를 모방하여 채택하는 패턴을 밝히고 있다. 한편 Berry와 Berry는 주정부는 인접지역 정부가 새로운 조세제도(Berry and Berry, 1992) 또는 복권제도(Berry 1994)를 채택했을 경우에 그렇지 않은 경우보다 이러한 제도를 더욱 쉽게 채택하는 경향이 있다는 것을 밝히고 있다. 이와 같이 어떠한 지방정부도 자신을 둘러싸고 있는 인접지역 정부의 영향으로부터 독립적으로 존재할 수 없기 때문에 정책의 채택에 영향을 미치는 요인으로서 인접지역 정부와의 관계를 빼놓을 수 없다는 것이다. 외부적 확산모형의 관점에서는 무엇보다도 인접지역 정부의 영향을 강조하기 때문에 이를 지역적 확산모형(regional diffusion model)으로 부르기도 한다(Berry and Berry, 1990: 396). 반면에 Gray(1973)의 연구에서는 인접지역 정부가 영향을 미치는 정도는 민권, 복지, 교육 등 이슈영역에 따라 다르고, 경우에 따라서는 연방정부의 영향도 강하게 받기 때문에 확산현상은 인접지역보다는 국가적인 수준에서 이루어진다고 지적하고 있다.

그런데 이러한 확산 또는 모방현상은 한 국가 내에서 하위정부들 간에 뿐 아니라 국가간의 관계에서도 나타난다. 예를 들면 사회보장제도의 채택 및 확산에 관한 Taira와 Kilby(1969), Collier와 Messick(1975)의 연구에서도 인접국가간에 공간적 전파(spatial diffusion)의 효과가 큰 것으로 분석되었다. 한편 Pilcher, Ramirez, 그리고 Swihart(1968)는 국민연금제도의 내용(은퇴연령 규정 등)을 결정하는 데 있어서 인접국가, 공통언어, 그리고 식민지 경험이 미치는 확산효과를 분석한 결과, 공통언어의 효과가 가장 뚜렷하였고, 인접국가와 식민지 경험의 영향은 그리 크지 않은 것으로 밝혔다. 공공의료보험의 적용범위와 보건의료지출의 수준에 영향을 미친 요인에 관한 국가 간 비교연구(남궁근, 1990)에서도 WHO나 ILO 등 국제환경적 요인의 영향이 크다는 점이 지적된 바 있다.

(2) 내부적 결정요인모형의 관점에 의한 설명

내부적 결정요인모형은 지방정부에서 혁신의 채택여부를 자치단체 내부의 특성이라는 설명변수(explanatory variables)를 도입하여 설명하려고 시도한다. 혁신의 채택을 설명하는 요인은 혁신 자체의 성격이나 혁신의 채택주체가 개인, 집단, 정부 등 어느 것인가에 따라 달라질 수 있다(Rogers, 1983; 박용치, 1983 등 참조). 그런데 지방정부가 채택의 주체인 경우 이 모형에서는 지방정부의 정책결정자로 하여금 그러한 정책을 채택하도록 하는 요인이 지방정부의 정치적, 사회경제적 특징인 것으로 가정한다. 예를 들면 Cannon과 Baum(1981)은 미국 주정부의 혁신성(innovativeness)과 인구, 공업화, 도시화 등 인구통계학적 변수를 관련시켰다. Berry와 Berry(1990)는 미국 주정부에서의 복권제도의 채택여부를 설명하기 위한 설명변수로 주정부의 재정상태, 선거주기, 주민소득수준, 주민의 종교, 집권정당 등의 요인을 들고 있다. 그런데 이같은 내부적 결정요인모형(internal determinant model)에서 사용되는 설명변수들은 정부지출의 수준으로 측정되는 공공정책의 결정요인(policy determinants)에 관한 연구에서 사용되는 설명변수와 유사하다. 미국에서 주정부 및 지방정부 예산지출의 결정요인에 관한 연구는 V. O. Key(1949), Fabricant(1952), Dawson and Robinson(1963) 등의 연구를 시발점으로 Hofferbert(1966), Cnudde와 McCrone(1969), Tompkins(1975), Lewis-Beck(1977)등에 의하여 후속연구가 이루어졌다. 우리나라의 경우에도 광역자치단체 예산지출의 결정요인(강인재, 1933 등 참조)과 기초자치단체예산의 결정요인(황윤원, 1993; 남궁근, 1994 등 참조)에 관한 연구가 이루어졌다. 이러한 연구에서 핵심적인 쟁점은 지방정부의 정책수준 및 그 변화를 설명하는 데 있어서 정치적 요인과 사회경제적 요인 중에서 어떤 요인의 영향력이 상대적으로 더욱 큰가에 관한 것이다.

2. 본 연구의 분석틀 및 가설

본 연구에서는 지방정부의 행정정보공개 채택여부에 영향을 미치는 요인으로 외부적 확산모형의 관점과 내부적 결정요인의 관점을 결합하여 인접지역 정부의 영향과 지방정부의 내부적 특성이라는 두 가지 요소가 영향을 미치는 것으로 보고 다음과 같은 가설을 설정하기로 한다.

(1) 외부적 확산에 관한 가설

일반적으로 지방정부의 정책결정자들은 인접지역의 정부를 정책의 실험실(experimental laboratories)로 보는 경향이 있다(Elazar, 1972). 새로운 정책을 채택할 경우 인접지역에서의 경험이 정책의 효과에 관한 불확실성을 극복할 수 있는 중요한 정보가 된다. 이러한 논리에 따르면 인접지역에서 행정정보공개조례를 채택하였을 경우에는 그 경험에 관한 분석을 토대로 정보공개조례를 채택할 확률이 높을 것이라는 가설을 설정할 수 있다. 대부분의 경우 지방자치단체의 집행부는 정보공개조례의 채택에 소극적인 입장을 보이고 있는데, 지방의회에서는 인접지역의 채택사례를 통하여 집행부를 설득할 수 있을 것이다. 본 연구에서는 행정정보공개조례의 채택이 인접지역으로 확산되었는지를 파악하기 위해서 지도상에서 정보공개조례 채택지역의 분포를 살펴보기로 한다.

한편 다변량통계분석에서 이러한 지역적 확산효과(regional diffusion effects)를 검증하기 위해서 비교적 초기(1992년 12월 이전)에 행정정보공개조례를 채택한 기초자치단체가 소속한 시·도(광역자치단체)의 시·군·구와 그렇지 않는 시·도(광역자치단체)에 소속한 시·군·구를 구분하는 가변수(dummy variables)를 사용하기로 한다. 이같이 지역적 확산현상을 시·도 단위로 살펴보기로 한 것은 지방정부 정책결정자들 사이의 의사소통이 대체로 시·도의 경계 내에서 활발히 이루어지는 반면 시·도의 경계를 벗어나면 인접지역인 경우에도 지방정부 정책결정자들 사이의 의사소통이 이루어지기가 어렵다고 생각되기 때문이다.

(2) 내부적 결정요인에 관한 가설

내부적 결정요인모형의 관점에서 지방정부의 정치적 및 사회경제적 특성을 나타내는 다음과 같은 변수들을 설명변수로 도입하기로 한다.

(가) 지방의회의 규모

지방의회는 조례의 의결권을 가지고 있으며, 본 연구에서 고려하고 있는 행정정보공개조례는 대부분이 의원입법으로 발의되어 통과되었기 때문에 지방의회의 특성은 행정정보공개조례의 채택 결정에 직접적인 영향을 미칠 것으로 생각된다. 먼저 지방의회의 규모(size)를 고려하기로 한다. 일반적으로 조직의 규모가 클수록 혁신적인 성향이 강한 것으로 알려져 있다(Hage and Aiken, 1970; Rogers, 1983; Berry, 1994). 예를 들면 Mohr(1969: 126)는 규모(size)가 조직으로 하여금 혁신을 채택하게 하는 데 있어서 가장 강력한 예측인자(predictor)인 것으로 밝히고 있다. 규모가 큰 복잡한 조직은 물적·인적 자원이 풍부하고 따라서 다양한 구성원들 간의 상호작용을 통하여 혁신이 이루어질 가능성이 높다. 이러한 관점에서 본 연구에서는 의원정수로 측정한 지방의회의 규모가 클수록 정보공개조례의 채택가능성이 높을 것이라는 가설을 설정하기로 한다.

(나) 지방의원의 연령

이어서 지방의회의원의 배경 중 연령을 설명변수로 고려하기로 한다. 일반적으로 연령에 따라 보수 또는 진보의 성향이 구분되는 경향이 있고, 젊은 연령층일수록 새로운 것을 채택하려는 성향이 강하다. 이러한 맥락에서 지방의회의 의원 중에서 젊은 연령층의 의원이 많을수록 행정정부공개조례를 채택할 가능성이 높을 것이라는 가설을 설정하기로 한다.

(다) 지방의회의원선거의 투표율

전통적인 정치적 결정론(Key, 1949; Fabricant, 1952; Hofferbert, 1966 등)에 따르면 정치참여 및 정치적 경쟁의 수준이 높을수록 지방정부가 지역주민의 의사를 정책결정에 민감하게 반영한다고 본다. 기존의 결정요인 연구에서 정치참여와 경쟁의 정도를 측정하는 여러 가지 지표가 사용되었으나, 우리나라 기초의회 의원선거의 경우에는 정당의 참여가 배제되고 있으므로 여당 또는 야당지지율, 여야 의석수의 비율 등 의미 있는 지표를 구성하기가 어렵다. 본 연구에서는 지방의회의원선거에서의 투표율을 정치참여의 정도를 나타내는 지표로 사용하고, 투표율로 측정되는 주민의 정치참여정도가 높을수록 지방정부의 행정정보공개조례 채택의 가능성이 높을 것이라는 가설을 설정하기로 한다.

(라) 지방정부의 인구규모와 주민의 교육수준

본 연구에서는 행정정보조례의 채택에 영향을 미치는 사회경제적 환경의 요인으로 인구규모와 주민의 교육수준을 고려하였다. 여기에서는 지방정부의 인구규모가 클수록, 그리고 주민의 교육수준이 높을수록 행정정보공개제도의 채택가능성이 높을 것이라는 가설을 설정하기로 한다. 인구에 관한 가설은 지방의회의 규모에 관한 가설과 같은 논리에서 이해될 수 있다. 한편 지역주민의 교육수준이 높을수록 정치적인 문제에 관한 관심이 많고, 특히 행정정보에 대한 접근욕구가 강할 것으로 생각된다.

일단 행정정보공개제도가 채택된 지역에서는 인구규모가 크고 지역주민의 교육수준이 높은 지역에서 정보공개제도의 활용정도가 높을 것이라는 가설을 설정하기로 한다.

(마) 지방자치단체의 유형

우리나라의 기초자치단체는 시, 군, 자치구의 세 가지 유형으로 구분된다. 이러한 세 가지 유형은 중소도시, 농촌, 그리고 대도시의 구분에 따른 것이다. 농촌지역인 군의 경우에는 인구감소추세 및 노령화현상이 뚜렷하게 나타나고, 따라서 지역주민에 의한 정보공개조례의 채택을 위한 압력도 약할 것으로 생각된다. 한편 대도시지역인 특별시와 직할시의 일부인 자치구의 경우, 지역주민의 연대의식이나 공동체의식이 약하기 때문에 정보공개조례의 채택을 위한 압력도 그리 크지 않을 것으로 생각된다. 반면에 중소도시지역인 시의 경우 대도시보다 지역주민의 연대의식이 강하고, 농촌지역에 비하면 의정지기단 등 각종 시민운동이 비교적 활발하게 전개되기 때문에 정보공개조례와 같은 정책혁신을 향한 압력이 가장 큰 것으로 생각된다. 또한 같은 맥락에서 정보공개조례가 채택될 경우에 시지역에서 그 활용도가 가장 클 것으로 생각된다.

(3) 요약 및 종합

이상에서 설정한 가설을 종합하여 다음과 같은 분석모형을 구성할 수 있을 것이다.

ADOPT=f(EARLIER, CITY, REPSIZ, REPYS, REPVT, POPSIZ, POPEDU) ··· (모형 1)

여기에서 종속변수 ADOPT는 행정정보공개조례의 채택여부를 나타내는 명목변수로 정보공개조례를 채택한 지역은 1, 채택하지 않은 지역은 0의 값을 갖는다. 한편 독립변수는 초기채택자가 있는 시·도(광역자치단체)에 소속한 시·군·구인지의 여부를 나타내는 가변수(EARLIER), 시인지를 나타내는 가변수(CITY), 의회규모(REPSIZ), 젊은 의원비율(REPYS), 투표율(REPVT), 인구규모(POPSIZ), 주민교육수준(POPEDU) 등 7개 변수이다. 종속변수와 독립변수에 관한 설명 및 자료의 출처가 <표 2>에 요약되었다.

표 2 행정정보공개조례의 채택여부 및 활용정도를 설명하는 변수

변 수 명	측 정 변 수	측 정 단 위
ADOPT	행정정보공개조례의 채택여부(가변수)	1=채택, 0=미채택
EARLIER	초기채택자가 있는 시·도의 기초자치단체(가변수)	1=초기채택지역, 0=기타
CITY	시(가변수)	1=시, 0=기타
GU	구	1=구, 0=기타
GUN	군	1=군, 0=기타
REPSIZ	의회의 규모(의원정수)	명
REPYS	40대 이하 의원비율	%
REPVT	기초의회의원 선거 투표율	%
POPSIZ	인구(90년 기준)	1,000명
POPEDU	주민의 교육수준 (20세 이상 인구 중 전문대 이상 인구비율)	%

출처: 1. 정보공개조례의 채택여부는 내무부 내부자료
　　　 2. 지방의회선거 투표율, 지방의회의 규모, 지방의원의 연령에 관한 자료출처: 『(구)·시·군의회의원선거총람』(1991년 3월 26일 시행), (서울, 부산, 대구, 인천, 광주, 대구, 강원도, 경기도, 충남, 충북, 전남, 전북, 경남, 경북, 제주 등 각 도 선거관리위원회, 1991).
　　　 3. 인구, 주민의 교육수준에 관한 자료출처: 『한국도시연감』(내무부), 『1990 인구주택총조사보고서, 제2권 시·도편(통계청·1992)』

3. 행정정보공개조례 채택에 관한 모형의 분석

(1) 정보공개조례 채택의 지리적 확산효과 분석

1992년 1월 충북 청주시에서 정보공개조례를 채택 공포한 이래 1994년 1월까지

총 88개 기초자치단체가 이 조례를 채택하였다. 1992년 6월 대법원 판결 이후 본격적인 조례채택이 시작된 1992년 7월부터 1994년 1월까지 19개월 동안 월평균 4.57개 단체에서 행정정보조례를 채택하였으며, 총 260개의 기초자치단체를 모두 행정정보공개조례의 잠재적 채택자라고 볼 때 그 33.3%인 88개 단체만이 채택하여 확산의 초기단계에 해당된다.

　행정정보공개조례 채택의 지리적 확산과정을 분석하기 위하여 정보공개조례채택 지역을 채택시기별로 구분하여 지도상에 나타냈다. <그림 1>의 지도에 정보공개조례 채택의 시기를 제 1기(1992년 1월~1992년 12월), 제 2기(1993년 1월~1993년 6월), 제 3기(1993년 7월~1994년 1월)로 구분하여 표시하였다.4) 제 1기 정보공개조례를 채택한 단체는 36개이며, 충북 청주, 전남 여천, 경남 마산, 광주 광산구, 경기 안양시, 부산 동래구 등이 포함된다. 제 2기와 제 3기에 채택한 단체는 각각 26개 단체이다.

　<그림 1>에서 특기할 만한 것은 행정정보공개조례가 충북 청주시에서 처음으로 채택되었음에도 불구하고 충북과 충남의 인접지역에 확산효과는 거의 없다는 점이다. 반면에 행정정보공개의 채택지역은 전북, 광주, 전남, 경남, 부산, 그리고 경기지역에 집중되고 있다. 특히 이들 지역에서 제 1기(1992년 1월~1992년 12월)에 정보공개조례를 채택한 지역을 중심으로 이들 지역과 인접한 지역으로 채택이 확산되는 현상을 지도에서 확인할 수 있다. 반면에 초기 채택단체가 없는 대구, 경북지역에서는 채택단체가 전무하다. 그러므로 정보공개조례의 채택은 청주를 예외로 하면 초기채택 단체에서 인접지역으로 확산되는 현상으로 나타나고, 채택단체는 초기채택자가 몰려 있는 수도권과 남부지역으로 이원화되어 나타나고 있다.5) 결과적으로 1994년 1월 현재 정보공개조례를 채택한 지방자치단체의 비율이 높은 시 도는 순서대로 광주(75.0%), 전남(64.3%), 전북(57.9%), 경남(55.2%), 부산(50%), 인천(50%), 경기(50%) 등이다. 한편 비율이 낮은 순서는 대구(0%), 대전(0%), 경북(0%), 충남(5.0%), 충북(15.4%), 서울(18.2%), 강원(22.7%) 등이다. 한편 부산, 광주, 경기, 전북, 전남, 경남 등 지방자치단체 중 정보공개조례의 채택률이 50%를 넘는 지역에서는 광역자치단체에서도 정보공개조례를 채택하고 있어, 이들 지역에서 초기채택자에 의한 전파효과는

---

4) <그림 1>의 지도는 경상대학교 지리학과 손일 교수가 개발한 프로그램을 활용하여 작성하였다. 지도제작 프로그램을 이용할 수 있도록 해 주신 손일 교수에게 감사드린다.
5) 미국의 경우 initiative, referendum, 그리고 recall 등 직접민주주의 제도가 서부지역에서 집중적으로 채택 활용되므로 이를 Western Phenomenon으로 부르기도 하는데, 우리의 경우 지방자치단체에 의한 정보공개조례의 채택경향은 일단 수도권과 남부권의 현상(Southern Phenomenon)으로 볼 수 있을 것이다.

인접지역 뿐 아니라 광역자치단체에도 미친 것으로 추론할 수 있다.

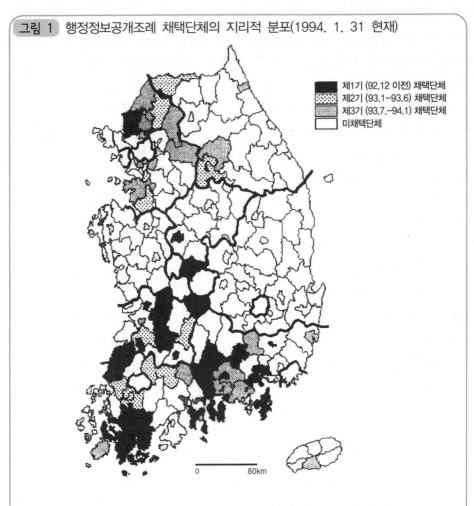

그림 1 행정정보공개조례 채택단체의 지리적 분포(1994. 1. 31 현재)

제1기 (92.12 이전) 채택단체
제2기 (93.1~93.6) 채택단체
제3기 (93.7.~94.1) 채택단체
미채택단체

0 ─── 80km

출처: 〈 표 1 〉의 자료를 토대로 구성. 단 자치구(서울, 부산, 대구, 인천, 광주, 대전)는 기술적인
    이유로 지도에 표시하지 않았음.

그러면 왜 경기지역, 전남북, 광주, 경남, 부산 등의 지역에 초기채택단체가 집중
되었는가? 이에 관하여는 앞으로 보다 심층적인 분석이 필요한 것으로 판단된다. 예
를 들면 이들 지역주민과 정책결정자 집단의 정치적 성향과 관련시켜서 분석할 수도
있는데, 특히 초기 채택단체가 정보공개조례를 채택한 시점이 1992년 말의 대통령선
거를 전후한 시점이라는 점에서 선거지리 및 정치지리와 관련시킨 분석도 필요하다
고 생각된다(예를 들면, 김형국, 1990 참조).

(2) 정보공개조례 채택에 관한 모형의 분석

지방자치단체의 정보공개조례 채택여부를 결정하는 유의미한 변수를 식별하기 위해서 <모형 1>에 대한 판별분석(discriminant analysis)을 실시하였다. 정보공개조례를 채택한 자치단체(88개 지역)과 채택하지 않은 단체(172개 지역)로 구분하여 각 집단에 있어서 독립변수들의 집단평균 및 표준편차가 <표 3>에 제시되었다.

표 3 행정정보공개조례채택의 판별분석에 투입된 독립변수의 집단평균 및 표준편차*

(n=260)

ADOPT	단체수	EARLIER[1]	CITY[2]	REPSIZ	REPYS	REPVT	POPSIZ	POPED
조례 채택	88	0.84 (0.36)	0.35 (0.48)	18.45 (12.30)	50.97 (16.88)	63.09 (11.64)	186.62 (181.76)	13.68 (9.07)
조례 미채택	172	0.38 (0.48)	0.20 (0.40)	15.57 (9.48)	49.53 (16.50)	63.57 (13.09)	153.70 (151.28)	13.29 (8.31)
총계	260	0.54 (0.49)	0.25 (0.43)	16.55 (10.59)	50.02 (16.61)	63.40 (12.60)	164.85 (162.63)	13.42 (8.56)

* ( )안은 표준편차

주1. 가변수 EARLIER는 제 1기(92년 7월~92년 12월)에 정보공개조례를 채택한 시·도의 기초자치단체에는 1의 값을, 그렇지 않은 지역의 기초자치단체에는 0의 값을 부여함.
주2. 시의 경우에 1, 군 및 자치구에는 0의 값을 부여함.

<표 3>을 보면 의원규모(REPSIZ)에서는 조례채택단체가 평균 18.45명인데 비하여 미채택단체의 의원규모는 15.75명으로 조례를 채택한 단체가 의원규모가 크다. 40대 이하 젊은 의원의 비율(REPYS)은 조례채택단체가 평균 50.97%인데 비하여 조례를 채택하지 않은 단체는 49.53%로서 조례채택단체의 젊은 의원의 비율이 1% 포인트 이상 높다. 지방의회투표율(REPVT)은 채택단체가 평균 63.09%인데 비하여 미채택단체가 평균 63.57%로서 미채택단체의 투표율이 약간 높다. 한편 인구규모(POPSIZ)는 채택단체가 평균 18만 6천여명인데 비하여, 미채택단체가 평균 15만 3천여명으로 채택단체가 평균 3만 3천여명 정도 많다. 지역 주민 중 전문대 이상 졸업한 고학력자의 비율(EDUPO)이 채택단체 평균 13.68%인데 비하여 미채택단체의 평균 13.29%로서 채택단체 지역주민의 교육수준이 높은 것을 알 수 있다.

이와 같이 의원규모, 젊은 의원비율, 투표율, 인구, 주민교육수준에서 정보공개조례를 채택한 단체와 미채택단체의 차이가 있었으나, 그 차이를 가장 의미 있게 설명할 수 있는 독립변수들의 선형결합(linear combination)을 도출하기 위하여 Wilks의 단계별 분석방법(Wilks' Stepwise Method)을 사용하여 판별분석(discriminant analysis)을 실시하였는데, 그 결과가 <표 4>에 제시되었다.

표 4 행정정보공개조례채택의 단계별 판별분석 결과 요약

(n=260)

단계	투입변수	Lambda	유의수준	분류함수계수 (Fisher 선형판별함수)		표준화되지 않은 판별함수계수[a]
				미채택	채택	
1	EARLIER	.816	.000	1.21	3.53	2.03
2	REPSIZ	.758	.000	0.93	0.99	0.05
3	CITY	.776	.000	4.35	5.02	0.58
4	REPVT	.771	.000	0.94	0.97	0.02
			(상수)	−38.80	−42.85	

a) 판별함수값의 집단평균(group centriods): 미채택집단(−.387), 채택집단(.758)

<표 4>에 제시된 것처럼 정보공개조례의 채택지역과 미채택지역을 구분하는 데 유의미한 변수는 EARLIER(초기채택자가 있는 시·도의 지방자치단체), REPSIZ(의원규모), CITY(시지역여부), REPVT(투표율) 등 네 변수인 것으로 나타났다. 분류함수계수 또는 판별함수계수를 통하여 알 수 있는 것처럼, 정보공개조례의 초기채택자가 있는 시·도의 지방자치단체, 의원규모가 큰 지방자치단체, 군 또는 자치구보다는 시, 그리고 주민의 투표율이 높은 지방자치단체가 정보공개조례를 채택할 확률이 높았다.

EARLIER(초기채택자가 있는 시·도의 지방자치단체)가 통계적으로 유의미한 판별변수로 나타난 것은 앞에서 살펴본 지리적 확산효과가 통계적으로 재확인된 것이다. 한편 의원규모가 유의미한 판별변수로 나타난 것은 조직의 규모가 혁신성향에 관한 가장 강한 예측변수라는 Mohr(1969)의 연구결과와 일치한다. 또한 자치구나 군에 비하여 시지역에서 정보공개조례를 채택할 가능성이 높다는 점은 이러한 지역에서 주민의 공개조례채택을 위한 요구수준이 높다는 점을 나타내 주는 것으로 해석된다. 그리고 주민의 투표율로 측정되는 주민의 정치참여수준이 높은 지역에서 지방의회가 활발한 의정활동을 하도록 압력을 받는다는 점을 시사한다. 시, 자치구, 군을 별도로 분

리하여 분석한 결과, 투표율과 정보공개조례채택과의 관계는 특히 시지역에서 뚜렷하게 나타났다.

그런데 단계별 판별분석결과 지방의회의원의 연령(REPYS), 인구규모(POPSIZ), 주민교육수준(POPEDU) 등의 변수는 정보공개조례의 채택여부와는 직접적인 통계적 관련성이 없었다.

표 5 판별분석의 분류결과(Classification Results)

Actual Group		No. of Cases	Predicted Group Membership	
			0	1
Group	0 (미채택)	172	105 61.0 %	67 39.0%
Group	1 (채 택)	88	14 15.9 %	74 84.1%

Percent of "grouped" cases correctly classified(Hit Ratio): 68.85%

<표 5>에 제시된 바와 같이 EARLIER(초기채택자가 있는 시·도의 지방자치단체), REPSIZ(의원규모), CITY(시지역), REPVT(투표율) 등 네 변수로 구성된 판별식을 사용한 분석결과, 총 260개 사례중 정확하게 분류된 사례의 비율, 즉 적중률(Hit Ratio)은 68.85%으로 나타나 설명된 분산의 비율이 상당히 높은 것을 알 수 있다.[6]

특히 정보공개조례를 채택한 지방자치단체에 대한 판별력은 84.1%로서 채택하지 않은 단체에 대한 판별력 61.0%보다 훨씬 높은 수준이었다.

IV. 주민에 의한 행정정보공개 활용과 관련요인 분석

1. 주민에 의한 행정정보공개조례의 활용현황

행정정보의 공개제도를 법제화한 목적은 주민들이 정부가 보유한 행정정보를 활용함으로써 행정의 투명성을 보장하고, 행정기관을 통제하며, 지방정치의 활성화와 민주화를 이룩하는 것이다. 그런데 지역주민들이 정보공개제도를 적극적으로 활용하지 않으면 소기의 목적이 달성되기 어렵다. 그러나 정보공개조례를 채택한 자치단체

---

6) 적중률(hit ratio)은 회귀분석에서 R^2와 비슷한 것으로 설명된 분산의 비율을 나타낸다.

의 경우에도 지역주민들에 의한 정보공개제도의 활용실적은 저조한 편이며 그나마 자치단체에 따라 편차가 심하다. 94년 1월 현재 이 제도를 시행중인 84개 단체에서의 행정정보공개조례 활용실적을 살펴보면 다음 <표 6>과 같다.

표 6 기초자치단체의 행정정보공개 분야별 이용실적(94년 1월 31일 현재)

(84개 자치단체)

분야	평균	표준편차	최소	최대
계	9.12	27.01	0	180
일반행정	4.32	12.31	0	97
농림수산	1.21	9.13	0	83
상 공	0.24	0.65	0	3
건 설	2.10	7.32	0	61
보 사	0.81	4.80	0	42
기 타	0.44	2.01	0	17

출처: 내무부 내부자료를 기초로 계산.

<표 6>에 제시된 것처럼 정보공개조례가 시행되고 있는 84개 기초자치단체에서 주민의 신청에 의하여 정보공개가 이루어진 건수는 평균 9.12건에 불과하다. 이를 분야별로 살펴보면 일반행정 4.32건, 건설 2.10건, 농림수산 1.21건, 보사 0.81건 등의 순서이다. 그리고 <표 6>에서 정보공개제도의 활용에 있어서 자치단체간의 편차가 매우 심한 것을 알 수 있다.

좀 더 구체적으로 살펴보면 1994년 1월 현재 한건의 청구도 이루어지지 않은 지역이 총 84개 지역의 과반수에 가까운 41개 단체(48.8%)나 된다. 반면에 정보공개의 청구가 가장 활발하게 이루어진 지역은 전북 이리시로 총 180건의 정보공개가 이루어졌고, 이어서 충북 청주시에서 158건의 청구공개가 이루어졌다.[7]

이밖에도 부산 동래구 등 13개 지방자치단체에서 20건 이상의 정보공개가 이루어졌다. 한편 광역자치단체의 경우에는 1994년 1월 현재 광주시 22건, 경기 16건, 전

---

[7] 청주시에서 시민들의 정보공개 요구 사항이 시행 초기에는 각종 증명서 등 단순한 서류발급에 그쳤으나, 1993년에는 각종 통계연보, 입찰진행 결과, 자치법규와 시행령 등 점차 다양해져 행정정보 공개제도가 시민들의 알 권리 충족이라는 본래 취지에 맞게 자리잡아 가고 있다(한겨레신문 1992.7.30).

남 13건, 경남 3건, 부산시 2건 등의 공개가 이루어져, 광주, 경기, 전남에서 어느 정도 활용이 이루어졌을 뿐 나머지 지역에서는 활용이 매우 저조하였다.

2. 행정정보공개의 활용과 관련요인에 관한 분석

행정정보조례가 채택 시행되고 있는 84개 지역에서 활용건수와 관련요인과의 상관성을 분석하기로 한다. 활용과 관련요인으로 고려한 변수는 정보공개시행기간 (IMPL, 개월수), 인구규모(POPSIZ), 주민의 교육수준(POPEDU), 그리고 자치단체의 유형을 나타내는 시(CITY), 군(GUN), 자치구(GU) 등의 가변수이다. 시행기간이 길수록, 인구규모, 주민교육수준이 높을수록, 군이나 자치구보다는 시지역 주민의 공개청구건수가 많을 것이라고 가정하였다.

정보공개조례시행의 초기단계에서는 제도 자체에 대한 공무원 및 시민들의 이해 또는 인식도가 극히 낮기 때문에 활용도가 저조할 것으로 생각되며, 일정기간 동안에 준비 및 홍보가 이루어진 후에야 제도의 활용이 정착될 것으로 생각된다. 그런데 행정정보공개제도는 아직 시행기간이 짧기 때문에 일정기간이 지난 후 활용건수가 비선형으로 증가하는 경향을 보일 것으로 예상하고 시행기간(IMPL, 개월수)을 제곱한 변수(IMPL^2)를 정보공개활용건수의 관련요인으로 분석에 투입하였다.

총활용건수(HJUTIL)를 종속변수로, 시행기간(IMPL), 시행기간의 제곱(IMPL^2), 인구(POPSIZ), 교육수준(POPED), 시(CITY), 구(GU) 등 6개 독립변수를 모두 투입하여 이들중 통계적으로 유의미한 변수만을 선정하는 단계별 회귀분석을 실시한 결과, $\text{HJUTIL} = -10.19 + 0.08\ \text{IMPL}^2 + 0.80\ \text{POPEDU}$의 회귀방정식을 구하였다. ($R^2 = .161$). 시행기간의 제곱($\text{IMPL}^2$)과 주민의 교육수준(POPEDU)만이 유의미한 설명변수였으며, 인구규모 그리고 시, 군, 구 등 지방정부의 유형에 따른 활용정도의 차이에는 통계적인 유의성이 없었다. 이는 행정정보공개의 활용정도는 공개조례가 시행되고 일정기간이 지나면서 비선형으로 증가한다는 점, 그리고 지역주민의 교육수준이 높을수록 정보공개의 활용건수가 증가한다는 점을 나타내고 있다.

V. 결론 및 논의

정보공개제도는 행정기관이 독점하는 정보를 국민이 공유할 수 있도록 함으로써, 정부와 국민, 행정기관과 입법기관 등 정치활동의 주체들 사이의 정보불균형 (information asymmetry)을 시정할 수 있는 유력한 제도적 장치이다. 기초자치단체의

의회가 주도권을 가지고 이러한 제도적 장치를 집행부의 반대와 중앙정부의 간섭을 극복하고 쟁취하였다는 점에서 큰 의미가 있다. 이러한 제도가 기초자치단체 차원에서 광역자치단체 차원으로, 그리고 중앙정부 차원으로 확산되는 현상이 나타나고 있어 규모가 작은 지방정부가 정책의 실험실로서의 역할을 수행한 사례로 기록될 것이다.

본 연구에서는 지방정부에서의 정보공개조례 채택과정을 혁신의 확산과정으로 보고, 이러한 확산현상을 외부적 확산모형(external diffusion model)과 내부적 결정요인 모형(internal determinant model)을 결합한 모형으로 설명하려고 시도하였다. 정보공개조례의 채택지역을 지도상에 나타낸 결과(그림 1 참조), 정보공개조례 채택의 확산과정은 경기지역과 남부권(전남북, 경남, 광주, 부산)을 중심으로 진행되고 있었다. 한편 정보공개 채택지역과 미채택지역을 구분하는 데 유의미한 변수를 식별하기 위한 단계별 판별분석 결과, 초기채택자가 있는 시·도의 지방자치단체(EARLIER), 의원규모(REPSIZ), 시지역(CITY), 투표율(REPVT) 등 네 변수가 유의미한 설명변수였다.

정보공개조례의 초기채택자가 있는 시·도의 지방자치단체(EARLIER)가 가장 유의미한 판별변수로 투입되어 인접지역으로서의 확산효과가 통계적으로 재확인되었는데, 이러한 확산효과는 시·도의 경계라는 지역적 장애(예컨대 전북과 충남, 경남과 경북 등)를 극복하지 못하고 전국적인 수준으로 확대되지 못하였다. 이러한 결과는 미국의 주정부 차원에서 정책혁신의 확산효과를 분석한 학자들(Walker, 1969; Grupp and Richards, 1975; Light, 1978; Barry and Barry, 1990; Barry, 1994)들의 연구결과와 일치한다. 역으로 지방정부의 정책결정자들간에 의사소통은 주로 시·도라는 지역적 경계내에서 이루어지고, 이러한 의사소통을 통하여 정책의 모방 또는 학습이 이루어진다. 정보공개조례의 내용이 거의 모든 지역에서 대동소이하다는 사실은 조례안의 모방 내지 학습이 활발하게 이루어졌다는 증거이다. 그러나, 최초채택자가 충북 청주시인데도 불구하고 초기(1992년 12월 이전) 채택자들이 주로 경기와 남부지역에 집중된 반면에, 대구, 경북, 충남, 강원지역에는 초기채택자가 없었다는 점은 앞으로 심층분석을 통하여 밝혀야 할 것이다. 예를 들면 지역주민의 정치적 성향과 같은 정치지리적 요소와 관련시켜 심층연구가 이루어질 수 있을 것이다.

한편 내부적 결정요인들 중에서는 의원의 규모가 클수록 정보공개조례의 채택가능성이 높았다. 의원수가 많을 경우에 다른 지역의 의원, 유권자, 그리고 의원상호간에 의사소통을 통하여 혁신을 확산하게 될 가능성이 높아지는 데, 이는 조직의 규모가 혁신성의 가장 강한 결정요인이라는 Mohr(1969)의 주장을 뒷받침하는 것이다.

또한 자치구나 군에 비하여 사지역, 그리고 투표율이 높은 지역에서 정보공개조례를 채택할 가능성이 높다는 점은 주민의 관심과 참여수준이 높을수록 지방의회과 정보공개조례의 채택과 같은 활발한 의정활동을 하도록 압력을 받는다는 점을 시사한다. 시, 자치구, 군을 별도로 분리하여 분석한 결과, 투표율과 정보공개조례채택과의 관계는 특히 시지역에서 뚜렷하게 나타나 이러한 해석이 뒷받침되었다.

전체적으로 정보공개조례의 채택 및 확산을 설명하는 데 있어서 혁신의 확산이론과 결정요인이론이 상호보완적인 설명력을 가진 것으로 검증되었고, 판별분석의 적중률(Hit ratio)이 68.85%로 설명력의 수준이 상당히 높았다. 지방자치시대에 접어들면서 중앙정부의 획일적인 규제에서 벗어나게 되었으므로 앞으로 다른 분야에서의 지방정부의 조례나 정책프로그램의 채택 및 확산에 관한 후속연구가 이루어져 본연구의 결과와 대비되어야 할 것이다.

정보공개제도를 법제화한 경우에도 지역주민들이 이를 적극적으로 활용하지 않으면 소기의 목적을 달성하기 어렵다. 그런데 지역주민들이 정보공개제도를 거의 활용하지 않는 지역, 즉 과소이용(under-utilization)지역이 많은 현실이므로 이에 대한 대책을 마련하여 앞으로 정보공개조례를 채택하게 될 지역에서는 물론 중앙정부 차원의 정보공개에도 대비하여야 할 것이다. 정보공개제도의 활용도와 관련요인의 분석결과, 시행기간이 길어짐에 따라 주민의 정보공개 활용이 비선형으로 급격하게 증가하였고, 주민의 교육수준이 높을수록 활용건수가 증가하였다. 이러한 결과는 제도가 채택된다고 하여 주민들이 그 제도를 자동적으로 활용하게 되는 것이 아니라, 활용자인 지역주민들의 태도요인, 행정기관의 준비 및 홍보여부, 정치적인 분위기 등의 복합적인 요인이 작용한다는 점을 시사한다. 이에 대한 종합적인 대책을 수립하여 정보공개제도가 지방정부 차원에서뿐 아니라 중앙정부 차원에서도 행정의 민주화와 지방정치의 활성화를 가져올 수 있는 장치로 정착되어야 할 것이다.

참고문헌

강인재. (1993). "한국 지방정부 공공지출의 결정요인". 노화준·남궁근 외 공저, 「공공정책의 결정 요인 분석」, pp. 73-99. 서울: 법문사.

김형국. (1990). "제 13대 대통령선거의 투표행태에 대한 지정학적 연구". 김광웅 편 「한국의 선거정치학」, pp. 207-232. 나남.

남궁근. (1994). "우리나라 기초자치단체예산의 결정요인 분석". 「전환기의 정책과 재
　　정관리: 유훈 교수정년퇴임기념논문집」, pp. 236－273. 서울: 법문사.

＿＿＿. (1990). "국가보건의료정책발달의 결정요인에 관한 연구: 경쟁적 제관점의 비교
　　평가". 「한국행정학보」, 24(1): 1399－1420.

박영기. (1992). 「행정정보공개제도에 관한 연구: KIPA연구보고 92－04」. 한국행정연
　　구원.

박용치. (1983). 「혁신의 확산과정」. 서울: 고려원.

방석현. (1989). 「행정정보체계론」. 서울: 법문사.

이승종. (1991). "지방정부의 행정정보공개: 행정통제론적 접근". 「한국행정학보」,
　　25(3): 891－915.

한규인. (1993). "일본에 있어서 정보공개의 제도화와 한국에서의 제도 도입전략". 「한
　　국행정학보」, 27(4): 1415－1436.

황윤원. (1993). "발전도상국 지방정부 예산결정요인분석". 노화준·남궁근 외 공저,
　　「공공정책의 결정요인분석」, pp. 110－118. 서울: 법문사.

Berry, Frances Strokes. (1994). "Innovation in Public Management: The Adoption
　　of Strategic Planning," *Public Administration Review* 54(4): 322－330.

＿＿＿. Frances Strokes and William D. Berry. (1992). "Tax Innovation in the
　　States: Capitalizing on Political Opportunty." *American Journal of Political
　　Science* 36: 715－742.

＿＿＿. (1990). "State Lottery Adoptions as Policy Innovations." *American Political
　　Science Review* 84: 395－415.

Canon, Bradley C., and Lawrence Baum. (1981). "Patterns of Adoption of Tort
　　Law Innovations." *American Political Science Review* 75: 957－987.

Cnudde, Charles and David McCrone. (1969). "Party Competition and Welfare
　　Policies in the American States." *American Political Science Review* 63:
　　858－866.

Collier, D. and R. E. Messick. (1975). "Prerequisites versus Diffusion: Testing
　　Alternative Explanations of Social Security Adoption." *American Political
　　Science Review* 69: 1299－1315.

Dawson, R. E. and J. A. Robinson. (1963). "Interparty competition, economic
　　variables and welfare policies in the American state." *The Journal of Politics*

25, 265−289.

Elazar, Daniel. (1972). *American Federalism*. New York: Thomas Crowell.

Eyestone, Robert. (1977), "Confusion, Diffusion, and Innovation." *American Political Science Review* 71: 441−447.

Fabricant, S. (1952). *The Trend of Government Activity in the United States Since 1900*. New York: National bureau of Economic Research, Inc.

Glick, Henry. (1981). "Innovation in State Judicial Administration: Effects on Court Management and Organization." *American Politics Quarterly* 9: 49−69.

Gray, Virginia. (1973). "Innovation in the States: A Diffusion Study." *American Political Science Review* 67: 1174−1184.

Grupp, Fred W. Jr. and Alan R. Richards. (1975). "Variations in Elite Perceptions of American States as Referents for Public Policy Making." *American Political Science Review* 69: 850−58.

Hage, Jerald and Michael Aiken. (1970). *Social Change in Complex Organizations*. New York: Random House.

Hofferbert, Richard I. (1966). "The Relationship Between Public Policy and Some Structural and Environmental Variables in the American States." *American Political Science Review* 60: 73−82.

Key, V. O. (1949). Southern Politics in State and Nation. N. Y. : Alfred Knopf.

Lewis−Beck, Michael S. (1977). "The Relative Importance of Socioeconomic and Political Variables in Public Policy." *American Political Science Review* 71: 559−566.

Light, Alfred R. (1978). "Intergovernmental Sources of Innovation in State Administration." *American Politics Quarterly* 6: 147−165.

Mehra, Achael. (1986). *Free Flow of Information: a New Paradigm*. New York: Greenwood Press.

Mohr, Lawrence B. (1969). "Determinants of Innovation in Organization." *American Political Science Review* 63, 111−126.

Perry, James L. and Kenneth L. Kramer. (1978). "Innovation Attributes, Policy Intervention, and the Diffusion of Computer Applications among Local Governments." *Policy Sciences* 9, 179−205.

Pilcher, Donald M., Charles J. Ramirez, and Judson J. Swihart. (1968). "Some Correlates of Normal Pensionable Age." *International Social Security Review* 21, 387−411.

Relyea, Harold C. (1986). "Access to Government Information." *Public Administration Review* 46, 635−639.

Rogers, Everett M. (1983). *Diffusion of Innovation.* New York: Free Press.

Sharkansky, Ira. (1970). *Regionalism in American Politics.* New York: Bobbs-Merril.

Simon, Herbert. (1957). *Administrative Behavior. 2nd. ed.* New York: Macmillan.

Taira, Koji and Peter Kilby. (1969). "Differences in Social Security Development in Selected Countries." *International Social Security Review* 22, 139−153.

Tompkins, G. L. (1975). "A Causal Model of State Welfare Expenditure." *Journal of Politics* 2, 392−416.

Walker, Jack L. (1973). "Comment: Problems in Research on the Diffusion of Policy Innovations." *American Political Science Review* 67. 1186−1191.

_____. (1969). "The Diffusion of Innovation among the American States." *American Political Science Review* 63, no. 3, 880−899.

▶ ▶ ▶ 리뷰

하연섭(연세대학교 행정학과)

1. 서론

남궁근 교수의 논문 "정책혁신으로서의 행정정보공개조례 채택"은 행정정보공개 조례 채택을 혁신으로 보고, 혁신의 확산에 어떤 요인들이 영향을 미쳤는가를 판별하는 연구이다. 남궁 교수는 연구문제로서 "왜 어떤 자치단체에서는 정보공개조례를 채택하였는데, 다른 자치단체에서는 이를 채택하지 않았는가, 그리고 자치단체에 따라 주민의 정보공개 활용정도가 다른 이유는 무엇인가"(p. 114)를 들고 있다. 남궁 교수는 외부적 확산모형과 내부적 결정요인모형을 결합한 모형을 통해 우리나라에서 정책혁신의 사례로 선정한 행정정보공개조례 채택 패턴을 설명하고 있다.

2. 논문의 개요 및 주요 내용

남궁근 교수의 연구는 매우 시의적절한 연구였다고 할 수 있다. 연구가 진행된 시점인 1994년 1월은 충북 청주시에서 2년 전인 1992년 1월에 행정정보공개조례를 최초로 채택·공포한 이래 전국적으로 88개 기초자치단체와 7개 광역자치단체에서 정보공개조례를 채택·시행하고 있는 시점이었다. 전국적으로 약 1/3에 해당하는 자치단체가 혁신을 채택했고, 나머지는 혁신을 채택하지 않은 상태였기 때문에 실험집단과 통제집단을 통계적으로 나누어 연구를 시행할 수 있는 절호의 상황이었던 셈이다. 물론 이 논문이 주목받는 이유는 단순히 타이밍 때문만이 아니다. 이 논문이 주목받는 보다 중요한 이유는 이 연구가 미국 지방정부를 대상으로 행해진 이른바 '정책결정 연구'를 우리나라 상황에 창의적으로 응용한 대표적인 연구이기 때문이다.

지방정부 차원에서 혁신의 확산을 설명하고자 하는 접근법은 크게 두 가지로 나눌수 있는데, 외부적 확산모형(external diffusion model)과 내부적 결정요인모형(internal determinant model)이 그것이다. 외부적 확산모형에서는 인접지역을 포함한 다른 정부가 채택한 정책을 모방함으로써 지방정부가 정책을 선택한다고 본다. 이때 Walter(1969, 1980) 등이 강조하는 내용은 Simon(1957)의 만족화모형(satisficing model)에 기초하고 있는데, 바로 지방정부의 정책결정자들이 정책 혁신을 둘러싼 불확실성을 최소화하고 정책결정과정을 단순화시키기 위한 방편으로, 인접지역의 지방정부가 시행하고 있는 정책을 채택할 가능성이 높다는 것이다. 따라서 지방정부의 정책혁신에 가장 큰 영향을 미치는 요인은 인접해 있는 지방정부의 정책선택이다. 남궁 교수는 외부적 확산모형에 기초해서 행정정보공개조례의 채택 패턴이 초기에 조례를 채택한 지방자치단체로부터 인접지역으로 확산하는 모습을 보일 것으로 가정하고 연구를 진행하였다.

내부적 결정요인모형은 미국의 정책학자들이 가장 많이 사용했던 연구모형 중 하나라고 할 수 있다. 즉, 주정부 혹은 지방정부에서 어떤 정책을 채택했을 때 이에 영향을 미치는 요인이 무엇인가 하는 것이다. 이를 둘러싼 초기 논쟁은 사회경제적 요인과 정치적 요인 중 어느 요인이 지방정부의 정책선택을 더 효과적으로 설명해줄 수 있느냐의 논쟁이었다. 그런데 이 분야의 초기 연구가 사회경제적 요인과 정치적 요인에 대한 양자택일형의 연구였다면, 후기로 올수록 정치적 요인과 사회경제적 요인이 어떻게 상호작용해서 정책선택에 영향을 미치는가에 관련된 연구로 진화되어 왔다. 남궁 교수의 연구도 사회경제적 요인과 정치적 요인을 양자택일의 관점으로 보는 것이 아니라 정책혁신을 설명하는데 필요한 중요한 요소로 모두 받아들이고 있다. 이에 따라 남궁 교수가 설정한 설명변수에는 지방의회의 규모, 지방의원의 연령, 지방의회의원선거의 투표율, 지방정부의 인구규모와 주민의 교육수준, 지방자치단체의 유형 등 정치적 변수와 사회경제적 변수가 모두 포함되어 있다.

남궁 교수의 논문은 매우 흥미로운 연구결과를 보여준다. 미국과 마찬가지로 우리나라에서도 행정정보공개조례 채택의 패턴이 청주를 예외로 하면 초기 채택단체에서 인접지역으로 확산되는 현상이 나타났음을 보여 준다. 그리고 Wilks의 단계별 분석방법을 사용하여 판별분석을 한 결과는 정보공개조례의 채택지역과 미채택지역을 구분하는데 유의미한 변수는 초기채택자가 있는 시·도의 지방자치단체, 의원규모, 시지역여부, 투표율 등 네 변수로 나타났다. 끝으로, 행정정보공개의 활용에 미치는 요인으로서는 시행기간의 제곱과 주민의 교육수준으로 나타났다.

3. 향후 연구에 대한 제언

행정정보공개조례 채택이라는 정책 확산과정을 설명하기 위해 남궁 교수는 외부적 확산모형과 내부적 결정요인모형을 결합한 모형을 사용하였다. 그런데 이 연구는 우리나라에서 신제도주의 연구가 본격적으로 확산되기 전의 연구이기 때문에, 제도주의 시각에 기초해서 흥미로운 가설들을 추가적으로 설정할 수 있을 것으로 보인다. 남궁 교수가 사용하고 있는 외부적 확산모형은 궁극적으로 합리적 선택모형이라고 할 수 있다. 왜냐하면 인접정부의 정책혁신을 차용하는 이유가 정책결정에 따른 불확실성을 줄이거나 정책결정과정을 단순화하기 위한 것이기 때문이다. 그렇지만 최근 논의되고 있는 사회학적 제도주의에서는 동형화(isomorphism)의 가장 중요한 이유로서 '정당화'를 들고 있다. 즉, 다른 조직들로부터 그럴싸한 조직으로 인정받고 싶다는 이른바 '정당화'의 이유 때문에 다른 조직의 관행이나 정책을 모방한다는 것이다. 정책혁신의 이유를 이런 식으로 조금 다르게 설정하면, 인접 지역이 일종의 조직군으로 개념화되어 특정 자치단체의 정책혁신을 설명하는 데 있어 인접 지역의 정책혁신이 (조금 다른 측면에서) 가장 중요한 설명변수로 떠오르게 된다. 최초로 행정정보공개조례를 채택한 충북 청주시의 인접 지역으로 정책 확산이 이루어지지 않은 이유는, 청주시에서 이를 둘러싼 정치적 갈등이 매우 심했기 때문에 인접 지역에서 청주시의 경험을 '신화'와 '의식'의 대상으로 삼지 않았기 때문으로 해석할 수도 있을 것이다.

최근의 연구에서는 조직, 지방정부 혹은 국가가 동형화를 한다 하더라도 정책의 내용이 모든 조직에 동일하지 않다는 점을 강조하고 있다. 즉, 동형화를 위한 내부적 과정 혹은 편집(editing) 과정이 매우 중요하다는 것이다. 이에 따라 최근 연구에서는 동형화의 과정과 내용에 영향을 미치는 조직의 내부적 요인에 초점을 맞추는 경향이 있다. 바로 남궁 교수가 논문에서 활용한 요인들이 내부적 요인이 되는 것이다. 이런 측면에서 외부적 확산모형과 내부적 결정요인모형의 결합을 시도한 남궁 교수의 연구는 선도성이 매우 돋보이는 작품이라고 할 수 있다.

감사인의 독립성과 적정 감사인의 규모:
대리인이론과 게임이론의 관점

논문 | 윤성식

리뷰 | 박통희

감사인의 독립성과 적정 감사인의 규모: 대리인이론과 게임이론의 관점*

윤성식(고려대학교 행정학과)

I. 서론

감사는 정보시스템의 발전과 기술의 진보로 인하여 급변하고 있는 관리환경하에서도 여전히 중요한 역할을 하고 있으며 오히려 범위와 영향이 확대되고 있다. 감사는 예산과정의 마지막 단계의 하나로서 그 역할이 인식되고 있지만 사실상 예산에 대한 개념이 과거와는 달라졌기 때문에 예산에 대한 잘못된 이해는 결국 감사에 대한 잘못된 이해로 연결된다. 예산의 기능 중의 하나가 기획이며 감사는 통제의 가장 효과적인 수단이므로 예산과 감사는 필연적으로 조직의 목표수행을 위한 관리기능을 담당한다.

감사는 정책감사, 회계감사,[1] 효과성감사(Effectiveness Audit), 효율성감사(Efficiency Audit), 업무감사(Operational Audit), 성과감사(Performance Auditing), 경영감사(Management Audit), 직무감찰, 화폐가치감사(Value for Money Auditing) 등 다양한데 이러한 다양한 개념이 감사에 대한 혼란을 불러 일으키는 요인이 되기도 하지만 감사가 평가의 차원으로 발달한 사실을 이해하지 못하는 데서 더 큰 오해가 야기되기도 한다. 설상가상으로 마케팅감사(Marketing Audit), 내부감사(Internal Auditing), 외부감사(External Auditing), 무작위감사(Random Auditing or Stochastic Auditing), 조건부감사(Conditional Auditing)까지 있다. "성과감사를 받겠는가 사업평가를 받겠는가"하는 논문의 제목에서 알 수 있듯이 감사는 이제 정책평가와 사실상 동일한 차원에까지 발달

---

*이 논문은 1994년 『한국행정학보』, 제28권 제3호, pp. 753-768에 게재된 글을 수정·보완하였다.

1) 감사원에서는 헌법에서 사용하고 있는 용어대로 회계검사라는 단어를 사용하고 있으나 회계감사보다 좁은 의미로 사용하고 있는지 아니면 동의어로 사용하고 있는지 확실치 않다. 중요한 것은 감사라는 일반적인 용어는 검사와는 다르다는 점이다. 만약 회계검사를 회계감사와 동의로 간주하고 있다면 용어의 사용이 잘못된 것으로 수정을 요한다고 생각한다.

해 있다. 미국의 감사원 즉 일반회계원(General Accounting Office: GAO)에서는 사업평
가담당부서(Program Evaluation Division)에서 사업평가에 대한 전반적인 업무를 다루고
있어 전통적인 회계감사의 차원을 1950년대에 벗어난 이후로 이제는 정책평가의 차원
까지 발전한 위상을 보여 주고 있다.

감사가 평가의 기능까지 수행하고 있는 현대에 있어 감사문제는 경제학자들의
관심대상이 되고 있다. Arrow와 Debreu가 컨틴전트클레임(Contingent claim)이 불확
실성의 극복수단이라고 주장한 이래로 "왜 시장에서는 아직도 고정이자율을 지급하
는 부채의 존재 등 불확실성을 극복하지 못한 현상이 있는가"를 Townsend는 감사와
연결시켜 논의를 전개하고 있다.[2] 감사인의 역할에 대한 논의도 활발하여 감사인을
효용극대화 존재로 파악하는 연구도 있고 대리인이론에서 대리인비용을 줄이는 역할
을 담당하는 감사인의 기능에 초점을 맞춘 연구도 있다.[3]

감사인을 위임자가 고용한 대리인으로 볼 수 있다는 사실 때문에 대리인이론을
감사문제에 적용하는 연구가 시작되었다. 감사문제에 대한 경제학적 연구의 초기에는
감사인을 기계로 파악하여 감사인이 제공하는 추가정보를 외생변수로 취급하는 데
그쳤으나, 점점 감사인의 전략적 역할을 중시하게 되고 결국 게임이론적 접근방법이
필요함을 인식하게 되었다. 감사인을 위임자가 고용한 대리인으로 파악할 수 있고 위
임자－대리인이론이 게임모델이기 때문에 자동적으로 감사인을 게임의 당사자로 파
악해야 한다는 결론이 나온다.[4]

대리인비용을 줄이는 역할을 수행하는 감사인을 전략적 행위의 주체로 간주하는
게임이론으로 재구성하면 감사인을 기계로 파악한 기존 대리인 모델과 차별화된 연
구 결과를 도출할 수 있다.[5] 감사인이 사회전체에서 제기능을 담당하고 있지 못하는
한국의 현실은 감사인을 게임의 당사자로 파악할 필요를 느끼게 하며 감사인이 효용
극대화 존재임을 간접적으로 입증하는 것이다. 위임자－대리인모델에서의 감사인을
게임이론으로 재구성하면 현재 한국에서 논란이 되고 있는 중복감사의 문제에 정책
적 함의를 전달할 수 있으며 감사인의 독립성문제를 어떻게 해결해야 하는가에 대한

---

2) Townsend(1979: 265－278)의 논의는 정보의 확인결여가 불확실성을 극복하지 못하는 요인이
   라고 말한다.
3) 대리인비용을 감소하는 감사인의 역할은 다음의 논문을 참조. Harris, M.and A.Raviv, (1970:
   231－255). 효용을 극대화하는 감사인의 역할은 Antle(1984: 20) 논문 참조.
4) 감사인을 게임의 당사자로 파악하는 연구는 Yoon, S.S.(1990: 253－284) 논문 참조하기 바람.
5) 대리인 비용과 감사에 대해서는 다음의 논문 참조. Fama, E.F. (1980: 288－307), Jensen, M.C.
   and W.H.Meckling(1976: 305－360).

유익한 정책적 제안을 제공한다. 이 논문에서는 대리인이론과 게임이론의 관점에서 감사인의 역할과 기능을 연구하여 조직의 효율성을 증진하는 수단으로서의 감사의 조건을 제시한다.

현재 한국의 감사는 유명무실한 경우가 대부분이며 법규나 규칙의 위반사항 확인과 장부정리의 완벽성이나 감시하는 수준에 머물고 있음은 주지의 사실이며 이러한 의미없는 감사가 수없이 계속되어 정부의 비효율의 원인으로 비판받고 있다. 감사가 선진국의 수준으로 향상되어 평가의 차원으로 발전해야 되는 것도 중요하지만 감사인은 평가의 결과 피평가인에 대한 정보를 제공하므로 우선 감사인을 신뢰할 수 있어야 한다. 결국 감사인을 신뢰하기 위해서는 무엇보다도 감사인이 피감사인의 영향력으로부터 벗어나고 피감사인을 보호하는 태도를 벗어나서 객관적으로 치우치지 않고 감사하는 독립성이 필요하다.

감사인이 독립성을 상실하면 아무리 유능한 인재가 선진국 수준의 평가를 실시한다하더라도 의미가 없다. 감사인이 사회적인 가치를 갖기 위해 갖추어야 할 가장 중요한 요건은 독립성이다. 그렇다면 감사인이 독립성을 유지하기 위해서는 어떤 조건이 필요한가? 감사인의 독립성문제와 아울러 한국의 감사문제에서 논의되고 있는 주요 쟁점 중의 하나는 중복감사이다. 중복감사를 피하기 위해 한번의 감사만이 적합한가? 아니면 몇 번의 감사가 과연 적합하다고 볼 수 있는가? 감사의 회수 즉 적정 감사인의 규모에 대한 연구 또한 한국의 감사 현실에서 주요한 주제가 아닐 수 없다.

II. 대리인모델과 감사인

위임자-대리인모델로서 감사인을 분석할 때는 최소한 3인의 주체가 고려의 대상이 된다.[6] 위임자, 위임자의 업무를 위임받아 수행하는 첫째 대리인, 첫째 대리인을 감사하는 둘째 대리인인 감사인의 3인이다. 위임자와 두명의 대리인으로 구성되는 위임자-대리인모델이 최소한의 분석단위이다. 여기에서 감사인은 회계감사를 할 수도 있으며 준거감사도 할 수 있고 정책평가를 할 수도 있다.

대리인의 업무수행행위를 a라고 규정하고 모든 불확실성을 k라고 정의하여 업무수행의 산출물(Output)인 x를 발생케 한다고 가정한다. 다시 말하면 $x = x(a, k)$이다. 대리인이론에서 불확실성이라는 k는 외부환경적 요인이며 정치, 경제, 사회, 문화적

---

6) 감사인이 포함되지 않고 위임자의 위임을 받아 업무를 수행하는 대리인이 두사람 이상인 게임은 다음의 논문 참조. Demski, J.S. and D.Sappington(1984: 152-171).

인 요소로서 정책수행에 영향을 미치는 외생변수이다. 대리인은 A라고 하는 집합 중에서 하나의 a를 취하는데 위임자가 대리인의 a를 관찰할 수가 없기 때문에 대리인문제가 발생한다. 이러한 대리인문제는 도덕적 위해(Moral Hazard)라고 불리우고 있다. 그러므로 대리인문제를 발생하게 하는 원인은 불확실성, 위임자와 대리인의 이해관계의 상충, 위임자가 대리인의 행동을 관찰할 수 없다는 사실의 세가지라고 볼 수 있다.[7]

또 다른 대리인인 감사인은 자신의 행동의 집합인 E로부터 개별행위인 e를 선택하는데 감사인이 둘 이상인 경우는 각각 E1, E2, E3으로 정하여 구별한다. 감사인의 행위는 x에는 영향을 미치지 않는데 직접 행정서비스의 제공에 참여하지 않기 때문이다. 그러나 감사인의 행위는 업무수행을 담당하는 대리인이 취하는 행동인 a의 선택에 영향을 미치기 때문에 간접적으로 x의 결정에 관여하게 된다.

대리인이 선택하는 a를 파라미터(parameter)로 하는 확률함수 $f(x; a)$를 도출할 수 있는데 $f(x; a)$는 정책집행의 산출물인 x에 관한 확률을 나타내는 함수이다. 이 방법은 Mirrlees[8]가 사용했으며 Holmstrom 등 주요 연구에서 채택하였다. 산출 x는 a가 증가함에 따라서 항상 증가하거나 혹은 동일하거나 하는데 수학적으로 이는 a에 관해 x를 편미분하면 0보다 크거나 같다는 것을 의미한다: $X_a \geq 0$. 그리고 이러한 특성을 x가 소유하게 되면 a에 관해 누적확률분포함수 $F(x; a)$를 편미분할 때 0보다 작거나 같게 된다: $F_a(x; a) \leq 0$. 결국 이 두가지 가정은 a가 변화할 때 x에 관한 확률분포도 변화하거나 최소한 그대로이거나 한다는 것을 말한다.[9]

산출물인 x는 직접효용을 제공하여 줄 수 있는 것은 아니므로 $R(x)$의 형태로 변형되어 우리에게 효용을 제공하는데 $R(x)$는 업무집행의 결과라고 정의할 수 있다. $R(x)$는 화폐적인 이익 혹은 비금전적인 이익을 야기하는 다변량적인 변수이다. $R(x)$는 위임자와 대리인 모두에게 효용을 제공하는데 전통적인 대리인이론에서 기업의 경우를 분석할 때와 이점에 있어서 차이가 난다. 기업의 경우는 대리인이 자신이 행동한 결과 발생하는 효용을 모두 향유하지 못하고 자신에게 제공된 보상만을 향유하는데 반하여 행정현상에 대리인이론을 적용할 때는 이와 상반된 현상이 나타난다. 대리인은 자신이 업무의 수행자이지만 역시 업무수행의 결과 발생한 이익을 향유할 수

---

7) 물론 대리인이 위험중립형이거나 위험선호형이면 대리인문제가 사라지지만 이러한 특수한 경우에 대해서는 언급하지 않기로 한다. 대리인의 행동 a는 비효용을 유발하는데 만약 a가 효용에 전혀 영향을 미치지 않는다거나 효용을 증가시킨다면 대리인문제도 역시 발생하지 않는다.

8) Mirrlees, J. (1976: 105-131).

9) Holmstrom, B.R. (1979: 74-91).

있는 존재이며 자신에게 제공된 보상도 물론 누릴 수 있다.

위임자와 대리인은 효용을 극대화하는 인간임을 가정하는데 불확실성하에서는 Von Neumann Morgenstern 효용함수를 충족시키며 기대효용의 크기에 따라 선호가 나타난다. 불확실성하에서 의사결정을 가정하고 있기 때문에 f(x; a)에 의해 기대효용이 계산되고 기대효용이라는 인간행동의 선택기준에 의해 위임자와 대리인은 의사결정을 한다. 위임자의 효용함수는 W[R(x)]라고 정의하며 대리인에게 대가를 지불해야 하므로 R(x)에서 보상액수(Compensation)인 C를 차감하여야 한다.

위임자는 R(x)에서 C를 차감하고 나머지를 향유하는데 W[R(x)−C]의 형태로 효용함수가 표현된다. 대리인의 효용함수는 행동과 기타 사항으로 분리될 수 있다고 가정하는데 U[R(x), C]−V(a)로 정의한다. 대리인은 자신이 집행한 정책의 결과인 R(x)와 주어진 보상인 C에 의해 효용이 증가하며 자신이 선택한 행동 a로 인하여 효용이 감소한다. 모든 대리인에 대한 보상은 C_i, i=0, 1, 2, 3으로 규정하며 각각 피감사인, 감사인1, 감사인2, 감사인3에 대한 보상으로 정의한다. 감사인이 세명인 경우의 위임자의 효용함수는 W[R(x)−C_0−C_1−C_2−C_3]이다. 대리인의 효용함수도 U_i[R(x), C_i]−V_i(a), i=0, 1, 2, 3으로 정의하여 각각 피감사인, 감사인1, 감사인2, 감사인3의 효용함수로 정의한다.

대리인의 효용함수를 U와 V로 구분하는 이유는 보상함수의 성격 때문이다. Gjesdal은 대리인의 효용함수가 이렇게 분리될 수 있다면 임의추출보상함수(Randomized Payment Schedule)를 고려할 필요가 없다는 점을 증명[10]했고 그 결과 보상함수를 구하는 대리인과 위임자문제가 간단해질 수 있었다. 임의추출보상함수를 구해야 한다면 모든 확률의 조합을 부여해야 하므로 해(解)를 구하는 계산이 매우 복잡해진다.

위임자와 대리인은 모두 위험회피형이라고 가정하므로 W′>0, W″<0이며 U′>0, U″<0이 된다. V′>0이고 이 가정은 대리인이 노력함에 따라 대리인의 효용이 감소함을 나타내며 대리인과 위임자 사이의 이해관계의 상충이 여기에 있다. V′<0이면 대리인은 위임자가 원하는 만큼의 노력을 할 것이며 V′=0이면 위임자가 대리인에게 어떤 수단을 취하더라도 대리인의 행동은 변경될 수가 없다는 것을 의미한다. 위임자로부터 업무를 위임받아 업무를 수행하는 대리인은 피감사인이며 감사업무를 수행하는 대리인은 감사인이다. 피감사인과 감사인은 서로 각자의 업무를 수행하면서 상대방의 존재를 의식하여 업무를 수행한다. 만약 피감사인이 위임자가 원하는 수준의 업무를 수행하지 못했을 때 감사인이 이를 적발한다면 피감사인은 이에 의

---

10) Gjesdal, F. (1981: 208−231).

해 영향받지 않을 수 없다. 이 논문에서는 위임자가 감사인의 보고서를 무시하지 않는다는 가정을 하기 때문이다.

감사인을 신뢰할 수 있기 위한 분석적 모델은 감사인이 일단 유능한 감사인이라고 가정한다. 만약 감사인이 유능하지 못한 감사인이라는 가정까지 수용한다면 모델이 지나치게 복잡하게 되어 의미있는 결과를 도출할 수 없을뿐더러 이 논문에서 의도하는 연구주제를 위해서는 감사인이 유능하다는 가정을 하여도 연구의 목적을 손상하지 않기 때문이다. 감사인의 독립성문제는 근본적으로 감사인의 능력과는 별개의 사항이므로 분리하여 연구하여도 무방하다. 피감사인이 위임자가 원하는 수준의 노력을 하지 않았을 때는 유능한 감사인에 의해 적발될 것이며 이는 위임자에 의해 무시되지 않기 때문에 피감사인은 감사인의 존재를 염두에 두고 효용을 극대화 한다.

Ⅲ. 게임모델과 감사인

위임자, 피감사인, 감사인의 위임자-대리인모델은 게임모델로 전환할 수 있는데 전환된 게임모델은 위임자-대리인모델의 가정들을 근거로 성립한다. 위임자-대리인모델은 위임자가 먼저 전략을 선택하고 대리인이 그에 반응하는 스테컬버그게임(Stackerlberg Game)이다. 감사인이 대리인으로 고용될 때는 위임자가 가장 먼저 전략을 선택하고 피감사인이 업무를 수행하며 감사인이 최종적으로 감사업무를 실시한다.

위임자에게는 보상함수를 선택하는 행위가 전략을 선택하는 행위인데 각각의 개별 보상함수 Ci는 R(x)에만 의존하지 않고 감사인의 보고에도 의존하므로 보상함수는 두 개의 변수에 의해 결정된다. 개별보상함수는 보상함수의 집합에서 선택된 개별 전략으로 볼 수 있는데 보상함수의 집합은 법규나 조직이 처한 환경 등 기타 요인들에 의해 내용과 범위가 결정된다. 위임자의 전략의 집합을 P라고 하고 개별적으로 선택된 보상함수를 p라고 한다. 즉 p∈P이며 P는 각 대리인에게 주어지는 보상함수의 합과 동일하다. 위임자의 전략선택은 보상함수의 결정이지만 보상함수의 결정이 봉급의 결정이나 보너스의 결정으로 단순하게 생각되어서는 안된다. 위임자는 보상함수를 결정할 때 봉급, 승진, 징계, 포상, 보너스 등도 결정하지만 어떻게 성과를 평가할 것인가를 자동적으로 규정하게 된다. 성과평가의 결정은 정보시스템의 선택도 의미하며 조직을 어떻게 구성할 것인가도 포함한다.

피감사인은 위임자의 전략의 선택에 대응하여 자신의 행동을 취하는데 피감사인이 택하는 전략은 자신이 행동가능한 행위의 집합에서 구성요소의 하나를 선택하는

행위이다. 피감사인의 행위의 집합은 A이고 개별적으로 선택된 행동은 a이다. 위임자
-대리인이론모델은 주로 A를 연속함수로 가정하지만 게임메트릭스를 구성하여 분
석하기 위해서는 보다 단순한 가정이 필요하므로 피감사인의 행위인 a는 W와 S만
가능하다고 정의한다.[11] 그러므로 A는 W와 S로만 구성되어 있는 집합이며 피감사인
은 W와 S 중 자신의 효용을 극대화하는 전략을 선택한다. 감사인의 행위의 집합은 E
라고 하고 감사인이 둘 이상일때는 E1, E2, E3으로 표시하고 개별적으로 선택된 행
위는 각각, e1, e2, e3으로 한다. 감사인의 행위의 집합도 피감사인의 경우처럼 이원
화하여 게임의 분석을 용이하게 한다. 감사인의 행위는 T와 F로 구성되어 있으며 각
자의 효용을 극대화하기 위해 T와 F 중 하나의 전략을 선택한다.

  게임모델에서는 적적 감사인의 숫자를 조사하기 위하여 감사인이 하나인 경우와
둘인 경우 그리고 셋인 경우의 세가지 게임을 분석한다. 감사인의 숫자가 늘어남에
따라 위임자-대리인모델에서 대리인의 숫자가 증가하는데 감사인이 셋인 경우는 4
명의 대리인과 위임자가 함께 5인 게임을 구성한다. 위임자-대리인게임에서는 위임
자가 가장 먼저 전략을 선택하면 그 전략에 따라 대리인들이 부게임을 하는데 부게임
에서는 위임자의 전략적 행위는 일차적으로 고려와 대상에서 제외할 수 있으므로 마
치 위임자가 없는 게임을 하는 것처럼 된다. 감사인이 셋인 경우 5인의 게임은 위임
자가 선택하는 각각의 전략에 대해 4인이 하는 부게임이 된다.

Ⅳ. 일인(一人)의 감사인과 피감사인의 부(副)게임(Subgame)

  감사인이 하나일 때 감사인과 피감사인의 부게임은 아래와 같은 게임메트릭스
(Game Matrix)로 표시할 수 있으며 이를 부게임1이라 한다. 감사인은 두 개의 전략
중 하나를 택한다고 가정하고 T는 진실을 보고할 전략 혹은 감사인이 독립성(Audit
Independence)을 유지하는 전략으로 간주할 수 있다. F는 진실을 보고하지 않거나 감
사인이 독립적이지 못하는 전략을 택하는 것으로 가정한다. 감사인과 마찬가지로 피
감사인도 두 개의 전략 중 하나만을 선택하는데 W는 최선을 다하거나 열심히 일하는
전략이며 S는 피감사인이 최선을 다하지 않거나 열심히 일하지 않는 전략을 말한다.
피감사인과 감사인의 전략선택은 다음의 집합으로 설명된다.

  A = {a|W, S}, E1 = {e1|T, F}

---

11) 이에 관해서는 Holmstrom, B. (1979: 74-91) 논문 참조.

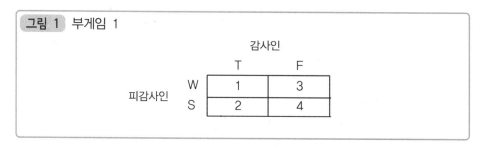

그림 1 부게임 1

감사인

		T	F
피감사인	W	1	3
	S	2	4

Ai는 감사인과 피감사인에게 결과적으로 발생하는 효용의 크기를 나타내는데 Ap는 위임자의 효용이며 A0는 피감사인의 효용이고 A1은 감사인이 향유하는 효용의 크기이다. 위임자－대리인게임은 스테컬버그게임(Stackerlberg Game)이므로 위임자가 먼저 전략을 선택하고 감사인과 피감사인은 그에 따른 부게임을 한다. 부게임에서는 감사인과 피감사인에게는 그들의 효용만이 관심의 대상이므로 Ai, i＝0, 1만이 관련되는 효용으로서 전략의 선택을 결정한다. 위임자－대리인게임은 각자에게 발생하는 효용이 모든 사람의 전략에 의존하므로 효용의 크기는 모든 게임당사자의 전략에 대한 함수의 관계로 표시된다. 위임자의 전략의 집합은 P이며 개개의 선택된 전략은 p이므로 부게임1에서 감사인이나 피감사인의 효용은 위임자의 전략 p와 피감사인의 전략, 감사인의 전략의 함수이다. 예를 들어 감사인이 T라는 전략을 택하고 피감사인이 W라는 전략을 택할 때 감사인의 효용은 A1(p, W, T)가 된다.

게임의 해(解)개념(Solution Concept)은 내쉬(Nash)개념을 사용하기로 하는데 지배전략균형(Dominant Strategy Equilibrium), 담합방지지배전략균형(Coalition－Proof Nash Equilibrium), 파레토효율내쉬균형(Pareto－Efficient Nash Equilibrium), 강내쉬균형(Strong Nash Equilibrium) 모두 해(解)가 존재하지 않기 때문이다.[12] 감사인과 피감사인의 내쉬최적반응(Nash Best Response)이 무엇인가를 알기 위해서는 감사인과 피감사인이 각각 어떤 행동양식을 소유하고 있는가에 대한 조사가 먼저 선행되어야 한다. 감사인이 독립적이어서 진실을 보고한다면 피감사인은 당연히 최선을 다하는 전략이 내쉬최적반응이 된다.

$$A0(p, W, T) > A0(p, S, T)$$

만약 감사인이 독립적이지 못하거나 진실을 보고하지 않는다는 전략을 택할 때는 피감사인의 내쉬최적반응은 최선을 다하지 않는 것이다.

$$A0(p, S, F) > A0(p, W, F)$$

---

12) 이에 관해서는 Yoon, S. S. (1990: 253－284) 논문 참조.

그러나 피감사인과 달리 감사인은 항상 감사업무를 수행하지 않거나 일부분만을 수행하고 마치 진실을 조사한 것처럼 보고하는 것이 최선의 전략이 될 것이다.

$$A1(p, W, F) > A1(p, W, T)$$
$$A1(p, S, F) > A1(p, S, T)$$

진실을 보고하지 않는 전략은 내쉬최적반응이며 아울러 지배전략이다. 결과적으로 감사인과 피감사인의 부게임1의 메트릭스에서는 4가 내쉬균형점이 된다.

감사인이 하나일 때는 즉 한번의 감사가 행해질 때는 피감사인은 최선을 다하지 않고 감사인은 감사업무를 태만하게 수행하여 결과적으로 독립성이 저해되는 것이 내쉬균형점인데 이는 우리의 직관에도 크게 어긋나지 않는다. 그러나 이러한 내쉬균형점은 위임자의 입장에서는 최적의 결과가 아니게 된다. 위임자는 (W, T)를 선호하며 위임자-대리인모델의 가정은 당연히 다음의 사실을 내포하고 있다.[13]

$$Ap(p, W, T) > Ap(p, W, F), Ap(p, S, T), Ap(p, S, F)$$

감사인이 하나인 모델에서는 위임자는 구태여 감사인으로 하여금 감사하도록 하지 않아도 같은 결과가 달성되므로 감사인이 필요하지 않게 되고 감사의 가치 또한 0에 가까워진다. 물론 감사인이 독립성을 유지하는 것이 자신의 이익에 반하는 일임에도 불구하고 사회적으로 훌륭한 일이라고 생각하여 진실을 규명하는데 최선을 다하는 사람이라면 당연히 위임자가 원하는 균형점에 도달하게 된다. 그러나 이러한 우연을 앞에서 거론한 위임자-대리인모형의 일반적인 가정으로 선택할 수는 없으므로 예외적인 사건으로 간주하여 고려의 대상에서 제외한다.

V. 이인(二人)의 감사인과 피감사인의 부(副)게임(Subgame)

감사인이 하나일 때 발생하는 감사인의 비독립성문제의 해결을 위해 또다른 감사인으로 하여금 감사하게 하면 과연 어떤 결과가 발생할까 하는 문제는 현재 한국의 감사현실에 비추어 매우 흥미로운 관심사라 하지 않을 수 없다. 두명의 감사인을 감사인1, 감사인2라 하고 피감사인에 대한 감사를 실시한다고 가정한다. 각각의 감사인은 T, F의 전략이 있고 피감사인도 W, S의 전략집합 중 하나의 전략을 택하며 이 게임을 부게임2라고 한다. 피감사인, 감사인1, 감사인2의 전략선택은 다음의 집합으로 설명된다.

---

13) 내쉬균형이 아닌 다른 게임의 개념은 Bernheim, B., B. Peleg and M. Whinston. (1985), Dasgupta, P., P. Hammond and E. Maskin. (1979: 186-216) 논문 참조.

A = {a|W, S}, E1 = {e1|T, F}, E2 = {e2|T, F}

부게임1에서와 마찬가지로 피감사인의 효용은 A0이고 감사인의 효용은 Ai, i = 1. 2이다.

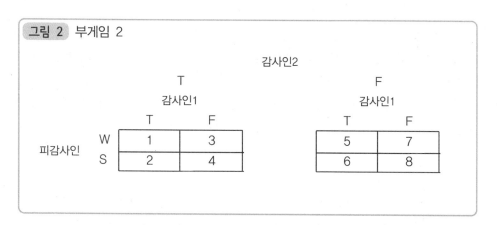

그림 2 부게임 2

피감사인의 최적내쉬반응은 감사인1과 감사인2가 각각 선택하는 전략에 대한 최적전략이며 두명의 감사인과 위임자의 전략선택을 고정된 것으로 가정하고 이루어진다. 두명의 감사인이 피감사인을 각각 개별적으로 감사한 후 보고하는 모델에서는 감사인 중 한 사람만 자신의 임무를 수행해도 피감사인은 최선을 다하지 않을 수 없다. 위임자는 두감사인의 보고가 서로 상이할 경우 추가 조사를 하거나 위임자가 직접 수사하여 진실을 규명한다는 가정하에서는 매우 당연한 결과이다. 이러한 가정하에서 피감사인의 최적내쉬반응은 다음의 관계에서 구할 수 있다.

$$A0(p, W, T, T) > A0(p, S, T, T)$$
$$A0(p, W, F, T) > A0(p, S, F, T)$$
$$A0(p, W, T, F) > A0(p, S, T, F)$$
$$A0(p, S, F, F) > A0(p, W, F, F)$$

감사인1의 최적내쉬반응은 피감사인과 감사인2가 각각 어떤 전략을 택하는가에 따라 달라진다. 감사인2가 독립적일 때 감사인1이 독립적이지 못하며 위임자가 추가 조사를 한다는 사실을 알고 있기 때문에 감사인1에게는 감사인2의 행위가 일종의 감시역할을 할 수 있다. 감사인1의 최적내쉬반응은 이 논문의 위임자－대리인모델의 가정하에서 다음과 같다.

$$A1(p, \ W, \ T, \ T) > A1(p, \ W, \ F, \ T)$$
$$A1(p, \ S, \ T, \ T) > A1(p, \ S, \ F, \ T)$$
$$A1(p, \ W, \ F, \ F) > A1(p, \ W, \ T, \ F)$$
$$A1(p, \ S, \ F, \ F) > A1(p, \ S, \ T, \ F)$$

감사인2의 최적내쉬반응도 피감사인과 감사인1이 어떤 전략을 택하는가에 달려 있다. 물론 위임자가 선택하는 전략도 중요하지만 부게임에서는 우선 피감사인과 감사인1의 전략에 의해 감사인2의 최적전략이 결정된다. 위임자는 감사인의 보고서를 무시하지 않고 전략의 선택에 고려하므로 감사인2는 감사인1의 전략선택에 의해 영향을 받는다. 감사인2의 최적내쉬반응은 다음에서 구할 수 있다.

$$A2(p, \ W, \ T, \ T) > A2(p, \ W, \ T, \ F)$$
$$A2(p, \ S, \ T, \ T) > A2(p, \ S, \ T, \ F)$$
$$A2(p, \ W, \ F, \ F) > A2(p, \ W, \ F, \ T)$$
$$A2(p, \ S, \ F, \ F) > A2(p, \ S, \ F, \ T)$$

위의 결과를 종합하면 부게임2의 내쉬균형점은 1과 8이 된다. 위임자가 원하는 내쉬균형점은 1이지만 피감사인, 감사인1, 감사인2에게는 8이 1보다 더 나은 파레토효율적인 내쉬균형점(Pareto-Efficient Nash Equilibrium)이다. 물론 감사인의 고용으로 인한 비용이 피감사인의 노력으로 인한 이득의 크기보다 작아야 한다는 가정하에서 그러하다. 두 개의 내쉬균형점에 대한 위임자와 대리인들의 선호는 다음과 같다.

$$Ap(p, \ W, \ T, \ T) > Ap(p, \ S, \ F, \ F)$$
$$Ai(p, \ S, \ F, \ F) > Ai(p, \ W, \ T, \ T), \ i = 0, \ 1, \ 2$$

위임자가 내쉬개념에 의해 위임자-대리인모형을 설정하는 한 복수의 내쉬균형점이 발생하는 사실을 피할 수 없다. 내쉬균형의 장점이 항상 균형점이 존재한다는 사실이고 이러한 장점이 바로 복수의 균형점을 초래할 수 있게 되어 문제점도 된다. 복수의 내쉬균형점이 존재하더라도 위임자와 대리인 모두가 원하는 균형점이 일치하면 복수의 균형점이 초래하는 문제점은 사라진다. 그러나 여기에서처럼 위임자가 원하는 균형점은 1인데 반하여 대리인인 피감사인, 감사인1, 감사인2가 원하는 균형점은 8일때 문제가 발생한다. 앞에서 언급하였듯이 만약 내쉬균형점보다 더 강한 개념을 선택하면 균형점이 존재하지 않게 되어 위임자-대리인의 모델의 해(解: Solution)를 구할 수 없다.

Ⅵ. 삼인(三人)의 감사인과 피감사인의 부(副)게임(Subgame)

감사인이 둘일 때는 하나일 때에 비하여 독립성과 최선의 노력확보가 내쉬균형점이 되는 장점이 있었지만 복수의 내쉬균형점문제가 발생하였다. 두명의 감사인이 갖는 문제점을 해결하기 위해 또하나의 감사인을 두면 세명의 감사인과 피감사인, 모두 4명의 대리인이 부게임을 하게 된다. 세 번째 감사인이 과연 두명의 감사인모델이 갖는 이와 같은 한계점을 극복하는지를 살펴 보기 위해 부게임3을 구성한다. 앞에서와 마찬가지로 Ai, i=0, 1, 2, 3은 피감사인, 감사인1, 감사인2, 감사인3의 효용이며 각 효용은 위임자가 P 중 선택하는 전략 p와 감사인1의 전략, 감사인2의 전략, 감사인3의 전략, 피감사인의 전략함수이다.

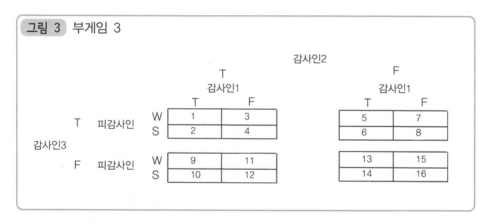

그림 3 부게임 3

피감사인은 위임자가 감사인의 보고를 무시하지 않고 보상함수의 결정에 사용하는 사실을 알고 있으므로 감사인이 어떤 전략을 취하는가에 따라 자신의 행동도 달라진다. 감사인 중 피감사인의 행동에 대해 긍정적인 보고를 하는 감사인이 있다해도 감사인들의 보고가 동일하지 않으면 위임자가 추가조사를 통해 진상을 조사하므로 피감사인은 감사인의 일부 보고서에 의해 자신의 전략을 선택하지는 않는다. 피감사인의 최적내쉬반응은 다음의 관계에서 쉽게 구할 수 있다.

$$A0(p, W, T, T, T) > A0(p, S, T, T, T)$$
$$A0(p, W, F, T, T) > A0(p, S, F, T, T)$$
$$A0(p, W, T, F, T) > A0(p, S, T, F, T)$$
$$A0(p, W, F, F, T) > A0(p, S, F, F, T)$$
$$A0(p, W, T, T, F) > A0(p, S, T, T, F)$$

$$A0(p, W, F, T, F) > A0(p, S, F, T, F)$$
$$A0(p, W, T, F, F) > A0(p, S, T, F, F)$$
$$A0(p, S, F, F, F) > A0(p, W, F, F, F)$$

위임자는 감사인의 보고서가 서로 상충될 때는 추가조사를 통하여 다른 정보를 획득하기 때문에 감사인은 자신의 보고가 다른 감사인의 보고와 상충되는 것을 피하고자 한다. 앞에서 가정했듯이 감사인은 유능하므로 오류에 의해 감사를 잘못하는 가능성은 배제되고 오로지 감사인의 신뢰성문제만이 분석의 대상이 된다. 감사인1의 최적내쉬반응은 감사인1의 효용의 관계에서 추정할 수 있다.

$$A1(p, W, T, T, T) > A1(p, W, F, T, T)$$
$$A1(p, S, T, T, T) > A1(p, S, F, T, T)$$
$$A1(p, W, T, F, T) > A1(p, W, F, F, T)$$
$$A1(p, S, T, F, T) > A1(p, S, F, F, T)$$
$$A1(p, W, T, T, F) > A1(p, W, F, T, F)$$
$$A1(p, S, T, T, F) > A1(p, S, F, T, F)$$
$$A1(p, W, F, F, F) > A1(p, W, T, F, F)$$
$$A1(p, S, F, F, F) > A1(p, S, T, F, F)$$

감사인2도 감사인1과 마찬가지로 자신의 보고서가 감사인1과 감사인3의 보고와 상충되면 위임자가 추가조사를 통하여 진상을 규명한다는 사실을 알고 있다. 감사인1과 감사인3도 자신과 마찬가지로 유능한 감사인이므로 착각이나 오류에 의해 잘못된 보고서를 제출할 가능성은 없다. 감사인2의 최적내쉬반응은 다음에서 알 수 있다.

$$A2(p, W, T, T, T) > A2(p, W, T, F, T)$$
$$A2(p, S, T, T, T) > A2(p, S, T, F, T)$$
$$A2(p, W, F, T, T) > A2(p, W, F, F, T)$$
$$A2(p, S, F, T, T) > A2(p, S, F, F, T)$$
$$A2(p, W, T, T, F) > A2(p, W, T, F, F)$$
$$A2(p, S, T, T, F) > A2(p, S, T, F, F)$$
$$A2(p, W, F, F, F) > A2(p, W, F, T, F)$$
$$A2(p, S, F, F, F) > A2(p, S, F, T, F)$$

감사인1과 감사인2이외에 감사인3을 고용하는 이유는 세 번째 감사인의 고용으로 인하여 전략적으로 다른 결과가 야기되는가를 조사하는 데에 있다. 그러나 감사인3은 감사인1과 감사인2와 같은 효용극대화 존재로 가정되어 있기 때문에 다음의 결과에서 보듯이 감사인3의 고용으로 인한 추가적인 전략상의 변화는 없다. 감사인3 역시 자신의 보고가 다른 감사인들의 보고와 상충되면 위임자가 추가조사를 통해 진정한 정보를 얻는다는 사실을 알고 있으며 다른 감사인들도 모두 유능한 감사인이라는 사실도 알고 있다. 감사인3의 최적내쉬반응은 다음의 관계에서 알 수 있다.

$$A3(p, W, T, T, T) > A3(p, W, T, T, F)$$
$$A3(p, W, F, T, T) > A3(p, W, F, T, F)$$
$$A3(p, S, T, T, T) > A3(p, S, T, T, F)$$
$$A3(p, S, F, T, T) > A3(p, S, F, T, F)$$
$$A3(p, W, T, F, T) > A3(p, W, T, F, F)$$
$$A3(p, S, T, F, T) > A3(p, S, T, F, F)$$
$$A3(p, W, F, F, F) > A3(p, W, F, F, T)$$
$$A3(p, S, F, F, F) > A3(p, S, F, F, T)$$

두 감사인모델과 마찬가지로 세 감사인의 모델에서도 내쉬균형점은 둘 존재하는데 1과 16으로서 성격도 동일하다. 위임자가 선호하는 내쉬균형점은 당연히 1이지만 대리인들은 16을 선호하는데 16은 파레토효율적 내쉬균형점이기 때문이다.

$$Ap(p, W, T, T, T) > Ap(p, S, F, F, F)$$
$$Ai(p, S, F, F, F) > Ai(p, W, T, T, T), \ i = 0, 1, 2, 3$$

감사인의 숫자를 증가함으로서 위임자에게 달라진 것은 하나도 없고 오히려 감사인의 증가로 인한 위임자의 부담이 늘어날 뿐이다. 결국 감사인을 증가시킴으로서 얻을 수 있는 상황의 변화는 두명의 감사인에서 끝난다. 그 이상의 감사인의 증가는 비용의 증가만을 가져올 뿐 전략적인 측면에서 위임자에게 달라지는 것은 없다.

Ⅶ. 감사인의 독립성과 적정 감사인의 규모

감사인1, 감사인2, 감사인3으로 감사인을 구별할 때 마치 모든 감사인은 1인이어야 하는 것으로 오해해서는 안된다. 첫 번 감사가 2인에 의해 행해졌다해도 두 사람은 모두 감사인1이다. 여기서는 감사인의 묶음을 1, 2, 3으로 구별해야 한다. 만약 감사인1에 의해서만 감사가 행해지면 앞에서 보듯이 감사인은 진실을 규명하기 위해 노력할 필요가 없이 적당히 감사하고 그에 의해 보고를 하면 자신에게 최선의 전략이 된다. 아무도 감사인의 행동에 대한 정보를 제공해 줄 주체가 없기 때문에 감사인은 매우 자유로운 상태에서 자신의 전략을 선택하게 된다. 반면 피감사인도 이 사실을 알기 때문에 최선의 노력을 다하기 보다는 주어진 상황에서 효용을 극대화하는 전략을 택하고 전형적인 대리인비용이 발생한다. 감사는 대리인비용을 줄이는 역할을 하지 못하고 감사의 가치는 상실된다.

　물론 감사인은 경우에 따라서 자신에게 주어지는 이익에 의해서 좌우되지 않고 올바른 일을 다하고 책임을 완수하는 훌륭한 사람이 선정될 수도 있으나 이는 분석의 대상에서 제외하였고 그러한 예외 사항을 모델에 포함하는 것도 고려하지 않았다. 소수의 예외적인 사람들의 존재를 마치 일반적인 현상으로 모델화할 수 없으며 그러한 감사인의 존재로 인한 대리인비용의 감소는 당연히 모두에게 유익하기 때문이다. 감사인2가 추가되면 감사인이 하나였을 때와는 전혀 다른 결과가 발생한다. 그러나 감사인3이 추가되는 경우는 감사인이 둘인 경우와 동일한 결과가 나와 감사인이 3인으로 증가하는 이들이 없음이 증명되었다. 적정 감사인의 수는 2명으로 전략적으로 감사인이 1명이었을 경우와 비교하여 많은 차이가 있으며 3인의 경우는 세 번째 감사인을 추가로 고용하는 이득이 없다.

　감사인이 둘인 경우의 가장 큰 장점은 감사인이 독립성을 유지하고 피감사인이 최선의 노력을 다하는 균형점이 내쉬균형점이라는 사실이다. 감사인이 하나였을 때는 감사인이 독립적이고 피감사인이 최선을 다하는 것이 서로 상대방의 전략에 대한 최적대응이 아니었기 때문에 강제에 의하지 않고 스스로 도달할 수 없는 결과였다. 이에 반하여 감사인이 둘일 경우는 최선의 노력을 다하는 피감사인에 대해 최적의 대응은 독립적인 것이고 피감사인 또한 독립적인 감사인에 대한 최적대응전략은 최선의 노력을 다하는 것이므로 강제에 의하지 않고 스스로 도달할 수 있는 결과이다. 감사인1과 2도 서로 상대방의 독립성에 대한 최적대응은 독립성을 유지하는 것이다.

　다만 감사인이 둘 이상일 경우에는 두 개의 내쉬균형점이 존재하며 다른 하나의 균형점인 피감사인의 태만과 감사인들의 비독립성이 모든 대리인들에게 파레토효율적인 내쉬균형점이 된다는 문제가 있다. 그렇다면 어떻게 독립성과 최선의 노력을 유도할 수 있을까? 게임의 분석에 각자의 효용을 극대화하는 행위만을 고려하는한 불가능한 일이지만 만약 다른 요인을 고려한다면 가능할 수도 있다.

　민간기업의 감사를 담당하는 공인회계사는 전문직으로서 자신의 업무에 대한 자부심이 있으며 자신들의 직업윤리규정을 제정하여 준수하도록 요구하고 이를 어길 경우는 스스로 징계하는 자율적인 규제를 하고 있다. 공인회계사들의 자율규제행위는 마치 두 개의 내쉬균형점에서 독립성과 최선의 노력으로 가능한 균형점을 선택하게 만드는 요인이 된다. 자율규제의 존재로 인하여 한 사람의 공인회계사라도 진실을 보고할 가능성이 있다는 사실을 알게 되면 감사인들은 다같이 암묵적이건 명시적이건 진실의 규명을 외면하는 행위는 피하게 된다. 왜냐하면 이런 경우 최적대응은 독립성을 유지하고 진실을 보고하는 것이기 때문이다. 공인회계사들의 이러한 자율규제의 이면에는 자신들의 감사행위에 대한 다른 회계법인의 공인회계사에 의한 검토(Peer Review)가 있다. 다른 감사인이 자신들의 감사행위를 검토한다는 사실은 두명의 감사인이 존재하는 현실과 유사하며 윤리규정의 존재로 인하여 독립성을 유지하는 전략이 최적대응전략이 된다.

정부부문에 있어서도 두명의 감사인이 필요하며 감사인의 행위를 규제하고 윤리규정을 제정하여 자신의 이익에 의해서만 행동하는 감사인을 배제하여야 한다. 감사인이 자신들의 이익에만 좌우된다면 감사인을 감시할 감사인을 수없이 고용한다고 해도 감사문제를 영원히 해결할 수 없다. 감사인을 견제할 감사인이 필요하고 그 감사인을 견제할 또다른 감사인이 필요하고 꼬리에 꼬리를 물고 감사인이 필요하게 된다. 감사인들이 자신의 행위에 자부심을 가지지 않는한 또한 자신들의 윤리규정을 제정하여 이를 어기는 사람들을 주기적으로 징계하지 않는한 감사인들이 독립성을 유지하고 진실을 보고할 것으로 가정한다는 것은 매우 순진한 일일 것이다.

감사인이 자신의 이득이 아니라 양심, 자부심, 윤리규정, 타인의 감시에 의하여 견제받는 성격을 이용한다면 구태여 감사인을 두 사람 둘 필요가 없이 한 사람만 두어도 되지 않을까 하는 의문이 생길 수 있다. 더구나 중복감사에 대한 불평의 강도가 심한 요즈음 한번의 감사가 가장 적합하지 않은가 하는 생각도 가능하다. 그러나 감사인의 자부심이나 양심, 윤리규정, 자율규제 등에 의존하는 것은 완벽한 해결책이 아니므로 한 사람의 감사인이 고용될 때 이러한 정책들이 효과를 거둘 가능성은 지극히 낮다. 둘이상의 감사인이 존재할 때는 감사인은 타 감사인의 행위를 의식하게 되고 감사인의 문화가 적어도 일부 감사인들이 윤리규정이나 양심에 의해 좌우되는 교육이나 성향을 지녔다고 생각하면 최적의 대응은 자신도 독립성을 유지하고 진실을 보고하는 것이다. 혼자 감사할 때는 다른 모든 감사인이 독립적이라고 해도 최적대응은 비독립적인 것이다. 그러나 감사인이 둘 이상일 때는 다른 감사인이 독립적일 때 최적대응은 자신도 독립적인 것이다.

Ⅷ. 결론

감사인이 한명일 때는 설사 다른 모든 감사인이 독립적이라는 사실을 알아도 자신은 독립성을 유지하지 않을 동기를 갖게 되다. 자신이 유일한 감사인이기 때문이다. 그러나 두명 이상의 감사인이 관여될 때는 다른 감사인이 독립적일지 모른다는 가능성은 감사인으로 하여금 독립적인 것이 최적의 전략이 되도록 만든다. 그리고 다른 사람이 독립적일지 모른다는 생각을 더 많이 갖도록 하는 것은 감사인들의 윤리규정이 존재하고 윤리규정이 유명무실하지 않으며 감사인들이 이러한 윤리규정이 없다 해도 자신들의 업무를 정직하게 수행하는 것에 대한 자부심을 갖도록 교육받는다는 사실이다. 그러나 세 번째 감사인을 고용하는 실익은 거의 없으며 두명의 감사인이 가장 최적의 숫자이다.

감사담당자를 전문직으로 독립시켜 전문인으로서의 자부심과 윤리규정을 갖게 만들고 스스로 자율적인 규제로서 감사인의 독립성을 유지하도록 하여야 한다. 전문인으로서의 감사인이 되기 위한 교육에는 윤리교육이 포함되어야 하며 감사인들에게 전문인으로서의 자부심을 갖도록 주기적인 재교육이 실시되어야 한다. 비록 윤리는 교육으로 실행될 수는 없지만 윤리규정의 존재와 그것을 준수하지 않을 때의 징계를 명백하게 한 다음 실제로 그러한 규정의 강제를 통하여 규정이 유명무실하지 않음을 보이는 것은 상당한 억제효과가 있다.

두명의 감사인을 고용한다는 것은 반드시 사람의 숫자로서 두명을 의미하지 않는다. 감사를 수행하는 감사인들의 묶음이 둘이며 감사가 다른 주체에 의해 두 번 행해진다는 것을 의미한다. 두 번의 감사는 중복감사라는 비판을 야기할 수 있다. 그러나 중복감사의 폐해는 적어도 세 번 이상의 감사에 해당된다고 생각한다. 두 번 정도의 감사는 생각보다는 부담이 되는 감사가 아니기 때문이다. 설사 두 번의 감사도 피감사인에게 막중한 부담을 준다면 중복감사의 문제는 두 번째 감사의 역할을 변경하는 다음의 두가지 방법으로 어느 정도 해결할 수 있다.

첫째 방법은 정부조직의 대부분에 존재하는 내부감사기관을 이용하는 방법이다. 이러한 내부감사기관이 일차적으로 감사를 담당하고 감사원같은 감사를 총괄하는 기관은 이러한 내부감사가 올바르게 수행되고 있는가를 감독하고 지휘하는 역할을 하도록 한다. 감사원은 내부감사기관의 감사능력정도와 독립성 유지상태 기타 업무수행과 신뢰성에 관한 사항들을 조사 검토하여 내부감사기관이 제소임을 다하고 있는가를 확인한다. 둘째 방법은 두 번째 감사를 무작위로 실시하는 방법이다. 감사원이 모든 피감사기관을 감사하지 않고 일부만을 무작위로 추출하여 감사한다. 이 방법이 경우에 따라서는 앞의 방법보다 더 좋은 방법일 수 있다. 이 두가지 방법 모두 현재 한국의 감사원의 문제점인 감사대상기관이 지나치게 방대하고 업무량이 폭주하고 있는 사실을 해결할 수 있다는 장점도 있다.

감사인들이 스스로 전문인으로서 독립성을 유지하는 데 자부심을 갖지 못하고 자신들의 직업윤리를 지키려는 자율적인 노력이 결여된 상태에서는 정부의 그 어떤 강압적이고 상세한 법규도 실패하기 마련이다. 감사인도 인간이며 스스로 사회가 원하는 바를 수행할 때 우리 모두에게 유익하며 가장 비용이 절약된다. 감사인의 자율적 행위에 근간을 두고 감사인의 독립성과 신뢰성을 확보하기 위해서는 감사는 적어도 두 번 이상 다른 감사주체에 의해 행해져야 한다. 인간으로서의 감사인은 완전히 이기적일 수는 없지만 완전히 사회를 위해 자신의 이익을 포기하지도 않기 때문이다.

피감사기관의 내부감사기관이 하나로 일원화되지 않고 감사원의 중복감사를 비판하는 것은 중복감사라는 미명하에 감사원의 감사를 피하려고 하는 시도일 수도 있다. 실제로 행정부서 내에는 여러 단계의 내부감사기관이 있으며 이러한 내부감사기관들의 감사가 중복감사의 더 심각한 문제이다. 자체감사, 상급부서에 의한 감사, 차상급부서에 의한 감사, 중앙부서에 의한 감사, 감사원의 감사 등 중복감사는 행정부에 만연된 문제점이며 대부분 요식행위로서의 감사와, 형식요건에 초점을 맞추는 감사가 대부분이다. 감사원의 감사가 문제가 아니라 감사원의 감사 이전에 행정부서 내의 수많은 내부감사기관들의 중복감사가 문제이다.

감사원이 두 번째 감사의 역할을 담당할 때는 감사원의 독립적인 지위가 먼저 갖추어져야 한다. 만약 감사원이 행정부에 소속되어 있다면 아무리 감사원의 감사가 여러번 행해져도 피감사조직의 내부감사와 구별되지 않는다. 이럴 경우는 감사인1만 존재하는 것이지 감사원이 감사원2가 되는 것은 아니다. 감사인1, 감사인2란 반드시 별개의 주체로서 구별될 수 있어야 한다. 그런 의미에서 감사원은 행정부에서 독립되어야 하고 무엇보다도 감사원장의 임명이 행정부와 독립되었다는 것을 느낄 수 있도록 되어야 한다. 그런 연후에 감사원은 무작위적으로 피감사기관을 선정하여 감사를 실시하거나, 피감사기관의 내부감사기관을 통제하고 감독하는 둘 중의 하나를 선택하여야 한다. 내부감사기관도 조직 내에서 독립적 위치에서 감사할 수 있는 환경하에 있지 않으면 감사인이라고 할 수 없고 피감사인의 연장에 불과하다. 두명의 감사인이 필요하다는 것은 감사인다운 감사인을 말하며 피감사인이나 다름없는 감사인이 아무리 많아도 감사인이라 할 수 없다.

참고문헌

Antle, R. (1984). *Auditor Independence. Journal of Accounting Research.*(Spring): 20.

Bernheim, B. Peleg and M. Whinston. (1985). Coalition−Proof Nash Equilibria I. Concepts. Working Paper, Harvard University.

Dasgupta, P., P. Hammond and E. Maskin. (1979). The Implementation of Social Choice Rules:Some General Results on Incentive Compatibility. *Review of Economic Studies*, pp. 185−216.

Demski, J. S. and D. Sappington. (1984). Optimal Incentive Contracts with Multiple Agents. *Journal of Economic Theory.* 33: 152−171.

Fama, E. F. (1980). Agency Problems and the Theory of the Firm. *Journal of Political Economy.* (April): 288−307.

Gjesdal, F. (1981). Accounting for Stewardship. *Journal of Accounting Research.* (Spring): 208−231.

Harris, M. and A. Raviv. (1979). Optimal Incentive Contracts with Imperfect Information. *Journal of Economic Theory.* 20: 231−255.

Holmstrom, B. (1979). Moral Hazard and Observability. *The Bell Journal of Economics.* 10: 74−91.

Jensen, M. C. and W. H. Meckling. (1976). Theory of the Firm: Managerial Behavior, Agency Costs and Ownership Structure. *Journal of Financial Economics.* 3: 305−360.

Mirrlees, J. (1976). The Optimal Structure of Incentives and Authority within an Organization. *The Bell Journal of Economics.* 7(Spring): 105−131.

Myerson, R. B. (1979). Incentive Compatibility and the Bargaining Problem. *Econometrica.* 47(January): 61−74.

Townsend, R. M. (1979). Optimal Contracts and Competitive Markets with Costly State Verification. *Journal of Economic Theory*, pp. 265−278.

Yoon, S. S. (1990). The Auditor's Off−Equilibrium Behaviors. Auditing. *A Journal of Practice and Theory.* 9(Supplement): 253−284.

▶ ▶ ▶ **리뷰**

박통희(이화여자대학교 행정학과)

1. 서론

대리인 이론의 관점에서 보면 대의민주제의 행정체계는 "유권자(시민)→선출·정무직공무원→직업공무원→시민"의 연쇄적 "위임·대리" 관계를 토대로 형성된 상·하위자의 사슬(계서제)을 기본 구조로 채택하고 있다. 상·하위자의 사슬마다 내재된 대리인 문제가 실제에서 빈번하게 공무원의 도덕적 위해(불성실, 무사안일, 행정권의 오·남용, 부정부패 등)로 발현되고 있다. 감사제도는 이러한 도덕적 위해를 줄이기 위한 (행정)통제 장치로 도입된 것이다.

대리인 이론은 인간에 대한 신고전경제학적 가정을 따른다. 공공성을 중시하는 행정현상을 분석함에 있어서 이러한 가정이 타당한가에 대한 의문은 해묵은 그리고 해결되기 어려운 쟁점이다. 심지어 이러한 가정이 행정현상을 재구성하는 기제로 작용하여 행정의 공공성을 위협한다는 우려의 목소리도 적지 않다. 그러나 이론적 가정의 타당성은 연구주제의 특성과 밀접한 관련이 있다. 감사는 공무원의 불성실·일탈·비리 등을 규제하기 위한 것이고, 이러한 공무원의 도덕적 위해는 개인의 이기적 합리성에 의해 추동된다. 그러므로 대리인 이론에 입각한 감사에 관한 연구에서 공무원을 자기이익에 의해 동기 부여되며 자기이익의 극대화를 추구하는 존재로 가정하는 것은 이론적으로 타당하다.

한국에서 감사제도에 대한 부정적 인식은 크게 세 가지로 요약할 수 있다. 첫째, 감사가 유명무실하다는 것이다. 둘째, 감사인(감사대리인)이 피감사인(직무대리인)에게 포획되기 일쑤라는 것이다. 셋째, 전문성이 부족한 소위 "깜이 안 되는 인사"들이 내부 감사인으로 선임되곤 한다는 것이다. 이러한 부정적 인식들은 감사에 대한 불신을 심화시켰고, 이로 인해 중복감사가 발생하고 있다. 급기야 과다한 중복감사가 행정효율성을 저해하고 있다는 주장이 빈발하고 있다. 여기서 윤성식 교수는 공무원의 도덕적 위해를 줄이기 위한 중복감사의 효용과 적정한 감사의 횟수를 대리인 이론과 게임 이론을 통해 추론해 낸다.

2. 논문의 개요 및 주요 내용

행정체계에서 직무수행의 기본구조는 위임인(상위자)이 직접 수행하는 것이 적절하지 않은 직무를 직무대리인(하위자)에게 위임하고, 직무대리인의 도덕적 위해를 막기 위한 감시·감독의 직무를 감사대리인(감사인)에게 위임하는 것이다. 행정조직의 책임자로서 상위자는 직무를 하위자에게 위임하고, 하위자가 상위자의 분신처럼 직무를 수행하도록 만들기 위해 감사행위를 감사인에게 위임한다. 그 결과 직무대리인(하위자, 피감사인)와 감사대리인은 상호의존적 관계에 놓이게 되고 서로 상대방의 행동을 감안하여 직무행위와 감사행위를 하게 된다. 그리고 만약 감사의 결과를 위임인이 믿을 수 없게 되면 위임인은 새로운 감사인을 선임하여 거듭 감사해야 할 유인을 갖게 된다.

감사(대리)인과 피감사인(직무대리인)의 게임은 2인 게임(피감사인↔1차 감사인)에서 시작하여 감사의 횟수가 증가하면서 3인 게임[(피감사인↔1차 감사인)↔2차 감사인], 4인 게임[{(피감사인↔1차 감사인)↔2차 감사인}↔3차 감사인], … n인 게임으로 바뀐다. (감사인은 감사의 직무를 수행하는 자연인이 아니라 법규에 의해 감사의 권한을 부여받은 법인격적 직위를 의미하며, 감사행위는 감사인을 책임자로 한 감사 전문인력으로 구성된 팀에 의해 수행된다.) 행정권의 오·남용, 비리, 부정부패가 발생할 때마다 감사를 강화하라는 사회적 압력이 높아지기 때문에 중복감사는 늘어날 수밖에 없다. 불행하게도 이러한 사회적 압력은 제한된 정보를 토대로 발생하며 감성적이어서 인기영합적인 대중요법에 경도되는 경향이 있다. 그러므로 윤성식 교수가 던진 다음과 같은 질문은 문제의 본질을 이해하고 제대로 대처하는데 꼭 필요한 이론적이고도 실용적인 함의를 가지고 있다: ① 중복감사는 과연 행정권의 오·남용, 비리, 부정부패를 줄이는데 효율적인가? ② 중복감사의 적정한 횟수는 몇 회인가?

윤성식 교수는 감사인과 피감사인의 게임에서 내쉬균형(Nash Equilibrium)을 통해 위 질문에 대한 답(게임의 解: Solution)을 추론한다. 즉, 피감사인과 감사인 간의 상호의존관계를 맥락으로 발생하는 직무행위와 감사행위를 첫째, 협력(연합, 공모, 결탁 등)의 가능성을 배제하고, 둘째, 행위자들이 자신의 사적 이익을 위험회피적으로 극대화하는 전략에 입각한 게임모형을 통해 정태적(횡단면적)으로 추론한다. 정부의 부처를 예로 그 결과를 소개하면 다음과 같다. 장관이 원하는 바는 직업공무원들의 신의성실에 입각한 직무행위(W: 장관이 직업공무원들이 가진 능력과 정보를 가지고 직접 직무를 수행하는 경우와 대등한 직무행위)과 감사대리인의 신의성실에 입각한 감사행위(T: 장관이 감사대리인이 가진 능력과 정보를 가지고 감사를 직접 하는 경우와 대등한 감사행위)이다. 불행하게도 내부감사만 1회 시행하는 경우 즉, 1차 감사인만 있는 홑감사(2인 게임: 직무대리인↔1차내부감사인)에서 발생하는 <부게임 1>에서는 (W, T)가 아니라 (S<업무태만, 행정권 오·남용, 부정부패 등 직무대리인에게 사적으로 이득이 되는 행위>, F<불성실한 검사 또는 진실하지 않은 보고 등 감사인에게 사적으로 이득이 되는 행위>)가 내쉬균형인 것으로 드러났다. 장관이 가장 원하는 (W, T)가 아니라 최악인 (S, F)가 일상(균형)임을 보여준다.

이러한 상황에서 장관은 최악인 균형점 (S, F)를 막기 위해 2차 감사인을 추가하게 된다. 2차 감사인으로 내부감사를 새로이 추가하는 것은 물론 상황에 따라 국세청, 감사원 등의 외부감사를 요청할 수도 있다. 이러한 중복감사의 경우에 피감사인, 1차 감사인, 그리고 2차 감사인 간에 전개되는 <부게임 2>에서 내쉬균형은 두 개로 나타났는데 (W, T, T)와 (S, F, F)로 분석되었다. 감사에 소요되는 비용이 관료들의 신의와 성실에 입각한 직무행위(W)로 얻어지는 이득보다 적다면 장관은 (W, T, T)를 원하지만 그 반대의 경우에는 (S, F, F)가 균형으로 나타날 가능성이 크다. 왜냐하면 감사를 통해 얻을 수 있는 이득이 감사비용보다 적으므로 장관이 (W, T, T)를 위해 희소자원인 리더십을 활용해야 할 유인이 없음은 물론 게임 참가자들 모두에게 (S, F, F)가 더 이득이 되기 때문이다. 이러한 중복감사에서 장관은 추가되는 감사비용까지 부담할 수밖에 없어 홑감사의 (S, F)보다 더 나쁜 (S, F, F)에 봉착하게 되는 것이다. 즉, 공직사회의 직무태만, 행정권의 오·남용, 나아가 부정부패 등과 같은 도덕적 위해를 장관이 자기이익(self-interest)의 관점에서 합리적이라는 이유로 묵인 또는 방치하여 만연하게 될 수 있음을 의미한다. 더구나 사회에서는 이러한 현상을 "좋은 게 좋은 것!"이라는 수사어로 정당화한다. 윤성식 교수는 이러한 현상이 감사인의 숫자를 3인 또는 그 이상으로 늘리는 경우에도 동일하게 발생할 수 있음을 보여준다. 요약하건대 1차 감사인만으로는 신뢰할 수 없어 추가되는 감사인의 실익은 매우 제한적임을 의미한다. 감사인을 늘리는 실익은 2차 감사인에서만 발생하며, 이 경우에도 감사비용이 직무대리인(피감사인)의 신의·성실한 직무행위로 얻을 수 있는 이득에 비하여 적어야 한다. 3차 감사인부터는 실익이 없는 것은 물론 오히려 감사비용만 추가됨을 보여준다.

3. 대의민주제적 맥락에서 함의

위임·대리의 사슬은 대의민주제적 행정체계의 기본이고 시민은 최상위의 위임인이다. 위임·대리를 기본구조로 하는 대의민주제에서 홑감사를 채택하게 되면 내쉬균형으로 위임인인 시민에게 가장 불리한 (S, F)가 그리고 중복감사에서는 가장 유리한 (W, T, T, ...)와 가장 불리한 (S, F, F, ...)가 보편적으로 나타날 개연성이 있음을 의미한다. 3차 감사인부터는 감사인이 추가되어도 감사비용을 증가시킬 뿐 2차 감사인을 투입했을 때와 같은 결과를 보여줌으로써 궁극적으로 위임인인 시민에게 오히려 감사비용이라는 추가 손해를 발생시킨다.

　이러한 분석결과는 "중복감사는 과연 행정권의 오·남용, 비리, 부정부패를 줄이는데 효율적인가?"라는 질문에 대하여 "조건부로 효율적"이며, "중복감사의 적정한 횟수는 얼마인가?"라는 질문에 대하여 "2회"라는 답을 제시한다. 매우 중요한 발견이다. 행정에서 발생하는 대리인 문제의 핵심인 도덕적 위해를 감소시키기 위해 감사를 강화해야 한다는 사회적 요구에 어떻게 대응해야 하는지에 대하여 시사하는 바가 크다. 감사의 횟수는 2회로 충분하고, 2차 감사인의 독립성을 확보함과 동시에 2차 감사비용을 감사의 결과로 얻을 수 있는 이득 이하로 줄일 방안을 찾아야 한다는 것이다.

　대부분 1차 감사는 내부 감사인에 의해 수행되고, 2차 감사는 외부 감사인에 의해 수행된다는 점을 감안할 때 외부 감사인에 의한 내부 감사인에 대한 견제를 통해 내부감사의 신의·성실한 감사(T)의 비율을 제고해야 한다. 이러한 측면에서 윤성식 교수는 감사인의 독립성을 제고하는 방안으로 민간분야의 회계감사 전문가인 공인회계사의 직업윤리와 자율규제를 예로 들면서 공공분야에서도 감사인의 윤리를 정립하고 자율규제를 강화할 수 있는 방안을 모색해야 함을 강조한다. 그러나 조직의 책임자들은 외부 감사가 부담스러워 2차 감사를 내부 감사로 시행하는 경우가 있다. 이러한 경우에는 공식적이기보다는 비공식적으로 즉, 은밀하게 2차 감사가 진행되는 경향을 보인다. 이러한 경우에도 역시 위임인이 바라는 (W, T, T)가 내쉬균형이 되기 위한 조건은 감사인의 독립성 확보다. 2차 감사인의 독립성을 확보하지 못하면 시민에게 최악인 (S, F, F)가 현실로 나타난다. 2차 감사인의 독립성을 확보해야 할 실익은 누구에게 있는가? 행정조직의 책임자인가? 아니, 시민이다! 행정조직 책임자의 자기 이익 실현에 도움이 되는지는 상황에 따라 다르기 때문이다. 즉, 행정조직의 책임자는 2차 감사인의 독립성을 원하지 않을 수 있다.

4. 향후 연구에 대한 제언

　2차 감사인의 독립성이 관건임에도 불구하고 비공식적 네트워크가 학연·지연·혈연·직장연으로 얽혀 있는 한국사회에서 감사인의 포획 가능성은 상대적으로 매우 높다. 비공식적 네트워크를 토대로 한 결탁이 감사인의 직업윤리와 자율규제를 압도할 개연성이 높다. 감사인의 포획 가능성을 줄이기 위해서 정부조직의 장은 물론 궁극적으로 시민들은 2차 감사인으로 각종 연줄로부터 자유로운 인사가 선임될 수 있는 방안을 창조적으로 고안해 내야 한다. 선진 행정의 구현을 위한 중요한 과제 중 하나이다. 지극히 어려운 일이고 문화적 특수성과 관련되어 있어 고질적이다. 감사인의 독립성은 조직의 구조 및 사회문화와 깊게 관련되어 있기 때문이다. 연줄로부터 자유로운 감사인을 선임할 수밖에 없는 구조를 만들어 낼 수 있는 제도를 역사적 선례와 외국의 사례를 통해 연구해야 하며, 장기적으로 비공식적 네트워크의 차원에서 감사 전문인 시장의 다양성을 확보할 수 있는 방안에 대한 연구가 필요하다. 이에 더하여 감사결과를 의무적으로 공개하는 방안을 검토할 필요가 있다. 감사결과를 어느 정도 구체적으로 그리고 어떤 방식으로 공개할 것인가는 단순한 문제가 아니지만 감사의 투명성이야말로 감사인의 독립성은 물론 신의·성실성을 확보하는데 필수적이기 때문이다.

또한 윤성식 교수는 2차 감사의 대상을 무작위로 선정하여 불확실성을 높임으로써 감사비용을 감축할 수 있다는 제언을 하고 있다. 핵심은 불확실성이다. 예측 가능한 감사에 비하여 예측 불가능한 감사가 비용 대비 효율적이며, 감사대상의 무작위 선정은 불확실성을 제고할 수 있는 방안의 하나라는 주장이다. 불확실성을 제고할 수 있는 다양한 방안에 대한 심층적인 연구가 필요함은 물론 불확실성이 감사대리인의 독립성에는 어떤 영향을 미치는가에 대한 연구도 필요하다.

또한 이 논문에서는 모든 감사인이 전문성을 충분히 갖춘 것으로 가정하고 있다. 그러나 실제에서는 비전문가가 내부감사인(1차 감사인)으로 선임되는 경우가 비일비재한 것으로 인식되고 있다. 소위 "깜이 안 되는 인사"들이, 특히 정치에서 논공행상으로 비전문가들이 공공부문의 내부감사로 선임되게 되면 아무리 독립성이 갖추어진다고 하더라도 제대로 된 감사를 할 수 없고, 그 결과 직무대리인의 신의성실을 확보하기 어렵다. 이러한 점을 고려하면 외부 2차 감사는 필수적이라고 봐야 한다. 그리고 감사의 전문성은 회계분야의 전문성만이 아니다. 직무감사와 정책감사로 확장하여 전문성을 강화해야 할 시점이다. 감사대리인의 전문성을 확보할 수 있는 방안에 대한 논의가 시급하다.

정부관료제의 가외적 직무구조와 분할지배에 의한 "정책관리"

정부관료제의 가외적 직무구조와 분할지배에 의한 "정책관리"***

박통희(이화여자대학교 행정학과)

I. 서론: 정책관료의 정책신념 분포

모든 조직에서 인사문제만큼 민감한 반응을 불러일으키는 문제도 없다. 사람이 바뀌면 조직의 운영이나 정책방향이 바뀌기 때문이다. 김영삼 정부는 출범 당시에 "인사는 만사"라는 말로 인사의 중요성을 일깨웠다. 그리고 모두의 공감을 얻었다. 특히, 장차관, 대통령의 수석비서관에 대한 인사에 온 국민이 관심을 기울이는 이유는 정부 정책의 방향에 중요한 영향을 미치기 때문이다. 그런데 현실적으로 이러한 인사에 관한 이론은 물론 연구가 부족한 실정이다(박종민·박관규, 1992: 박천오, 1995).

행정국가화와 행정업무의 전문화에 따라 정부정책의 결정에 있어서 장차관은 물론 행정부의 고위 직업관료들의 영향력은 지대하다(Simon, 1945; Rourke, 1984; Aberbach, et al., 1981; 정정길, 1989; 박종민·김병완, 1992). 정책결정의 "관료정치모형"이 이론적으로 중요한 위치를 점하는 만큼 정책결정에 정책관료들의 영향은 크다(Allison, 1971). 논의의 편의상 정책결정과 관련된 직무를 주업무로 하는 장차관을 포함한 고위 직업관료들을 정책관료라고 정의한다.

장관들의 사회적 배경에 관한 귀속적 요인이나 학력 및 경력에 관한 사항들의 분포에 관한 연구가 일부 있다(황인정, 1970; 김광웅, 1991: 박종민·박관규, 1992; 안병만, 1994). 그리고 관료의 인사에 관한 연구는 인사제도에 관한 연구에 집중되어 있다. 정책관료의 인사에 관한 연구가 이처럼 발달하지 않은 이유는 상당 부분 인사행정 이론이 조직이론과 불가분의 관계에 있음에도 불구하고, 사실상 유리된 채로 개발되어 온 데 있다.

* 이 논문의 초안에 대하여 1995년 12월 8일 고려대학교 인촌기념관에서 개최된 동계연례학술대회에서 논평해 주신 상지대학교 권인석 교수와 경성대학교 황수연 교수 그리고 익명의 심사위원들의 유익한 논평에 대하여 이 자리를 빌어 감사드린다.
** 이 논문은 1995년 『한국행정학보』, 제29권 제4호, pp. 1313-1334에 게재된 글을 수정·보완하였다.

정부관료제는 기본적으로 위임·대리에 의한 계서적 권위구조에 의해 움직인다 (Moe, 1984; Jensen, 1983). 그러한 계서적 직무구조는 가외적 속성을 가지고 있다. 위임·대리에 의해 형성된 계서적이며 가외적인 직무구조에서는 하나의 직무가 복수의 하위자들에 의해 수행된다. 그런데 종종 상위자는 하위자에 비해 전문성이 부족하고, 구체적 정보의 상대적 부족으로 감독에도 한계가 있으며, 양자간에 목표의 차이 등이 원인이 되어 하위자를 통한 직무의 수행이 상위자의 의사와 다른 경우가 많다 (Williamson, 1975; Dunsire, 1978). 특히, 정책관료 계층에서 이러한 문제는 심각하다 (Heclo, 1977). 예를 들어 국과장이 장차관의 의사와는 동떨어진 대안만을 제시한다면 이는 심각한 문제가 아닐 수 없다.

이러한 문제점을 극복하기 위하여 고안된 다양한 감독방법에 관한 논의가 있다 (Downs, 1967; Dunsire, 1978). 또한 지연, 혈연, 학연 등 인맥에 의한 인사도 이와 관련이 있다. 이러한 개인적 연계를 바탕으로 인사가 이루어지는 이유는 개인적 신뢰에 기반한 동조(compliance)와 충성심을 확보하기 위함이다.

그런데 정책결정에 직접적으로 영향을 주는 요인으로 더욱 중요한 것은 직무에 관한 가치이념적 성향이다. 하위자들의 가치이념이 상위자와 다른 경우에는 필연적으로 상위자의 의사와 다른 정책결정이 나올 가능성이 농후하기 때문이다. 따라서 이 논문에서는 인사의 준거로 정책과 관련된 가치·이념적 신념, 즉 "정책신념"의 중요성에 대하여 논하고, 정책관료들의 정책신념 분포가 정책결정에 미치는 영향을 검토한다. 나아가 고위정책관료의 의사에 부합하는 직무수행 및 정책결정을 구조적으로 유인할 수 있는 정책신념의 분포에 대하여 논의한다. 요약하면, 이 논문에서는 1) 가외성이 정부관료제의 보편적인 구조적 속성임을 밝히고, 2) 이를 전제로 인사에 관한 금언의 하나로 회자되어 온 "분할지배론"이 가지고 있는 함축적 의미와 한계를 논의한다. 이를 위해 기존의 수리이론(Formal Theory)에서 연역적으로 도출된 정리들을 원용하여 정책관료의 정책신념 분포를 분할지배론의 관점에서 분석한다 (Hotelling, 1929; Black, 1958; Downs, 1957; Arrow, 1963; McKelvey, 1976; Gibbard, 1973; Satterthwaite, 1975; Enelow and Hinich, 1984; Ordeshook, 1986).

Ⅱ. 가외적 직무구조와 "정책관리"

1. 위임에 의한 가외적 직무구조의 형성

행정부에서의 직무는 대부분 관료제적 조직에 의하여 수행된다. 관료제적 조직은 기능적으로 분화된 직무의 계서적 구조화다.[1] 한편 이러한 계서적 구조를 위임·대리의 관점에서 해석하는 경향이 거래비용이론과 위임·대리이론이 양축이 된 조직경제학의 대두와 더불어 나타났다(Moe, 1984; Perrow, 1985). 대리인을 선임하여 직무를 수행하는 이유는 위임인 자신이 직접 직무를 수행하는 것이 능력, 시간의 측면에서 비경제적이라는 점이다. 즉, 위임인과 대리인간의 교환에서 부가가치가 생성되기 때문이다. 위임·대리에 의한 조직화란 위임인이 자신이 반드시 해야만 하는 일을 제외하고 나머지를 동질성을 기준으로 분할하여(Gulick, 1937) 대리인에게 위임하고, 그로 하여금 수행하도록 하는 것이다. 위임인은 위임한 직무에 대하여 대리인을 감독, 지시, 통제하며, 대리인이 이를 수용한다는 동의가 이루어질 때 위임·대리관계가 형성되는 것이다. 근대적 관료제에서 이러한 관계는 고용계약을 통해 형성된다(Simon, 1951). 결과적으로 이러한 연속적 위임·대리는 권위의 계서적 구조를 형성한다.[2]

이러한 직무의 위임과정에서 직무의 분할이 발생하며, 이는 수평적 분화와 수직적 분화로 나뉜다. 분화에 의해 형성된 직무구조는 가외성을 갖게 된다. 직무구조의 가외성이란 직무수행의 중복 또는 중첩이 일어나고 있거나 동등한 직무수행의 잠재력이 구조화되어 있는 것을 의미한다.[3]

수평적 분화는 동질성을 기준으로 복합적인 직무를 여러 개의 직무단위로 분리시키는 것이다.[4] 동질성에 의한 분업화에 있어서 기능적으로 상호배타적이고 망라적인 분류체계를 고안하는 것은 매우 어렵다(Simon, 1946).[5] 분업이란 복잡하게 얽혀

---

1) 팀관리와 같은 조직화의 방안을 계서적 조직구조의 대체로 보기도 한다. 그러나 조직전체의 차원에서 볼 때, 팀관리도 계서적 권위구조의 일부로서 편입된 한 단위에 해당한다. 계서적 권위구조의 한 단위로서 직무의 위임이 개인을 단위로 이루어진 것이 아니라 팀을 단위로 이루어진 것이다. 그렇게 함으로써 계서적 구조의 변형을 통한 직무의 효율성을 제고하기 위한 것이다.
2) 위임인은 대리인의 직무수행에 대한 통제권을 가지며, 직무의 분할위임과 대리수행이 연속적으로 발생하는 과정에서 수직적 분업이 생긴다. 수직적 분업이란 위임인의 의사에 부합하는 직무의 대리수행을 확보하기 위해 설정되는 통제권의 분할이다.
3) 가외성(Landau, 1969; 346)이란 "무언가 필요 이상으로 존재하는 것"을 의미하며 낭비의 의미를 동반한다. 그런데 능률성을 저해하는 의미로 인식되어 오던 가외성의 합리적 속성에 대한 논의가 있다(Landau, 1969; Felsenthal, 1980; Lerner, 1986; 김영평, 1991). 가외성의 순기능으로는 정책의 신뢰성 제고가 대표적으로 거론되고 있다.
4) 동질성이 분업의 기준이 되는 이유는 직무수행에 있어서 단순화와 반복을 통한 숙련화에 의한 능률성의 증진 가능성에 있다.
5) 분업에 의한 부성조직의 기준으로 제시되고 있는 고전적인 원칙은 1) 목적 및 기능, 2) 과정 또는 절차, 3) 고객 또는 취급물, 4) 장소 또는 지역 등이다(Gulick, 1937). 그러나 제시된 기준들은 예시적일 뿐이며 또한 상호배타적이지도 않다. 이러한 측면을 가리켜 사이몬(1946)은 고전적 관리론을 비과학적이라고 비판한 것이다.

있는 한 덩어리의 일을 배타성이 불완전한 하위기준에 의해 분할하는 것이어서, 분할된 직무들은 본질적으로 연계되어 있을 수밖에 없다. 결과적으로 관할범위가 공식적으로 명백하게 규정되어 있다고 해도 실제의 직무수행에 있어서는 중복현상이 자주 발생한다. 특히 단순한 기술적 직무에서 보다는 정책결정을 다루는 정책관료계층에서 더욱 그렇다. 수평적 분업과정에서 발생하는 이러한 연계성과 중복성은 조직의 실제 직무구조를 가외적으로 만든다.[6]

수직적 분화는 위임·대리 관계에서 발생하는 권위의 차등관계를 반영하는 것으로서 계서적 구조로 나타난다. 상관은 자신의 책임하에 있는 직무를 혼자서 다 처리할 수 없기 때문에 일부를 부하에게 위임하고, 부하의 직무수행을 지도, 감독 및 통제하는 역할을 한다. 이는 동일한 직무가 상이한 계층에서 중첩적으로 수행됨을 의미하며, 이러한 중첩성은 결재의 과정에서 극명하게 나타난다. 계서제하에서 결재권의 구조는 커다란 그릇이 작은 그릇에 차례로 포개어진 것과 같은 형상의 중첩적인 모습이다. 이러한 중첩적인 직무구조가 실제 직무구조를 가외적으로 만든다(Felsenthal, 1980; 김영평, 1991).[7]

이러한 근거를 토대로 본논문에서는 조직의 실제 직무구조는 가외성을 갖는다고 전제한다. 요약하면 조직에서 직무구조의 가외성은 피할 수 없는 본질적인 것이며, 두가지로 나누어 볼 수 있다. 첫째, 수평적인 가외구조는 분화된 직무간의 연계성과 중복성에 기인하며, 둘째, 수직적 가외구조는 위임·대리의 과정에서 발생하는 조직 계층간 직무의 중첩성에 기인한다.

2. 가외적 직무구조에서 중복성과 중첩성

계서제에서 직무의 위임은 인사명령을 통해 보임된 직위에 부여된 공식적 직무분장을 기초로 하지만, 상관의 지시 또는 명령에 의한 직무재배분에 의해 변경될 수 있는 유동적인 속성을 지닌다. 이러한 유동성은 환경과 직무의 계속적인 변화와 아울러 조직의 유기체적 변화로 인해 필연적이다. 또한 공식적으로 규정되지 않은 분야는 자유재량의 영역으로 남겨지고(West, 1985) 결국 직무분장의 유동성으로 귀결된다. 이러한 자유재량적 직무영역에서도 분화와 위임의 속성으로 인한 중복성, 중첩성에 의해 또는 의도적으로 가외적 직무구조가 채택된다. 특히, 이해관계가 복잡하게 얽혀 있거나

---

6) 수평적 가외적 구조에 의해 발생하는 가외성을 병렬식 가외성이라고 한다(Felsentahal, 1980; 김영평, 1991).
7) 이러한 가외성을 직렬식 가외성이라고도 한다.

불확실성이 높거나 또는 신뢰성이 강하게 요구되는 경우에 조정을 위해, 정보의 객관성과 충분성을 확보하기 위해, 또는 정보왜곡 및 조작으로부터 벗어나기 위해 상위자는 의도적으로 중복(첩)적인 직무구조를 채택하기도 한다.

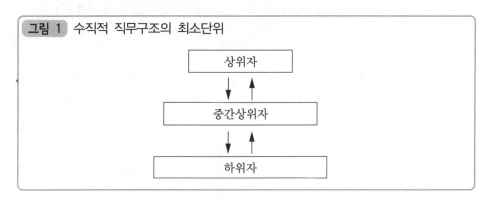

그림 1 수직적 직무구조의 최소단위

조직의 직무구조를 수직적 가외성과 수평적 가외성의 측면에서 보다 구체적으로 살펴보기로 한다. 수직적 가외구조의 최소 직무단위는 상위자(상관, 위임인), 중간상위자(상위자의 부하 또는 대리인), 하위자(중간상위자의 부하 또는 대리인)로 구성된다(Dunsire, 1978)(그림 1 참조).[8] 계서제의 기본단위를 상위자와 하위자로 구성된 고리로 보게 되면 계서제를 기반으로 한 직무구조를 제대로 파악할 수 없다. 왜냐하면 이미 언급하였듯이 계서제에서 최상위자와 최하위자를 제외하고는 모두 상위자인 동시에 하위자인 중간상위자이기 때문이다.

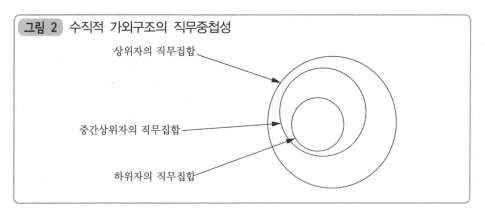

그림 2 수직적 가외구조의 직무중첩성

---

8) 조직을 위임·대리의 관점에서 논의하고 있는 본 논문에서는 위임인, 상관, 상위자를 동일한 의미로 사용한다. 또한 대리인, 부하, 하위자를 동일한 의미로 사용한다. 문맥에 따라 적당한 용어를 선택하여 사용할 것이다.

수직적 가외구조를 통한 직무수행에 있어서 가외성은 중첩성에 기인한다. <그림 2>는 수직적 가외구조의 중첩성을 보여 준다. '하위자'의 직무는 자신의 상관인 '중간상위자'의 직무집합의 부분집합이고, '중간상위자'의 직무집합은 자신의 직속상관인 '상위자'의 직무집합의 부분집합이다.

한편 수평적 가외구조에서 직무수행의 중복성은 상위자가 한 직무를 1) 의도적으로 두명의 부하에게 중복하여 위임하거나 2) 직무분할체계의 구성에 사용된 분할기준의 배타성이 결여되어 부서간에 직무의 중복이 발생하거나, 3) 분할된 직무의 연계성으로부터 발생한다. 수평적 가외성과 수직적 가외성이 혼합되어 형성되는 계서적 가외구조하에서 직무수행의 중복성과 중첩성은 <그림 3>에서 보여주는 것과 같이 두 하위자의 직무집합은 상위자와 중간상위자의 직무집합의 부분집합이면서 동시에 교집합적 관계를 가지고 있는데서 발생한다.

관료제적 조직에서 계서제는 수직적 가외구조와 수평적 가외구조가 <그림 3>에서 보여주는 것처럼 통합되어 나타난다. 그러면 이러한 직무구조하에서 직무수행 특히, "정책관리"는 어떻게 이루어지는지에 대하여 살펴보기로 한다.

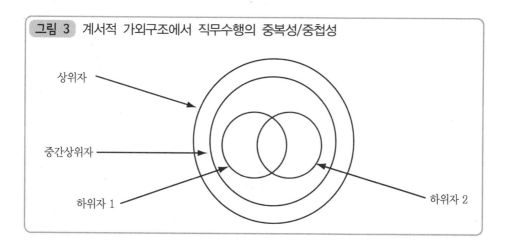

그림 3 계서적 가외구조에서 직무수행의 중복성/중첩성

상위자

중간상위자

하위자 1

하위자 2

3. 중복적/중첩적 직무구조하에서 "정책관리"

가외적 구조하에서 직무를 수행하는 경우에는 유관부서와의 협의가 필수적이다. 정부관료제내에서 부서간의 직무협의를 위한 다양한 회의는 물론 유관부처간 과장회의, 국장회의, 차관회의 등은 상당 부분 직무의 연계성에 기인한 중복적 구조로 인해 요구되는 것이다(김병완, 1992). 나아가 관계기관대책회의라든가 당정협의도 거시적인 차원에서 가외적 구조에 연유한 것으로 해석할 수 있다.

예를 들면 농업정책을 다루는 공식적인 부서는 농수산부이지만 농업정책의 많은 직무는 재경원, 건설부, 환경처 등과 연계되며 이들간에 협의는 필수적이다. 또한 농수산부내에서도 유관부서간에 협의조정이 요구된다. 보다 거시적인 차원에서 농수산부는 농업의 중요 정책에 대해서 당정협의를 거쳐야 한다. 이러한 예는 직무수행에 있어서 수평적 가외구조의 보편성을 단적으로 보여주는 것이다. 또한 장관이 의사결정에 있어서 차관이나 차관보 그리고/또는 해당 실, 국장과의 협의가 필수적이라는 점은 수직적 가외구조의 예이다. 이는 상의하달과정에서 필연적으로 발생하는 수직적 가외구조이다.

수평적 가외적 구조하에 유관부서간의 업무협의는 두 가지 결과로 나타날 수 있다. 하나는 원만한 합의에 도달하는 경우와 다른 하나는 그 반대의 경우이다. 합의에 도달한 경우에 이 합의는 해당 직무에 대하여 상관을 무시하기 어려울 정도로 구속한다. 예를 들면 <그림 3>에서 하위자 1과 2가 위임받은 직무에 관하여 원만한 합의에 이르면 상위자와 중간상위자는 이에 상당 부분 구속된다. 반면에 합의가 이루어지지 않을 경우에는 중간상위자는 이를 해결하기 위하여 사안에 대한 정보를 추가로 수집하고 분석하여 해결하여야 한다. 왜냐하면 중첩적 직무구조의 특성상 하위자들간에 합의가 이루어지지 않으면 상위자가 이들간의 이견을 조정해야하기 때문이다. 이와 같이 계서제하에서 하위자들간의 합의는 상위자를 구속하고, 하위자들간의 갈등은 상위자의 개입을 요구한다. 전자를 "합의에 의한 구속", 후자를 "예외관리"라고 한다(Hammond, 1986). 이러한 "합의에 의한 구속"과 "예외관리"의 조화가 위임·대리에 의한 계서제적 능률성의 근거가 된다. 위임한 직무에 대하여 계속해서 개입하여야 한다면 위임의 의미가 사라진다. 또한 하위자들간의 합의가 이루어지는 경우에도 그 합의가 상위자의 의사에 부합하는 것이어야 진정한 의미에서 위임의 본래 취지를 달성하는 것이다.

그러나 하위자들간의 합의가 상위자의 의사에 부합할 것이라는 보장은 없다. 위임된 직무가 실무적, 기술적 성격의 것이어서 통제의 어려움이 없는 경우에는 하위자들간의 합의가 상위자의 의사와 다를 가능성이 적다. 반면에 정책적인 사안에서는 전문성을 요함과 동시에 불가시적인 특성이 강하여 하위자들의 합의가 상위자의 의사와 다를 가능성이 크다. 실제로 하위자들간의 담합에 의해 상위자가 통제당하는 경우가 종종 있다(Hammond, 1986). 따라서 정책결정을 주로 하는 계서제 상층부에서 상위자는 하위자들의 합의에 의해 구속되기 때문에 정책을 관리해야 한다. "정책관리"란 정책관료계층의 집단의사결정과정에서 하위자들간의 갈등을 최소화하여 상위자

자신의 개입을 극소화하고, 동시에 하위자들의 합의가 최대한 상위자 자신의 의사와 부합되게 이루어지도록 하기 위한 과정을 총체적으로 의미한다. 즉, 상위자 자신의 의사에 부합하는 합의를 활성화 시키고 하위자들간의 갈등을 줄여 "예외관리"의 비중을 극소화하기 위한 관리를 "정책관리"라고 한다.

Ⅲ. "정책관리"와 계서제: "대리인 문제(agency problems)"의 또다른 해석

1. 위임·대리의 이념형과 대리인 문제

대리인을 선임할 때 위임인이 원하는 바는 자신이 그 직무를 직접 처리하는 것과 동일하게 대리인이 처리해 주는 것이다. 그런데 대리인은 위임받은 직무에 관하여 더 많은 정보를 갖게 된다. 여기서 위임·대리 제도의 목적은 대리인이 위임받은 직무에 관하여 가지고 있는 정보를 위임인 자신이 가지고 있을 경우에 직무를 처리하는 것과 동일하게 처리하는 것이다. 위임·대리의 이념형이란 '대리인이 위임받은 직무에 관하여 가지고 있는 우월한 정보와 능력을 위임인 자신이 가지고 그 직무를 수행하는 경우와 동일하게 수행하는 것'이다.

위임·대리 관계의 한계에 대한 연구는 "대리인 문제(agency problems)"(Ross, 1973; Fama, 1980; Grossman, 1983)로 요약된다. 위임인과 대리인 간의 "정보비대칭(information asymmetry)"(Akerlof, 1970; Williamson, 1975), 위임된 직무의 "불가시성(unobservability)"(Holmstrom, 1979), 위임인과 대리인 간의 목적 또는 이해관계의 차이에서 비롯되는 "도덕적 위해(moral hazard)"(Pauly, 1968)는 위임·대리의 이념형이 현실에서 구현되는데 장애로 작용한다. 즉, 대리인이 위임받은 직무를 처리함에 있어서 위임인의 의사와 이익에 배치되게 처리하는 경우가 발생하는 것이다. 이를 방지하기 위하여 위임·대리 계약에는 다양한 장치를 강구하고 있으나 위에 지적한 근본적인 한계를 완전히 극복하는 것은 불가능하다. 그러므로 대부분의 관료제적 조직은 계서적으로 구조화되어 있는 위임·대리관계에서 발생하는 문제를 피할 수 없다(Moe, 1984; Jenson, 1976, 1983).

2. 계서제의 문제점 및 한계

계서적 직무구조하에서 나타나는 "대리인 문제"를 완화하기 위하여 상위자는 하위자를 관리한다. 상위자가 하위자들을 관리하는 양태는 매우 다양하다. 기존의 문헌에서 제시하는 계서제적 관리의 전형적 유형은 교환에 의한 관리, 억압(또는 강제)에 의한 관리, 동일체화에 의한 관리로 나누어 볼 수 있다(Etizioni, 1961; Dunsire, 1978).

자본주의적 경제체제하에서 관료제적 조직에의 참여는 기본적으로 "교환"에 입각하여 이루어진다(Simon, 1945; Lindblom, 1965; Downs, 1965; Tullock, 1965). 정부관료제의 경우에도 대부분 마찬가지이다. 동시에 비능률성, 비인간적 현상, 물화현상 등 관료제의 병리현상은 계서적 권위에 입각한 억압 또는 강제에 의해 "대리인 문제"를 해결하는 과정에서 발생한다. 이러한 문제점을 극복하기 위한 방안으로서 민주적 관리가 선호되는 가운데 동일체화가 직무수행에 있어서 하위자들의 일탈행동을 통제하는 것을 넘어 그들의 능력을 최대한 활용하기 위한 주요한 대안으로 제시되었다. 예를 들면, 직무를 통한 조직구성원의 자아실현욕구 충족(Maslow, 1970; McGregor, 1960; Hezberg, 1966; Paul, Robertson, and Hezberg, 1969; Alderfer, 1972; Salancik and Pfeffer, 1977), 조직구성원의 목표와 조직목표의 통합(Argyris, 1964), 종신고용제(Ouchi, 1981), 우리사주제 등이 이에 해당한다. 동일체의식을 고취시키기 위한 이념적 설득과 같은 인지적 조작(cognitive manipulation)을 비롯하여 지연, 학연, 혈연에 의한 인사관행 등과 같은 情的 동일체화(affective aspect of identification)도 "대리인 문제"를 해결하려는 시도로 볼 수 있다(Dunsire, 1978; 138-143).

계서제에서 상하위자간에 동일체화의 준거는 매우 다양하다. 동일체화는 상호간의 동질성에서 비롯된다. 출신배경, 성장과정, 이해관계, 가치이념 등 다양하다. 그리고 심지어 같아지고 싶은 욕구도 동일체화의 준거로 작용한다. 카리스마적 권위의 원천도 부분적으로 동일체화에 대한 희구에서 비롯되는 것으로 볼 수 있다. 마찬가지로 정책관료계층에서 상하위자간에 동일체화의 준거도 매우 다양할 것이다. 실제로 지연, 혈연, 학연에 의한 동질성, 이해관계의 동질성 등이 정책관료계층의 인사에 영향을 미치고 있다.[9] 물론 동질성을 요건으로 이루어지는 인사관행에 대한 시사적인 논의는 매우 많다. 특히 우리나라에서는 지연, 혈연, 학연 등에 의한 개인적 연계(이종법, 1986)를 근거로 한 인사에 대한 논의가 많다. 그리고 실제로 그러한 연계가 인사에 결정적인 영향을 미친다.

한편 정책결정에 중요한 영향을 미치는 가치정향 또는 이념적 요소가 동일체화의 준거로 작용할 것이다. 상위자는 가치와 이념을 토대로 한 설득을 통해 하위자의

---

9) TK, PK 등이 지연, 학연에 의해 형성된 인맥을 의미함은 이러한 현상이 얼마나 만연되어 있는가를 말해준다.

자발적 동조를 끌어내기도 한다(Dunsire, 1978: 138－9). 그럼에도 불구하고 정부관료제내에서 "상위자－중간상위자－하위자"로 구성되는 정책관료의 구성에 있어서 동일체화의 준거로 가치·이념적 동질성에 대한 논의는 매우 희소하다.

　　정책관료의 구성에 있어서 가치·이념적 동질성에 입각한 인사는 하위자의 상위자에 대한 자발적인 동조 가능성을 사전에 확보하는 효과를 갖는다. 그러나 자신과 가치·이념적으로 정확하게 동일한 사람은 존재하지 않는다. 따라서 정책관료계층의 계서적 가외구조하에서 가치·이념을 준거로 위임·대리의 이념형을 실현할 수 있는 동일체화의 방안에 대한 연구가 필요하다. 왜냐하면 계서적 가외구조로 짜여진 정책관료의 가치·이념적 성향의 분포는 정책결정의 내용에 중요한 영향을 미칠 것이기 때문이다.

Ⅳ. "정책관리"와 분할지배적 인사: 담합의 방지

1. "정책관리"를 위한 인사의 준거로서 정책신념

　　정책관료계층에서 하위자에 대한 관리는 정부관료제의 하위계층에 비해 상대적으로 어려움이 더 많다. 이미 언급했듯이 정책결정 직무에서는 상하위자간에 정보비대칭과 불가시성이 더욱 심하기 때문이다. 이러한 관계에서는 교환 또는 억압(강제)에 비해 동일체화를 통한 자발적 동조가 더 효율적이다. 또한 기술적 집행단계에 비해 정책결정단계에서는 사후통제를 통한 교정보다 사전에 통제하는 것이 합리적이다. 왜냐하면 정책결정의 오차를 정책집행의 단계에서 교정하려면 그 비용이 엄청나게 크기 때문이다.

　　정책관료계층을 가치·이념적인 동일체로 형성하기 위한 인사관리는 사전적이고 하위자의 자발적인 동조를 유도하기 위한 "정책관리"의 한 방안이다. 이러한 정책관리로서 인사관리를 가치와 이념의 차원에서 분석하여 보기로 한다. 다시 말해 계서제하에서 직무수행의 기본단위를 가치·이념적 동일체로 구성하여 상위자의 감독이나 통제 없이도 위임·대리의 이념형에 근접시킬 수 있는 인사관리의 방안을 모색해 보기로 한다.

　　조직의 직무수행은 의사결정에 입각한 행동에 의해 이루어진다. 또한 Simon(1945)은 행정의 요체는 의사결정이라고 주장했다. 직무수행은 의사결정과 의사결정을 집행하기 위한 행동으로 구성된다.[10] 그러므로 하위자의 선임시에 핵심적인 관심은 "의사결

---

10) 직무수행이 직무에 관한 의사결정과 이의 집행으로 이루어진다는 논리에 따라 "직무수행"이

정"에 초점을 둔다. 특히, 정책결정을 주로 다루는 계서제의 상층부에서 이러한 점은 더욱 중요하다.

의사결정은 자신의 판단에 의존한다. 의사결정은 가치체계에 입각한 규범적 판단과 직간접적 경험에 입각한 사실적 판단을 논리적으로 연결하여 내려지는 실천적 판단에 의거한다(Myrdal, 1967). 실천적 판단에 가장 직접적인 영향을 주는 것은 직무담당자가 가지고 있는 직무에 관한 신념체계이다(Bem, 1970). 즉, 조직에서 직무담당자의 의사결정은 직무에 관한 그의 신념체계에 의해 결정적으로 좌우된다.

이러한 신념체계는 엄밀한 의미에서 사람마다 다르다. 이러한 특성을 가진 신념을 과학적 연구에서 어떻게 다루어야 하는가? 신념은 특정한 생각 예를 들면 특정한 사상이나 이념에 대한 개인적인 믿음을 말한다. 신념은 특정한 사상이나 이념을 자신의 직간접적인 경험과 논리를 근거로 수용하는 과정에서 형성된다.[11]

이와 같이 직무에 관한 신념체계란 특정한 직무에 대한 개인의 실천적 판단의 근거로 작용한다. 예를 들면 새로운 각료의 임명을 놓고 앞으로 어떠한 경향의 정책이 예상된다는 수사학적인 논의와 아울러 인사의 적절성을 평가하는 것을 흔히 본다. 이러한 논의는 대체로 해당 분야에서 그 사람의 과거 활동을 바탕으로 형성된 사회적 평판(reputation)에 관한 정보에 의존한다. 이러한 사회적 평판은 외교분야에 있어서 "매파-비둘기파", 경제와 관련하여 "개방론자-보호론자", "성장론자-안정론자", "개발론자-보존론자" 등과 같은 척도로 표현된다. 한마디로 "직무에 관한 신념체계"는 어떤 사람이 특정 직위에 임명되었을 때, 그에 의하여 추진될 정책(의사)결정의 방향을 대체적으로 추론할 수 있는 주요한 준거가 되고 있다. 실제로 정책신념에 대한 사회적 평판은 인선의 주요한 기준으로 광범위하게 활용되고 있다.

라는 용어와 "정책(의사)결정"이라는 용어가 문맥에 따라 교호적으로 사용되고 있음을 주지하기 바람.

11) 장관임면의 절차로서 "정책검토(policy clearness)"의 과정에서 장관후보자가 해당 정책영역에서 대통령의 입장을 어느정도 지지할 것인가에 대한 검토절차가 필요하다는 주장도 이러한 신념에 대한 검토를 의미하는 것이다(박천오, 1995). 또한 개인의 정책에 대한 입장을 중범위적인 차원에서 표현하고 있는 "정책정향(policy orientation)"이라는 개념도 본 논문에서 의미하는 해당 정책업무에 관한 개인적인 신념체계와 유사한 의미로 판단된다. 정책신념의 결과는 정책정향으로 나타날 것으로 보인다. "정책정향(policy orientation)"이라는 용어 대신에 "정책신념"이라는 용어를 선택한 이유는 후자가 직간접 경험을 통한 사회화의 과정에서 형성된 실천적 판단의 준거와 성향을 보다 잘 나타내 줄 것이라고 보았기 때문이다. 동시에 후자가 전자에 비해 사회심리학적 문헌과의 연계에 효율적이라는 판단에 의거하였다. 그러나 양자는 호환적으로 사용될 수 있다고 본다. 정책신념의 발현이 집적되어 형성되는 개인적인 정책정향은 사회적 평판으로 나타나게 된다.

이러한 정책신념은 정책관료의 인선에 활용할만한 가치가 있을뿐만 아니라 실제로 활용되고 있다. 방법론적으로 정책신념은 연속적인 속성을 갖는 척도를 통하여 보다 엄밀하고 정확하게 표현될 수 있다(Downs, 1957; Enlow and Hinich, 1984). 나아가 어떤 정책관료직위와 관련된 정책문제의 다차원적 속성은 공간이론(spatial theory)에 의하여 심도있는 분석이 가능하며, 이에 대한 방법론적 시도가 활발하다(Enlow and Hinich, 1984).

2. 인사관리에 의한 "정책관리"

인사관리에 의한 "정책관리"에 관한 앞으로의 논의는 지금까지 논의된 내용의 요약에 해당하는 다음과 같은 전제를 바탕으로 한다:

> **전제 1:** 기능적 분업화에 의해 형성된 직무구조는 수직적 및 수평적으로 가외적 속성을 가진다.

> **전제 2:** 정책을 결정함에 있어서 대안에 대한 선호는 직무담당자의 정책신념과 유사할수록 강하고, 다를수록 약하다.

1) 계서제에서 상위자의 정책결정비용: 개입비용과 일탈비용

정책결정을 함에 있어 상위자는 가능한 적은 비용을 들여서 자신의 정책신념에 부합하는 정책을 수립하고자 한다. 계서적 가외구조에서 상위자의 정책결정 비용은 "개입비용"과 "일탈비용"으로 구성된다. 상위자는 "개입비용"과 "일탈비용"을 동시에 줄이면서 하위자들의 우월한 정보(전문성)를 전략적으로 활용할 수 있도록 인적 구성을 하여야 한다. 즉, 위임·대리의 이념형을 실현할 수 있는 인적 구성을 하는 것이 정책관료계층에 대한 인사관리의 핵심이다.

"개입비용"이란 하위자들간에 합의가 이루어지지 않거나 이루어졌다고 하더라도 상위자가 신뢰할 수 없거나 자신의 의사와 배치되는 경우에 직접 정책결정에 참여하는데서 발생하는 비용을 말한다. 상위자의 "개입비용" 극소화는 하위자(들)의 결정을 그대로 수용하는 것을 통해 이루어 진다. 즉, 위임한 직무에 관한 정책결정에 있어서 하위자들간에 합의가 이루어지고 상위자가 이를 그대로 받아 들이는 경우에 "개입비용"은 발생하지 않는다. 반대로 상위자가 위임한 정책결정 직무에 대하여 어떠한 이유에서든 개입하게 되면 개입비용은 발생한다.

한편 상위자가 하위자의 결정 또는 하위자들의 합의를 그대로 받아들이는 경우에 상위자의 "개입비용"은 극소화되지만, 그러한 결정이 상위자의 의사와 부합하지 않는다면 비용이 발생한다. 자신의 일이 자신의 의사와 다르게 수행되는 것 자체가 비용이다. 상위자는 자신이 위임한 직무에 대하여 책임을 져야 하기 때문이다. 따라서 하위자들의 정책결정이 상위자 자신의 의사와 괴리되는 만큼 비용이 발생한 것으로 볼 수 있다. 이러한 비용을 "일탈비용"이라고 한다.

계서제에서 상위자의 정책결정비용 최소화는 곧 개입비용과 일탈비용의 합을 극소화하는 것을 의미한다. 그런데 개입비용과 일탈비용은 일반적으로 역관계에 놓여있다. 일탈비용을 줄이기 위해서는 개입비용이 늘어나고, 개입비용을 줄이면 일탈비용이 증가할 가능성이 있는 것이다.

정책결정비용의 최소화의 과정에서 상위자가 당면하는 핵심적인 문제는 정보적으로 열등한 입장에서 "개입비용"과 "일탈비용"을 줄여야 하는데 있다.12) 더구나 불가시성으로 인하여 상위자는 하위자의 모든 직무수행을 감독할 수 없고(Holmstrom, 1979), 정보비대칭으로 인하여 하위자의 의사결정이 자신의 의사에 부합하는지를 제대로 분간하기도 어려울 것이다. 그렇기 때문에 무조건 하위자에 대한 감독 또는 하위자의 의사결정에의 개입을 늘리는 것은 결코 합리적이 아니다. 왜냐하면 감독비용과 감독의 기회비용이 기하급수적으로 증가하기 때문이다(Moe, 1984). 반면에 완전히 위임해 버리면 일탈비용이 증가할 가능성이 크다. 이러한 역설적 상황에서 상위자의 하위자에 대한 "정책관리"의 대안으로 위임·대리의 이념형을 실현할 수 있는 인사관리 방안의 유용성이 발생하는 것이다.

2) 가외적 직무구조와 경쟁

계서제에서 개입비용과 일탈비용의 역관계를 고려할 때 위임·대리의 이념형을 실현할 수 있는 방안은 무엇인가? 가외적 직무구조는 "개입비용"과 "일탈비용"간의 반비례적 상황에서 위임·대리 이념형을 실현할 수 있는 "인사관리"의 기초를 제공한다. 기존의 이론에 의하면 가외적 직무구조는 비능률적인 요소로 지목되어 구조개편 또는 재조직화의 대상으로 인식되었다. 그러나 조직에서 이러한 구조적 가외성은 이미 논의한 바와 같이 재조직화나 구조개편을 통해 제거할 수 있는 성질의 것이 아니

---

12) 상하위자간에 정보비대칭은 첫째, 상위자는 실무자가 아니기 때문에 精報源으로부터 격리되어 있고, 둘째, 하위자는 해당 직무에 관한 전문가이기 때문에 발생한다. 권위관계와는 역으로 상위자는 정보면에서 열등한 입장에, 하위자는 우월한 입장에 있게 된다.

라 본질적인 특성이라는 점을 인식할 필요가 있다. 그렇다면 이러한 가외성을 하나의 자원으로서 활용할 수 있는 방안에 대한 연구가 필요하다.

가외성은 조직내에서 견제와 균형을 조장하여 정책결정의 신뢰성을 제고시키는 순기능을 가지고 있다(김영평, 1991: 204–217). 그러나 가외적 구조가 자동적으로 부서들간에 견제의 기능을 하며 나아가 균형을 보장하여 정책결정의 신뢰성을 제고하는 것은 아니라는 점을 인식해야 한다. 가외적 구조는 단순히 직무의 중복적 또는 중첩적 수행을 가능하게 할뿐이다.

가외적 구조에서 하위자들은 경쟁 아니면 담합을 하게 될 것이다. 경쟁의 경우에도[13] 하위자들간에 합의로 귀결되는 경우가 있는가 하면 갈등으로 나타나는 경우가 있다. 경쟁하에서 하위자들간의 합의가 도출되는 경우에 상위자는 정보부족상태에서 직접적인 개입이 없이 하위자들의 담합에 의한 왜곡으로부터 자유로운 정책결정을 유도해 낼 수 있다. 그러나 경쟁이 갈등을 유발시키는 경우에는 상위자는 직접 개입하여 결정을 내려야 하기 때문에 개입비용이 발생하게 된다. 반대로 담합으로 나타나면 상위자는 오히려 자신의 정책신념과는 상당히 거리가 있는 정책을 수용할 수밖에 없어 상대적으로 큰 일탈비용이 발생하게 될 것이다.[14] 따라서 일차적으로 어떤 경우에 가외적 구조하에서 경쟁 또는 담합이 유발되고, 이차적으로 경쟁이 어떤 조건하에서 합의 또는 갈등으로 귀결되는가에 대한 분석이 요청된다.

3) 정책신념에 준거한 분할지배론

이미 언급했듯이 모든 가외적 직무구조가 경쟁적 직무행태를 구조적으로 유발시키는 것은 아니다. 이미 제시한 전제를 바탕으로 가외적 직무구조에서 경쟁적 직무행태가 나타날 조건은 다음과 같다(박통희, 1989):

(정리 1)
수직적 가외구조의 최소 직무단위에서 경쟁적 직무행태가 구조적으로 유도되기 위해서는 "중간상위자"와 "하위자"의 정책신념이 상위자의 신념을 중심

---

13) 일단 경쟁으로 나타나면 상위자는 상대적으로 다양하고 충분한 정보를 얻을 수 있는 가능성이 있다. 따라서 정보부족이나 정보왜곡에서 자유로울 수 없는 상위자의 불리한 입장(Wilensky, 1967; Tullock, 1965; Downs, 1967; Kaufman, 1973)이 상당부분 완화될 수 있을 것이다. 물론 감독에 있어서 본질적인 한계로 지적되고 있는 관찰불가능성도 상호견제를 통해 상당 부분 완화될 것으로 보인다. 이것이 가외적 직무구조의 순기능을 강조하는 주장의 논리이다.
14) 하위자들이 담합하는 경우의 본질적인 문제는 상위자가 자신의 의사(정책신념)에 배치되는 정책을 결정하였다는 것조차 인지할 수 없는데 있다.

으로 서로 대립적이어야 한다.

(정리 2)
(정리 1)의 하위조건으로서 수평적 가외구조의 최소 직무단위에서 경쟁적 직무행태가 구조적으로 유도되기 위해서는 "하위자 1"과 "하위자 2"의 정책신념이 중간상위자의 신념을 중심으로 상호 대립적이어야 한다.

(정리 1)과 (정리 2)는 행위자들이 서로의 정책신념에 대하여 알고 있다고 할 때, 하나의 정책쟁점에 대한 정책신념이 준거가 되는 경우 "중위수 투표자 정리(median voter theorem)"(Hotelling, 1929; Downs, 1957; Black, 1958; Mueller, 1979)에 의해 간접적으로 증명된다. 정책신념에 있어서 상위자의 성향을 중심으로 중간상위자와 하위자들의 성향이 서로 대립적인 경우에는 직무수행 또는 의사결정의 대안들에 대한 선호에 있어서 그들간에 "파레토 능률적"인 대안이 없다. 중간상위자와 하위자들 간에 "파레토 능률적인 대안"의 존재는 그들간의 담합발생의 필요조건이다. 따라서 이러한 조건하에서는 중간상위자와 하위자간의 담합이 발생할 가능성이 없다. 마찬가지로 "하위자 1"과 "하위자 2"의 정책신념이 중간상위자의 정책신념을 중심으로 분할되면 하위자 1과 2가 담합할 수 있는 파레토 능률적인 대안이 존재하지 않는다. 결과적으로 중위수 투표자의 선호에 부합하는 후보자의 공약이 지배전략이 되는 것처럼 계서제에서 정책논의는 상위자의 선호를 중심으로 수렴될 것이다.

인사관리에 의한 "정책관리"를 이해하기 위해서는 (정리 1)과 (정리 2)가 정책결정의 측면에서 갖는 함의에 대한 논의가 필요하다. 수직적 가외구조에서 하위자들간의 경쟁을 유발하기 위해서, 상위자가 하위자를 선임할 때 (정리 1)은 상위자 자신의 정책신념을 기준으로 서로 대립되는 사람들을 중간상위자와 하위자로 선임하여야 한다는 것을 의미한다. 즉 수직적 가외구조에서 직무의 최소단위인 상위자, 중간상위자, 하위자를 정책결정팀으로 인식하고, 정책신념에 있어서 상위자를 중심으로 중간상위자와 하위자를 서로 상반되는 정책신념을 가진 사람들로 구성하여야 한다는 것이다. 수평적 가외구조에서도 동일하게 하위자들간의 경쟁을 유발하기 위하여 (정리 2)는 중간상위자가 하위자를 인선함에 있어서 하위자 1과 2의 정책신념을 자신의 정책신념을 중심으로 대립시켜야 한다는 것이다.

한마디로 계서제에서 상위자는 자신의 정책신념을 중심으로 하위자들간의 정책논의가 수렴되는 인적 구조를 만들기 위해서 다음과 같은 조치를 통해 (정리 1)과

(정리 2)를 충족시켜야 한다. 첫째, 조직의 직무분담체계(직제)를 주어진 것으로 받아들이고 인사이동을 통해 역할담당자를 교체하는 것이다. 둘째, 인적 구성을 주어진 것으로 받아들이고 직무분담체계를 조정하는 것이다. 직무분담체계의 조정이란 분업구조를 규정하는 직제를 변경하는 것을 의미한다. 즉 인사조치가 어려운 경우에는 직무분담체계의 조정을 통해 사실상 인사조치에 해당하는 효과를 거둘 수 있다.

이상의 논의는 정책신념을 준거로 한 분할지배론이 가외적 업무구조에서 하위자들간의 담합을 원천적으로 봉쇄함으로써 계서제에서 정책논의가 상위자의 선호로 수렴될 가능성을 의미하는 것이다. 이러한 논의를 보다 일반화하기 위해 정책결정에 두 가지 쟁점이 개재되어 있고 양자의 중요도가 동일한 경우로 확대하여 보기로 한다. 이러한 경우에는 <그림 4>에서 보여 주는 바와 같이 두 가지의 정책신념을 대변하는 2차원 공간(x, y)에서 하위자들의 정책신념(점 a1과 a2)를 연결하는 직선상 위에 상위자의 정책신념(점 p)이 존재하는 경우에 하위자들간의 파레토 효율적인 영역이 제거되어 담합이 발생할 수 없다. McKelvey(1976)의 정리에 의하면, 직선 $\overline{a1a2}$외에 상위자의 이상점이 존재하는 경우(점 p')에는 언제나 하위자 A1과 A2가 점 p'보다 선호하는(가까운) 정책대안이 존재한다(빗금친 부분). 따라서 담합의 가능성이 있다.

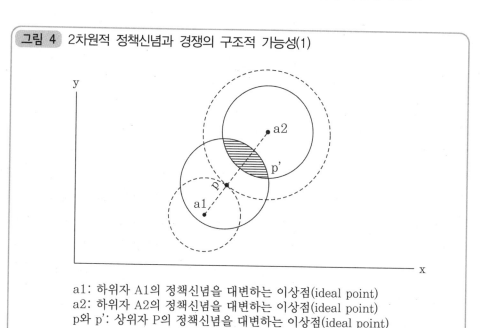

그림 4 2차원적 정책신념과 경쟁의 구조적 가능성(1)

a1: 하위자 A1의 정책신념을 대변하는 이상점(ideal point)
a2: 하위자 A2의 정책신념을 대변하는 이상점(ideal point)
p와 p': 상위자 P의 정책신념을 대변하는 이상점(ideal point)

이를 보다 일반화하기 위하여 두가지 쟁점들에 대해서 행위자들이 부여하는 중요도가 다른 경우로 확장하면 다음과 같다(Enelow and Hinich; 1984:15-35). (정리 1)과 (정리 2)의 확장은 <그림 5>에서 보여 주는 바와 같이 a1과 a2를 연결하는 곡선상에 상위자의 이상점 p가 존재하여야 한다.15) 이외의 경우에는 언제나 하위자들간의 담합이 발생한다. 왜냐하면 McKelvey정리에서 보여준 바와 같이 하위자들이 더욱 선호하는 대안이 항상 존재하기 때문이다(빗금친 부분이 하위자들간에 존재하는 파레토 효율적인 영역이다).

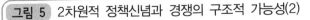

그림 5 2차원적 정책신념과 경쟁의 구조적 가능성(2)

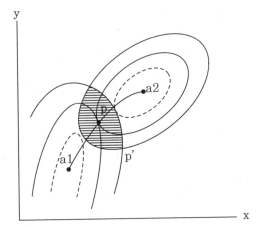

a1: 하위자 A1의 정책신념을 대변하는 이상점(ideal point)
a2: 하위자 A2의 정책신념을 대변하는 이상점(ideal point)
p와 p': 상위자 P의 정책신념을 대변하는 이상점(ideal point)

이상의 논의는 동서양을 막론하고 속칭으로 전해 내려오는 "divide and rule", "분할지배론", "분할통치론"과 일맥상통하는 것이다. 인사조치에 있어서나 직무분담체계의 조정에 있어서 하위자의 정책신념을 분석하고 (정리 1)과 (정리 2)의 조건을 충족시켜야 한다는 것이다. 이렇게 함으로써 하위자들간에 발생할 수 있는 담합의 가능성을 구조적으로 제거하는 것이다.

15) a1과 a2를 연결하는 곡선은 a1과 a2를 중심으로 하는 타원의 접점을 연결한 선이다. 그리고 a1과 a2를 중심으로 하는 타원의 모양은 정책의제 x와 y에 주관적으로 부여한 상대적 중요성에 의해 결정된다.

그런데 (정리 1)과 (정리 2)의 충족이 현실적으로 어느 정도 실현 가능한가? 집합적 의사결정의 불안정성에 대한 연구의 결과들에서 보여 주듯이(Davis, DeGroot, and Hinich, 1972; McKelvey, 1976; Schofield, 1978; Cohen, 1979; Enlow and Hinich, 1983) 하위자들의 수가 늘어날수록, 그리고 직무와 관련된 정책쟁점이 다원화될수록 (정리 1)과 (정리 2)를 충족시키는 것은 어려워 진다. 다행히도 계서적 가외구조에서는 선거에서의 유권자수에 비해 행위자의 수가 적고 쟁점의 다원성이 약하기 때문에 균형점이 존재할 가능성이 높아 (정리 1)과 (정리 2)의 충족가능성은 상대적으로 높다고 볼 수 있다.

V. 분할지배론의 한계와 그 함의

가외적 직무구조에서 분할지배적으로 인선된 하위자들간의 경쟁이 종종 갈등으로 비화된다(Crozier, 1964; Gawthrop, 1969; Wilson, 1989). 분할지배론적인 구도하에서 경쟁적 합의에 이르지 못하고 갈등으로 나타나는 이유는 무엇인가? 하위자들간의 갈등의 원인은 크게 두 가지로 추론될 수 있다. 첫째, (정리 1)과 (정리 2)는 하위자들이 상위자의 정책신념에 관한 완전정보상태에 있다고 가정하고 있다. 그러나 실제 하위자들은 상위자의 정책신념을 서로 다르게 해석하여 갈등을 빚는다(Gawthrop, 1968; Dunsire, 1978). 이는 조직의 목적이 모호한 경우에 조직내에 야기되는 갈등과 유사하다. 둘째, 정책신념의 차원이 아니라 현실적인 이해갈등이 정책신념에 우선하는 정책결정의 준거로 부각되어, 하위자들간의 정책신념의 분포가 분할지배적으로 짜여졌다고 하더라도, 좀처럼 합의에 이르지 못하고 갈등으로 나타나는 경우이다.[16]

요약하건대 계서제를 토대로 한 가외적 직무구조에서 정책결정을 둘러싸고 하위자들 간에 나타날 수 있는 현상은 경쟁과 담합이다. 그리고 경쟁은 합의로 매듭지어지는 경우와 갈등으로 나타나는 경우로 나누어진다(표 1 참조). 상위자의 정책결정비용의 차원에서 볼 때 가장 바람직한 것은 경쟁적 합의이다. 경쟁적 갈등의 경우에는 상위자는 개입비용을 투여하여 갈등을 직접 해결하여야 한다. 담합의 경우에는 정보 비대칭의 상황하에서 엄청난 개입비용을 투여하여 일탈비용을 줄이거나 아니면 일탈비용을 감수하여야 한다.

---

16) 이는 본 논문의 주제를 벗어나는 것이므로 더 이상 논의하지 않기로 한다.

표 1 계서에서 가외적 직무구조와 하위자들의 상호작용 양태

계서제를 기반으로 한 가외적 직무구조에서 하위자들이 분할지배구도로 인선되었는가와 상위자의 정책신념에 대한 해석이 하위자들 간에 일치하는가를 기준으로 하위자들간의 상호작용양태를 분류해 보면 <표 2>와 같다. 분할지배구도에서는 경쟁이 발생하며 경쟁의 결과는 상위자의 정책신념에 대한 하위자들의 인지적 불확실성에 의해 영향을 받는다. 비분할지배구도의 경우에는 하위자들이 상위자의 정책신념(의중)을 어떻게 인지하느냐에 따라 경쟁적 갈등 또는 담합이 나타난다. 한마디로 상위자가 정책신념을 명확하게 하면 할수록 하위자들간의 갈등 또는 담합의 가능성이 줄어든다.

(정리 3)
계서제를 기반으로 한 가외적 업무구조에서 중간상위자와 하위자 또는 하위자들간의 담합 또는 경쟁적 갈등의 가능성은 상위자의 정책신념이 명확할수록 줄어든다.

표 2 계서적 가외구조하에서 하위자들의 상호작용 양태

상위자의 정책신념 해석 분할지배적 인선여부	일치	불일치
분 할 구 도	경쟁적 합의	경쟁적 갈등
비 분 할 구 도	담합	경쟁적 갈등/담합

(정리 3)과 함께 가외적 직무구조에서 (정리 1)과 (정리 2)의 조건을 충족한 경우에 발생하는 분할지배의 순기능에 관한 주장의 근거는 다음과 같다. 수직적 가외구조에서 중간상위자와 하위자의 정책신념이 상위자의 정책신념을 중심으로 대립적일 때, (정리 1)은 정책결정과정에서 중간상위자와 하위자간에 사실상 경쟁이 발생한다는 것을 의미한다. (전제 2)에 따르면 중간상위자와 하위자는 각자의 신념에 부합하

는 정책대안을 상위자가 채택하게 하기 위하여 노력한다. 그러한 노력은 자신의 대안에 유리한 정보와 경쟁관계에 있는 대안에 불리한 정보의 공급으로 나타난다. 이는 일종의 정당화 또는 합리성 제고의 과정이다. 이러한 정보공급의 과정은 조직에서 실제로 하위자가 상위자에게 직접 보고하는 경우 또는 상위자가 중간상위자를 건너 뛰어 직접 하위자에게 직무를 지시하거나 보고를 요구하는 현상으로 나타난다(Dunsire, 1978).17) 이러한 구조적 상황이 인식되면 중간상위자와 하위자가 자발적으로 합의를 모색하게 되는 것이다. 한편 하위자의 인선을 놓고 상위자와 중간상위자간에 발생하는 갈등도 이러한 분할지배에 따른 갈등에서 비롯된 것으로 볼 수 있다.18)

수평적 가외구조에서 (하위자 1)과 (하위자 2)의 직무에 대한 신념체계가 중간상위자의 성향을 중심으로 대립되어 있을 경우, (정리 2)에 의하면 다음과 같은 현상이 발생한다. 하위자들은 각자가 가장 선호하는 대안이 중간상위자에 의해 직무수행의 대안으로 또는 정책대안으로 채택되게 하기 위하여 경쟁할 것이다. 이러한 경쟁과정이 정보비대칭의 불리한 입장에 있는 중간상위자를 정보왜곡으로부터 자유롭게 해주어 자신의 의사에 부합하는 정책결정을 가능하게 해준다. 이러한 상황을 인지한 하위자들은 계속적인 경쟁 과정에서 중간상위자의 개입에 의한 결정보다는 자발적으로 합의를 도출하게 된다.

이러한 선의의 경쟁을 통해 원만한 합의에 도달하는 경우에는 일탈비용은 물론 개입비용도 발생하지 않아 정책결정 비용은 극소화된다. 그러나 2차원 공간상에서 분할지배의 구도를 보여주는 <그림 4>와 <그림 5>에서 볼 수 있듯이 (정리 1)과

---

17) 경기대학교 행정대학원 1993년 제1학기 조직이론세미나에서 "명령통일의 원칙"이 지켜지지 않는 사례를 소개하는 과정에서 이러한 의견이 다수 개진되었다. 세미나 참석자들은 모두 조직에서 하급간부들이었고 대부분이 공무원이었다. 상위자가 중간상위자를 불신하거나 좀더 신속하고 구체적이며 정확한 정보를 원하는 경우에 하위자에게 보고를 요구하는 것으로 보인다는 의견이 있었다. 또한 중간상위자와 하위자가 갈등관계에 있을 때 하위자가 상위자에게 직접 보고하는 사례가 있다고 한다. 종종 이러한 보고는 공식적인 보고체제를 이용하기보다는 비공식적 통로를 이용하는 경향이 있는 것으로 논의되었다.

18) 동아일보 1993년 4월 23일자에 의하면 "... '김 2군 사령관이 2군 부사령관 인사에 반대하고 있어 육본 인사명령이 지연되고 있다.' ... 참모장 이하 참모들에 대해서는 사령관이 선택해온 것이 관행이었다. ... 그러나 부사령관은 참모개념이 아니고 오히려 사령관의 독선적인 지휘 등을 견제하도록 하는 의미도 있다. ... (그러나) 육본이 부사령관을 내정해 놓고 정식 인사명령을 내기 전에 사령관과 협의하는 것도 관행 ... 그러나 참모인사가 아니기 때문에 협의에 그쳐야지 사령관이 부사령관 인사권자체에 관여해서는 곤란하다"는 지적을 하였다. 육군본부에서 내정한 2군부사령관 내정자(안병호 중장)에 대해 2군사령관(김진선 대장)이 반대의 입장을 표명하여 진통을 겪은 것도 인사권자인 국방부장관의 분할지배에 의한 통제에 2군사령관이 반발한 사례로 볼 수 있다.

(정리 2)의 충족은 정책영역에 다양한 정책쟁점이 개재될수록 더욱 어려워진다. 그런데 정책관료계층의 상위로 갈수록 다양한 정책쟁점이 개재될 가능성이 높다. 이는 다시 말해 정책관료직에 대한 분할지배적 인사가 상대적으로 어렵다는 것을 의미한다.[19] 그러나 분할지배적 인사가 어려워서 이를 무시하게 되면 하위자들간의 담합의 잠재적 가능성을 구조화하는 것이다. (정리 1)과 (정리 2)의 역에 해당하는 (정리 1-1)과 (정리 2-1)이 그 논리적 가능성을 명백하게 보여준다.

(정리 1-1)
수직적 가외구조의 직무 기본단위에서 "상위자", "중간상위자", "하위자" 중에서 "상위자"의 정책신념이 상대적으로 극단적인 성향을 띨 경우 정책결정에 있어서 "중간상위자"와 "하위자"간에 담합이 발생할 수 있다.

(정리 2-1)
수평적 가외구조에서 "중간상위자", "하위자 1", "하위자 2" 중에서 "중간상위자"의 정책신념이 상대적으로 극단적인 성향을 띨 경우 정책결정에 있어서 하위자 1과 2 사이에 담합이 발생할 수 있다.

Ⅵ. 결론

정책관료계층에서 위임·대리에 의해 형성된 계서적 직무구조는 본질적으로 가외적 속성을 가질 수밖에 없다. 이러한 속성을 적극적으로 활용한 분할지배적 인사는 하위자들간의 담합에 의한 상위자의 의사와 다른 정책결정을 방지해 준다. 분할지배의 효용성은 장차관에 대한 인사만이 아니라 직업관료의 상위층에 해당하는 중앙부처의 실·국·장의 인사에도 적용된다.

---

19) 계서적 가외구조하에서 인사권자가 겪는 어려움은 부분적으로 이러한 분할지배론의 한계에서 비롯된다. 분할지배가 안고 있는 논리적 상충은 인사에 있어서 어려움의 심층적인 원인이다. 이러한 논리적 상충은 이론적으로 딜레마의 요건을 충족시킨다. 딜레마란 "비교불가능한 가치나 대안이 선택상황에 나타날 때, 한 가치의 선택으로 인해 다른 가치가 가져 올 기회손실이 크기 때문에 선택이 곤란한 상황"을 말한다(이종범 외 3인, 1992). 딜레마 모형에서는 선택의 곤란함의 원인을 정보의 불완전성만이 아니라 기회손실의 비교불가능성에 초점을 두고 있다. 가외적 직무구조에서 하위자들에 대한 인사에서 부딪히는 어려움은 바로 이러한 특성을 갖는다. 인사를 둘러싸고 일어나는 문제도 딜레마적 관점에서 분석될 필요가 있다.

　한편 상위자의 정책신념(의사)에 대한 해석에 있어서 하위자들간에 불일치가 발생하는 경우에 경쟁적 갈등만이 아니라 담합의 발생 가능성이 증가한다. 따라서 상위자는 자신의 정책신념을 분명히 밝혀 하위자들이 정책사안에 대한 상위자의 의사를 명백히 추론할 수 있도록 해주는 것이 경쟁적 합의의 도출에 도움이 됨을 논리적으로 시사한다.

　이 논문에서는 정책에 관련된 쟁점을 두 가지만 고려한 2차원적 분석에 머물렀다. 다차원적 쟁점에 대한 분석이 요구된다. 마지막으로 이러한 논의를 팀관리와 연계하여 연구할 필요가 있다. 팀관리에 대한 논의는 계서적 직무구조의 문제점을 극복하는 대안으로 제시되었다(Zenger, 1994). 여기서 간과하고 있는 점은 팀의 구성에 대한 논의가 결여되어 있다는 점이다.[20] 정책관료계층에서 팀 구성원들의 정책신념이 어떤 분포를 보이는지는 그 팀의 직무성과에 지대한 영향을 미친다. 따라서 정책관료계층의 팀에 대해서는 관리차원의 논의에 더하여 팀의 구성에 있어서 고려하여야 할 요소에 대한 논의를 추가할 필요가 있고, 본 연구는 이러한 연구에 시사점을 줄 수 있을 것이다.

---

20) 팀의 구성에 대한 논의가 없는 이유는 "팀관리"에 대한 논의가 기업조직을 중심으로 일어나고 있고, 기업관료제는 이윤극대화의 가치에 의해 지배되어 있기 때문인 것으로 보인다.

참고문헌

김광웅. (1994). "한국의 장관론: 역할. 자질, 능력". 「행정논총」, 32(2): 36 – 49.

김병완. (1992). "한국의 환경정치와 관료정치". 고려대학교 박사학위논문.

김영평. (1991). 「불확실성과 정책의 정당성」. 서울: 고려대학교 출판부.

박종민·김병완. (1992). "한국국가관료의 의식". 「한국행정학보」, 제25권 4호, 85 – 120.

박종민·박관규. (1992). "한국에서 장관선택의 유형". 한국정치학회 1992년도 연례학술대회. 1992년 12월 2 – 3일.

박통희. (1989). "대표정부와 집단선택 원리로서 계서제에 의한 의사결정의 조작가능성". 「한국정치학보」, 제23집 2호, 455 – 473.

안병만. (1994). 「한국정부론」. 서울: 다산출판사.

이종범. (1986). 「국민과 정부관료제」. 서울: 고려대학교출판부.

_____·안문석·이정준·윤견수. (1992). "정책분석에 있어서 딜레마 개념의 유용성". 「한국행정학보」, 제25권 제4호, 3 – 22.

이희승 감수. (1990). 「엣센스국어사전」 제3판, 서울: 민중서림.

정정길. (1989). "대통령의 정책결정과 전문관료의 역할: 경제정책의 경우를 중심으로". 「한국행정학보」, 제23권 제1호: 73 – 90.

존 젠거 외 3인. (1994). 「초일류 팀 만들기」. 서울: 성림.

황인정. (1970). 「행정과 경제개발」. 서울: 서울대학교 출판부.

Aberbach, Joel D., Robert D. Putnam and Bert A. Rockman. (1981). *Bureaucrats and politicians in western demcoracies*, Cambridge, Mass: Harvard University Press.

Akerlof, G.A. (1970). "The markets for 'Lemon': qualitative uncertainty and the market mechanism." *Quarterly Journal of Economics*, 84: 488 – 500.

Alchian, Armen A. (1950). "Uncertainty, evolution, and economic theory." *Journal of Political Economy* 58: 211 – 221.

Alchian, Armen A. and Harold Demsetz, (1972). "Production, information, costs, and economic organization." *American Economic Review* 62: 777 – 795.

Alderfer, C.P. (1972). *Existence, relatedness, and growth*, New York; Free Press.

Allison, Graham T., (1971). *Essence of decision*, Boston: Little, Brown and Company.

Argyris, Chris. (1964). *Integrating the individual and the organization*, New York: Wiley and Sons.

Arrow, Kenneth J. (1963). *Social choice and individual values*, 2nd ed. New Haven: Yale University.

Babbage, Charles. (1832). "The division of labor," in Joseph A. Litterer, ed., *Organizations: structure and behavior*, 3rd ed., New York: John Wiley & Sons, 1980, pp. 112−114.

Bem, Daryl J. (1970). *Beliefs, attitudes, and human affairs*, Belmont, CA: Brooks/Cole Publishing Company.

Black, Duncan. (1958). *Theory of committees and elections*, Cambridge: Cambridge University Press.

Buchanan, James, and G. Tullock. (1965). *The calculus of consent: Logical foundation of constitutional democracy.* Ann Arbor, MI: University of Michigan.

Coase, Ronald. (1937). "The nature of the firm." *Economica* 4: 386−405.

Cohen. L. (1979). "Cylic sets in multidimensional voting models," *Journal of Economic Theory* 20: 1−12.

Crozier, Michael. (1964). *The bureaucratic phenomenon, Chicago.* The University of Chicago Press.

Davis, O. A., M. H. Degroot, and m. J. Hinich. (1972). "Social preference orderings and majority rule." *Econometrica* 40: 147−157.

Downs, A. (1957). *An economic theory of democracy.* New York: Harper and Row.

_____. (1967). *Inside bureaucracy.* Boston: Little Brown and Company.

Dunsire, Andrew, (1978). *Control in a bureaucracy*, Cowley Road. Oxford: Martin Robertson.

Enelow, James M. and Melvin J. Hinich. (1983). "On Plott's pairwise symmetry condition for majority rule equilibrium," *Public Choice* 40: 317−321.

Enelow, James, and Melvin Hinich. (1984). *The spatial theory of voting*, New York: Cambridge University Press.

Fama, E. (1980). "Agency problems and the theory of the firm." *Journal of*

Political Economy, 88: 288-307.

Felsenthal, Dan S. (1980). "Applying theredundancy concept to administrative organizations," *Public Administration Review*, 40: 247-252.

Gawthrop. Louis C. (1969). *Bureaucratic behavior in the executive branch.* New York: The Free Press.

Gibbard, Allan. (1973). "Manipulation of voting schemes: a general result," *Econometrica*, 41: 587-601.

Grossman, s. and O. Hart. (1983). "An analysis of the principal-agent problem." *Econometrica*, 51: 7-45.

Gulick, Luther. (1937). "Notes on the theory of organizations," in Jay M. Schafritz and Albert C. Hyde, eds., *Classics of Public administration*, Oak Park, IL: Moore Publishing Company, 1978, pp. 38-47.

Hammond, T. H. (1986). "Agenda control, organizational structure, and bureaucratic politics," *American Journal of Political Science* 30: 379-420.

Heclo, Hugh. (1977). *A government of strangers: executive politics in Washington*, Washington D.C.:Brookings Institution.

Hezberg, F. (1966). *Work and the nature of man*, Cleveland: World.

Hirschman, Albert O. (1970). *Exit, voice, and loyalty: Responses to decline in firms, organizations, and states.* Cambridge, MA: Harvard University.

Holmstrom B. (1979). "Moral hazard and observability." *Bell Journal of Economics* 6: 74-91.

Hotelling, H. (1929). "Stability in competition," *Economic Journal* 39:41-57.

Huff, A. S. and C. Schwenk. (1985). "Bias and sense making in good times and bad," Paper presented at the Strategic Management Society Meetings, Barcelona, Oct. 1985.

Hummel, R. P. (1977). *The bureaucratic experience.* New York: St. Martin's Press.

Jensen, Michael. (1983). "Organization theory and methodology." *Accounting Review* 58: 319-337.

_____ and Meckling. (1976). "Theory of the firm: managerial behavior, agency cost, and ownership structure," *Journal of Financial Economics* 3(4): 305-360.

Katz, D. and R. L. Kahn. (1978). *The social psychology of organizations*, 2nd ed. New York: John Wiley & Sons.

Kaufman, H. (1973). *Administrative feedback*, Washington D. C. : Brookings Institution.

Landau, Martin. (1969). "Redundancy, rationality, and the problem of duplication and overlap," *Public Administration Review*, 29: 346−358.

Landau, (1973). "On the concept of a self−correcting organization," *Public administration Review*, 33: 538−542.

Lerner, Allen W. (1986). "There is more than one way to be redundant," *Administration and Society*, pp. 334−359.

Lindblom, Charles E. (1965). *The intelligence of democracy: decision making through mutual adjustment*, New York: The Free Press.

March, James, and H. Simon. (1958). *Organizations*. New York: John Wiley & Sons.

Maslow, Abraham H. (1970). *Motivation and Personality*, 2nd ed. New York: Harper and Row.

McGregor, D. (1960). *The human side of enterprise,* New York: Mcgraw−Hill.

McKelvey, Richard D. (1976). "Intransitivities in multidimensional voting models and some implications for agenda control." *Journal of Economic Theory*. 16: 472−482.

McKinney, Jerome B., and Lawrence C. Howard. (1979). *Public Administration: Balancing Power and Accountability*, Moore Public Co.

Moe, Terry M. (1984). "The new economics of organization." *American Journal of Political Science* 28: 738−777.

Mueller, D. (1979). *Public choice*, Cambridge: Cambridge University Press.

Myrdal, Gunar. (1967). *Objectivity in social research*, New York: pantheon Books, 홍문선 옮김, 「사회과학방법론」, 서울: 일신사, 1990.

Olson, Mancur. (1965). *The logic of collective action*. Cambridge, MA: Harvard University.

Ordeshook, Peter C. (1986). *Game theory and political theory*. New York: Cambridge University.

Ostrom, Vincent. (1989). *The intellectual crisis in American Public Administration*, 2nd ed. Alabama: Univeresity of Alabama.

Ouchi, William. (1981). *Theory Z: How American business can meet the Japanese challenge*, Mass. : Addison—Wesley.

Paul, W.J. Robertson. KB.. and F. Hezberg. (1969). "Job enrichment pays off." *Harvard Business Review*, 47(2): 61—78.

Perrow, Charles. (1985). *Complex organizations: a critical essay*, 3rd ed., New York: Random House.

Ross, S. (1973). "The economic theory of agency: The principal's problem," *American Economic Review*, 63: 134—139.

Rourke. Francis E. (1984). *Bureaucracy, politics, and public policy*, 3rd ed., Boston: Little, Brown and Company.

Salanscik, Gerald R., and Jeffrey Pfeffer. (1977). "An examination of need—satisfaction models of job attitudes." *Administrative Science Quarterly*, 22: 427—456.

Satterthwaite, Mark A. (1975). "Strategy—proofness and Arrow's conditions: existence and correspondence theorems for voting procedures and social welfare functions," *Journal of Economic Theory*, 15: 187—217.

Schofield, N. (1978). "Instability of simple dynamic games." *Review of Economic Studies* 45: 575—594.

Simon, H. (1945). *Administrative behavior*, New York: The Free Press.

_____. (1946). "The proverbs of administration," *Public Administration Review* 6: 53—67.

_____. (1951). "A formal theory of the employment relationship," *Econometrica* 19: 293—305.

_____. (1957). *Models of man: Mathematical essays in rational human behavior in a social setting*. New York: John Wiley & Sons.

Tullock, Gordon. (1965). *The politics of bureaucracy*. Washington, D.C.: Public affairs Press.

West, William F. (1985). *Administrative rulemaking: politics and process*, Westport, Conneticut: Greenwood Press.

Wilensky, Harold L. (1967). *Organizational intelligence: Knowledge and policy in government and industry*, New York: Basic Books.

Williamson, Oliver E. (1975). *Markets and hierarchies*. New York: Free Press.

_____. (1979). "Transaction−cost economics: the governance of contractual relations," *Journal of Law and Economics* 22: 233−261.

Wilson, James Q. (1989). *Bureaucracy: What government agencies do and why do it*, New York: Basic Books, Inc., Publishers.

▶ ▶ ▶ 리뷰

김동환(중앙대학교 공공인재학부)

1. 서론

종종 행정학은 행정부 내부에 관한 이론이며, 정책학은 행정부 외부에 관한 이론이라는 말로 좁은 의미의 행정학과 정책학으로 구분되곤 한다. 좁은 의미의 행정학은 조직이론, 인사이론, 재무이론 등으로 구성되며, 정책학은 정책결정론, 정책집행론, 정책분석론 등으로 구성되곤 한다. 현실에서 행정과 정책이 이렇게 구분되는 것은 아니다. 정책을 담당하는 주체가 행정이며, 행정은 정책을 위해 존재한다. 하지만 이러한 인위적 구분은 어느덧 학문적 논의에 있어서 거부할 수 없는 실체인 것처럼 받아들여지고, 행정학과 정책학 사이에 감히 넘나들 수 없는 거대한 장벽이 드리워진다. 비록 허구적인 것일지언정 이 장벽을 넘나들면서 학문적 논의를 전개하기란 쉽지 않다.

박통희 교수의 "가외적 업무구조와 분할지배에 의한 정책관리"라는 논문은 이러한 장벽을 아름답게 넘나들면서 간결하면서도 현실성 있는 시사점을 제시하고 있는 보기 드문 논문이다. 이 논문은 "인사관리를 통한 정책관리"를 논의한다. 즉, 인사행정과 정책학을 연결시키는 논문이며, 인사행정의 조직론적 특성으로서 가외성에 주목한다는 점에서 조직이론과 정책학을 연결시키는 논문이기도 하다. 또한 정책에 대한 가치와 신념을 논의한다는 점에서 윤리학과 정치학에 닿아있기도 하다. 이처럼 다양한 분야를 일관된 논리로 엮어 놓았다는 점에서 이 논문의 아름다움이 있으며, 그 시사점이 이론적으로나 현실적으로 중요하다는 점에서 이 논문을 주목해 보아야할 이유가 있다.

2. 논문의 주요 내용

계서적 업무구조는 필연적으로 가외성을 발생시킨다는 관찰에서부터 본 논문은 시작한다. 계서적 업무구조는 관료제(bureaucracy)의 본질이다. 이러한 점에서 본 논문은 행정 조직이론의 근원에서 출발하는 셈이다. 계서적 업무의 위임은 수평적 분화와 수직적 분화로 구성된다. 이때 모든 업무위임에 있어서 가외성이 발생된다고 하는데, 박통희 교수는 이를 간결하면서도 아름답게 표현하고 있다.

- 수평적 분화에 있어서의 가외성: "공식적으로 관할범위가 명백하게 규정되어 있다고 해도 실제의 업무수행에 있어서는 상호간에 중복적인 경우가 보편적이다. 분화된 업무들간의 상호의존성과 중복성은 분화된 부서들간의 조정을 요구한다. 특히 단순한 기술적 업무에서 보다는 정책결정을 다루는 정책관료계층에서는 더욱 그렇다(171 페이지)."

- 수직적 분화에 있어서의 가외성: "상관은 자신의 책임하에 있는 업무를 혼자서 다 처리할 수 없기 때문에 일부를 부하에게 위임하고, 부하의 업무수행을 지도, 감독 및 통제하는 역할을 한다. 이는 업무가 상이한 계층에서 중첩적으로 수행됨을 의미하며, 이러한 중첩성은 결재의 중첩성에서 극명하게 나타난다. 계서제하에서 결재권의 구조는 커다란 그릇이 작은 그릇에 차례로 포개어진 것과 같은 형상의 중첩적인 모습이다(171 페이지)."

이렇게 계층적으로 그리고 중첩적으로 분화된 업무 구조 위에서 상급자는 하급자들을 활용하여 정책을 결정한다. 이 때 상급자에게 가장 좋은 것은 하급자들이 상급자가 원하는 방향으로 정책을 조율하고 합의해 가져오는 것이다. 상급자는 결재만 하면 된다. 거꾸로 상급자에게 나쁜 시나리오는 하급자들이 담합하여 상급자의 신념과 상이한 정책을 합의해서 가져오는 경우, 또는 하급자들끼리 합의가 되지 않고 갈등이 첨예화되어 정책 논의가 마비되는 경우이다. 이는 정보의 비대칭으로 인한 대리인 문제가 계층적 조직 구조에서 나타나는 문제라고 할 수 있다. 이러한 상황이 본 논문이 다루고자 하는 문제 상황이다.

이러한 문제를 해결하기 위한 다양한 방편들이 논의되어 왔다. 상급자들은 억압이나 강제적 수단으로 하급자들을 관리하거나, 우리사주제나 종신고용제와 같은 인센티브를 통해 하급자를 관리하거나, 동일체 의식을 고취시키기 위한 이념주입 또는 세뇌작업을 비롯하여 지연, 학연, 혈연에 의한 인사 관행과 같은 동일체화를 통하여 하급자를 관리하곤 한다. 박통희 교수는 이 논문에서 '분할지배적 인사'를 통해 하급자들을 관리할 수 있다는 점을 논의한다.

'분할지배적 인사'란 (수평적이건 수직적이건) 중첩적인 업무 분담 상황에서 두 하위자들 간에 경쟁을 유발하여 상급자의 선호(신념, 가치)에 충실한 정책에 수렴(합의)하도록 관리하는 것을 의미한다. 여기에서 두 가지가 중요하다. 첫째, 두 하위자간에 경쟁이 일어나야 한다는 점이다. 경쟁의 반대는 담합이다. 하위자들이 서로 담합하여 상급자가 원하는 것과 다른 정책을 가져오면 안된다. 담합을 억제하고 경쟁을 유도하기 위한 조건으로 박통희 교수는 '중위자 투표자 정리'를 원용하면서 상급자를 중심으로 하여 두 하위자의 선호(신념, 가치)가 대립적이어야 한다는 점을 논의한다. 예를 들어, 중도적인 대북 정책을 선호하는 대통령이라면 하급자들을 임명할 때, 모두 중도적인 관료를 임명하기보다는 대통령보다 보수적인 관료와 대통령보다 진보적인 관료를 임명하면, 양자의 경쟁을 유도할 수 있다는 것이다.

두번째로 중요한 점은 하위자들의 정책 경쟁이 갈등으로 확대되지 않고 상급자의 선호(신념, 가치)를 향해 수렴(합의)되어야 한다는 것이다. 그러면 언제 하위자들이 갈등으로 치달을 것인가? 박통희 교수는 하위자들이 상급자의 정책신념을 다르게 해석할 때, 갈등이 유발될 위험이 있다고 논의한다. 상급자의 선호 지점이 모호하면, 하위자들의 경쟁은 수렴되기보다는 갈등에 빠지기 쉽다는 것이다. 그렇기 때문에 상급자는 자신의 정책신념(선호)을 분명하게 하위자들에 밝혀주어야 하며, 이를 통하여 하위자의 갈등 위험을 감소시킬 수 있다는 것이 본 논문의 시사점이다.

이처럼 본 논문에서는 상급자가 자신의 신념에 부합하는 정책을 만들기 위하여 하위자들을 관리하기 위한 방법으로 분할지배적 인사를 논의한다. 분할지배적 인사의 핵심은 상급자를 중심으로 하여 대립적인 정책 신념(가치, 선호)을 지닌 하위자들을 임명하되, 하위자들에게 상급자의 정책 신념을 분명하게 제시해야 한다는 것이다.

3. 향후 연구에 대한 제언

본 논문은 학문적으로 다양한 영역에 걸쳐서 논의를 전개하고 있을 뿐만 아니라 현실적으로 직접 적용될 수 있는 준칙을 제시하고 있다. 특히 정책 신념이 중요시되는 통일 정책, 교육 정책, 경제 정책, 사회 복지 정책 등에 관한 장차관의 임명에 있어서 본 논문은 임명권자에게 중요한 준칙을 제공할 뿐만 아니라 학자들에게 인사 관행을 분석할 수 있는 새로운 틀을 제공해 주었다는 점에서 괄목할 만하다.

다만, 하위자들의 정책 경쟁이 갈등으로 빠지지 않기 위한 조건으로 본 논문에서 제시한 논점은 다소 명료하지 못한 점이 있다. 186페이지의 <표 2>에서는 '분할지배적 인선여부'에 따라 경쟁의 발생 여부가 결정되고, 상급자의 정책의도 해석의 일치와 불일치에 따라서 갈등 발생 여부가 결정되는 것으로 도식화되어 있다. 하지만 하위자간의 갈등 발생 여부를 상급자의 가치에 대한 인식의 문제로 귀결시키는 것이 타당한지에 관하여는 보다 많은 연구가 필요할 것으로 보인다. 예를 들어 분할지배적 인사에서 상급자의 가치가 명료할지라도, 하위자간의 정책 가치가 극단적으로 대립되어 있다면, 하위자간의 경쟁이 갈등으로 비화될 가능성이 높을 것이다. 이렇게 본다면 합의냐 갈등이냐의 여부는 하위자간 가치의 상이성(거리)에 영향을 받는다고 해석할 수 있을 것이다. 즉, 하위자간의 경쟁 발생(담합 억제)을 위해서는 상급자의 가치를 중심으로 하여 대립되는 가치의 하위자들을 인선하는 '분할지배적 인선구도'가 중요한 역할을 한다면, 하위자간의 합의 발생(갈등 억제)을 위해서는 하위자간 가치 대립의 크기를 지나치게 크지 않게 가져가야 한다는 것이다. 이러한 논점과 함께 현실에서 얼마나 많은 상급자들이 하위자를 인선할 때 '분할지배적 인선'을 하는지에 관한 실증적 연구 역시 향후 필요할 것으로 보인다. 역대 대통령의 인선에 있어서 '분할지배적 인선'을 수행한 비율을 검토해 봄으로서 중요한 시사점을 얻을 수도 있을 것이다.

　마지막으로 본 논문의 중요한 학문적 기여는 조직이론과 인사이론 그리고 정책이론의 다양하면서도 산만해질 수 있는 논의를 수리이론(formal theory)을 사용하여 하나의 모델로 통합하여 논의를 전개하였다는 점이다. 이는 행정학계에 있어서 보기 드문 시도이다. 특히 본 논문은 수리이론적 접근을 활용하면서도 행정학자들이 이해하기 쉬운 개념을 사용하고 있다. 이러한 접근방법이 행정학과 정책학의 수많은 영역에 적용될 때, 행정학은 비로소 체계적인 학문의 모습을 갖출 수 있을 것이다. 박통희 교수의 이 논문을 오늘날 행정학도들이 읽으면서 깊이 묵상해야 할 이유가 바로 여기에 있다.

국가배상과
공무원 개인책임

국가배상과 공무원 개인책임[*]

I. 서론

국가배상법은 제2조에서 공무원의 위법한 직무집행행위로 인한 국가배상책임을 인정하고 있다. 이에 따라 국가·지방자치단체의 배상책임이 성립할 경우 이와는 별도로 피해자가 가해공무원에 대하여 직접 손해배상을 청구할 수 있는가 하는 문제가 제기된다. 종래 '선택적 청구권(選擇的 請求權)'이라는 이름아래 다루어져 온 이 문제는 헌법 및 국가배상법의 해석 차원에서 해결되어야 할 문제인 동시에 행정상 권리구제와 공무원의 법적 책임에 관한 정책적 판단을 요하는 문제이다. 주지하는 바와 같이 국가배상책임은 위법한 행정작용에 대하여 행정이 부담하게 되는 법적 책임의 주요한 범주이다. 그 요건과 효과는 국가배상책임의 일반적인 준거법인 헌법 제29조와 국가배상법에 의해 정해져 있고 또 그에 따라 실현되는 문제이기는 하지만, 이를 단순한 법해석론적 과제라고만 보는 것은 지나치게 피상적인 견해이다. 행정비리와 불량행정의 결과는 국가의 배상책임을 발생시킴으로써 예기치 못한 행정비용(Unkosten)의 증가와 이에 따른 국고손실을 초래할 뿐만 아니라 행정에 대한 국민의 신뢰를 손상시키고 행정의 효율을 저해함으로써 '행정의 실패'를 야기하는 요인이 될 수 있다. 이처럼 국가배상책임이 단지 단순한 불법행위로 인한 손해의 전보 차원의 문제가 아니라면 이는 공무원 개인책임에 대해서도 마찬가지로 타당하다. 공무원 개인의 위법한 직무집행행위는 국가배상책임을 발생시킴으로써 국고손실과 국민의 권리이익의 침해를 초래하며 궁극적으로는 행정의 정당성 위기를 가져오는 요인이 될 수도 있다. 따라서 이에 대한 대책을 모색하는 것은 행정업무능률의 향상이나 생산성의 제고 못지않게 중요한 일이 아닐 수 없다. 직무상 위법행위에 대한 공무원의 개인책임을 인정할 것인가

---

[*] 이 논문은 1996년 『행정논총』, 제34권 제1호, pp. 85-127에 게재된 글을 수정·보완하였다. 홍준형, 「법정책의 이론과 실제」, 2008, 법문사, pp. 401-467에 수록되어 있다.

하는 문제는 준거법의 해석을 통한 피해자의 손해전보라는 미시적·법학적 측면뿐만 아니라 그로 인한 배상책임을 지는 국가의 부담, 직무상 위법행위의 억제 및 제재에 대한 행정통제적·행정윤리적 요청, 직무상 위법행위로 인한 책임분담의 형평에 대한 사회적 요구, 공무원 개인이 배상책임에 노출됨으로써 초래될 수 있는 직무수행의욕의 감퇴와 원활한 직무수행의 저해 등과 같은 거시적·행정정책적 측면을 지니는 문제인 것이다. 이러한 문제의 본질을 도외시하고서는 법해석이나 법정책 어느 곳에서도 사회적으로 합당한 결론에 도달할 수 없다. 이러한 견지에서 국가배상법상 공무원의 위법한 직무집행에 대한 개인책임의 인정여부 및 인정범위에 관한 학설과 판례를 검토하고 비교법적·법정책적 논의를 통하여 문제의 해결책을 제시하려는 것이 이 글의 목적이다.

II. 국가배상법상 공무원 개인의 책임에 관한 학설과 판례

1. 학설

국가배상법상 국가나 지방자치단체 외에 가해공무원 개인에 대하여 직접 그의 위법한 직무집행으로 인한 손해의 배상을 청구할 수 있는지에 관하여는 크게 이를 일반적으로 부정하는 견해(否定說), 일반적으로 긍정하는 견해(肯定說) 그리고 고의·중과실의 경우에 한하여 긍정하는 견해(制限的 肯定說)가 대립하고 있다.

(1) 부정설

국가·공공단체의 배상책임은 원래 공무원개인이 부담하여야 하는 것이지만 피해자구제의 견지에서 이를 대신하여 지는 책임이라고 이해하는 입장에서, 국가가 가해공무원을 대신하여 그 배상책임을 인수한 이상 공무원 개인에 대한 손해배상청구권(선택적 청구권)은 인정되지 않는다고 보는 견해이다. 이것은 행정법학계에서의 다수설로서,[1] 충분한 배상자력을 지니고 있는 국가(지방자치단체)가 배상책임을 지는 이상 피해자구제에는 지장이 없으며, 가해공무원 개인의 무한책임이 인정되면 이로 인해 공무원의 직무집행이 위축될 것이므로 이를 면제함으로써 행정의 원활한 기능수행을 보장할 필요가 있고, 공무원 개인이 피해자에게 직접 책임을 진다면 경과실의 경우에도 책임을 져야 하는데 이는 고의·중과실의 경우에만 국가의 구상권을 인정한 것과

---

1) 김도창, 일반행정법론(상), 638; 이상규, 신행정법론(상), 611; 박윤흔, 최신행정법론(상), 657; 윤세창, 행정법(상), 288; 변재옥, 행정법 I, 508 등.

균형이 맞지 않으며, 따라서 피해자의 구제와 공무수행상의 능률의 조화라는 관점에서 선택적 청구를 부정하는 것이 타당하다[2]는 등의 논거에 의거하고 있다. 그 결과 "이 경우 공무원 자신의 책임은 면제되지 아니한다"는 헌법 제29조 제1항 단서에 의한 책임을 국가 등의 구상에 응하는 책임(구상책임)으로 이해한다. 반면 이와는 달리 자기책임설적 입장에 서면서도 대외적으로는 국가책임만 인정하고 공무원의 개인책임은 부정하는 견해도 있으며,[3] 후술하는 중간설의 입장에 서면서도 선택적 청구를 부인하는 견해도 있다.

(2) 전면긍정설(全面肯定說)

이것은 공무원의 직무상 불법행위로 손해를 입은 자는 그가 속하는 국가나 지방자치단체에 대해서 뿐만 아니라 공무원 개인에 대해서도 선택적으로 손해배상을 청구할 수 있다고 보는 견해이다.[4] 이것은 헌법학계의 통설로서 그중 대표적인 논거를 보면 헌법 제29조 제1항 단서의 규정에 의한 책임은 행정내부관계에서의 구상책임에 관한 것이 아니라 가해공무원의 피해자에 대한 책임이라고 파악하는 헌법해석, 국가배상책임은 국가의 자기책임이며 민법 제35조에 의한 법인의 불법행위책임에 상응하는 것으로서 가해행위는 국가의 행위인 동시에 공무원 자신의 행위이며 국가등의 책임과 공무원 개인의 책임은 양립할 수 있으므로 가해공무원에 대해서도 선택적으로 배상을 청구할 수 있다는 점, 공무원의 직접책임을 부인하게 되면 책임의식이 박약해지는 결과를 초래할 수 있다는 점 등이 주장되고 있다. 대위책임설의 입장에 서면서도 피해구제의 신속·확실성을 기한다는 취지에서 선택적 청구가 허용된다고 하는 견해도 있다.[5]

(3) 제한적 긍정설(制限的 肯定說)

이것은 고의·중과실의 경우에 한하여 선택적 청구권을 인정하는 견해지만, 그 논거는 한결같지 않다. 국가의 배상책임을 공무원의 위법행위가 경과실(輕過失)에 기한 것인 때에는 자기책임(自己責任)으로, 고의(故意)·중과실(重過失)에 의한 것인 때에는 대위책임(代位責任)으로 보는 중간설의 견지에서 전자의 경우에 한하여 선택적 청

---

2) 박윤흔, 최신행정법강의(상), 1996, 박영사, p. 657.
3) 서원우, 현대행정법론(상), p. 701.
4) 문홍주, 한국헌법, p. 275; 그 밖에 유진오, 강병두, 박일경, 구병삭 등의 견해.
5) 김철수, 헌법학개론, 박영사, 1995, pp. 618–619 및 p. 618 각주 1. 공무원에 대한 직접청구를 허용하면 절차도 간단하고 배상심의위원회를 거칠 필요도 없으며 국가배상법의 배상기준적용도 받지 않기 때문에 피해자에게 유리하다는 점을 감안한 것이라고 한다.

구권을 인정하는 견해가 있는 ˙반면, 자기책임설의 입장에 서서 고의·중과실의 경우에 한하여 선택적 청구권을 인정하는 견해도 있다. 후자는 경과실의 경우에도 민법의 규정에 따라 공무원이 개인책임을 지도록 하는 것은 국가배상법 제2조 제2항이 경과실의 경우에는 공무원이 국가에 대해 지는 구상책임을 면제한 것과 균형이 맞지 않으므로 그 입법취지를 고려하여 공무원의 민사상 배상책임도 고의·중과실의 경우에 한정되는 것으로 보아야 한다고 주장한다.[6] 한편 일본에서 주장되고 있는 고의의 경우에 한해서만 공무원 개인책임을 인정하자는 가중제한적 긍정설을 취하는 학자는 거의 없다.[7]

2. 판례(判例)

판례는 종래 선택적 청구권을 인정하는 입장을 견지해 왔다. 즉, 대법원은 일련의 판례에서 직무상 불법행위를 한 공무원은 국가배상법상의 공무원 자신의 책임에 관한 규정여하에 관계없이 손해를 입은 자에 대하여 민사상의 손해배상책임을 진다고 판시해왔고,[8] 문헌 역시 이러한 판례의 입장을 긍정설로 파악해왔다.

> "헌법 제26조 단서는 국가 또는 공공단체가 불법행위로 인한 손해배상책임을 지는 경우 공무원 자신의 책임은 면제되지 아니한다고 규정하여 공무원의 직무상 불법행위로 손해를 받은 국민이 공무원 자신에 대하여도 직접 그의 불법행위를 이유로 손해배상책임을 청구할 수 있음을 규정하여 국가배상법의 공무원 자신의 책임에 관한 규정여하를 기다릴 것 없이 공무원자신이 불법행위를 이유로 민사상의 손해배상책임을 져야 할 법리이다."[9]

그러나 대법원은 1994년 4월 12일자 판결에서 다음과 같이 판시함으로써 선택적 청구권을 정면에서 부정했다.

---

6) 김철용, 국가배상법 제2조에 관한 연구, 건국대학교 박사학위논문, 1975, 129.
7) 阿部泰隆, 국가보상법, 유비각, 1988, 70; 대판고판 1962.5.17, 고민집 15권6호 403 등.
8) 대법원 1972.10.10 선고 69다701판결. 그 밖에 공무원과 국가는 손해배상책임에 관하여 부진정 연대채무자의 지위에 있다는 판결(대법원 1972.2.22 선고 71다2535판결)이 있고, 또 집달리의 가해행위에 의한 손해배상청구에 있어서 국가배상을 인정한 판결(대법원 1966.7.26 선고 66다854판결) 뿐만 아니라 집달리 자신에 대한 직접청구를 인정한 판결(대법원 1966.1.25 선고 65다2318판결)이 있다.
9) 대법원 1972.10.10 선고 69다701판결.

"공무원의 직무상 불법행위로 인하여 손해를 받은 사람은 국가 또는 공공
단체를 상대로 손해배상을 청구할 수 있고, 이 경우에 공무원에게 고의
또는 중대한 과실이 있는 때에는, 국가 또는 공공단체는 그 공무원에게
구상할 수 있을 뿐, 피해자가 공무원 개인을 상대로 손해배상을 청구할
수 없다. 따라서 교통사고를 낸 공무원이 피해자와 합의한 금원을 보험회
사인 피고에게 청구할 수는 없다"[10]

이것은 대법원이 판례변경의 절차를 거치지도 않은 채 종전의 판례를 전격적으
로 폐기한 것이어서 그것만으로도 적지 않은 우려와 비판의 소지를 지니고 있었다.
아닌게 아니라 이 판례의 타당성에 대해서는 강력한 비판이 제기되었다. 즉, 우리 헌
법이 국가의 배상책임 이외에 따로 공무원의 책임을 명시하고 있는 것(§ 29 ① 단서)
은 제1차적으로는 국가내부에서의 공무원의 책임(기관내부에서의 변상책임·공무원법상
의 책임)을 명시하는 것이지만 제2차적으로는 '공무원의 국민에 대한 책임'(§ 7 ①, 즉
국민에 대한 형사책임 및 정치적 책임을 밝히는 것이라고 보아야 한다는 주장[11])이나
경과실인 경우에는 몰라도 고의나 중과실에 의하여 국가배상책임을 발생케 한 공무
원에 대해서는 직접 배상책임을 지도록 해야 한다는 주장[12] 등이 제기되었다. 그러나
대법원은 1996년 2월 15일 전원합의체판결에서 공무원의 개인책임이 배제되는 것은
경과실의 경우에 한하며 고의 또는 중과실의 경우에는 공무원의 개인책임이 인정된
다고 판시함으로써[13] 다시금 위의 판례를 번복하였다.

---

10) 대법원 1994.4.12 선고 93다11807판결. 이것은 경찰서 경비과장인 원고가 경찰차량에 방위병
을 태우고 운전하고 가다가 차량을 전복시켜 위 방위병을 치상케 한 후 위 방위병과 합의한
금액을 피고 보험 회사를 상대로 청구한 사건에서 이를 인용한 원심판결을 대법원이 파기환
송한 사건이다. 이 판결에 대한 평석으로는 대법원판례해설 21(15. 공무원의 직무상 불법행위
와 공무원 자신의 손해배상책임, 최세모), 민사재판의 제문제 8(국가배상과 공무원의 개인책
임, 김기동) 공무원에 대한 배상청구권(정하중, 법률신문 1994.9.5), 국가배상과 공무원의 개
인책임(김기동, 법조 1994.10.), 공무원의 직무상 불법행위와 공무원 개인의 손해배상책임(차
한성, 민사판례연구 17) 등을 참조.
11) 허영, 『한국헌법론』, 1995, p. 552, 763.
12) 김철용, "공무원개인의 불법행위책임"(판례월보 1994, 290), p.31 각주 25.
13) 이 판결에 찬동하는 견해로는 김동희, "공무원이 직무집행중 불법행위로 타인에게 손해를 입
힌 경우, 공무원의 개인책임 성립여부", 판례월보 1996/6(309호), 25−32, 반대하는 견해로는
정하중, 판례월보; 류지태, "공무원의 행정상 손해배상책임", 법률신문 1996.4.29., 14−15 등
을 참조.

< 대법원의 1996년 2월 15일 전원합의체판결 >

"[1] [다수의견] 헌법 제29조 제1항 단서는 공무원이 한 직무상 불법행위로 인하여 국가등이 배상책임을 진다고 할지라도 그 때문에 공무원 자신의 민·형사책임이나 징계책임이 면제되지 아니한다는 원칙을 규정한 것이나, 그 조항 자체로 공무원 개인의 구체적인 손해배상책임의 범위까지 규정한 것으로 보기는 어렵다.

[별개의견] 헌법 제29조 제1항 단서의 공무원 개인책임은 그 본문과 연관하여 보면 이는 직무상 불법행위를 한 그 공무원 개인의 불법행위책임임이 분명하며, 여기에서 말하는 불법행위의 개념은 법적인 일반개념으로서, 그것은 고의 또는 과실로 인한 위법행위로 타인에게 손해를 가한 것을 의미하고, 이 때의 과실은 중과실과 경과실을 구별하지 않는다는 일반론에 의문을 제기할 여지가 없어 보인다.

[반대의견] 헌법 제29조 제1항 단서의 규정은 직무상 불법행위를 한 공무원 개인의 손해배상책임이 면제되지 아니한다는 것을 규정한 것으로 볼 수는 없고, 이는 다만 직무상 불법행위를 한 공무원의 국가 또는 공공단체에 대한 내부적 책임 등이 면제되지 아니한다는 취지를 규정한 것으로 보아야 한다.

[2] [다수의견] 국가배상법 제2조 제1항 본문 및 제2항의 입법취지는 공무원의 직무상 위법행위로 타인에게 손해를 끼친 경우에는 변제자력이 충분한 국가 등에게 선임감독상 과실 여부에 불구하고 손해배상책임을 부담시켜 국민의 재산권을 보장하되, 공무원이 직무를 수행함에 있어 경과실로 타인에게 손해를 입힌 경우에는 그 직무수행상 통상 예기할 수 있는 흠이 있는 것에 불과하므로, 이러한 공무원의 행위는 여전히 국가 등의 기관의 행위로 보아 그로 인하여 발생한 손해에 대한 배상책임도 전적으로 국가 등에만 귀속시키고 공무원 개인에게는 그로 인한 책임을 부담시키지 아니하여 공무원의 공무집행의 안정성을 확보하고, 반면에 공무원의 위법행위가 고의·중과실에 기한 경우에는 비록 그 행위가 그의 직무와 관련된 것이라고 하더라도 그와 같은 행위는 그 본질에 있어서 기관행위로서의 품격을 상실하여 국가 등에게 그 책임을 귀속시킬 수 없으므로 공무원 개인에게 불법행위로 인한 손해배상책임을 부담시키되, 다만 이러

한 경우에도 그 행위의 외관을 객관적으로 관찰하여 공무원의 직무집행
으로 보여질 때에는 피해자인 국민을 두텁게 보호하기 위하여 국가 등이
공무원 개인과 중첩적으로 배상책임을 부담하되 국가 등이 배상책임을
지는 경우에는 공무원 개인에게 구상할 수 있도록 함으로써 궁극적으로
그 책임이 공무원 개인에게 귀속되도록 하려는 것이라고 봄이 합당하다.

[별개의견] 국가배상법 제2조 제2항의 입법취지가 공무원의 직무집
행의 안정성 내지 효율성의 확보에 있음은 의문이 없는 바이나, 위 법 조
항은 어디까지나 국가 등과 공무원 사이의 대내적 구상관계만을 규정함
으로써, 즉 경과실의 경우에는 공무원에 대한 구상책임을 면제하는 것만
으로써 공무집행의 안정성을 확보하려는 것이고, 대외적 관계 즉 피해자
(국민)와 불법행위자(공무원) 본인 사이의 책임관계를 규율하는 취지로
볼 수는 없다. 그것은 국가배상법의 목적이 그 제1조가 밝히고 있는 바와
같이 국가 등의 손해배상책임과 그 배상절차 즉 국가 등과 피해자인 국민
간의 관계를 규정함에 있고 가해자인 공무원과 피해자인 국민 간의 관계
를 규정함에 있는 것이 아닌 점에 비추어 보아도 명백하다.

[반대의견] 헌법 제29조 제1항 및 국가배상법 제2조 제1항의 규정이
공무원의 직무상 불법행위에 대하여 자기의 행위에 대한 책임에서와 같
이 국가 또는 공공단체의 무조건적인 배상책임을 규정한 것은, 오로지 변
제자력이 충분한 국가 또는 공공단체로 하여금 배상하게 함으로써 피해
자 구제에 만전을 기한다는 것에 그치는 것이 아니라, 더 나아가 국민 전
체에 대한 봉사자인 공무원들로 하여금 보다 적극적이고 능동적으로 공
무를 수행하게 하기 위하여 공무원 개인의 배상책임을 면제한다는 것에
초점이 있는 것으로 보아야 한다.

[3] [다수의견] 공무원이 직무수행 중 불법행위로 타인에게 손해를 입힌
경우에 국가 등이 국가배상책임을 부담하는 외에 공무원 개인도 고의 또
는 중과실이 있는 경우에는 불법행위로 인한 손해배상책임을 진다고 할
것이지만, 공무원에게 경과실뿐인 경우에는 공무원 개인은 손해배상책임
을 부담하지 아니한다고 해석하는 것이 헌법 제29조 제1항 본문과 단서
및 국가배상법 제2조의 입법취지에 조화되는 올바른 해석이다.

[별개의견] 공무원의 직무상 경과실로 인한 불법행위의 경우에도 공
무원 개인의 피해자에 대한 손해배상책임은 면제되지 아니한다고 해석하

는 것이, 우리 헌법의 관계 규정의 연혁에 비추어 그 명문에 충실한 것일 뿐만 아니라 헌법의 기본권보장 정신과 법치주의의 이념에도 부응하는 해석이다.

[반대의견] 공무원이 직무상 불법행위를 한 경우에 국가 또는 공공단체만이 피해자에 대하여 국가배상법에 의한 손해배상책임을 부담할 뿐, 공무원 개인은 고의 또는 중과실이 있는 경우에도 피해자에 대하여 손해배상책임을 부담하지 않는 것으로 보아야 한다.

[반대보충의견] 주권을 가진 국민 전체에 대한 봉사자로서 공공이익을 위하여 성실히 근무해야 할 공무원이 공무수행 중 국민에게 손해를 가한 경우, 국민의 봉사자인 공무원이 봉사 대상이 되는 피해자인 국민과 직접 소송으로 그 시비와 손해액을 가리도록 그 갈등관계를 방치하는 것보다는 국가가 나서서 공무원을 대위하여 그 손해배상책임을 지고, 국가가 다시 내부적으로 공무원의 직무상 의무의 불이행 내용에 따라 고의·중과실이 있는 경우에만 구상의 형태로 그 책임을 물어 공무원의 국민과 국가에 대한 성실의무와 직무상 의무의 이행을 제도적으로 확보하겠다는 것이, 헌법 제29조 제1항 단서와 국가배상법 제2조 제2항의 취지라고 해석함이 이를 가장 조화롭게 이해하는 길이 될 것이다.

[4] [다수의견] 공무원의 직무상 위법행위가 경과실에 의한 경우에는 국가배상책임만 인정하고 공무원 개인의 손해배상책임을 인정하지 아니하는 것이 피해자인 국민의 입장에서 보면 헌법 제23조가 보장하고 있는 재산권에 대한 제한이 될 것이지만, 이는 공무수행의 안정성이란 공공의 이익을 위한 것이라는 점과 공무원 개인책임이 인정되지 아니하더라도 충분한 자력이 있는 국가에 의한 배상책임이 인정되고 국가배상책임의 인정요건도 민법상 사용자책임에 비하여 완화하고 있는 점 등에 비추어 볼 때, 헌법 제37조 제2항이 허용하는 기본권 제한 범위에 속하는 것이라고 할 것이다.

[별개의견] 아무리 공무집행의 안정성이 공공의 이익에 속한다고 하더라도 그것은 어디까지나 공무집행이 적법하여야만 공공의 이익으로 되는 것이고 위법한 공무집행의 안정성이 공공의 이익에 부합될 수 없으며, 위법한 공무집행으로 손해를 입은 피해자에게 그 손해를 감수하라고 하는 것은 명분이 서지 않는다. 반대로 위법행위의 억제 기능이 느슨해져서

국가의 재정 부담이 증가하면 그것이 공공의 이익에 반하는 결과가 될 것이다. 뿐만 아니라 공공복리를 위하여 필요한 경우에도 국민의 기본권 제한은 반드시 법률로써 하여야 할 것인데, 그러한 법률이 없는데도 해석으로 이를 제한하는 것은 경계할 일이다.

[5] [다수의견] [3]항의 법리는 피해자가 헌법 제29조 제2항, 국가배상법 제2조 제1항 단서 소정의 공무원으로서 위 단서 조항에 의하여 법률에 정해진 보상 외에는 국가배상법에 의한 배상을 청구할 수 없는 경우라고 하여 달리 볼 것은 아니다. 왜냐하면 헌법 제29조 제2항은 군인, 군무원, 경찰공무원, 기타 법률이 정한 공무원의 경우 전투, 훈련 등 직무집행과 관련하여 받은 손해에 대하여 법률이 정하는 보상 외에 국가 등에 대하여 공무원의 직무상 불법행위로 인한 배상을 청구할 수 없도록 규정하고 있고 국가배상법 제2조 제1항 단서도 이를 이어 받아 이를 구체화하고 있지만, 이는 군인 등이 전투, 훈련 등과 관련하여 받는 손해에 한하여는 국가의 손해배상을 인정하지 아니하고 법률이 정한 보상만을 인정함이 타당하다는 헌법적 결단에 의한 것이기 때문이다.

[반대보충의견] 군인등은 그 직무의 특수성으로 직무상 사고를 당할 고도의 위험성이 있으므로 그 직무집행중의 사고에 의한 위험은 국가가 이를 인수하여 그 피해자를 국가유공자로 예우하면서 그 사고에 대하여는 배상이 아닌 보훈 차원에서 종합적으로 배려하여 보상으로 해결하겠다는 것이 헌법 제29조 제2항의 취지라 할 것이다.14)

III. 국가배상책임과 공무원 개인책임에 관한 비교법적 고찰

1. 일본

일본의 경우 국가나 공공단체 이외에 가해공무원 자신이 피해자에 대하여 직접 손해배상책임을 부담하는지 여부에 관하여 우리나라와 유사하게 부정설, 제한적 긍정설, 긍정설이 대립하고 있다. 이에 관하여는 일본 국가배상법 제1조에 의한 책임은

---

14) 대법원 1996.2.15 선고 95다38677판결(공96.3.15.[6], 771 손해배상(자) (나) 파기환송). 이 판결에는 대법관 4인의 별개의견과 대법관 2인의 반대의견이 붙어 있다. 이후 대법원은 1996년 3월 8일자 판결(94다23876)에서 동일한 법리를 재확인했다(다만 대법원은 공무원이 자동차를 운행하여 공무집행을 하던 중 사고로 타인을 사상케 한 경우 그 공무원 개인은 자동차손해배상보장법에 의하여 개인적으로 책임을 부담하며 경과실면책은 인정되지 아니한다고 판시했다).

국가의 자기책임이고 본래 공무원의 책임과는 무관한 것으로서 국가가 책임을 부담하는 것과 공무원 개인의 책임과는 별개의 문제이며 따라서 원칙론으로는 국가가 책임을 부담한다고 하여 공무원의 책임이 배제된다고 해야할 근거는 존재하지 않는다는 이유에서 공무원도 국가와 병행적으로 개인책임을 지는 것이라는 견해[15]가 있고, 국가책임과 별도로 공무원이 고의 또는 중과실이 있는 경우 피해자에 대하여 직접 책임을 인정한 하급심판례[16]도 있으나 이를 부정하는 것이 통설[17]이자 확립된 판례[18]이다. 제한적 긍정설은 고의 또는 중과실이 있는 경우에 한하여 공무원 개인의 책임을 인정하는 견해이며 다시 이를 더 제한하여 고의가 있는 경우에만 공무원 개인책임을 인정하는 가중제한적 긍정설도 주장되고 있다.[19] 일본의 경우 일반적으로 대위책임설의 입장에서는 부정설을 취하고 자기책임설의 입장에서는 제한적 긍정설 내지 긍정설을 취하는 경향이 있으나 이는 반드시 논리필연적 귀결은 아니며 별개의 검토를 요하는 문제라고 이해되고 있다.[20]

2. 독일

독일의 경우 직무상 불법행위에 대한 공무원 개인의 책임은 국가배상책임의 대위책임설적 이해에 따라 일반적으로 부정되고 있다. 즉 대위책임설에 따르면 국가공공단체의 배상책임은 원래 공무원개인이 부담하여야 할 책임이지만 피해자구제의 견지에서 충분한 배상자력(賠償資力)을 가진 국가·공공단체가 책임을 인수한 것(Haftungsübernahme)이라고 보기 때문에 국가가 배상책임을 지는 이상 공무원 개인에 대한 손해배상청구를 인정할 필요는 없다는 것이다. 이는 독일법상 직무책임(Amtshaftung)

---

15) 今村成和, 國家補償法, 有斐閣, 1957, 122.
16) 東京地判 1971.10.11, 判例時報 644號, 22; 札幌地判 1971.12.24, 判例時報 653號 22.
17) 塩野 宏, 行政法 II, 有斐閣, 1992, 251; 下山瑛二, 國家補償法, 1973, 246-247; 稻葉馨, 公權力の行使にかかわる關賠償責任, 現代行政法大系 6, 1983, 53; 西埜 章, 國家賠償責任と違法性, 一粒社, 1987, 42; 古崎慶長, 國家賠償法, 有斐閣, 1971, 197이하; 小高剛, 公務員個人の責任, 現代損害賠償法講座 6, 日本評論社, 1974 등. 한편 명치헌법하에서는 국가의 배상책임은 물론 공무원 개인의 책임도 인정되지 않았다고 한다.
18) 最高裁 1955.4.19(民集 9·534); 行政判例百選 II 138사건; 1978.10.20(民集 32·1367) 등.
19) 阿部泰隆, 國家補償法, 有斐閣, 1988, 70; 大阪高判 1962.5.17, 高民集 15卷6號 403. 塩野 宏(行政法 II, 252) 역시 그와 유사하게 공무원이 그 사리사욕을 위해 불법행위를 한 경우 외형표준설에 의하여 국가배상책임이 성립하는 것으로 보는 경우에는 공무원의 피해자에 대한 면책을 그대로 유지할 수 있을지 의문이라는 태도를 보이고 있다.
20) 下山瑛二, 國家補償法, 1973, 246-247; 稻葉馨, 公權力の行使にかかわる關賠償責任, 現代行政法大系 6, 1983, 53; 西埜 章, 國家賠償責任違法性, 一粒社, 1987, 42 및 각주 1에 인용된 문헌들을 참조.

의 기본사상이었고 또 1981년 6월 26일 연방헌법재판소의 위헌판결[21])에 의해 국가책임법(Staathaftungs- gesetz)이 좌절된 이후 현재까지도 통용되는 법리에 따른 결과이다. 물론 당초에는 공무원의 고의·과실에 의한 위법행위로 인하여 손해를 입은 국민에게 오로지 공무원 개인의 민사상의 책임에 근거한 배상청구권만이 인정되었다(ALR §§ 89-91 II 10). 이러한 규율태도는 1900년에 발효된 민법(BGB) 제839조에 의해서도 답습되었고, 이른바 위임의 한계이론(Mandatstheorie)에 의해 정당화되었다. 이에 따르면 공무원은 오로지 적법한 행위만을 위임(Mandat: Auftrag)받고 있는 것이므로 그의 위법한 행위는 국가에 귀속될 수 없으며 단지 그 공무원의 개인적 책임으로 돌아가야만 한다. 따라서 그 공무원 개인이 자신의 위법행위에 대하여 일반적인 불법행위규정에 따른 책임을 부담해야 한다는 것이다.[22]) 반면 그 배상청구권이 가해공무원에 대하여만 행사될 수 있었으므로 배상의 실현가능성은 그 공무원 개인의 지불능력(Zahlungsfähigkeit)에 의존할 수밖에 없었는데, 공무원의 배상자력이 불충분하다는 사실이 판명됨에 따라 결국 국가나 공공단체가 법률규정에 의해 가해공무원 대신에 책임을 지도록 하는 직무책임제도(職務責任制度)가 성립되었다. 대표적인 예로 1909년의 프로이센 국가책임법 제1조 제1항은 「공무원이 자기에게 위임된 공권력의 행사에 있어서 고의 또는 과실로 제3자에 대하여 지는 직무의무를 위반한 때에는 민법 제839조에 규정된 공무원책임을 국가가 대위한다.」고 규정했고 이것은 바이마르헌법을 거쳐 오늘날 기본법 34조로 계승되었다. 이러한 국가에 의한 책임의 인수는 당시 두 가지 이유에서 뒷받침되었고 또 도입되었다. 첫째, 피해를 입은 시민에게 국가라는 지불능력을 갖춘 채무자를 확보해 주어야 한다는 피해자보호의 요청, 둘째, 피해자에 대해 가해공무원 개인이 무한책임을 질 위험으로 말미암은 공무원의 이니시어티브와 직무수행의욕의 감퇴를 방지해야 한다는 행정의 원활한 기능수행(Funktionsfähigkeit der Verwaltung)에 대한 고려가 그것이었다.[23]) 다만 이러한 책임의 인수는 공법적 활동영역에 한해서만 인정되었고, 사법적(司法的) 행정활동에 대해서는 예나 지금이나 역시 공무원 개인이 책임을 지도록 되어 있다. 한편 주목할 만한 사실은 위헌으로 무효화되기는 했지만, 1981년의 국가책임법은 자기책임설에 입각하면서도 공무원의 개인책임을 부정하는 입장을 취하고 있었다는 것이다.[24]) 이 점은 독일에서도 국가배상

---

21) BVerfGE 61, 149 = DÖV 1982, 982 mit Anmerkung. Ossenbühl.
22) Maurer, § 25 Rn.3.
23) Maurer, § 25 Rn.5.
24) 1981년의 국가책임법(Staatshaftungsgesetz vom 26.Juni.1981, BGBl. I. S.553) 제1조 제1항 및 제3항: Maurer, § 30 Rn.15-16, 34; 류지태, 『행정법신론』, 신영사, 1996, 337.

책임의 본질이해와 공무원 개인책임의 인정여부가 논리필연적으로 연관되어 있지 않
다는 사실을 말해준다.

3. 프랑스

국가배상책임(國家賠償責任)을 국가나 공법인의 자기책임(自己責任)으로 파악하는
것은 주지하는 바와 같이 프랑스 국가보상법의 기초가 되고 있다. 물론 프랑스에서도
당초 19세기 전반까지는 주권의 당연한 결과로서 국가무책임원칙이 유지되고 있었고
공무원개인의 책임만이 민사법원의 관할로서 다루어졌다. 그러나 공무원의 개인책임
을 추궁하기 위한 손해배상청구소송을 제기하려면 꽁세유데따(Conseil d'État: C.E.: 프
랑스 행정법원)의 허가를 받아야 했고 그 허가가 부여된 경우가 드물었기 때문에 현실
적으로 공무원의 개인책임은 예외적으로만 인정되고 있었다. 국가무책임의 원칙은 이
른바 국가의 주권적 작용이 아닌 관리작용(gestion)에 관하여 국가가 사용하는 자의
행위로 인해 발생한 손해를 전보할 책임을 진다는 원칙을 선언한 관할재판소(Tribunal
des Conflits: T.C.)의 블랑꼬 판결(Blanco; Confl., 1873.2.8., Gr.Ar., n°1)에 의하여 포기
되었다. 블랑꼬 판결 몇달후 관할재판소는 삘띠에 판결(Pelletier; Confl., 1873.7.30.,
Gr.Ar., n°2)을 통해 국가책임과 공무원책임의 상호배제원칙, 즉 '책임비중복'(責任非重
複, non-cumul des responsabilités)의 원칙을 확립했다. 삘띠에 판결에서 관할재판소
는 "행정작용으로 인한 손해의 배상책임이 일률적으로 공무원 개인에게만 귀속되고
민사법원에 의하여 처리됨으로써 행정의 기능수행에 개입하는 결과가 된다면 이는 권
력분립의 원칙을 침해하는 것"이므로 공무원 개인책임이 성립하는 경우와 국가의 책
임이 성립하는 경우를 구별해야 한다고 판시했다. 이에 따라 프랑스의 국가배상제도
는 정상적인 직무수행으로부터 분리(分離)될 수 있는 행위자의 개인과실(faute
personnelles, détachable de l'exercice normal de la fonction administrative)과 역무과실
(faute de service; 機關過失)을 구별하여 전자(前者)의 경우는 공무원 개인의 배상책임
으로서 이를 민사법원에서 민법(Code civil)의 규정(§ 1382)에 따라 처리하고, 후자(後
者)의 경우에는 국가(公法人)의 자기책임을 인정하여 이를 행정법원에서 공법적 기준
에 의하여 처리하는 이원적 체계를 취하게 되었다.[25]

---

25) 또한 프랑스행정법에서는 제한된 경우에 예외적으로 인정되는 유형이기는 하지만 무과실책
   임(reponsabilité sans faute)으로서 위험책임(reponsabilité pour risque)과 위험개념의 매개없
   이도 일정한 경우 성립하는 특수한 유형의 무과실책임이 인정되고 있는데, 이들 역시 국가의
   自己責任으로서 인정되고 있다(Rivero, p.356ff.).

프랑스의 국가배상책임법제를 이해함에 있어 주의해야 할 점은 역무과실의 경우 과실이란 주관적 과실이라기 보다는 오히려 객관적인 하자(客觀的인 瑕疵)에 가까운 개념이라는 사실이다. 물론 역무과실에 의한 책임도 과실책임이라고 볼 수는 있으나 여기서 말하는 과실이란 독일법상의 과실개념 보다 훨씬 객관성을 띠는 개념이기 때문이다.[26] 또한 프랑스법에 있어 모든 종류의 역무과실이 국가배상책임을 성립시키는 것은 아니라는 점을 인식할 필요가 있다. 역무과실은 판례상 중과실(faute lourde)과 단순과실(faute simple)로 구분되는데, 법관이 판단하기에 특별히 어렵고 근본적인 중요성을 띤 역무에 있어서는 중과실이 있는 경우에만 국가배상책임이 성립하는 것으로 보고 있기 때문이다.[27] 이 점은 이제까지 국내문헌에서 제대로 소개되지 않았던 사실이다. 가령 경찰역무의 경우, 특별한 곤란성이 따르지 않는 내근사무를 수행하는 때에는 단순과실만으로도 국가배상책임을 인정할 수 있고 또 무기사용으로 인한 사고와 같이 국가의 무과실책임이 인정되는 예외적인 경우를 제외하고는, 원칙적으로 중과실이 있는 경우에만 국가배상책임을 인정하고 있다.[28] 그 밖에도 중과실이 있는 경우에만 국가배상책임이 인정되는 경우로는 소방활동, 자치단체의 감독권행사, 병원에서의 의료상의 책임, 재정행정활동 등을 들 수 있다.[29]

프랑스에 있어 국가배상책임은 역무과실에 의한 자기책임으로 이해되고 있다. 따라서 국가나 공법인의 책임이 성립하는 이상, 그 한도내에서 공무원 개인의 책임이 성립할 여지는 없다. 국가나 공법인이 그 역무의 흠으로 인하여 책임을 진다는 것과 공무원이 그 직무와 무관한 관계에서 범한 개인과실에 의해 민사상 책임을 진다는 것은 별개의 문제라고 이해하기 때문이다. 그 결과 국가와 공무원 개인에 대한 선택적 청구권의 문제도 원칙적으로 발생하지 않는다. 이것이 당초 프랑스에서 발전된 자기책임의 법리였다. 그러나 이러한 의미의 자기책임설을 바탕으로 하면서도 국가책임과 공무원개인의 책임이 상호 배척하는 것은 아니며 오히려 중첩가능한 관계에 설 수 있다고 보는 것이 오늘날 프랑스행정법의 학설과 판례의 태도이다.[30] 즉 뻴띠에(Pelletier) 판결 이래 국가책임과 공무원책임의 상호배제원칙, 즉 '책임비중복(責任非重複)'의 원칙에 따라 역무과실은 공무원 개인의 책임으로 돌릴 수 없으며, 국가의 책임만이 성립

---

26) M. Fromont, Staatshaftungsrecht in Frankreich, DÖV 1982, 928.
27) Rivero/Waline, n°287.
28) Rivero/Waline, n°287; C.E., 1972.10.20., Marabout, A.J., p. 597; 1984.2.10., Mme Dufour, A.J., 1984, p. 403.
29) Rivero/Waline, n°287.
30) Rivero/Waline, n°278, pp. 231-232.

한다는 원칙이 확립되었으나, 그 결과는 피해자가 종종 손해전보에 불충분한 공무원의 개인재산에 의해서만 배상을 받을 수 있었기 때문에 매우 불합리한 것으로 비판되었다. 그리하여 판례는 일정한 경우 개인과실과 역무과실이 함께 손해의 발생에 경합한 것으로 볼 수 있다는 것을 시인하기 시작했다. 1911년의 앙그 판결(Anguet: C.E., 1911.2.3., Gr.Ar., n°26)이 그 예인데 이 사건에서 정상적인 근무시간 이전에 문이 닫기는 바람에 제대로 관리되지 않은 비상구를 통해 나가려다(역무과실) 우체국직원에게 공격을 받아 부상을 입은(개인과실) 원고에게 민사법원에서 당해 우체국직원의 개인과실을 근거로 민사상 손해배상을 청구하거나 행정법원에서 역무과실을 근거로 공법인에게 손해배상을 청구함으로써 피해 전부의 배상을 받을 수 있는 선택권을 갖는다는 법리가 인정되었다. 그러나 이것은 어디까지나 '과실의 중복'(cumul de la faute)에 해당하는 것이었을 뿐, 동일·단일한 과실에 의하여 국가배상책임과 공무원 개인의 책임이 동시에 성립하게 된 사례는 아니었다. 책임의 중복을 부인하는 판례이론이 정면에서 번복된 것은 1918년 르모니에(Lemonnier)판결(C.E., 1918.7.26, Gr.Ar., n°36)에 의해서였다. 이 사건에서 행정법원(C.E.)은 공무원이 그가 수행하는 역무에 따라 자신이 사용할 수 있는 수단이나 권한에 의해서만 개인과실을 범할 수 있는 이상, "과실(faute)은 역무(service)에서 분리될 수 있을 것이나, 역무는 과실로부터 분리되지 않는다"고 설파한 블랭(Blum)의 논고를 받아들였다. 이 경우 역무과실이 없더라도 문제가 되는 것은 아니며, 따라서 피해자는 공무원 개인을 상대로 민사상 손해배상을 청구하거나 국가(공법인)을 상대로 하여 국가배상책임을 추궁하는 소송을 제기할 수 있다고 판시한 것이다. 이 법리는 당초 직무수행중에(en service commandé)에 과실을 범한 유일한 경우에 한하여 적용되었으나, 이후 직무수행과 무관하게, 즉 직무외의 영역에서 역무에 의해 제공된 수단들에 의해 발생한 피해에 대해서까지 계속 확대적용되었다.[31] 물론 이러한 역무와의 연관성은 피해가 개인적 적대감에 따라 의도적으로 야기된 경우에는 인정되지 않았다.[32] 그러나 역무와의 연관성이 전혀 없는 경우가 아닌 한 책임의 중복이 인정됨으로써 르모니에판결 이후 피해자에게는 '책임중복'(cumul des responsabilités)의 원칙에 따라 국가배상을 청구하거나 아니면 가해공무원 개인에게 민사상 손해배상을 청구할 수 있는 선택권이 인정되게 되었다. 공권력의 주체가 그 공무

---

31) C.E., 1949.11.18., Dlle Mimeur, GR.Ar., n°74(군용트럭을 사용하여 길을 우회한 군운전병에 의해 발생한 사고); Sadoudi, A.J.D.A., 1973, p. 606(규정상 숙소에 보관하도록 되어 있는 권총에 의해 경관이 저지른 의도하지 않은 살인행위).

32) C.E., 1954.6.23., Vve Litzler, Rec., p. 376: 세관원이 그 사생활의 범위에서 통상적으로 지급되는 무기에 의해 살인을 한 경우).

원들에게 과실을 범할 수 있는 수단이나 계기를 제공함으로써 국민을 그로 인한 위험에 노출시킨 이상 그 위험이 현재화되어 발생한 손해를 배상해야 한다는 일종의 위험책임과 법리가 적용되고 있는 것이다.[33] 그리하여 개인의 과실은 그것이 역무와 전혀 무관한 경우가 아닌 한, 공권력의 배상책임을 발생시키는 새로운 인자가 되었다고 지적되고 있다.[34] 주목해야 할 것은 당초 민사상 책임만을 발생시키는 것으로 이해되었던 개인과실이 국가의 책임을 발생시키는 사유가 되었다는 사실이다. 이는 개인책임을 전제로 국가책임을 인정한 것이므로, 국가책임을 전제로 개인책임의 성립여하를 문제로 삼는 우리나라의 접근방식과 뚜렷이 대조된다.

여기서 중요한 것은 이처럼 책임의 중복을 성립시키는 개인과실이 과연 어떤 것인가 하는데 있다. 개인과실과 역무과실의 구별은 전자는 후자와 달리 그 직무수행으로부터 분리될 수 있는 것이라는 관념에 의거하고 있다.[35] 그러한 경우로는 가령 직무수행의 범위 밖에서 직무수행과 무관하게 범한 과실(물리적 분리: détachement matériel), 직무수행중 범한 것일지라도 심리적으로 분리될 수 있는(psychologiqument détachable) 과실, 가령 자기이익의 추구, 피해자에 대한 적대감, 복수심 등과 같은 개인적 동기(mobiles personnels)에 의하거나 과실의 예외적 중대성(gravité exceptionnelle de la faute)이 난폭성·잔인성·성급함·비겁성 등과 같은 개인적 성품의 결과로만 설명될 수 있는 경우, 그리고 형사과실(faute pénale) 등을 들 수 있다.[36] 따라서 공무원이 이러한 개인과실을 역무와 관련하여 범하는 경우에는 피해자에게 선택적 청구권이 인정된다는 결과가 되는데, 이를 우리나라의 법관념으로 보면 대체로 고의나 중과실에 가까운 것이라고도 할 수 있겠지만,[37] 이를 반드시 고의·중과실과 개념적으로 동일한 것으로 볼 수 있을지는 의문이다. 프랑스법상의 개인과실이란 실은 판례에 의해 사례별로 인정된 것이어서 이를 개념적으로 일반화할 수 없을 뿐만 아니라 그 과실(faute)과 우리나라 국가배상법에서의 과실이 개념적으로 동일한 것이라고는 보기 어렵기 때문이다.

---

33) Rivero/Waline, n°301, p. 250.
34) Rivero/Waline, pp. 250-251.
35) Rivero/Waline, n°296, p. 248.
36) Rivero/Waline, n°296, p. 248. 라페리에르(Laferrière)의 표현을 빌리자면 "다소간에 실수를 할 수 있는 공무원이 아니라 나약함, 열정 또는 경솔함을 지닌 인간을 드러내는 경우"를 말한다.
37) 박균성, 앞의 글, 43 각주 12.

4. 미국

미국의 경우 1970년대에 이르러 연방대법원이 헌법상 권리를 침해당한 개인에게 가해공무원에 대해 직접 손해배상을 청구하는 것을 허용함으로써 공무원면책에 관한 종전의 보통법적 관행으로부터 결별한 바 있고,[38] 1980년의 Carlson v. Green판결[39]에서는 공무원개인에 대한 손해배상청구는 합중국에 대한 손해배상청구보다 위법행위를 억제하는 효과가 크다는 점이 지적되고 있다.

> 이 판결은 천식발작을 일으킨 연방교도소의 수형자가 수시간동안 방치된 후 부적절한 투약, 효과없는 인공호흡기의 사용으로 말미암아 외부병원으로의 이송이 지연되어 사망한 데 대하여 그 모친이 연방교도소장, 연방부의무감, 인디아나지구연방교도소의과장, 당해 교도소의료시설의 간호인 등 4명을 상대로 제기한 소송에 대한 것이다. 이 사건판결에서 연방대법원은 연방헌법수정 제4조에 위반한 연방공무원의 행위에 대하여 주법 즉 커먼로(Common Law)상의 손해배상청구가 가능한지 여부와 무관하게 직접 헌법에 기하여 배상청구를 할 수 있다는 원칙을 최초로 인정한 1971년의 '비벤스'판결(Bivens v. Six Unknown Named Agents of the Federal Bureau of Narcotics: 403 U.S.388)을 원용하면서 이러한 비벤스형소송은 공무원개인을 피고로 하기 때문에 위법활동을 억지하는 효과가 연방불법행위법(Federal Torts Claim Act)에 의한 경우보다 크며, 전자는 징벌적 배상의 청구를 허용하지만 후자는 이를 명문으로 금하고 있다는 등의 이유를 들어 원고의 청구를 인용하는 취지로 원심판결을 파기환송하였다.

미국의 경우 공무원개인책임을 긍정하는 법리가 갖는 피해자구제의 기능은, 당초 주권면책이 인정되었던 시기에는 피해자는 공무원개인을 피고로 하여 손해배상을 청구할 수 밖에 없었기 때문에 극히 중요했으나, 오늘날에는 일차적으로 연방이나 각주에게 피해자구제기능을 구하는 경향이 일반적이므로 그보다는 오히려 위법행위억제

---

38) Rosenbloom, p. 21; 그 주요판례의 분석에 관하여는 Rosenbloom and Carroll, Toward Constitutional Competence: A Casebook for Public Administrator, 1990; chapter 2를 참조.

39) 446 U.S. 14(1980).이에 관하여 상세한 것은 植村榮治, 米國公務員の不法行爲責任, 有斐閣, 1991, 106-111를 참조.

기능이 중시되고 있다고 한다.[40] 바로 그런 이유에서 로젠블룸(Rosenbloom)은 '도대체 관리의 위법행위를 억제하기 위해 그들에 대해 배상책임을 지우는 것 보다 더 나은 방법이 있겠는가'고 반문하고 있다.[41]

5. 평가

직무상 불법행위에 대한 공무원 개인책임의 인정여부에 관한 비교법적 고찰을 통하여 드러나는 것은 이 문제의 해법이 각국의 법적 전통이나 여건에 따라 한결같지 않다는 사실이다.

표 1 주요 외국의 국가배상제도[42]

국별 제도의 내용	영 국	미 국	독 일	프랑스	일 본
주권면책포기	1947	1946	20c 초	20c 초	1947
국가책임의 법적 근거	CPA	FTCA	BGB(§ 839). §34 GG	주로 판례법	헌법 § 17
재판관할	사법	사법	민사	행정	사법
적용대상	공·사법	공·사법	공무	공역무	공권력·공물
책임의 성질	대위책임	대위책임	대위책임 (개정안: 자기책임)	대위책임	대위책임
법적 구성	사법	사법	사법	공법	사법
주관적 책임	과실 negligence ≒ 위법	과실 negligence ≒ 위법	과실(개정 법안:입증책임 전환, 일부무과실 책임)	공역무하자 일부무과실 책임	과실 하자
예외(면책)	많음	많음	없음	없음	없음
공무원의 개인책임	있음	있음	없음	있음	없음
공무원의 구상책임	있음	원칙상 없음	있음 (고의·중과실)	있음	있음 (고의·중과실)

---

40) 植村榮治, 전게서, pp. 144-147.
41) Rosenbloom, p. 21.
42) 阿部泰隆, 앞의 책, 31에서 발췌·요약한 것.

즉 앞서 표에서 보는 바와 같이 독일과 일본은 공무원 개인의 책임을 부정하는 입장이고 프랑스와 미국은 대체로 이를 인정하는 경향을 보이고 있기 때문이다. 따라서 어느 한 나라의 예를 바탕으로 문제의 해결방향을 논증하려는 시도가 설득력을 확보할 수 없다는 사실도 분명하다.

물론 우리나라의 국가배상법제가 독일과 일본의 그것과 직접·간접적인 유사성을 가지고 있다는 사실을 전혀 도외시할 수는 없을 것이다. 가령 공무원의 구상책임에 관한 법적 규율의 내용이 이들 나라 사이에 상당한 공통점을 띠고 있는 것은 사실이다. 그러나 이들 나라에서의 법적 상황이 우리나라의 그것과 동일한 것은 아니다. 그 가장 중요한 차이는 독일과 일본에는 우리나라 헌법 제29조 제1항 단서와 같은 규정이 없다는 데 있다. 이러한 헌법적 소여(verfassungsrechtliche Gegebenheit)의 차이는 문제해결의 방향을 좌우하는 결정적인 요인이 된다.

그렇다면 비교법적 고찰을 통해 우리가 얻을 수 있는 교훈은 무엇일까? 그것은 첫째, 국가배상책임의 본질을 어떻게 이해하느냐에 따라 공무원 개인책임의 인정여부나 인정범위가 논리필연적으로 달라지는 것은 아니라는 사실이다. 이 점은 실제로 일본의 경우처럼 양자가 반드시 논리필연적으로 연관되어 있는 것은 아니라고 이해하는 것이 일반적인 경우도 있으며, 또 독일의 경우 1981년의 국가책임법이 대위책임설에서 자기책임설로 선회하면서도 공무원의 개인책임은 배제하는 입장을 취하고 있었다는 사실에서 여실히 드러난다. 둘째, 국가배상책임의 본질에 관한 대위책임설을 과거 입헌군주제 시대의 국가우월적 사상의 유물이라고 지적해 왔던 국내문헌의 태도는 대위책임적 이론구성의 현실적 배경을 충분히 고려하지 못한 것으로서 반드시 타당하다고는 볼 수 없다. 독일의 경우 국가무책임원칙이 포기되고 대위책임으로서 국가배상책임이 인정된 것은 배상책임을 져야 할 공무원이 충분한 배상자력을 갖지 못하는 경우가 빈번하여 그로 인하여 피해구제가 사실상 곤란해지기 때문에 피해자의 구제를 확보하기 위한 것이었다.[43] 이 점은 프랑스의 경우 책임비중복의 원칙에 따라 역무과실에 대해서만 국가의 책임을 인정함으로써 개인과실로 인한 손해를 입은 피해자가 공무원의 개인재산에 의해서만 배상을 받게 됨에 따라 충분한 구제를 받지 못하는 경우가 빈번히 발생하는 문제를 해소하기 위하여 책임중복의 원칙으로 선회할 수밖에 없었던 배경과 비교할 때 그 자체로 비판받아야 할 것은 아니기 때문이

43) Ossenbühl, Staatshaftungsrecht, 4.Aufl., 1991, S.9. 이와 관련하여 시오노(塩野 宏, II, 227)는 독일의 대위책임설적 입법주의를 어떤 필연적인 이론적 결과가 아니라 국가책임부정론의 존재와 피해자보호의 실효성을 높이기 위한 타협의 산물로 파악한다.

다. 물론 대위책임설은 일반적으로 공무원의 개인책임을 배제하는 논거가 되며 이 점은 독일에 있어 거의 의문시되지 않고 있다. 그러나 프랑스에서의 학설발전과정은 자기책임설 역시, 책임의 중복을 인정하기 위한 별도의 논증이 수반되지 않는 한, 공무원 개인의 책임을 인정하는 논거가 된 것은 아니었다는 사실을 말해준다. 끝으로 비교법적 고찰을 통해 우리가 얻을 수 있는 교훈은 특히 외국의 판례법이론을 지나치게 단순화 또는 일반화함으로써 문제의 올바른 해결을 오도할 위험이 상존하고 있다는 것이다. 가령 프랑스의 경우 'faute'의 개념이 객관적인 성격을 띠는 개념이라는 것은 부인할 수 없으며 그것은 또한 향후 우리나라 국가배상책임법제의 발전방향을 모색함에 있어 유용한 교훈을 시사해주는 예라 할 수 있다. 그러나 프랑스에 있어 역무과실이 언제나 국가배상책임을 발생시키는 것은 아니라는 사실은 우리나라의 국가배상법해석에 있어 어떻게 받아들여야 하는가. 또 역무과실 뿐만 아니라 개인과실도 역무과실과 전혀 무관한 것이 아닌 한도에서 '국가'의 배상책임을 발생시키는 요인이 되는데 이 경우 그 개인과실을 우리 식으로 고의 또는 중과실에 해당하는 것으로 볼 수 있는지는, 그것이 인정된 사례나 그 판례법적 성격에 비추어 보거나 매우 의심스럽다. 문제의 이러한 측면을 거두절미하고 프랑스에서는 고의·중과실의 경우에만 선택적 청구권이 인정된다고 볼 수 있는가.

IV. 국가배상법상 공무원개인의 책임

1. 국가배상책임의 본질과 공무원 개인의 책임

국가배상책임의 본질에 관한 국내의 학설은 특히 그 학설의 명칭과 정확한 내용의 관계에 있어, 그리고 그것이 선택적 청구권의 인정여부와 맺고 있는 관계에 있어 혼미한 양상을 보이고 있다. 먼저 국내문헌에 나타난 학설과 공무원 개인책임의 인정여부에 관한 견해를 살펴보기로 한다.

1) 대위책임설과 공무원 개인책임

대위책임설은 국가·공공단체의 배상책임은 원래 공무원개인이 부담하여야 할 것이지만 이를 대신하여 지는 책임이라는 견해이다. 이에 따르면 공무원의 위법행위는 본래 국가·공공단체의 기관의 행위로서의 품격을 갖지 않으므로 국가·공공단체에 귀속시킬 수 없으며, 가해공무원 개인이 이에 대한 책임을 지지 않으면 안된다. 다만 공무원개인은 충분한 배상자력을 갖추지 못하고 있는 것이 보통이므로 피해자구제의 견지에서 이를 국가·공공단체가 인수한 것이 국가배상책임이라고 보는 것이다. 이 견해에 따르면 국가·공공단체의 배상책임은 원래 공무원개인이 부담하여야 할 것이 지만 피해자구제의 견지에서 이를 대신하여 지는 책임이므로, 국가가 가해공무원의 책임을 인수한 이상 선택적 청구권은 인정될 수 없다고 본다. 피해자보호의 견지에서 충분한 배상자력을 지니고 있는 것은 국가(지방자치단체)라는 점과 가해공무원 개인의 무한책임이 인정되면 이로 인해 인해 공무원의 이니시어티브와 직무수행의욕의 감퇴 가 우려되므로 행정의 원활한 기능수행을 보장해야 한다는 점이 그 주된 논거이다. 그러나 대위책임설을 취하면서도 피해구제의 신속·확실성을 기한다는 취지에서 선택 적 청구가 허용된다고 주장하는 견해도 있다.[44]

2) 자기책임설과 공무원 개인책임

자기책임설에 의하면 공무원의 직무수행행위는 국가의 기관으로서의 행위이므로 그 위법·적법을 불문하고 바로 국가나 공공단체의 책임으로 귀속되며 따라서 이 책 임은 국가의 자기책임으로서 민법 제35조에 의한 법인의 불법행위책임에 상응하는 것이라고 한다. 이것이 가장 주류적인 자기책임설이라 할 수 있다. 반면 위험책임설 적 관점에서 국가배상책임을 파악하려는 또 다른 자기책임설이 주장되고 있다. 이 견 해에 따르면 공무원의 직무집행행위는 국민에게 손해를 야기할 위험성을 내포하며 또한 그것은 행정기관의 지위에서 행해지는 것이므로, 그로 인한 손해배상책임은 국 가의 자기책임으로 보아야 한다고 한다.[45] 이들 견해는 대체로 공무원의 개인책임을 인정하고 있다.

일본에서도 국가배상책임을 이와 같은 의미의 자기책임으로 파악하는 견 해가 있다. 우리나라 국가배상법 제2조에 해당하는 규정인 일본 국가배상 법 제1조에 의한 책임은 국가의 자기책임이라고 하면서 국가의 책임과 공무원 개인의 책임과는 별개의 문제이며 따라서 원칙론으로는 국가가

---

44) 김철수, 헌법학신론, 401. 이 견해는 공무원에 대한 직접청구를 허용하면 특히 배상심의위원 회를 거치지 않고 국가배상법의 기준적용도 받지 않으므로 피해자에게 유리하다는 점을 감안 한 것이라고 한다.

45) 김동희, 행정법 I, 1999, 417. 여기서 김동희교수는 이 견해가 국가배상법의 장래의 발전방향을 제시하고 있다는 점에서 의의가 크지만 적법·무과실의 경우에도 국가책임이 인정될 수 있다 는 점에서 위법·과실을 책임요건으로 하는 행정상 손해배상의 이론으로서는 문제가 있다고 지적 한다.

책임을 부담한다고 하여 공무원의 책임이 배제된다고 보아야 할 근거는 없으므로 공무원도 국가와 병행적으로 개인책임을 지는 것이라는 견해[46]가 그것이다. 그러나 이에 대하여는 자기책임설로부터 공무원의 개인책임이 당연히 도출되는 것은 아니며, 오히려 공무원은 그 직무를 집행하는 경우에는 국가라는 장치의 일부인 것이므로 공무원의 책임도 국가의 책임에 흡수되어 개인으로서는 책임을 지지 않는다는 비판이 있다.[47]

반면 자기책임설의 입장을 취하면서도 대외적으로는 국가책임만 인정하고 공무원의 개인책임은 부정하는 견해도 있으며,[48] 또 자기책임설의 입장에 서면서도 고의·중과실의 경우에 한하여 선택적 청구권을 인정하는 견해도 있다. 즉 경과실의 경우에도 민법의 규정에 따라 공무원이 개인책임을 지게 되는 것은 국가배상법 제2조 제2항이 경과실의 경우에는 공무원이 국가에 대해 지는 구상책임을 면제한 것과 균형이 맞지 않으므로 그 입법취지를 고려하여 공무원의 민사상 배상책임도 고의·중과실의 경우에 한정되는 것으로 보아야 한다는 것이다.[49]

3) 중간설과 공무원 개인책임

중간설이란 국가의 배상책임을 공무원의 위법행위가 경과실에 기한 것인 때에는 자기책임으로, 고의·중과실에 의한 것인 때에는 대위책임으로 보는 견해이다. 그러나 선택적 청구권의 인정여부에 관한 중간설의 설명은 한결같지 않다. 경과실의 경우 공무원의 행위는 국가기관행위가 되고 국가가 그에 대한 자기책임으로 배상책임을 지는 것이라는 이유에서, 그리고 고의·중과실의 경우에는 국가가 공무원을 대신하여 책임을 지는 것이라는 이유에서 선택적 청구권을 부정하는 견해가 있는 반면, 고의·중과실의 경우에 한하여 선택적 청구권을 인정하는 견해도 있기 때문이다.[50]

---

46) 今村成和, 國家補償法, 有斐閣, 1957, 122.
47) 塩野 宏, 行政法 II, 251−252.
48) 서원우, 현대행정법론, 상, 701.
49) 김철용, 국가배상법 제2조에 관한 연구, 건국대학교 박사학위논문, 1975, 129.
50) 이와 관련하여 박윤흔교수(『최신행정법강의』, 640)는 대법원의 1996년 2월 15일자 전원합의체판결(95다38677)을 국가배상책임의 본질에 관한 중간설의 입장을 취한 것이라고 보고 있는데 이는 아마도 대법원이 "공무원이 직무를 수행함에 있어 경과실로 타인에게 손해를 입힌 경우에는 그 직무수행상 통상 예기할 수 있는 흠이 있는 것에 불과하므로 이러한 공무원의 행위는 여전히 국가 등의 기관의 행위로 보아 그로 인하여 발생한 손해에 대한 배상책임도 전적으로 국가 등에만 귀속시키고 공무원 개인에게는 그로 인한 책임을 부담시키지 아니하여 공무원의 공무집행의 안정성을 확보하고, 반면에 공무원의 위법행위가 고의·중과실에 기한

4) 평가

앞에서 살펴 본 국내의 학설상황은 국가배상책임의 본질을 어떻게 볼 것인가 하는 문제와 공무원 개인의 책임을 인정할 것인가 하는 문제가 반드시 논리필연적인 관계에 있지 않다는 것을 보여준다. 그러나 이러한 결론을 내리기는 아직 이르다. 각 학설을 주장하는 사람에 따라 그 내용이 일치하지 않고 있기 때문이다. 다음의 진술은 바로 그 사실을 가장 극명하게 보여주고 있다.

> 국가배상책임의 본질을 자기책임이라고 이해하는 경우에는 국민에 대한 배상책임자는 마땅히 국가가 되고, 국민은 국가에 대해서만 배상청구를 할 수 있게 된다(대국가적 청구권설). …… 그러나 대위책임설에 따르는 경우에는 국가와 가해공무원이 모두 배상책임자가 되고 국민은 국가에 대한 배상청구와 가행공무원에 대한 배상청구를 선택적으로 할 수 있다는 결론에 도달하게 된다(선택적 청구권설). 따라서 자기책임설에 따르면서 선택적 청구권설을 주장하거나 대위책임설을 따르면서 대국가적 청구권설을 주장하는 것은 법리상 문제가 있다고 생각한다.[51]

경우에는 비록 그 행위가 그의 직무와 관련된 것이라고 하더라도 위와 같은 행위는 그 본질에 있어서 기관행위로서의 품격을 상실하여 국가 등에게 그 책임을 귀속시킬 수 없으므로 공무원 개인에게 불법행위로 인한 손해배상책임을 부담시키되, 다만 이러한 경우에도 그 행위의 외관을 객관적으로 관찰하여 공무원의 직무집행으로 보여질 때에는 피해자인 국민을 두텁게 보호하기 위하여 국가 등이 공무원 개인과 중첩적으로 배상책임을 부담하되 국가 등이 배상책임을 지는 경우에는 공무원 개인에게 구상할 수 있도록 함으로써 궁극적으로 그 책임이 공무원 개인에게 귀속되도록 하려는 것"이라고 판시한 것을 염두에 둔 것으로 보인다. 그러나 대법원은 이를 국가배상본질로부터 도출하고 있지는 않으며, 오히려 "공무원 개인의 책임 범위를 정하는 문제는 피해자 구제뿐만 아니라 공무원의 위법행위에 대한 억제, 안정된 공무 수행의 보장, 재정 안정 등 서로 상충되는 다양한 가치들을 조정하기 위하여 국가배상법상 어떠한 법적 장치를 마련할 것인가 하는 입법정책의 문제"라고 보았다. 따라서 이러한 대법원의 판례는 이를 선택적 청구권의 인정여부에 관한 제한적 긍정설로 취급해야지 국가배상책임의 본질에 관한 중간설을 취한 것으로 다룰 수는 없을 것이다. 국가배상책임의 본질과 선택적 청구권의 인정여하의 문제가 서로 논리필연적인 관계에 있지 않다는 것은 박윤흔교수(같은 책, p. 657 각주 1)도 인정하는 바이기도 하다.

51) 허영, 『한국헌법론』, 1995, 552. 허영교수는 여기서 전자에 해당하는 견해로 문홍주, 346; 구병삭, 636을, 후자의 견해로 김도창, 581; 석종현, 622를 각각 인용하고 있다.

직무상 불법행위에 대한 공무원 개인책임, 즉 선택적 청구권을 인정할 것인가 하는 문제가 국가배상책임의 본질이해와 관련성을 지니는 것은 사실이다.52) 가령 대위책임설은 독일에서의 이론구성에 따른다면, 선택적 청구권을 부인하는 견해로 귀결된다. 본래 공무원 개인이 져야 했을 책임을 국가가 인수한 이상 별도로 공무원이 질 책임은 남지 않게 되기 때문이다. 반면 자기책임설은 그 주류적 이해에 따른다면 국가책임은 공무원책임과 별도로 성립하는 것이라고 이해하므로 공무원의 개인책임을 인정하는 쪽으로 결론을 내리게 된다. 이렇게 볼 때 "자기책임설에 따르면서 선택적 청구권설을 주장하거나 대위책임설을 따르면서 대국가적 청구권설을 주장하는 것은 법리상 문제가 있다"는 지적은 학설의 의미내용과 전개상을 오해한 결과로서 타당하지 않다.53) 물론 자기책임설의 또 다른 버젼(Version)에 따를 경우 직무집행의 범위안에서 행해진 공무원의 불법행위로 인해 국가가 자기책임으로서 배상책임을 지는 이상 그 공무원이 개인책임을 질 여지는 없게 되며54) 따라서 선택적 청구권을 부정하는 결론을 내릴 수도 있겠지만 이는 우리나라에서는 극히 이례적인 견해일 뿐이다. 한편 자기책임설을, 개인책임의 인정범위 여하를 떠나, 공무원의 개인책임을 인정하는 것으로 단순화시킬 경우, 국가배상책임을 경과실의 경우 자기책임으로 보고 고의·중과실의 경우 대위책임으로 보는 중간설은 고의·중과실의 경우에는 국가만이 책임을 지는데 비해 그 보다 비난의 정도가 약하다고 할 수 있는 경과실의 경우에는 공무원 자신도 책임을 진다는 매우 이상한 결론에 이를 수도 있다. 이러한 문제점 때문에 경과실의 경우 공무원의 행위가 기관행위로서 그로 인한 책임도 국가에 귀속되는 것으로 보아 선택적 청구권을 전면적으로 부정하는 결론이 나왔을 것이다.

---

52) 박균성, 공무원 배상책임의 이론과 판례, 판례월보1995/6, 41은 공무원의 국민에 대한 배상책임의 인정의 문제와 국가책임의 성질의 문제가 본질적으로 연관된 것으로 보는 것은 타당하지 않지만, 양자를 전혀 무관한 문제로 보는 것도 타당하지 않다고 한다. 이론적으로 일관성 있는 해결을 위하여 양자가 어느정도 연결되어 있다는 것을 부정해서는 안된다는 것이다.

53) 허영, 『한국헌법론』, 1995, 552.

54) 이 경우 직무집행의 범위 외에서 행해진 행위로 인한 손해배상책임을 공무원 개인이 부담하게 되지만 이는 전혀 별개의 문제라고 본다.

| 표 2 | 국가배상책임의 본질론과 선택적 청구권의 인정여부의 관계 |

학설\결론		선택적 청구권 전면인정	고의·중과실에 한해 인정	선택적 청구권 전면부정	논거
대위책임설	I			○	배상자력이 충분한 국가가 배상하는 이상 피해자구제에 지장이 없음
	II		○		공무원 직무수행 위축효과 방지 필요
	III	○			피해구제뿐 아니라 공무원 위법억제·제재가 필요
자기책임설	I	○			국가책임과 공무원 개인책임은 각각 별도 성립
	II		○		경과실의 경우 공무원의 행위는 기관행위로서 개인책임의 문제를 남기지 않음. 또 구상책임을 고의·중과실에 한정한 것과 균형상 공무원개인책임을 면제되는 것으로 보아야 함
	III			○	국가가 배상책임을 지는 이상 공무원 개인의 책임 성립 여지가 없고 위축효과 방지도 필요
중간설	I		○		고의·중과실의 경우 이미 국가행위로서 품격을 상실했으나 이를 국가기관행위로 보아 국가가 배상하는 것. 따라서 공무원개인의 책임 인정
	II			○	고의·중과실의 경우에도 공무원의 직무수행 위축효과를 방지하기 위하여 책임을 면제해야 함

이러한 학설상황을 고려할 때 우리는 결국 양자사이의 관계가 논리필연적인 것이 아니라는 점을 재확인하게 된다.[55] 이는 앞에서 살펴본 외국의 예를 통해서도 분명히 드러난 바 있다. 또 우리나라의 경우 이 문제에 관한 논의에 있어 단순한 법해석론을 넘어서는 법정책적 고려가 추가되고 있어 국가배상책임의 본질이해만으로는 문제의 해법을 찾을 수 없다는 점도 고려될 필요가 있다. 오히려 대위책임설·자기책임설·중간설에 따른 결론을 내리기 보다는 막바로 선택적 청구권의 인정여부에 관한 긍정설·제한적 긍정설·부정설로 분류하거나 독일·일본식 해결책·프랑스식 해결책 등으로 분류하는 것이 논의의 혼란을 막는 길일 수도 있다. 더욱이 공무원 개인의 책임이 인정된다고 보는 경우에도 국가배상책임의 본질을 어떻게 이해하느냐에 따라

---

55) 서원우, 국가배상과 공무원의 배상책임, 고시계 1976/2, 29; 박윤흔, 상, 657; 김남진, 행정법 I, 515; 김기동, 국가배상과 공무원의 개인책임, 법조 1994/10, 138; 졸저, 행정구제법, 78; 下山英二, 國家補償法, 1973, 246-247; 稻葉馨, 公權力の行使にかかわる賠償責任, 現代行政法大系 6, 1983, 53.

공무원 개인의 책임이 인정되는 범위가 좌우되는 것은 아니다. 선택적 청구권의 인정범위에 관한 한, 국가배상책임의 본질 보다는 실정법의 해석과, 만일 실정법의 태도가 불명확하다면 그와 아울러 문제의 법정책적 측면에 관한 논의를 준거로 삼는 것이 옳다.

2. 공무원 개인의 책임에 대한 법해석론적 고찰

이미 앞에서 선택적 청구권의 인정여하가 국가배상책임의 본질을 어떻게 이해하느냐에 따라 논리필연적으로 좌우되는 것이 아니라는 사실이 밝혀졌다. 그러므로 문제해결의 관건은 어디까지나 우리나라 실정법상 이 문제가 어떻게 규율되고 있는가를 규명하는데서 찾아야 한다. 그 출발점은 헌법 제29조 제1항 단서의 해석에서 주어진다. 물론 헌법 제29조 제1항 단서의 문언상 표현만 가지고는 이 문제에 관한 해결책이 직접 주어지는 것은 아니다. 그러나 가장 핵심적인 쟁점은 "공무원 자신의 책임은 면제되지 아니한다"고 규정하고 있는 헌법 제29조 제1항 단서에서 '공무원 자신의 책임'이 무엇을 의미하는가, 그것은 국가배상법 제2조 제2항이 규정하고 있는 구상권과는 어떠한 관계에 있는가 하는데 있다.

이에 관하여는 헌법 제29조 제1항 단서의 '책임'이란 행정내부적인 구상책임을 의미하는 것이라고 보는 견해가 있다. 그러나 이는 무엇보다도 헌법 제29조 제1항의 문언이나 그 연혁적 배경을 고려할 때 해석론상 유지되기 어렵고 나아가 헌법 제29조 제1항의 규정을 해석함에 있어 구상책임을 규정한 국가배상법 제2조 제2항의 기준에 따라 그 의미를 한정하려는 시도는 이를테면 '법률적합적 헌법해석'으로서 용인될 수 없다. 적어도 헌법 제29조 제1항 단서에서 '면제되지 아니한다'고 규정된 공무원의 책임은 이를 비단 구상책임 등 행정내부에서의 책임뿐만 아니라 공무원의 민·형사상의 책임 일반을 포함하는 것으로 해석하는 것이 옳다.[56] 이 점은 앞에서 소개된 대법원의 1996년 2월 15일자 전원합의체판결의 다수의견과 별개의견에 의해 분명히 확인된 바 있다. 즉 대법원은 「"이 경우 공무원 자신의 책임은 면제되지 아니한다."고 규정하고 있는바, 위 단서 규정은 공무원의 직무상 불법행위로 인하여 타인에게 손해를 입힌 경우에 국가 또는 공공단체(이하 '국가 등'이라 한다)가 부담하는 국가

---

56) 허영, 『한국헌법론』, 1995, pp. 552, 763. 따라서 "일부 학자가 공무원의 직무상 불법행위로 인한 공무원자신의 책임(제29조 제1항 단서)과 공무원의 국민에 대한 책임(제7조 제1항)을 별개의 것으로 이해하는 것은 우리 헌법이 지향하는 직업공무원제도의 정신과 조화되기 어렵다고 생각한다"는 것이다.

배상책임과 공무원 개인의 불법행위 책임은 별개라는 전제하에 국가 등이 국가배상 책임을 지는 경우에도 이를 이유로 불법행위를 한 공무원 개인의 책임이 면제되지 아니함을 명백히 한 것이라고 할 것이다. 그리고 위에서의 면제되지 아니하는 공무원 개인의 책임에는 민사상, 형사상의 책임이나 국가 등의 기관 내부에서의 징계책임 등 모든 법률상의 책임이 포함된다고 할 것이고 여기에서 특별히 민사상의 불법행위 책임이 당연히 제외된다고 보아야 할 아무런 근거가 없다고 할 것」이라고 판시했다. 즉 헌법 제29조 제1항 단서는 국가배상책임의 본질과는 무관하게 피해자구제의 만전을 기하기 위하여 특별히, 헌법적 결정을 통해 공무원 자신이 면책되지 않음을 규정한 것이고 여기서 '공무원 자신의 책임'이란 국가에 대한 구상책임 뿐만 아니라 피해자 의 선택적 청구에 대한 배상책임까지도 포함하는 공무원 개인의 법적 책임 일반을 말 하는 것이라고 해석된다. 이는 한국헌법 특유의 헌법적 결정에 따른 것이므로 설사 국가배상책임을 대위책임으로 이해한다고 해도 결과가 달라지지는 않는다. 대법원이 종래 직무상 불법행위를 한 공무원은 국가배상법상의 공무원 자신의 책임에 관한 규 정여하에 관계없이 손해를 입은 자에 대하여 민사상의 손해배상책임을 진다고 판시 했던 것도 바로 이러한 헌법규정에 입각한 결과라고 볼 수 있다. 이러한 해석은 국가 배상제도가 피해자구제 뿐만 아니라 국가 및 공무원의 위법억제 또는 제재에도 그 목 적을 두는 것이라는 국가배상제도의 목적·기능에 대한 현대적 이해와도 부합된다. 따라서 바로 이 헌법조항을 근거로 선택적 청구권은 인정된다고 보아야 한다.

문제는 선택적 청구권이 인정되는 범위, 다시 말해 선택적 청구권을 경과실의 경 우에도 인정할 수 있는가 하는데 있다. 이는 앞에서 논의된 선택적 청구권의 인정여부 와는 별개의 문제이다. 그러나 이 문제에 관한 준거법은 어디서 찾아야 할 것인가. 이와 관련하여 1996년 2월 15일자 전원합의체판결에서 표명된 대법원의 견해는 정확하다.

　　"그러나 이 점에 관하여 국가배상법에 직접적으로 규정한 조항은 없고, 다만 국가배상법 제2조 제1항 본문은 "국가 또는 지방자치단체는 공무원 이 그 직무를 집행함에 당하여 고의 또는 과실로 법령에 위반하여 타인에 게 손해를 가하거나, 자동차손해배상보장법의 규정에 의하여 손해배상의 책임이 있는 때에는 이 법에 의하여 손해를 배상하여야 한다."고 규정하 고 제2항은 "제1항 본문의 경우에 공무원이 고의 또는 중대한 과실이 있 는 때에는 국가 또는 공공단체는 그 공무원에게 구상할 수 있다."고 규정 함으로써 민사상 사용자책임에 있어서 사용자의 피용자에 대한 구상권을 규정한 민법 제756조 제3항이 피용자의 귀책사유의 정도(고의·중과실 또는 경과실의 구분)에 관계없이 구상권을 인정하고 있는 것과는 달리 직무상 불법행위를 한 공무원에게 고의·중과실이 있는 경우에 한하여 국가 등의 공무원에 대한 구상권을 인정하고 경과실의 경우에는 구상권을 인정하지 아니하고 있으며, 한편으로 국가배상법은 민법상의 사용자책임을 규정한 민법 제756조 제1항 단서에서 사용자가 피용자의 선임감독에 무과실인 경우에는 면책되도록 규정한 것과는 달리 이러한 면책규정을 두지 아니함으로써 국가배상책임이 용이하게 인정되도록 하고 있다."[57]

이 문제를 해결하기 위한 준거도 다시금 헌법 제29조 제1항 단서에서 찾아야 할 것이다. 국가배상법은 공무원 개인책임에 관한 한, 구상책임 외에는 아무런 명시적 규정을 두고 있지 않기 때문이다. 앞의 판결에서 대법원은 헌법 제29조 제1항 단서가 공무원이 한 직무상 불법행위로 인하여 국가 등이 배상책임을 진다고 할지라도 그 때문에 공무원 자신의 민·형사책임이나 징계책임이 면제되지 아니한다는 원칙을 규정한 것이라고 인정하면서도 "그 조항 자체로 공무원 개인의 구체적인 손해배상책임의 범위까지 규정한 것으로 보기는 어렵다"는 해석론을 전개했다. 이는 대법원의 다수의견을 끌어내기 위한 결정적인 논거가 되고 있다. 헌법 제29조 제1항 단서의 규정을 선택적 청구권을 인정하는 근거로만 국한시키되 그 인정범위에 관한 상관성을 부정한 다음 공무원 개인책임에 관한 입법정책적 측면과 공무원에 대한 국가의 구상을 규정한 국가배상법 제2조 제2항에 대한 고려를 통하여 경과실면책을 도출한다는 것이 대법원의 전략이었다.

그러나 이 판결의 다수의견이 천명한 바와 같이 헌법 제29조 제1항 단서의 규정 자체가 공무원 개인의 구체적인 손해배상책임의 범위까지 규정한 것으로 보기는 어렵다고 할지라도, 국가배상법 제2조 제2항을 해석함에 있어 그 문언과 적용영역을 무시한 채 주로 입법정책적 취지에 의존하여 경과실면책을 이끌어내는 데에는 경과실면책이 법정책적으로 타당한지 여부를 떠나서, 법해석론상 무리가 있는 것이 사실이다. 별개의견이 정확히 파악한 바와 같이, 위 법 조항은 어디까지나 국가 등과 공무원 사이의 대내적 구상관계에 관한 규정이기 때문이다. 이 조항은 경과실의 경우 오로지 공무원에 대한 '구상책임'만을 면제하고 있을 뿐이다. 물론 이로써 그 한도에서

---

57) 대법원 1996.2.15. 선고 95다38677판결.

공무집행의 안정성을 확보하려는데 법의 취지가 있음에는 틀림이 없으나, 그렇다고 하여 이 조항이 대외적 관계 즉 피해자(국민)와 불법행위자(공무원) 본인 사이의 책임 관계에 관한 규정이라는 해석은 나올 수 없다. 마찬가지 이유에서 "국가배상법에서 경과실의 경우에 공무원의 국가 등에 대한 구상책임이 면제되고 있는 것은 이 경우는 전적으로 국가 등의 배상책임만이 성립하는데 따르는 논리필연적 귀결이라고 본다"는 견해[58] 역시 타당하다고 볼 수 없다.[59] 요컨대 국가배상법 제2조 제2항은 가해자인 공무원과 피해자인 국민간의 관계를 규정한 것이 아니므로, 이를 공무원개인책임에 있어 경과실면책의 근거로 삼은 다수의견은 이론적으로 지지하기 어렵다. 위 판결의 다수의견은 '공무원의 위법행위가 고의·중과실에 기한 경우에는 비록 그 행위가 그의 직무와 관련된 것이라고 하더라도 그와 같은 행위는 그 본질에 있어서 기관행위로서의 품격을 상실하여 국가 등에게 그 책임을 귀속시킬 수 없으므로 공무원 개인에게 불법행위로 인한 손해배상책임을 부담시키되, 다만 이러한 경우에도 그 행위의 외관을 객관적으로 관찰하여 공무원의 직무집행으로 보여질 때에는 피해자인 국민을 두텁게 보호하기 위하여 국가 등이 공무원 개인과 중첩적으로 배상책임을 부담하되 국가 등이 배상책임을 지는 경우에는 공무원 개인에게 구상할 수 있도록 함으로써 궁극적으로 그 책임이 공무원 개인에게 귀속되도록 하려는 것'이라고 설시하여 국가배상법 제2조 제2항의 적용영역을 가해공무원과 피해자간의 관계에까지 확장시키고자 시도하고 있으나, 이는 같은 조항의 문언과 적용영역을 무시한 입론이다. 대법원은 이 사건 판결에서 법해석의 이름으로 국가배상법 제2조 제2항에서 규정되지 않은 부분을 사실상 규정된 것처럼 취급하는 우를 범하고 있으며, 이는 입법자가 본래 의도하지 않았던 바이다.

---

58) 김동희, "공무원이 직무집행중 불법행위로 타인에게 손해를 입힌 경우, 공무원의 개인책임 성립여부", 판례월보 1996/6(309호), 31. 김동희교수는 여기서 '경과실의 경우 공무원 개인이 배상한 경우에는 불문법원리로서의 법의 일반원리에 따라 당해 공무원은 국가 등에 대하여 당해 배상액의 전보를 구할 수 있는 권리가 인정된다고 한' 예로 「꽁세유데따」의 1963.4.26. 브장쏭 지방병원판결(C.E. Sect. 1963.4.26., Centre hospitalier régional de Besançon, Rec.243, concl. Chardeau: Gr.Ar., p.479)을 인용하고 있다. 그러나 이 판결은 후술하는 바와 같이 직무수행으로부터 분리될 수 있는 개인과실(faute personnelle détachable de l'exercice de ses fonctions)을 범하지 않았는데도 민사법원에 의해 배상판결을 선고받은 공무원에게 행정에 대한 배상액전보청구권을 인정한 것으로 보아야 할 것이다.

59) 프랑스의 경우 선택적 청구권이 인정되는 동시에 공무원의 구상책임이 인정되고 있지만 후자가 반드시 고의·중과실의 경우 선택적 청구권이 인정된다는 것에 의존하는 것은 아니다. 이 점은 독일의 1981년 국가책임법이 선택적 청구권을 부정하면서도 고의·중과실의 경우 공무원의 구상책임을 인정하고 있었던 것(Maurer, § 30 Rn.35)을 보더라도 분명하다.

3. 공무원 개인의 책임에 대한 법정책론적 고찰

1) 법정책론의 과제로서 공무원개인책임

대법원의 1996년 2월 15일자 전원합의체판결은 이례적으로 국가배상법상 공무원 개인책임의 인정여부를 둘러싸고 전개된 다양한 학설과 입법례 뿐만 아니라 문제의 법정책적 측면을 상세히 검토하고 있다. 대법원이 공무원 개인책임의 법정책적 측면을 논의의 대상으로 삼은 것 자체는 탓할 바가 못된다. 헌법의 규정과 국가배상법의 규정을 아울러 고찰할 때 공무원 개인책임의 문제를 해결함에 있어 결정적인 단서가 될 수 있는 법적 근거를 찾을 수 있는지 의문이 없지 않고 따라서 논의가 해석론적 수준을 넘어 그와 같은 법정책적 국면으로 이행되는 것은 불가피한 결과라고 할 수 있다.[60] 또한 최고법원으로서 일국의 법질서를 통일하고 향도해야 할 대법원의 법정책적 역할기대에 비추어 볼 때 이러한 논의방식은 오히려 바람직한 결과라고도 볼 수 있다. 대법원은 먼저 국가배상법의 입법목적을 "원래 국가 등은 그의 기관의 지위에서는 공무원을 통하여 행위를 하며 공무원이 그 직무상 한 행위의 효과는 국가 등에 귀속되지만, 공무원이 직무수행 중 위법행위를 저질러 타인에게 손해를 입힌 경우에도 그 효과(즉 배상책임)가 당연히 국가 등에게 귀속될 것인지가 문제가 되므로 우리 헌법 제29조 제1항 본문은 그 공무원으로 하여금 그 직무에 종사하도록 하였고 그 직무행위로 빚어진 이익의 귀속주체인 지위에 있으며 충분한 배상자력을 가지고 있는 국가 등이 피해자에 대하여 손해배상책임을 부담하도록 함으로써 국민의 재산권을 보장하려는 취지라고 할 것이고 이를 구체적으로 실현하기 위하여 제정된 것"이라고 설시하고 있다. 이 점에 관한 한 이론의 여지가 없을 것이다. 대법원은 여기서 한 걸음 더 나아가 "그런데 이 경우에 위법행위를 한 공무원 개인의 책임 문제는 국가배상책임과는 또 다른 문제로서 현대에는 사회가 발전함에 따라 공무원이 취급하는 사무가 다양하고 복잡하며 광범위하여 공무원의 직무상의 사소한 잘못으로도 막대한 손해가 발생할 수 있는데 이러한 경우에도 언제나 공무원 개인에게 손해배상책임을 부담시킨다면 형평의 원칙에도 어긋나는 결과가 초래될 뿐만 아니라, 이로 인하여 공무원의 사기가 저하되고 공무원이 자기방위를 위하여 필요·적절한 공무조차 회피하는 태도를 취할 가능성이 크기 때문에 원활한 공무수행에 지장을 초래할 우려가

---

60) 阿部泰隆(앞의 책, p. 65)도, 우리나라 헌법 제29조 제1항 단서와 같은 규정이 없는 일본의 법상황을 전제로 피해자로부터 공무원에 대하여 직접 배상을 구할 수 있는지 여부가 국가배상법상 명시되고 있지 않기 때문에 문제가 해석론으로서 논의되고 있으며, 또한 조문상 결정적인 근거를 찾을 수 없기 때문에 어느정도 입법정책론과 접하게 된다고 서술하고 있다.

있는 반면, 다른 한편으로는 공무원의 직무상 위법행위로 인하여 손해가 발생한 경우에도 국가 등이 국가배상책임을 진다는 이유로 공무원 개인의 손해배상책임을 전적으로 배제하게 되면 공무원 개인책임을 통하여 공무원의 위법행위를 감시·억제하는 효과를 기대할 수 없기 때문에 공무원이 위법행위를 저지를 가능성이 커지는 부작용이 있을 수 있는 것"이며, "국가배상책임과 공무원 개인책임을 책임의 귀속주체의 측면에서 보면 각각 별개의 것이지만 피해자인 국민의 권리구제라는 측면에서 보면 상호보완적"이라고 전제한 후, "공무원 개인의 책임 범위를 정하는 문제는 피해자 구제뿐만 아니라 공무원의 위법행위에 대한 억제, 안정된 공무 수행의 보장, 재정 안정 등 서로 상충되는 다양한 가치들을 조정하기 위하여 국가배상법상 어떠한 법적 장치를 마련할 것인가 하는 입법정책의 문제"라고 보았다. 그러나 이미 앞에서 살펴 보았던 국내학설이나 비교법적 고찰의 결과에 비추어 볼 때 극히 타당한 대법원의 법정책론은 다음과 같은 논의에 이르러서는 간과할 수 없는 정책적 편향을 드러내고 있다.

"국가배상법의 입법취지는 공무원의 직무상 위법행위로 타인에게 손해를 끼친 경우에는 변제자력이 충분한 국가 등에게 선임감독상 과실 여부에 불구하고 손해배상책임을 부담시켜 국민의 재산권을 보장하되, 공무원이 직무를 수행함에 있어 경과실로 타인에게 손해를 입힌 경우에는 그 직무 수행상 통상 예기할 수 있는 흠이 있는 것에 불과하므로 이러한 공무원의 행위는 여전히 국가 등의 기관의 행위로 보아 그로 인하여 발생한 손해에 대한 배상책임도 전적으로 국가 등에만 귀속시키고 공무원 개인에게는 그로 인한 책임을 부담시키지 아니하여 공무원의 공무집행의 안정성을 확보하고, 반면에 공무원의 위법행위가 고의·중과실에 기한 경우에는 비록 그 행위가 그의 직무와 관련된 것이라고 하더라도 위와 같은 행위는 그 본질에 있어서 기관행위로서의 품격을 상실하여 국가 등에게 그 책임을 귀속시킬 수 없으므로 공무원 개인에게 불법행위로 인한 손해배상책임을 부담시키되, 다만 이러한 경우에도 그 행위의 외관을 객관적으로 관찰하여 공무원의 직무집행으로 보여질 때에는 피해자인 국민을 두텁게 보호하기 위하여 국가 등이 공무원 개인과 중첩적으로 배상책임을 부담하되 국가 등이 배상책임을 지는 경우에는 공무원 개인에게 구상할 수 있도록 함으로써 궁극적으로 그 책임이 공무원 개인에게 귀속되도록 하려는 것이라고 봄이 합당할 것이다."

대법원은 이와 같이 국가배상법의 입법취지를 '해석'하고 나서 이를 별개의견과 반대의견의 문제점을 지적함으로써 정당화하려고 시도했다. 즉 대법원은 별개의견에 대하여는 "만일 이렇게 해석하지 아니하고 국가배상법 제2조 제2항은 공무원의 국가 등에 대한 구상책임에 관한 것일 뿐 공무원 개인의 피해자에 대한 책임과는 전혀 무관하다고 하면서 공무원이 직무집행상의 경과실로 타인에게 손해를 입힌 경우에도 공무원 개인이 피해자에 대한 손해배상책임을 부담하여야 한다고 해석한다면, 피해자가 공무원 개인을 상대로 손해배상을 청구하면 공무원 개인이 그 배상책임을 부담하게 되지만 국가 등을 상대로 국가배상을 청구하면 그 책임을 이행한 국가 등으로서는 공무원 개인에게 이를 구상할 수 없어 궁극적으로 공무원 개인은 책임을 부담하지 아니하게 되는바, 이러한 결과는 피해자의 임의적 선택에 따라 그 배상책임의 궁극적 귀속자가 달라지게 된다는 점에서 불합리할 뿐만 아니라 경과실의 경우에는 공무원 개인의 책임을 궁극적으로 면제시켜 공무원으로 하여금 안심하고 적극적으로 공무를 수행하도록 하려는 입법의도도 실현할 수 없게 되므로 이러한 해석은 타당하다고 할 수 없다"고 지적하는 한편, 반대의견에 대하여는 "국민에게 봉사하여야 할 공무원이 고의나 중대한 과실로 국민에게 손해를 끼친 경우에도 공무원 개인이 아무런 배상책임을 지지 아니한다는 해석을 취한다면 공무원의 직무를 빙자한 불법행위를 감시·억지할 수 없고 아무런 합리적 이유 없이 공무원을 과잉보호하는 부당한 결과를 초래할 우려가 있다"고 반박한 것이다.

여기서 읽을 수 있는 대법원판결(다수의견)의 논리구조는 국가배상법 제2조 제1항 본문 및 제2항의 입법취지를 어떻게 해석하느냐에 따라 이러저러한 부당한 결과가 발생할 수 있으므로, 고의·중과실의 경우에만 공무원개인책임을 인정하려는 취지로 해석해야만 그러한 부당한 결과를 회피할 수 있다는 것이다. 그렇다면 별개의견이나 반대의견을 취할 경우 과연 그러한 부당한 결과가 나타나며 또 그 결과는 회피할 수 없는 것인지, 나아가 다수의견을 취하면 과연 합당한 결과가 생기는지가 문제되어야 한다. 이것은 실은 법률문제이기 앞서 사실문제이며 또 아직은 충분히 과학적인 검증을 거치지 못한 문제이기도 하다. 과연 공무원 개인책임을 인정하면 직무수행의 위축효과가 발생하는가? 공무원의 개인책임을 인정하는 결과 나타날지도 모르는 위축효과를 그 책임이 인정되는 범위를 고의·중과실에 국한시킴으로써 의미있게 완화시킬 수 있는가? 다수의견이 지적하는 바와 같이 경과실의 경우에 피해자에 대한 공무원 개인의 책임을 인정한다고 해석하면 피해자의 임의적 선택에 따라 그 배상책임의 궁극적 귀속자가 달라지게 되어 불합리하게 된다 하더라도 그 결과는 치유되거나 다른 방법에 의해 해소될 수 없는 것인가? 이 모든 의문들은 바로 공무원 개인책임이 가지는 법정책적 효과에 관한 문제들이다.

2) 공무원 개인책임의 법정책적 효과

국가가 배상책임을 지는 것과 별도로 공무원 개인이 피해자에게 직접 자기의 행위로 인한 배상책임을 지도록 해야 하는가 하는 문제는 헌법해석의 차원에서 해결되어야 할 문제이지만 동시에 고도의 정책적 판단을 요하는 문제이기도 하다. 가령 지방자치단체의 재정규모가 확대되는 가운데 각종개발사업의 인허가를 담당하는 일선 공무원들이 그 직무상의 잘못으로 언제나 피해자에 대해 직접 배상책임을 추궁당할 수 있다고 한다면 이는 직무수행의욕을 감퇴시킴은 물론 경우에 따라서는 이른바 '복지부동'을 강요하는 결과가 될 수도 있기 때문이다. 그러나 이러한 효과는 객관적으로 검증되지 않은 하나의 가능성에 지나지 않으며, 공무원 개인책임의 법정책적 효과는 훨씬 다양하고 복잡하다. 다음의 표는 공무원 개인책임을 부정하는 경우, 고의·중과실에 한하여 인정하는 경우 그리고 전면적으로 인정하는 경우 기대되는 효과를 요약해서 보여주기 위한 것이다. 다만 이 표에 나타난 기대효과들은 객관적·일반적으로 판명된 기대효과가 아니라 공무원 개인책임에 관한 기존의 학설들이 주장하고 있는 이유들로서, 그 자체가 하나의 연구와 검증의 대상 또는 가설일 뿐이다. 가령 시대·사회적 상황이나 민주화의 정도, 공직의 정착도, 공무원의 직종이나 업무의 성질, 공무원의 보수, 업무수행에의 열성(motivation) 등 다양한 요인에 따라 그 기대효과의 내용이나 강도가 달라질 수 있기 때문이다.

표 3 각 학설의 법정책적 기대효과의 비교

기대효과＼학설	부정설	제한적 긍정설	전면긍정설
피해구제(피해자 입장)	±(0)	+(1)	++(2)
위법의 억지·제재	-(-1)	+(1)	++(2)
위축효과(부작위로의 도피현상)의 방지	++(2)	+(1)	-(-1)
구상권과의 균형유지	-(-1)	±(0)	-(-1)
남소의 폐단억제	++(2)	+(1)	-(-1)
부담의 공평유지	-(-1)	++(2)	+(1)
종합	+(1)	+++++(6)	++(2)

출처[61]: 阿部泰隆, 『국가보상법』, 65이하를 참조하고 필자의 견해를 덧붙여 작성한 것임.

앞서 표에서 볼 수 있는 바와 같이 공무원 개인책임의 인정여부 및 범위에 관하여 어떠한 입장을 취하느냐에 따라 그 법정책적 효과면에서 다양한 결과가 기대될 수 있다. 위 표에서는 각각의 학설별로 기대효과를 '+' '−' '±'로 표시하여 이를 수치화하여 종합적 평가결과를 비교했다. 그러나 이러한 종합적 평가는 실은 유보적인 가능성만을 의미할 뿐 그 자체로서 각학설의 법정책적 우열을 판가름해주는 요인이 될 수 없다. 가령 제한적 긍정설은 그 법정책적 기대효과면에서 가장 우수한 것으로 나타나고 있으나 만일 그 기대효과의 중요한 부분이 제대로 발휘되지 못한다면 그 같은 종합적 평가는 유지될 수 없게 될 것이기 때문이다. 따라서 이러한 도식은 각 학설이 내세우는 법정책적 논거를 역으로 검증해 나가기 위한 하나의 작업가설로서의 의미를 가질 뿐이다.

앞에서 살펴 본 바와 같이 우리나라의 경우에는 대법원의 판례가 전면긍정설에서 부정설로, 다시 제한적 긍정설로 변천해 왔다는 사실이 위 표에서 열거된 법정책적 기대효과 중에서 측정가능한 변수들을 각 시기별로 분석해 볼 만한 유리한 여건으로 작용할 수도 있다. 그러나 공무원 개인책임에 관한 판례변천이나 각 시기별 판례의 입장이 과연 어떠한 인과관계를 통하여 각 변수에 영향을 미쳤는지를 밝혀내기에는 많은 난점이 있을 뿐만 아니라 공무원들이 실제로 이러한 판례변천을 얼마나 인식했으며, 그것이 공무원의 직무수행의 양태에 영향을 미치는 의미 있는 요인이 될 수 있었는지, 그리고 현실적으로 그러한 영향을 미쳤는지를 알 수 없다는 데 불가피한 제약이 있는 것도 사실이다. 위 표에서 제시된 각 기대효과의 내용을 검토해 보면 다음과 같다.

(1) 피해구제(피해자의 입장)

여기서 피해구제란 발생한 손해(정신적 손해를 포함)를 금전적으로 전보하는 것을 말한다. 이러한 의미의 피해구제에 관한 한, 충분한 배상자력을 지닌 국가로부터 배상을 받을 수 있고 또 공무원 개인책임이 인정된다고 해도 이는 어디까지나 선택적 청구가 가능하다는 것일 뿐 피해자에게 이중배상을 허용하자는 것은 아니므로, 부정설과 다른 학설 간에는 실질적인 차이가 없는 것으로 보일 수도 있다. 또 이 점은 부정설이 적극 내세우는 논거이기도 하다. 그러나 자세히 들여다보면 이러한 주장이 피상적이라는 것이 쉽사리 드러난다. 피해자에게 주어진 배상의 가능성이라는 측면에서 볼 때 국가배상책임은 경우에 따라서는 개인책임 보다 훨씬 불편하고 또 불리한 방법이 될 수 있기 때문이다. 국가는 그 배상자력 면에서의 안정적이지만, 오히려 그 소

---

61) 阿部泰隆(1988).

송상 방어능력 면에서 월등 우월하다고 볼 수 있고 또 배상소송을 동태적으로 파악할 경우 국가등이 당해사건의 득실의 비용효과를 분석하지 않은 채 다른 일반적인 영향을 고려하거나 단지 당해공무원의 의지에 따라 조직의 총력을 기울여 소송을 수행하게 될 가능성도 충분히 예상할 수 있기 때문이다. 이 점은 특히 국가가 국가배상으로 인한 예산의 절감을 위하여 적극적 방어정책으로 나올 경우 중요한 변수가 될 수 있다. 또한 공무원에 대한 직접청구를 허용하면 절차도 간단하고 배상심의위원회를 거칠 필요도 없으며 국가배상법의 배상기준적용도 받지 않기 때문에 피해자에게 유리하다는 측면이 있는 것도 사실이다.62) 무엇보다도 공무원이 자기소유의 차량으로 공무를 집행하던 중 사고를 내 타인에게 피해를 입힌 경우 피해자는 보험회사로부터 손쉽게 전액배상을 받을 수 있다는 이점도 있다.

그러한 배경에서 대법원은 공무원이 자동차를 운행하여 공무집행을 하던 중 사고로 타인을 사상케 한 경우 앞에서 소개한 판례와는 달리 그 공무원 개인이 고의·중과실이나 경과실 여하를 불문하고 자동차손해배상보장법에 의한 개인책임을 진다고 판시했다.63) 물론 이 경우는 자동차손해배상보장법이라는 특별법규정을 이유로 한 것이지만, 실제로 개인책임을 추궁하는 것이 피해자의 입장에서 더 편의롭고 유리할 수 있다는 점을 보여주는 간접적인 예라 할 수 있다. 참고로 자동차손해배상보장법 제3조는 자동차운행자가 그 운행으로 말미암아 타인의 死傷을 야기한 경우에는 동조 각호의 규정에 의한 예외적인 경우64)를 제외하고는 무과실책임을 지도록 하고 있어, 가해운전자인 공무원개인 역시 이 규정에 의하여 과실이 없어도 동조 각호의 사유를 입증하지 못하는 한, 손해배상책임을 지는 것이 당연한 결과이므로, 대법원의 판결은 타당하다고 본다.

이렇게 볼 때 피해자의 입장에서 볼 때 각 학설은 피해구제 면에서도 차별적인

---

62) 김철수, 헌법학개론, 박영사, 1995, pp. 618-619 및 p. 618 각주 1.
63) 대법원 1996.3.8 선고 94다23876판결.
64) 그 사유는 다음과 같다: "1. 승객이 아닌 자가 사망하거나 부상할 경우에 있어서 자기 및 운전자가 자동차의 운행에 관하여 주의를 게을리하지 아니하고 피해자 또는 자기 및 운전자외의 제3자에게 고의 또는 과실이 있으며 또한 자동차의 구조상의 결함 또는 기능에 장해가 없었다는 것을 증명한 때; 2. 승객이 사망하거나 부상한 경우에 있어서 그것이 그 승객의 고의 또는 자살행위로 말미암은 것인 때"

결과를 가져온다는 점을 알 수 있다. 제한적 긍정설은 전면적 긍정설에 비해 경과실만 있는 경우에는 개인책임을 추궁할 수 없다고 보기 때문에 그 한도내에서 피해자에게는 국가배상청구의 상대방이 제한되는 결과가 되며 위에서 지적한 점이 그대로 적용되게 된다.

(2) 위법의 억지·제재

공무원의 개인책임을 (전면적으로든 제한적으로든) 인정함으로써 위법행위가 억지될 수 있으며, 국가배상제도의 목적은 단순히 피해구제에만 있는 것이 아니라 위법행위에 대한 제재에도 있는 것이므로 공무원의 개인책임은 그 위법행위에 대한 법치주의적 제재로서 당위성을 갖는다는 것이 공무원 개인책임을 긍정하는 학설의 논거가 되고 있다. 공무원 개인책임을 인정함으로써 과연 공무원의 위법행위를 억지할 수 있는지, 어느정도로 또 어떠한 방식으로 억지하게 되는지는, 그것이 과학적으로 입증되지 않는 한, 일률적으로 단정할 수 없다. 특정 기간동안 구체적인 상황에서 과연 그러한 기대가 얼마나 실증적으로 뒷받침될 수 있는지는 현재로서는 미지수이기 때문이다. 가령 우리나라의 경우 전면긍정설을 취한 판례가 유지되던 기간중에 발생한 공무원의 위법행위의 빈도나 정도가 판례가 갑자기 부정설로 선회한 이후 현저히 늘거나 악화되었다는 증거는 없을 뿐만 아니라 그러한 변화의 추이가 측정될 수 있다 하더라도 그것이 공무원 개인책임의 인정여부나 인정범위와 상관성을 갖는지는 미지수이기 때문이다. 그러나 공무원이 자기의 직무집행상의 위법행위에 대한 개인적 책임을 지게 되고 또 그러한 사실을 스스로 또는 공무원교육을 통하여 인식할 수 있다면 일반적으로 위법행위를 억지하는 효과가 나타날 것이라고 기대할 수 있을 것이다. 이러한 가정은 우리의 사회통념과도 부합한다. 다만 공무원 개인의 책임을 고의·중과실에 한하여 인정하는 경우 그 위법행위의 억지효과가 과연 유의미하게 차별적으로 나타날지는 불분명하다. 반면 불법행위제도(특히 국가배상법)의 목적이 손해의 전보인가, 위법행위의 억지인가 또는 그 두 가지 모두인가 하는 것은 일응 입법정책적인 선택의 문제처럼 보이지만 실은 헌법과 국가배상법의 관련규정들의 해석을 통해 판단되어야 할 문제이며, 위법행위에 대한 제재의 문제 역시 사실적 기대효과가 아니라 법치국가원칙의 당위적인 요구라 할 수 있다. 이렇게 본다면 결국 위법의 억지·제재란 공무원이 자기의 직무집행상의 위법행위에 대한 개인적 책임을 지게 될 것이라는 예측가능성이 확보될 때 가시화될 수 있는 기대효과로서, 헌법과 국가배상법의 관계규정의 취지 및 법치국가원칙의 당위적 요구에 의해 뒷받침되는 규범적 측면을 지닌

변수임을 확인할 수 있다.

(3) 위축효과의 방지

공무원의 개인책임을 인정하게 되면 공무원의 직무수행의 위축을 가져온다는 주장
은 부정설이나 제한적 긍정설이 내세우는 가장 중요한 근거의 하나이다. 이러한 위축효
과 — 부작위로 도피할 위험의 대표적인 형태가 이른바 '복지부동'현상이라 할 수 있다.

> "우리는 지금 공무원들에게 배전의 분발과 솔선적 개혁노력을 기대하고
> 요구한다. 공무원들이 과도기적 난국을 헤쳐 나가는데 선봉이 되어 주기
> 를 기대한다. 그러나 공무원들은 폭증된 역할기대와 행동요청에 오히려
> 역행하는 반발전적 행태를 보인다는 비판을 받고 있다. 정부는 그러한 부
> 정적 행태를 집향해서 '복지부동'(伏地不動)이라 부르고 있다. …… 복지
> 부동이란 엎드려 눈치만 살피고 '개혁바람', '사정한파'(司正寒波)가 지나
> 가기를 기다리면서 움직일 생각을 하지 않는다는 말이다. 그것은 일하지
> 않고 살아남는 무사안일주의적·보신주의적 행태이다. 그것은 업무수행의
> 외형만 꾸미고 직무수행의 질과 내실은 소홀히 하는 형식주의이며 양적
> (量的) 복종주의이다. 그것은 피동적 무책임주의이다. 그것은 온갖 불만
> 을 앞세워 정부시책에 소리없이 저항하는 행태이다. 공직의 행동규범을
> 어기고 부패를 저지르는 등 적극적으로 '잿밥을 챙기는' 행위도 복지부동
> 의 한 국면으로 보아야 한다.[65]

복지부동은 공무원 개인책임이 전면적 또는 부분적으로 인정됨에 따라 발생할 수
있다고 주장되는 '위축효과'의 가장 단적인 표현이라 할 수 있다. 복지부동의 원인에
관한 한 행정학적 연구는 조직구조의 집권화·공식화, 적당주의풍토, 처벌위주의 감사
제도(상황요인), 정의주의, 형식주의, 가족주의(개인요인) 및 직종 등의 의미있는 요인
들을 식별했고, 이중 상황요인이 개인요인보다 2-3배 강한 것으로 나타났으며, 복지
부동의 개선을 위해서는 관료의 의식개혁보다는 조직구조나 제도개혁이 더욱 효과적
이라는 사실을 밝혔다.[66] 이는 복지부동이니 위축효과니 하는 현상을 공무원 개인책

---

65) 오석홍, 『한국의 행정』, 경세원, 1995, 235-236.
66) 김호정, "한국관료행태의 결정요인", 『한국행정학보』, 1994·겨울(28권 4호), 1255-1277. 이
　　연구는 복지부동에 관련된 행태로 보신적 안일행태, 형식적 행태, 권위적 행태를 들고(1259),
　　행정공무원들에 대한 설문조사를 통하여 복지부동의 원인이 되는 상황변수들을 비교분석한

임이라는 단일 변수에 의해 설명할 수 없다는 사실을 간접적으로 말해준다. 물론 공무원 개인책임이라는 요인이 복지부동에 기여할 수는 있을지 모르지만, 과연 얼마나 어떠한 경로를 통해 기여하는 것인지는 현재로서는 미지수라고 할 수밖에 없다.[67] 특히 공무원의 개인책임을 전면적으로 인정하는 경우와 고의·중과실에 한하여 인정하는 경우 그 위축효과가 유의미하게 차별적으로 나타날지는 더 더욱 불분명하다.

(4) 구상권과의 균형유지

국가배상법은 제2조 제1항 본문에 의하여 국가가 배상책임을 진 경우 당해 공무원이 고의 또는 중대한 과실이 있는 때에는 국가 또는 지방자치단체가 그 공무원에게 구상할 수 있도록 하고 있다(§ 2 ②). 이것은 공무원이 국가등에게 고의 또는 중대한 과실로 국가배상책임을 발생시킨 이상 그 공무원에 대해 구상(Rückgriff, Innenregreß, action récursoire)을 할 수 있게 하는 것이 손해부담의 공평을 기하는 길이 된다는 견지에서 인정된 것이다(구상유보: Rückgriffsvorbehalt).[68] 고의·중과실은 국가등의 구상권행사를 위한 요건인 동시에 고의 또는 중과실이 있는 경우에만 구상책임을 지운다는 점에서 구상책임의 성립범위를 제한하는 기능을 한다. 즉 그것은 구상제한(Rückgriffslimit)의 요인이라 할 수 있다.[69] 고의 또는 중과실의 개념은 앞에서 본 바와 같이 민법상의 그것에 따르며 중과실이란 사회통념상 요구되는 주의의무의 위반의 정도가 특별히 중대한 경우를 말한다. 그것은 가장 용이하고 누구나 시인할 수 있는 정도의 주의조차 기울이지 않은 경우를 말한다. 즉, 조금만 주의를 하였다면 사고를 일으키지 않을 수 있었다고 판단되는 경우이다.

구상권과의 균형을 유지해야 한다는 것은 제한적 긍정설의 가장 유력한 논거가 되어 왔다. 앞서 인용한 대법원의 전원합의체판결에서 다수의견은 "국가배상법 제2조 제2항은 공무원의 국가 등에 대한 구상책임에 관한 것일 뿐 공무원 개인의 피해자에 대한 책임과는 전혀 무관하다고 하면서 공무원이 직무집행상의 경과실로 타인에게 손해를 입힌 경우에도 공무원 개인이 피해자에 대한 손해배상책임을 부담하여야 한

것이다.

67) 反面 阿部泰隆(앞의 책, 67)은 위축효과를 과학적으로 입증하기는 어렵지만 인간의 행동원리에 비추어 일응 예상될 수 있는 것이라고 한다. 실례로 일본의 공립학교 교사는 국가배상법상 개인책임은 추궁당하지 않지만 사회적 책임을 추궁 받게 되어 부작위로 도피하기 쉬운 것으로 인식되고 있다고 한다.

68) 공무원의 내부적 책임(Innenhaftung)으로는 이러한 구상책임 말고도 공무원법상의 변상책임 등 여러가지가 있음은 물론이다.

69) Ossenbühl, Staatshaftungsrecht, § 10 2, S.98.

다고 해석한다면, 피해자가 공무원 개인을 상대로 손해배상을 청구하면 공무원 개인이 그 배상책임을 부담하게 되지만 국가 등을 상대로 국가배상을 청구하면 그 책임을 이행한 국가 등으로서는 공무원 개인에게 이를 구상할 수 없어 궁극적으로 공무원 개인은 책임을 부담하지 아니하게 되는바, 이러한 결과는 피해자의 임의적 선택에 따라 그 배상책임의 궁극적 귀속자가 달라지게 된다는 점에서 불합리할 뿐만 아니라 경과실의 경우에는 공무원 개인의 책임을 궁극적으로 면제시켜 공무원으로 하여금 안심하고 적극적으로 공무를 수행하도록 하려는 입법의도도 실현할 수 없게 되므로 이러한 해석은 타당하다고 할 수 없다"고 판시했다.

(5) 남소의 폐단 억제

공무원의 개인책임을 전면적 또는 제한적으로 인정할 경우 피해자로부터 소송이 남발될 우려가 있는 것은 사실이다.[70] 그로 인하여 소송으로 인한 비용이 증가되고 공무의 능률이 떨어지는 결과가 발생할 수도 있다. 이것은 주로 부정설의 입장을 뒷받침하는 논거가 된다. 제한적 긍정설도 이를 논거로 동원할 수 있으나 공무원이 경과실을 범했는지 아니면 중과실·고의를 범했는지는 소송을 통해서야 비로소 확인될 수 있는 것이라는 점을 고려할 때 공무원의 개인책임을 고의·중과실에 국한시킬 때 그러한 효과를 기대할 수 있을지 불분명하므로, 제한적 긍정설이 이를 주장하는데에는 한계가 있다. 과연 공무원 개인책임을 인정할 경우 남소의 폐단이 나타나며, 이를 부정하면 그러한 폐단을 막을 수 있다는 사실을 뒷받침할 객관적인 증거는 없다. 이는 국민의 법의식과 소송에 대한 태도에 따라 달라질 수 있는 문제로서, 현재로서는 미지수이다.

(6) 부담의 공평 유지

긍정설은 국가등이 언제나 충분한 배상자력을 가지고 있으므로 피해자구제에 문제가 없다고 주장하는 부정설을 정태적이고 피상적인 견해라고 비판한다. 오히려 국가나 지방자치단체는 충분한 자력을 가지고 있기 때문에 당해사건의 승패에 따른 비용효과를 분석하지 않고 다른 일반적인 영향을 이유로 또 당해공무원의 의지에 따라 조직의 총력을 기울여 소송을 계속함으로써 자신의 입장을 방어하려 들 가능성이 있으며 그 자력이나 소송수행능력면에서 피해자보다는 월등 우월한 위치에 있기 때문에 원과가 소송에 지쳐 패소할 가능성도 적지 않다고 한다.[71] 이와는 달리 공무원 개인을 피

---

70) 阿部泰隆, 앞의 책, pp. 68−69.
71) 阿部泰隆, 앞의 책, p. 69.

고로 할 수 있다면 그 자력이나 소송수행능력면에서 대등한 경우가 일반적일 것이므로 원고가 승소 또는 화해 등을 통하여 소기의 목적을 달성할 기회가 늘어나게 된다는 것이다. 반면 부정설의 입장에서는 공무원 개인책임을 인정하면 소송을 통하여 일종의 공무원 '이지메(いじめ)', 즉 공무원 '괴롭히기' 현상이 발생할 수도 있으며 또 그로 인하여 공무원이 소송에 지쳐 화해를 한 경우 국가나 지방자치단체에 역구상해도 그 스스로 화해한 것이기 때문에 배상액을 반환받을 보장이 없게 되는 불합리한 결과가 나타날 것이라고 반박한다. 그러나 이들 대립되는 어떤 주장도 과학적·객관적으로 증명된 것은 아니다. 이들은 모두 가정적 상황을 전제로 한 논거들이기 때문이다.

(7) 종합

이제까지 살펴 본 것처럼 앞의 표에서 제시된 각 학설의 기대효과를 종합하여 평가하는 데에는 많은 가정과 유보가 따른다. 따라서 각 학설의 법정책적 기대효과의 총합은 그 자체로서는 종국적인 의미를 가지지 못하며, 각 학설이 내세우는 논거의 전제조건이 충족되는 경우에만 의미를 발휘할 수 있을 뿐이라는 것을 다시금 음미할 필요가 있다. 이러한 견지에서 볼 때 잠정적으로 제한적 긍정설이 바람직한 법정책적 효과를 기대할 수 있는 방향이며, 부정설은 그 법정책적 기대효과가 가장 작다고 볼 수 있을 것이다. 이러한 판단의 궁극적인 타당성은 문제의 법정책적 효과를 실증적으로 조사·연구함으로써만 밝혀질 수 있음은 물론이다.

4. 소결

이제까지의 논의를 통해 우리는 다음과 같은 결론에 도달한다. 즉 해석론상으로나 법정책론상으로나 부정설은 설득력이 약하며, 문제는 공무원 개인책임을 전면적으로 인정할 것인가 아니면 고의·중과실의 경우에 한하여 인정할 것인가로 모아지고 있다. 제한적 긍정설과 전면긍정설간의 핵심적 쟁점은 무엇보다도 국가배상법 제2조 제2항의 구상권규정을 어떻게 이해할 것인가에 있다. 공무원의 개인책임을 고의·중과실에 한정하지 않고 경과실에도 인정하는 전면적 긍정설은 구상권규정과의 균형을 기할 수 없다는 문제점을 지니고 있는 것이 사실이다. 그러나 그렇다고 구상권제도의 본래취지에 비추어 볼 때 그러한 문제가 치유될 수 없는 것이라고는 말할 수 없다. 대법원의 다수의견에서 지적한 피해자의 임의적 선택에 따라 그 배상책임의 궁극적 귀속자가 달라지게 된다는 불합리한 결과는 오히려 경과실에 대하여 공무원 개인책임(선택적 청구권)을 인정하는 경우에도 배상책임을 진 공무원이 다시 국가에 대하여 국가배상법 제2조 제2항을 근거로 국가에 대한 구상관계에서 경과실면책을 주장하여 국가에게 구상할 수 있다고 봄으로써 해소될 수 있기 때문이다. 그렇게 해도 국가가 자기책임으로서 국가배상책임을 지는 것인 이상, 대법원이 우려하는 바와 같은 문제점, 즉 피해자의 임의적 선택에 따라 그 배상책임의 궁극적 귀속자가 달라지게 되며, 경과실의 경우 공무원 개인의 책임을 궁극적으로 면제시켜 공무원으로 하여금 안심하고 적극적으로 공무를 수행하도록 하려는 입법의도도 실현할 수 없게 된다는 결과는 회피될 수 있기 때문이다. 공무원 개인책임의 문제는 그야말로 '선택적' 청구권의 문제이다. 그것은 종국적으로 누가 책임을 지느냐 하는 문제가 아니라 피해자가 가해공무원에 대해서도 직접 손해배상을 청구할 수 있느냐 하는 문제이다. 가해공무원이 피해자에게 배상책임을 진 경우 그에 따라 발생하는 당해 공무원과 국가 간의 문제, 즉 구상문제는 이와는 일단 별개의 문제이다.

구상권은 비단 국가의 공무원에 대한 권리로서 뿐만 아니라 공무원의 국가에 대한 권리로서도 구체화될 수 있다. 현행법상 개인책임을 진 공무원에게 국가에 대한 구상권을 인정할 수 있는가에 관하여는 국가배상법 제2조 제2항 같은 명문의 규정은 없으나, 국가배상법 제2조 제2항을 반대해석하면 경과실의 경우 구상권을 행사할 수 없으므로 경과실의 경우 공무원이 개인책임을 진 경우에는 당해 공무원이 이를 국가에 대하여 구상할 수 있다는 해석도 가능하다. 이는 행정과 공무원, 공무원과 행정의 상호관계(rapport réciproque)에 있어 구상소송(actions récursoires)을 인정하고 있는 프랑스에서의 구상권이해와 상통하는 점이다.

> 「꽁세유데따」의 1963.4.26. 브장쏭 지방병원판결[72]은 직무수행으로부터 분리될 수 있는 개인과실(faute personnelle détachable de l'exercice de ses fonctions)을 범하지 않았는데도 민사법원에 의해 배상판결을 선고받은 공무원에게 배상액전보청구권, 즉 행정에 대한 구상권을 시인하였다. 이 판결에서는 이미 민사법원의 판결에 의해 공무원의 피해자에 대한 개인책임이 인정되었다는 사실이 전제되고 있으므로 그 한도내에서 사실상 선택적 청구권이 인정된 것과 마찬가지의 결과가 되었다. 경과실의 경우 배상책임을 진 공무원이 국가에 대해 구상을 한다는 것은 경과실의 경우 공무원이 개인책임을 지지 아니한다는 것과는 같지 않으며, 오히려 경과

---

72) C.E. Sect. 1963.4.26., Centre hospitalier régional de Besançon, Rec.243, concl. Chardeau: Gr.Ar., p. 479.

실의 경우에도 선택적 청구가 가능하다는 것을 의미하는 것으로 볼 수 있기 때문이다.

문제는 공무원이 국가에 대하여 또는 국가가 공무원에 대하여 구상권을 행사하는 경우 그 구상이 전액구상을 의미하는지 아니면 행위자의 배상책임에 대한 기여, 즉 책임부담부분에 상응하는 범위내에서의 구상을 의미하는지에 있는데, 이 점에 관한 한 헌법이나 국가배상법은 아무런 명시적 규정을 두고 있지 않다. 그러나 구상권제도는 본래 자기의 귀책사유에 속하지 않는 배상액을 되돌려 받도록 한다는 원인자책임의 논리에 따른 것이므로, 자신의 부담부분을 넘는 부분에 관하여는 이를 국가로부터 또는 공무원개인으로부터 구상받을 수 있다고 해석하는 것이 타당하다. 이 점은 공무원의 고의·중과실에 의해 국가배상책임이 성립하는 경우에도 마찬가지로 적용되어야 한다. 즉 고의·중과실의 경우 공무원이 개인책임을 진 경우에도 자기의 부담부분을 넘는 부분에 대해서는 국가에 대하여 구상을 요구할 수 있다고 보아야 한다. 또한 국가가 공무원에 대해 구상하는 경우에도 당해 공무원은 자기의 부담부분을 넘는 부분에 대해서는 국가의 구상권이 성립하지 않는다고 항변할 수 있다고 보는 것이 타당하다. 만일 공무원이 고의에 의해 직무상 불법행위를 범한 경우에는 공무원 개인이 전부책임을 지게 될 개연성이 크다고 볼 수 있을 것이다. 한편 국가배상법 제2조 제2항은 '공무원이 고의 또는 중대한 과실이 있는 때'에 국가 또는 지방자치단체는 그 공무원에게 구상할 수 있다고만 규정할 뿐 구상권행사를 의무화하고 있지는 않다. 즉 국가등의 구상의무(Rückgriffspflicht)는 성립하지 않으며[73] 구상권은 하나의 가능성에 불과하다. 물론 이 규정을 목적론적으로 해석할 때 국가 등은 그 예산보전의 견지에서 특별한 사정이 없는 한 구상권을 행사하여야 한다고 볼 여지도 없지 않다. 또 고의나 중과실로 국가등에게 배상책임을 발생시킨 공무원에 대해 그로 인한 책임을 부담하도록 하는 것이 공평의 원리에 부합된다고 볼 수 있다. 그러나 판례는 거꾸로 국가등의 구상권행사를 신의칙상 상당성의 기준에 의해 제한하는 입장을 보이고 있다.

"국가 또는 지방자치단체의 산하 공무원이 그 직무를 집행함에 당하여 중대한 과실로 인하여 법령에 위반하여 타인에게 손해를 가함으로써 국가 또는 지방자치단체가 손해배상책임을 부담하고, 그 결과로 손해를 입게

---

73) Ossenbühl, Staatshaftungsrecht, 4.Aufl., 1991, § 10, S.96; Bettermann, in: Die Grundrechte III/2, S.848; Dagtoglou, in: BK, Art.34 Rn.348.

된 경우에는 국가 등은 당해 공무원의 직무내용, 당해 불법행위의 상황, 손해발생에 대한 당해 공무원의 기여정도, 당해 공무원의 평소 근무태도, 불법행위의 예방이나 손실분산에 관한 국가 또는 지방자치단체의 배려의 정도 등 제반사정을 참작하여 손해의 공평한 부담이라는 견지에서 신의 칙상 상당하다고 인정되는 한도 내에서만 당해 공무원에 대하여 구상권을 행사할 수 있다고 봄이 상당하다."[74]

이러한 판례는 공무원이 고의나 중과실로 국가등에게 배상책임을 발생시키고도 구상책임에서 면제되는 불합리를 막아야 한다는 당연한 책임주의의 논리 보다는 공무원을 예외없이 국가등에 대한 구상책임에 노출시킴으로써 자칫 공무원의 직무수행이나 사기를 위축시킬 수 있기 때문에 이를 구체적 타당성의 기준으로 완화할 필요가 있다는 정책적 고려를 우선시킨 결과라고 할 수 있다. 물론 이러한 판례의 태도에도 일리가 없지는 않다. 국가배상책임과 관련하여 정부가 공무원의 고의 또는 중과실을 이유로 구상권을 행사하는 것이 공무원에 대해 위법억지의 기능을 가질 수 있는지 여부는 불확실하다. 그러한 결과는 이론적으로는 충분히 가능하고 또 소망스럽기도 하다. 그러나 현실적으로 그러한 구상권의 행사가 이루어지고 있는지는 극히 부정적이다. 사실 우리나라의 구상권제도는 그것이 행사되는 경우가 드물기 때문에 거의 유명무실한 것으로 밝혀지고 있다.[75] 일본이나 프랑스에서도 실제로 구상권이 행사된 예는 근소한 것으로 보고되고 있다.[76]

이렇듯 전반적으로 저조한 구상권행사의 실태를 고려할 때 공무원이 고의나 중과실로 국가등에게 배상책임을 발생시키고도 구상책임을 면하게 되는 불합리한 결과가 생길 수 있다는 점을 확인할 수 있다. 물론 구상권행사의 요건이 구비된 경우 구상권행사를 강화하는 법정책적 노력이 이루어질 수도 있겠지만, 거기에는 위와 같은 판례의 태도에 비추어 한계가 있을 수밖에 없다. 현실적으로도 고의·중과실로 국가배상책임을 발생시킨 공무원에 대한 구상권의 행사에는 적지 않은 제약이 따르는 것도 사실이다. 실제로 공무원의 상대적으로 낮은 처우를 근거로 가해공무원의 처지에

---

74) 대법원 1991.5.10 선고 91다6764판결.
75) 김철용교수의 조사에 따르면, 1991년 한 해 국가배상전체건수는 2845건이었고(법무부 법무연감 1992, 283) 이 중 구상권행사요건이 충족된 고의·중과실의 경우가 334건인데 구상권행사는 고작 2건에 불과했다고 한다(김철용, "공무원개인의 불법행위책임"(판례월보 1994, 290), p. 31 각주 25).
76) 阿部泰隆, 66; Rivero/Waline, n°303.

대한 배려를 당연시하는 것이 공무원사회의 전반적 분위기임을 고려할 때 그러한 구상권행사의 확대를 기대하기는 곤란하다. 이와 같은 결과는 국가예산의 낭비를 초래할 뿐만 아니라 궁극적으로는 원인자책임원리에 의한 책임의 귀속 및 위법억지라는 구상권제도의 본래취지를 손상시킬 우려가 있다는 이유에서 시정을 요하는 문제라 할 수 있다. 그러나 여기서 인식해야 할 것은 그러한 구상권제도의 실태를 고려할 때 실현가능성이 희박한 구상권과의 균형을 유지해야 한다는 논거는 현실성이 박약하다는 사실이다.

사실 구상권제도는 단순히 손해분담의 공평을 기하기 위한 것만은 아니다. 구상제도는 오히려 일종의 징계적 성격을 아울러 지니고 있기 때문이다.

> 프랑스에서는 이른바 구상소송의 독자성(L'autonomie des actions récursoires)이 인정되고 있으며, 이에 따라 구상관계에 관한 소송은 공법원리의 적용대상이며 또 그 당연한 결과로서 행정재판소의 관할에 속하는 것으로 다루어지고 있다. 이러한 구상소송의 독자성은 공무원의 국가에 대한 책임 뿐만 아니라 국가의 공무원에 대한 책임이 전적으로 공역무의 내적 기능과 그 구성원과의 관계를 위태롭게 한다는데 이유를 둔 것으로 이해되고 있다.[77] 그런 까닭에 공무원의 국가에 대한 소송과 국가의 공무원에 대한 소송은 피해자의 국가배상소송의 연장으로서가 아니라 행정과 공무원을 상호적 관계(rapports réciproques)로 결부시키는 고유한 법에 의하여 수행될 수 있다고 보는 것이다. 「꽁세유데따」(C.E.)는 이러한 소송들을 사법상 불법행위책임에 준하는 배상책임의 전통적 법리에 의해 판단하기 보다는 오히려 특히 공역무의 조직과 선량한 행정의 필요를 고려하고 있으며, 이들 소송에 일종의 징계절차와 같은 성격(coloration disciplinaire)을 부여하고 있다고 한다.[78] 물론 이러한 징계절차적 성격은 직무수행으로부터 분리될 수 있는 개인과실(faute personnelle détachable de l'exercice de ses fonctions)을 범하지 않았는데도 민사법원에 의해 배상판결을 선고받은 공무원이 행정에 대하여 그 배상액의 전보를 청구한 경우[79]에는 인정되지 않는다.

---

77) Gr.Ar., n°83, 28 Juill.1951, Laruelle et Delville, p. 479.
78) Gr.Ar., n°83, 28 Juill.1951, Laruelle et Delville, p. 479.
79) 「꽁세유데따」의 1963.4.26. 브장쏭 지방병원판결(C.E. Sect. 1963.4.26., Centre hospitalier régional de Besançon, Rec.243, concl. Chardeau: Gr.Ar., p. 479).

이와 같이 구상권제도를 일면 원인자책임원리에 의한 책임귀속의 형평과 타면 공무원의 위법행위에 대한 제재의 필요에 취지를 두는 것으로 이해한다면 국가배상법 제2조 제2항의 규정을 근거로 선택적 청구권을 고의·중과실의 경우에 한하여 인정한 제한적 긍정설이나 대법원의 1996년 2월 15일자 판결이 부당하다는 결론에 한 걸음 더 가까이 접근할 수 있게 된다.

한편 1996년 2월 15일자 대법원판결의 다수의견은 피해자가 헌법 제29조 제2항, 국가배상법 제2조 제1항 단서 소정의 공무원으로서 위 단서조항에 의하여 법률에 정해진 보상 외에 국가배상법에 의한 배상을 청구할 수 없는 경우에도 마찬가지의 법리를 인정했다. 즉 대법원은 "헌법 제29조 제2항은 군인, 군무원, 경찰공무원, 기타 법률이 정한 공무원(이하 '군인 등'이라 한다)의 경우 전투, 훈련 등 직무집행과 관련하여 받은 손해에 대하여 법률이 정하는 보상 외에 국가 등에 대하여 공무원의 직무상 불법행위로 인한 배상을 청구할 수 없도록 규정하고 있고 국가배상법 제2조 제1항 단서도 이를 이어 받아 이를 구체화하고 있지만 이는 군인 등이 전투, 훈련 등과 관련하여 받는 손해에 한하여는 국가의 손해배상을 인정하지 아니하고 법률이 정한 보상만을 인정함이 타당하다는 헌법적 결단에 의한 것이기 때문"이라고 판시하고 있다. 이에 대하여는 헌법 제29조 제2항의 법정신을 손상시키는 결과가 된다는 비판이 제기되었으나, 그러나 일국의 최고법원이 위헌으로 판정한 법률조항[80]이 곧 헌법개정을 통해 헌법의 자리를 찬탈하고 들어앉았다는 수치스런 헌법사적 배경을 지닌 헌법 제29조 제2항의 법정신(?) 보다는 그 경우 국가배상책임이 배제되었음에도 불구하고 공무원 개인책임이 성립할 수 있다는 법리적 결과가 시사하는 바를 주목할 필요가 있다. 그것은 다름 아니라 공무원 개인책임이 국가배상책임의 성립여부에 절대적으로 의존하는 것은 아니라는 사실이다.

---

80) 대법원전원합의체 1971.6.22 선고 70다1010판결.

V. 결론

이제까지의 논의를 통하여 우리는 법해석론과 법정책론 모든 면에서 공무원 개인책임, 즉 선택적 청구권은 고의·중과실이나 경과실을 불문하고 인정되는 것으로 보는 것이 옳으며, 다만 경과실의 경우 공무원이 개인책임을 진 경우에는 국가배상법 제2조 제2항의 규정을 구상책임의 경과실면제의 보장으로 반대해석하여 공무원 개인이 국가에 대해 자신의 부담부분을 넘는 부분에 대한 구상권을 행사할 수 있도록 함으로써 공무원이 그 직무집행행위로 인한 직접적 손해배상책임에 노출됨으로 인하여 발생할 수 있는 법정책적 문제점과 구상책임과의 불균형을 해소할 수 있다는 사실을 확인할 수 있었다. 물론 공무원이 그의 위법한 직무수행의 결과 자칫 피해자로부터 직접 손해배상청구를 당할 가능성을 인정함으로써 그 직무수행의 의욕과 사기를 저하시킬 수 있다는 우려에도 충분한 현실적 근거가 있다.[81] 일면 경과실의 경우에는 국가배상법 제2조 제2항에 의해 공무원의 구상책임이 면제되는데 반해 피해자에 대한 개인책임은 인정되게 된다는 불균형한 결과와, 타면 경과실면책을 규정한 국가배상법 제2조 제2항의 입법취지를 고려하여 선택적 청구권을 고의·중과실의 경우에 한정하는 견해도 그런 이유에서 법해석론적 차원에서 보다는 법정책론적 차원에서 현실적인 타당성을 갖는다. 그러나 이러한 견해 역시 공무원보호라는 현실적·정책적 이유를 바탕으로 법률의 규정에 의하여 헌법규정의 의미를 부당하게 제한하는 것이라는 비판으로부터 자유롭지는 못하다.[82] "법률이 정하는 바에 의하여 국가 또는 공공단체에 정당한 배상을 청구할 수 있다"는 헌법 제29조 제1항 본문의 규정에 의해 주어진 입법권자의 입법적 형성의 자유는 "이 경우 공무원 자신의 책임은 면제되지 아니 한다"고 규정한 같은 조 단서에 의해 제약을 받는 것이다. 앞에서 이미 살펴 본 바와 같이 경과실의 경우 공무원 개인의 책임을 면제해 줄 정책적 필요성은 부인할 수 없을지라도 이는 경과실면책을 인정할 명문의 법적 근거가 없는 이상, 헌법 및 법

---

81) 김철용, 공무원개인의 불법행위책임, 판례월보 290호(1994), p. 31. 그런 이유에서 미국의 경우 적지 않은 주에서 공무원의 불법행위에 대한 개인책임을 고의, 악의, 오직 등의 사유가 존재하는 경우에 한하여 인정하는 고의주의를 취하고 있으며 과실주의를 취하는 경우에도 대위지불제도에 의하여 고의·악의 등이 없는 공무원은 최종적인 배상책임을 부담하지 않게 되는 경우가 많다고 한다. 즉 공무원에게 고의가 없는 한 명목상으로는 몰라도 실질적으로는 공무원에게 개인책임을 묻지 않는 것이 대세라고 보아도 지장이 없다는 것이다(植村榮治, 전게서, pp. 146－147).

82) 앞의 책 김동희, 행정법 I, 417.

률의 개정 등 입법적 해결책을 통해서만 관철될 수 있으며, 따라서 해석론상으로는 공무원의 개인책임을 전면적으로 인정하지 않을 수 없다. 경과실의 경우 공무원 개인 책임을 인정하는데 따르는 구상책임과 선택적 청구간의 불균형이나 직무수행의 위축 이나 사기저하 등과 같은 문제는 경과실의 경우 배상책임을 진 공무원에게 국가에 대한 구상권을 인정하거나, 국가배상제도를 합리적이고 효율적인 손해전보제도로 개선 하여 민사상 손해배상책임제도에 대해 우월한 경쟁력을 갖추도록 하려는 입법적 노력을 통하여 또는 가해공무원의 책임을 민사소송을 통해 추궁하는데 따르는 책임재 산보전의 문제나 과실의 입증 등과 관련된 법적 불편을 통한 국가배상법에 의한 해결 책을 이용하도록 유인하는 방법에 의해 해소되어야 하지,[83] 위법행위를 한 공무원의 피해자에 대한 면책을 인정함으로써 회피될 것은 아니라는 점을 인식할 필요가 있다.

> 한편 입법론으로는 오히려 국가책임을 공무원의 주관적 과실, 즉 주의의무 위반여부에 의존시키는 종래의 접근방식이 이미 한계를 드러냈다는 사실을 직시하여, 과실을 프랑스의 객관화된 과실개념, 즉 'faute'와 같은 흠(瑕疵)으로 바꾸고, 국가작용으로서의 흠 외에 직무수행과 관련하여 개인의 귀책사유가 인정되는 경우에는 그에 상응하는 개인적 배상책임을 물을 수 있는 체제로 전환해야 할 것이다. 개인의 귀책사유에 관하여는 이를 국가배상법 제2조 제2항과 균형을 고려하여 고의·중과실로 한정하는 것이 바람직할 것이다.[84]

이제까지의 논의를 통하여 국가배상책임과 공무원 개인책임의 문제가 비단 법해 석론의 문제일 뿐만 아니라 법정책적 접근을 필요로 하는 문제라는 사실을 인식할 수 있었다. 반면, 문제의 법정책적 측면에 대한 행정학이나 정책학으로부터의 기여는 극히 빈곤한 수준에 머물러 있다. 그 이유는 우선 기존의 행정학·정책학이 공법에서 제기되는 문제를 제대로 인식하지 못했다는 데서 찾을 수 있을 것이다. 그러나 법학과 행정학·정책학의 학제적 접근이 이루어지지 않았다면, 그것은 무엇보다도 공법학

---

83) 이로써 현실적으로 피해자의 입장에서는 배상자력이 충분한 국가로부터 배상을 받는 것이 더 안전하고 편의롭다는 인식이 국민에게 공유될 수 있다.
84) 이렇게 한다면 국가배상법 제5조와 제2조의 차이는 상대적으로 완화되며, 민법상 불법행위책임과의 연혁적 관련이나 사용자책임과의 연관도 그만큼 엷어지는 결과가 될 것이다. 국가배상법 제5조에 의한 영조물책임은 이를 공무원의 직무집행과 결부되지 않는 순수한 객관적 무과실책임으로 살려나가는 것이 바람직하다고 본다.

이 법학적 방법론의 한계를 직시하지 못했고 따라서 그와 같은 법적 문제의 정책적 측면에 관한 문제를 제기할 수 없었다는데 책임을 돌려야 할 것이다. 행정학이나 정책학 진영에서도 그와 같은 학문적 협동의 요구는 거의 응답되지 않았다. 결국 공무원 개인책임의 문제는 바로 그런 학문적 협동이 필요한 대표적인 문제영역임에도 주로 공법학에서만 다루어졌던 것이다. 앞으로 이 같은 문제들에 대한 법학과 행정학·정책학의 공동노력이 이루어지기를 희망하면서 논의를 마친다.

참고문헌

김기동. (1994). 국가배상과 공무원의 개인책임. 법조.

_____. "국가배상과 공무원의 개인책임". 법조. 1994.10.

김남진. 『행정법 I』.

김도창. 『일반행정법론(상)』.

김동희. (1996). "공무원이 직무집행중 불법행위로 타인에게 손해를 입힌 경우, 공무원의 개인책임 성립여부". 판례월보(309호).

_____. (1999). "공무원이 직무집행중 불법행위로 타인에게 손해를 입힌 경우, 공무원의 개인책임 성립여부". 판례월보 1996/6(309호).

_____. (1999). 『행정법 I』.

김철수. (1995). 『헌법학개론』. 박영사.

_____. 『헌법학신론』.

김철용. (1975). "국가배상법 제2조에 관한 연구". 건국대학교 박사학위논문.

_____. (1994). "공무원개인의 불법행위책임". 판례월보 290호.

김호정. (1994). "한국관료행태의 결정요인". 『한국행정학보』, 겨울(28권 4호).

류지태, (1996). "공무원의 행정상 손해배상책임". 법률신문.

_____. (1996). 『행정법신론』. 신영사.

문홍주. 『한국헌법』.

박균성. (1995). 공무원 배상책임의 이론과 판례, 판례월보.

박윤흔. (1996). 『최신행정법강의(상)』. 박영사.

_____. 『최신행정법론(상)』.

변재옥. 『행정법 I』.

서원우. (1976). "국가배상과 공무원의 배상책임". 고시계.

_____.『현대행정법론(상)』.

오석홍. (1995).『한국의 행정』. 경세원.

윤세창.『행정법(상)』.

이상규.『신행정법론(상)』.

정하중. (1994). "공무원에 대한 배상청구권". 법률신문.

차한성. "공무원의 직무상 불법행위와 공무원 개인의 손해배상책임". 민사판례연구 17.

최세모. "공무원의 직무상 불법행위와 공무원 자신의 손해배상책임". 대법원판례해설
    21.

허영. (1995).『한국헌법론』.

홍준형. (1996). "직무상 불법행위에 대한 공무원 개인의 손해배상책임".『행정논총』,
    제34권 제1호.

홍준형. (2008).『법정책의 이론과 실제』. 법문사.

C.E. Sect. 1963.4.26., Centre hospitalier régional de Besançon, Rec.243, concl.
    Chardeau: Gr.Ar., p. 479.

Gr.Ar. n°83, 28 Juill.1951, Laruelle et Delville, p. 479.

M. Fromont, Staatshaftungsrecht in Frankreich, DÖV 1982, 928.

Ossenbühl. (1991). Staatshaftungsrecht, 4.Aufl., § 10, S.96; Bettermann, in: Die
    Grundrechte III/2, S.848; Dagtoglou, in: BK, Art.34 Rn.348.

Rosenbloom and Carroll. (1990). Toward Constitutional Competence: A Casebook
    for Public Administrator.

阿部泰隆. (1988). 국가보상법, 유비각.

下山瑛二. (1973). 國家補償法.

稻葉馨. (1983). 公權力の行使にかかわる賠償責任, 現代行政法大系 6.

今村成和. (1957). 國家補償法, 有斐閣.

東京地判 1971.10.11, 判例時報 644號.

札幌地判 1971.12.24, 判例時報 653號.

塩野 宏. (1992). 行政法 II, 有斐閣.

最高裁 1955.4.19(民集 9·534); 行政判例百選 II 138사건; 1978.10.20(民集 32·
    1367).

阿部泰隆. (1998). 國家補償法, 有斐閣.

下山瑛二. (1973). 國家補償法.

植村榮治. (1991). 米國公務員の不法行爲責任, 有斐閣.

今村成和. (1957). 國家補償法, 有斐閣.

塩野 宏. (1992). 行政法 II.

▶ ▶ ▶ 리뷰

서재호(부경대학교 행정학과)

1. 서론

행정학은 공공행정에 대한 학제적인 접근을 특징으로 하는 학문이다. 경제학, 경영학, 사회학, 심리학, 사회복지학, 정보통신공학, 환경공학 등 다양한 분과학문의 연구성과가 행정학 연구를 위해 활용되어 왔다. 행정학과 (행정)법학은 모두 행정이라는 대상을 연구하고 있어 매우 밀접하게 연관돼 보이지만, 이들 두 학문간의 간극(間隙)은 매우 깊고 넓으며 공동연구나 학제적 접근의 필요성에 대한 주장도 비교적 최근에야 제기되었다.[1][2]

법학의 '법치행정의 원리'와 행정학의 관료제 정부의 '법의 내용과 절차에 따른 업무수행'은 법과 행정의 유사성을 잘 보여준다.[3] 그러나 법학과 행정학은 각기 다른 시각으로 동일한 행정현상을 연구함에도 융합이 쉽지 않다. 얼마전 사회적으로 큰 문제가 되었던 아동성범죄자의 재범을 막기 위한 정책처방으로 성범죄자에 대한 '물리적·화학적 거세'가 논란이 된 적이 있다. 이 사안에 대해 법학은 '아동성범죄자의 물리적·화학적 거세가 옳은 것인가(규범)'로 논의를 시작했으나, 행정학은 '물리적·화학적 거세가 실제 성범죄자의 재범률을 낮추는가(사실)'로 논의를 시작했다. 이 사례는 무엇이 정의인가를 밝히는 '(해석)규범학'으로서 법학과, 목적 - 수단간 인과관계를 밝히고자 하는 '(실증)사실학'으로서 행정학 간의 학문적 차이를 잘 보여준다.

그러면 동일한 현상을 대상으로 하지만 그 현상에 대한 인식과 접근방법을 달리

---

1) 미국 학자로 법학과 행정학간의 학제적 접근을 일관되게 취하는 연구자들은 American대학의 D. Rosenbloom 교수, Indiana대학의 W. Charles 교수가 대표적이며, 우리나라 학자는 서울대학교의 홍준형 교수가 대표적이다. 이들은 모두 법학을 전공했으며 대학(원)의 행정학과에 소속되어 있다.
2) 특히 우리나라에서 법학과 행정학 간의 학제적 접근을 주장한 주요 논문들은 다음과 같다. 정세욱 교수(1974)의 행정법과 행정학과의 관계, 최송화 교수(1985)의 법과 정책에 관한 연구: 시론적 고찰, 김항규 교수(1997)의 행정학과 행정법학과의 대화: 법정책학적 관점을 중심으로, 홍준형 교수(2000)의 법정책의 의의와 과제: 법정책학의 구축을 위한 시론, 이호용 교수(2014)의 법해석과 법정책의 관계, 임현 교수(2014)의 정책과 법의 관계에 대한 모색 등이다.
3) 여기서는 특히 행정법학을 의미한다.

하는 법학과 행정학의 학문적 간극을 메워 어떻게 우리나라의 행정을 발전시킬 수 있는가? 이에 대한 하나의 해답이 '법정책학'이며, 국가배상과 공무원의 배상책임의 관계를 규범적으로 해석하면서 다양한 규범 해석들에 따른 기대효과들 간의 실질적인 차이를 동시에 다루고 있는 홍준형 교수의 '국가배상과 공무원의 배상책임'은 법학과 행정학의 학제적 접근의 의의(意義), 방법, 특징, 성과를 잘 보여주는 모범답안이다.

2. 개요 및 논의

1) 논문 개요

국가배상법 제2조는 위법한 공무원의 직무집행행위에 대해 '국가'가 그 손해를 배상하도록 정하였다. 국가배상법이 정하지 않은 '위법한 공무원의 직무집행행위에 대한 개인의 직접적인 손해배상 책임'은 '피해자의 선택적 청구권 인정여부'라는 주제로 비교적 오래 전부터 논의되고 있었다. 이 논문은 위법한 공무원 개인의 손해배상책임(선택적 청구권) 인정여부에 대해 법학계와 판례에서 제기된 다양한 규범적 해석과 주장들을 비판적으로 고찰하고, 법정책학적 논의를 통해 선택적 청구권의 인정여부에 따른 다양한 기대효과를 평가하면서 법학과 행정학의 접근방식을 연계해 준다.

국가배상법상 공무원 개인의 직접적인 손해배상책임의 인정여부에 대해서는 공무원 개인에 대한 손해배상청구권을 인정해서는 안 된다는 '부정설', 피해자는 국가뿐 아니라 개인에게도 손해배상을 청구할 수 있다는 '전면긍정설', 공무원의 고의·중과실에 한해 손해배상 청구권을 인정해야 한다는 '제한적 긍정설'로 학설이 나뉜다. 선택적 청구권에 대한 법원의 판례는 전면긍정설을 지지하는 판례에서부터 부정설, 제한적 긍정설 등으로 변화를 거듭해 왔다. 미국과 프랑스는 공무원 개인의 손해배상책임을 인정하지만, 독일과 일본은 공무원 개인의 손해배상책임을 인정하지 않는다. 종합하면 공무원의 배상책임에 대해서는 학설, 판례, 각국의 입법례가 일관되지 않기 때문에 '공무원 개인의 직접적인 손해배상책임' 인정 여부에 대한 각 입장은 나름대로의 규범적 논거를 가지고 있으며 통일된 일반 법칙이 정립되어 있지 않다는 결론에 이른다.

이는 곧 국가배상법상 국가의 손해배상(국가배상)과 공무원 개인의 직접적인 손해배상의 개념 관계가 상호 독립적이라는 것을 의미하며, 이러한 사실은 '대위책임설(代位責任說), 자기책임설(自己責任設), 중간설(中間設)'로 나뉜 국가배상책임의 본질과 공무원 개인의 책임의 관계를 검토함으로 더욱 분명하게 확인된다.

공무원 개인의 책임이 국가배상의 본질과 논리필연적이지 않고 독립적으로 논의가 가능하다는 것은 무엇을 의미하는가? 이는 공무원 개인의 책임을 인정할 것인지 부인할 것인지, 인정할 경우 어디까지 인정할 것인지에 대한 결정은 일종의 가치중립적인 성질의 것으로, 모든 주장의 규범적 정당성이 어느 정도 확보될 경우 법정책적 논의를 통해 보다 효과적인 대안이 무엇인가를 판단해야 한다는 대안−효과간의 인과적 보완이 필요함을 의미한다.

법정책적 관점에서 공무원 개인의 배상책임에 대한 각 학설별로 '피해자의 구제, 공무원의 위법행위 억제, 공무원의 소극행정 방지, 구상권과의 균형유지, 남소억제, 부담의 공평유지'라는 정책적 효과를 기준으로 각 주장에 대한 사실적 기대효과를 비교·분석할 수 있다. 분석결과 부정설, 전면긍정설, 제한적 긍정설 중 부정설의 기대효과와 설득력이 가장 낮은 것으로 나타났으며, 어떤 정책적 기대효과(정책목적)를 중시할 것인가에 따라 제한적 긍정과 전면긍정이라는 두가지 정책대안 중 보다 나은 정책을 선택할 수 있다는 점이 확인되었다.

2) 논문의 기여

'국가배상과 공무원 개인책임' 연구의 가치는 다음의 두가지로 수렴된다. 첫째, '법과 행정'이라는 유사한 대상을 다른 각도에서 접근하는 법학과 행정학을 학제적으로 접근할 수 있는 학문적 결합방식의 원형(prototype)을 제시하였다. 이 논문은 공무원의 직무상 위법행위에 대한 개인책임 인정여부에 대해 법해석의 정향(orientation)에 따라 달라지는 정책적 기대효과를 인과적 틀로 제시하면서 이를 기준으로 각 해석론을 평가하였는데, 이는 기존에 법에 대해 '규범−해석(법−정의)' 중심의 법학적 접근과 '규범−효과(목적−수단)'중심의 행정학적 접근을 결합한 '규범−해석−효과(법−정의−수단)'라는 통합된 접근을 시도했다는 데 중요한 가치가 있다.

특히 논문의 전개구조는 법과 정책의 연결을 위해 '논리실증주의'의 구조를 차용하여 법과 행정(정책)연구의 학제적 연구모형을 제시하는 방법론적 우수성이 인정된다. 논문은 공무원의 개인책임이 '국가배상책임의 본질'에 대한 해석에 따라 논리필연적으로 좌우되는 것이 아니라는 점을 지적하면서 각 학설이 주장하는 논거들이 초래하는 기대효과에 대한 '가치중립적인' 접근의 필요성을 밝힌다. 즉 공무원 개인의 배상책임 인정 여부가 국가배상법이 법률(규범과 정의)로 정하고 있는 국가배상책임의 본질에 대한 해석여부에 따라 좌우되는 문제가 아니라 공무원 개인의 배상책임을 인정할 때 어떤 행정 효과상의 차이가 발생하는 가와 관련된 '사실'의 문제임을 분명히 지적함으로써 법정책학적 접근의 의의(意義)와 연구틀을 제시한 것이다.

둘째, 위법한 직무집행행위에 대한 공무원 개인의 손해배상책임에 대한 법정책학적 접근을 통해 각 학설에 따른 규범적 논의를 기대효과와 연계해 분석하고 평가해주며 목적-수단의 관점에서 보다 우수한 정책대안을 선택할 수 있는 기준을 제시하였다. 또한 행정학적으로는 위법한 행정작용에 따른 피해자의 구제와 함께 책임행정의 원리를 구현할 수 있는 정책적 대안이 무엇인가에 대한 규범적 수단들을 고찰함으로써 행정의 합법성과 합목적성을 동시에 고려할 수 있는 정책대안이 무엇인가에 대한 정보를 제시하였다.

3) 관련 연구

행정학 연구과정에서 법학의 연구성과를 참고하고 활용하는 것은 행정의 합법성뿐 아니라 합목적성의 확보를 위해서도 매우 중요하다. 논리실증주의적으로 목표-수단간 인과관계가 규명된 행정수단이라 해도 법치행정의 원리를 충족시키지 못할 경우 위법한 행정이 되기 때문이다. 따라서 행정학 연구에서 가치와 사실, 규범과 사실을 종합적으로 고려하기 위한 법학과의 학제적 접근은 매우 필요하다.

이러한 학제적 접근방식의 중요성을 이해하고 방법론적 특징을 정리한 연구로는 김항규 교수의 '행정학과 행정법학과의 대화 - 법정책학적 관점을 중심으로(한국행정학보, 1997)'를 꼽을 수 있다. 그리고 홍준형 교수가 2008년에 발간한 「법정책의 이론과 실제(2008, 법문사)」는 이러한 시도들을 종합하여 이론과 방법, 사례를 종합적으로 집대성한 연구성과이다.

이 논문이 다루는 국가배상과 공무원의 배상책임 논의를 행정학적인 관점에서 수행한 연구도 있다. 박흥식 교수는 '국가배상 및 공무원 개인의 배상책임(liability)제도의 개선을 위한 행정 이념적 고찰: 한국과 미국의 관련 법 및 판례의 비교를 중심으로(한국행정학보, 2000)'를 발표했는데, 이 논문은 '행정이념'이라는 행정학적 관점을 가미해 국가배상과 공무원 개인의 배상책임 제도에 대해 다루고 있기 때문에 홍준형 교수의 '국가배상과 공무원의 배상책임'의 문제의식, 방법, 결과를 상호 비교할 경우 공무원의 배상책임에 대한 법학적 접근과 행정학적 접근간의 유사성과 차이점을 비교·평가하는 데 도움이 될 것이다.

3. 제언

행정의 현실문제 해결지향성과 법의 규범성을 결합하여 연구를 수행할 경우 그 효과는 매우 강력하지만 법과 행정에 대한 학제적 접근은 아직까지 많지 않다. 특히 공무원 개인의 배상책임 인정여부와 같은 권리·의무의 영역에서 학제적 연구의 필요성이 높으나 실제 학제적인 연구는 그리 활발하게 이루어지지 않고 있다.

학제적 연구의 활성화를 위해 추후에 진행되어야 할 중요한 연구 주제는 다음과 같다. 우선 이 논문에서 보여주는 법적 발견과 행정학적 발견을 연결할 수 있는 모형을 더욱 심화해 개발하고 체계화 할 필요가 있다. 그리고 법정책학에 대한 방법론 연구로, 규범과 해석 효과간의 관계에 대해 도출되는 다양한 작업가설들에 대한 인과관계의 규명이 필요하다. 논문에서 밝히고 있듯이 "법정책적 고찰을 통해 공무원 개인의 배상책임을 어느 정도 인정할 것인가에 대한 법학과 판례의 논란은 다양한 차원의 기대효과별로 검증되어야 하는 대상으로서 작업가설 수준에 머물기 때문"이다. 따라서 규범과 사실을 연계해 인과관계를 증명해 줄 수 있는 방법론적 진보 또한 절실하다.

참고문헌

김항규. (1997). "행정학과 행정법학과의 대화: 법정책학적 관점을 중심으로". 「한국행정학보」, 31(4).

박흥식. (2000). "국가배상 및 공무원 개인의 배상책임(liability)제도의 개선을 위한 행정 이념적 고찰: 한국과 미국의 관련 법 및 판례의 비교를 중심으로". 「한국행정학보」, 34(1).

이호용. (2014). 「법해석과 법정책의 관계」. 저스티스. 145.

임현. (2014). "정책과 법의 관계에 대한 모색". 공법학연구. 15(2).

정세욱. (1974). "행정법과 행정학과의 관계". 「한국행정학보」, 8(1).

최송화. (1985). "법과 정책에 관한 연구: 시론적 고찰". 법제. 26(4).

홍준형. (2000). "법정책의 의의와 과제: 법정책학의 구축을 위한 시론". 「행정법연구」, 6.

_____. (2008). 「법정책의 이론과 실제」. 법문사.

불확실성하에서의 정부의 규제정책결정의 한계:
'잘못된 긍정'의 오류 최소화 전략의 문제점과 대안적 전략

논문 | 최종원

리뷰 | 전영한

불확실성하에서의 정부의 규제정책결정의 한계:

'잘못된 긍정'의 오류 최소화 전략의 문제점과 대안적 전략***

최종원(서울대학교 행정대학원)***

I. 문제의 제기

개인으로서 또는 조직의 일원으로서 우리가 당면한 대부분의 문제는 선택의 문제로 귀결된다. 자신의 이상에 부합하는 좋은 배우자의 선택, 품질과 가격조건이 우수한 재화의 선택, 훌륭한 정책대안의 선택, 좋은 행정관료나 직원의 선발, 믿을만한 사업파트너의 선택 등 그 예는 실로 무수히 많다. 이러한 선택상황에서 선택가능한 대안들이 이미 알려져 있고, 각 대안의 미래 결과를 확실하게 예측할 수 있고, 우리의 선호가 분명하고, 안정적이며, 일관성이 있다면 선택의 문제는 우리에게 큰 어려움을 주지 않는다. 그러나 이와 같은 이상적인 조건들이 충족되지 못한 불확실한 상황에서의 의사결정은 우리를 매우 어렵게 만들며, 현실세계에서 대부분의 중요한 의사결정은 이러한 범주에 속한다.

그동안 합리적 선택이론(rational choice theories)이 지속적으로 발전하여 Game Theory, Operations Research, Statistical Decision Theory 등이 인간의 선택문제에 다양한 규범적 처방을 제시하고 있다. 그러나 불확실한 상황에서 합리적 선택이론의 처방은 크게 보아 두 가지 측면에서 한계가 있다고 판단된다. 첫째, 일반적인 합리적 선택이론은 인간의 인지능력의 한계(cognitive limit)에 대한 현실적인 고려가 부족하여 우리가 사용할 수 있는 능력이상의 과도한 인지능력을 요구한다. 둘째, 합리적 선택이론은 실제적인 선택상황에서의 문제해결방안을 제시하기보다는 상황에 대한 매우 제한적인 가정에 근거하여 논의를 전개한다. 즉, 합리적 선택이론은 동 이론이 사용하는 수리적 기법이 적용될 수 있도록 상황을 단순화시킨 후에야 논의가 가능하다. 이러한

* 본 연구는 서울대학교 발전기금 선경학술연구비 지원을 받아 수행되었다.

** 이 논문은 1999년『한국행정학보』, 제33권 제4호, pp. 259-278에 게재된 글을 토대로 일부 자구를 수정하였다.

*** 본 논문에 예시된 정책사례 수집과정에서 많은 도움을 주신 평택대학교 행정학과 사공영호 교수께 감사드리며, 유익한 논평을 주신 익명의 검토자들께도 감사드린다.

한계점으로 말미암아 합리적 선택이론은 이론적 우월성에도 불구하고 우리의 현실적인 선택문제에 대하여 실제로 사용가능한 선택절차와 방법을 제시하지 못하고 있다.

본 논문은 이러한 합리적 선택이론의 현실적 적용한계에 관한 논의를 토대로, 현실의 불확실한 선택상황에서 우리가 일반적으로 사용하는 의사결정전략이 갖는 문제점을 탐구하고자 한다. 특히, 불확실한 정책결정상황에서 정부의 정책결정전략의 한계에 논의의 초점을 맞추도록 하겠다. 그러나 본 논문은 정부의 정책결정전략에 관한 새로운 일반이론을 제시하는 데 그 목적이 있는 것은 아니다. 다만, 우리가 일상생활에서 흔히 발견할 수 있는 정부의 정책결정의 문제점의 원인을 새로운 이론적 시각에서 설명하고, 그에 대한 대응방안을 모색하고자 한다.

본 논문은 다음과 같은 문제인식에 기초하여 논의를 전개한다. 정부의 일상적인 정책결정에 대하여 정부의 정책결정담당자와 일반국민들간에는 다음과 같은 극히 상반된 시각 차이가 존재한다고 판단된다. 정부의 정책결정자들은 불확실한 선택상황에서 나름대로 객관적이고 엄격한 기준과 공정한 절차에 따라 합리적으로 정책결정을 한다고 주장한다. 그러나 동일한 정책결정에 대하여 일반국민들은 많은 불만을 토로한다. 즉, 정부의 규제정책의 경우, 극소수의 부적격자를 가리기 위하여 선량한 다수에게 많은 정신적, 물질적 피해를 주고 있으며, 정부가 제정하는 각종 법령이나 규제기준이 비현실적이어서 대다수의 국민들을 범법자로 만드는 불합리한 결과를 야기시킨다고 주장한다. 예를 들어, "우리나라에서 건축관련법을 제대로 지키면서 건물을 짓는 일은 불가능하다" "세법대로 세금을 내면서 사업할 수 있는 기업가는 거의 없다"라는 불평을 자주 듣는다. 이러한 불평에 대하여 우리는 우리나라 기업가들의 부도덕성과 비윤리성을 비난할 수도 있다. 그러나 우리가 일상생활에서 당면하는 여러 유사한 어려움을 고려할 때, 그들의 불만이 단순히 자신의 폭리를 감추려는 기업가들의 이기적인 주장이라고 일축하기 어려운 측면이 있다고 판단된다.

왜 이러한 상반된 시각이 나타나는가? 본 논문은 이러한 현상의 원인으로서 다음과 같은 주장을 제기하고자 한다. 불확실한 정책결정상황에서 선택가능한 대안들을 모두 고려할 수는 없다는 본래적인 문제를 제외한다면, 정책결정자가 당면하게 되는 위험은 다음과 같이 두 가지 형태이다. 첫째, 부적격한 대안이 어떠한 이유에서건 선택될 '잘못된 긍정'(false positive)의 위험과, 둘째, 적격한 대안이 최종 대안에서 제외될 '잘못된 부정'(false negative)의 위험이 그것이다.[1] 본 논문은 정부의 일반적인 정

---

1) 직업관료 선발의 경우, 부적격한 지원자가 요행으로 또는 단순한 암기력 테스트와 같은 비창조적인 선발방법에 힘입어 선택될 위험은 첫째 유형의 위험이며, 우수한 인재가 불합리한 사정기

책결정전략은 이러한 두 가지의 상반된 위험 중에서 '잘못된 긍정'의 오류를 되도록 줄이는 데 초점을 맞춘 전략이며, 이러한 전략에는 많은 이론적, 현실적 문제점이 있음을 보이고자 한다.

본 논문의 구성에 관한 설명에 앞서, 불필요한 논의의 혼란을 피하기 위하여 다음과 같이 본 연구의 범위를 한정시키고자 한다. 첫째, 불확실한 정책결정상황에서 정책결정자가 당면하는 선택의 문제는 매우 다양한 형태를 가진다. 그러나 본 논문은 특정 대안을 선택할 것인가 또는 기각할 것인가 하는 양자택일적 의사선택(binary choice)유형에 대해서만 논의를 한정시키고자 한다. 따라서 이자율과 환율의 결정과 같은 연속적 변수의 선택(continuous choice)문제에 대해서는 그 적용이 제한된다.

둘째, 정부정책에는 다양한 유형이 존재한다. 그러나 본 논문은 주로 Ripley and Franklin(1980: 24)의 규제정책의 맥락에서 논의를 전개하고자 한다. 즉, 진입규제와 같이 다수의 경쟁자 중에서 적격자를 가리는 경쟁제한적인 규제정책결정이나 불특정 다수인 일반대중을 보호하고자 일반적인 규제기준을 설정하는 보호적 규제정책결정이 이에 해당한다. 따라서 Lowi(1964)의 정책분류에서 배분정책과 재분배정책의 경우에는 그 적용이 제한된다. 또한, 범죄자를 처벌할 것인지를 결정하는 사법적 결정도 제외된다. 그러나 규제정책의 맥락을 벗어나는 사례도 논의의 편의상 필요하다면 부분적으로 이를 인용하도록 하겠다.

셋째, 불확실한 양자택일적 선택상황에서 대안의 '적격성'과 '부적격성'의 판단은 매우 주관적이며 유동적인 문제이다. 정책결정자의 주관적 잣대에 따라 특정 대안의 평가가 달라질 수 있으며, 상황의 변화에 따라 동일한 대안에 대한 상이한 평가가 가능하기 때문이다. 그러나 본 논문에서는 '적격'과 '부적격'의 판정이 선택이후의 상황에서 객관적이고 일의적으로 관찰되어질 수 있다는 제한된 가정하에서 논의를 전개하고자 한다. 예를 들어, 진입규제결정에서 '적격자'는 시장진입 후 소비자선호에 부합하는 양질의 재화와 서비스를 제공하는 사업자를 의미하며, 특정 진입자가 적격자인지의 여부는 진입이후에 관찰 가능하다고 가정한다.

넷째, 본 논문에서의 정책결정자는 제한된 인지능력과 위험회피적 성향을 가진 의사결정자로서, 불확실한 정책결정상황에서 나름대로 합리적이고 공정한 정책결정을 추구한다고 가정한다. 따라서 본 논문에서는 정책결정자의 여타의 정책결정동기에 의한 결정, 예를 들어, 정책결정 비용 및 노력의 회피, 입증책임의 전가, 개인적 이익

준으로 말미암아 선택되지 못할 위험은 둘째 유형의 위험이다.

의 추구에 의한 왜곡된 정책결정 등은 논외로 하기로 한다.

본 논문의 구성은 다음과 같다. 제2절에서는 정부의 일반적인 규제정책 결정전략은 '잘못된 긍정'의 오류를 최소화하려는 전략이라는 점을 보이고, 그러한 정책결정전략의 논리와 이론적 근거를 Popper의 과학철학적 논의와 통계적 유의성검정 논의를 원용하여 살펴보도록 하겠다. 제3절에서는 '잘못된 긍정'의 위험을 최소화하려는 정부의 정책결정전략의 문제점을 고찰하겠다. 통계적 유의성검정의 한계에 관한 이론적 논의가 본 연구에게 주는 시사점을 제시하고, 현실세계에서 발견할 수 있는 실제 정책사례를 예시하도록 하겠다. 제4절에서는 대안적 정책결정전략이 추구하여야 할 개념적 요소를 살펴보고, 그러한 전략이 상대적으로 보다 잘 적용될 수 있는 조건들을 제시하도록 하겠다. 끝으로 제5절에서는 본 논문의 주요 내용을 요약하고, 연구의 한계점을 논의하겠다.

Ⅱ. '잘못된 긍정'의 오류 최소화 전략의 논리와 이론적 근거

정부가 특정 산업에 진입할 적격사업자를 선정할 경우를 가정해보자. 이 때, 정부의 정책결정자들은 다수의 경쟁사업자들 중에 부적격기업이 적격기업으로 판정되지 않도록 여러 가지 제약조건을 부과할 것이다. 즉, 부적격자들이 통과할 수 없도록 자격요건이나 심사기준을 설정함으로써 선정대상자들 가운데 최적의 지원자를 선발하고자 할 것이다. 이를 위하여 정부는 심사기준으로서 개별 기업의 자본력, 기술력, 평판, 사회적 기여도는 물론 기업주의 도덕성 등의 심사기준을 제시할 것이다.

만약 정부가 사업권허가 후 특정 기업의 행태를 사전적으로 가려낼 수 있는 확실한 기준이 무엇인지를 알고 있다면, 이러한 선택절차는 최적의 적격자를 가리는데 크게 기여할 것이다. 그러나 불확실한 선택상황에서 우리가 고안할 수 있는 사전적인 심사기준은 사후적인 행태와 업적과는 제한된 상관관계밖에는 가지지 못한다. 즉, 잘못된 심사기준으로 말미암아 부적격자를 적격자로 판단하는 '잘못된 긍정'의 오류가 항상 존재하기 마련이다. 이러한 경우에 우리의 일반적인 반응은 보다 더 안전한 정책결정을 위하여 추가적인 심사기준을 고안하여 부적격자를 적격자로 오인하는 확률을 좀 더 줄이고자 노력하는 것이다. 따라서 해를 거듭할수록 다양하고 엄격한 새로운 자격요건이 생기고, 기존의 심사기준은 강화되는 현상이 나타나게 된다. 즉, 불확실성하의 규제정책결정에서 정부의 일반적인 정책결정전략은 부적격자를 적격자로 오인하는 '잘못된 긍정'의 오류를 되도록 줄이는데 초점을 맞춘 전략이라고 할 수 있다.

이러한 정부의 정책결정전략은 직관적으로 타당한 전략일 뿐만 아니라, 나름대로 강한 이론적 근거를 가지고 있다고 판단된다. 이는 인간 이성의 무한한 능력을 믿은 과학주의(scientism)나 계몽주의적 지적 전통과 그 맥을 같이하며, Popper의 과학철학 논의와 직접적인 연관성을 갖는다. Popper(1958)의 논의에 따르면, 이론의 정립은 귀납적인 방법(inductive methods)에 의하여 발견될 수 없으며, 연역적 검증(deductive testing)방법에 의하여 도출될 수 있다. 이러한 이론의 발견과정을 '이론의 연역적 검증'(deductive testing of theories)이라고 부른다. 즉, 과학적 이론의 발견은 단편적 관찰의 집합에 의하여 이루어지는 것이 아니라, 새로운 아이디어로부터 출발하며, 그 새로운 아이디어로부터 논리적 연역(logical deduction)과정을 거쳐 새로운 이론체계(theoretical system)가 창출된다. 이러한 새로운 이론체계는 그 후 연역적 검증과정을 통하여 그 진·위가 판정된다.

연역적 검증절차는 다음과 같다. 우선, 우리가 검증하고자 하는 새로운 이론체계로부터 검증가능한 예측(predictions)을 도출한다. 이러한 예측도출과정에서 이미 정립된 기존의 이론적 논의의 도움을 받게 되며, 이론체계의 정립 때와 마찬가지로 연역적 추론과정을 거친다. 이론으로부터 도출된 예측은 실제 현상 또는 실험결과와의 비교를 통하여 검증된다. 이때 중요한 점은 비록 이론의 예측이 특수한 실제 현상 또는 실험결과와 부합하더라도 이를 이른바 이론의 입증(verification)으로 볼 수 없다는 점이다. "이론은 입증되어질 수 없으며, 다만 보강되어질 수 있을 뿐이다"(Theories are not verifiable, but they can be corroborated)라는 Popper의 주장은 그의 과학철학의 요체라고 할 수 있다(Popper, 1958: 251).

따라서 Popper에 의하면, 훌륭한 이론이란 다양한 유형의 엄격한 검증(severity of the various tests)에서 기각되어지지 않고 통과된 이론을 의미한다(Popper, 1958: 267). 이러한 Popper의 논의는 앞서 살펴본 바 있는 불확실한 선택상황에서 정부가 정책결정의 합리성을 높이고자 좀 더 엄격하고 강도 높은 심사기준을 도입하여 '잘못된 긍정'의 오류를 최소화하려는 전략과 그 맥을 같이한다고 볼 수 있다. 즉, 최적의 합리적 결정은 가장 까다로운 심사기준을 통과한 대안을 선택하는 것이라는 기존의 일반적인 믿음은 Popper의 과학철학적 논의에 근거를 두고 있다고 판단된다.

부적격자를 적격자로 오인하는 '잘못된 긍정'의 오류를 최소화하려는 상기 정책결정전략의 논리는 다음과 같은 제한적 상황을 가정하였을 때, 우리가 일반적으로 사용하는 통계적 유의성검정에서의 논리와 매우 유사한 측면이 있다. 통계적 유의성검정에는 상반된 주장을 담은 두 가지 가설(귀무가설과 대립가설)이 있다. 앞서 살펴본

예에 의하면, 하나의 가설은 '특정 지원사업자는 적격사업자이다'이고, 또 다른 가설은 '특정 지원사업자는 부적격사업자이다'가 된다.

이 때, 두 가지 대립된 가설들 중 어떤 가설을 귀무가설로 선정할 것인지가 매우 중요한 문제이다. 일반적으로 통계적 유의성검정에서의 귀무가설은 두 가설 중 실수로 기각되었을 때 보다 큰 사회적 위험이 있는 가설, 즉, 동 가설이 실수로 채택되었을 때 비교적 작은 사회적 손실이 있는 가설이 선택된다(Beals, 1972: 182). 따라서 적격사업자가 실수로 탈락할 위험과 자격미달인 사업자가 실수로 적격사업자로 선정될 위험 중에서 어떠한 위험이 사회적으로 중요한 위험인지의 판단에 따라 귀무가설이 결정될 것이다. 그런데 앞 절에서 제시하였듯이, 규제정책결정자가 위험회피적인 의사결정자이어서 자격미달인 사업자가 실수로 적격자로 선정될 위험을 적격자가 탈락하는 위험보다 더 큰 사회적 위험이라고 가정한다면, '특정 지원사업자는 부적격사업자'라는 가설을 귀무가설로 설정하게 될 것이다. 그리고 귀무가설(H_0)이 사실임에도 불구하고 이를 기각하는 오류인 type I 오류(제1종 오류)는 부적격자를 적격자로 오인하는 '잘못된 긍정'이 되고, 대립가설(H_1)이 사실임에도 불구하고 귀무가설을 기각하지 않는 오류인 type II 오류(제2종 오류)는 그와 반대되는 '잘못된 부정'이 된다.[2]

통계적 유의성검정의 이론에 따르면, 표본의 크기가 일정할 경우, 양 오류의 크기는 역의 상관관계를 가지며, 양 오류를 동시에 줄이는 이상적인 검정방법은 존재하지 않음을 알 수 있다. 이때, 일반적으로 사용되고 있는 검정방법은 type I 오류를 충분히 작은 수준(예를 들어 0.01 또는 0.05)에 고정시키고, 검정력(1 – type II 오류)을 극대화하는 방법을 택하고 있다.[3] 따라서 type I 오류의 극소화를 우선적으로 지향하는 유의성검정의 검정방법은 불확실한 선택상황에서 '잘못된 긍정'을 줄이기 위하여 보다 엄격한 심사기준을 도입하고자 하는 정책결정전략과 매우 유사한 논리적 구도를 갖는다고 판단된다.

---

2) 그러나 범죄피의자에 대한 재판의 경우와 같이 특정인에게 불이익처분을 내리는 정부정책결정의 경우에는 본 논문에서 논의할 주장과 정반대의 사례가 된다. 즉, 재판의 경우에는 무고한 사람을 실수로 범죄자로 판정할 위험과 범죄자를 실수로 무죄 방면할 위험의 두 가지 위험 중 전자의 경우가 보다 더 큰 사회적 위험이 되므로 '특정 피의자는 무죄이다'라는 가설이 귀무가설로 채택되어야 한다. 이는 범죄피의자의 무죄추정의 법원칙과 그 맥을 같이한다고 볼 수 있다. 따라서 이 경우에는 type I 오류를 줄이려는 노력은 무고한 사람을 범죄자로 판정할 오류를 극소화하여 선량한 대다수의 국민을 범죄자로 처벌하는 위험을 줄이게 된다. 본 각주에 서술된 논의를 지적해 준 익명의 검토자에게 감사드린다.

3) 이러한 검정방법을 Neyman–Pearson의 최량검정법(best test) 또는 최강검정법(most powerful test)이라고 한다.

III. '잘못된 긍정'의 오류 최소화 전략의 문제점: 높은 기대, 큰 실망

본 절에서는 규제정책결정의 맥락을 중심으로 정부의 정책결정자가 선택하는 '잘 못된 긍정'의 오류 최소화전략의 문제점을 살펴보도록 하겠다. 본 절에서 강조하고자 하는 문제는 본 전략이 우리의 인지능력에 걸맞지 않는 높은 기대수준을 가지고 선택 을 하게 함으로써 오히려 불합리한 결정에 이르게 한다는 점이다. 또한, 우리의 기대 수준을 높이면 높일수록 대개의 경우 더욱 더 불합리한 결정을 하게 된다는 것이다.

이러한 논의를 위하여 우선 통계적 유의성검정의 한계에 관한 인접 사회과학분 야에서의 최근의 논의를 소개한 후, 그러한 논의가 본 연구에게 주는 이론적 시사점 을 검토하겠다. 유의성검정의 한계에 관한 논의가 본 연구의 연구초점은 아니므로 그 에 대한 논의는 최소한으로 그치도록 하겠다. 그리고 이어서 '잘못된 긍정'을 줄이고 자 노력하는 정책결정전략이 현실적으로 어떠한 사회적 문제들을 야기시키고 있는지 를 구체적인 사례를 들어 예시하도록 하겠다.

1. 통계적 유의성검정의 한계에 대한 논의와 시사점

귀무가설에 대한 통계적 유의성검정(significance testing of null hypothesis)기법의 학문적 공·과에 대해서는 지난 수십 년간 국내·외적으로 많은 논란이 있었다.[4] 심지 어 1980년대 중반 미국 보건학회의 최선두 학술지인 'American Journal of Public Health'에서는 통계적 유의성검정을 포함한 논문들의 발간을 금지하는 극단적인 조치 가 취해지기도 하였다.[5] 또한 지난 수십 년간 통계적 유의성검정 기법이 매우 광범 위하게 사용되어 왔던 미국의 심리학계에서도 학회차원에서 유의성검정을 제한시킬 것을 심각하게 논의하고 있다.[6]

유의성검정의 문제점에 관한 논의는 많은 통계학적, 과학철학적 이슈가 혼재된 매우 복잡한 이론적 논의이다.[7] 그러나 본 연구의 논의의 핵심은 불확실성하의 양자

---

4) 이러한 논의에 대한 국내·외의 연구로는 제갈돈(1996), Selvin(1954), Bakan(1966), Carver(1978), Cohen(1994), Schmidt(1996) 등을 들 수 있다.

5) 이러한 금지조치는 당시의 학술지 편집인인 University of Massachusetts의 Kenneth Rothman 교 수의 주도에 의하여 이루어졌다고 알려졌으며, 그 후 약 2년간 그러한 금지조치가 시행되었다. Shrout(1997: 1) 참고.

6) 이러한 논의에 대한 자세한 내용은 1997년 *Psychological Science* Vol.8, No.1의 special section 에 게재된 논문을 참고.

7) 제갈돈(1996)은 유의성검정의 문제들을 크게 기술적 이슈와 과학철학적 이슈로 나누어 자세히

택일적 정책결정상황에서 적격자에 대한 '잘못된 부정'의 위험을 지나치게 경시하고, 부적격자에 대한 '잘못된 긍정'의 위험만을 줄이고자 노력하는 정책결정전략의 문제점을 논의하는 데 있다. 따라서 유의성검정의 문제에 관한 논의에서도 type Ⅱ 오류에 비하여 type Ⅰ 오류의 최소화에 상대적으로 많은 비중을 두는 측면에서 파생되는 문제들에 국한하여 살펴본 후, 그러한 논의가 기존 정책결정전략의 문제점에 대하여 주는 이론적 시사점을 제시하도록 하겠다.

Hunter(1997)는 Cohen(1962)과 Sedlmeier & Gigerenzer(1989)의 연구결과를 인용하면서 의사결정전략으로서 통계적 유의성검정은 '무작위 동전던지기' 방법보다도 열등한 의사결정방법이라는 다소 파격적인 주장을 제기하였다. 즉, Sedlmeier & Gigerenzer(1989)는 심리학분야의 유수한 학술지에 게재되었던 유의성검정기법이 포함된 12개의 대표적인 연구들의 검정력(power)연구를 통하여 경험적 연구의 평균적 오류수준이 60%에 이르며, 이는 과거 Cohen(1962)의 검정력연구에서 제시된 평균적 오류수준과 거의 일치한다는 점을 발견하였다. 즉, 심리학분야에서의 유의성검정기법은 지난 30여 년간 평균적 오류수준에서 큰 발전이 없었으며, 앞으로도 획기적인 발전이 기대되기 어렵다는 것이다.

이러한 그들의 주장은 '유의수준 1% 또는 5%······'라는 논의에 익숙한 일반인에게는 매우 낯선 주장으로 들린다. 그러나 유의성검정의 평균오류수준이 5% 미만일 것이라는 일반적인 믿음은 type Ⅰ 오류만을 고려하였을 경우에 타당한 것이다. 경험적 조사에 의하면 통계분석에 정통한 학자들의 연구에서도 유의성검정의 type Ⅱ 오류는 평균적으로 50% 이상의 수준에 이르고 있다. 이러한 높은 type Ⅱ 오류는 다음과 같은 두 가지 원인에 기인한다고 판단된다.

첫째, 보다 엄밀하고 정확한 과학적 지식을 추구하고자 하는 연구자의 욕구는 보다 낮은 type Ⅰ 오류를 추구한다. 즉, 잘못된 이론 또는 효과가 없는 실험결과를 긍정적으로 결론짓는 오류를 최소화하고자 한다. 그러나 보다 낮은 type Ⅰ 오류의 추구는 표본크기가 일정하다면 필연적으로 보다 높은 type Ⅱ 오류, 즉 맞는 이론 또는 효과가 있는 실험결과를 부정적으로 평가하는 오류를 증가시키게 된다.

둘째, 보다 근본적인 문제로서, 유의성검정을 사용하는 경험적 연구에서 잘못된 귀무가설을 선정함에 따라 필연적으로 높은 type Ⅱ 오류를 초래하게 된다는 점이다. 유의성검정의 기본논리에 따르면, 귀무가설이 '참'(true)이라는 확고한 믿음이 전제되

논의하였으며, 다양한 유형의 유의성검정 개선방안을 제시하였다.

어야만 그러한 유의성검정의 오류수준이 type I 오류수준(예를 들어 1% 또는 5%미만)에 머물게 된다.[8] 만약 축적된 선행 연구결과나 연구자의 직관적 판단에 의하여 귀무가설이 '거짓'이라는 믿음이 받아들여질 경우, 유의성검정을 사용하는 의사결정규칙은 비록 type I 오류는 1% 또는 5% 수준이나, 높은 type II 오류로 말미암아 '무작위 동전던지기' 방법보다도 신뢰성이 낮은 열악한 의사결정방법이 된다.

그런데 일반적으로 사회과학연구에서는 상기 유의성검정의 기본논리와 반대되는 입장에서 유의성검정이 사용되고 있다고 판단된다. 선행연구나 자신의 직관 또는 연구결과에 비추어 효과가 확실히 있다고 생각되는 실험이나 정책처방에 대해서도 '실험의 효과가 없다'($\beta = 0$)라는 귀무가설을 기각함으로써 자신의 주장을 담은 대립가설을 지지하는 방법을 사용한다. 실제로 Lipsey & Wilson(1993)은 심리학, 교육학, 행동과학 연구분야에서의 meta analysis를 통하여 총 302개의 연구대상 중 오직 3개의 경우에만 처방(treatment)의 효과가 없다는 귀무가설이 참이었음을 밝혔다. 즉, 전체 연구대상 중 약 1%의 경우에만 유의성검정이 올바르게 사용되었다는 주장이다. 선행 연구결과에 의하여 그 타당성이 의심이 가는 이론이나 처방의 효과가 없다고 확신되는 경우에 진실로 그러한 의심이 맞는지를 알아보기 위해서 유의성검정이 사용되고 있는 것이 아니라, 이미 타당성이 인정된 이론이나 처방의 효과를 다시 한 번 확인하기 위하여 유의성검정이 사용되므로 type II 오류('잘못된 부정'의 오류)가 필연적으로 높게 나타나게 된다.[9]

이러한 통계적 유의성검정의 한계에 관한 이론적 논의는 규제정책결정에서 일반적으로 사용하는 '잘못된 긍정'의 오류 최소화전략의 문제점에 대하여 다음과 같은 두 가지 시사점을 제시한다. 첫째, 보다 낮은 type I 오류의 추구는 일반적으로 보다 높은 type II 오류를 발생시키듯이, 부적격자를 적격자로 선택하는 오류를 줄이기 위하여 보다 엄격한 심사기준을 채택한다면 적격자를 부적격자로 오인하는 위험이 급격히 증가하여 결과적으로 불합리한 정책결정을 할 가능성이 높아진다.

---

8) 통계적 유의성검정에서 귀무가설의 선정조건은 크게 보아 두 가지이다. 첫째 조건은 앞서 서술한 바와 같이, 두 가지 가설 중 어떤 가설이 실수로 기각되었을 때 보다 큰 사회적 위험이 있는지에 따라서 결정된다. 그리고 둘째 조건은 어떤 가설이 선행 결과연구에 의하여 '참'(true)이라고 지지(accept)되는가이다. 특히, 둘째 조건의 중요성에 대한 자세한 논의는 Beals(1972: 182), Hunter(1997: 5).

9) Hunter(1997)는 경험적 사회과학연구에서 유의성검정이 올바르게 사용될 수 있는 연구영역은 잘못된 이론과 효과가 없는 실험결과를 바로잡는 폭로적 연구(debunking studies)이지, 맞는 이론 또는 효과가 있다고 일반적으로 믿어지는 실험결과를 재차 확인하는 확인적 연구(confirmatory studies)는 아니라고 주장한다.

둘째, 앞서 살펴본 잘못된 귀무가설의 선정과 관련된 문제로서, 정책결정자가 지원자 개개인을 잠재적 부적격자로 보는가 아니면 잠재적 적격자로 보는가에 따라 의사결정 오류의 종류가 크게 달라진다.[10) 만약 일반적인 유의성검정에서의 귀무가설 선정과 마찬가지로 개별 지원자를 잠재적 부적격자로 보고 선택절차를 진행한다면 많은 적격자를 부적격자로 오인하는 오류가 크게 증가할 것이다. 다음 항에서는 이러한 '잘못된 긍정'의 오류 최소화전략의 문제점을 실제 사례를 들어 예시하도록 하겠다.

2. 사례 예시

1) 과다규제로 인한 선량한 다수의 피해

불확실성하의 규제정책결정에서 보다 다양하고 엄격한 기준을 설정하는 전략은 결과적으로 많은 적격자를 부적격자로 결정하여 선량한 다수에게 물질적, 정신적 피해와 불편을 주게 된다. 이러한 현상을 우리는 수많은 불합리한 정부규제의 폐해를 통하여 절실히 느낄 수 있다. 다음과 같은 사례를 살펴보자. 김재홍(1994)의 연구에 의하면, 표준산업분류 세세분류에 의한 전체 1,195개 산업 중 44.6%인 533개 산업이 개별 법률에 의한 진입규제를 받고 있으며, 특히 건설업(97.5%), 광업(96.3%), 숙박 및 음식점업(81.8%)의 경우 거의 모든 세세분류산업이 진입규제를 받고 있는 것으로 조사되었다. 그런데 문제는 이러한 진입규제의 양적 규모에 그치지 않는다. 비현실적으로 엄격한 진입규제기준으로 말미암아 수많은 잠재적 적격업체들의 진입이 어려워진다는 것이 더 큰 문제이다. 김재홍(1994: 132－133)은 우리나라의 진입규제정책의 문제를 다음과 같이 서술하고 있다.

> 허가나 등록 등의 규제형태를 그대로 유지한다고 할지라도 자격요건이 합리적으로 개선되어야 한다. 현재의 자격요건을 살펴보면 도저히 이해하기 어려운 내용들이 많이 포함되어 있다. 최소자본금, 거리 및 지역제한, 설비 및 시설요건, 기술조건, 인력, 사업장 또는 사무실의 최소면적 등등 비현실적이고도 형식적인 여러 가지 자격요건들이 바로 정부의 인허가제도가 비판받는 원인이 되고 있는 것이다.

불합리하게 까다로운 진입조건 및 각종 규제로 말미암아 선량한 다수가 피해를

---

10) 이러한 논의는 피의자에 대한 형사절차에서 무죄추정이냐 유죄추정이냐의 논의와 매우 유사한 측면이 있다.

보는 실제 사례는 일상생활의 도처에서 발견할 수 있다. 첫째, 특정 자격증 소지자에 대한 강제적인 정기보수교육은 안전의식함양, 기술 및 자질의 향상이라는 명분 하에 실시되고 있지만, 현실적으로는 극소수의 잠재적 위반자들의 계도를 위하여 선량한 다수의 시간을 손실시키는 결과를 가져온다. 그 외에도 장학재단, 학술재단, 문화재단 등 소위 공익법인의 자산운영 및 임원선임 관련 규제, 외국간행물의 수입추천 관련 규제, 옥외광고물 관리규제, 외국인의 국내취업 관련 규제 등 많은 사례에서 극소수의 부적격한 대상을 가려내기 위하여 다수가 피해를 보고 있다.

둘째, 관광진흥업법에 의한 여행업 등록기준을 보면, 일반여행업자는 자산평가액 3억 5천만원, 국내여행은 5천만원, 국외여행업은 1억원의 자격기준이 정해져 있다. 또한, 관광객이용시설업에 대한 기준을 보면, 민속촌의 경우 건축물 20동 이상과 고유문화를 소개할 수 있는 50점 이상의 축소된 건축물 모형이 있어야 한다. 식물원의 경우도 박물관 및 미술관 진흥법 시행령에 의하여 온실면적은 2,000㎡ 이상, 식물종류는 1,000종 이상을 요구하고 있다. 이와 같은 진입과 관련한 시설기준은 박물관과 미술관은 물론 수족관, 온천장, 동굴, 수영장, 농어촌 휴양시설, 등록체육시설, 산림휴양시설 등 거의 모든 생활시설에 적용되고 있다. 그러나 이러한 다양한 형태의 진입기준은 진입 후 동 사업체 및 시설이 소비자선호와 얼마나 잘 부합하는지와는 거의 상관관계가 없다고 판단된다. 극소수의 악의적 사업가의 횡포를 사전에 방지하기 위한 이러한 진입기준은 다수의 선량한 사업가의 사업활동을 부당하게 제한하게 되며, 소비자들의 선택의 폭을 좁히는 불합리한 결과를 초래한다.

비현실적으로 까다롭게 자격요건이 강화되는 근본이유는 무엇인가? 크게 보아 세 가지의 원인을 생각할 수 있다. 첫째, 진입의 인·허가권을 포함한 다양한 규제권한을 가진 정부가 개별 지원사업자 또는 개별 국민들을 잠재적 부적격자 내지는 잠재적 법위반자로 간주하기 때문이다. 이러한 기본적인 정부의 태도는 앞서 논의된 통계적 유의성 검정의 '잘못된 귀무가설의 설정'에서 살펴본 바와 같이 필연적으로 높은 '잘못된 부정'의 오류를 발생시키게 된다.

개별 국민들을 잠재적 법위반자로 취급하여 다수의 국민들에게 피해를 주는 대표적인 사례는 조세분야에서 찾을 수 있다. 부록에 게재된 <표 1>~<표 3>은 1996~1998년 기간 중 국세청 및 법원을 통하여 정부의 위법 또한 부당한 과세처분에 대하여 권리구제를 받은 현황을 요약한 표이다. 현행 국세기본법에 의하면 납세자의 권리구제 절차로서 다음과 같은 네 가지를 규정하고 있다. 첫째, 당해 세무서 또는 지방국세청에 제출하는 이의신청으로서, 부록 <표 1>에 의하면 1996~1998년 기간 중 전체 이의신청 건수 중 매년 각각 29.9%, 43.6%. 45.8%에 해당하는 사례가 위법 또는 부당한 과세처분으로 판단되어 신청인의 이의가 '認容'되었다. 둘째, 국세청 본청에 제출하는 심사청구절차로서, 부록 <표 2>에 의하면 내국세와 국세분야에서 전체 심사건수중 1996년에는 13.6%, 1997년에는 21.1%, 그리고 1998년에는 26.0%의 사례에서 신청인의 시정요구가 각각 '認容'되었다. 셋째, 재경부 국세심판소에 제출하는 심판청구절차로서, 부록 <표 2>에 의하면 전체 심판건수 중 1996년에는 41.7%, 1997년에는 30.9%, 그리고 1998년에는 23.5%의 사건에서 정부의 과세처분이 위법 또는 부당한 처분으로 판단되었다. 마지막으로 법원의 행정소송절차로서, 부록 <표 3>에 의하면, 1996년에는 35.0%, 1997년에는 27.9%, 그리고 1998년에는 20.2%의 사건에서 납세자가 승소하였다. 이 같은 통계를 통하여 우리는 과세대상인 법인과 개인을 대체로 잠재적 탈세자로 간주하여 일단 과세권을 행사하고 보자는 잘못된 과세처분으로 인하여 매년 수많은 선량한 납세자들이 불필요한 물질적, 정신적 피해를 보고 있다는 점을 알 수 있다.

둘째, 정부가 개별 사업자나 국민들을 잠재적 부적격자 내지는 잠재적 법위반자로 간주하는 가장 큰 이유는 우리나라의 가부장적 행정문화에 있다고 판단된다. 사공영호(1998)는 우리나라 행정관료의 규제행태는 서구에서 발전된 이론인 이익집단의 활동에 의한 포획(capture)으로 설명되기 어려우며, 아버지가 그의 자녀를 권위를 가지고 인도하고 보호하는 것과 같은 가부장적 행정문화에 의하여 보다 더 적절히 설명되어진다고 주장한다. 즉, 가부장적 행정문화속에서 국가가 시민사회를 권위적으로 지배하고 보호하는 과정에서 규제담당자들은 시장메커니즘은 물론 기업과 국민 개개인의 윤리성을 의심하게 된다는 주장이다.

셋째, 엄격하고 까다로운 자격요건 및 심사기준의 강화는 정부가 자신의 정책결정의 합리성과 공정성을 대외적으로 신호(signalling) 또는 과시하려는 욕구에 기인한다고 생각된다. 정부가 특정 산업에서의 진입기업을 정하는 과정에서 얼마나 합리적이고 공정하게 정책결정을 하는지를 대다수의 국민들에게 실제로 보여주는 것은 현실적으로 매우 어렵다. 이러한 정부와 일반국민들간의 정보비대칭성(information asymmetry)상황에서 정부가 국민들에게 정부결정의 합리성과 공정성을 간접적으로 신호 또는 과시하기 위해서는 자신의 심사기준을 강화하는 모습을 국민들에게 보여주어야 한다. 정부의 입장에서는 강화된 자격기준으로 인하여 적격자가 부적격자로 오인되는 부작용보다는 선택과정에서의 불공정성 시비가 항상 신경이 쓰이는 문제이기 때문이다.

2) 대다수 국민의 잠재적 범법자화 및 법집행의 공정성 훼손

다양하고 엄격한 기준과 조건을 강화하여 규제정책분야에서 부적격자를 적격자로 오인하는 '잘못된 긍정'의 오류를 최소화하려는 정부의 정책결정전략은 국민생활을 규율하는 법의 내용을 현실과 괴리되도록 만든다. 그리고 이러한 비현실적인 법체계는 일상생활의 많은 분야에서 거의 모든 국민들을 잠재적 법위반자로 만드는 매우 불합리한 결과를 초래한다. 비현실적인 법적 기준과 요건으로 말미암아 국민 대다수가 잠재적 법위반자가 되는 사례는 우리의 생활주변에서 얼마든지 찾을 수 있다.

대표적인 사례는 가정의례에 관한 법률(가정의례법)에 의한 다양한 금지사항이다. 현행 가정의례법은 인쇄물에 의한 하객초청, 경조기간 중 주류 및 음식물접대, 답례품의 증정, 화환 등의 진열을 원칙적으로 금지하고, 간소한 친지초청과 간소한 접대 및 답례품만을 허용하고 있다. 또한 혼례 및 회갑연의 화환을 5개로 제한하고 있다. 이러한 규제들은 거의 대부분 현실적으로 지켜질 수 없는 규정이며, 특히 인쇄물의 사용 및 초청대상자의 범위에 대한 규제는 준수율이 지극히 낮다고 판단된다. 또한 도로가 지속적으로 확장되고 자동차의 성능은 향상되었으나, 고속도로, 국도, 그리고 올림픽대로 등 자동차 전용도로에서의 비현실적인 법정 속도제한으로 말미암아 거의 대부분의 운전자들은 잠재적 법위반자가 되고 있다. 그밖에도 최근 1999년 5월 9일 법개정을 통하여 현실화되었으나, 청소년의 98.3%가 이용경험이 있다고 응답한 노래 방출입규제도 비현실적인 규제내용으로 말미암아 청소년들의 법위반을 일상화시켰었다고 판단된다(규제개혁위원회, 1998: 167).

대다수의 국민들이 잠재적 법위반자가 됨에 따라 다음과 같은 문제점을 초래하게 된다. 첫째, 국민들의 법위반이 일상화됨에 따라 법의 권위, 나아가 정부의 권위가 결정적으로 훼손되는 결과를 낳게 된다. 법의 공정성에 대한 다수의 의심은 법치주의적 정통성 확립에 큰 걸림돌이 될 것이다. 둘째, 대다수의 국민들이 잠재적 법위반자인 상황에서 이루어지는 선별적인 법집행에 의한 처벌은 '표적처벌', '표적수사'라는 유행어가 시사하듯 법집행의 공정성에 큰 의문을 발생시킨다. 미국 등 서구 선진국의 경우, 조세포탈범은 사회적 파렴치범으로 인식되어지고, 그 사회에서 사업적 재기가 불가능하다. 반면, 우리나라에서 조세법 위반으로 처벌을 받는 당사자나 주위사람들의 기본인식은 매우 상이하다. 거의 모든 사업자들의 일상화된 법위반 상황 속에서 특정인에 대한 처벌은 '매우 운이 나빴다' 또는 '정부의 의도적인 불이익처분'이라는 불만과 동정적 인식을 낳게 된다. 이는 물론 잘못된 인식이며, 우리 사회가 선진사회로 진화되는 과정에서 반드시 바뀌어야 할 태도이다. 그러나 비현실적인 법의 잣대가 상존하고, 대다수의 국민들이 그러한 잣대의 공정성을 의심하는 한 기본적인 태도변화는 매우 어렵다고 판단된다. 셋째, 비현실적인 법규정과 편파적 법집행은 행정관료의 부패를 급속히 제도화시키게 된다. 단속의 회피와 처벌의 면제를 위하여 관료와 대상집단간에 계속적 거래관계가 형성되고, 그러한 상호 이해관계의 지속은 인적 유대관계를 넘는 부패구조의 제도화를 초래한다.

3) 사회적 의사결정자원의 낭비와 개혁 아이디어의 손실

앞서 살펴본 사례들은 규제정책결정 맥락에서 과다규제로 인한 사회적 문제들이나, 본 항에서는 다소 상이한 차원의 논의를 하고자 한다. 부적격자를 적격자로 오인하는 확률을 낮추기 위하여 엄격한 심사기준을 고안하고, 그러한 심사기준에 의하여 의사결정을 하는 그 자체에도 사회적으로 많은 인적·물적 자원을 필요로 한다. 그러나 우리가 정하는 심사기준이 선택 후의 미래 상황에 대한 비교적 정확한 예측에 근거하여 작성된다면, 그러한 노력과 자원 투입은 정당한 근거를 가질 수 있다. 그러나 인간의 인지능력의 한계로 말미암아 불확실하고 복잡한 의사결정 상황에서 특정 대안의 미래의 결과를 정확히 예측할 수 있는 기준과 요건을 정하는 일은 현실적으로 매우 어려운 일이다.[11]

이러한 본 연구의 기본시각을 토대로 다음과 같은 두 가지 사례를 통하여 '잘못된 긍정'의 오류를 최소화하려는 정책결정전략이 사회적으로 희소한 의사결정자원을 낭비할 수 있는 개연성을 보이고자 한다. 첫째 사례는 현실적으로 합리적인 정책결정이 불가능한 상황에서 정책결정이 무리하게 이루어짐으로써 야기되는 낭비이며, 둘째 사례는 사회적으로 유용한 효과를 가지는 개혁 아이디어와 정책처방들이 불합리한 정책결정기준으로 말미암아 그 효과가 제대로 평가되지 못하고 사장되는 데 따른 사회적 손실이다.

다양한 이해관계가 교차하는 복잡한 상황에서 특정 대안이나 기준을 택하고자 할 경우, 그에 따른 비용과 편익을 비교하여 정책결정을 하여야 한다는 주장이 설득력 있게 제시되고 있다. 예를 들어, 최근 개별 정부부처가 신규 규제를 도입하고자

---

11) 정책결정의 실질적 합리성에 대한 평가가 어려운 상황에서 절차적 정당성의 확보를 위한 사회적 정책결정자원의 투입은 그 나름대로 의의가 있다고 판단된다. 그러나 이러한 상황에서도 대안적 정책결정전략을 모색함으로써 사회적 정책결정자원의 투입을 줄일 수 있는 방안을 찾아야 할 것이다. 대안적 정책결정전략의 구체적인 내용에 대해서는 다음절에서 자세히 논의하도록 하겠다.

할 경우, 그에 따른 비용·편익 분석을 의무화함으로써 불필요한 규제도입을 자제하
도록 하는 방안이 법제화되었다. 그런데 이러한 비용·편익분석 아이디어가 복잡한
정책상황에서 객관적·합리적인 해결방안으로 작용하기 어려운 상황이 종종 발생한
다. 우선 규제도입에 따른 비용·편익분석의 일반적인 문제로서, 규제 도입에 따른 편
익은 비교적 정확히 계량화가 가능하나, 재산권의 침해나 자유의 구속과 같은 비용
측면은 계량화가 곤란하여 과소평가될 가능성이 높다.

　　그런데 문제는 이에 그치지 않는다. 보다 심각한 문제는 이론적·개념적으로는 계
량화가 가능하나 현실적 측정가능성이 매우 낮아 합리적인 정책결정기준으로 적용될
수 없는 경우가 많다는 점이다. 예를 들어 Williamson(1968)은 <그림 1>을 이용하
여 수평적 기업결합의 허용여부에 대한 판단기준을 설명하고 있다. 수평적 기업결합
을 통한 시장점유율의 증가는 시장가격을 P_0에서 P_1으로 상승시키며, 산출량을 Q_0에
서 Q_1으로 감소시킨다. 따라서 B만큼의 배분적 효율성을 감소시키게 된다. 반면에 기
업결합에 따른 생산의 시너지효과로 말미암아 평균비용곡선이 AC_0에서 AC_1으로 하락
하여 A만큼의 생산적 효율성을 증가시킨다. 정부의 정책결정기준은 A와 B의 면적을
비교하여 B가 A보다 클 경우 기업결합을 허용하지 말아야 한다는 요지이다.

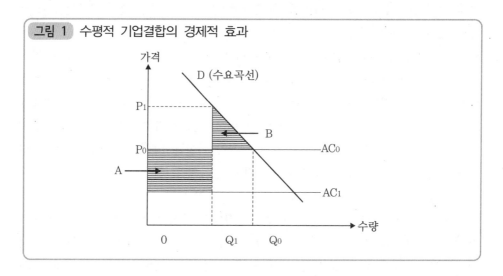

그림 1 수평적 기업결합의 경제적 효과

이러한 Williamson의 주장은 이론적으로는 아무런 문제를 발생시키지 않는다.
그러나 문제는 이러한 판단기준을 현실적으로 적용할 수 없다는 데 있다. Bork(1978:
125-126)는 Williamson의 주장에 대하여 다음과 같이 논평함으로써 현실적 적용불
가능성을 시사하고 있다.

산출량의 전 범위에 걸친 수요곡선과 동일한 영역에서의 한계비용곡선이 어디에 위치하는지 아무도 모른다. 관련기업들조차 모른다...... 기업행위를 나타내는 그래프가 명료해서 많은 사람들이 오해를 하고 있다...... 이 경우에는 효율과 산출량 제한의 상대적 중요성을 반영하는 허용시장점유율에 관한 단순한 규칙을 만들어 trade-off를 고려할 수밖에 없다.

이러한 상황에서 무리하게 객관적인 정책결정기준을 도출하고자 노력하는 일은 사회적 정책결정자원을 낭비하는 결과를 초래한다. 보다 단순하고 적용가능한 의사결정기준의 정립이 필요한 사례라고 판단된다.

둘째 사례를 살펴보도록 하자. 부적격한 대안을 적격한 대안으로 오인하는 확률, 즉, '잘못된 긍정'에 대한 우려는 과학적 지식을 추구하는 연구영역에서 가장 높게 나타날 것이다. 그러나 경우에 따라서는 이러한 판단기준은 적격한 대안을 부적격한 대안으로 오인하는 오류를 증가시켜 사회적 희소자원을 낭비시키게 된다. 예를 들어, 사회적인 문제해결을 위하여 많은 연구자원을 투입한 실천적 응용연구분야에서의 실험적 연구가 실제로 효과가 있으나 유의성검정과정에서 효과가 없는 것으로 평가될 경우, 사회적 자원의 낭비가 초래된다. 효과가 있는 정책처방을 효과가 없다고 판단하면, 후속연구가 이루어지지 않게 되고, 사람들의 관심과 지원이 멀어지게 되어 사회적 문제해결에 기여할 수 있는 개혁 아이디어나 정책처방이 사장되게 된다. 반면에 실제로는 효과가 없는 아이디어나 처방을 효과가 있다고 잘못 판단할 경우, 비록 일시적으로 '잘못된 긍정'의 오류를 초래하나, 후속연구가 이어져 잘못된 판단을 바로잡을 수 있게 된다. 이러한 비대칭적 상황에서 새로운 아이디어나 정책처방의 타당성 평가에서는 '잘못된 긍정'의 오류보다는 '잘못된 부정'의 오류에 좀 더 민감할 필요가 있다고 판단된다. 이러한 맥락에서 Judd & Kenny(1981: 29)의 논의는 매우 시사적이다.

지난 20여 년간 무수히 많은 교육정책 프로그램, 재활 프로그램, 사회보장 프로그램의 효과가 거의 없는 것으로 너무나 자주 평가되어졌다. 이러한 부정적인 평가는 실제로 긍정적인 효과가 있었던 프로그램들을 적절히 탐지하지 못한 데 부분적인 원인이 있었다고 생각한다. 그러나 그러한 프로그램을 고안하고, 실제로 실행하는데 들었던 막대한 비용을 고려할 때, 그들이 가졌던 긍정적인 효과를 발견하는 일이 매우 긴요한 정책과제이다.

IV. 대안적 정책결정전략의 모색과 적용조건

이상의 논의를 통하여 우리는 부적격자를 적격자로 오인하는 오류를 최소화하려는 정책결정전략에는 많은 부작용이 있으며, 그러한 오류를 줄이려고 노력할수록 그에 따른 문제는 더욱 더 커지게 된다는 점을 알 수 있다. 그러면 어떠한 대안적 정책결정전략을 고려하여야 하는가? 본 연구에서는 다음과 같은 세 가지의 전략적 요소를 제시하고자 한다. 첫째, 다양하고 복잡한 정책결정기준 및 절차에 대비되는 정책결정전략의 단순화, 둘째, 선택대상자를 잠재적 부적격자로 추정하는 기존 입장에 대비되는 적격자 추정의 원칙, 셋째, 선택자의 판단과정에 전적으로 의존하는 기존 전략에 대비되는 사전적 경쟁과정의 적극적 도입 등이다.

이러한 세 가지 대안적 정책결정전략의 요소에 대한 개별적인 고찰에 앞서 다음과 같은 사항을 지적하고자 한다. 첫째, 본 논문에서 제시하는 상기 세 가지 요소는 '잘못된 긍정'의 오류 최소화전략이 야기시키는 모든 문제를 해결할 수 있는 체계적인 전략이라기보다는 시론적 수준의 개념이다. 향후 보다 체계적인 대안적 전략의 모색이 요구된다. 둘째, 모든 대안적 정책결정전략이 상기 세 가지 요소를 모두 포함하여야 하는 것은 아니다. 경우에 따라서는 하나 혹은 두 가지의 요소로써 대안적 전략이 구성될 수도 있을 것이다. 셋째, 모든 정책결정상황에서 본 논문에서 제시할 대안적 전략이 '잘못된 긍정'의 오류를 줄이는 기존 정책결정전략보다 바람직한 방법이라고 할 수는 없다고 판단된다. 경우에 따라서는 비록 '잘못된 긍정'의 오류를 줄이려는 정책결정전략의 사회적 비용이 매우 크다고 할 지라도 다른 대안적 정책결정전략의 도입이 현실적으로 불가능할 수도 있으며, '잘못된 긍정'의 오류를 최소화하는 전략이 현실적으로 보다 더 우수한 정책결정전략일 경우도 다수 존재한다고 판단된다. 따라서 이하의 대안적 전략요소의 설명에서는 '잘못된 긍정'의 오류 최소화전략과 대안적 전략이 상대적으로 보다 더 잘 적용될 수 있는 조건에 관한 논의가 필요하다.

1. 정책결정기준의 단순화와 사후적 평가 및 경쟁의 도입

다양하고 엄격한 자격조건 및 심사기준을 채택하여 '잘못된 긍정'의 오류를 줄이는 정책결정전략은 주어진 대안들 중 '최적의 대안'을 선택하고자 하는 합리적인 의사결정방법이다. 그러나 이러한 전략이 적용되기 위해서는 정책결정자가 개별 대안의 미래 결과에 대한 정확한 예측을 할 수 있어야 하며, 따라서 자격조건 및 심사기준이 지원자의 미래의 행태나 성과에 대한 충실한 예측지표가 될 수 있어야 한다. 그러나 앞서 수차 지적하였듯이, 현실적으로 그러한 정책결정기준의 도출이 불가능할 경우가 많다. 이러한 경우에 기존의 정책결정전략을 무리하게 적용하려고 할 경우, 득보다는 실이 많아진다.

　　이러한 논의를 통계적 유의성검정에서의 논리를 이용하여 설명하면 다음과 같다. 다양하고 엄격한 자격조건 및 심사기준을 채택하는 정책결정전략이 잘 적용될 수 있는 사례는 부적격자의 속성과 적격자의 속성에 관한 사전적인 정보가 충분하고, 양 속성간에 큰 차이가 있을 경우이다. 즉, <그림 2>의 A유형과 같이 H_0이 '참'일 경우의 분포(부적격자들의 속성에 관한 분포)와 H_1이 '참'일 경우의 분포(적격자들의 속성에 관한 분포)가 사전적으로 충분히 구분 가능한 경우이다. 이때는 type I 오류를 최소화하여도 type II 오류의 수준이 크게 증가하지 않는다. 그러나 B유형과 같이 양 분포의 구분이 사전적으로 확연히 나타나지 않을 경우, 즉 적격자의 속성과 부적격자의 속성의 차이를 사전적으로 알 수 없을 경우, 부적격자를 적격자로 오인하는 오류(type I 오류)를 줄일수록 적격자를 부적격자로 오인하는 오류(type II 오류)는 기하급수적으로 높아지게 된다. 이러한 사례에서는 비록 '잘못된 긍정'의 오류(type I 오류)를 다소 증가시키더라도 심사기준과 자격을 완화시키거나, 다양한 기준들 중 지원자의 미래 행태와 성과와 비교적 상관관계가 높다고 판단되는 소수의 기준만으로 정책결정을 하여 '잘못된 부정'의 오류(type II 오류)를 줄이는 것이 전반적인 오류수준을 낮출 수 있다고 판단된다.

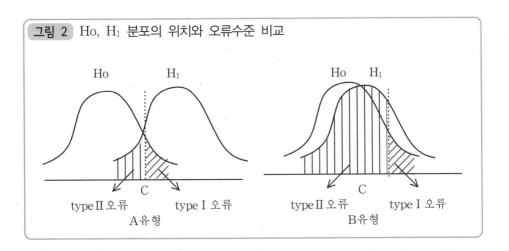

그림 2 H_0, H_1 분포의 위치와 오류수준 비교

현실의 정책결정상황에서는 앞서 살펴본 B유형과 같이 높은 기대수준을 가지고 최선의 대안을 선택하려고 할 경우 오히려 그릇된 결정을 하게 되며, 최악의 선택을 회피하는 만족할 만한 수준의 정책결정을 추구하여야 할 경우가 많다고 판단된다. 그런데 이러한 단순한 정책결정기준은 '잘못된 부정'의 오류를 줄일 수 있으나 높은 '잘못된 긍정'의 오류의 증가를 발생시킬 것이다. 그러나 이러한 오류는 선택 후의 관찰과정 및 성과평가 그리고 잠정적으로 선택된 대상자들간의 경쟁과정을 통하여 점차 낮추어질 수 있을 것으로 판단된다. 결론적으로, 복잡하고 불확실성이 높은 정책결정 상황에서는 보다 단순한 정책결정기준의 도입이 바람직하나, 이 경우에도 최종적인 판단을 일정기간이 경과한 후에 할 수 있는 여지를 남겨 부적격한 선택에 대한 교정이 가능하도록 하여야 한다. 최근 사기업체에서 사용되고 있는 인턴사원제나 계약직 임용 후 일정기간의 업적평가에 의하여 정식임용을 하는 제도는 이러한 맥락에서 타당한 의사결정전략이라고 판단된다.

2. 적격자 추정의 원칙

진입규제에서 지원대상자들을 잠재적 부적격자로 추정하여 엄격한 심사기준과 자격요건을 부과하는 전략은 많은 경우에 선량한 다수의 피해를 초래하게 됨을 앞서 살펴보았다. 따라서 대안적 정책결정원칙으로서 '적격자 추정의 원칙'을 제시하고자 한다. 그런데 모든 정책결정상황에서 이러한 원칙의 적용이 바람직하다고 보기는 어렵다. 경우에 따라서는 적격자를 부적격자로 오인하는 '잘못된 부정'의 사회적 비용이 매우 크더라도 부적격자 추정의 적용이 불가피한 사례도 있다.

개별 사례에서 적격자 추정과 부적격자 추정 중 어떠한 원칙을 적용하여야 할지는 각 원칙의 적용에 따라 수반되는 '잘못된 긍정'의 오류와 '잘못된 부정'의 오류의 사회적 비용의 상대적 크기에 따라 결정된다고 판단된다. 즉, 부적격자를 적격자로 오인하는 '잘못된 긍정'의 사회적 비용이 매우 클 경우에는 부적격자 추정의 적용이 불가피하나, 적격자를 부적격자로 오인하는 '잘못된 부정'의 사회적 비용이 상대적으로 클 경우에는 적격자 추정의 원칙이 채택되어야 한다. 이하에서는 우선 부적격자 추정이 선택되어야 할 예외적인 조건을 살펴본 후, 그에 대한 반론을 제시하고, 마지막으로 적격자 추정이 적용되어야 할 사례를 예시하겠다.

부적격자 추정이 불가피하게 선택되어야 할 조건으로서 다음과 같은 두 가지 경우를 제시하고자 한다. 첫째, '잘못된 긍정'으로 인한 피해의 원상회복에 많은 사회적 비용이 수반되는 경우이다. 국민의 건강과 안전과 관련된 사회적 규제가 이에 해당된다. 즉, 부적격한 업체의 허가나 불합리하게 완화된 규제기준은 치명적인 인명 및 재산손실을 가져와 피해배상은 가능하나 원상회복은 극히 어려운 일이 된다. 또한 금융기관과 같이 많은 이해당사자와 거래관계가 존재하는 기관에 대한 정책결정에서도 부적격한 금융기관의 허가는 많은 선의의 피해자를 양산시키게 된다. 이러한 사례에서는 비록 '잘못된 부정'의 오류가 증가하더라도 매우 보수적인 정책결정전략이 필요하다.

둘째, 부적격자를 적격자로 오인한 '잘못된 긍정'의 오류에 대한 사후적 정책평가가 현실적으로 불가능한 경우이다. 즉, 정책결정 후에도 정책결정자와 선택대상자간의 정보의 비대칭성이 존재하여 선택된 대상의 행태나 업적에 대한 관찰과 평가가 곤란하고, 사후적 경쟁과정을 통한 업적 검증이 어려운 경우이다. 예를 들어, 정부가 기존에 존재하지 않았던 새로운 자연독점적 산업에 하나의 신규진입자를 허가하여야 할 경우, 정보의 비대칭성으로 인하여 기업의 성과를 평가하기 곤란하고, 경쟁기업의 부재로 인하여 상대적 성과의 평가도 불가능해진다.

그러나 이러한 두 가지 조건이 존재할 경우에서도 반드시 부적격자 추정에 근거한 정책결정전략이 정당화되지 않는다는 반론제기도 가능하다. 첫째 조건이 적용될 경우에도 진입조건 결정시 진입기업이 사후적 사고피해의 전액배상은 물론 부당이득의 3~4배에 해당하는 매우 높은 벌금을 반드시 지불하도록 하는 조항을 넣고, 정부가 이를 강력히 시행할 것이라는 평판(reputation)을 유지할 수 있다면 엄격한 심사기준과 자격요건이 반드시 필요한 조건이 될 수 없다. 합리적인 정책결정주체로서 진입지원 예정기업은 스스로의 능력을 충분히 검토하여 지원여부를 결정할 것이며, 진입후에도 사건, 사고의 발생을 최소화시킬 유인체계를 갖게 될 것이다. 그리고 둘째 조건에 해당하는 사례에서도 정부의 직접적인 개입 없이도 사전적 시장경쟁을 통하여 합리적인 대안선택이 가능할 수 있다. 이에 대해서는 후술하는 '사전적 경쟁과정의 적극적 도입' 부문에서 자세히 설명하도록 하겠다.

다음으로 어떠한 경우에 적격자 추정의 원칙을 택해야 하는가? 앞서의 논의를 토대로 볼 때, 정책결정 이후에 '잘못된 긍정'에 대한 사후적 교정이 정책평가를 통하여 가능하고, '잘못된 긍정'으로 인한 피해의 원상회복이 비교적 손쉽게 이루어질 수 있는 경우가 이에 해당된다. 금융기관의 자산건전성에 관한 규제와 자연독점산업에서의 진입규제와 같은 예외적인 경우를 제외한 대부분의 경제적 규제사례가 이에 포함된다고 판단된다. 특히, 불특정 다수를 상대로 이루어지는 개별 산업별 진입자격 관련 규제, 창업절차규제, 신원확인 관련 규제 등 우리의 일상생활과 직접적인 관련을 갖

는 대부분의 경제적 규제 및 행정절차적 규제결정에서는 적격자 추정의 원칙이 적용
되어야 한다고 판단된다.

또한, 과거 권위주의적 행정에서는 국민 개개인을 잠재적 부적격자 또는 법위반
자로 간주하여 많은 입증책임을 국민들에게 부담시키는 행정편의위주의 행정이 주종
을 이루었다. 그러나 행정의 민주화가 진전되어 국민 개개인의 권익보호와 봉사행정
이 중요한 현 시점에서는 과거에 부적격 추정의 원칙이 적용되었던 영역에서도 적격
자 추정의 원칙이 확대될 필요성이 증가하고 있다. 이러한 맥락에서 모든 정부규제에
서 규제대상에 대한 적격자 추정을 원칙으로 하고, 부적격자 추정이 필요하다는 입증
책임을 정부가 개별적으로 지도록 하는 방안을 고려해 볼 필요가 있다.

3. 사전적 경쟁과정의 적극적 도입

'잘못된 긍정'의 오류를 줄이려는 정책결정전략은 물론 앞서 살펴본 두 가지 대
안적 전략에서도 적격 대안 또는 대상자 선정에서 정책결정자의 의도적인 선택과정
의 개입을 공통적으로 가정하고 있다. 즉, 자격요건이나 심사기준의 종류나 강도의
차이는 있으나 결정자의 판단에 의하여 실질적인 정책결정이 이루어지게 된다. 그러
나 경우에 따라서는 경쟁과정이 실질적인 판단결정을 대체할 수 있는 사례가 많다고
판단된다.

이에 대한 대표적 논의를 Demsetz(1968)에서 찾을 수 있다. Demsetz(1968)의 주장
의 핵심은 기존 자연독점이론은 생산단계의 규모의 경제성(economy of scale)과 독점자
의 독점가격설정이라는 양자의 관계를 너무나 당연시하는 오류를 가지고 있으며, 정부
규제 도입의 근거로서 자연독점성은 큰 의미가 없다는 것이다. 비록 생산단계에서 규모
의 경제가 존재하더라도 다수의 진입희망업체가 있다면, 생산전 단계(preproduction
stage)에서 가격, 수량, 품질 등에 관한 입찰경쟁(bidding competition)이 가능하다. 또한
진입희망업체의 수가 충분하고, 그들 사이에 담합이 어렵다면, 경매로 결정된 진입자는
비록 독점사업자이나, 그가 제시하는 가격수준은 독점가격이 아니라 경쟁가격과 매우
유사한 수준이 될 것이다. 즉, Demsetz는 생산전 단계의 입찰경쟁과정이 정부의 명시적
인 진입규제과정을 대체할 수 있는 보다 우수한 정책결정규칙임을 보였다.

Demsetz(1968)의 순수 이론적 논의가 현실적인 정책결정상황에 그대로 적용되기
는 어렵다고 판단된다. 그러면 구체적으로 어떠한 적용조건하에서 사전적 경쟁과정이
정책결정자의 실질적 판단과정을 대체할 수 있을지를 살펴보도록 하겠다. 첫째, 정책
결정자와 진입희망 대상자들 간에 진입 후에 요구되는 활동과 성과에 대한 사전적인

합의가 가능하여야 한다. 예를 들어, 교통표지판이나 신호등과 같이 표준화가 가능한 제품에 대한 납품의 경우에는 사전적(생산전 단계의) 경쟁이 가능하나, 자동차와 같이 복잡한 재화는 사전적 경쟁이 어려울 것이다.

둘째, 선택된 사업자가 계약에 명시된 사항을 이행하지 못하는 경우를 대비한 조항을 사전에 설정할 수 있어야 한다. 예를 들어, 투하된 자본재의 후속 사업자에 대한 양도의무와 가격조건, 그리고 사회적 손실에 대한 보상 등 벌칙조항에 대한 사전 합의가 이루어질 수 있어야 한다.

셋째, 계약당사자들간에 사전에 합의된 계약사항이 충실히 이행될 것이라는 믿음이 전제되어야 한다. 정부조달의 경우 벌칙조항을 포함한 모든 계약사항이 반드시 집행될 것이라는 평판의 유지가 사전적 계약의 효율성을 높이게 된다. 이러한 조건은 계약의 필수사항으로서 재론의 여지가 없는 당연한 것이나, 현실상황에서 정부의 정책비일관성으로 인하여 종종 지켜지지 못하고 있다. 예를 들어, 수년 전 도로공사의 고속도로 휴게소 운영권 경쟁입찰시 많은 사업자들이 동 사업의 수익성을 과대평가하여 높은 보증금을 지불하고 사업권을 낙찰받았다. 그러나 사업을 운영하는 과정에서 실제수익률이 기대수익률에 훨씬 못 미치는 어려운 상황에 직면하게 되었다. 그 후 지역적 독점사업자인 개별 휴게소 운영업자들은 대민서비스 질 저하를 담보로 도로공사에게 보증금 인하를 요구하여 결국 그들의 의사를 관찰시키는 사례가 발생하였다. 이러한 정부의 비일관적인 행태는 추후에 있을 입찰과정에서 사업자들의 왜곡된 행태를 조장하게 된다. 누구든지 입찰과정에서는 비현실적으로 높은 낙찰가를 제시하여 사업권을 획득한 후, 정부와 개별적인 사후 협상을 통하여 계약조건을 변경하는 전략을 사용하고자 한다면 입찰경쟁의 효율성이 발휘될 수 없게 된다.

V. 결론

이상의 논의를 통하여 본 논문은 불확실한 선택상황에서 부적격자를 적격자로 오인하는 '잘못된 긍정'의 위험을 되도록 줄이는 데 초점을 맞춘 기존 규제정책결정 전략은 필연적으로 '잘못된 부정'의 위험을 크게 증가시키게 된다는 점을 통계적 유의성검정의 한계에 관한 이론적 논의와 실제 정책사례를 들어 예시하였다. 즉, 다양하고 엄격한 자격요건과 규제기준은 결과적으로 극소수의 부적격한 대상을 가려내기 위하여 선량한 다수의 피해를 양산시키고, 대다수 국민들을 잠재적 법 위반자로 만들며, 사회적 정책결정자원을 낭비하게 되는 매우 불합리한 현상을 야기시키게 된다.

그리고 이러한 폐해를 줄이기 위하여 보다 더 엄격한 자격요건과 규제기준을 택하게 되면, 더욱 더 불합리한 결정을 하게 된다는 점을 강조하였다.

이러한 논의를 토대로, 본 논문은 대안적 선택전략의 세 가지 요소로서 다양하고 복잡한 정책결정기준 및 절차에 대비되는 정책결정전략의 단순화, 선택대상자를 잠재적 부적격자로 추정하는 기본입장에 대비되는 적격자 추정의 원칙, 그리고 선택자의 판단과정에 전적으로 의존하는 기존 전략에 대비되는 사전적 경쟁과정의 적극적 도입을 제시하였다. 그리고 개별 요소별로 기존 정책결정전략과 대안적 전략이 상대적으로 보다 잘 적용될 수 있는 조건을 제시하였다.

본 논문을 마무리 지으면서 본 연구의 한계에 관하여 언급하고자 한다. 서론에서도 밝혔듯이, 본 논문의 연구목적은 우리가 일상생활에서 흔히 발견할 수 있는 정부의 규제정책결정의 문제점의 원인을 새로운 이론적 시각에서 설명하는 데 있었다. 따라서 정부의 정책결정전략에 관한 체계적인 일반이론의 구축이라는 측면에서는 많은 이론적 한계가 있다고 판단된다. 그리고 본 논문에서 제시된 논의의 논리적 근거를 실제 정책사례에서 찾음으로써 현실성 있는 논의전개가 가능하기는 하였으나, 논의의 외적타당성에 한계가 있다고 판단된다. 즉, 본 논문의 논지에 부합하는 현실사례만을 취사선택하여 논리를 구성하였다는 반론이 가능하며, 본 논문의 주장과 다른 설명이나 해석이 가능하다는 한계점이 제기된다.

본 논문을 서술하는 과정에서 본 연구의 한계점으로서 제기 가능한 이러한 문제들을 염두에 두고 논의를 전개하고자 노력하였다. 따라서 본 논문의 서론에서도 언급하였듯이, 논의의 적용범위를 좁게 한정하여 본 논문의 주장과 다른 설명이나 해석의 제기가능성을 줄이도록 하였다. 그러나 아직도 미흡한 부분이 많다고 판단된다. 향후 보다 정밀한 논리전개에 기초한 정부의 정책결정전략에 관한 새로운 일반이론의 구축을 기대해 본다.

참고문헌

규제개혁위원회. (1998). 1998년도 규제개혁백서.

김재홍. (1994). 한국의 진입규제. 규제연구시리즈11. 서울: 한국경제연구원 규제연구센터.

사공영호. (1998). 「가부장적 행정문화와 규제관료의 포획에 관한 연구」. 서울대학교 행정대학원 박사학위논문.

제갈돈. (1996). 평가연구에서 통계적 유의성 검정의 재음미. 「한국정책분석학회보」, 6(1): 275−288.

Bakan, D. (1966). The Test of Significance in Psychological Research. *Psychological Bulletin.* 66: 423−437.

Beals, Ralph E. (1972). *Statistics for Economists,* Chicago: Rand McNally & Company.

Bell, David E., Raiffa, Haward., and Tversky, Amos. (1988). Descriptive, Normative, and Prescriptive Interactions in Decision Making. in David E. Bell, Howard Raiffa, & Amos Tversky. (eds.). *Decision Making: Descriptive, Normative, and Prescriptive Interactions.* 9−30. New York: Cambridge University Press.

Bork, Robert H. (1978). *The Antitrust Paradox.* New York: Basic Books, Inc.

Carver, R. P. (1978). The Case Against Statistical Significance Testing. *Harvard Educational Review.* 48: 378−399.

Cohen, J. (1962). The Statistical Power of Abnormal−Social Psychological Research. *Journal of Abnormal and Social Psychology.* 65: 145−153.

_____. (1994). The Earth is Round($p<.05$). *American Psychologist.* 49: 997−1003.

Demsetz, Harold. (1968). Why Regulate Utilities? *Journal of Law and Economics.* 11: 55−65.

Fisher, Ronald A. (1937). *The Design of Experiments.* (2nd ed.). London : Oliver and Boyd.

Henkel, R. E., and Morrison, D. E. (ed.). (1970). *The Significance Test Controversy,* London: Butterwoth.

Hunter, John E. (1997). Needed: A Ban on the Significance Test. *Psychological Science.* 8: 3−7.

Judd, Charles M., and Kenny, David A. (1981). *Estimating the Effects of Social Interventions.* Cambridge: Cambridge University Press.

Lipsey, M. W., and Wilson, D. B. (1993). The Efficacy of Psychological, Educational, and Behavioral Treatment: Confirmation from Meta−Analysis. *American Psychologist.* 48: 1181−1209.

Lowi, Theodore J. (1964). American Business, Public Policy, Case—Studies, and Political Theory. *World Politics.* 16: 677—715.

Poole, C. (1987). Beyond the Confidence Intervals. *American Journal of Public Health.* 77: 195—199.

Popper, Karl R. (1958). *The Logic of Scientific Discovery.* New York: Harper & Row, Publishers.

Ripley, Randall B, and Franklin, Grace A. (1980). *Congress, the Bureaucracy and Public Policy.* (2nd ed.). Homewood, Ill. : Dorsey Press.

Schmidt, F. L. (1996). Statistical Significance Testing and Cumulative Knowledge in Psychology: Implications for Training of Researchers. *Psychological Methods.* 1: 115—129.

Sedlmeier. P., and Gigerenzer. G. (1989). Do Studies of Statistical Power Have an Effect on the Power of Studies? *Psychological Bulletin.* 105: 309—316.

Selvin, H. C. (1957). A Critique of Test of Significance in Survey Research. *American Sociological Review.* 22: 519—527.

Shrout, Patrick. E. (1997). Should Significance Tests be Banned? *Psychological Science.* 8: 1—2.

Williamson, Oliver E. (1968). Economies as an Antitrust Defense: The Welfare Tradeoffs. *American Economic Review.* 58: 18—35.

부 록

표 1 세무서 또는 지방국세청 이의신청 연도별 접수·처리현황

(단위: 건수, %)

연 도	전년도 이월	당해연도 접수	처리대상	처리	인용	인용비율
1996	201	4,143	4,344	4,075	1,218	29.9
1997	269	4,375	4,644	4,352	1,898	43.6
1998	292	4,681	4,973	4,593	2,104	45.8

출처: 재정경제부.

표 2 국세청 심사·심판청구 처리현황

(단위: 건수, %)

연도	구분 세목	심 사 청 구 접수	처리 (A)	인용 (B)	비율 (B/A)	기각 (C)	심 판 청 구 접수 (D)	비율 (D/C)	처리 (E)	인용 (F)	비율 (F/E)	기각 (G)
'96	내국세	5,477	5,862	779	13.3	5,083	4,122	81.1	5,630	2,364	42.0	3,266
	관세	85	74	26	35.1	48	52	108.3	87	21	24.1	66
	계	5,562	5,936	805	13.6	5,131	4,174	81.3	5,717	2,385	41.7	3,332
'97	내국세	5,104	5,021	1,053	21.0	3,968	3,201	80.7	3,372	1,048	31.1	2,324
	관세	97	74	20	27.0	54	49	90.7	37	7	18.9	30
	계	5,201	5,095	1,073	21.1	4,022	3,250	80.8	3,409	1,055	30.9	2,354
'98	내국세	5,561	5,336	1,385	26.0	3,951	3,086	78.1	2,967	682	23.0	2,285
	관세	63	97	25	25.8	72	43	59.7	52	26	50.0	26
	계	5,624	5,433	1,410	26.0	4,023	3,129	77.8	3,019	708	23.5	2,311

출처: 재정경제부.

표 3 조세관련 행정소송 접수·처리현황

(단위: 건수, %)

연도	전년도 이월	당해연도 접수	처리대상	처리	인용	인용비율
1996	2,481	1,763	4,244	1,923	674	35.0
1997	2,321	1,429	3,750	1,888	527	27.9
1998	1,862	1,061	2,923	1,490	301	20.2

출처: 재정경제부.

▶ ▶ ▶ 리뷰

전영한(서울대학교 행정대학원)

　　주지하다시피 정책결정에 관한 가장 널리 알려진 규범적 접근은 합리적 선택론이다. 합리적 선택론에 따르면 좋은 정책결정이란 정책목표 달성을 위한 최적의 정책대안을 선택하는 결정이다. 하지만 이러한 합리적 정책결정은 현실세계에서 매우 드물다. 그 이유는 정책결정자들의 합리성을 제약하는 체계적인 요인들이 존재하기 때문인데, 그러한 요인 중의 하나가 불확실성(uncertainty)이다. 어떤 정책결정의 결과에 대해 예측이 어려울 때, 정책결정자들은 위험을 회피하기 위하여 보수적인 입장을 취하기 쉽다. 인허가 결정에서 비적격 사업자의 진출을 막기 위해 번거롭고 복잡한 자격기준을 설정하는 것이 대표적 예이다. 그렇다면 불확실성에 대처하려는 이러한 정책결정자들의 선택 때문에 치러야 하는 사회적 비용은 무엇일까? 그리고 이러한 비용을 줄일 수 있는 방법은 없을까?

　　최종원교수의 이 논문은 바로 이러한 의문들에 대한 답변을 제시한다. 이 논문에 의하면 불확실성하의 규제정책 결정에서 정책결정자들은 부적격자를 적격자로 오인하는 '잘못된 긍정'의 오류를 범하지 않기 위하여 많은 자격기준을 도입하지만, 이러한 '오류최소화' 전략의 이면에는 선량한 국민 다수의 피해 양산과 사회적 의사결정 자원의 낭비라는 대가가 숨어있다. 이러한 사회적 비용의 지출을 억제하기 위한 방법으로서 이 논문은 정책결정전략의 단순화 등 여러 가지 대안적 결정전략을 제안한다. 불확실성하에서의 정책결정이라는 대단히 논쟁적이고 추상적인 연구대상에 대하여 이 논문은 다양한 현실 사례들과 구체적 대안의 제시에 초점을 둔 분석을 전개하고 있다는 점에서 정책결정자들과 학자들에게 유용하고도 설득력이 있는 시사점을 제공한다. 특히, K. Popper의 과학철학 논의와 통계적 유의성검정의 한계에 관한 이론을 원용하여 불확실성에 대한 정책결정자들의 대응에 관한 이론을 구성하고 있는 점은 매우 독창적인 접근이며, 이러한 접근은 이 논문이 주장하는 논리의 엄밀성을 제고하는데 크게 기여하고 있다.

　　구체적으로 살펴보면, 부적격자를 적격자로 오인하는 '잘못된 긍정'의 오류를 최소화하려는 정책결정자들의 대응의 배후 논리에 대하여 이 논문은 Popper의 연역적 검증에 관한 과학철학론과 통계적 유의성 검증론에서 동일한 논리를 발견한다. Popper는 훌륭한 이론은 까다롭고 엄격한 검증에도 불구하고 기각되어지지 않아야 한다고 주장하고 있고, 통계적 유의성 검정방식은 귀무가설이 사실임에도 이를 기각 하는 오류인 제1종 오류의 극소화를 지향한다. 이러한 논리들은 불확실한 선택상황에서 엄격한 규제기준을 도입하려는 정책결정자의 전략과 매우 유사하다. 그러나, '잘못된 긍정'의 오류, 즉 제1종 오류를 줄이기 위한 시도는 필연적으로 보다 높은 '잘못된 부정'의 오류, 즉 제2종 오류를 발생시킨다. 다시 말해서 맞는 이론을 틀렸다고 평가할 가능성이 높아지는 것이다. 이러한 관계를 정책결정 상황에 적용하면 정책결정자의 '잘못된 긍정' 오류 최소화 전략은 많은 적격자를 부적격자로 오인할 가능성을 높일 것이라는 예측이 가능하다.

이러한 이론적 예측에 근거하여 이 논문은 '잘못된 긍정' 오류 최소화 전략의 문제점으로서 과다규제로 인한 선량한 다수의 피해, 대다수 국민의 잠재적 범법자화 및 법집행의 공정성 훼손, 그리고 사회적 의사결정 자원의 낭비와 개혁 아이디어의 손실 등을 제시하고, 이러한 문제점이 명백하고 현존하는 위험임을 다양한 현실 사례를 통해 예시한다. 이러한 문제점을 줄일 수 있는 대안은 무엇일까? 이 논문은 우선 정책결정기준의 단순화를 권고한다. 미래의 결과에 대한 불확실성이 클 경우 높은 기대수준을 갖고 최선의 대안을 선택하는 방식보다는 최악의 선택을 회피하는 수준의 기대를 갖고 정책결정기준을 단순화하라는 것이다. 물론 이 경우 '잘못된 긍정'의 오류가 증가할 수 있으나 선택 후의 관찰과 평가, 그리고 경쟁과정을 통해 오류를 줄일 수 있다고 지적한다. 이 논문의 두 번째 제안은 부적격자 추정보다는 적격자 추정의 원칙 적용이 필요하다는 것이다. '잘못된 긍정'에 대한 사후적 교정이 정책평가를 통해 가능하고 피해의 원상회복이 어렵지 않은 경우에는 더욱 그렇다고 강조한다. 이 논문이 제시하는 또 다른 대안은 사전적 경쟁과정의 적극적 도입이다. 정책결정자의 의도적 선택보다 사전적 경쟁을 도입하는 것이 미래의 불확실성에 대한 의외의 훌륭한 대안이 될 수 있다는 것이다.

의사결정 이론은 매우 학제적 이론으로서, 정치학, 경제학, 심리학, 사회학 등 대부분의 사회과학 분과에서 관심을 갖는다. 물론 거의 모든 행정이론 혹은 정책이론이 의사결정론과 관계가 있다. 정부와 공공조직에서 일어나는 일을 이해하고자 할 때 의사결정은 가장 기본적이고도 중요한 단서가 된다. 이런 이유로 정책결정과정에서 일어나는 체계적 오류는 정책에 대한 학문적 관심이 시작된 이래 언제나 주목을 받아왔다. 하지만 이러한 오류를 최소화하려는 정책결정자의 선택이 불가피하게 야기하는 또 다른 오류에 대한 연구는 매우 드물었다. 불확실한 상황에서 '잘못된 긍정'이라는 오류를 회피하기 위해 노력하는 정책결정자가 범하기 쉬운 또 다른 체계적 오류를 분석하고 대안을 제시하고 있다는 점에서 이 논문은 우리가 갖고 있는 지식의 공백을 성공적으로 채웠고, 많은 후속 연구들에게 유용한 방향을 제시하고 있다.

불확실성하에서의 의사결정은 앞서 언급한 것처럼 비단 행정학자나 정책학자만의 관심사가 아니다. 최근 인지심리학과 행동경제학의 발전에 힘입어 사회과학자들은 이 주제에 대하여 이전에 비해 더 많은 것을 알 수 있게 되었는데, A. Tversky와 D. Kahneman의 휴리스틱스(heuristics) 연구가 대표적이다. 이들은 사람들이 선택상황에서 활용하는 간편하고 빠른 의사결정을 위한 방법들인 휴리스틱스가 그 유용성에도 불구하고 의사결정의 체계적 오류를 발생시킬 수 있다는 점을 발견하였다. 휴리스틱스의 역할과 이로 인한 오류에 대한 이들의 심리학적 연구는 불확실한 상황에서의 합리적 선택을 설명하는 기존 경제학이론을 대체하는 수준의 영향력을 미쳤다는 평가를 받았고, 그 결과 2002년 Kahneman은 노벨경제학상을 수상하였다(Tversky는 1996년 작고하였다).

최근 Kahneman은 그의 2011년 저서 "Thinking Fast and Slow"에서 그간의 연구결과를 집대성하여 의사결정에서 활용되는 두 가지 방식, 즉 시스템1과 시스템2에 대해 설명하였다. 시스템1은 앞서 언급한 휴리스틱스에 크게 의존하는 자동적 의사결정 방식인 반면 시스템2는 시간과 주의를 필요로 하는 수고로운 의사결정 방식이다. 우리의 시간과 주의는 제한되어 있으므로 시스템2에 대한 의존은 예외적이며, 시스템1을 통한 빠르고 간편한 의사결정이 일상적이다. 문제는 두 시스템의 역할배분에 의존한 의사결정이 심각한 오류로 귀결될 수 있다는 것이다. 예를 들면 유명한 심리학 실험인 '보이지 않는 고릴라' 실험에서는 지시받은 과제를 수행하느라 정신이 팔린 많은 피험자가 실험 중간에 등장하는 가슴 두드리는 커다란 고릴라(분장한 학생)를 보지 못한다. 킹콩처럼 행동하는 고릴라를 보지 못해도 큰 문제는 아니지만, 정책결정자의 의사결정에 있어서 이러한 오류가 체계적으로 일어난다면 우리 사회의 많은 사람들에게 불행을 안겨줄 수도 있다. 최종원교수가 이 논문에서 '잘못된 긍정' 최소화 전략이 갖는 문제점에 대해 대안적 정책결정전략을 제시한 것처럼 우리나라의 정책결정에 관한 후속 연구들에서 정책결정의 오류를 줄일 수 있는 효과적인 정책결정전략 대안들이 지속적으로 제시될 것이라는 기대를 가져본다.

정부주도의 경제사회 운영과 행정윤리

정부주도의 경제사회 운영과 행정윤리[*]

최병선(서울대학교 행정대학원)

Ⅰ. 서론

경제사회 운영의 틀을 정부주도에서 민간주도로 전환해야 한다는 말을 들어온 지 20년, 「작은 정부」를 구현하겠다는 말을 들어온 지도 짧게 잡아 10년이나 되건만, 아직도 우리는 정부주도 사회, 「큰 정부」 아래 살고 있다. 역대 모든 정부가 하나같이 「작은 정부」를 중요 정치 슬로건으로, 개혁의 모토로 내걸어 왔지만, 다소의 제도개혁과 변화에도 불구하고, 우리 경제사회의 운영방식은 정부주도에서 한 걸음도 벗어나지 못하고 있다. 아니, 최근 몇 년간의 경험은 우리가 시대를 역행하고 있는 것이 아닌지? 의문이 들 정도다.

6.25이후 최대 국난이라는 외환위기를 맞으며 출범한 김대중정부는 "민주주의와 시장경제"의 병행발전을 국정개혁과 운영의 기조로 삼고 일련의 경제사회 제도개혁을 추진하고 있지만 이런 개혁의 기치가 무색할 지경이다. 외환·금융위기의 와중에서 불가피했다지만 대부분의 금융기관이 사실상 국유화된 상태다.[1] 부실금융기관 및 기업의 퇴출과정은 기업의 생사여탈권이 아직도 정부의 손아귀에 있음을 웅변해 주었다.[2] 시장을 직접 통제하려는 정부의 의도와 성향이 조금도 꺾이지 않고 있음은

---

[*] 이 논문은 2001년 『행정논총』, 제39권 제4호, pp. 81-111에 게재된 글을 최근의 현실을 반영하여 대폭 수정·보완하였다.

[1] 2000년말 현재 정부 및 정부산하기관이 1대주주로 있는 시중은행은 조흥·한빛·서울·외환·주택·평화은행 등 6개이고, 제일(49.01%)과 국민은행(9.53%)의 경우 정부 및 산하기관이 2대주주로 있어 이를 합할 경우 11개 시중은행 중 8개가 정부의 지배하에 있다. 또 광주·제주·경남은행 등 지방 3개 은행도 예금보험공사가 100% 지분을 보유해 전체 지방은행 6개 가운데 절반을 정부가 소유하고 있다. 뿐만 아니라 제2금융권 가운데 대한생명·서울보증보험 등 2개 보험사 한국·대한투신 등 2개 투신사, 산은캐피탈·신보캐피탈·중부리스·하나로종금 등도 정부 또는 정부산하기관이 최대주주이다.

[2] 예를 들면 정부는 1998년 금융감독위원회의 주도하에 '부실징후 기업'이라는 모호한 기준에 따라 52개 기업을 강제퇴출하였다. 2000년 11월의 2차 구조조정에서는 채권단이 이자보상배율, 상환능력을 감안한 자산건전성 등의 기준에 따라 50개 기업에 대해 퇴출 판정을 내렸다.

금리·주가·환율·가격 등 거시경제 지표들의 관리 측면에서 다시금 확인되고 있다.3) 대학의 신입생 선발권을 보장한다고 하면서 "논술고사는 안된다," "기여입학제는 허용할 수 없다."고 말하고 있다. 2002학년도에 대입시험을 치르게 될 고교생부터는 학교에서 사설 모의고사를 보게 해서는 안되고, 입시관련 과목의 보충수업이나 자율학습도 허용하지 않는다는 정부 방침에 따라 학생들이 학원에 가서 비싼 모의고사를 보아야 하는 난센스가 벌어지고 있다.

기업과 국민의 경제사회 생활 전반에 걸쳐 정부가 속속들이 간섭하고 지대한 영향을 미치고 있는 속에서 「작은 정부」의 명분과 실질의 괴리는 날로 커가고 있다. 민간부문에 대한 정부개입의 범위와 심도, 제도의 투명성과 정책의 예측가능성, 「법의 지배」 원리의 확립 등 그 어느 면을 보든 민간주도의 경제사회, 「작은 정부」를 향해 한 발짝도 나아가지 못하고 있다. 최근 '개혁의 피로감'을 말하는 사람들이 부쩍 늘고 있는 이유도 이와 긴밀한 관련이 있을 것이다. 개혁의 필요성과 당위성을 부정해서가 아니고 '개혁'의 명분과 실질의 괴리가 이처럼 커져 가고 있기에 이런 말들이 나오는 것이리라. 개혁의 피로감도 피로감이지만 제도개혁에 대해 국민들이 극도의 냉소주의나 무관심으로 일관하고 있는 것도 큰 문제가 아닐 수 없다. 특정 결과의 달성을 목표로 정부가 조급하고 재량적이고 차별적인 개입을 전가의 보도처럼 휘두르는 속에서 많은 제도개혁이 용두사미가 되고, 국민의 신뢰가 땅에 떨어지는 것은 필연적이다 (최병선, 2000b).

현 김대중정부의 개혁을 비판하려는 데 이 글의 목적이 있지 않다. 앞에서 언급하였듯이 이런 문제는 이 정부만이 아니라 역대 모든 정부가 공통이었다. 정부주도에서 민간주도 경제사회로의 전환, 「큰 정부」에서 「작은 정부」로의 전환을 약속했지만 그럴수록 우리는 정부주도사회, 「큰 정부」의 수렁으로 깊숙이 빠져들어 왔을 뿐이다. 도대체 이 모순과 역설을 어떻게 설명해야 할 것인가? 이 글에서 다루어 보려고 하는 바가 바로 이것이다. 이 문제는 정권의 개혁의지나 개혁의 일관성 결여를 탓하는 차

반면에 정부는 산업은행으로 하여금 퇴출기업 선정에서 간신히 살아남았던 현대건설, 쌍용양회 등 시장에서 소화가 불가능한 부실기업들의 회사채를 인수하도록 지시하였다. 또한 비슷한 배경에서 2000년 3월에서 2001년 3월까지 현대건설, 전자, 석유화학 등 현대계열사에 대하여 12조 7천억원을 지원하였다.

3) 2001년도만 해도 채권펀드시장의 안정화를 위해 10조원의 채권펀드 구성을 유도한 것이나, 계속되는 주식시장의 침체 속에서 4대 연기금의 주식투자 확대를 사실상 명령한 것, 정부가 정한 선에서 환율을 안정시키기 위해 다시 직접적으로 외환시장에 개입한 것, 신용카드 현금수수료율의 인하를 명령한 것 등을 그런 사례로 꼽을 수 있다.

원에서 다루어지거나 해결될 수 있는 성질의 문제가 결코 아니다. 복잡해질 대로 복잡해진 경제사회의 운영과 발전의 원리에 대한 성찰과 재발견이 없이는, 또 '제한적 권력의 정부(limited government)'라는 민주주의의 이상적 모델을 스스로 부정하는 현실정치의 실체에 대한 정확한 이해와 반성이 없이는, 이런 모순과 역설에서 벗어나 자유롭고 경쟁적이며 개방적인 새로운 사회로 나아갈 수 없다.

이 문제는 또한 인간이성의 상대적 합리성 차원에서 접근해서 될 성질의 문제도 아니다. 이 글에서 필자가 행정책임 및 윤리를 거론하는 이유가 바로 여기에 있다. 자유롭고 경쟁적인 사회, 다양성과 창의를 북돋우는 사회가 현대사회의 이상이다. 이 사회는 오로지 정부와 권력이 개인의 자유를 속박하고 복종을 강제하지 않을 때 비로소 가져보고 누려 볼 수 있는 그런 사회다. 자신의 재능과 노력으로 자신의 운명을 개척하지 못하도록 가로막는 사회, 자기의무와 책임을 다하지 않고도 버젓이 살아갈 수 있는 사회, 기회주의적 행동이 판을 치고 묵인되는 사회를 만들어 가고 있는 정부와 권력은 이제 윤리적 차원에서도 정당화될 수 없다는 것이 이 글이 주장하려는 바이다.

어떤 민주정부와 권력도 이런 귀결을 원치 않을 것이다. 그러나 의도적이든 비의도적이든 정부개입과 간섭이 이런 결과를 낳고 있다고 한다면, 또 이로 인해 정부와 국민 간에 불신의 벽이 높아지고 있다면, 정부는 결코 그 책임을 모면할 수 없다. 정부와 권력이 이 책임을 인식하지 못하거나, 회피하려 하거나 부정하려 한다면, 이는 비윤리적이다. 국민의 무한대의 신인(trust and confidence)의 잘잘못을 따지기 전에 그것에 기초해 절대적인 권력을 보유하고 행사하는 지위에 선 정부의 도덕적 책임은 무한대일 수밖에 없는 까닭이다. 정부의 의도가 무엇이든, 정부개입과 간섭은 필연적으로 이런 문제의식에 귀착되지 않을 수 없다. 왜 그런가?

Ⅱ. 정부주도 경제사회 운영의 정당성 전제: 비판적 평가

1. 공익개념의 모호성

경제사회를 정부주도로 이끌어 가는 것, 민간의 자유로운 활동과 시장경제의 작동에 정부가 개입하는 것의 정당성은 과연 어디에 있는가? 한마디로 말해 공익을 정의하고, 도모하고, 보호한다는 것이다. 일반적으로 말해 정부가 공익이라고 표방하는 것은 국가발전, 경제성장, 산업발전, 교육과 과학기술의 진흥, 국민보건·안전·후생의 증진, 환경보존, 소비자보호, 중소기업 보호, 계층 간·지역 간 소득격차의 해소, 사회의 안녕과 질서 확립, 경제사회적 형평성의 확보, 공중도덕·전통·문화유산의 보존 등 무수하고 다양하다. 이런 공익가치들은 그 자체로 공익성을 확보하고 있는 것처럼 보인다. 허나 과연 그러한가?

우선 이런 가치개념들은 하나같이 매우 추상적이라는 사실에 주목할 필요가 있다. 예컨대 국가가 구체적으로 어떤 모습을 지니게 되면 국가발전이라고 말할 수 있는가? 소득의 완전한 평등이 이상이 아니라면 어느 정도의 소득격차가 용인할만한 수준인가? 경제사회적 형평성은 무엇이고, 어느 정도면 형평성이 갖추어졌다고 말할 수 있는가? 이런 질문들에 대한 답은 사람마다 다르고 각양각색일 것이다. 더구나 이런 가치들 간에 존재하는 이율배반과 득실관계(trade-offs)를 고려하다 보면 문제는 더 복잡해질 수밖에 없다.

자유민주사회는 사전적으로 명확하게 정의된 공익 개념이 존재하지 않는다고 보는 대전제 위에 서 있다. 전체주의나 권위주의 사회와 구별되는 점이 바로 이것이다. 사전적으로 정의된 공익개념의 부재는 자유민주주의사회의 치명적인 결함으로 보일 수 있다. 그러나 역설적으로 여기에 자유민주주의의 우월성과 가치가 있다. 사회가 추구하는 궁극적 가치와 공익은 자유롭고 민주적인 절차를 통해서 정의되어야 하고 또 그럴 수밖에 없다는 믿음이야말로 자유민주주의 사상의 뿌리이다. 불행히도 여기에 커다란 난점이 있다. 노벨경제학상 수상자인 애로우(Kenneth Arrow)가 '불가능성의 정리(impossibility theorem)'로 잘 요약했듯이, 투표절차를 통해 개개인의 선택(individuals' preferred choice)과 집단적 의사결정(collective decision)에 의한 선택이 일치되도록 개인들의 선호를 묶어내기가 불가능하다는 것이다. 다시 말하면 국민 개개인의 선호와 집단적 의사결정에 의한 사회적 선호는 근본적으로 일치할 수 없다는 것, 따라서 국민의 '집단적 의사(collective will)'는 언제나 불확정적이고 불명확하며 상호모순적인 내용들을 동시에 지닐 수밖에 없고, 그나마 불완전하게 표현될 수밖에는 없다는 그런 말인 것이다.

그러므로 공익이라 표현되는 이런 가치들의 구체적 내용을 규정하고 채워야 하는 역할은 어쩔 수 없이 정부에 주어지게 되지만, 여기에는 주인-대리인의 문제(principal-agent problem)가 끼어들기 마련이다. 일반적으로 주인의 의사와 요구가 분명하고 명확할 때에도 대리인이 전적으로 주인의 뜻에 따라, 주인의 이익을 위해, 행동하기보다는 자신의 이익을 우선하고 기회주의적으로 행동할 여지는 많다. 하물며 주인인 국민들의 집단적 의사라는 것이 명확하지 않은 경우임에랴! 이 때 정부의 기회주의적 행동(agent opportunism)이 얼마나 극심할지는 불문가지이다. 물론 민주주의의 헌법적 원리, 즉 삼권분립을 통한 권력의 견제와 균형(입법통제와 사법통제), 주기적 선거, 연방주의나 지방자치제도, 행정정보의 공개 등의 제도적 장치들이 그래서 구비되어 있긴 하다. 그러나 이것들이 정부가 언제나 국민 모두가 동의할 수 있게 공익을 정의하고 실현해 나가도록 보장해 주지는 못한다.

국가발전, 경제성장, 산업발전 등등의 공익가치들을 내세우며 정부가 시장에 개입하고 간섭할 때 공익의 구체적 실체가 과연 무엇인지를 따져 물어야 할 이유가 바로 여기에 있다. 이런 가치들이 중요하지 않다는 뜻이 아니다. 이런 가치가 구체적으로 무엇을 의미하는지는 매우 불분명한 채로 남아 있는 게 문제라는 것이다. 이런 가치들을 구체적으로 정의하고 그 내용을 채우는 일이 온통 정부에 내맡겨져 있는 한, 다시 말해 정부가 해야 할 일을 국민이 명확하게 정의하지 못하고 따라서 구체적으로 지시할 능력이 없는 한, 정부는 자신이 하는 일들을 얼마든지 정당화할 수 있게 된다. Goblentz(1968)는 "정치적 책임의 역사는 공익 개념의 해석의 역사"라고 말하였다. 참으로 예리하고 명쾌한 지적이 아닐 수 없다. 이처럼 정부가 공익이란 이름으로 무슨 일이든 할 수 있는 상황은 위험천만하다. 세상의 모든 독재자는 '공익'을 앞세워 무소불위의 정부를 만들었다.

2. 사익의 공익화 현상

정부가 '공익'이라고 정의하는 공익은 구체적으로 누구의 이익을 말하는가? 공익 개념의 불확정성은 이 질문을 던질 때 확연해진다. 최소한 특정집단의 이익의 확보나 증진을 공익이라 부르지 않음은 명백하다. 불특정 다수 국민의 이익에 봉사하고 부합되는 것이어야 공익이다. 그렇지 않다면 그것은 '사익의 공익화'일 가능성이 높다. 유감스럽게도 정부주도의 경제사회에서 '사익의 공익화' 현상은 빈번히 발견된다.[4]

한정된 자원을 갖고 있을 뿐인 정부가 '공익'을 내세워 민간의 활동, 시장에 개입할 때의 개입은 불가피하게 선택적일 수밖에 없다. 언제나, 어떤 경우에서나 그러하다. 예를 들면 산업발전을 이유로 정부가 시장에 개입할 때 그 개입은 그 어떤 이름을 갖다 붙이든 정부가 특별하고 중요하다고 규정한 소수의 산업들이고, 이들만이 특

4) 오코너(James O'Connor, 1973: 5-10)는 특수이익집단이 응당 자기들이 부담해야 할 비용, 즉 사적인 비용을 사회적 비용(social costs)으로 만드는 것, 그래서 국가권력이 특수목적의 달성을 위해 사적 목적의 달성에 이용되는 현상, 즉 국가권력의 사용화(private appropriation)가 자본주의 국가가 봉착하는 재정위기의 중요한 원인임을 지적하였다.

별한 보호대상, 지원대상이 되기 십상이다. 그런 혜택을 누릴 수 있게 된 산업들의 입장에서 보면 이 때의 개입은 환영할 일이겠지만, 여기서 배제된 산업들의 입장에서 보면 부당한 차별이 아닐 수 없다. 정부는, 정부가 특정한 산업들이 산업연관효과, 고용효과 등의 측면에서 다르다고 항변하겠지만, 이 항변에 수긍할 사람(산업)들은 별로 없을 것이다. 왜냐하면 그런 정도의 특혜와 지원을 받는다면 자기 산업도 중요산업으로 발돋움할 수 있을 것이라고 생각하기 때문이다. 실제로 이론적으로나 경험적 연구를 통해서보나 처음부터 중요산업이 따로 존재하는 게 아니라는 사실이 밝혀지고 있다.[5] 설령 그런 산업이 따로 있다고 해도 정부가 미리 알거나 예측하기도 어렵다. 중요산업인지 아닌지는 시장에서, 그것도 사후적으로 결판이 날 수 있을 뿐이다. 이렇게 본다면 산업발전을 도모한다며 정부가 중요산업을 선정하고 특별한 지원을 베풀어 이룩하고자 한 공익이 과연 무엇인지는 쉽게 판단하기 어렵다. 이 경우 정부의 개입이 무조건 공익에 반한다고는 말할 수도 없다(최병선, 2002). 여기서 말하고자 하는 바는 정부가 공익을 내세워 하는 일들의 결과들을 사전적으로 모두 다, 그리고 장단기에 걸쳐, 정확히 예측하거나 평가하기는 사실상 불가능하다는 점이다.

이는 정부의 사전적 판단과 선택이 얼마든지 그릇될 수 있음을 의미한다. 정부의 판단과 선택 역시 정치의 영향으로부터 벗어날 수는 없는 일이기 때문이다. 예컨대 정부가 특수이익집단에 포획(capture)된 결과 그런 판단과 선택을 했을 가능성도 전연 배제할 수 없다. 국익 또는 소비자 이익의 보호를 명분으로 삼은 정책이 특수이익집단에게 이익을 안겨주는 예는 얼마든지 많다. 애매모호한 명분을 내건 경제규제 프로그램들이 전형적이다(최병선, 2012). 예를 들면 변호사서비스 질 제고를 목적으로 정부가 시장에 개입하지만 그로 인하여 시장경쟁이 제한되고 그래서 오히려 서비스의 질은 떨어지고 수임료는 올라가고 마는 경우와 같다.[6] ① 특수이익집단이 자기들에게 유리한 방향으로 가공하여 제공하는 정보에 주로 의존하는 경우, ② 자원이 부족해 이들보다 열세에 서 있을 때, 또 ③ 이들과 갈등을 일으키는 것을 몹시 꺼리고, ④ 외부의 눈치를 보는 경향이 심해질 때 이런 포획현상은 빈발할 가능성이 크다

---

5) 일본과 우리나라에서 산업정책은 경제성장전략의 핵심이었다. 그러나 세계은행의 연구에 의하면 중요산업을 규정할 기준은 존재하지 않는다. 사람들이 중요하다고 여기는, 그렇게 인정받는 산업이 중요산업일 뿐이다. 이 말은 중요산업의 규정이 정치적일 수밖에 없음을 말해 준다. World Bank(1993) 참고.

6) 2001년경 변호사 1인당 국민수를 보면, 미국은 352명, 일본은 2,212명인 데 비하여 우리는 12,628명에 이르고 있으며, 이로 인하여 민사본안사건(1심)의 변호사 선임 비율이 14.1%(97년도 기준)에 그치고 있었다.

(최병선, 1992: 200-6).

3. 정부개입의 정당성 논거(1): 시장실패의 존재

이상에서 공익 여부에 관한 판단이 결코 쉽고 간단한 문제가 아니라는 것, 그로 인하여 사익과 공익의 착오 및 착시현상, 또는 사익이 공익으로 둔갑하는 현상들이 흔할 수 있음을 살펴보았다. 이제 정부개입이 필요하고 당연하다고 인정되고 있는 두 경우―시장실패와 조정실패의 극복― 에 대하여 차례로 고찰해 보자. 시장의 기능과 역할을 잘 이해하지 못하는 사람들은 사익만을 추구하는, 그래서 무질서와 혼란이 지배하는 시장, 약육강식의 원리가 지배하는 비인간적이고 야만적인 시장에서 공익이 확보될 리 만무하다고 보고, 정부의 개입과 간섭은 당연하다고 여겨 아무 의심도 하지 않는 경향이 강하다. 하지만, 경제학자들은 정부개입이 필요하고 정당한 경우를 시장실패(market failure) 현상이 존재하는 몇가지 경우로 한정하고 있다. 즉 ① 의도한 바 없이 타인(또는 다른 기업)에게 비용을 초래하거나 편익을 주게 되나, 그것에 대한 보상이나 대가가 시장을 통해 수수되지 않는 상황, 즉 외부효과(externalities)가 존재하는 경우, ② 거래상대방 간에 정보의 불완전성과 비대칭성(imperfect and asymmetrical information)이 존재하는 경우, ③ 독점이 존재하는 경우, ④ 무임승차(free ride)로 인해 공공재(public good)를 충분하고 적절한 수준으로 공급할 수 없는 경우, 또는 공공재의 속성상 일정수준의 공공재의 공급이 필요하고 일단 공급이 이루어지게 되면 수혜자를 제한해야 할 필요가 적은 경우에 한하여 자원배분의 효율성을 제고하기 위한 목적에서 정부의 시장개입이 필요하고 정당화될 수 있다고 보는 것이다.

이에 더하여 ⑤ 시장에서 이루어지는 소득과 부의 분배가 공평하지 못하다고 보고 형평성 확보나 정의실현을 위한 시장개입의 필요성과 정당성을 인정하는 견해가 있다. 이와 관련해서는 경제학자들 간에도 의견이 크게 갈린다. 시장에서의 소득분배 결과를 추가적인 시장실패 요인으로 간주하는 측과 그렇지 않은 측이 있다. 물론 대다수의 경제학자들이 전자에 속한다. 반면, 이를 전면 부정하는 소수의 학자들이 있는데, 이들이 소위 자유주의자, 시장주의자들이다.

이들은 시장에서 이루어진 소득분배야말로 그 자체로 공정하고 정의롭다고 본다. 경쟁원리가 작동하는 시장에서 각자는 최선의 노력을 경주하지 않을 수 없게끔 되어 있는 바, 각자가 (공정한) 경쟁규칙에 따라 최선을 다한 결과인 시장결과(market out-come)야말로 정의롭다고 보는 것이다. 시장에서는 운이라는 것이 작용하기도 하지만 운이란 인간이 어찌해 볼 수 없는 대상인지라 고려대상이 될 수 없다고 본다면 각자의 노력 말고는 다른 어떤 것도 시장결과에 영향을 미치게 해서는 안되고, 그런 면에서 시장결과에 영향을 미치려는 의도에서 비롯된 정부개입이야말로 시장결과를 정의롭지 않게 만드는 주범이라는 것이 이들의 판단이다. 하이에크가 대표적이다(최병선, 2000a).

이런 자유주의적 입장을 논리적으로 비판하기 힘들다. 실제적으로도 정의롭다고 보기 어려운 시장결과는 시장에서 자연스럽게 발생한 것이라기보다 정부가 어떤 의도를 갖고 간섭한 결과로 생겨난 경우가 더 많다. 다른 국가에도 재벌은 많지만 우리나라에서 유독 재벌규제가 강조되는 이유는 이들이 부를 축적해 오는 과정에서 정부의 특혜를 많이 누렸다는 점 때문이 아닌가. 사실이 그렇다고 한다면 지금의 시장에서 이들이 독점력을 행사하고 있는지를 따져서 규제해야지 이들이 지금 시장에서 하고자 하는 일들을 더 이상 할 수 없게 만드는 것이 공정한 시장게임규칙일 수 없다. 지나간 일은 지나간 일일 뿐이고, 그 책임은 시장에 있는 것이 아니라 일차적으로 정부에게 있다.

여기서 하나 분명히 짚고 넘어가야 할 사항이 있다. 시장주의자들이 (정부개입이 배제된) 시장결과를 정의롭다고 본다고 해서 그것을 좋고 당연하다고 보는 것만은 아니라는 사실이 그것이다. 만일 시장결과가 좋다고 평가되지 않거나 바람직스럽지 않다고 생각한다면 정부가 개입하려 할 것이고, 그것을 막을 방법도 없다고 본다. 이 경우 이들은 다만 시장경쟁에서 실패하거나 낙오한 자들을 돕고자 한다면 여기에 조세와 재정정책 등 명시적인 재분배정책을 사용할 일이지, 이들에게 유리한 결과가 나오게끔 시장게임 규칙 그 자체를 바꾸거나 고치려고 덤비면 곤란하다고 주장한다. 그렇게 하면 경쟁원리에 따라 시장이 작동하지 못하고, 가격의 신호기능이 떨어지면서 자원배분이 왜곡됨으로써 경제성장은 지체되고 후퇴할 수밖에 없고, 그 결과는 누구에게도 득이 되지 않는다고 경고한다.[7]

이제 일반적으로 인정되는 시장실패 현상으로 눈을 돌려 보자. 시장주의자들은 물론이지만 많은 제도경제학자들은 시장실패가 인정되는 경우에조차 정부개입이 자원배분의 효율성을 높일 수 있는지에 대하여 의문을 품는다(최병선, 2006). 그런 보장이 없다는 것이다. 이들의 논거는 대략 다음과 같다. 첫째, 시장실패의 존재나 크기

---

7) 예를 들면 중국으로부터 수입이 급증해 마늘 가격이 폭락한 경우 정부가 국내생산농가의 마늘가격을 지지해 주게 되면 이들은 정부를 믿고 좀 더 수익성 있는 다른 작목으로 전환할 생각을 하지 않는다. 그 결과 정부는 계속해서 이들을 보호하고 지원해 주지 않을 수 없는 궁지에 빠지고 만다.

(심각성)를 정부가 정확히 판단해 낼 수 있는 능력이 과연 잘 갖추어져 있는지 의문이라는 것이다. 반독점법의 시행이나 진입규제 등 경제규제가 대표적이다. 만일 독점의 폐해가 실제로 심각하지 않은 데도 불구하고 무리하게 규제하는 경우, 또 시장실패를 막는다는 이유로 진입규제나 가격규제 등이 시행될 때, 그것들이 어느 정도나 문제해결에 기여했는지는 파악되지 않은 채, 그것의 시장경쟁 제한 효과로 인해서 소비자들의 이익은 희생되고 기득권자들이 특별한 이익을 누리도록 만들어주는 꼴이 될 수도 있다는 것이다.

둘째, 시장실패의 존재가 명백한 경우, 그리고 정부개입과 규제가 다소간 효과가 있는 경우라 할지라도, 그 정도의 성과를 얻어내는 데 들어간 비용이 매우 커서 사회전체적으로 볼 때 그런 개입과 간섭이 정당화될 수 있는지 의문인 사례들도 많다. 예컨대 보건안전이나 환경규제의 경우 정부가 주로 사용하는 규제유형이 명령지시(command and control) 규제이다. 이런 규제방식과 수단들은 정부의 입장에서는 효과의 확실성을 높일 수 있다거나, 감시비용 절감 등의 이유가 있지만, 경제유인(economic incentives)이나 시장기능을 적극적으로 활용하는 선진적인 규제방식과 비교할 때 민간이 불필요하게 과중한 부담과 비용을 안도록 만든다는 심각한 문제점이 있다(최병선, 2009).

셋째, 공익서비스의 제공이나 사회간접자본의 건설 및 운영 등 공공재의 공급과 관리 면에서 볼 때 정부가 이런 일들을 도맡아 해야만 하는지에 대한 많은 의문이 제기되고 있다. 예를 들면 교통요금이나 수도요금 등과 같이 매우 낮게 책정되는 공공요금으로 인해 과소비나 낭비가 조장되어 적자가 늘어나면 일반재정에서 보조가 나가야 하는 경우와 같이 자원이용의 효율성 문제를 일으키는 경우가 흔하다. 수도권 교통체증 등의 외부효과 문제를 완화한다고 도로건설에 막대한 투자를 해 보지만, 그것이 다시 인구를 끌어들이고 교통량을 늘려서 교통체증의 해소는 그만두고 수도권 집중이란 더 심각한 문제를 가중시키는 결과를 빚고 있기도 한다. 이런 경우들은 시장실패에 상응하는 정부실패(government failure)의 존재를 확인시켜 주고 있다. 왜 세상에는 이런 정부실패 현상들이 즐비한가?

첫째, 정부개입이 불필요하거나 적절하지 않은 경우, 다시 말하면 시장에 맡겨두어도 될 문제들에 대해서까지 정부개입이 이루어지고 있어서다. 정부가 "꼭 해야만 할 일"임이 분명하지 않고, 또 정부가 "잘할 수 있는 일"임이 분명하지 않은 경우들에서 정부개입이 많은 부작용을 만들어내고 궁극적인 문제해결에 역작용을 할 것이라는 점은 예상하기 어렵지 않다. 이런 일들은 처음부터 시장에 맡겨 두는 것이 낫다.

그럼에도 불구하고 이런 영역에 정부개입이 늘어만 가는 현상을 막아내기는 매우 어렵다. 이것이 두 번째 이유다. 사회가 복잡해지고 민주화가 빠르게 진행됨에 따라 개개인이 책임져야 할 사항과 정부가 책임져야 할 사항의 경계가 무너지면서 정부가 해야 한다는 일들, 정부의 책임을 묻는 요구들이 급격하게 늘어날 수밖에 없다. 진보적 지식인들은 개인이 해결해야 할 문제들을 사회가, 국가가 해결해야 한다고 주장하고, 정치인들은 무리한 요구와 압력을 걸러내기는커녕 자기의 이익을 위해 불난 데 기름을 붓는 격으로 나가기 때문이다.

행정가들이라고 다르지 않다. 정부개입에 대한 사회적인 손익계산과 관료들의 손익계산은 다르고, 또 다를 수밖에 없다. 공익의 수호자라는 그들 역시 사익을 추구하는 인간이고, 공공조직도 사익을 우선적으로 추구하는 개인들의 집합인 데는 차이가 없기 때문이다. 또 공무원이라고 특별히 높은 지적 능력을 보유하고 있는 것도 아니다. 요컨대 정부가 시장실패를 시정해야 한다고 말할 때 우리는 암묵적으로 정부의 선의(benevolence)와 유능(competence)을 전제로 삼고 있지만 이는 현실적으로 타당한 가정들이 아니라는 말이다. 물론 정부나 공공조직은 관료들의 이해관계가 사회적 이해관계와 부합되도록 유인 및 보상체계를 만들려고 부단한 노력을 기울이지만 이 간극을 메꿀 방법은 없다. 더 나아가 기본적으로 사익적 동기에 기초해 움직이는 정치와 행정의 세계에서 정부개입이 무성하게 일어날 때 이익집단들의 사익추구 행동이 따라서 무성해질 것은 불문가지이다.

여기서 독자들은 그러면 어째야 좋으냐고 물을 것 같다. 일반적으로 시장에 대한 이해가 부족하고 박약하여 잘 인식하지 못하는 경향이 있지만, 시장은 문제들을 만들어내기도 하지만, 그 문제들을 풀어나가는 놀라운 능력을 갖고 있다. 실제로 많은 학자나 일반인들이 기대하는 것보다 시장실패 현상은 훨씬 덜 흔하고 문제의 심각성도 그리 크지 않다(Winston, 2006: 76-79; 최병선, 2006). 대표적인 예를 몇 개만 들어본다면 다음과 같다. 정보의 부족이나 불완전성으로 인한 시장실패는 제한적이다. 왜냐하면 소비자들은 각종의 보도자료, 인터넷, 입소문, 스스로의 경험으로부터 끊임없이 배워서 동일한 과오를 저지르지 않으려 애쓰지 않던가. 불량식품 등 위험이 내재된 상품이나 서비스 등을 생산하는 기업들은 사고나 물의가 발생하여 입게 될 나쁜 평판이나 막대한 손해배상 소송비용 등 치명적인 손실을 피하려고 많은 노력을 기울이고 있지 않던가. 또 신용평가회사들은 기업과 금융기관 등의 재정상태를 투자자들에게 정확하게 전달해 주기 위해 애쓰는 반면, 기업과 금융기관은 그들대로 좋은 평가를 받으려고 노력하지 않던가. 작업장의 위험도가 높은 기업들은 높은 임금 및 산재비용을 지불하지 않게끔 안전도 제고를 위해 힘쓰지 않던가. 또 노동자들은 자기가 부담할 수 있는 위험수준과 임금수준을 비교하여 직장을 선택하지 않던가. 이런 모든 일들은 시장에서 일상적으로 이루어지고 있다. 다만 우리가 이것을 시장의 또 다른 기능으로 이해하지 못하고 있을 뿐이다.

4. 정부개입의 정당성 논거(2): 조정실패의 극복과 정부개입 확산의 메커니즘

시장실패 요인의 극복과 시정이 미시적·정태적(static) 차원의 정부개입의 정당성 논거라고 한다면, 거시적·동태적(dynamic)인 차원에서 정부가 시장에 개입하고 간섭해야 할 이유로 거론되는 것이 시장의 조정능력의 결여, 즉 조정실패(coordination failure) 현상이다. 역사적·문화적·지리경제적인 이유에서 또는 장기저발전 상태의 지속으로 인해 구조적으로 발전을 제약하는 요인 ─병목들(bottlenecks)─ 이 고착되어 있는 시장에서는 정부가 적극적으로 조정기능을 행사할 필요성이 있다는 것이 이런 주장의 논거다. 하지만 이는 시장실패에 기초한 정부개입 정당화 논리의 변형(variant)에 불과하다. 다만 시장실패 이론이 선후진국을 막론하고 정부개입의 정당성을 뒷받침해 주는 일반적인 논거라고 한다면, 조정실패의 극복에 초점을 맞춘 정부개입의 논거는 주로 일본 등 후발산업국(late industrializers) 및 우리나라와 같은 후후발산업국 (late, late industrializers)에서 산업화 초기단계의 정부개입을 정당화하는 논거로 활용되었다는 차이가 있을 뿐이다.

자본(차관)과 기술의 도입, 사회간접자본 부문에 대한 집중적인 투자, 공기업의 설립 등 산업화기반 구축에 중점을 둔 개발전략들이 대표적인 예들이다. 말하자면 경제사회가 장기·저발전 상태로부터 탈피하기 위해서는 자본과 기술의 제공은 물론이고, 정부가 나서서 기업가적 역할(entrepreneurial role), 발전의 촉매(catalyst) 또는 견인차 역할을 해야 한다고 보는 것이다. 일리가 있는 말이긴 하지만, 이런 논리에 입각한 정부개입의 한계선 설정이 어렵고, 따라서 무한하게 확산될 위험성이 높다는 게 문제다. 예컨대 어떤 전략산업의 육성을 위해 정부가 앞장선다고 할 때, 장기저리의 투자재원 조달, 공업단지 건설, 노동력의 공급은 물론이고, 확실한 채산성 확보와 지속적 성장을 위해 해외로부터의 수입경쟁을 막아주고 노사관계의 안정을 보장해 주어야 하는 등 정부가 해야 한다고 생각되는 일들은 한없이 늘어나게 될 것이다.

해당 산업의 입장에서 보면 각종 특혜적 보호와 지원을 받게 되어 더 없이 좋을 것이지만, 여기서 배제된 다른 산업들은 상대적으로 차별을 받게 될 것이고, 이런 가운데 정경유착, 부정부패 등이 자라날 소지가 매우 클 것임은 두말할 필요가 없다. 이처럼 시장원리를 배제시킨 채 정부가 발전계획을 수립하고 추진해 나가면 경제사회는 불가피하게 정부의 기획(planning) 및 명령과 통제(command and control) 아래 놓여 시장기능과 민간의 자율성이 빠르게 위축되고 말 것이며, 급기야 경제사회의 거의 모든 영역에 걸쳐 정부가 매우 세부적으로 간섭하고 지도하지 않는 한 경제사회가 제대로 굴러가지 못하는 정부주도(government-led)의 경제사회가 되고 만다. 이 과정은 거의 필연적이다.

더 심각한 문제는 이런 과정을 거치면서 정부주도의 경제사회는 점차 사회주의 체제를 닮아가게 된다는 데 있다. 물론 어떤 개입주의자나 정부간섭의 옹호자도, 자기들이 지향하는 사회가 결국 사회주의 경제사회라는 지적을 인정하려들지 않을 것이다. 사유재산제도가 살아 있고, 시장경제의 제도적 미비점과 부작용을 보완하는 차원에서 정부가 최소한으로 개입하고 간섭할 뿐인데 그것이 어찌 사회주의냐고 항변할 것이다. 정부는 그저 공익에 반한다고 생각하는 행동에 간섭하고 있을 뿐이라고 말할 것이다. 하지만 이런 의미의 온건한 개입주의(moderate interventionism)는 어떤 면에서 더 위험하다는 것이 Mises(1964: 59)의 지적이다.

앞에서도 본 바와 같이 이런 개입주의하에서 정부개입을 정당화하는 '공익' 개념의 규정자는 다름 아닌 정부이다. 이들은 자유기업주의를 옹호한다고 말하지만 그것은 "정부의 계획과 의도에 정확히 순응하기만 한다면 기업은 자유롭게 행동할 수 있다"는 의미의 자유기업주의일 뿐이고, "정부가 해 주기를 바라는 것을 온순하게 집행하는 권리 외에는 어떤 것도 시장에는 남아 있지 않은 상태는, 정확히 말한다면, 사회주의체제하에서의 그것과 크게 다를 것이 없다"면서 Mises는 자본주의와 사회주의의 중도노선을 걷는 개입주의는 결국은 사회주의로 귀착되고 만다고 말한다. 중도적인 개입주의자들은 자본주의와 사회주의의 절충 또는 두 체제의 장점만의 조합이 가능하다고 생각하는 경향이 있으나, 소비자의 절대적 우위(supremacy)를 기초로 하는 시장경제와 정부주도경제의 두 체제는 결코 하나의 합성물(practicable composite)이 될 수 없으며, 이런 의미에서 중도적 개입주의는 '할부에 의한 사회주의(socialism by installment)의 실현방식'일 뿐이라고 단언한다(ibid: 240).

그의 주장과 논리를 더 자세히 살펴본다면 이러하다. 시장경제에서 기업가는 무조건적으로 소비자의 우월성에 지배된다. 자신의 영업활동이 소비자들의 환영을 받지 못하면 손실을 보고, 그들의 방법을 수정하지 않으면 결국 도산할 수밖에 없게 된다. 이 경우 기업활동의 성패에 대한 궁극적 심판자인 소비자의 의사와 관계없이 정부는 명령하거나 금지하는 등의 방법으로 정부의 의사를 관철시키려고 시도할 수 있다. 그러나 이를 통해 본래의 목적을 달성하기는 매우 어렵다. 생산자와 소비자는 정부개입으로 초래된 새로운 상황에 자기들의 행위를 적응시키기 마련이기 때문이다. 이들의 이런 반응은 정부의 눈 (그리고 정부개입 옹호자)으로 볼 때, 정부가 바꾸기를 원했던 개입이전의 시장상태보다도 더욱 더 바람직하지 않게 생각되기 마련이다. 따라서 정부가 처음의 개입을 철회하고 더 이상의 개입을 자제하기를 원치 않는 한, 당초의 목적 달성을 위해 추가적으로 시장에 개입하지 않을 수 없게 된다. 정부의 눈에 매번의 정부개입의 결과가 정부가 교정하기를 원했던 전번의 상태보다 더 불만스럽게 보이는 이상, 정부개입의 폭은 점점 더 넓어지고 심도는 깊어지게 되며, 이 과정은 시장 요인이 사실상 완전히 제거될 때까지 계속된다(ibid.).[8]

이처럼 정부개입이 실패를 거듭하고 악순환하면서 당초의 목적을 실현하지 못하는 현상을 목도할 때 개입주의자나 일반국민은 이를 자본주의나 시장경제체제의 구조적 결함이라고 치부하면서 이것들의 시정에 박차를 가해야 한다고 생각하기 쉽다.[9] 인간이성의 무한성을 믿으며 자만심에 빠진 개입주의자들이야 당연히 이런 반응을 보이며 투지를 불태우겠지만, 개입주의적인 정책과 제도가 한사코 경제적 자유와 시장경제의 보존이란 명분을 내세우고 있는 이상 일반국민들은 무엇이 진실인지를 파악하고 인식하기가 쉽지 않을 것은 당연하다. 애초에 정부개입이 시장의 문제들로 인해 비롯되었다고 생각하는지라, 이때의 정부개입이 잘못되었다고 생각하기 어렵고 이로 인해 정부개입이 확산되는 것은 어쩔 수 없는 노릇이라고 생각하기 쉽다. 개입을 더 강화해야 한다고 생각하기 쉽다. 이래서 정부개입의 악순환은 끊기가 어렵다.

5. 정부개입의 악순환과 '강한 정부'의 역설

시장에 대한 정부개입은 그 속성상 악순환에서 벗어날 수 없다. 경제사회는 본래 매우 복잡다단하지만 내적인 질서체계를 따르고 있으므로, 정부가 어떤 정책목표의 달성을 위해 기획의 방법으로, 명령과 지시를 통해 시장에 개입하게 되면 필경 왜곡

---

8) Krueger(1996: 210)는 이런 민간의 대응을 시장의 반작용(market reactions)이라고 부르고, 이런 시장의 반작용과 정부의 반작용 과정이 되풀이되면서 정부의 정책은 최초의 목적과는 아무런 상관없이 "그 자체의 생명(life of its own)"을 이어나가고 매우 복잡한 정책의 체계를 생성해내며 급기야 시장경제 전반을 정부간섭과 규제로 얽어매고 만다고 지적한다(p. 214).

9) 예를 들면 해고제한 입법이 단기간의 실업의 감소에는 혹 기여할 수 있을지 모르나, 새로운 일자리의 창출을 지체시키거나 가로막는다. 임대료 규제가 결국은 임대주택 공급의 감소를 초래하고 임대료를 더 높이고 만다.

이 발생하고, 이 때 이 왜곡을 시정하지 않고서는 당초의 정책목표를 달성할 수 없다고 판단하는 정부는 개입을 계속 확대하게 되므로 조만간 모든 산업과 부문이 정부개입의 수렁으로 빠져들어가게 되지 않을 수 없는 까닭이다. 놀라운 사실은 이런 악순환 현상이 '약한 정부'에서 더 심하게 나타날 것으로 추측하기 쉽지만, 사실은 '강한 정부'하에서 더 심각하게 나타난다는 사실이다. Ikenberry(1986)는 이를 '강한 정부'의 역설(irony of state strength)이라고 불렀다.

'강한 정부'는 한마디로 말해 정부가 그 사회의 강력한 경제사회세력이나 집단의 압력과 관계없이 국가목표를 설정할 수 있는 자율성(autonomy)을 지니고, 이 목표의 실현을 위해 시장에 개입할 수 있는 매우 효과적이고 다양한 정책수단을 보유하고 있는 정부다. 일반적으로 강한 정부하에서 국민은 시장에서 생기는 모든 문제를 정부가 책임지고 해결해야 한다고 생각하고, 정부 역시 이런 국민의 기대에 부응하는 것이 당연한 책무라고 여기는 경향이 있다. 그러나 여기서 역설적 상황이 야기된다.

우선 '강한 정부'는 그것이 '강한 정부'이기 위해서는 특정 경제사회집단의 압력에 굴하지 않고 정부의 자율적 의지에 따라 필요한 정책을 펼 수 있어야 하겠지만, 실제적으로 정부가 완전히 자율적이기는 어렵다. 왜냐하면 '강한 정부'는 필연적으로 과거의 정책약속(past policy commitments)에 묶이기 때문이다.[10] 겉으로 보기에 '강한 정부'가 속으로는 특수이익집단의 포로가 되어 있거나 이들의 지배를 받는 경우도 없지 않다(Bernstein, 1955). 정부가 효율성이 낮은 공기업들을 쉽게 어쩌지 못하는 것이 좋은 예다. 이런 이유로 기왕에 정부개입의 정도와 폭이 크고 넓은 정부일수록 이후의 정부행동의 신축성은 떨어지고 정책선택의 폭은 좁아지게 된다.

'강한 정부'의 또 다른 역설은 정부가 스스로 강하다고 생각할수록 힘에 의한 문제해결에 더욱 집착하게 된다는 것이다. '강한 정부'는 경제사회에서 발생하는 문제들의 해결을 시장에 맡겨 두는 것, 혹은 시장이 결정하도록 하는 것은 상상도 못한다. 이것을 '약한 정부'의 징표라고 착각한다. 사실은 그 반대다. 잘못된 정부개입을 철회하고 시장을 통해 문제가 해결되도록 일임하는 정부가 '강한 정부'이다. 문제들을 쉽고 간단하게 해결하기를 원하는 정치적 압력에 굴복하지 않는 정부야말로 '강한 정부'이다. 예를 들면 사양산업을 마냥 보호해 주는 것과 시장원리에 따라 도산의 불가

---

10) 이 점은 우리 나라에서 경제사회 개혁이 연이어 실패하는 이유를 잘 시사해 준다. 우리 경제 사회의 거의 모든 문제의 책임이 상당 부분 역대 정부의 정책실패에서 비롯된 것인 이상, 어떤 정부도 이런 과거의 정책실패와 후유(policy failures and legacies)에 대해 초연할 수 없고, 결국 이런 모든 문제의 해결자로 나서지 않을 수 없다는 것이다(Wildavsky, 1979: 63-85).

피성을 받아들이고 이로 인해 발생하는 수많은 후속문제를 처리해 나가는 것 중 어느 쪽이 더 어렵겠는가? 지속적인 시장개입을 요구하는 정치적 압력을 거부할 수 있는 정부, 그런 정책관행을 단절하려는 결연한 의지와 능력을 가진 정부가 말 그대로 '강한 정부'다. 이런 정부만이 확실하게 경제사회의 개혁과 구조조정을 이룩해 낼 수 있다. '강한 정부'의 이 역설을 이해하지 않고서 과거 김영삼 정부나 현 김대중 정부의 시장개혁이 공전할 수밖에 없는 중요한 이유를 발견하기는 힘들다(최병선, 2000b).

Ⅲ. 자생적 질서의 존재와 정부주도의 한계

1. 자생적 질서의 존재와 중요성

정부주도 경제사회란 한마디로 말해 정부가 경제사회질서(economic and social order)를 설계하고 집행하는 사회다. 우리가 경제사회 질서를 모두 인위적 질서(taxis; made order)로 간주한다면 정부가 경제사회를 지배하고 규율하는 질서를 설계하고 집행하는 것은 너무나 당연하다고 생각할지 모른다. 그러나 인간사회에는 인위적 질서, 즉 누군가에 의해 의도적으로 고안된 질서(deliberately designed order)만 있는 게 아니다. 사회에서 자연발생적으로 자라나고 부단히 진화하며 발전하는 자생적 질서(cosmos; grown order; spontaneous order)가 있다. 한 사회의 구성원들이, 특히 정부가, 어떤 질서관념을 갖고 있느냐—특히 자생적 질서의 존재를 이해하고 이것의 중요성을 인정하느냐 여부— 는 그래서 매우 중요하다. 한 사회의 운영방식과 진로를 결정짓고 그 사회의 제도와 정책의 특성을 규정하는 결정적 요인이 바로 이 질서관념의 차이이다.

자생적 질서는 "인간이 고안(설계)한 결과가 아니라 수많은 사람들(과 조직들)의 행동의 산물"이다(Hayek, 1979, I: 37).[11] 도대체 천차만별인 사람들의 생각과 행동 속에서 어떻게 질서가 있을 수 있다는 말이냐고 반문하는 사람들, 특히 질서는 어떤 권위(authority)에 의해 타의적으로 주어지는 것이라고만 생각하는 일반인들에게 이 말은 참으로 이해하기 어려운 말일 것이다. 하지만 이런 사람들도 자연계에는 어떤 질서가 존재한다고 생각하고, 그것을 자연질서라고 부른다. 예를 들면 숲에는 갖가지 나무와 풀과 다양한 생물이 기묘한 조화를 이루고 있어 감탄을 자아낸다. 이것을 보

---

11) 자생적 질서, 시장질서, 그리고 정부개입과 이들의 관계 등에 관한 아래의 논의는 거의 대부분 하이에크의 사상과 이론체계에 기초한 것이며, 이것은 최병선(2000a)에 자세하게 소개되어 있다.

는 사람마다 이런 질서와 조화를 지어내신 하나님의 전능하심과 위대한 섭리를 찬탄한다. 이 자연질서는 인간이 만들어낸 질서가 아니다. 인간사회에도 이 자연질서와 유사한 특성을 지닌 질서가 있다.

예컨대, 매일 새벽 우리가 눈을 뜨기도 전에 신문과 우유가 문밖에 배달되어 있고, TV가 방영되고 있다. 밥상에는 철따라 다양한 채소와 과일이 올라온다. 집을 나서면 버스와 택시가 우리를 기다리고 있다. 그러나 우리는 신문과 우유의 배달인, 채소와 과일을 재배하고 우리 손에까지 이르게 한 수많은 사람들, 버스와 택시기사, 그 어느 누구도 모른다. 알려고 하지도 않고 사실 알 필요도 없다. 우리는 이런 일상적인 일들을 무심히 보고 넘기지만, 도대체 우리가 이런 일상을 영위하도록 만들어 주는 이런 질서의 창조자는 누구인가? 이 역시 하나님인가? 아니면 정부인가? 이것은 인간사회에서 자생적으로 태동하는 질서이다. 이 점을 이해할 때만 우리는 자생적 질서의 존재를 이해할 수 있다. 이런 의미에서 자생적 질서는 사람들의 행동을 보고 그 사이에 존재하는 추상적 관계(abstract relations)를 추적하면서 머릿속에 재구성(mentally reconstruct)할 때 우리가 비로소 발견해낼 수 있는 그런 질서이고, 이런 의미에서 매우 추상적인 질서(abstract order)라고 말한다.12)

오로지 적자생존의 법칙이 지배할 뿐인 자연에서 아름다운 질서가 피어나듯이, 인간사회에도 그런 질서가 있다. 모든 사람들이 합의한 최소한의 개인행동규칙(rules of individual conduct)에 따라 행동할 때 자생적 질서가 태동하며, 이것이 인간사회가 인간사회답게 굴러가게 만든다. 자생적 질서의 기초인 개인행동규칙은 누군가의 의도적 설계(고안)의 산물이 아니다. 인간이 무한히 복잡하고 불확실한 사실들에 적응해 오는 과정에서 "그것에 따르는 것이 좋다"는 반복적 경험을 통해 선택되고 진화해 온 규칙이다. 인간사회라면 어디에나 있기 마련인 도덕, 관습 등 규범적 규칙과 문화적 전통은 이런 반복적 학습과 진화적 선택의 산물이다(Hayek, 2011). 여기에 더하여 일반적이고 추상적인 법의 규칙(rules of law)이 자생적 질서가 태동하게 만드는 기초이다.13)

---

12) 이런 사실들을 너무나도 잘 묘사한 단문이 Read(1958)의 "나, 연필(I, Pencil)"이다. 하찮기 짝이 없는 연필 하나가 우리 손에 쥐어질 때까지 수백만 수천만의 인간이 각자 자기가 지닌 지식과 경험에 기초하여 분업과 전문화를 추구하고, 이들의 노력이 집합되어 그것도 총 감독의 지휘 아래서가 아니라 "보이지 않는 손"인 시장 질서 속에서 각자의 자발적 선택과 행동을 통해 집합된 결과임을 연필을 의인화하여 실감나게 서술해주고 있는 글이다. 인터넷에서 쉽게 검색할 수 있는 글이므로 일독을 권한다.

13) 예를 들면, 남의 이익을 침해한 자는 배상해야 한다는 원칙 등이 이에 속한다. 이런 법의 규칙

인간은 이런 제반 규칙의 지배를 받으며 사회생활을 영위한다. 사회 안에서 인간은 자신의 이익을 추구하기도 하고 남을 위해 자신의 이익을 희생하기도 한다. 놀라운 사실은 자연질서의 지배를 받는 자연이 아름답고 신비스런 조화로 가득 차 있듯이, 이런 규칙의 지배를 받으며 사회생활을 영위하는 인간도 매우 신비한 사회적 조화와 경이를 만들어낸다는 것이다. "개인은 자신의 이익을 추구할 뿐이지만 '보이지 않는 손(invisible hand)'에 이끌려 전혀 자신의 의도에 없었던 목적[공익]을 증진한다. 개인은 그가 진정으로 사회적 이익을 증진하려고 의도하는 때보다 자기의 사익을 추구함으로써 좀더 효과적으로 사회적 이익을 증진하는 경우가 더 많다." 아담 스미스(Adam Smith)의 국부론(1952[1776],: 194)에 나오는 유명한 말이다.

사회적 유익(공익)이라고는 전혀 염두에 두지 않는 개인의 이기적 행동이 결과적으로 사회적 유익(공익)을 만들어내는 것은 무슨 이치에선가? 모든 개인이 사회의 자생적 질서에 따라 행동하기 때문이다. 이 자생적 질서에 따라 대다수의 사람들이 행동할 때 최대한의 자유를 누릴 수 있고 최대한의 공익을 만들어낼 수 있다. 이런 의미에서 공익의 달성을 위해서는 개인의 사익추구 행동을 억제하지 않으면 안된다고 보고, 각종의 인위적 질서를 고안하고 설계해 인간행동의 자유를 억제하고 제약하려 드는 것은 아주 단순하고 어리석은 생각이다. 사회의 자생적 질서가 만들어내는 이런 기묘한 조화의 이치를 이해하지 못하는 사람은 누구나 이렇게 단순하고 어리석게 생각할 수밖에 없다.

2. 시장질서의 역할과 기능

시장질서는 자생적 질서의 전형이다. 사유재산과 개인의 자유영역(individual domain)을 침범하지 않으며, 자기 행동에 대해 자기가 책임 진다는 등의 단순한 규칙 아래서 형성된 시장질서는 각자가 자신의 처지를 개선하고 이익을 극대화하기 위한 최선의 노력을 기울이도록 유도한다. 승자와 패자를 가르는 시장경쟁은 분업과 전문화를 촉진하고, 이 가운데서 새로운 지식이 발견되고 확산된다. 이를 두고 하이에크는 "경쟁은 발견절차로 기능한다(Competition operates as a discovery procedure.)"고 말한다. "그것에 의존하지 않고서는 누구에게도 알려지지 않고, 더더구나 이용되지 않았을 수많은 사실들을 발견하게 해주는" 유일한 메커니즘이라는 의미에서다(Hayek, 1977: 179).

은 인간이 이전의 규칙을 개선할 줄 알게 되면서 발전시켜 온 규칙들이다. 이들은 특정 결과나 목표의 실현을 위해 정부가 제정하는 법률과는 다르다.

이런 경쟁원리가 작동하는 시장질서 속에서 사람들은 자신의 최선을 다한다. 사실 이 세상에 경쟁만큼 개인(과 기업)이 자신의 능력을 최대한 발휘하도록 끊임없이 채찍질하고, 새로운 지식을 창안하고, 이를 활용할 기회를 찾아 무수한 실험과 혁신을 감행하도록 만드는 원리는 없다. 경쟁원리가 작동하는 곳이면 어디에서나 소비자가 지불할 용의가 있는 가격에 이윤을 남기고 팔 수 있는 갖가지 물건이 생산되고, 가장 저렴하게 생산할 수 있는 생산자에 의해 생산되며, 가장 싼 가격으로 판매된다. 경쟁은 소비자로부터 환영받을 수 있는 아이디어를 가진 자가 기업을 설립하고, 자신이 보유하고 있거나 다른 사람으로부터 동원할 수 있는 지식과 기술을 최대로 활용할 수 있는 물건의 생산에 특화하며 이를 위해 가장 이로운 자금을 동원하고 유능한 인력을 채용하며 최적의 생산시설과 기술을 갖추는 등 이용가능한 모든 지식과 기술을 총동원해 끊임없이 시험하도록 만든다. "창조적 파괴"의 과정은 이렇게 계속된다.

각 개인이 고유하게 갖고 있는 (부분적인) 지식, 개인들 사이에 광범위하게 분산되어 있는 (서로 다른 또는 서로 달리 파악하고 있는) 지식의 활용(utilization of widely dispersed knowledge)이 가능해지는 것도 이 시장을 통해서다. 인간사회는 한마디로 말해 이러한 지식의 활용을 통해 발전하고 진보해 왔다. 현대사회와 같이 고도로 분업화된 사회(즉, 지식이 광범위하게 분산되어 있는 사회)에서 더욱 더 무지해질 수밖에 없는 개인이 다른 사람의 지식과 정보를 이용할 수 있고 그래서 더 많은 편익을 얻을 수 있는 것은 한마디로 말해 경쟁의 덕분이다. 경쟁이야말로 시장에서 서로 알지도 못하고 알 필요도 없는 개인들이 평화롭게 협력하면서 공동이익을 추구할 수 있게 해 준다. 사익을 위한 개인의 노력이 그 개인이 염려하거나 알지도 못하는 다른 사람의 욕구(목적)의 실현에 기여하도록 만들고, 모든 개인이 각자가 추구하는 목적을 달성할 수 있는 가능성(과 전망)을 증진시켜 준다. 이것이 시장질서의 놀랍고 신비한 기능이다.

흔히 이 시장이 이런 놀라운 결과를 실현할 수 있기 위해서는 완전경쟁시장의 조건이 충족되어야 한다고, 또 이런 완전경쟁시장의 조건은 현실적으로 충족되기 어려우므로 시장에 의존해 경제사회의 문제를 풀려고 하는 것은 잘못이라고들 말한다. 이 말은 옳지 않다. 동서고금을 막론하고, 또 앞으로도 완전경쟁 시장이란 것은 없다. 모든 시장은 불완전하다. 그러나 이 불완전한 시장에서도 경쟁원리는 여전히 작동하며, 이 경쟁원리에 의존할 때 자원배분의 효율성이 극대화된다. 하이에크는 이런 결과는 정부가 중앙집권적 계획방식을 사용하지 않는 한, 정부가 간섭과 개입으로 경쟁을 제약하지 않는 한, 정부가 개인이나 조직이 경쟁을 제약할 수 있게끔 허용하지 않는 한,

거의 언제 어디서나 달성되는데, 불행히도 이러한 상태는 인류역사상 단 한번도 완전하게 실현되지 못하였다고 개탄한다. Friedman(1979)도 "시장에서 사적인 왜곡(private distortions)도 중요하기는 하지만, 오늘날 자유시장 경제체제의 최대의 간섭자는 정부"라고 꼬집는다.

이런 시장질서에 대하여 무지할 때, 무조건 불신의 대상으로 삼을 때, 정부의 간섭은 시작된다. 가격규제가 좋은 예이다. 시장에서 가격은 고도로 축약된 정보전달 수단으로서, 각 개인이 무엇을 해야 할지, 자신의 지식과 재능을 어디에 사용해야 할 것인지를 지시해 주는 유인으로 작용한다. 가격은 신호(signal)이다(최병선, 2000a). 인간사회에 광범위하게 분산되어 있는 지식의 활용이 가능하게 해 주는, 가장 직접적이고 강력한 매개물이 가격이다. 그런데 가격을 어떤 일의 가치(merit)나 어떤 노력에 대한 보수(remuneration)로 잘못 이해하게 되면 정부개입이 시작된다. 이것은 전적인 오해의 소산이다. 시장은 누구도 차별적으로 취급하지 않는다. 시장은 서로의 필요와 필요를 연결해 주고 그래서 교환(거래, 계약)을 통해서 서로가 이익을 얻도록 기능할 뿐이다. 그렇지 않다면 왜 시장에서 교환, 거래, 계약이 이루어지겠는가? 거꾸로 말한다면 시장이 시장의 본래의 기능을 잘 수행할 수 있기 위해서는—우리의 기대나 소망과는 달리— 오로지 경제적 기여와 가치만을 따져야 한다. 그래야 시장이 시장답게 기능할 수 있다. Wildavsky(1978)가 예리하게 지적하였듯이, 인격적인 (즉 너와 나를 인격 면에서 다르게 대우하는) 고려를 하지 않으며 그래서 영혼이 없는("impersonal" and "soulless") 그런 존재로 기능해야만 제대로 된 시장이다. 흔히 경제사회 문제들의 해결을 시장경제원리에 맡겨둘 수 있으려면 경제주체의 행동이 합리적이어야만 한다고 말하지만, 사람들이 합리적이어야 경쟁이 이루어지는 게 아니라 경쟁이 사람들로 하여금 합리적으로 행동하고 최선을 다하도록 만든다. 복잡한 경제사회 문제의 해결에 경쟁보다 유력한 원리는 없다.

3. 시장질서에 대한 정부개입과 인위적 질서의 한계

이상과 같이 고찰하건대 시장질서에 대한 정부개입(정치적 간섭)은, 대부분 정당화되기 어렵다. 시장질서에 대한 정부간섭은 특정 결과(particular outcome)의 성취를 목적으로 삼는다. 특정결과를 성취하기 위한 정부개입은 별개의 강제행위(isolated act of coercion)로서 이것은 항상 전체질서(overall order)를 교란한다. 자생적 질서가 근거하고 있는 모든 부분들(parts)의 상호조정을 가로막는다. 더 나아가 간섭은 정의롭지 못한 행위(unjust act)가 되고 말 위험성을 지닌다. 왜냐하면 간섭은 차별적으로 강제를 받아야만 할 사람들을 만들어 내는 한편, 이들의 희생 위에 다른 사람들에게는 특혜를 주는 것이나 다름없기 때문이다.

시장경제체제에서 정부가 민간의 자유로운 활동과 시장경제의 작동에 간섭하고 개입하는 근본적인 이유는 정부가 내거는 어떤 특정의 사회목적을 성취하기 위해서다. 각 개인(과 기업)은 사익만을 추구하므로 이것을 제어하지 않으면 정부가 바라는 바 공익을 달성하기 어렵다고 보아서다. 그러나 시장은 각 개인이 추구하는 목적이 서로 다름에도 불구하고가 아니라, 그것이 서로 다르다는 바로 그 사실로 인하여 각 개인이 다른 사람의 노력으로부터 이득을 얻게 해 준다. 이 점을 잘 이해해야 할 필요가 있다. 하이에크가 말했듯이 "미리 정해진 공통목적의 부재(absence of prescribed common ends)야말로 자유사회를 가능하게 하고 그것을 의미있게 만든다."(Hayek, 1979, II: 111). 곰곰 씹어보아야 할 말이 아닐 수 없다. 공익의 실현 또는 특정의 사회발전 목표의 실현을 위한답시고 정부가 설계하는 인위적 질서를 갖고서는 무수하고 다양한 인간의 상호작용을 효과적으로 조정해내고 이를 통해 사회가 발전하도록 만들 수 없다.

인위적 질서는 다음과 같은 몇 가지 까다로운 성공요건을 필요로 하지만, 현실적으로 이런 조건들이 충족되기는 매우 어렵다(Kasper and Streit, 1998: 145). 첫째, 인위적 질서의 고안자(설계자)는 구성원의 상호작용과 행동을 조정하는 데 필요한 적절한 정보와 지식을 충분히 갖추고 있어야 한다. 둘째, 그는 이런 정보를 잘 소화하고 이용할 수 있어야 하며 전달능력이 있어야 한다. 셋째, 그는 또한 구성원들에게 강력한 동기를 부여할 수 있어야 하고 성과의 측정·감시능력이 있어야 한다. 사회가 단순할 때는 이런 조건들의 충족이 그리 어렵지 않을지 모르나 대단히 복잡하고 개방된 사회에서 정부가 이런 조건들을 충족시키기는 매우 어렵다. 무수히 많고 다양한 상품과 서비스의 수백만에서 수억에 달하는 소비자와 생산자의 행동을 인위적으로 조정해 낼 수 있는 지식과 재간을 가진 사람이 어디 있는가?

더 나아가서 선전과 캠페인에도 불구하고, 국민이 인위적 질서에 순응하려는 동기는 매우 약하다. 인위적 질서는 타율적이다. 위반자를 강력하게 처벌하지 않으면 소용이 없다. 인위적 질서하에서 필연적으로 강제력의 사용이 수반되어야만 하는 것은 이 때문이다. 허나 정부의 강제력 사용은 불가피하게 개인행동의 자유를 억압하고 제약한다. 급변하는 상황에 대한 적응력이나 대응능력을 약화시킨다. 또한 인위적 질서는, 그 성격상, 중앙집권적으로 운용되기 마련이며 매우 경직적이어서 새로운 아이디어의 실험이나 혁신 등 새롭고 다양한 문제해결책의 발견을 고무시키지 못한다.

시장기능을 잘 이해하지 못하거나 시장을 무조건 불신해 정부개입을 앞세우는 정부와, 시장기능을 이해하고 정부의 개입을 자제하는 정부의 차이는 매우 크다. 예를 들면 석유파동이 발생하자 우리 정부는 석유가격의 급등이 초래할 경제사회적 충격과 여파를 우려해 석유가격을 통제하였다. 가격통제가 가수요를 조장하고, 석유의 매점매석과 암거래가 성행하도록 만들자, 정부는 단속에 나섰다. 다른 한편으로는 석유가격의 급격한 변동의 충격을 최소화한답시고 석유안정기금을 조성해 시장가격보다 낮은 수준에서 석유가격을 조절하였다. 석유소비가 줄지 않자 에너지절약 캠페인을 벌였다. 석유의 장기·안정적 공급이란 목표 아래 석유개발공사를 설립하고 석유탐사와 시추에 나섰다. 대체에너지의 연구개발에 대한 재정지원도 늘렸다. 이런 많은 의도적인 노력에도 불구하고 석유 한 방울 나지 않는 우리 나라는 오늘날 에너지 의존도가 가장 높은 나라로 손꼽히고 있다.

석유위기에 처하여 대부분의 선진국 정부가 취한 대응조치는 매우 대조적이다. 이들은 즉각적으로 석유가격의 인상을 허용하였다. 이에 따라 에너지 이용패턴에 큰 변화가 생겨났다. 대형자동차 대신 소형자동차에 대한 수요와 공급이 동시에 급증하였다. 정부는 에너지절약 캠페인을 벌이는 따위의 일은 하지 않았다. 그럼에도 시장에서는 에너지절약형 기술개발이 여기저기서 착수되었다. 저유가 시대에 채산성이 없어 방치되었던 석유와 가스공의 시추 및 탐사작업이 개시되고 기술이 개량되는가 하면, 폐광이 다시 활기를 띠고, 석탄의 액화작업도 속속 진행되었다. 놀랍게도 오늘날 선진국들은 석유의존도가 석유위기 이전보다 크게 낮은 상태에 있다.

무엇이 이런 엄청난 차이를 만들어냈는가? 선진국에서 이런 놀라운 결과를 만들어 낸 것은 정부의 용의주도한 계획이나 명령이나 지시가 아니었다. 애국심에 호소하는 국민적 설득이나 무언의 압력은 더더구나 아니었다. 이들은 단지 자본주의 사회의 두 가지 기본 메커니즘, 즉 사유재산제도의 보장에 따르는 인간 행동의 유인 메커니즘(incentive mechanism)과, 가격으로 매개되는 시장의 정보 메커니즘(information mechanism)을 신뢰하고 잘 활용하였을 뿐이다. 석유가격의 상승이란 새로운 신호와 이 신호에 담긴 다양한 정보에 모든 시장행위자가 합리적으로 대응하도록 유도하고 허용하였을 뿐이다.

Ⅳ. 정부주도 경제사회 운영의 폐해와 행정윤리

1. 정부주도 사회와 행정윤리 문제의 성격

이제 우리는 경제사회를 정부주도로 이끌어 가려는 사고의 무지함이나 무모함을 넘어 그것의 비윤리성을 지적해야 할 지점에 이르렀다.[14] 일반적으로 부정부패를 제외하고는 좀처럼 윤리의 범주나 도덕적 책임의 차원에서 행정의 문제를 논의하지 않는 경향이 있다. 하지만 부정부패는 행정윤리 문제의 한 극단일 뿐이다. 행정윤리의 관점에서 보아야만 할 행정문제가 많다(이문수, 2013). 우리는 어떤 경우나 상황에서 정부에 도덕이나 윤리의 차원에서 문제를 제기하고 그런 차원에서 책임을 묻는가? 한 마디로 말해 정부가 국민의 기대와 신뢰에 상응하는 책임을 다하지 못하고 있다고 판단하는 경우다.

책임(responsibility)은 대응(response)과 어원이 같다. 누군가의 요구에 대응해 '답할 수 있는 것(answerability)'이다(Kaplan, 1982: 211). 답할 수 있는 능력이 있고, 답할 만한 위치에 있으며, 그런 기대와 신뢰를 받을만할 때에만 책임이 성립한다. 어린이에게 책임을 묻지 않는 이유를 생각해 보면 이 말의 뜻을 쉽게 이해할 수 있을 것이다. 한편 "내게 책임이 있다"는 말은 내게 어떤 행동을 취할(취하지 않을) 능력이 있고, 그런 기대를 받을 만한 자격과 가치가 있으며, 나에게 그런 책임을 지우는 것이 옳다는 도덕적 판단을 내포한다. 또한 "내가 책임을 진다"는 말은 내게 책임을 지우는(물을 수 있는) 어떤 집단의 존재를 인정하고 자기가 그 집단의 일원이라는 인식을 전제로 한다. 내게 책임을 부여한 집단을 대신하여 일방적으로 어떤 결정을 내릴 자유와 권리가 내게 주어져 있지 않음을 전적으로 인정하고 받아들이는 상태나 위치에 자신을 투입(commitment)하지 않고서는 책임을 말할 수 없다.

또한 원인이나 의도(목적), 그 어느 것도 내가 책임을 모면할 수 있는 결정적인 요인이 되지 못한다. "우리는 의도적인 결과만이 아니라 비의도적 결과에 대해서도 책임을 지어야 할 때가 있다. 예를 들면 사고는 누가 그렇게 의도해서 일어나는 게 아니지만 그렇다고 누구에게도 책임이 없는 것은 아닌 것과 같은 이치다. 반대로 의도가 책임의 충분조건이 되는 것도 아니다. 법적 책임은 의도가 아니라 행동에 의해

---

14) 도덕이나 윤리는 오로지 인격체인 인간에 대해서만 쓸 수 있는 용어이다. 짐승이나 조직에는 윤리를 요구할 수 없다. 이런 면에서 여기서 정부라는 주체에 대해서 도덕과 윤리를 논하는 것은 이상해 보일 수 있다. 여기서 정부의 도덕성과 윤리를 논할 때 정부라는 말이 지칭하는 바는 집권자와 관료는 물론이고 정치인을 포함한 넓은 의미의 정책결정자와 담당자들이다.

정의된다... 어떤 행동을 수행하려는 동기의 도덕성(morality of the motive)이 결과에 대한 책임을 면제시켜 주지도 않는다. 의적(義賊)도 여전히 도둑임에는 차이가 없고, 정치 테러범도 테러범이요, 포교를 위한 선의의 폭압자(무력에 의존하는 종교적 광신자)도 폭압자임에 틀림없다. 어떤 목적을 위한 수단의 선택에 대한 책임 역시 그렇게 의도된 목적에 대해서만이 아니라 우리가 그 수단의 사용으로 인해 빚어졌다고 합리적으로 생각할 수 있는 모든 목적과 관련해 제기될 수밖에 없다. 흔히 어떤 결과를 두고 좋은 뜻에서 비롯된 부산물 또는 부작용이라는 이유로 부정적 책임을 부인하기도 하나, 이는 온당치 않다. 이것은 무엇이 중심이고 무엇이 주변적인가 하는 문제를 불러온다. 범죄행위로 인한 살인만이 아니라 범죄의도의 유무와 무관한 살인도 살인인 것과 같이 말이다. 요컨대 선한 동기(의도, 목적)가 나쁜 결과를 무력화시키지 않는다."(ibid.: 209)

정부주도 경제사회 운영의 정당성을 찾기로 한다면 한마디로 말해 공익의 확보와 실현에 있다. 정부가 경제사회 운영의 주도적 책임을 자임해 온 것은 정부 스스로가 모든 국민의 요구에 답하여 공익을 정의하고 실현할 수 있는 능력이 있고, 국민으로부터 그런 기대와 신뢰를 받을만한 자격과 가치를 갖추고 있다고 생각해서다. 그러나 우리는 정부가 공익의 이름으로 우리 경제사회를 주도해 오는 과정에서 직접적으로 생산하거나 간접적으로 파생시켜 온 수없이 많은 과오와 문제들을 알고 있다. 이런 과오는 단순한 혹은 불가피한 정책과오요 실수인가? 아니면 윤리적 차원에서 비난받을만한 그런 일들인가?

이 질문에 대한 답은 정부에 대한 국민의 신뢰, 그리고 정부에 대한 국민의 수권(mandate)의 범위와 한계에 달려 있다. 다시 말하면 국민이 정부의 전지전능과 무오성(infallibility), 그리고 권력담당자로서의 정부의 선의(benevolence)를 믿고 정부에 전폭적인 수권을 한 경우와 그렇지 않은 경우에 그 답이 달라진다. 주지하다시피 대부분의 선진국(적어도 근대 이후의 선진국)은 공익이라는 이름하에 자행되는 권력의 횡포와 월권을 견제하기 위해 민주제도와 절차를 발전시켜 왔다. 우리나라는 어떤가? 우리 국민이라고 이런 문제의식이 없었을리 없건만 우리에게는 실패한 무수한 민중의 항거의 역사는 있을지언정, 민주제도와 절차를 충실하게 제도화했다고는 말하기 어렵다. 아니 그럴 기회를 제대로 가져보지도 못한 채 오늘에 이르고 있다.

우리 사회는 분명 정부주도의 사회다. 그러나 이는 우리 국민이 그렇게 합의해서가 아니다. 정부 스스로 그런 책임을 자임해 왔고, 국민이 이를 피동적으로 수용해 왔을 뿐이다. 그러면 구체적으로 우리 정부는 무슨 논거 위에서 이런 책임을 자임해 왔는가? 장기적인 저발전 상태로부터의 탈출이나 경제성장의 촉진 등 여러 이유를 댈 수 있을 것이다. 그러나 정부주도로 경제사회를 이끌어가야 한다는 논거의 핵심은 역시 국민이 원하는 것과 국민이 진정으로 자기들에게 이익이 되는 것을 알았더라면 원했을 것은 다르고, 국민이 진정으로 자기들에게 이익이 되는 것을 알았더라면 원했을 바로 그것을 정부가 국민보다 더 잘 알고 있다는 선험적 가치판단에 있다.

과연 정부의 이런 선험적 가치판단은 옳은가? 또한 이것은 경제사회의 정부주도와 지배를 언제나 정당화해 주는가? 이 문제는 소크라테스 이래로 많은 도덕철학자들이 탐구해 온 주제로서 답하기가 쉽지 않다. 그러나 여기서 우리가 분명히 이해해야만 할 사항은 이 문제가 윤리적 차원의 문제라는 점이다. 국민이 진정으로 자기들에게 이익이 되는 것을 알았더라면 원했을 것을, 정부(지배자)가 국민보다 더 잘 알고 있는 것처럼 추정하고 행동할 때 —이 추정(presumption)이 정부지배를 정당화하는 것인데— 정부와 국민 간에는 불가피하게 긴장이 야기된다. 이처럼 "지식이 덕(Virtue is knowledge)"인 한, 이 긴장은 또한 도덕적·윤리적 성질을 띤다(ibid.: 216-7).

비유하건대 부모가 자식에게 진정으로 이익이 되는 것을 자식보다 더 잘 안다고 생각해 지금 자식이 가기를 원하는 길 대신에 다른 길로 가도록 참견하는 —실제로는 강요에 가깝지만—경우에 발생하는 부모와 자식 간의 긴장과도 같다. 이러한 긴장 상황에서 부모는 결국 자식의 인격을 존중해 물러서는 것이 일반적이다. 자식이 원하는 것이 자기가 고집하는 것보다 낫다고 보아서가 아니다. 어느 길이 옳은 길인지는 아무도 알 수 없기에, 아무리 어릴지라도 자식도 인간이고 따라서 자신의 운명의 주인이며 자신의 삶과 인생에 대한 궁극적 책임자라는 윤리적 언명을 무시할 수 없기 때문이다. 같은 이치로 만일 국민이 진정으로 자기들에게 이익이 되는 것을 알았더라면 원했을 것을 정부가 국민보다 더 잘 알고 있다는 추정이 성립하지 않는다면 정부주도 경제사회 운영의 정당화 기초는 사라지게 된다. 그럼에도 불구하고 정부주도의 경제사회 운영을 고집한다면 그 정부는 윤리적일 수 없다.

2. 정부주도(지배) 경제사회 운영의 비윤리성

우리 국민의 92.5%가 "법보다 권력과 돈의 위력이 더 크다."고 생각하고 있다. 우리 국민의 91.9%가 "똑같이 나쁜 일을 해도 가난하고 힘없는 사람이 더 심한 처벌을 받는다."고 말한다. "돈과 권력이 있는 사람은 법을 위반해도 처벌받지 않는 경향이 있다."고 생각하는 국민이 무려 95.1%에 달한다. 유용한 분쟁해결수단으로 "권력

과 돈 그리고 연줄"을 든 국민이 76.3%인 반면, "법, 상식, 윤리와 타협"을 꼽은 국민
은 23.7%에 불과하다. 2001년 「형사정책연구원」이 우리 국민 1,200명을 대상으로 실
시한 준법의식실태에 관한 설문조사 결과다(조선일보, 2001. 6. 14).

이 충격적인 설문조사 결과는 우리 국민들이 빠져 있는 극도의 무력감을 웅변해
주고 있다. 윤리의 도착(倒錯) 현상이다. 무엇이 이런 현상을 만들어내고 있는가? 정
부가 '공익의 독점자'로 자처하고 행세하면서 만들어 내는 불합리하고 비현실적인 법
과 제도를 갖고 국민(과 기업)을 지배하고 있을 때, 더구나 그 법과 제도가 자의적으
로 집행되고 불투명하게 운용될 때, '합리적인' 국민은 그것에 저항하기보다는 그로
인한 피해와 부담을 회피하는 방향으로 쉽게 타협하고 만다.

왜 우리 국민은 불합리하고 비현실적인 법과 제도로 인해, 그것의 자의적이고 불
투명한 집행으로 인해 자신의 재산권이 제약되고 경제사회적 자유가 억압되는 줄 알
면서도 이에 저항하거나 자신의 정당한 권리를 주장하지 않고, 쉽게 타협하고 회피하
고 마는가? 우리 국민이 비도덕적이고 비윤리적이라서 그런 것인가? 그것은 아닐 것
이다. 우선 불합리한 법과 제도에 어리숙하게 순응하지도 않는 국민이지만 그것들에
곧이곧대로 따르는 것은 사회를 잘 모르는 어리석은 행동이요, 어떻게든 권력과 연줄
을 동원해 문제를 적당히 해결하는 것이 현명한 처사임을 많은 경험을 통해 배우고
터득하게 되는 탓이다. 법과 제도를 바로잡고 법제도의 집행을 엄정히 하도록 만드는
것이 힘에 부치기 때문이다. 집단의 힘을 모으면 되지 않겠느냐고 반문할 수 있겠지
만 집단행동에는 으레 무임승차(free ride) 현상이 따르는지라 어찌해 볼 방도가 없다.
이렇게 볼 때 그 책임은 국민에게 있는 것이 아니라, 법과 제도에 대한 국민의 자발
적인 순응(voluntary compliance)을 이끌어낼 능력과 용의가 없는, 아니 그런 생각조차
거부하는 정부에 있다.

무릇 모든 법과 제도는 국민의 자발적인 순응을 쉽게 유도할 수 있어야 한다. 법
과 제도가 내포하고 있는 유인구조(incentive structure)에 따라 국민이 행동할 때 그것
이 개인을 위해서는 물론이고 사회에 이득이 될 수 있도록 법과 제도가 설계되어야
한다. 이런 법과 제도는 정부가 국민의 자율성과 합리적 행동을 신뢰할 때 가능하다.
과연 정부는 우리 국민의 자율성과 합리적 행동을 신뢰하고 있다고 볼 수 있는가? 정
부가 우리 국민에 대해 이런 신뢰를 갖고 있었다고 한다면 아마 이토록 오래 정부주
도로 경제사회를 운영하고 있지는 않을 것이다.

사실 우리 정부는 국민의 자율성과 자율능력을 극도로 불신한다. 여기에 더하여
시장경제의 작동에 대한 불신도 극에 달하고 있다. 국민 개개인의 합리적 행동과 자

생적 질서에 의한 문제해결을 상정하기보다는 정부의 명령과 지시가 없다면 경제사회의 어떤 문제도 원만하게 해결될 수 없다고 생각하고 있음이 분명하다. 이런 사고 위에서 법과 제도를 만들다 보니 그 법과 제도가 국민의 눈에 불합리하고 비현실적으로 보이고, 국민은 그런 법과 제도에 자발적으로 순응하지 못하는 것이다. 바로 여기서 생기는 더 심각하고 중대한 문제가 있다. 국민의 자율성과 자율능력의 억압, 정부 의존성의 심화다. 법과 제도에 대한 자발적인 순응이 확보되지 않고, 국민이 정부에 의존하면 할수록, 정부 책임은 따라서 증가하게 되며, 여기에 정부권력의 자기정당화 (self-justification)의 기초가 있다.

정부권력의 자기정당화, 이것만큼 정부주도 경제사회 운영의 비윤리성을 단적으로 대변하는 것은 없다. 우리 국민이 자율의지와 능력이 부족하고, 그 결과로 정부간섭과 개입을 자초하고 있다고 해서, 그것이 곧바로 민간과 시장의 작동에 대한 무제한적인 간섭과 개입을 정당화하지 못한다. 우리 국민은 정부의 무제한적이고 자의적인 권력의 행사를 정당화하거나, 불가피한 일로 승인하지 않았다. 정부권력의 무제한적이고 자의적인 행사는 권력의 자기정당화의 결과일 뿐이다. 비록 어리고 미덥지 않더라도 자식의 인격과 자율성을 존중하는 부모가 성숙한 부모이듯이, 아직 부족할지라도 국민의 자율성과 자율능력을 믿고 이를 북돋울 줄 아는 정부가 윤리적인 정부일 것이다.

정부권력의 자기정당화, 그것은 도덕과 윤리의 차원에서 매우 심각한 문제를 제기한다. 권력의 근본적인 도덕적 문제(moral predicament)가 국가권력에 도덕적 책임을 묻는 위치에 있는 자(terminus of moral responsibility) — 즉 국민 — 와 권력의 소재지(locus of power)가 일치하지 않는 것이다(Kaplan, op. cit.: 217). 정부권력이 국민의 의사에 반하여 권력의 자기정당화를 계속한다면, 그 정부는 도덕적이고 윤리적인 정부일 수 없다. 물론 선거라는 정치적 과정을 통해 국민은 다소간 국가권력을 견제하거나 국민의 뜻에 맞지 않게 권력을 행사한 정부를 응징할 수 있고, 때로는 혁명을 일으킬 수도 있을 것이다. 그러나 실제로 권력을 쥐고 행사하는 정부권력 앞에서 국민은 무력감을 느낄 수밖에 없다.15) 이런 의미에서 이런 현실을 이어가는 정부는 도덕적·윤리적일 수 없다는 것이다.

이런 면에서 우리 정부는 이제 국민과 시장을 불신하면서 민간과 시장경제에 간

---

15) 물론 국민이 정부개입을 나서서 요구하는 경우도 상당히 많다. 예컨대 재벌규제는 국민일반에 널리 퍼져 있는 반기업정서의 영향이 크다. 이런 경우 정부가 여론에 휩쓸려가거나 여론을 등에 업고 관련정책을 강화하지만, 그렇다고 정부의 책임이 모면될 수 있는 것은 아니다.

섭과 개입을 계속할 것이 아니라, 정부에 대한 국민의 불신이 날로 높아져만 가는 배경과 이유를 숙고해야 한다. 오랫동안 정부주도로 경제사회를 운영해 온 우리나라에서 정부권력의 도덕성·윤리성에 대한 논란이 많고 정부에 대한 국민 불신이 극한상황으로 치닫고 있는 현실에 대한 도덕적·윤리적 책임을 인식해야 한다. 선진국에서 정부불신은 주로 정부의 문제해결 능력에 대한 불신이다(Nye et al., 1997). 이와는 크게 대조적으로 우리나라에서 정부불신은 정부의 능력 그 자체에 대한 불신이기보다는 정부가 경제사회의 기본질서를 바르게, 건전하고 튼튼하게 구축하고 유지하지 못하는 데 따른 정부의 도덕성·윤리성에 대한 불신이고, 이것이 먼저인 이유를 깊이 새겨야 한다.

V. 결론

복잡해질 대로 복잡해진 오늘날의 경제사회를 정부주도로 이끌어가려는 사고는 이제 합리성의 차원에서는 물론이고 윤리성의 차원에서 재고해 보아야만 한다. 한때는 유효했는지 몰라도 지금은 아니다. 이런 면에서 우리 정부도 이제 겸허하게 자기 반성의 시간을 가져야 할 때다. 국민이 진정으로 원하는 경제사회가 어떤 경제사회인지를 성찰하고, 경제사회 발전의 원리를 깊이 이해해 정부역할과 기능을 대폭 수정해야 할 시점이다. 이 시대가 요구하는 정부는 국민의 재산권과 경제사회적 자유를 철저히 보장하고, 「법의 지배」와 자기책임의 원칙을 확립하는 정부다. 이런 정부 본연의 보호적 기능(protective function)을 우선하고 이것에 충실한 정부, 겉으로 보이는 '강한 정부'의 유혹을 물리치고 정부권력을 절제력 있게 사용할 줄 아는 '속으로 강한 정부'다. 이런 정부가 되는 일은 당연히 정부의 책임일 뿐더러 정부만이 책임질 수 있는 일이다.

지금 우리가 필요로 하는 것은 단순히 민간주도 경제사회로의 전환이나 「작은 정부」의 구현 그 자체가 아니다. 실제로, 우리가 알고 있거나 추측하는 것과는 달리, 오늘날 정부의 일이나 공공부문은 결코 작아지고 있지도 않다. 민주 시대, 개방의 시대에 「작은 정부」는 어쩌면 처음부터 달성 불가능한 명제인지도 모른다. 이것은 두 가지 이유에서다.

첫째, 국민주권(popular sovereignty) 사상에 입각한 오늘날의 민주주의 — 군주와 귀족 또는 군주와 신민 간의 진정한 의미에서의 사회계약(social contract)에 입각한 근대 민주주의와는 대비되는 — 사회에서는 어떤 집단적 의사결정(collective decisions)이든 그것이 국민의 단순 과반수(bare majority)의 지지만 확보하면 적법한 것으로 통용되게끔 되어 있다. 이것은 정부의 일을 무제한적으로 팽창시키는 자기모순적인 유인구조를 내장하고 있다(de Jasay, 1997: 58). 민주절차의 합법성을 내세워 자행되는 특수이익집단의 정치적 담합과 서로 밀어주기(log-rolling)가 단적인 예이다. 여기에 더하여 개개 국민(납세자)의 입장에서 볼 때 특정 공공재의 제공에 드는 비용은 거의 무시할 정도로 작고 그 편익은 크게 보이는 데서 비롯되는 재정적 환상(fiscal illusion)은 재화와 서비스의 공적인 공급을 요구하는 집단적 의사결정을 조장하고 있다.

둘째로 개방의 시대를 맞이하여 국제경쟁력을 상실한 산업부문과 소득계층을 복지 차원에서 지원하고 보호해야 하는 책무가 정부에 지워지면서 이것이 공공부문의 팽창을 주도하고 있다(Cameron, 1978). 세계화의 급속한 진전으로 이런 측면의 정부역할은 더욱 강조될 전망이다(The Economist, 1997. 9. 20). 이것은 대세다. 한편으로 민주주의 체제를 유지해야 하고 다른 한편으로 개방의 파고에 대처해야 하는 한 어느 정부도 이 추세를 쉽게 반전시키기 어렵다. 그러나 여기서 우리가 깊이 주목해야 할 사항이 있다. 그것은 선진국 정부의 대응이다. 이들은 이런 대중의 여론에 입각한 민주정치의 위험, 그 결과로서의 복지국가(welfare state)라는 사회주의적 모험에서 과감하게 후퇴하고 있다. ① 복지사회를 지향한 재분배정책 프로그램이 소득의 불공평성을 완화시키기는커녕 오히려 이를 확대시키고, ② 경제생활을 정치화하고 정서화(emotionalize)함으로써 계층 간 위화감을 증폭시켰으며, ③ 사회에 각종의 도덕적 해이(moral hazard)를 만연시키고, ④ 재정적자가 급증하게 만들었으며, ⑤ 경제사회의 비효율을 조장하였다는 반성 때문이다(Kasper and Streit, 1998: 317-23). 따라서 이들은 과도한 정부간섭과 개입으로 위축되어 온 가정과 가계 등 사회의 자생적 조직을 강화하고, 민영화와 규제완화를 적극적으로 추진하고 있다.

우리 정부는 어떠한가? 다른 어떤 선진국 정부와도 비길 수 없는 막강한 힘과 영향력을 지니고 경제사회 전반을 지배해 온 우리 정부, 이제 비로소 복지사회의 문턱에 진입하고 있는 우리 정부는, 이런 면에서 무지의 소치로만 돌릴 수 없는 도덕적·윤리적 과오와 혼란에 빠져 있다.

오늘날 우리 사회가 안고 신음하고 있는 거의 모든 문제들—경제사회의 불균형성장, 지역의 불균형발전, 경제력집중과 소득격차, 정경유착, 부정부패 등등— 이 정부주도의 경제사회 발전과정에서 야기된 문제라는 사실을 부인할 사람이 있을까? 그런데도 이런 문제들을 정부주도 발전과정에서 야기된 불가피한 부산물쯤으로 여긴다면 그거야말로 심각한 문제가 아닐 수 없다. 이것은 큰 착각이고 오해다. 이런 문제들은 정부주도의 필연적 산물이다. 명분이 무엇이든, 정부간섭과 개입이 만들어내는 것은 특혜와 보호와 차별 밖에는 없다. 사실이 이러하지 않고서야 끝없이 계속되는 개혁에도 불구하고 어찌 우리 사회의 문제들이 날이 갈수록 꼬여만 가겠는가? 이 점을 분명히 인식하지 못하는 한 우리는 정부주도의 경제사회 운영과 영원히 결별할 수 없게 될 것이다.

책임성 있고 윤리적인 정부라면 이제 자신의 능력의 한계를 솔직하게 고백해야 한다. 개입하기를 즐기는 자신의 손을 스스로 묶는 결단과 의지와 노력을 보여야 한다. 정부권력의 자기정당화, 그에 따른 정부간섭과 개입의 악순환에서 벗어나야만 한다. 거듭되는 정책실패에도 불구하고 일이 잘못되어 갈 때마다, 아니 그러면 그럴수록 더 많은 정부간섭과 개입을 정당화하는 정부, "이 정부는 다르다"는 말도 안되는 이유로 과거 정부의 성공과 실패의 경험을 무시하고 집권하기가 무섭게 마치 정부수립이라도 한다는 듯 덤비는 정부, 완벽한 문제해결책을 강구할 자신도 없고 그 결과에 책임지지 못할 뿐만 아니라 책임을 지겠다는 생각도 없이 서둘러 일을 저질러 놓고 보는 정부가 결코 윤리적이고 책임성 있는 정부일 수 없다.

참고문헌

사공영호. (2001). "사업자단체의 조합주의적 이익대표체제와 그 비용". 「한국행정연구」, 10(1).

이문수. (2013). "행정윤리의 가능성의 조건에 대한 연구: Jacques Derrida의 윤리학을 중심으로". 「행정논총」, 51(3): 1-29.

최병선. (1992). 「정부규제론: 규제와 규제완화의 정치경제」. 서울: 법문사.

＿＿＿. (2000a). "하이에크의 자유주의 사상과 정치경제학 이론". 안청시·정진영(편), 「현대 정치경제학의 주요 이론가들」. 서울: 아카넷.

＿＿＿. (2000b). "경제개혁의 평가와 과제: 제도개혁과 재량적 개입의 상충성을 중심으로". 「한국행정연구」. 9(2).

＿＿＿. (2002). "중상주의(신중상주의) 정책의 지대추구 측면에 관한 연구". 「국제·지역연구」. 11(4). 서울대학교 국제대학원.

＿＿＿. (2006). "신제도경제학에서 본 규제이론과 정책: 이견과 확장". 「행정논총」, 44(2). 서울대학교 행정대학원.

_____. (2009). "규제수단과 방식의 유형 재분류". 「행정논총」. 17(2). 서울대학교 행정대학원.

_____. (2012). "규제(및 규제완화)의 원인과 경제사회 효과-최근의 논쟁에 대한 규제정치 이론의 시사점".「한국정책학회보」, 21(3): 1-31.

Bernstein, M. H. (1955). *Regulating Business by Independent Commission.* NJ: Princeton University Press.

Cameron, D. R. (1978). The Expansion of the Public Economy: A Comparative Analysis. *American Political Science Review*, 72(4), 1243-1261.

de Jasay, A. (2014). *Against Politics: On Government, Anarchy and Order.* Routledge.

Friedman, Milton. (1979). *Free To Choose.* New York: Harcourt Brace Jovanovich.

Goblentz, O. H. (1968). Responsibility, in *International Encyclopaedia of the Social Sciences*, 13. New York: Macmillan.

Hayek, Friedrich A. (1977). Competition as a Discovery Procedure, in *New Studies in Philosophy, Politics, Economics and the History of Ideas.* Chicago: University of Chicago Press.

_____. (1979). *Law, Legislation, and Liberty.* London: Routledge.

_____. (2011). *The Fatal Conceit: The Errors of Socialism.* University of Chicago Press).

Ikenberry, John. (1986). The Irony of State Strength: Comparative Responses to the Oil Shocks in the 1970s. *International Organization*, 40(1).

Kaplan, Abraham. (1982). Moral Responsibilities and Political Realities. *Policy Sciences*, 14.

Kasper, Wolfgang and Manfred E. Streit. (1998). *Institutional Economics: Social Order and Public Policy.* Cheltenham: Edward Elgar.

Krueger, Anne O. (1996). The Political Economy of Controls: American Sugar, in Lee J. Alston, Thranin Eggertsson, and Douglass C. North (eds.), *Empirical Studies in Institutional Change.* Cambridge: Cambridge University Press.

Mises, Ludwig von. (1964). *Economic Freedom and Interventionism: An Anthology of Articles and Essays by Ludwig von Mises.* New York: Foundation for Economic Education, Inc.

Nye, Joseph S., Phillip D. Selikow, and David C. King. (1997). *Why People Don't Trust Government*. Cambridge, Mass.: Harvard University Press.

O'Connor, James. (1973). *The Fiscal Crisis of the State*. New York: St. Martin's Press.

Read, L. E. (1958). I, Pencil. in *Irvington—on—Hudson*. NY: Foundation for Economic Education.

Smith, Adam. (1952[1776]). *An Inquiry into the Nature and Causes of the Wealth of Nations*. Chicago: Encyclopaedia Britannica, Inc.

Wildavsky, Aaron. (1978). Changing forward versus Changing back. *The Yale Law Journal*, 88(1).

_____. (1979[1987]). *Speaking Truth to Power*. Transaction Publishers.

Winston, Clifford. (2006). *Government Failure versus Market Failure: Microeconomics Policy Research and Government Performance*. Washington, D.C.: AEI—Brookings Joint Center for Regulatory Studies.

World Bank. (1993). *The East Asian Miracle: Economic Growth and Public Policy*. A World Bank Policy Research Report.

▶ ▶ ▶ **리뷰**

이민창(조선대학교 행정복지학부)

1. 문제의식: 시장인가? 정부인가?

이 논문의 핵심 내용을 간결하게 요약해 본다면 '민간과 시장의 자생적 질서를 이해하지 못한 채 심화되고 있는 정부주도의 경제사회 운영은 성공하기 어려울 뿐만 아니라 오히려 정부 개입을 강화시키게 되며, 정부가 민간 시장에 개입하는 것은 윤리적이지도 않다'는 것이다.

그렇다면 저자는 왜 이런 주장을 하게 되었으며, 비평자는 왜 이런 주장을 담은 글을 읽도록 추천하는 것일까? 그 해답은 행정학을 공부하는 우리들이 읽어 온 혹은 공부해 온 내용에 있다. 행정학을 연구하고 있는 독자들은 과연 정부의 정체성(identity)에 관해 무엇을 공부했는가? 쉽게 말해 정부는 '무엇'이라고 생각하는가? 혹여 정부는 경제사회 질서를 바로 잡는 '공익의 대변자'라고 생각하고 있는 것은 아닌가? 혹여 정부는 '경제사회 문제를 정의하고 해결하는 주체'라고 생각하고 있는 것은 아닌가? 혹여 정부가 경제사회 문제에 개입하면 '공정'하고 '합리적'인 문제해결이 가능하고, 그렇기 때문에 정부가 각종 서비스를 생산하고 제공하는 것이 정당하며 그렇게 해야 한다고 생각하는 것은 아닌가?

이 연구는 현명하고 선한 혹은 전능하고 도덕적인 정부에 대한 이론적 가정, 그리고 정부가 주도하는 경제사회 운영을 허용하고 당연하게 여기는 이론적 관점들을 전혀 다른 시각에서 검토해 볼 기회를 제공한다. 말하자면 이 연구는 도대체 어떤 근거와 가정에서 정부가 시장 혹은 민간에 개입하는 것이 적절하다고 주장하는지, 그런 주장들은 타당한 것인지를 매우 논리적으로 검토한 후 비판함으로써 행정학과 정책학 연구자들에게 많은 시사점을 제공한다. 그동안의 연구 결과들을 살펴보면 행정학은 조직, 인사, 재무 등 정부 내부 관리에 관한 현상을 주된 연구 대상으로 하고 있고, 정책학은 정부가 하고자 하는 일(정책)과 관련된 사회 현상을 설명하고 분석하는 것을 주된 연구 대상으로 하고 있다. 이런 연구 경향을 근거로 유추해 보면 정부 및 정부와 관련된 현상을 다루는 행정학이나 정책학 연구를 수행하기 위해서는 정부의 범위, 정부가 해야 할 일과 해서는 안 되는 일, 할 수 있는 일과 할 수 없는 일이 무엇인지에 대한 이해가 선행되어야 한다는 결론에 이르게 된다. 그렇다면 과연 그동안 행정학과 정책학 연구자들은 이와 같은 근본적 질문에서 시작하여 충분하고 적절한 학술 연구를 수행해 온 것으로 평가할 수 있는지 반추해 보게 된다.

이런 맥락에서 이 논문은 정부의 범위에 대한, 그리고 정부의 기능에 대한 인식을 환기시켜주고 있다. 이 논문이 발표된 시기에 학계와 정책현장에서 논의된 주요 화두 중 하나였던 '작은 정부'에 관해서도 '시장'과 '민간의 자율성'을 충분히 이해하지 못하면 그저 정부 조직 규모의 축소와 같은 매우 단편적인 논의에 그칠 수 있음을 경고하고 있다. 저자는 '법의 지배', '제도의 투명성', '정책의 일관성', '제한된 정부(limited government)' 등 '작은 정부'의 기본 전제가 충족되지 못하고 있다는 점을 대단히 체계적으로 지적한다. 그렇다면 경제사회의 운영 원리와 정부개입에 관한 이론적 검토를 위해서는 과연 어떤 가정과 전제들을 확인해 보아야 하는 것일까?

2. 경제사회에 대한 정부 개입의 논거는 무엇인가?

정부가 민간 부문 혹은 시장에 개입하는 중요한 논거는 '공익'과 '시장실패'이다. 이 연구에서는 이들 가정이 어떤 논리적 오류를 범하고 있는지를 잘 설명하고 있다. 먼저 공익을 근거로 정부가 민간에 개입하는 것은 크게 두 가지 문제가 있음을 지적한다. 첫 번째는 공익 자체의 모호성이다. '공익'은 얼핏 듣기에는 다수의 이해관계에 부합하는 공통의 이익을 보호하는 것으로 보이기도 하고, 그 명분이 약자를 보호하는 것으로 보이기도 하며, 마치 사회정의를 실현하기 위해 반드시 필요한 것으로 보인다. 그 때문에 소위 '공익을 보장하는 정책'들에 대해 문제를 제기하기가 어렵다.

그러나 이들 공익 실현을 주장하는 정책들을 조금 자세히 살펴보면 공익 그 자체가 매우 모호한 것들인 경우가 많다는 점을 발견하게 된다. 예를 들어 '중소기업 보호'라는 소위 '공익 구현'을 위한 정책을 실현하려면 당장 부딪히는 문제는 무엇일까? 정책 입안자의 입장에서는 '중소기업'을 정의하는 것, '보호'의 의미를 해석하는 것, '보호의 방법'을 정의하는 것, '보호의 강도(정도)'를 정의하는 것, '보호'의 대상을 결정하는 것 등등 고려해야 할 점이 매우 많다. 정부가 이들 하나하나를 어떻게 결정하는지에 따라 그 대상자들의 이해관계가 복잡하게 얽히면서 이익이 상충하게 되고, 또 어떤 경우에는 가치가 충돌하여 복잡한 갈등이 전개되는 경우도 많다. 2014년 큰 이슈가 되었던 대형마트(SSM) 규제, 휴대전화 보조금 폐지, 소득공제 제도 개편 과정에서 발생한 혼란 등의 사례를 살펴보면 공익이 얼마나 모호한 개념이며, 공익을 정의하고 구현한다는 정부의 의도가 달성하기 어려운 것이라는 점을 잘 알 수 있다.

　　저자는 공익의 모호성이 어디에서 비롯되는지를 몇 가지 이론의 관점에서 설명한다. 자유민주주의의 이념에 기반한 시장경제체제가 사회운영의 원리 및 제도로서 우월한 것임에 틀림이 없음에도 불구하고, 이 우월한 시스템하에서 조차도 개인의 선호가 하나의 선호로 수렴되어 집단 의사결정(collective decision)이 실현되도록 하는 것은 무척 어려운 일이다. 그 결과 정부가 이런 모호한 영역에 있는 공익의 구체적 내용을 정의해야 하는 상황에 직면하지만, 국민의 선호와 집단 의사결정이 모호한 현실 세계에서 정부는 기회주의적 행동(agent opportunism)을 할 가능성이 매우 높다. 요컨대 저자는 정부가 모호한 국민의 집합적 의사를 결정하거나 대변하기 어려움을 밝혀주고 있으며, 그 개념 해석 과정에서 정부의 기회주의적 행동이 '공익' 개념의 해석과정에 편승하게 되면 '무소불위'의 정부가 등장하게 될 것을 경고하고 있다.

　　공익과 관련된 두 번째 중요한 문제는 '사익의 공익화' 현상에 관한 것이다. 저자는 가장 대표적인 사익의 공익화 현상을 '포획' 이론의 관점에서 설명하고 있다. 정부가 특정 이익집단이 제공하는 정보에 의존하여 정책을 결정하거나 집행하고 있는 현상이 관찰될 때 공익에는 이미 사익이 적극적으로 반영되어 있는 경우가 대부분이다. 예를 들어 대중교통 요금을 결정하는 근거로 사용되는 수익금, 차량 감가상각비용, 운전자 임금이나 복지비용 등등의 기초 자료는 대중교통 사업자로부터 나온다. 이런 현상들은 행정기관이 특수이익집단이 제공하는 제한된 정보에 의존하고 있으며, 특수이익집단보다 자원이 불리한 입장에서, 이들 집단과 갈등을 유발하는 것을 피하려 하고, 외부 신호에 의존하는 성향을 보일 때 나타나는 '포획'의 전형적인 사례들이다. 빙산의 일각과도 같은 이런 사례를 통해서도 볼 수 있듯이 정부의 업무 추진 과정에 얼마나 많은 사익이 투영되고 있는 것인지, 그리고 정부가 이를 공익이라고 착각하고 있는지는 짐작하기조차 힘들다.

　　정부 개입의 가장 강력한 또 하나의 논거는 '시장실패'이다. 시장실패로 인한 정부개입은 외부효과의 존재, 정보의 불완전성과 비대칭성의 존재, 독점의 존재, 무임승차 등으로 인해 공공재 공급에 문제가 생기는 상황에서 자원배분의 효율성을 증진하기 위한 목적으로 이루어진다. 저자는 정부가 시장실패를 주장하기 위해서는 "시장"과 "시장기능"에 대한 충분하고도 정확한 이해가 선행되어야 한다는 점을 강조한다. 특히, 정부가 시장결과의 불공평성을 시정한다는 명분으로 시장규칙과 원리를 직접 바꾸려 하는 시도는 경계해야 한다는 점을 지적한다. 이런 관점에서 정부의 시장개입이 특정한 정책목표를 달성하기 위한 것이거나 이미 사전에 정의한 시장결과를 산출하기 위한 방편으로 활용되는 것은 합리화 될 수 없다고 경고한다. 그 이유 중

하나는 정부가 시장에 개입하는 근거가 되는 정책목표 혹은 시장 결과의 적정성을 판단하기 어렵기 때문이다. 만약 특정 산업이 충분히 잘 성장할 것으로 기대된다면 민간 부분의 시장 행위자들은 매우 자연스럽게 해당 산업 분야로 이동할 것이며, 그렇지 않다면 정부는 어설픈 지원정책보다는 금융 및 노동시장의 유연성과 같은 시장 작동 기제들(생산요소 시장)에 대한 규제 등 다른 시장에서 그 원인을 찾아야 한다고 강조한다. 시장실패를 교정하려면 정부가 직접 개입하는 것보다 관련된 시장 기능이 원활하게 작동할 수 있도록 연관 시장에 대한 깊이 있는 이해에서 출발해야 한다는 것이다.

시장실패에 더하여 '시장이 조정능력을 상실한 경우'에 정부가 개입해야 한다는 논리 역시 흔히 발견되는 정부 개입 논리 중의 하나이다. 이 논리에 따르면 정부는 스스로 경제의 견인차이자 기업가의 역할을 해야 한다. 그 결과물은 정부가 전략적 육성 산업을 지정하거나 수입을 규제하여 국내 산업을 보호하고 육성하는 정책으로 나타난다. 그러나 이렇게 시장원리를 반영하지 않은 채 진행되는 정책 사업은 반드시 수혜 집단의 기회주의적 행동에 직면하게 된다.

예를 들어 정부가 어떤 산업을 육성하기 위해 특별한 지원을 제공하는 정책을 시행하는 경우를 생각해 보자. 일단 이런 지원계획이 발표되면 업체들은 정부의 지원 기준에 맞추기 위해 노력하게 된다. 그러나 정부가 제시한 기준은 급변하는 시장 환경을 반영하지 못하기 쉬우며, 일선 기업은 실제 기업 운영과 동떨어진 정부 제출용 자료를 별도로 준비하기도 하고, 간혹 오직 지원금 수령만을 위한 사업을 운영하기도 한다. 이렇게 되면 기업은 시장 경쟁과 동떨어지게 되어 비효율이 발생하거나, 정부 지원금 수령을 위해 일부 위법적이거나 변칙적인 운영을 하게 되고 추가적인 지원 수령을 위해서 지원 여부를 결정할 공직자 로비에 신경을 쓰는 등 왜곡된 행동유인을 갖게 된다. 결과적으로 정부는 이들의 기회주의적 행동을 바로잡아 원래 의도했던 결과를 산출해야 한다는 강박 상태에 놓이게 된다. 이런 상황이 반복되면 될수록 정부는 점점 더 시장에 개입하여 의도한 결과를 산출하기 위해 새로운 기획과 통제를 가하게 되는 정부개입의 악순환에 빠져들게 되고 최악의 경우 정부가 개입하지 않고서는 경제사회가 움직이지 않는 상황에 이르게 될 가능성이 매우 크다. 상황이 이러함에도 불구하고 정부 개입은 언제까지 계속되는 것일까? 정부 개입이 원하는 목표를 달성하기 어렵다는 것은 이미 지적한 바와 같다. 정부개입이 실패를 거듭하면 이 문제의 원인이 정부가 당초부터 달성하기 어려운 목표를 설정하고 경제사회의 시장질서를 교란하는 데 있다고 인식하기보다는 자본주의 시장경제 체제의 오류에서 오는 것이라고 이해하게 된다는 것이다. 그동안 소위 유치산업, 보호산업 등의 지정과 관리 과정에서 이런 현상이 반복되는 것은 어찌 보면 당연한 귀결인 것이다.

결국 정부개입의 악순환은 '강한 정부'를 만들게 되고 '강한 정부'는 과거의 정책 공약에 얽매여 새로운 정책대안 선택의 폭이 좁아짐과 동시에 시장변화 내지 정책 수요에 대한 신축성은 떨어지게 된다. 이런 논리적 귀결을 보면 '강한 정부'는 결코 성공적으로 운영되기 어렵다. 그렇다면 도대체 어떤 원리에 의해 경제사회는 운영되는 것인가?

3. 경제사회 운영의 이치는 무엇인가?

저자는 경제사회 운영의 가장 중요한 원리로 '자생적 질서'와 '시장질서'를 들고 있다. 자생적 질서는 의도하지 않았음에도 존재하는 인간 간의 추상적 관계이다. 이 질서체계는 누군가 기획하거나 명령하지 않아도 자발적으로 형성되어 인간 간의 상호작용을 원만하게 해 준다. 개인 행동 규칙, 규범 규칙, 문화 규칙 등 자생적 질서에는 특정 결과를 지향하는 정부 정책과 다른 일반적이고 보편적인 사회 내의 상호작용 규칙을 포함하고 있다. 경제사회에서 타인의 이익을 염두에 두지 않는 개인의 사익추구 행위가 사회 전체적으로 유의미한 성과(공익)를 달성하는 것은 바로 이 자생적 질서의 덕분이다. '시장질서'는 자생적 질서의 가장 대표적인 유형의 하나이다. 시장질서체계에서는 '경쟁'과 같은 메커니즘을 통해 분업과 전문화가 가능하며, 누가 명령하지 않아도 활발한 부의 축적과 교환이 이루어진다. 한걸음 더 나아가 시장질서체계에서 '경쟁'은 경쟁이 없었으면 발견하기 어려운 사회 전체에 흩어져 있는 지식들을 적재적소에서 활용할 수 있도록 하는 '발견 절차'로 기능한다. 고도로 분화된 현대 사회에서도 개별 경제행위 주체가 자신이 필요한 지식을 자발적으로 찾을 수 있고, 활용할 수 있으며, 그런 과정을 통해 새로운 이윤을 창출할 수 있는 것은 바로 이 자생적 질서체계가 존재하기 때문이다.

자생적 질서체계의 하나인 시장질서에서는 경쟁 메커니즘을 통해 자원 배분 기능을 수행하고 있다. 이 논문에서는 시장의 불완전성, 경쟁 결과의 불공평성 등을 문제로 지적하며 정부가 시장에 개입하는 것은 시장이 야기하는 문제를 해결하기보다는 오히려 장기적으로 보다 심각한 시장왜곡을 초래하게 될 것이라는 점을 지적한다. 정부가 시장(민간 혹은 민간 행위자의 자발적인 상호작용)에 보다 적극적으로 개입하는 것은 정부가 제시하는 어떤 특정한 목표 혹은 사회적 상태에 이르려하기 때문이다. 그러나 이런 인위적인 시도에는 명백한 한계가 존재한다. 무엇보다도 인위적 질서에 의해 사회를 운영하려면 인위적 질서의 설계자는 사회적 상호작용과 관련된 모든 정보와 지식을 갖추고 있어야 한다. 그러나 인위적 질서의 설계자가 이런 정보와 지식을 갖추는 것은 현실적으로 불가능하며, 불완전한 지식과 정보하에서 설계한 인위적 질서의 결과마저도 제대로 예측하기 힘들다. 아주 단편적인 예를 들어 보육시설 이용료 규제, 대학 등록금 규제, 전기요금 규제 등의 결과를 살펴보자. 정부가 특정 결과를 상정하고 그 목표를 달성하기 위한 규제의 결과는 원래의 의도와는 너무도 다르다. 보육료와 대학 등록금 규제는 보육 및 대학 교육 서비스 품질 저하와 직결되어 있으며, 전기요금 규제는 과수요를 창출하게 되어 시장 수요 왜곡을 야기하고 있다는 점은 이미 알려질 만큼 알려진 문제이다.

이처럼 정부가 전능한 것도 아니며 특정 정책이나 사업 프로그램의 실행에 필요한 충분한 정보와 지식을 갖추지 못했음에도 불구하고 마치 모든 영역에서 의도한 결과를 달성할 수 있는 존재로 전제하는 것은 위험한 발상이다. 특히, '공익' 달성을 목표로 추진해 온 과거의 수많은 정책들에서 발생한 오류를 충분히 인지하고 있음에도 불구하고, 정부가 할 수 없는 일들에 개입하고 그 결과로 발생하는 부작용이 마치 '시장의 불완전성'에 있는 것으로 간주하며 정부개입을 정당화시켜 나가면서 정부가 '공익의 독점자'로 기능하고 있는 것은 윤리적이지 않다는 것이 필자의 주장이다. 더욱이 국민 다수가 이런 현상에 대해 충분히 이해하지 못한 채 정부가 나서서 사회문제를 해결해 달라고 아우성치거나 아니면 직접적인 문제제기를 하지 않고 있다고 하여 정부개입이 정당화되기는 어렵다. 필자는 왜 이런 현상이 비윤리적인지를 행정윤리의 관점에서 검토하고 그 의미를 제시하고 있다.

4. 정부주도 경제사회 운영이 비윤리적인 이유는 무엇인가?

많은 경우 비윤리적이라는 표현은 자연인이 부도덕한 일을 저지르는 등 사회적으로 용인되는 행동 규범에 대한 신뢰를 저버리는 경우에 사용된다. 다시 말해 자연인의 책임 있는 행동에 대한 표현으로 사용된다는 것이다. 그렇다면 어떤 상황에서 개인이 아닌 정부가 비윤리적이라고 비판할 수 있는가? 필자는 정부의 도덕성 혹은 윤리를 논의할 경우, 정부를 주요한 의사결정에 관여하게 되는 집권자, 관료, 정치인 등 정책결정자 및 담당자를 포함하는 포괄적 의미로 이해해야 하며, 이들이 국민의 신뢰 혹은 기대에 부응하는 책임을 다하지 못하는 경우에 사용할 수 있는 것으로 보고 있다. 필자는 윤리에 대한 이론적 검토를 통해 만약 공직자 개인의 부정부패가 아닌 행정 혹은 정책 현상에 대해 정부의 책임과 윤리를 논의하기 위해서는 정부가 어떤 의사결정을 내릴 수 있는 정당성의 확보와 그 의사결정의 결과 혹은 행동이 근거가 되어야 함을 밝히고 있다.

정부주도 경제사회 운영의 정당성을 찾아본다면 정부가 공익의 실현을 추구한다는 데서 그 근거를 찾아볼 수 있다. 이미 앞에서 논의된 바와 같이 이런 가정은 정부가 전지전능하여 국민의 요구를 수렴하고 그 요구들 중에서 공익에 해당하는 것을 찾아 정의하고 실현할 수 있다는 전제에서 도출된 것이다. 그렇다면 과연 정부는 국민보다 더 국민이 원하는 것을 잘 알고 있으며, 무엇이 국민 개개인에게 이득이 되는 것인지 충분히 인지하여 국민 개개인의 의사결정을 선험적으로 결정할 수 있는 것인가? 현실 세계에서 정부는 사회문제 해결을 주장하지만, 실제로 미래에 어떤 결과가 나타날지 예측할 능력이 없으며, 무엇이 옳고 무엇이 그른 것인지 판단할 수 없다. 그럼에도 불구하고 정부가 선험적 판단에 의존하여 공익을 정의하고 그 의사결정이 '정책'으로 연결되며, 그 '정책'이 국민의 자유와 권리를 제약하는 형태로 정부주도의 경제사회 운영을 추진하는 것은 윤리적이지 못하다는 것이다. 더욱 심각한 것은 정부가 정부 스스로 능력의 제약을 인정하지 않은 채, 국민의 자율성과 시장 기능 작동에 대해 강한 불신을 갖고 정부의 명령과 감독, 지시와 규제가 없으면 경제 사회의 각종 문제들이 해결되지 않는 것으로 가정하여 다양한 형태의 정부 개입을 늘리고 있다는 것이다.

필자는 선행 연구의 개념에 근거하여 누군가가 윤리적이지 못한 상황임을 결정하는 것은 그 의도나 계획에 대한 것이 아니라, 특정 행동에 의해 정의된다는 점, 그리고 선의의 동기가 행동의 결과를 정당화 해 주지 않는다는 점을 명시한다. 이는 정부의 의도가 아무리 선한 것이라고 할지라도 국민의 자율성과 자발적 문제 해결 능력, 시장 기능에 의한 사회진화의 가능성을 가로막으면서 지속적으로 정부 의존과 정부 개입을 확장시키고 있으며, 그 결과 발생하는 의도하지 않은 결과나 오류들을 시정해야 한다는 명목으로 정부권력의 자기정당화 시도로 연결된다는 점에서 비윤리적이라고 비판한다. 정부권력의 자기정당화 과정이 반복되면 정부는 국민의 의사에 반하는 각종 선험적 결정과 정책을 앞세운 개입을 확대해 나갈 것이며, 정부의 결정과 개입에 저항하기 어려운 국민을 대상으로 이런 현상이 지속되는 것은 결코 윤리적일 수 없다는 것은 자명하다.

만약 독자들께서 "정부가 국민과 시장의 자율성을 믿지 못하고 시장경제에 대한 간섭과 개입, 국민의 자유와 권리를 제약하는 것이 과연 윤리적인가?"라는 의문이 들거나 "정부가 시장과 국민의 자율성을 신뢰하고, 법과 제도에 대한 국민의 자발적 순응 확보의 전제 조건인 국민의 재산권 보호와 경제사회의 자유를 철저히 보장하며, '법의 지배'와 자기책임의 원칙을 확립해야 하는 것은 아닌가?"라는 생각에 이르게 되었다면 저자의 주장이 행정학과 정책학 연구 방향에 많은 영향을 미치게 될 것이라는 점을 충분히 이해하시리라 생각한다. 그렇다면 저자의 관점에서 생각해 볼 때 행정학과 정책학 분야에서는 앞으로 어떤 연구가 필요한 것일까? 또, 정책 현장에서는 어떤 고민들을 해야 하는 것일까?

5. 결어: 향후 연구 과제들은 무엇인가?

저자의 주장은 행정학과 정책학을 공부하는 후학들에게 많은 연구 과제를 던져주고 있다. 무엇보다도 이론적 관점에서 정부의 범위와 기능에 관한 근본적 성찰과 토론의 필요성을 일깨워준다. 대한민국이 채택하고 있는 정치체제가 자유민주주의이고, 경제체제가 자본주의라면 그 이념과 경제 및 사회질서의 원리를 탐색하고 해석하는 것이 행정학과 정책학의 가장 중요한 연구 분야 중 하나라는 점을 확인해 준다. 조금 구체적으로 언급해 보자면 국민 개개인의 권리를 어디까지 보호해야 하고, 어디까지 정부가 개입할 수 있으며, 어떤 일을 정부가 해야 하는지를 이론적으로 검토하고 설명하는 노력이 필요하다는 것이다. 마치 숨 쉬며 공기의 소중함을 깨닫지 못하고 있는 것처럼 자유와 시장의 소중함을 망각하고 정부가 모든 일을 해야 한다고 생각하는 그리고 정부는 모든 일을 할 수 있다는 현시적·묵시적인 이론적 가정에 대한 검토는 아무리 많아도 지나치지 않는 것이기 때문이다.

결국 이 관점의 논의는 과거 급속한 경제성장을 추구하면서 정부 주도의 정책 대안 개발과 집행을 당연한 것으로 간주하고, 많은 학자와 관료들이 여기에 시간과 노력을 투자하는 사이에 놓쳐버린 시장경제의 기본원리와 정부 역할 및 범위에 대한 근본적인 탐구와 토론을 의미하는 것이 된다. 과거의 방식을 계속 유지한다면, 즉 시장의 작동 원리 및 시장에 의한 자원 배분 원리에 대한 충분한 이해 없이 정부의 기능과 범위를 논의하게 되면, 무분별한 정부 정책의 확대 재생산과 정부 정책 수행 과정의 오류 시정을 명분으로 한 또 다른 정부 개입의 반복을 야기할 것이기 때문이다.

저자의 이론적 시각에서 정부의 기능을 재정의해 보는 작업은 행정학과 정책학의 이론적 가정을 재검토 해보는 것일 뿐만 아니라 제반 정책 분야에서 정부의 역할을 재정립해 보는 것에 다름 아니다. 다시 말해 자유민주주의, 시장, 정부에 대한 이론적 검토, 개별 정책 분야별로 그 특수성에 대한 분류와 분석이 당연히 포함된다. 이 연구 범위에 단순한 거시적 차원의 이론적 논의만 포함되는 것은 아니다. 시장 행위자 간 게임의 규칙인 제도의 형성 및 변화 과정에 대한 분석, 정책수단으로서 규제 정책과 지원정책의 적정성 및 실행 방법 등에 대한 분석을 포함하는 광범위한 영역에서 추가적인 연구가 필요하게 된다. '자생적 질서'의 관점에서 세상의 이치를 설명하는 저자의 통찰력은 각종 정책 현상을 보면 더욱 빛난다. '공공성' 확대를 주창하면서 확장되어 왔으나 그 부작용이 표면화되기 시작된 각종 복지정책 관련 문제를 포함하여 포퓰리즘에 의한 민주정치 및 정부 운영의 위험, 다양한 산업 분야의 경쟁력 약화 등 각 분야에서 지적되고 있는 대부분의 사회 문제들을 '자생적 질서' 시각에서 논의해 보면 그동안의 해석과 전혀 다른 새로운 설명이 가능하다.

　이처럼 저자의 주장과 논지를 이해한다면 행정학과 정책학을 공부하는 후학들은 사회 문제로 지적되는 현상을 정부 개입으로 쉽사리 수정할 수 있다고 생각하기보다는 민간의 자율과 창의를 통해 문제가 해결되도록 할 수 없는지 먼저 고민해 보아야 할 것이다. 이는 결국 사회 문제 해결을 위해 정부가 특정한 지원이나 직접 개입을 통한 단기적 처방을 제시하는 것이 아니라 시장 행위자 혹은 사회적 상호작용의 주체들이 안정적으로 상호작용할 수 있도록 하는 예측 가능한 제도 다듬기에 노력을 아끼지 않아야 한다는 저자의 주장과 일치하는 결론에 이르게 된다.

　이와 더불어 이론적 측면의 행정학과 정책학 연구에서 뿐만 아니라 정책 현장에서도 시장질서, 자생적 질서의 관점에서 도대체 정부는 어떤 일을 할 수 있고, 해야 하는지를 꼼꼼히 따져 보아야 한다. 이를 따져 보는 것은 정부의 범위와 개념을 재점검하고 행정학, 정책학의 이론체계를 논리적으로 재점검할 수 있게 할 뿐만 아니라 공익을 표방한 정책 실천의 무모함을 이해하고 정부 개입의 한계를 이해할 수 있도록 해 주기 때문이다.

거버넌스의 개념화:
'사회적 조정'으로서의 거버넌스

거버넌스의 개념화: '사회적 조정'으로서의 거버넌스*

이명석(성균관대학교 행정학과/국정관리대학원)

I. 서론

최근 사회과학에서 사용되는 개념 중 가장 매력적인 개념의 하나로 '거버넌스 (governance)'를 들 수 있다. 행정학, 정치학 등의 다양한 학문분야에서 거버넌스라는 개념은 정부, 행정 등 전통적인 개념이 갖는 부정적인 이미지를 대신하여, 이들과 관련된 '무엇인가 새로운 것', 또는 '개혁적인 것'을 의미하는 개념으로 널리 사용되고 있다. 환경 거버넌스, 로컬 거버넌스 등의 경우에서 볼 수 있는 바와 같이, 마치 거버넌스가 '개혁을 의미하는 접미사'인 것처럼 광범위하게 사용되고 있는 것이다.

이러한 현상은 정부에 대한 불신의 심화와 깊은 관련이 있다. 1980년 이후 정부의 사회문제 해결능력에 대한 실망은 전통적인 행정학에 대한 반성으로 이어진다. 고전적 행정학의 자신감은 붕괴되어 행정학은 정체성의 위기를 맞게 되고, 사회문제를 해결하는 존재인 행정 자체가 매우 심각한 사회문제로 전락하게 된다. 그 결과, 계층제적 관료제의 강화를 축으로 하는 전통적인 행정학(Ostrom, 1989)에 대한 다양한 대안들이 제시되고 있으며, 이중 최근 많은 관심을 끌고 있는 것이 이른바 거버넌스이다.

일반적으로 거버넌스라는 개념은 정부의 역할, 운영체제, 또는 사회문제 해결방식 등의 변화를 의미한다. 그러나 거버넌스의 개념에 대한 학문적 합의는 아직 존재하지 않는다. 이러한 개념상의 혼란1)은 특히 행정개혁과정에서 많은 문제점을 야기할 수 있다. 모호하면서도 그럴듯해 보이는 거버넌스라는 개념은 자칫하면 실질적인 행정개혁보다는 수사(修辭)적인 목적을 위해 사용될 가능성이 있기 때문이다. 흔히, 행정개혁 과정에서 거버넌스의 중요성이 언급되는 경우, 거버넌스가 의미하는 것이

---

* 이 논문은 2002년『한국행정학보』, 제36권 제4호, pp. 321-338에 게재된 글을 수정·보완하였다.
1) 개념상의 혼란은 거버넌스에 대한 다양한 번역 사례에서 쉽게 찾아볼 수 있다. 거버넌스는 '국정관리'(정용덕 외, 1998; 정무권, 2001), '국정관리체계'(김근세, 2000), '통치양식'(전대성, 1997), '국가경영', '협력적 통치'(김석준, 2000), 또는 '협치(協治)'(박재욱·류현욱, 2000) 등으로 다양하게 번역되고 있다. 하지만 어떤 번역도 거버넌스의 의미를 완벽하게 전달하지 못하므로, 현재 한국에서는 이를 외래어로 취급하여 '거버넌스'라는 단어가 일반적으로 사용되고 있다.

조직구조, 행정절차, 관리기법, 정책기조 중 어느 것인지 불분명한 경우가 많다 (Heinrich and Lynn, 2000).[2]

민주성, 대응성, 투명성, 능률성 등을 고루 갖춘 '좋은 행정'의 추구는 신공공관리론, 거버넌스론 등의 새로운 이론뿐만 아니라 전통적인 행정학의 목표이기도 하다 (John et al., 1994; Kickert, 1997). 중요한 것은 이러한 목표를 달성하기 위한 구체적인 방법이다(Stoker, 1998; 이명석, 2001a). 그러므로 행정개혁에 실질적인 도움이 되기 위해서는, '잘 관리/운영되는 재창조된 정부형태'와 같은 모호한 정의(Osborne and Gaebler, 1992)보다 훨씬 구체적인 거버넌스의 정의가 필요하다.

본 연구는 거버넌스 관련 문헌들을 통하여 거버넌스에 관한 이론들을 검토하고, 거버넌스에 대한 다양한 정의를 정리하여, 이를 토대로 거버넌스의 개념을 정립하는 것을 목적으로 한다.

II. 거버넌스: 정의의 다양성

1. 공통문제 해결기제로서의 거버넌스: 최광의의 정의

먼저, 거버넌스를 특정한 형태의 문제해결 방법이라고 파악하기보다, 조직, 사회체제, 또는 국가 전체 등과 관련된 문제를 해결하는 다양한 방법을 포함하는 포괄적인 개념으로 파악하는 경우를 생각해 볼 수 있다. 이러한 정의는 대부분 누가 어떤 종류의 권한을 소유하는지, 그리고 구성원들 사이에 어떠한 권리와 의무관계가 존재하는지를 규정하고 있다(Newman, 2001).

이러한 정의의 대표적인 것으로 Rhodes(2000)를 들 수 있다. Rhodes는 기업 또는 국가의 감사, 투명성, 정보공개 등의 절차를 강조하는 '기업지배구조(corporate governance)'와 '좋은 거버넌스(good governance),' 민간경영기법에 의한 정부관료제 관리효율성 제고를 강조하는 '신공공관리론(New Public Management),' 정부/시민사회/시장간의 경계변화를 강조하는 '신정치경제(new political economy),' 단일 권력 중심의 부재를 강조하는 '국제적 상호관계(international interdependence)'와 '사회-사이버네틱 체계(socio-cybernetic system),' 그리고 '네트워크(network)' 등의 7가지 정의를 제시한다. 또한 Campbell et al.(1991)은 거버넌스를 사회 구성원들의 행동을 조정하

---

2) 실제로 거버넌스가 '행정개혁에 필요한 바람직한 모든 변화'를 포괄적으로 의미하는 것으로 사용되기도 한다(Stoker, 1998; Andrew and Goldsmith, 1998).

는 정치·경제적 절차라고 정의하고, 거버넌스의 유형으로 시장, 네트워크, 계층제, 감시(monitoring), 협회(association) 등을 들고 있다.

거버넌스의 출발점은 구성원들의 권리, 의무 등을 규정하는 '규칙에 의한 지배(rule of law)'이다(Rosenau, 1992; Lynn et al., 2001). 거버넌스 논의의 기저에는 '해당 거버넌스 차원에서는 구성원 모두가 주어진 규정에 따라 행동한다'는 가정이 존재한다. 여기서 주의할 점은 규칙에 의한 지배가 집권적인 명령과 통제만을 의미하는 것은 아니라는 사실이다. 각각의 거버넌스 내에서 구성원들은 모두 거버넌스의 규정을 준수하고 법 또는 규정에 의해서 주어진 권한과 의무에 따라 행동하게 된다.

예를 들어, 이들 중 가장 이질적인 성격을 갖는 것으로 보이는 '기업지배구조'의 경우, 주주와 경영진 등 기업경영과 관련된 이해관계 당사자 간의 권한과 의무 관계에 대한 규정을 통해서 기업의 경영효율화라는 목표를 달성하기 위한 방법이라고 이해될 수 있다. 또한 신공공관리론의 경우, 대리인 문제, 성과측정 곤란성 등 공공관료제가 가진 문제점을 극복하기 위하여 관료들의 권한과 의무를 규정하는 새로운 방법으로 이해될 수 있다. 이렇게 주어진 영역 내에서 구성원들이 직면하는 공통의 문제를 해결하기 위하여 구성원들의 권한과 의무를 제한하는 방법이라는 측면에서 최광의의 거버넌스는 공통점을 갖는다.

2. 정부 관련 공통문제 해결 기제로서의 거버넌스: 광의의 정의

다음으로, 거버넌스를 정부와 관련된 문제 해결 기제로 파악하는 경우를 생각할 수 있다. 거버넌스는 공적인 관심사와 관련하여 권력이 행사되고, 시민들의 의견이 제시되고, 의사결정이 이루어지는 방법을 결정하는 전통, 제도 및 절차라고 정의되기도 하고(www.iog.ca/), 국가의 경제/사회적 자원의 관리과정에서 권력이 사용되는 방법/유형이라고 정의되기도 한다(World Bank, 1992). 또한 Lynn et al.(2001: 7)은 거버넌스를 "공적인 방법으로 비용이 충당되는 재화와 용역의 공급을 제한/처방/허용하는 법률, 규칙, 사법적 결정, 및 행정적 처리의 체제(regime)"라고 정의한다.

이러한 정의에 의하면 거버넌스는 본질적으로 정치적인 성격을 갖는 것으로, 다양한 이해관계를 가진 참여자들 간의 협상과 타협, 그리고 승자와 패자가 존재하게 마련이라고 한다. 또한 거버넌스는 정책의 결정과 집행과 관련된 다양한 참여자들의 결정과 비공식적인 영향력, 그리고 공식적인 제도 등으로 이루어진다. 즉, 거버넌스란 공동의 관심사를 해결하기 위하여 공식적인 제도와 비공식적인 제약 하에서 이루어진 다양한 참여자들 간의 상호작용의 결과인 것이다(강창현, 2002; 배응환, 2002).

또한, Pierre(2000)는 거버넌스를 사회 체제의 '조정(coordination)'과 관련된 것으로 파악하면서, 특히 사회체제 조정과정에서의 정부의 역할에 관련된 것으로 정의한다. 그는 거버넌스를 정부가 주도적인 역할을 하는 '구(舊)거버넌스(old governance)'와 정부와 시민사회간의 파트너십 및 네트워크가 주도적인 역할을 하는 '신(新)거버넌스(new governance)'로 구분한다. 여기에서 중요한 것은 정책 결정/집행과정에서 네트워크의 중요성이 급증한다는 사실이다. 이러한 경향은 거버넌스를 연구하는 학자들 사이에서 공통적으로 발견되는 경험적인 사실이다(Kickert, 1997). Rhodes(1997) 역시 이러한 경향에 주목하면서 거버넌스가 정부의 의미, 다스리는(governing) 과정, 그리고 법에 의한 지배 조건 등의 변화를 의미한다고 설명한다.

한편 Williams(2001)는 거버넌스를 사회전체적 차원에서의 방향잡기, 또는 지도(directing)라고 정의한다. 즉, 국가전체적인 차원에서의 정책목표 조정, 정책 결정, 정책 평가, 및 환류 등, 소위 "메타정책(meta-policy)"이 거버넌스라는 것이다. Wright(2000)도 같은 맥락에서 중앙정부의 역할을 강조하고, 신공공관리론 등에 의해서 민간부문의 가치가 공공부문에 침투하여 발생하는 부작용의 위험성을 경고하고 있다.

거버넌스는 재무, 인사, 정보, 자산관리, 목표관리 등 정부조직의 관리방법으로 정의되기도 한다(Ingraham and Donahue, 2000; Ellwood, 2000). 이러한 정의는 공공부문의 거버넌스가 국가가 향유하는 '독점적 지위'와 '성과지표 부재'라는 특성으로 인해 민간부문의 그것과 뚜렷하게 구분된다는 점을 강조한다. 따라서 공공 거버넌스의 한계를 극복하기 위하여 관료와 시민들의 행태를 변화시키는 다양한 정책이 필요하며, 이러한 정책이 거버넌스라는 것이다(Roderick et al., 2000; Jennings and Walt, 2000). 이와 관련하여, John et al.(1994)은 거버넌스를 정부기관의 내부운영 방식과 행정서비스 전달방식으로 정의하면서, 신공공관리론과 파트너십 등을 포함하는 포괄적인 개념으로 이해하고 있다.

이러한 광의의 정의는 정부의 구조/업무수행 방법 및 역할과 관련한 다양한 유형의 거버넌스를 강조한다는 특징을 갖는다. 예를 들어 Newman(2001)은 거버넌스의 유형을; (i) 집권화되고 지속성/질서를 강조하는 계층제적 유형; (ii) 집권화되고 혁신/변화를 강조하는 합리적 목표(rational goal) 유형; (iii) 분권화되고 혁신/변화를 강조하는 개방체제(open system) 유형; 그리고 (iv) 분권화되고 지속성/질서를 강조하는 자치 유형 등의 4가지로 분류한다. Newman에 의하면, 이러한 거버넌스의 유형들은 항상 혼재하면서, 다양한 상호작용을 한다고 한다. 예를 들어, 네트워크에 의해 이루어지는 개방체제형 거버넌스에 의한 변화가 추진되는 경우, 책임성에 대한 사회적 수요가 발생하여 계층제적 거버넌스로의 회귀가 불가피하게 된다고 한다.

이외에도 거버넌스를; (i) 시장모형, 참여모형, 신축모형, 탈내부규제모형(Peters, 1996); (ii) 민영화, 강제입찰, 계약제, 분권화, 독립집행기관(Andrew and Goldsmith, 1998); (iii) 관리적(NPM적 관리 강조), 조합주의적(다양한 이익집단의 참여 강조), 성장지향적(파트너십을 통한 발전 강조), 및 복지(중앙/지방 정부 간의 네트워크를 통한 재분배 강조) 거버넌스(Pierre, 1999); (iv) 국가중심, 시장중심, 및 시민사회중심 거버넌스(김석준 외, 2000); (v) 절차적 관료제, 기업적 관료제, 시장 관료제, 네트워크 관료제(Considine and Lewis. 1999) 등으로 분류하는 등 다양한 거버넌스 유형이 논의되고 있다.

3. '신(新)거버넌스(new governance)'로서의 거버넌스: 협의의 정의

이 유형은 거버넌스를 다양한 광의의 거버넌스 유형중의 하나인 독특한 형태의 거버넌스로 정의한다. 이러한 학문적 입장은 위양(devolution), 무중심 사회(centerless society) 등으로 특징지어지는 '원심모형 거버넌스(centrifugal model of governance)'를 거버넌스, 또는 신거버넌스로 정의한다.3) 이러한 정의는 일반적으로 시민의 역할을 정부서비스를 수동적으로 제공받는 '소비자'에서 정부서비스 공급과정에 참여하는 적극적인 존재, 즉 '주인'으로 재정의 한다는 것을 의미하며(Lappe and Du Bois, 1994), 정부의 한계에 대한 인식을 내포한다(Stoker, 1998).

여기에서 거버넌스는 '시장 무정부 상태(market anarchy)'와 '조직 계층제(organizational hierarchy)'의 대안적인 형태의 조정 기제(coordination mechanism)로 파악된다(Amin and Hausner, 1997; Jessop, 1997; Rhodes, 2000; 강민·김욱경, 2000). 또한 계층제적인 조정을 거부하는 다양한 조직단위간의 호혜적인 상호의존성을 특징으로 하는 거버넌스의 특성을 부각시키기 위하여 상호의존적인 다양한 행위자들 사이에 존재하는 수평적인 자치적 조직, 즉 '복합조직(heterarchic) 거버넌스'(Kooiman, 2000), 또는 '공유(shared) 거버넌스'(Aucoin and Heinnzman, 2000)라는 용어가 사용되기도 한다

협의의 거버넌스 역시 광의의 거버넌스와 마찬가지로 '규칙의 체계(systems of rules)'로 해석된다. 특히 이러한 특징을 갖는 거버넌스는 공식적인 권위에 의해 이루

---

3) 이러한 의미의 거버넌스는 일반적으로는 '신거버넌스'(Pierre, 2000)라고 불리는데, 경우에 따라서는 '거버넌스'라는 용어가 신거버넌스를 의미하기도 한다(Rosenau, 1992; Jessop, 1997; Stoker, 2000b; 김정렬, 2000). 그러나, 개념상의 혼란을 방지하기 위해서 신거버넌스라고 하는 것이 더 적절하다고 생각된다.

어지는 정부와 달리, 공동의 목표에 의해 이루어진다(Rosenau, 1992). 즉, 거버넌스란 법적/공식적인 통제권한 없이 소기의 목적을 달성하고, 구성원/단위간의 갈등을 해결하는 등의 기능을 수행할 수 있는 능력을 의미한다(Stoker, 2000b).

협의의 거버넌스의 가장 중요한 특징은 '네트워크'이다(Jessop, 1997; Peters, 2000; Pierre, 2000). 네트워크는 비공식적이고 유동적인 존재로, 구성원의 빈번한 교체, 모호하게 규정된 권리/의무관계 등을 특징으로 한다(Newman, 2001). 여기에서 중요한 것은, 이러한 네트워크는 정부의 명령이 아니라 정부와의 협상의 결과로 형성되는 것으로, 정부와의 공식적인 파트너십과는 개념적으로 뚜렷하게 구분될 수 있다는 사실이다.

한국의 경우 일반적으로 정부, 시장 그리고 시민사회간의 새로운 파트너십이 거버넌스의 대표적인 형태로 강조된다(김광웅, 2000; 서울시정개발연구원, 2001). 그러나 Newman(2001)에 의하면 파트너십은 네트워크가 공식화된 것으로, 전통적인 행정학 패러다임에 근거한 '정부주도형 파트너십'이 얼마든지 가능하다. 따라서 단순한 파트너십의 강조와 거버넌스는 구분되어야 한다. 거버넌스의 관점에서, 네트워크는 국가로부터 상당한 정도의 자율성을 갖는 상호의존적인 조직간의 지속적인 상호작용을 의미하기 때문이다(Rhodes, 1997). Newman(2001: 124)에 의하면, 파트너십의 증가는 네트워크에 기초하는 새로운 거버넌스의 확산과 전혀 별개의 현상일 수 있으며, 오히려 전통적인 정부 권력의 더욱 교묘한 형태로의 확산의 결과일 수 있다고 한다.[4]

한편 거버넌스는 신공공관리론과 구별된다. Rhodes(1997)는 '사회-정치적 거버넌스'라는 용어를 사용하면서, 거버넌스를 신공공관리론과 구분하고 있다. 그에 의하면, 신공공관리론은 (i) 조직 내부의 문제에만 관심을 갖고; (ii) 조직간의 상호작용, 협상 등에는 무관심하며; (iii) 결과에만 관심을 가질 뿐, 다양한 협상 등의 절차적 문제에는 관심을 두지 않고; (iv) 경쟁과 방향잡기간의 모순적인 관계가 존재한다는 등의 한계를 가질 수밖에 없어 새로운 방법론이 필요하다고 한다. 이러한 측면에서, 신공공관리론의 한계를 극복하기 위한 대안이 바로 정치적/사회적 맥락에서의 상호작용을 강조하는 협의의 거버넌스인 것이다(Kickert, 1997).[5]

---

4) 이러한 관점에서 파트너십은 정부와의 "위험한 관계(dangerous liaison)"라 불리기도 한다(Newman, 2001: 125).
5) 신공공관리론이 내부규제완화를 주장하는 해방관리론(liberation management)과 경쟁원리 도입을 강조하는 시장원리관리론(market-driven management) 등의 주장에 따른 내부적인 관리체계 개혁을 강조하는 반면, 신거버넌스는 조직 외부와의 관계변화를 통한 행정개혁을 강조한다는 점에서 두 이론은 차별화 된다(이명석, 2001a).

거버넌스는 신자유주의적 관점에서의 정부의 역할의 축소/변화로 이해되기도 한다(정무권, 2001; Roderick et al., 2001). 그러나 거버넌스는 신자유주의와도 분명하게 구별되는 개념이다. 신자유주의는 정부의 역할을 축소하고 시장의 역할을 확대하는 것이 사회적으로 바람직하되, 자유시장의 원활한 작동을 위해서는 강력한 정부가 필요하다는 '시장중심적'인 정치·경제적 이념이라 할 수 있다(이명석, 2001a). 그러나 협의의 거버넌스는 전통적인 행정학이 주장하는 관료제에 의한 사회문제 해결뿐만 아니라, 시장 메카니즘에 의한 사회문제의 해결 또한 반대한다.

결론적으로 협의의 거버넌스, 즉 신거버넌스는; (i) 정부 이외의 기관/행위자의 광범위한 포함; (ii) 불분명해지는 정부와 민간 사이의 경계와 책임소재; (iii) 집합적 행동 문제와 관련된 상호의존적 관계; (iv) 자율적인 자치 네트워크; (v) 정부의 공권력/명령에 의존하지 않는 문제해결능력 등을 특징으로 하는 새로운 형태의 거버넌스라 정의할 수 있다(Stoker, 1998).

III. 거버넌스의 개념화: 신제도주의의 관점

1. 거버넌스와 신(新)거버넌스: 사회적 조정 기제(social coordination mechanism)

거버넌스의 개념을 명확하게 하기 위하여 Beetham(1996)의 '사회적 조정(social coordination)'의 개념을 살펴보기로 한다. Beetham에 의하면, 사회적 조정은 다양한 개인들간의 상호작용을 조정하여 사회문제를 해결하는 것을 의미한다. 사회적 조정의 유형으로는, '시장',[6] '관료제', 그리고 '민주주의(네트워크)'[7] 등이 존재한다. 여기에서

---

6) 김균(2000)에 의하면 Hayek 역시 시장을 자원배분의 기제가 아니라 상이한 개인들간의 상이한 경제행위를 '조정(coordinate)'하는 기제로 파악하였다고 한다.

7) Beetham(1996)의 '민주주의'는 '일반적인 의미의 민주주의'가 아니라, '계층제적 강제력에 의존하지 않고 정치적 권위가 작동하는 것'을 의미한다. 그러므로 Beetham이 말하는 민주주의는 Rhodes(1997)와 Stoker(1998)의 거버넌스(또는, 사회적 조정양식으로서의 '네트워크') 그리고 이 글에서 말하는 신거버넌스에 해당한다고 할 수 있다.

참고로, 이글은 저서 출간의 취지에 따라 가급적 2002년 논문의 내용을 수정하지 않는 것을 원칙으로 작성되었다. 이러한 이유로 현재는 많이 사용되지 않는 '신거버넌스'라는 개념을 그대로 사용하였다. 그러나 사회적 조정의 새로운 세 번째 유형을 Beetham의 표현을 그대로 사용하여 '민주주의'라고 부르는 경우, 신거버넌스 또는 거버넌스를 '참여적 정책결정'이나 '정책결정에서의 시민사회의 참여'로 제한적으로 또는 부적절하게 인식하게 될 것이 우려되어 이하의 내용에서 민주주의와 네트워크를 병기하였다.

시장은 '개인의 자유를 제한하거나 개인 간의 불평등한 지위를 강요하지 않고 가격기제의 작동을 통하여 자동적이고 수평적인 방법으로 다수의 개인들의 행동을 조정하는 제도적 장치', 관료제는 '개인들의 지위가 본질적으로 불평등한 권위와 강제의 계층제적 구조를 통하여 개인들의 행동을 조정하는 제도적 장치', 그리고 민주주의(네트워크)는 '평등한 개인들간의 의사결정과정 참여와 자치적인 통제와 강제를 통하여 개인들의 행동을 조정하는 제도적인 장치'를 각각 의미한다. 여기에서 시장은 자발적인 교환(voluntary exchange)을 특징으로 하는 반면, 관료제와 민주주의(네트워크)는 정치적 권위(political authority)에 의한 사회적 해결을 의미한다.

거버넌스에 관한 문헌에서 거버넌스는 '공적인 관심사와 관련하여 권력이 행사되고, 시민들이 의견을 제시하고, 의사결정이 이루어지는 방법을 결정하는 전통, 제도 및 절차'라고 정의되고 있으며(Amin and Hausner, 1997; Pierre, 2000; Newman, 2000; Stoker, 2000a), 이는 사회적 조정과 같은 개념으로 이해될 수 있다. 그리고 이러한 문헌들에서 사회적 조정의 유형으로 시장, 계층제, 거버넌스가 제시되는데, 여기에서 말하는 계층제와 거버넌스는 각각 Beetham의 관료제와 민주주의(네트워크)에 해당하는 개념이라 할 수 있다. 또한, Kooiman(2000)은 (i) 네트워크, 파트너십 등 자발적인 상호작용에 의해 이루어지는 공동 거버넌스(co-governing); (ii) 공식적인 명령/통제에 의해 이루어지는 계층제 거버넌스(hierarchical governing); 그리고 (iii) 개인적인 선택/행동의 결집으로 이루어지는 자기 거버넌스(self-governing) 등에 의해 사회문제가 해결된다고 한다. 여기에서, 공동 거버넌스는 신거버넌스(민주주의, 또는 네트워크), 계층제 거버넌스는 계층제(관료제), 그리고 자기 거버넌스는 시장을 각각 의미한다.[8]

이러한 Beetham의 개념을 사용하여 거버넌스의 정의와 관련된 모호성을 다음과 같이 정리할 수 있다. 먼저, 최광의 및 광의의 정의는 모두 '사회적 조정'의 방법이라는 점에서 공통점을 갖는다. 최광의의 정의가 국가 이외의 기업, 국제관계 등 다양한 단위/수준에서의 사회적 조정을 포함하는 반면, 광의의 정의가 국가를 단위로 하는 공공문제와 관련한 사회적 조정을 범위로 한다는 차이가 있을 뿐, 두 경우 모두 공통의 관심사인 문제를 해결하기 위한 다양한 사회적 조정 방법을 광범위하게 포괄한다는 점에서 동일하다. 따라서 본 논문에서는 거버넌스를 '공통의 문제 해결을 위한 사회적 조정 기제'라고 정의한다.

---

8) 여기에서 자기 거버넌스(self-governing)는 일반적인 의미의 '자치'가 아니라 "하나의 체제로서의 경제(economics-as-a-system)"에 의한 거버넌스, 즉 시장을 의미한다(Kooiman, 2000: 146).

이러한 정의는 흔히 통치로 번역되는 'governing'이 갖는 강제적/상의하달적 이미지를 불식시키고, '다스림(governing)'의 대상이 '사람'이 아니라 '공통의 문제'라고 정의함으로써, 다양한 유형의 거버넌스에 대한 고려를 가능하게 한다는 장점을 갖는다.9) 이렇게 정의할 경우, 로컬 거버넌스는 지방정부가 갖는 공통의 문제를 해결하기 위한 사회적 조정장치, 환경 거버넌스는 환경문제라는 공통의 문제를 해결하기 위한 사회적 조정장치, 글로벌 거버넌스는 지구전체적인 문제를 해결하기 위한 사회적 조정장치를 각각 의미한다. 또한, 많은 혼란을 야기하는 신공공관리론의 경우, 공공관료제 내부관리문제라는 공통의 문제를 해결하기 위한 사회적 조정장치의 '한 유형'으로 이해될 수 있다.

다음으로, 협의의 정의는 '시장과 계층제(또는 관료제)의 중간적인 형태를 갖는 사회적 조정 방법의 특수한 유형' 즉 Beetham의 민주주의(네트워크)에 해당하는 거버넌스라 할 수 있다. Beetham의 개념을 통하여 신공공관리론, 신자유주의, 그리고 협의의 거버넌스의 차이를 살펴보면 다음과 같다(이명석, 2001a). 먼저, 신공공관리론 논리의 핵심은 전통적인 행정학의 계층제적 통제를 민간기업의 경영원리로 대체하여 관료제 내부의 관리 효율성을 제고하여야 한다는 것이다. 또한, 신자유주의 거버넌스 논리의 핵심은 자율적 교환의 영역, 즉 시장의 역할을 확대하고 정치적 권위의 영역을 축소해야 한다는 것이다. 이에 비해, 협의의 거버넌스 논리의 핵심은 정치적 권위의 영역내에서 관료제의 역할이 축소되고 민주주의(네트워크)의 역할이 증가하고 있는 것이 경험적 사실이며, 동시에 바람직한 경향이라는 것이다(Harmon and Mayer, 1986; Stoker, 1998).10)

김석준 외(2000: 43)는 광의의 거버넌스를 "정부중심의 공적조직과 사적조직간의 경계가 무너지면서 나타나는 새로운 상호협력적인 조정양식," 그리고 협의의 거버넌스를 "공식적인 권위 없이도 다양한 행위자들이 자율적으로 호혜적인 상호의존성에 기반하여 협력하는 조정 형태"로 정의한다. 그러나 협의의 거버넌스를 국가나 시장과

---

9) 예를 들면, '치수(治水)'의 경우, '물(水)을 다스린다(治),' 또는 '물로 인해 발생한 문제를 해결한다'는 의미를 갖는다. 이 경우, '다스린다(治)'는 말의 뜻에는 '사람에 대한 통치'의 의미는 없다. 민주적인 방법, 또는 권위적인 방법 등 어떤 방법으로도 물 문제를 해결할 수도 있고, 치수라는 단어에는 이러한 구체적인 방법에 대한 함의는 들어있지 않다. 이와 유사한 예로 E. Ostrom. (1990). *Governing the Commons*를 생각해 볼 수 있다. 이 저서에서도 'governing'은 공유재(共有財) 문제의 해결을 의미한다.

10) 신거버넌스의 핵심은 정부와 사회 간의 관계의 변화, 즉 정부와 다양한 시민단체들로 구성된 네트워크라 할 수 있다. 따라서 신거버넌스의 주 관심사는 조직간 관계이다. 그러나 이러한 신거버넌스의 논리는 조직 내부관리문제에도 적용될 수 있다.

는 별도로 오래 전부터 존재해온 자연스러운 조정양식의 원형으로 파악하고 국가와 시장을 배제하는 시민사회 내부의 자율관리체제로 정의하는 것은 거버넌스의 의미에 대한 혼란을 가중시킬 우려가 있다. 이러한 논리에 의하면, 협의의 거버넌스는 시민사회와 정부를 명확히 구분하는 전통적인 패러다임을 가정하여 (정부와 민간의 경계의 완화를 강조하는) 신거버넌스의 논리를 충분히 반영하지 못하고, 또한 광의의 거버넌스 역시 (자율적인 조정으로서의) 신거버넌스 논리를 충분히 반영하지 못할 가능성이 존재하기 때문이다.

결론적으로 광의의 거버넌스는 다양한 사회적 조정 기제를 포괄하는 개념으로, 이러한 정의에는 새로운 관료제 내부관리방법인 신공공관리론과 시장의 역할 확대를 추구하는 '신자유주의적 거버넌스'는 물론, 전통적인 관료제적 거버넌스까지도 모두 포함될 수 있다. 그러나 앞서 언급된 바와 같이, 사회적 조정 방법의 한 유형인 민주주의에 해당하는 협의의 거버넌스, 즉 신거버넌스는 신자유주의나 신공공관리론과는 엄격하게 구분된다.

이러한 관점에서 본다면, 능률위주의 시장주의적 논리, 그리고 고객지향적인 기업가적 정부 등 신자유주의나 신공공관리론의 논리들을 신거버넌스에 포함시키는 주장(김석준, 2000: 15; 김석준 외, 2000; 김정렬, 2000; 2001; 박영주, 2000; 정정길, 2000 등 참조)은 거버넌스를 광의로 해석하고 있는 것으로, 본 논문의 신거버넌스와는 구분될 필요가 있다.11)

---

11) 참고로, 신자유주의와 신공공관리론도 엄격하게 구분된다. 신공공관리론이 신자유주의와 유사한 시기에 등장한 점, 규제완화와 시장원리를 강조하는 점 등으로 신공공관리론이 신자유주의에 근거한다는 주장이 특히 한국에서 다수 존재한다(유재원, 2000; 허철행, 2000). 그러나 신공공관리론은 좌파나 중도파 정부 등에 의해서도 받아들여지고 있고(Hood, 1991; Cohn, 1997), 영국의 경우 신공공관리론의 기원은 오히려 정치적 좌익과 더 밀접한 관련을 갖고 있다(Saint-Martin, 1998). 또한 신공공관리론에서 말하는 규제완화는 '관료제 내부관리에 관한 규제 완화'로 신자유주의에서 말하는 산업에 대한 규제완화와는 별개의 것이다. 그리고 신공공관리론에서 시장의 원리가 강조되는 이유도, '정부가 하던 일을 시장에 맡기자'는 의미가 아니라, 정부관료제의 운영체제가 시장의 그것을 모방해서 시장 경쟁의 원리가 정부관료제의 효율성을 높이는 주요 기제로 오랫동안 간주되어온 내부적인 계층제적 통제를 대체해야 한다는 것이다.
즉, 신공공관리론의 주장은 "시장이 정부를 대신해서 사회문제를 해결해야 한다"는 신자유주의적인 이념에 근거한 것이 아니라, "관료들이 자유롭게 정부관료제를 관리하도록 해서 정부관료제의 효율성을 제고해야 한다"는 것이다(이명석, 2001a).

2. 제도로서의 거버넌스

이상의 거버넌스 논의가 갖는 또 하나의 공통점은 다양한 '제도적 장치'로서의 거버넌스가 개인의 행태와 집합적 행동(collective action)의 결과에 미치는 영향에 관심을 갖는다는 사실이다. 대부분의 논의에서 거버넌스는 구성원, 구성원간의 관계, 자원의 배분, 조직 등의 '구조적 측면'과, 규칙, 규범, 인식 등의 '문화적인 측면'을 포함하는 존재로 파악된다(Kickert, 1997; Roderick et al., 2000).

이러한 논의를 종합하면, 거버넌스는 소위 '신제도주의(new institutionalism)'에서 말하는 '제도(institution)'로 정의될 수 있다(Lynn et al., 2001; Stoker, 2000a).[12] 그리고 전형적인 신제도주의 학자들의 주장과 마찬가지로 거버넌스에 관한 논의의 결론은 제도, 즉 거버넌스가 집합적 행동의 결과를 결정하는 주요한 요인으로 작동한다는 것이다(Heinrich and Lynn, 2000). 또한, 거버넌스는 본질적으로 정치적인 속성을 지니며, 따라서 필연적으로 협상과 타협이 존재하고, 승자와 패자가 존재하며, 모호성과 불확실성을 갖게된다. 이러한 측면에서 거버넌스는 일종의 '게임 상황'이라 할 수 있다.

한편, Lynn et al.(2000)은 환경적 요인, 국민(고객) 특성, 구조, 관리기법 등이 조합적으로(configurationally) 사회현상에 영향을 미친다는 거버넌스 분석 모형을 제시하고 있다. 이러한 분석의 틀은 신제도주의의 제도분석틀(IAD framework)과 매우 유사하다.[13] 특히, 거버넌스라는 개념이 제도, 문화 등이 다양한 참여자들간의 상호작용에 미치는 영향에 관심을 갖는다는 점에서, 제도분석틀은 거버넌스에 관한 분석에서 매우 유용하게 활용될 수 있을 것이다.[14]

이와 관련하여 더욱 중요한 것은, 거버넌스가 '중첩성(nestedness)'을 가지며, 제도분석틀을 이용하여 거버넌스의 이러한 특징을 분명히 할 수 있다는 사실이다.

---

12) 신제도주의는 역사적 제도주의, 합리적 선택 제도주의 등으로 구분될 수 있으나, 제도에 대한 신제도주의의 정의는 모두 유사하다. 역사적 제도주의는 제도를 "장기간에 걸친 인간 행동의 정형화된 패턴"이라 정의하고(하연섭, 1999: 16), 합리적 선택 제도주의는 "균형점을 이루는 공유되는 전략, 규칙, 그리고 규범에 의해서 구조화되는 상황에서 나타나는 인간 행태의 지속적인 규칙성"이라 정의하고 있다(이명석, 1999: 20). 따라서 신제도주의는 제도를 공식적인 법률뿐만 아니라 인간의 행태에 영향을 미치는 다양한 공식·비공식적 제약과 이로 인해 나타난 상호작용의 결과로 포괄적으로 정의하고 있음을 알 수 있다. 신제도주의에 대한 자세한 내용은 Hall and Taylor(1996) 참조할 것.
13) 제도분석틀은 물리적 속성, 실제 사용되는 규칙(rules-in-use), 공동체의 속성 등이 행동의 장(action arena)에서의 행위자의 행동에 미치는 영향을 분석하기 위한 일종의 분석틀이다. 자세한 내용을 위해서는 Ostrom(1986), 이명석(1999) 참조할 것.
14) 신거버넌스의 하나인 정책네트워크를 신제도주의의 제도분석틀로 분석한 사례에 대해서는 이명석(2001b) 참조할 것.

Ostrom(1986)은 '운영수준(operational level),' '집단선택 수준(collective choice level),' '구성적 선택 수준(constitutional choice level)' 등의 3가지 수준을 이용하여 제도의 중첩성을 설명한다. 운영 수준은 개인들의 상호작용이 일어나고 그 결과 사회현상이 발생하는 수준, 집단선택 수준은 운영수준의 행위자들의 권한과 의무를 규정하게 될 규칙(즉, 정책)을 제정하는 수준을, 그리고 구성적 선택 수준은 집단선택 수준에서의 행위자들의 권한과 의무, 그리고 상호작용의 규칙을 제정하는 수준을 각각 의미한다.

이러한 제도의 수준은 Kooiman(2000)에 제시하는 거버넌스 수준과 정확하게 일치한다. 즉, Kooiman이 말하는 구체적인 사회 문제를 해결하기 위한 '1차 거버넌스'는 운영 수준의 제도, 1차 거버넌스가 실행되는 조건을 규정하는 '2차 거버넌스'는 집단선택 수준의 제도, 그리고 누가, 어떻게 2차 거버넌스를 담당할 것인가를 규정하는 '3차 거버넌스'는 구성적 수준의 제도라 이해할 수 있다. 즉, 실제 사회문제의 해결을 위한 사회적 조정이 이루어지는 거버넌스가 존재하고, 또한 이러한 수준의 거버넌스를 조정하기 위한 차상위(次上位)의 거버넌스가 존재하는 것이다.

이러한 차상위 거버넌스를 '메타거버넌스(meta-governance)'로 이해할 수 있다 (Jessop, 2000). 학자에 따라서는 '상위수준의 거버넌스(meta-governance)'를 신자유주의, 대처리즘 등의 이념(김정렬, 2001), 또는 인식론적인 기반(문순홍·정규호, 2000) 등으로 정의하기도 한다. 그러나 이념이나 인식론적 기반은 뒤에서 논의 될 '거버넌스의 논리'로 이해하고, 메타 거버넌스는 거버넌스를 규정하는 차상위의 거버넌스로 이해하여 거버넌스를 '사회적 조정과 관련된 다양한 수준의 제도'로 이해하는 것이 거버넌스의 개념을 명확히 하는데 보다 적절하다.

또한 김정렬(2001: 86)은 정책 수준의 거버넌스만을 제도로 규정하고, 국가의 구조와 관리차원의 거버넌스를 각각 '구조'와 '행위'로 규정하고 있다. 이렇게 정의할 경우, 네트워크 등의 신거버넌스 핵심논리는 정책 수준에서만 적용되게 된다. 그러나 국가의 구조, 즉 체제와 관련된 거버넌스 또한 '하위 거버넌스의 거버넌스'라는 관점에서 신제도주의의 '제도'로 정의될 수 있으며, 관리와 관련된 거버넌스 역시 정부내부 관리, 또는 공무원 등의 행위를 규정하는 '제도'로 정의될 수 있다. 그리고 신거버넌스의 핵심인 네트워크 논리는 체제 수준, 관리수준, 정책 수준 등 모든 수준의 거버넌스에서 적용될 수 있다. 그러므로 수준의 차이와 상관없이 거버넌스를 '사회적 조정의 제도'로 이해할 필요가 있다.

3. '신거버넌스(the New Governance)'와 '새로운 거버넌스(new governance)'

'거버넌스 이론'은 전통적인 행정학이나 정치학의 영역을 거버넌스라는 새로운 관점에서 연구하려는 시도이다(Pierre, 2000). 이러한 점에서 거버넌스 이론은 정부역할의 변화를 의미한다. 비록 광의의 거버넌스가 계층제와 네트워크를 양극단으로 하는 다양한 사회적 조정 유형의 '연속체(continuum)'로 정의된다 하더라도, 거버넌스라는 개념을 사용한다는 것은 정부와 시민사회간의 '변화된' 관계를 고려한다는 사실을 의미한다. 이러한 시민사회와의 관계에 대한 고려가 중요하지 않은 경우, 정부와 거버넌스는 동의어가 되어, 굳이 거버넌스라는 개념을 사용할 필요가 없기 때문이다.15)

거버넌스 이론의 핵심은 전통적인 행정학 패러다임과 근본적인 차이를 보이는 바람직한 거버넌스, 즉 신거버넌스에 대한 가정, 또는 "거버넌스 논리(logic of governance)"에 있다(Lynn et al., 2001). Jessop(2000: 15)에 의하면, 신거버넌스는 시장이 추구하는 '절차적 합리성(procedural rationality)'과 국가가 추구하는 '실체적 합리성(substantive rationality)'을 모두 배격한다고 한다. 그에 의하면, 신거버넌스가 추구하는 합리성은 '반성적 합리성(reflective rationality)'이다. 즉, 신거버넌스는 소수에 의한 결정이나 보이지 않는 손에 의한 결정보다, 대화, 협상, 조정을 통한 타협이나 동의(consensus)에 더 큰 가치를 둔다.

일반적으로 네트워크가 신거버넌스의 핵심적인 특징으로 이해된다. 그러나 다양한 유형의 네트워크가 존재할 수 있다는 사실에 주목할 필요가 있다. Kickert(1997)에 의하면, 네트워크 거버넌스는 크게 '도구적(instrumental)', '상호작용적(interactive)', 그리고 '제도적(institutional)' 관점 등의 3가지 관점에서 이해될 수 있다. 먼저, 도구적 관점에서 네트워크 거버넌스는 중심 행위자(focal actor)에 의한 '방향잡기(steering)'를 의미한다. 따라서 규제 등 전통적인 '제1세대 정책 수단(first generation instruments)'이 더 이상 효과적으로 작동할 수 없는 새로운 사회적 상황에서, 유인제공 등의 보다 정교해진 '제2세대 정책수단(second generation instruments)'에 의한 중심 행위자, 즉 정부의 목적지향적인 조정활동의 중요성이 강조된다. 따라서 이러한 네트워크에서는 통제자(controller)와 피통제자(controllee)가 명확하게 구분된다. 이러한 관점에서 네트워크 관리자인 정부의 바람직한 역할은 교향악단의 '지휘자(conductor)'와 같은 것이 된다.

---

15) 거버넌스 논의는 정부와 시민사회간의 상호작용을 중요한 변수로 인식한다. 만일 이 관계가 전통적인 형태를 유지하는 경우, 정부와 거버넌스는 같은 개념이 된다. 그러나 일반적으로 거버넌스는 정부와 시민사회간의 관계가 변화한 새로운 형태의 거너번스를 의미한다.

다음으로, 상호작용적 관점에서 중요한 것은 집합적 행동의 문제이다. 도구적 관점이 특정한 행위자에 의한 목적지향적 조정에 초점을 두는 반면, 상호작용적 관점은 공동의 목적을 달성하기 위한 다양한 상호의존적인 행위자들간의 상호작용에 초점을 둔다. 통제자와 피통제자를 명확히 구분하는 도구적 관점과 대조적으로, 상호작용적 관점은 '상호적인 영향력(mutual influence)'을 강조한다. 이러한 관점에서 정부의 바람직한 역할은 다양한 구성원간의 협력을 도모하기 위한 '중재자(intermediator)'의 역할이 된다.

마지막으로, 제도적 관점은 네트워크 자체에 관심을 둔다. 이러한 관점에서 중요한 것은 제도, 규범, 행위자간의 권한/의무 관계 등이 된다. 특히, 다양한 사회구성원간의 관계를 규정하는 네트워크가 어떻게 형성/변화/대체되는가 하는 것이 제도적 관점의 주요 관심사가 된다. 따라서 여기에서 네트워크 관리자인 정부의 바람직한 역할은 네트워크의 구조와 문화에 영향을 주어 문제해결을 위해 보다 적절한 조건을 창출하는 역할이 된다.

거버넌스는 중앙집권적인 정부와 자율적인 시장의 중간 성격을 갖는 사회적 조정기제이다. 그러므로, 전통적인 행정학 패러다임의 기초하는 '도구적 관점의 네트워크'도 넓은 의미의 거버넌스에 포함된다고 할 수 있다. 그리고 경우에 따라서는 도구적 관점의 거버넌스가 더 적절한 행정개혁의 방향이 될 수도 있다. 그러나, 전통적인 행정학 패러다임이나 신공공관리론과 구분되는 행정학의 새로운 패러다임으로서의 신거버넌스는 도구적 관점의 네트워크 거버넌스와 차별화될 필요가 있다.

Kooiman(2000)은 전통적인 행정학의 계층제적 거버넌스의 특징으로, '리더가 다른 구성원을 통제하는 과정'으로 정의되는 계층제, 그리고 사회문제를 해결할 능력을 갖춘 '합리적인 사회적 행위자(rational social actor)' 등을 들고 있다. 이러한 정의에 의하면 중심행위자의 존재를 강조하는 도구적 관점의 네트워크 거버넌스는, 정부를 '조정을 담당하는 체제(steering system)'로, 그리고 시민사회를 '조정되는 체제(steered system)'로 간주하는 소위, '조정 중앙집권주의(steering centrism)'에 근거하는 계층제적 거버넌스, 즉 전통적인 행정학의 처방의 하나라 할 수 있다(Harmon and Mayer, 1986).[16]

따라서 도구적 관점에서 강조되는 중앙집권적인 '방향잡기'는 신거버넌스라 할 수 없고,[17] 상호작용적 관점과 제도적 관점에서 강조되는 '함께 방향잡기(co-steering)',

---

16) 네트워크는 전통적인 행정학 패러다임에서도 중요한 의미를 갖는다. Harmon and Mayer(1986)에 의하면, 행정학에서 1970년대 후반부터 이미 네트워크의 중요성이 강조되어 왔다고 한다.
17) Pierre(2000: 3)은 이러한 국가중심적(state-centric) 방향잡기를 "구(舊)거버넌스(old governance)"라 분류한다.

'함께 규제하기(co‐regulation)', '함께 안내하기(co‐guidance)' 등이 신거버넌스 논리의 핵심인 것이다(Kooiman, 1993:). 신거버넌스는 정부든 민간이든 어떠한 개인이나 단체도 복잡한 사회문제를 해결할 수 있는 모든 지식과 정보를 가질 수 없으므로, 정부가 일방적으로 방향을 제시할 능력이 없다는 가정에 근거한다.

신거버넌스는 정부주도적인 정책 네트워크와 신공공관리론 등 행정개혁을 위한 새로운 형태의 거버넌스를 총칭하기도 한다(예를 들면, Kettle et al., 1994; 김정렬, 2000). 한편, 비록 정부의 전통적인 중앙집권적 조정이나 개입이 불가능하기는 하나 여전히 정부는 사회문제 해결의 최후의 수단일 수밖에 없으므로, 전략적 기획과 정책조정 등의 새로운 정책 수단에 의해 사회조정의 역할을 담당하는 강력한 '정치적 구심점'이 존재하는 신국정관리가 필요하다는 논의도 존재한다(정무권, 2001). 물론, 거버넌스를 어떻게 정의하는가에 따라 이러한 논의가 적절한 것일 수 있다. 그러나 거버넌스의 명확한 개념정의를 위해서는 신거버넌스를 좀 더 좁게 정의할 필요가 있다. 신거버넌스의 개념이 지나치게 광범위하게 규정될 경우, 신거버넌스 (또는 거버넌스)라는 용어가 마치 '좋은 행정'을 의미하는 "마법의 주문(magic word)"(Kickert, 1997: 748)처럼 사용되어 행정개혁의 '수사'로 남용될 수 있기 때문이다.

본 논문은 '*신거버넌스(the New Governance)*'와 '새로운 거버넌스(new gover‐nance)'라는 두 개념의 구분을 통하여 거버넌스, 특히 *신거버넌스*를 둘러싼 개념적 혼란을 정리하고자 한다. 광의의 거버넌스 개념에서 볼 때, 두 가지는 모두 거버넌스의 새로운 대안이라는 공통점을 갖는다. 그러나 새로운 거버넌스가 전통적인 행정학의 패러다임, 즉 구거버넌스의 대안으로 등장한 신자유주의적 거버넌스, 신공공관리론적 거버넌스, 도구적 네트워크 거버넌스 등 다양한 거버넌스의 유형을 포괄적으로 의미하는 반면, *신거버넌스*는 상호작용적 관점 또는 제도적 관점의 '네트워크 거버넌스'를 배타적으로 의미한다는 점에서 두 개념은 차별화 될 수 있다.

결론적으로, *신거버넌스*는 (i) 시장을 통해서 자유롭게 도출되는 결정이나, (ii) 대표민주주의를 통해 선호를 결집하고 전문가들로 구성된 계층제를 통해 내려진 결정보다, 많은 수의 사람들의 숙고와 토론을 통해 내려진 결론이 훨씬 우월하다는 가정(Elster, 1998)에 근거하여 계층제적 강제력에 의존하지 않고 자율적인 개인/조직간의 자발적인 협동에 의해 이루어지는 사회적 조정을 강조하는 특정한 형태의 거버넌스(Lynn et al., 2001)라 할 수 있다.

Beetham의 개념을 이용하여 이상의 논의를 정리하면 <그림 1>과 같다.

그림 1 거버넌스, *신거버넌스*, 및 새로운 거버넌스

광의의 거버넌스(=사회적 조정: social coordination)			
정치적 권위(political authority)에 의한 사회적 조정			자발적 교환에 의한 사회적 조정
계층제(관료제)		네트워크(민주주의)	시장

▷ 전통적 행정학
▷ 관료제 거버넌스
▷ 계층제 거버넌스
  (hierarchical governance)
 	
▷ 네트워크 거버넌스
  (도구적)
▷ 방향잡기(steering)ᶜ
	▷ 신공공관리론
	  (NPM)ª
		▶ *신거버넌스*ᵇ
		▷ 공동 거버넌스
		  (co-governing)
		▷ 복합조직 거버넌스
		  (heterarchy)
		▷ 네트워크 거버넌스
		  (상호작용적/제도적)
		▷ 공유 거버넌스
		  (shared governance)
		▷ 함께 방향잡기
		  (co-steering)
			▷ 자기 거버넌스
			  (self-governance)
			▷ 신자유주의 거버넌스
			▷ 경쟁 메커니즘

─ 계층제적 통제 강조 ─ 상의하달식 관리 강조	─ 조직내부관리 강조 ─ 내부규제완화 강조 ─ 내부시장구축 강조	─ 조직간 관계 강조 ─ 계층제적 강제력에 의존하지 않는 정치적 권위 강조	─ 자발적 교환 확대 강조 ─ 정치적 권위 축소 강조
구(舊)거버넌스	새로운 거버넌스		

a) 신공공관리론 등 '짙은 음영' 처리된 부분은 '새로운 거버넌스'를 의미함.
b) '굵은 선' 안쪽의 고딕체로 표기된 부분은 *신거버넌스*를 의미함.
c) 새로운 거버넌스와 유사한 성격을 가지나, 동시에 구(舊)거버넌스의 새로운 정책수단의 성격을 가지므로 '옅은 음영' 처리함.

IV. 결론

거버넌스는 가치중립적인 개념적 틀로, 전통적인 행정학을 포함한 다양한 사회적 조정 기제를 분석/비교하는 틀을 제공하는 개념(Stoker, 1998)인 반면, *신거버넌스*는 일반적으로 경험적으로 관찰된 특정한 유형의 거버넌스로 인식된다(Kickert, 1997). 이론적인 처방에 의해서가 아니라 민주화의 진전과 시민사회의 발전으로 네트워크로 대표되는 *신거버넌스*가 자연스럽게 출현하였다는 것이다. 그러나 Newman(2001)은 *신거버넌스* 논의가 경험적인 의미뿐만 아니라 규범적인 의미도 갖는다고 한다. 즉,

(i) 복잡성을 특징으로 하는 사회에서의 네트워크에 의한 사회적 조정; (ii) 자치; (iii) 일반 국민의 참여; (iv) 민주주의 등이 바람직한 거버넌스를 구현하기 위해 필요한 규범적인 가치라는 것이다.

한편 (i) 네트워크나 파트너십은 이전에도 존재하였으며; (ii) 시장의 장점인 유연성, 계층제의 장점인 장기적 안목에서의 계획을 네트워크가 대신할 수 있다는 확신이 존재하지 않고(Amin and Hausner, 1997); (iii) 네트워크가 유용할지라도 전제적인 관점에서의 조정이 여전히 필요하며(Peters, 2000); (iv) 따라서 "거버넌스 실패(governance failure)"의 가능성이 존재한다(Jessop, 2000)는 등의 *신거버넌스*의 한계가 지적되기도 한다.

또한, 비록 정부가 비효율적일 가능성이 높기는 하지만, 반드시 비효율적일 수밖에 없는 것은 아니며, 시장 또한 정부의 도움 없이는 효율적으로 작동할 수 없으므로, 제한적인 정부를 옹호하는 *신거버넌스* 논리는 적절하지 못하다는 주장도 존재한다(Kiely, 1998). Peters(2000)는 거버넌스가 정부역할의 축소를 내포한다는 다른 학자들의 의견을 반박하면서, 흔히 거버넌스의 대명사로 인식되는 네트워크는 사회에 필요한 발전방향 제시기능을 성공적으로 수행할 수 없으므로 중앙정부에 의한 방향제시/지도가 반드시 필요하다고 주장한다. 정부의 역할이 달라지고 새로운 정책수단이 필요한 것일 뿐, 여전히 강력한 정부가 필요하다는 것이다(정무권, 2001).

이 글의 목적은 바람직한 거버넌스의 형태를 탐구하는 것이 아니라 거버넌스, 또는 *신거버넌스*의 개념을 명확히 하는 것이다. 따라서 본 논문은 일종의 *신거버넌스*의 '이념형(ideal type)'을 제시하였을 뿐, *신거버넌스*의 한계 등에 대한 논의는 구체적으로 다루지 않았다.

현실에 존재하는 거버넌스는 다양한 유형, 수준의 거버넌스의 혼합체일 수밖에 없다(Kooiman, 2000). 시장, 계층제, *신거버넌스* 등 어떤 종류의 사회적 조정 제도도 실패할 수밖에 없기 때문이다(Stoker, 2000). *신거버넌스*는 단지 새로운 형태의 사회적 조정, 즉 거버넌스 구조일 뿐, 시장이나 계층제를 완벽하게 대체할 수 있는 존재는 아니다(Rhodes, 1997). 이러한 관점에서, 신공공관리론과 *신거버넌스*, 어느 것도 아직 전통적인 행정학의 패러다임을 완전히 대체하지 못하였다고 할 수 있다.[18]

---

18) 예를 들어 '상의하달식 내부관리(top-down internal management)'에 반대하는 *신거버넌스* 논리(Jessop, 1997)에 근거하여 조직 내부관리를 개혁한다 하더라도, 전통적인 관료제적 행정학 패러다임, 그리고 신공공관리론 등의 처방이 필요한 경우가 반드시 존재한다. *신거버넌스* 논리의 처방만으로 효율적인 관리를 한다는 것은 불가능하다. 그리고 이것은 전통적인 행정학과 신공공관리론의 경우에도 마찬가지이다.

거버넌스, 특히 *신거버넌스* 역시 행정의 모든 문제를 해결할 수 있는 만병통치약이 아니다. 특히 한국의 경우 *신거버넌스* 논리에 의한 행정개혁은 시기상조인지 모른다. 그럼에도 불구하고 '거버넌스'라는 개념이 막강한 위력을 발휘할 수 있었던 이유는 전통적인 행정학에 대한 근본적인 변화/개혁의 필요성에 대한 절실한 인식 때문이라 할 수 있다. 여기에서 중요한 사실은, 거버넌스라는 용어가 광범위하게 사용된 이유가 *신거버넌스*의 논리가 받아들여졌기 때문이라기보다는, 무엇인가 새로운 것을 의미하는 '수사'가 필요했기 때문인지 모른다는 점이다.

이론의 현실 적합성 여부와 상관없이, 단지 수사적인 이유에서 새로운 이론들의 '이름만 빌리는 일'은 행정개혁에 전혀 도움이 되지 못한다. 특히 행정부가 행정부를 스스로 개혁해야 하는 행정개혁의 경우, 새로운 이론의 수사적인 목적에 의한 이용은 문제의 본질에 대한 근본적인 개혁 없는 '전시용 개혁'으로 국민의 불만을 무마하기 위한 수단에 불과하기 때문이다. 이러한 관점에서, *신거버넌스*에 대한 구체적인 정의는 학술적으로, 그리고 현실적으로 중요한 의미를 갖는다고 하겠다.

참고문헌

강민·김욱경. (2000). "한국에서의 금융위기관리 거버넌스의 딜레마". 「한국정치학보」, 34(3): 83–102.

강창현. (2002). "지역복지 공급 네트워크 연구: 네트워크 접근". 「한국행정학보」, 36(2): 313–32.

김광웅. (2000). 협력체제(Partnetship)와 효과적인 국정운영. 박재창 편. 「정부와 NGO」. 서울: 법문사, pp. 20–47.

김균. (2000). 하이에크와 신자유주의. 안병영·임혁백 편. 「세계화와 신자유주의 – 이념·현실·대응」. 서울: 나남출판, pp. 85–103.

김근세. (2000). 국정관리체계의 갈등: 정부조직관리개혁을 중심으로. 한국행정학회 하계학술대회. 「국정관리의 새로운 방형과 과제」. 서울.

김석준. (2000). "한국 국가재창조와 뉴 거버넌스: 새로운 패러다임의 모색". 「한국행정학보」, 34(2): 1–21.

김석준 외. (2000). 「뉴 거버넌스 연구」. 서울: 대영문화사.

김정렬. (2000). "정부의 미래와 거버넌스: 신공공관리와 정책네트워크". 「한국행정학보」,

34(1): 21-39.

_____. (2001). "영국 블레어 정부의 거버넌스". 「한국행정학보」, 35(3): 85-102.

문순홍·정규호. (2000). 거버넌스와 젠더: 젠더친화적 거버넌스의 조건에 대한 탐구. 한국정치학회 하계학술대회. 「Post-IMF Governance」. 서울.

박영주. (2000). "뉴거버넌스와 사회계약: 시민, 정부, 시장간의 역할과 책임의 모색". 「한국행정학보」, 34(4): 19-39.

박재욱·류현욱. (2000), 로컬 거버넌스와 시장의 리더쉽. 한국행정학회 하계학술대회 발표논문. 「국정관리의 새로운 방형과 과제」. 서울.

배응환. (2002). "지방정부와 지방환경 NGO 관계: 개발논리에 대한 환경보존논리의 대응을 중심으로". 「한국행정학보」, 36(1): 253-274.

서울시정개발연구원. (2001). 「서울시정의 로컬 거버넌스 도입전략」. 정책토론회. 2001. 11. 28. 서울.

유재원. (2000). "세계화, 신자유주의 그리고 지방자치". 「한국행정학보」, 34(4): 155-174.

이명석. (1999). 합리적 선택론의 신제도주의. 정용덕 외 편. 「합리적 선택과 신제도주의」. 서울: 대영문화사, pp. 9-30.

_____. (2001a). "신자유주의, 신공공관리론, 그리고 행정개혁". 「사회과학」, 40(1): 1-45.

_____. (2001b). Jens Blom-Hansen의 신제도주의적 정책망 분석. 「정책학의 주요 이론」. 서울: 법문사, pp. 118-126.

_____. (2002). "거버넌스의 개념화: '사회적 조정'으로서의 거버넌스". 「한국행정학보」, 36(4): 321-338.

전대성. (1997). 지방행정의 새로운 접근방법: 통치양식이론을 중심으로. 한국행정학회 동계학술대회 발표논문.

정무권. (2001). "정부와 NGO의 관계: 개념화의 문제와 이론적 쟁점". 「사회과학논평」, 21: 93-139.

정용덕 외 역. (1998). 「미래의 국정관리」. 서울: 법문사.

정정길. (2000). 「행정학의 새로운 이해」. 대명출판사.

하연섭. (1999). 역사적 제도주의. 정용덕 외 편. 「신제도주의 연구」. 서울: 대영문화사: 9-36.

허철행. (2000). 김대중정부 신자유주의 정부혁신의 비판적 검토. 「행정개혁 2년: 성과와 반성」. 2000년도 한국행정학회 춘계학술대회 발표논문집: 1－26.

ACIR. (1987). *The Organization of Local Public Economy.* Washington. D.C.: ACIR.

Amin, A. and J. Hausner. (1997). *Beyond Market and Hierarchy: Interactive Governance and Social Complexity.* Lyme. U.S.A: Edward Elgar.

Andrew, C. and M. Goldsmith. (1998). From Local Government to Local Governance － and Beyond? *International Political Science Review.* 19(2): 101－117.

Aucoin, P. and R. Heinnzman. (2000). The Dialectics of Accountability for Performance in Public Management Reform. in G. Peters and D. Savoie. (eds). *Governance in the Twenty－first Century: Revitalizing the Public Service.* London: McGill－Queen's University Press. pp. 244－280.

Beetham, D. (1996). *Bureaucracy.* 2nd edition. Buckingham: Open University Press.

Campbell, J., R. Hollingsworth, and L. Lindberg. (1991). *Governance of the American Economy.* Cambridge University Press.

Cohn, D. (1997). Creating Crises and Avoiding Blame: The Politics of Public Service Reform and the New Public Management in Great Britain and the United States. *Administration and Society.* 29(5): 584－616.

Considine, M. and J. Lewis. (1999). Governance at Ground Level: The Frontline Bureaucrat in the Age of Markets and Networks. PAR. 59(6): 467－460.

Ellwood, J. (2000). Prospect for the Study of the Governance of public Organizations and Policies. in C. Heinrich and L. Lynn, Jr. (eds). Governance and Performance: New Perspectives. Washington D.C.: Georgetown University Press.

Elster, J. (1998). *Deliverative Democracy.* Cambridge. Cambridge University Press.

Heinrich, C. and L. Lynn, Jr. (eds). (2000). *Governance and Performance: New Perspectives.* Washington D.C.: Georgetown University Press.

Hood, C. (1991). "A Public Management for All Season?". *Public Administration.* 69(Spring): 3－19.

Harmon, M. and R. Mayer. (1986). *Organizational Theory for Public Administration.* Glenview: Scott, Foresman.

Ingraham, P. and K. Donahue. (2000). Dissecting the Black Box Revisited:

Characterizing Government Management Capacity. in C. Heinrich and L. Lynn, Jr. (eds). Governance and Performance: New Perspectives. Washington D.C.: Georgetown University Press.

Jennings, Jr., E. and J. Ewalt. (2000). Driving Caseloads Down: Welfare Policy Choice and Administrative Action in the States. E. in C. Heinrich and L. Lynn, Jr. (eds). Governance and Performance: New Perspectives. Washington D.C.: Georgetown University Press.

Jessop, B. (1997). The governance of complexity and the complexity of governance:preliminary remarks on some problems and limits of economic guidance. in Ash Amin and Jerzy Hausner. (1997). *Beyond Market and Hierarchy: Interactive Governance and Social Complexity*. Lyme, U.S.: Edward Elgar. pp. 95－128.

Jessop, B. (2000). Governance Failure in G. Stoker. (ed.). *The New Politics of British Local Governance*. St. Martin Press. pp. 11－32.

John, D., D. Kettle, B. Dyer & W. Lovan. (1994). "What Will New Governance Mean for the Federal Government?" *Public Administration Review*. 54(2): 170－175.

Kickert, W. (1997). Public Governance in the Netherlands: An Alternative to Anglo－American 'Managerialism'. *Public Administration*. 75: 731－752.

Kiely, R. (1998). Neoliberalism Revised? A Critical Account of World Bank Conception of Good Governance and Market Friendly Intervention. *International Journal of Health Services*. 28(4): 683－702.

Kooiman, J. (1993). Societal－Political Governance: Introduction. in J. Kooiman. ed. *Modern Governance: New Government－Society Interactions*. London: Sage.

_____. (2000). Societal Governance: Levels, Modes, and Orders of Social－Political Interaction. in Pierre, J. (ed). *Debating Governance*. Oxford University Press.

Lappe, M. and P. M. Du Bois. (1994). *The Quickening of America: Rebuilding Our Nation, Remaking Our Lives*. San Francisco: Jossey－Bass.

Lynn, Jr., L., C. Heinrich and C. Hill. (2001). *Improving Governance: A New Logic* for *Empirical Research*. Washington. D.C.: Georgetown University Press.

Newman, J. (2001). Modernising Governance: New labour, Policy And Society. Sage.

Osborne, D. and. (1992). *Reinventing Government: How the Entrepreneurial Spirit is Transforming the Public Sector*. New York: Plume.

Ostrom, E. (1986). An Agenda for the Study of Institutions. *Public Choice*. 48(1): 3–25.

_____. (1990). *Governing the Commons: The Evolution of Institutions for Collective Action*. Cambridge University Press.

Ostrom, V. (1989). *Intellectual Crisis in American Public Administration*. Tuscaloosa: University of Alabama Press.

Peters, G. (1996). *The Future of Governing: Four Emerging Models*. Lawrence: University Press of Kansas.

_____. (2000). Globalization, Institutions, Governance. in G. Peters and D. Savoie. (eds). *Governance in the Twenty–first Century: Revitalizing the Public Service*. London: McGill–Queen's University Press. pp. 29–57.

Pierre, J. (1999). Models of Urban Governance: The Institutional Dimension of Urban Politics. Williams, D. (2001). *Urban Affairs Review*. 34(3): 372–396.

_____. (2000). *Debating Governance*. Oxford University Press.

Rhodes, R. (1997). *Understanding Governance: Policy Networks, Governance, Reflexity and Accountability*. Bristrol, PA: Open University Press.

Rhodes, R. (2000). The Governance Narrative: Key Findings and Lessons from the ESRC's Whitehall Programme. *Public Administration*. 78(2): 345–363.

Roderick, M., B. Jacob, and A. Bryk. (2000). Evaluating Chicago's Efforts to End Social Promotion. in C. Heinrich and L. Lynn, Jr. (eds). Governance and Performance: New Perspectives. Washington D.C.: Georgetown University Press.

Rosenau, J. (1992). Governance, Order, and Changes in World Politics. in Rosenau, J. and E. Czempiel. (1992). *Governance without Government: Order and Change in World Politics*. Cambridge University Press. pp. 1–29.

Rosenau, J. and E. Czempiel. (1992). *Governance without Government: Order and Change in World Politics*. Cambridge University Press.

Saint–Martin, D. (1998). Management Consultants, the State, and the Politics of

Administrative Reform in Britain and Canada. *Administration and Society.* 30(5): 533−569.

Stoker, G. (1998). Governance as Theory: Five Propositions. *International Social Science Journal.* 50(1): 17−28.

Stoker, G. (2000a). *The New Politics of British Local Governance.* St. Martin Press.

Stoker, G. (2000b). Urban Political Science and the Challenge of Urban Governance. in J. Pierre. *Debating Governance.* Oxford University Press.

Williams, D. (2001). Macro−Policy and Cumulative Effects: Elements Necessary to Move from Government to Governance. paper presented at 14th annual PAT−Net Conference. *Changing Discourses: Democracy, Institutions and Civil Space.* Leiden University, The Netherlands, June, pp. 21−23.

World Bank. (1992). *Governance and Development.* World Bank, Washington.

Wright, V. (2000). Blurring the Public−Private Divide. in G. Peters and D. Savoie. (eds). *Governance in the Twenty−first Century: Revitalizing the Public Service.* London: McGill−Queen's University Press. pp. 155−177.

www.iog.ca/about.html

▶ ▶ ▶ **리뷰**

윤견수(고려대학교 행정학과)

1. 개념의 등장 배경

새로운 상황이 나타나면 그것을 설명하기 위해 새로운 개념이 등장한다. 해방 이후 한국의 국가발전을 이끈 원동력을 설명하기 위한 개념은 발전행정과 국가관료제, 혹은 이 두 개념을 합한 발전국가론이라는 개념이었다. 발전국가론의 핵심은 권위적이고 계층적인 정부가 국가의 발전을 주도하며 국민과 사회를 이끄는 것이다. 그런데 발전국가론은 1980년대 중후반 이후부터 나타난 한국의 변화를 설명하는데 한계가 있다. 1980년대 이후의 한국에는 기존에는 없었던 두 가지 흐름이 나타났다. 첫째, 군사정권이 물러나고 민주화의 요구가 거세지면서 시민사회의 영향력이 국가 운영과정에 투영되었다. 이 과정에서 지방분권이 제도화되고 절차적 정당성과 형평성에 대한 요구가 증가했다. 둘째, 우리나라가 OECD에 가입하고 사회 각 분야의 국제화가 촉진되는 과정에서 국내의 헌법이나 법령을 뛰어넘어 국제적인 조약이나 국제규범의 영향을 받기 시작했다. IMF 체제를 경험한 이후에는 신자유주의 가치와 신공공관리의 운영원칙들이 정부관료제의 운영에 직접 이식되었다. 이와 같은 두가지 흐름은 각각 정치의 논리와 시장의 철학으로 대변되며 국가관료제가 중심이 되었던 기존의 통치구도에 직접적인 영향을 주었다. 정치와 시장의 영향력이라는 상황 변화를 이해하는 과정에서 등장한 새로운 개념이 바로 거버넌스다. 정부는 발전국가 시대처럼 더 이상 사회문제를 해결하는 유일한 행위자가 아니라는 것을 상징적으로 보여주는 용어다.

2. 논문의 개요

시기적으로 거버넌스는 계층제적 관료제의 특징을 갖는 전통적 행정학의 대안으로 등장했다. 따라서 거버넌스라는 개념이 정당성을 가지려면 행정학의 본질적인 요소를 포함할 수 있어야 하고, 동시에 전통적 행정학에 대한 불만이나 실망을 거버넌스라는 개념을 통해 극복할 수 있어야 한다. 이러한 관점에서 보면 이명석 교수의 논문은 거버넌스 개념을 소개한 그 어떤 글보다 훌륭하게 정리가 되어 있다. 거버넌스라는 개념이 갖고 있는 다양한 개념적 층위를 소개하되 행정학의 본질과 전통행정학의 한계를 동시에 보여주고 있기 때문이다. 광의로 해석하면 거버넌스는 '주어진 영역 내에서 구성원들이 직면하는 공통의 문제를 해결하기 위하여 구성원들의 권한과 의무를 제한하는 방법', 즉 '공통의 문제해결을 위한 사회적 조정기제'다. 분석단위와 수준이 국가인가, 아니면 국가 이외의 기업이나 국제관계까지 포함하는가에 따라 광의와 최광의로 나뉠 뿐 본질적인 정의는 같다.

조정기제의 유형으로는 시장과 계층제(관료제) 그리고 네트워크(민주주의)가 있다. 시장은 가격기제를 통해 개인들의 상호작용에 대한 조정이 자동적으로 이루어지며, 계층제(관료제)는 권위의 계층적 관계를 통해 개인들의 행동이 통제된다. 네트워크(민주주의)는 의사결정에 대한 참여와 자율통제를 통해 개인들의 상호작용에 대한 조율이 이루어진다. 사회적 조정의 유형을 셋으로 나눈 것은 계층제(관료제)가 중심이 되었던 기존의 사회적 조정에 시장과 네트워크(민주주의) 방식이 추가된 것이다. 즉, 행정의 정치화와 행정의 기업화라는 시대적 흐름을 통해 종래의 행정이 갖고 있었던 개념적 외연이 확장된 것이다. 이명석 교수는 세 가지 유형 가운데 특히 네트워크(민주주의) 방식의 사회적 조정을 협의의 거버넌스라고 정리하면서 신거버넌스라고 불렀다. 그것은 무정부를 특징으로 하는 시장과, 계층을 특징으로 하는 관료제와는 다르다. 즉 보이지 않는 손에 의한 결정이나 소수에 의한 결정이 아니라 대화와 타협 그리고 동의에 기반을 둔 조정방식이다. 그래서 신거버넌스는 다른 두 가지 조정방식이 진화한 것과도 차별화 된다. 예컨대 시장의 역할을 확대해야 한다는 신자유주의나 민간기업의 경영원리를 통해 계층제 내부의 효율성을 꾀하자는 신공공관리와는 다른 것이다. 거버넌스에 대한 논의가 신거버넌스를 중심으로 이뤄진다면 거버넌스의 가치와 철학은 기본적으로 정치공동체의 특징과 유사해진다. 따라서 분석의 과정에서 합의, 신뢰, 갈등, 협상, 설득, 정치적 권위, 민주주의 등과 연관된 이론이나 개념들이 주로 활용된다.

하지만 거버넌스 개념을 사용하는 과정에서 몇 가지 조심스러운 측면이 있다. 이명석 교수의 글에서는 그 가운데 특히 두 가지를 강조한다. 첫째는 거버넌스가 자칫 수사적으로 쓰일 수 있는 가능성을 경계한다. 개혁과 변화의 과정에서 그것을 상징적으로 보여주기 위한 겉보기 용어로 활용되어서는 안된다고 한다. 거버넌스 개념은 정부가 주도하던 문제해결 방식이 정부와 시민사회 간의 협동을 통한 문제해결 방식으로 변화된 상황을 전제로 한다. 민주주의를 억압하고 시민사회를 무시하면서 정부가 거버넌스를 강조한다면 오히려 개념이 도구화된다. 둘째는 그러기 때문에 거버넌스 개념을 단지 조직구조, 관리기법, 정책기조 등으로 보면 안되고 분석적으로 접근해야 한다. 이때 분석의 토대로 작용하는 것은 신제도주의 접근에서 강조하는 것처럼 거버넌스를 하나의 제도로 보는 것이다. 제도는 집합적 행동의 결과를 일정한 방향으로 유도하는 것이며, 다양한 행위자들이 모여 규칙을 만드는 것처럼 일종의 게임상황이기도 하다. 제도는 인간의 행동에 영향을 미치는 각종 공식·비공식 제약이다. 이와 같은 제약 혹은 상호작용의 규칙은 직접적인 상호작용을 규제하는 일차적 수준, 일차적 수준의 규칙을 규제하는 이차적 수준, 이차적 수준의 규칙을 규제하는 메타 수준 등과 같이 다양한 층위로 구성되어 있다. 이와 같은 논리들이 거버넌스를 분석할 때도 적용될 수 있다고 보는 것이 바로 신제도주의적 시각이다.

3. 거버넌스: 행정과 정책 연구의 새로운 패러다임

거버넌스 개념이 행정과 정책 연구의 새로운 패러다임을 제공했다는 점은 2000년대에 들어와 등장한 각종 문헌들을 통해 확인할 수 있다. 특히 신거버넌스(혹은 협의의 거버넌스)와 연관된 연구들은 1995년 지방자치가 시작되면서 폭증하고 있다. 그동안 소외되었던 시민세력이나 소수자들을 정부와 함께 정책과정의 당당한 주역으로 등장시킨 대부분의 연구는 직간접적으로 신거버넌스 계열의 연구에 속한다. 지방행정 대신 지역거버넌스, 복지행정 대신 복지거버넌스, 환경행정 대신 환경거버넌스 등의 개념을 사용한다는 것은 적어도 지방, 복지, 환경 등의 영역의 문제해결 과정을 정부가 독점할 수 없다는 신거버넌스 정신을 반영한 것이다. 이 과정에서 학자들은 민주주의의 본질인 절차적 정당성, 설득과 타협 등의 가치를 행정에 끌어들였다. 이와 동시에 자발성, 협력, 심의민주주의 등과 같이 거버넌스가 작동될 수 있는 구체적인 조건들에 대해서도 관심을 기울이기 시작했다. 한마디로 신거버넌스에 관심을 가진 학자들은 신제도주의 시각에서 행정의 민주화나 정치와 행정의 관계에 대한 근본적인 성찰을 시도한다.

광의의 거버넌스와 연관된 연구로 범위를 확대하면 2000년대 이후 행정학 연구의 상당 부분이 거버넌스 연구라고 할 정도로 그 양이 많아진다. 이명석 교수가 그림으로 분명히 정리한 것처럼 사회적 조정의 관점을 전제로 할 때, 시장인가 정부인가, 관료제인가 정치인가 시장인가, 계층제인가 네트워크인가, 신공공관리인가 신거버넌스인가 신자유주의인가 등등과 연관된 모든 논의들이 광의의 거버넌스 연구에 속한다. 정부(government)라는 말 대신 사회적 조정(governance)이라는 개념을 사용하기 때문에 참여(participation), 네트워크(network), 협업(collaboration) 등의 개념이 거버넌스 연구에서는 핵심단어들이다. 거버넌스라는 개념을 사용하지 않더라도 "정부가 모든 것을 독주하는 시대는 더 이상 아니다"는 거버넌스의 정신을 그런 개념들이 충분히 반영하고 있는 것이다.

4. 향후 연구를 위한 제언

거버넌스 연구가 정착되기 위해서는 단지 유행을 좇아 그 개념을 수사적으로 활용하려고만 하지 말고 분석적으로 접근해야 한다는 이명석 교수의 전반적인 논지에 전적으로 찬성한다. 그런데 이러한 것들이 가능하려면 두 가지 조건이 충족되어야 한다고 본다. 첫째, 거버넌스라는 개념을 사용하지는 않지만 거버넌스 정신을 담고 있는 수많은 유사 사례들에 대한 경험연구가 축적될 필요가 있다. 유엔, 유럽연합, 아세안 등과 같은 초국가적 수준은 물론, 각종 협의회나 위원회 등과 같은 미시적 수준에 이르기까지 이들 조정기제는 그 작동의 취지, 작동 조건, 작동 방식 등이 거버넌스 개념과 직결된다. 이러한 사례들에 대한 축적된 연구를 통해 거버넌스 개념의 이론화 작업은 더 풍성해질 것이다. 둘째, 행정학, 정치학, 경제학, 사회학 등으로 학문이 분업화되어가는 경향을 극복해야 한다. 학과로 나뉘어져 있는 대학의 분업구조가 학문의 분업구조로 확대재생산 되면서 학문들 간의 협업이 점차 힘들어지는 상황에서는 거버넌스 연구의 이론화 작업은 극히 제한적일 수밖에 없다. 제도에 대한 연구가 특정 학문분야의 전유물이 아니듯, 거버넌스 개념이 하나의 메타포로 그치지 않기 위해서는 다양한 학문분야의 진지한 협업이 필요하다.

대형국책사업
집행실패의 영향요인 분석

대형국책사업 집행실패의 영향요인 분석[*]

문명재(연세대학교 행정학과)[**]

Ⅰ. 서론

경제 규모와 정부 예산이 증가되고 도로, 철도, 항만, 공항을 포함하는 사회간접자본(Social Overhead Capital, SOC)의 경제적·사회적 역할이 강조되면서 정부는 다양한 대형국책사업[1]을 계획하고 추진한다. 대형국책사업은 예산의 규모가 크고 장기적 국가 발전계획과 밀접한 관련성을 가지며 관련 정부부처와 이해당사자(stake–holders)가 많은 국가전략사업이기 때문에 그 경제적·사회적·정치적 영향이 매우 크다. 따라서 대형국책사업의 내용과 규모는 국가의 장기발전계획과 맞물려 신중히 결정되고 추진되어야 한다. 그럼에도 불구하고 실제로는 당초 계획을 훨씬 초과하여 예산과 시간이 과도하게 소요되는 사례가 많을 뿐 아니라, 당초 기대한 사회적·경제적 효과에 미치지 못하는 사례가 늘어가고 있는 것이 현실이다.

대형국책사업의 실패사례는 비단 우리나라만 국한된 것이 아니라 선진 국가에서도 비슷한 현상이 일어나는 것에 주목할 필요가 있다. 최근 대형국책사업에 대한 중요도나 관심이 늘어나면서 추진과정과 집행을 분석·평가하는 연구들이 증가하고 있다. 예를 들면 Flyvbjerg et. al. (2003)은 최근 연구를 통하여 4개국(미국, 영국, 스웨덴, 덴마크)의 대형사업 추진사례를 비교연구하면서 대형사업(megaprojects)의 실태와 실

---

* 이 논문은 한국학술진흥재단의 2005년도 연구비지원(KRF-2005-003-B00380)을 받아 연구되었다. 더불어 이 논문은 2007년 『한국정책학회보』, 제16권 제2호, pp. 49-89에 게재된 논문임을 밝혀둔다.

** 본 논문은 이철주(고려대학교 행정학과 박사과정), 주기완(고려대학교 행정학과 박사과정), 하연희(고려대학교 행정학과 박사과정), 곽연륜(고려대학교 행정학과 석사)과 함께 저술했음을 표기한다.

1) 기존문헌에서 일반적으로 정책(policy)과 사업(program)은 구별되지 않고 사용되고 있다. 흔히 정책은 무형적 정부프로그램(의약분업정책, 실업정책)과 유형적 정부사업(SOC 건설사업)을 포함하는 광의적 의미로 사용하지만 본 연구에서는 대형국책사업에 국한하기 때문에 광의적 개념보다는 국책사업에 제한하여 살펴보기로 한다.

패위험성에 대한 고찰을 시도하고 있다.[2] 이 연구는 대형국책사업의 실패원인을 사업결정 과정의 투명성(transparency)문제, 시민사회의 미약한 참여로 인한 민주성 부족(democracy deficit) 그리고 사업결정과정의 책임성 부족 문제에서 찾고 있다. 예를 들어 1994년에 개통된 영국과 프랑스를 잇는 해저터널의 경우 총사업비용으로 47억 파운드가 소요되었는데 이는 예상했던 건설비용보다 80%나 초과 소요된 것이고 채무관련 비용도 예상보다 140%가 높은 반면 수입은 절반밖에 미치지 못하는 전형적인 대형국책사업 실패사례로 지적되고 있다. 1995년에 완공된 미국 콜로라도 주의 덴버국제공항도 예상했던 건설비용보다 50억 달러 이상이 더 집행되어 두 배 이상의 건설비용이 소요된 반면 공항이용자 수는 예상했던 규모의 절반에도 미치지 못하였다. 이와 같이 초과비용이 발생하거나 기대효과를 달성하지 못하는 대형국책사업의 실패사례는 세계 도처에서 찾아 볼 수 있는데, 이는 우리나라에서도 매우 심각한 정책문제가 되고 있다.[3]

예를 들면 경부고속철도 2단계 사업과 새만금간척종합개발사업, 그리고 방사성

[2] Flyvbjerg et. al.의 연구(2003)는 4개 국가의 대형사업 자료를 바탕으로 평균 초과비용율을 계산하고 있다. 스웨덴의 경우 8개 도로사업의 경우 86%(2%−182%)인 반면 철도사업의 경우는 이보다 훨씬 낮은 17%(−14%−+74%)를 나타내고 있다. 또한 미국 철도사업의 경우는 평균 초과비용율이 61%(−10%−+106%), 영국 도심교통사업의 경우 50%, 덴마크 철도사업의 경우 초과비용율이 약 45% 정도임을 밝힌 바 있다.

[3] <표 1>에서 나타난 바와 같이 한국의 대형국책사업이 외국의 대형국책사업 사례에 비하여 초과비용부문이 상대적으로 높게 나타나는데 주목해야 한다. 이는 대형국책사업 실패 원인의 종합적 규명 및 이론화 작업을 통하여 향후 대형국책사업의 효율적인 추진을 위한 중요한 이론적·정책적 함의를 제공한다는 점에서 매우 중요하다고 생각한다.

<표 1> 대형국책사업 초과소요비용에 대한 해외사례와 한국사례

국내외 대형사업(Megaprojects)	초과소요비용: Cost overrun(%)
경부고속철도	217% (5.8조원에서 18.4조원)
파나마운하	200%
보스턴터널	196%
새만금 (추정치)	160%(1.3조원에서 3.4조원)
보스턴−워싱턴−뉴욕철도	130%
인천공항	121%(3.4조원에서 7.5조원)
일본신칸센 고속철도	100%
워싱턴 전철	85%
샤넬 영−불 해저터널	80%
멕시코시 메트로	60%

* 초과소요비용률 = (실제소요비용 − 예상소요비용) / 예상소요비용 * 100
** 해외사례의 경우 Flyvbjerg 외. (2003)를 참조하고, 국내사례의 경우 박재룡 외. (2005)를 바탕으로 앞에서 제시한 '초과소요비용률 공식'을 바탕으로 계산함.

폐기장 등과 같은 대형국책사업 중 일부가 최근에 계획이나 실행단계에서 이해당사자 간의 갈등문제를 해결하는데 어려움을 겪고 그 추진이 지연되거나 중단되는 사태가 발생하고 있다. 또한 인천공항이나 고속철도 사례와 같이 완결된 대형국책사업이라 할지라도 실제로 소요된 건설비용과 소요시간이 예상치 보다 크게 초과되고 실제효과 도 추정한 기대에 미치지 못하는 경우도 있다. 경부고속철도의 경우 당초 계획은 6년 (1992-1998년) 소요기간에 총공사비 5.8조원을 예상했으나 실제 공사기간은 이보다 훨씬 늘어 1·2단계 완공을 위하여 18년(1992-2010년)이 소요될 예정이며 총공사비도 예상비용의 약 3.5배인 18.4조원의 집행이 예상된다. 인천공항사업도 당초 5년의 공사 기간(1992-1997년)과 3.4조원의 소요비용을 예상했으나 실제로는 8년의 공사기간 (1992-2000년)과 7.5조원의 공사비용이 소요되었다(박재룡 외 2인, 2005).

이러한 맥락에서 본 논문은 대형국책사업의 초과소요시간과 초과소요비용을 사 업집행실패로 조작적 정의를 내리고, 대형국책사업의 집행실패를 불러오는 여러 가지 요인들을 중심으로 대형국책사업 집행실패와의 인과관계에 대하여 검증하는 것을 그 목적으로 한다.

모형에 포함되는 요인으로는 선거주기(election cycle)와 같은 정치적 요인, 집행 에서의 다양한 관련기관, 계획변경 여부 등과 같은 복잡성(complexity), 사업 자본구 성비율과 같은 재원조달유형, 정부 외 이해당사자 갈등 등이 있다. 또한, 단일사례연 구나 규범적 접근의 한계를 극복하기 위하여 지난 1970년 경부고속철도 건설 이후 계획·시행한 일정 규모 이상의 (500억 이상) 대형국책사업[4]의 기초 데이터를 수집하 고, 이를 통계적으로 분석함으로써 일반화할 수 있는 대형국책사업실패 모형을 이론 적으로 제시·검증하는 한편, 보다 구체적이고 정성적인 논의를 위하여 선별된 국책 사업을 중심으로 관련 사례를 검토함으로써 대형국책사업에 대해 보다 면밀하게 살 펴보고자 한다. 구체적으로 연구 질문을 제시하면 다음과 같다.

첫째, 대형국책사업을 완공하는데 소요된 시간과 비용은 당초계획보다 얼마나 초

---

4) '국책사업'의 개념은 일반적으로 행정이나 언론에서 통용되나 법률적 개념은 아니다. <국책사 업의효율적추진을위한특별법('96)> 제정방안 검토시 '국책사업'을 전체 국민에게 꼭 필요한 기간산업으로 도로, 철도, 항만, 발전시설, 정보통신과 같은 사회간접자본시설로서 정의한 바 있다. 국책사업과 유사한 개념으로 '사회간접자본시설사업'이 통용되는데, <사회간접자본시설 에대한민간자본유치촉진법>에서는 '사회간접자본시설'을 각종 생산활동의 기반이 되는 시설 및 당해시설의 효용을 증진시키거나 이용자의 편의를 도모하는 시설과 국민생활의 편익을 증 진시키는 시설로 정의하고 있다. 이를 토대로 '국책사업' 개념을 조작적으로 정의해보면, '사회 간접자본시설사업 중 국가, 공사 또는 공단, 정부투자기관 등이 주무관청으로서 업무를 관장하 는 국고지원 공공투자사업'이라고 할 수 있다(김선희 외, 2005: 39).

과되었는가?

둘째, 당초계획보다 시간과 비용이 늘어났다면 이러한 결과에 영향을 주는 요인들은 무엇인가?

셋째, 대형국책사업의 집행실패를 최소화하기 위하여 고려해야 할 사항은 무엇인가?

위의 연구 질문을 해결하기 위하여 2장에서는 선행연구를 검토하여 그 한계점과 본 연구의 차별성을 확인하였고, 3장에서는 실증분석을 위한 이론적 배경을 정리하여 분석모형을 구성하였으며, 4장에서는 연구방법을 살펴 본 후, 5장에서는 실증분석을 통한 연구결과를 제시함과 함께 6장에서는 본 연구결과의 함의와 한계를 정리하기로 한다.

Ⅱ. 선행연구 검토 및 한계점

대형국책사업 실패에 대한 기존의 연구들은 다음 <표 2>와 같이 연도별로 정리해 볼 수 있다. 검토결과 사례분석과 정책추진과정에 대한 연구는 크게 두 가지 유형으로 구분할 수 있었으며, 이들은 각각 다음과 같은 한계점을 내포하고 있다.

첫째, 무엇보다도 '실패'연구에 관한 기존 문헌에서 '정책실패'에 관한 연구에 비해 '대형국책사업실패'만을 대상으로 진행된 연구가 희소하다는 점에서 공백이 발견된다. 즉, 대형국책사업 실패에 관한 선행연구가 많지 않으며, 한정된 연구주제를 통해 과도한 일반화를 하고 있다는 문제점을 지니고 있다.

둘째, 단일사례연구와 단순비교사례연구에 따른 일반화의 부재를 들 수 있다. <표 2>에서 나타난 바와 같이 사례분석의 기준으로 볼 때 대부분의 사례연구는 단일사례연구를 중심으로 이루어졌고(손정훈, 1995; 한준섭, 1997; 한석태, 1999; 김범준, 2001; 안병철, 2002; 김도훈, 2003), 일부 논문에서만 3－4개의 사례가 다루어졌다(채경석, 1999; 김준봉, 1999; 김현주 외, 1999; 이지한, 2005; 박재룡 외 2인, 2005). 이러한 사례연구를 바탕으로 도출된 정책적 함의는 중요하다고 볼 수 있지만,[5] 단일사례연구의 한계점인 다른 정책 사안에 대한 일반화가 어렵다는 문제점을 지적할 수 있고,[6] 해

---

[5] 사례연구의 일반화 가능성에 대해 많은 논란이 있지만 단일 사례연구의 유용성을 옹호할 뿐만 아니라 경험적 일반화 가능성을 밝히고 있기도 하다(Barzley, 1993). 또한 김창수(2001) 역시 정부프로그램에 대한 평가 시에 면담대상자들이 스키마와 메타포를 가지고 있다는 것을 전제로 하면 단일사례연구의 일반화가 가능할 수 있음을 제시하고 있다.

[6] 물론 대형국책사업의 경우 그 사례도 방대할 뿐만 아니라, 그 많은 사례를 유형화하여 일반화된 모형을 도출하더라도 개별 사례를 구체적으로 파악하지 못한다는 한계는 존재한다. 그럼에

당 사례에 제한되는 시·공간적 한계를 내포하고 있다. 또한 이를 보완하기 위해서 몇 개의 사례를 들어 설명하고 있는 연구도 있지만, 그것은 단일사례에서 보여주는 심층적 분석이 아니라 문제 현상에 대한 단순기술에 머무르고 있다.

셋째, 대형국책사업실패 인과관계에 대한 이론적 설명의 부재이다. 이지한(2005)은 정책과정상에서의 정책실패요인을 찾음으로써 그 실패요인에 대한 대안을 제시하고 있으며, 채경석(1999)은 지방자치 실시 이후 상대적 자율성이 강화된 지방정부와 중앙정부간 관계에서, 특히 중앙정부와 지방정부의 이해가 상충될 때 대형국책사업 집행 문제의 역동적 변화를 검토하고 있으며, 한준섭(1997)은 지방자치제로 인해 변화된 정책설계와 정책집행의 역동성을 검토하였다. 또한 한석태(1999)는 대형 공공건설사업에 있어 충분한 타당성 검토와 면밀한 실행계획 수립의 중요성, 경제 외적 요인의 배제가 왜 필요한지를 제시하였다. 정책집행에 초점을 둔 연구로서, 김도훈(2003)은 정부조직에서 정책오차의 수정과정에 대한 학습이 이루어지지 않는 경우를 '정부조직의 학습실패'로 간주하면서 학습실패의 극복방안으로써 학습조직의 구축을 제안하였으며, 손정훈(1995)은 집행자와 대상 집단 간의 시각차를 좁히기 위한 협의 및 협동 절차의 필요성을 제시하였다. 그러나 이처럼 다양한 정책과정에 대한 기존 연구들의 한계점은 정책과정에서 발견된 실패요인과 집행결과와의 인과관계가 명확하지 않다는 점이며, 정책집행에 초점을 둔 기존 연구의 한계점은 일부 실패요인에 대하여 논의하고는 있으나, 다른 측면의 실패요인을 간과하는 모습을 보이고 있다.

이상 기존문헌 검토를 통한 시사점은 대형국책사업 집행에 대한 연구에 있어 체계적인 이론적 분석틀이 부재하다는 것이며, 실패에 대한 정의가 연구사항에 따라 다르게 사용되고 있다는 점이다. 따라서 본 연구는 대형국책사업 집행과 집행의 성공과 실패를 설명하는 이론적 모형을 실험적으로 제시하고 이를 실증적으로 검증함으로써 대형국책사업의 집행실패와 정책실패에 대한 체계적 연구를 위한 발판을 마련하고자 한다.

표 2 대형국책사업 실패 관련 선행연구 검토

저자	연구	연구방법	정책함의
이지한 (2005)	정책실패의 요인과 대응에 관한 연구(방사성폐기물처분장 건설사업정책을 중심으로)	단순비교사례분석 (문헌조사, 면접, 인터뷰)	정책과정상에서의 정책실패요인을 찾음으로써 그 실패요인에 대한 대안을 제시

도 불구하고, 대형국책사업 사례 전반에 대한 시간 및 비용초과 부분을 검토하여 정리하는 작업은 향후 정책을 수립하고 추진하는데 있어 매우 의미있는 작업이라 생각된다.

박재룡 외 2인 (2005)	대형국책사업의 시행착오와 교훈	단순비교사례분석	죄수의 딜레마 분석틀을 활용, 딜레마상황에서 전문적 민간중재역량을 갈등조정에 투입해야 한다는 점을 지적
김도훈 (2003)	학습조직과 시스템사고를 중심으로 본 시화호 정책실패의 원인과 교훈	단일사례분석 (문헌조사, 면접)	불확실한 상황 하에서 제한된 합리성에 기반한 정책결정에는 오차가 수반될 수밖에 없다고 보고, 정부조직에서 이러한 오차의 수정과정과 이에 대한 극복방안으로서 학습조직의 구축을 제안
Flyvbjerg.et.al (2003)	Megaproject and Risk An Anatomy of Ambition	비교사례분석	4개국을 대상으로 한 사례연구로 대형사업의 성공적인 수행을 위해 시민사회의 자발적인 참여를 통한 민주성을 확보하고, 정책결정과정에서 투명성과 책임성 확보의 중요성을 제시함
안병철 (2002)	의약분업 정책변동과 정책실패(정책어그러짐의 개념을 중심으로)	단일사례분석	정책연구에서 정책실패의 영역을 정책집행상의 문제라기보다는 상호조정에 따른 정책어그러짐 차원에서 접근하고 있음
김범준 (2001)	정책실패요인과 대응에 관한 연구(새만금 간척종합사업 중심으로)	단일사례분석 (문헌조사, 면접, 인터뷰)	정책실패요인의 분석을 통해 정책집행이 성공하기 위해서는 정책현실과 실제 사이의 바람직한 이해가 필요하다는 점을 지적함
김준봉 (1999)	대형국책사업 추진과정의 문제점과 대책	단순사례분석	대형국책사업의 구체적 사례를 통하여 1999년 당시 추진 중인 국책사업에 대하여 타당성, 운용개념, 감리회사, 국회감독 측면에서 살펴보고 그 문제점을 지적함
김현주 외 (1999)	대형국책사업의 효율적 추진방안	단일사례분석 (설문조사)	국책사업의 환경이 변화되었으므로 이에 맞게 사업을 추진해야하며 민관공동추진 등의 방안이 필요하다는 점을 제시함
김형렬 (1999)	정책실패 요인에 관한 고찰	단순사례분석 (문헌분석)	부정적 작용에 의한 정책실패를 방지하기 위해서 조직의 최고 정책형성자는 정책의 실패 요인을 객관적으로 분석하고 이를 제거하려는 기업가적 행태가 필요함을 지적함
채경석 (1999)	국책사업에 대한 지방정부의 집행대응(영광 울진 원자력	단순비교사례분석 (면접,	중앙정부와 지방자치 실시 이후 상대적 자율성이 강화된 지방정부의

	발전소 건설사례 비교)	기존통계자료)	이해 충돌과 국책사업 집행의 역동적 변화를 검토함
한석태 (1999)	청주신공항 건설사업의 실패 요인에 관한 연구(청주신공항 건설사업을 중심으로)	단일사례분석 (문헌조사, 면접)	대형 공공건설사업에 있어 충분한 타당성 검토와 면밀한 실행계획 수립 등의 중요성을 강조함
한준섭 (1997)	지방자치제실시와 국책사업의 정책집행에 관한 연구(영광 원자력발전소 건설사업을 중심으로)	단순비교사례분석 (문헌조사, 기존설문자료 재분석, 인터뷰)	지방자치제로 인해 변화된 정책설계와 정책집행의 역동성(학습을 통한 정책재설계의 가능성, 집행과정에서 정책참여자들의 상호작용과 진화적 정책집행의 탐색)을 검토함
전희진 (1996)	사회간접자본(SOC)의 민자유치와 프로젝트 파이낸스의 활용방안	단일사례분석	국책사업은 사회간접자본을 축적하는 작업으로, 재원조달의 한 방법으로써 민자유치를 참고할 가치가 있으며 경영학적 기법을 정책에 도입할 수 있다는 점을 검토함
손정훈 (1995)	정책집행 실패 사례 연구 (청주시 고체연료화 정책을 중심으로)	단일사례분석 (문헌조사, 면접)	집행자와 대상집단 간의 시각차를 좁히기 위해서 협의 및 협동의 절차의 필요성을 제시하면서 기술개발정책과 관련해서는 정책집행과정 흐름도의 재정립 필요성을 제시하고 정책의 목표와 현지사정과의 조화를 강조함

III. 실증분석을 위한 연구설계

1. 대형국책사업 실패의 이론적 검토와 정의

대형국책사업이 성공적으로 집행되었는지 혹은 그렇지 않은지에 대하여 이분법적으로 판단내리기는 어렵다(안해균, 1999: 364). 미리 결정된 대형국책사업이 성공했는지 실패했는지의 여부를 가린다는 것은 쉽지 않은 일이기 때문이다.[7] 따라서 대형국책사업의 성공과 실패에 대한 정확한 개념 정의를 내리기가 쉽지 않다(노시평·박희서·박영미, 2006: 347). 이는 성공과 실패의 개념이 주관적이고, 개인의 가치 판단이

---

7) 송하진·김영평(2006)은 사람들은 모든 정책에 성공과 실패라는 평가를 부여하기를 좋아한다고 지적하면서, 말할 수 없이 복잡하고 불확실한 대형국책사업에 대해 쉽게 성공과 실패를 말할 수 있는지 반문한다. 실패한 듯한 정책이 10여년 이상 지속되고 있다면 그것을 성공으로 보아야 하는지 아직도 실패를 지속하고 있는 것으로 보아야 하는지 등에 대하여 설명하기 위해서는 성공과 실패에 대한 이분법적인 논의로는 불가능하며, 정책의 성패에 대한 판단은 다른 정책들과의 관계 속에서, 그리고 시간적인 관점에서 조화로운 이해를 필요로 한다고 지적한다.

개입되었으며,8) 또한 '대형국책사업을 집행한다'는 영역이 불확실성하여 집행 측정수단이 개발되지 못하였으며, 평가기준의 다양성9)과 평가의 시점10) 등 여러 가지 문제점이 있다.

일반적으로 대형국책사업의 실패는 "집행과정에서 원래 의도한 목표가 달성되지 못한 상태"를 의미한다(Bardach, 1977; 염재호·박국흠, 1992: 25). Pressman과 Wildavsky (1984)는 미국경제개발청의 실업문제 극복프로그램의 일환으로 시행된 오클랜드프로젝트가 본래의 정책의도와는 달리 효과를 거두지 못했으며, 사업의 지연으로 인하여 실패가 야기되었다고 지적하면서 행위자들의 관심 방향과 관심 정도, 동원될 수 있는 자원의 확보를 관련되는 요인으로 제시하였다. Hogwood와 Gunn(1984)은 완전한 집행은 다원주의 사회에서 일어날 수 없다고 주장함으로써 "정책실패의 현실성은 자연스러운 개념"으로 파악하고 있다. 한편, Goggin(1980)은 성공적 집행이 프로그램의 성공을 보장해 주는 것은 아니라고 주장하면서 성공의 정도에 따라 "부집행, 탁상집행, 적응적 집행, 조정된 집행" 등으로 구분하여 이들 중 부집행과 탁상집행을 대형국책사업 집행상의 실패라고 규정하였다. 아울러, Chun(1992)은 집행을 "기술적 활동의 연속과 의사결정과정"으로서 개념화하고, 집행의 목적(목표달성, 바람직한 가치)과 집행의 시각(상향적 접근, 하향적 접근)을 기준으로 정책실패의 유형을 4가지(단순화오류로 인한 실패, 정책대응성 실패, 시간지연 실패, 책임성 확보 실패)로 구분하고 있다. 노시평·박희서·박영미(2006)는 정책집행의 성공 및 실패의 특성에 대하여 "정책실패 또는 성공은 이분법적인 개념이라기보다는 연속적인 개념이고, 양의 개념으로서 뿐만 아니라 질의 개념으로 평가될 수 있으며, 단일차원의 개념이라기보다는 다차원적인 개념"이라고 제시하고 있다.11) 또한, 불확실한 상황 하에서 제한된 합리성에 기반하

8) 정익재(2002)는 실패와 성공에 대한 논의는 불가피하게 가치판단이 개입되고, 평가주체, 평가기준, 평가자의 시각, 평가시점에 따라 상이하게 나타날 수 있다는 점을 지적하였으며, Ingram과 Mann(1980)은 "정책실패를 의도한 정책목표와 그 결과 나타난 정책결과의 차이"라고 지적하였다.

9) 집행평가의 기준으로 Nakamura와 Smallwood는 "정책목표의 달성, 능률성, 지배자의 만족, 수혜자에 대한 대응성 및 체제유지"를(R. T. Nakamura and F. Smallwood, 1980: 77), Edward 3세와 Sharkansky는 능률성과 형평성(Edward III and Sharkansky, 1978: 186−206)을 제시하고 있다.

10) 민진(1995)은 집행 후 일정 시점에서의 실패가 장기적으로 보다 나은 성공으로 이끌 수 있다고 지적하고 있다.

11) 노시평 외 2인(2006)은 "정책집행의 성공과 실패는 집행과정상의 평가기준에 의해서도 평가될 수 있고, 집행산출 및 집행결과의 기준으로서도 평가될 수 있는 개념"이라고 지적하고 있다. 이러한 맥락에서 정책집행의 성공을 정책의 집행과정에서 중대한 결함을 발생시키지 않고 정책이 본래 의도한 목표를 달성하는 과정 및 결과로 파악하고 있다. 본 논문에서는 이 개

여 이루어지는 모든 정책은 오차가 수반될 수 있다는 점에서 정책성공과 실패를 시스템 사고적 시각(김도훈, 2003)[12]과 복잡성이론(chaos theory) 등 혼돈이론적(complexity theory) 시각에서 검토하고자 하는 시도도 있다(김영평, 1996). 특히, 혼돈이론은 사회현상에서 불확실성이 불가피하며, 오히려 불확실성의 긍정적 측면도 시사하고 있다. 예를 들면, "변화는 학습기회를 제공하고, 학습을 통하여 개선된다"는 것이다.[13] 이러한 시각에서 정책실패는 확연히 구분되는 개념이 아니며, 단기적으로 실패라고 하여도 장기적으로는 성공이 될 수 있는 계기가 된다는 것이다. 또한, 모순관리적 시각에서 효과성이라는 것은 "평가자의 주관적인 요소로 인하여 개념적 혼동을 피할 수 없으며, 과학적·사실적 개념이라기보다 공학적·응용적 개념"이라는 것이다. 즉, 효과성의 정의는 "본래적으로 모순을 배태하고 있어서 모순을 모순으로 인정하고 불일치를 다양성으로 공존하게 해야 한다"는 것이다. 이는 "정책실패를 경제적 혹은 정치적으로 어느 한 시각으로만 평가하는 것은 무리가 있으며, 정책실패를 평가하는데 있어 발생할 수 있는 모순적 상황을 이해하고 허용하여야 한다"는 것이다(김영평, 1991: 223-248).

이와 같이 많은 정책이 목표달성에는 성공했지만, 정책실패로 평가받는 경우가 있고, 목표달성에는 실패했지만 후일 성공으로 평가받기도 한다. 이러한 현상은 정책의 성패가 단순히 정책목표만으로 판단될 수 없다는 것을 의미한다. 정책의 성패는 단순히 정책목표의 달성도에 따라 결정되는 것이 아니며, 다른 파급효과까지도 검토해야한다는 점을 상기해 준다. 따라서 정책실패를 결과중심의 이분법적 시각으로 판단하기는 어려운 작업이다. 하지만, 객관적인 자료에 근거한 정책집행 성패의 판단을 소홀히 할 수는 없다. 가치판단을 하기에 앞서 현상에 대한 정확한 사실을 파악하는 것이 중요하다(Simon, 1976). 대형국책사업의 사업 성공 혹은 실패라는 가치판단을 하기에 앞서 사업집행에 대한 성패여부를 따져보아야 한다. 모든 사업집행의 성패가 모

념을 적극적으로 활용하고자 한다.

12) 기존 정책에 대한 연구는 시계가 단기적이고 부분적이며, 정태적인 시각으로 인하여 정책실패에 대하여 체계적으로 대응하지 못했다고 지적하고, 정책의 동태성과 시간을 고려하여 다양한 정책파급효과의 동태성을 고려해야 한다고 지적한다(김도훈·문태훈·김동환, 1999).

13) 혼돈이론은 복잡성 이론과 거의 동일한 개념이다. 혼돈이론에서는 복잡한 동태적 체계가 거의 혼돈적인 형태로 질서의 유형을 나타내는 것으로 보고 있다. 질서와 혼돈은 종이의 앞뒷면과 같으며, 혼돈이론은 복잡하고, 비선형적이며 동태적인 체계를 말한다는 것이다. 또한, 공공조직의 관리를 지시와 통제보다는 개인과 작업집단의 창의적 에너지를 해방시키는 과정으로 이해해야 하며, 따라서 조직의 엄격한 관리 통제는 조직이 가지고 있는 개선과 진보의 광범위한 잠재력을 현실적으로 억제시킨다는 것이다(Kiel, 1994; 김영평, 1996: 41 재인용).

든 사업의 성패와 논리적 인과관계를 가지는 것은 아니지만, 상당부분 논리적 개연성을 가질 수 있음을 예상해 볼 때, 객관적인 사실 확인은 중요하며, 사업의 성공을 위해서 능률성의 확보는 안정적 사업운영을 위해 필수적이라고 여겨지기 때문이다.[14] 이에 정책실패라는 개념을 사업집행실패와 사업실패로 구분한다. 먼저, 사업집행실패 영역은 객관적인 자료에 근거하여 사업의 초과시간, 초과비용이 발생하는 경우를 실패로 파악함으로써 사업집행실패에 대한 가치중립적인 판단을 시도한다. 다음으로 사업실패는 가치판단적 영역으로서 사업의 효과성을 검토함으로써 가치가 내재된 판단을 시도하는 것이다.[15] 본 논문은 사업실패(가치)에 대한 판단보다는 사업집행실패(사실)에 대한 판단을 위하여 대형국책사업의 초과시간과 초과비용에 대하여 검토하고 이에 대한 영향요인을 파악하고자 한다. 구체적으로 대형국책사업의 집행실패에 대하여 개념화한 내용을 정리하면 <표 3>과 같다.

표 3 대형국책사업의 집행실패 개념과 기준

대형국책사업의 집행실패 개념	대형국책사업의 집행실패 기준	주요분석방법
대형국책사업 집행의 지연	초과소요시간	통계분석
대형국책사업 집행의 비용 증가	초과소요비용	통계분석

2. 대형국책사업 집행 성패요인과 가설 도출

본 연구에서는 대형국책사업 집행 성패요인과 관련된다고 예상되는 핵심적 요인들의 가설을 도출하여 이를 검증해 보고자 한다. 여기서 검토한 대형국책사업 집행 성패에 대한 영향요인으로는 크게 정치적 선거주기, 관련기관의 복잡성, 사업자체의 복잡성, 재원의 복잡성, 그리고 정부 외 갈등정도 요인을 들 수 있다.

---

14) 사업집행실패가 사업실패로 이어지는 부분이 많겠으나, 반드시 그러한 경우만 있는 것은 아니다. 사업집행실패를 했을지라도 사업의 경우 성공적으로 평가되는 경우도 적지 않기 때문이다(예를 들어 서해안 고속도로의 경우 당초 계획보다 실제 사용이 더 많은 것으로 검토되고 있다).

15) Levin과 Ferman(1985)은 미국에서 성공적으로 집행된 9개의 사례 연구에서 정책의 성공과 실패의 기준으로서 적절한 수준의 지연, 적절한 수준의 재정적 비용, 목표의 중요한 변경이나 과소 성취 없는 본래 목표의 성취가능성 등의 기준을 제시하였다. Ripley와 Franklin(1986)도 정책집행의 성공여부를 보다 구체적으로 목적달성, 소요시간, 원활성의 세 가지 기준을 가지고 파악하였다.

1) 정치적 선거주기(election cycle)

유권자들은 그들의 지역구 정치인과 집권정부로부터 경제적 혜택을 받으려 한다. 유권자들은 경제적 혜택을 제공할 수 있는 능력을 가지고 있는 정치인과 정부를 그렇지 않은 경우보다 더 선호한다(Rogoff, 1995: 48). 특히 대통령은 자기 정당의 선거 승리에 정치적 관심을 가진다. 현직 대통령이 재선을 위해 국회와 연방은행에 대한 영향력을 이용, 경기를 부양시키기 때문에 선거 전에는 필연적으로 경제가 팽창하게 되고 선거 직후에는 과열된 경제가 조정되면서 수축된다고 한다(Tafte, 1975; Nordhaus, 1975).16) 따라서 선거가 있는 해에는 선심성이 짙은 새로운 국책사업을 결정하게 되는데, 문제는 국책사업의 성급한 결정이 사업집행의 실패로 이어질 가능성이 있다는 것이다. Warrack(1993)는 임기 중간에 결정한 사업이 초기, 말기의 사업 결정보다 신뢰도가 훨씬 높다고 주장한다. 이러한 내용을 기반으로 정치적 선거주기에 대한 가설을 구성하면 다음과 같다.

> **가설 1.** 선거가 있는 연도에 시작한 대형국책사업은 다른 연도의 대형국책사업보다 시간, 비용측면에서 초과정도가 높을 것이다.

2) 복잡성(complexity)

공공정책은 일반적으로 복잡성, 모호성, 불확실성을 동반한다고 지적되고 있다. 정책문제가 어렵다는 말은 이러한 복잡성, 모호성, 불확실성을 해결하기가 어렵다는 것과 거의 같은 뜻이다. 문제의 복잡성이 클수록 인간의 이해를 곤란하게 만들고, 따라서 불확실성은 커진다는 것이다(김영평, 1991: 10). 이러한 지적은 모두 복잡성과 관련된 것이라 할 수 있다. 본 연구에서는 복잡성의 차원을 관련기관의 복잡성, 사업자체의 복잡성, 재원의 복잡성으로 구분하고, 이러한 복잡성과 대형국책사업 집행과의 인과관계를 검토하기로 한다.

(1) 관련기관의 복잡성

지금처럼 네트워크화된 사회에서 여러 기관의 협력은 필수적이며, 집행기관은 단일의 추진체제 보다는 다수의 기관이 공동으로 참여하는 추진체제를 형성하는 경우

---

16) 특히 Nordhaus(1975)는 1947~1972년 기간 동안 9개국 자료를 통하여 정치인들이 선거 직전 성장 촉진과 실업 감소를 유도하기 위하여 총수요를 증대시키고 이것이 선거 후에 인플레이션과 긴축정책으로 나타난다고 주장하였다.

가 많다.[17) 산업사회가 발달하면서 지식과 기능이 세분화되어 전문화를 촉진시켰고, 따라서 조직들도 전문화되어 갔다. 정책문제를 다루는 관료제도 전문화가 특성이 되어 부분적으로 분석하다 보니 정책에 대한 접근은 단편적이고 부분적일 수밖에 없었다. 하지만, 집행조직의 계층적 층이 복잡할수록 절차의 혼란은 물론 개성과 권위의 한계에 대한 논란의 가능성은 그만큼 커지게 된다. 왜냐하면 집행에 관련된 사람들이 갖고 있는 다양한 가치나 동기가 의사전달이 이루어 질 때마다 정책의 반응과 형태를 다르게 결정할 수 있기 때문에 복잡한 조직은 집행일정에 크게 영향을 미칠 수 있다 (Pressman & Wildavsky, 1984).[18) 물론, 불확실한 환경 하에서는 복잡성에 대한 조직의 대응으로 분권화를 시도해야 하며(Simon, 1981), 이러한 분권화를 통해 의사결정을 신속하게 함으로써 조직은 복잡성에 대하여 적절히 대응하게 되는 것이다(이종범, 2005). 하지만, 이러한 분권화는 또 다른 복잡성을 야기할 수 있는데, 그것은 바로 조정의 문제이다. 이러한 조정을 불확실성과 복잡성을 줄이기 위한 노력으로 판단할 수 있으나, 시간과 비용의 증가는 필연적이다. 정부정책은 날로 증가하고 점차 복잡해지며 집행기관의 수는 증가하게 된다. 또한, 상호독립적일 뿐만 아니라 상호 연관되어 있고 의존적이다. 게다가 그와 같은 성격은 더욱 심화되어 가고 있다. 그 결과 집행과정에서 정책기관 간의 조정과 집행이 요구되며, 집행과정은 점차 복잡해지고 집행시간은 그만큼 지연되는 것이다(Nakamura and Smallwood, 1980; Ripley and Franklin, 1986). 아울러 참여 조직들 간에 정책목표와 내용이 일관되고 분명하게 전달·공유되어야 하나 그럴 가능성이 낮아지게 된다(박경효 외, 1998). 특히 다수의 조직들이 참여하는 느슨하고도 분산된 집행구조 하에서는 정책이 일관성을 상실한 채 비효율적으로 진행되며, 결과적으로 시간과 비용이 초과될 가능성이 크기 때문이다(박정은, 2003). 이러한 내용을 기반으로 관련기관의 복잡성에 대한 가설을 구성하면 다음과 같다.

가설 2. 대형국책사업 관련기관이 많을수록 관련기관이 적은 대형국책사업보다 시간, 비용측면에서 초과정도가 높을 것이다.

---

17) 물론 사업을 담당할 기관을 선정하는 방법은 새로운 조직을 설립하거나 기존의 조직에 사업 책임을 위임하는 방법이 있을 수 있을 것이다. 하지만, 어느 방법이더라도 사업에 관련된 기관과의 협조를 통해서 원활하게 추진되어야 할 것이다.
18) 대형 공공사업에 참가하는 여러 조직들은 상이한 관점을 가지거나 긴급성에 대한 인식도 달라서 사업이 지연되기도 한다.

(2) 사업자체의 복잡성

Levin과 Ferman(1986)은 프로그램의 집행성공 사례를 연구하여 정책집행의 성공적 조건을 제시한 바 있는데, 관련 프로그램이 성공할 수 있었던 이유는 프로그램의 설계가 단순하고 적절하였기 때문이라고 지적하면서 사업의 설계가 복잡하면 할수록 정책집행이 지연된다고 주장하였다. 이는 프로그램 자체의 복잡성을 얼마나 줄이느냐에 따라 집행의 성패가 가려진다는 것을 의미한다. 사실 "모든 정책은 그 결과를 알기 전에 결정되어야 한다"는 의미에서 '가설적'이며(Landau, 1977), 이러한 가설의 문제해결을 위한 최선의 방책은 그것을 정당화하는 것이다. 이러한 정책의 정당성을 받아들이는 근거로 내용적 합리성과 절차적 합리성을 들 수 있는데, 이러한 합리성을 근거로 정책집행의 불확실성(정책 오차)을 줄일 수 있는 것이다(김영평, 1991: 11-23). 또한, Cyert와 March(1992)는 이러한 복잡성과 불확실성을 극복하기 위한 다양한 절차들을 제시하였다. 간소화 모형(요소분해, 목표-수단의 계층제), 조직학습, 표준운영절차 등이 그것이다. 이러한 기법들은 복잡한 문제를 부분화하고 단순화하여 복잡성을 감소시킴으로써 불확실성을 감소시킨다(이종범, 2005: 6). 특히 복잡한 문제를 요소 분해함으로써 복잡성에 대응해야 하는데, 이러한 요소 분해를 위해서는 사업에 대한 정확한 사전조사가 이루어져야 한다.

이러한 내용적·절차적 합리성에 따른 정당성을 확보하고 복잡한 문제를 해결하기 위해서는 사업에 대한 타당도조사가 철저하게 이루어져야 한다. 왜냐하면 사업타당도조사는 사업계획을 정확하게 세울 수 있도록 도와주며, 이러한 계획을 근거로 사업을 진행하여야만 당초계획에서 크게 벗어나지 않는 범위 내에서 사업을 추진할 것이기 때문이다.19) 우리나라의 경우 사업상의 타당성검토가 충실하게 이루어지지 않기 때문에 집행과정에 가서야 각종 이견이 제기되며, 이러한 이견은 당초 계획을 변화하도록 만든다. 결국 이러한 당초계획의 변화는 추진사업의 시간지연과 비용증가로 나타난다. 특히 고도의 전문성이 요구되는 신규사업에 있어서는 더욱 그러할 가능성이 존재한다(박경효 외, 1998). 그러므로, 대형국책사업 집행이 원활히 진행되기 위해서는 당초계획 변경이 적어야 한다. 그 이유는 당초계획의 변경횟수가 적을수록 시간과 비용이 줄어들 가능성이 크기 때문이다. 이러한 내용을 기반으로 사업자체의 복잡성에 대한 가설을 구성하면 다음과 같다.

---

19) 사업타당성이 충분히 검증되지 않은 상태에서 무리하게 공사가 시작되어 여러 곳에서 많은 불만과 문제점을 야기한 경부고속철도의 경우 1998년 감사원이 경제성의 전면 재검토를 김영삼 대통령에게 요구하여 전면적인 계획수정이 이루어지기도 하였다(김동건·김재형, 1998; 감사원, 1998).

> **가설 3.** 대형국책사업 계획의 변경횟수가 많을수록 변경횟수가 적은 대형국책사업보다 시간, 비용측면에서 초과정도가 높을 것이다.

(3) 재원의 복잡성

재원이 다양한 대형국책사업일수록 많은 기관의 이해가 섞여 있는 경우가 많다. 재원이 다양하고 기관 간 이해관계가 복잡하게 얽혀 있는 사업인 경우 성공적인 추진을 위해서는 기관들의 조정이 매우 중요한데, 이러한 조정은 쉽지 않다(최종원, 1996). 이처럼 재원이 다양한 대형국책사업이 원활히 추진되기 위해서는 사업에 대한 관리가 보다 충실하게 집행되어야 하는데, 그렇지 않을 경우에는 사업의 총체적 부실로 이어져 결과적으로 재원이 단순한 대형국책사업보다 집행시간과 비용이 증가할 가능성이 크기 때문이다.

또한, 재원이 민간자본으로 구성되어 있을 경우 사업집행이 더 원활하게 추진될 가능성이 높다(Capka, 2004). 민간자본의 경우 예산을 효율적으로 사용하기 위해서 사업집행을 더욱 철저하게 하는 경향이 있기 때문에 민간자본의 참여는 방만한 사업진행을 예방할 가능성이 높다. 특히 최근에 추진되는 대형국책사업의 경우 민간자본이 적극적으로 참여한다는 점을 상기해 볼 때 민간자본 위주로 진행된 사업일 경우 시간과 비용에 대한 관리가 원활하게 진행되었을 가능성이 크다고 할 수 있을 것이다. 위에서 검토한 내용을 기반으로 가설을 구성하면 다음과 같다.

> **가설 4.** 대형국책사업과 관련된 재원유형이 다양할수록 재원유형이 단순한 대형국책사업보다 시간, 비용측면에서 초과정도가 높을 것이다.

> **가설 5.** 민간자본 위주로 진행된 대형국책사업일 경우 정부재원 위주의 대형국책사업보다 시간, 비용 측면에서 초과정도가 낮을 것이다.

3) 정부 외 갈등정도

대형국책사업 집행의 성패는 "현실적인 목표를 세우는 일 뿐만 아니라 여러 행위자와 기관들의 상호작용에 의해 좌우"된다(송하진·김영평, 2006). 이해관계자 집단은 대형국책사업을 통해서 수혜를 입거나 손실을 보는 사람들을 말하는데, 집행기관으로부터 재화와 서비스의 공급을 받거나 권리행사나 활동이 규제되는 집단이다. 최근의 대형국책사업 집행(예: 새만금 사업, 방사성폐기장 유치 사업 등)의 경우에서 보듯이 시민단체 특히 환경단체의 지지와 저항이 대형국책사업 집행에 많은 영향을 미친다는 점을 알 수 있다. 대형국책사업의 추진에 영향을 미치는 중요한 요인 중 하나가 사회적 갈등 비용을 계산하지 않고 추진한다는 점인데(김현주 외, 1998; 박재룡 외, 2005; 김선희 외, 2005), 이러한 지적은 많은 시사점을 던져 주고 있다. 이러한 내용을 기반으로 정부 외 갈등정도에 대한 가설을 구성하면 다음과 같다.

가설 6. 대형국책사업과 관련된 사회적 갈등이 많을수록 사회적 갈등이 적은 대형국책사업보다 시간, 비용측면에서 초과정도가 높을 것이다.

위에서 검토한 이론들을 중심으로 본 논문의 분석흐름을 도식으로 나타내면 <그림 1>과 같다.

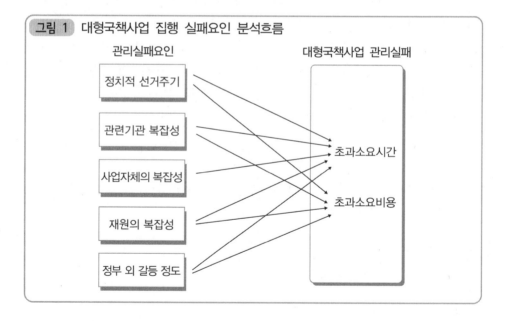

그림 1 대형국책사업 집행 실패요인 분석흐름

Ⅳ. 자료수집과 측정

1. 자료수집 및 분석방법

본 논문은 대형국책사업의 통계적 자료에 기반하여 분석하는 양적인 방법과 사례분석을 이용한 질적인 방법을 동시에 사용하였다. 양적인 방법과 질적인 방법을 동시에 사용하는 이유는 양 방법론 간에는 본질적인 차이가 존재하며, 서로 다른 장단점을 가지고 있기 때문에 서로를 보완적으로 사용하는 경우 상승효과가 있다고 보기 때문이다. 이러한 맥락에서 양적방법을 사용하여 본 논문에서 선정한 대형국책사업 집행 실패요인들과 대형국책사업 집행 실패와의 관계를 파악하고, 각 변수간의 차이와 어떠한 변수가 유의미한 영향을 미치고 있는지를 파악하기 위하여 대형국책사업에 관련된 통계적 자료를 수집하였다. 본 논문을 위한 통계적 자료는 2005년 12월에서 2006년 7월까지 건설교통부 등 대형국책사업과 관련 있는 다양한 기관들의 협조를 얻어 수집되었으며, 사례대상 범위는 2006년으로 종료된 사업 중 500억 규모 이상의 사업으로 한정하였다.[20] 분석을 위해 사용된 사례는 총 213개이며, 수집한 통계데이터를 기반으로 SPSS 12.0을 사용하여 기초통계분석, 교차분석, 상관분석을 실시하고, 이후 다중회귀분석을 활용하여 실패요인을 분석하였다.[21] 아울러, 질적 분석방법을 사용하여 개별적인 사례와 관련된 문헌들을 통해 사례의 정치적 상황, 대형국책사업 추진 관련기관들의 갈등 등 특수한 상황적 맥락을 이해하고자 관련 국책사업에 대한 문헌자료를 수집하였다. 수집된 자료들은 통계적 분석과 아울러 다양한 맥락에서 대형국책사업 집행 실패를 이해하는데 도움을 줄 것이라 생각한다.

2. 변수의 조작화

1) 종속변수

본 논문의 종속변수는 크게 2가지로 구분되는데, 소요초과비용과 소요초과시간이 그것이다. 앞서 설명한 것처럼 본 논문에서는 정책실패를 사업집행실패와 사업실패로 구분하고 사업집행실패의 경우 사실의 영역으로서 시간과 비용의 초과정도를 파악하는 것으로 정의하며 본 논문의 연구대상에 포함된다. 그러나 사업실패의 경우 가치의 영역으로서, 예상-실제 효과차이 등 효과성을 파악하는 것을 의미하며 본 논문의 연구대상에서 제외되는 부분이다. 다만, 사업집행실패와 사업실패의 논리적 인과관계는

---

20) 기획예산처의 예비타당성조사 대상사업 선정지침에 따르면 2003년을 기준으로 총사업비가 500억 규모 이상의 사업은 예비타당성 검토를 의무화하고 있다(기획예산처, 2003). 본 연구를 위하여 대형국책사업을 선별하는 기준으로 삼기로 한다. 또한, 본 연구에 사용된 통계자료는 500억 이상 모든 대형국책사업의 포괄적 통계자료(data set)는 아니며, 부처로부터 수집 가능한 수준에서 371개의 통계자료를 얻어 이중 2006년에 종료된 사업인 213개를 중심으로 분석하였다.

21) 분석에 따라 결측값을 제외하는 경우가 발생하였으므로 분석시 이를 제외하였다.

당연시되지 않더라도 논리적 개연성은 존재하는 만큼 이에 대한 예상은 가능할 것으로 기대한다. 통계적 자료 수집이 가능했던 소요초과비용은 다시 절대적 비용과 상대적 비용으로 구분되며, 소요초과시간 역시 절대적 시간과 상대적 시간으로 구분된다.

(1) 소요초과비용: 비용초과와 비용초과율

먼저, 비용초과는 실제 집행된 예산에서 원래 계획한 예산을 제외한 금액을 의미한다. 그러므로, 이 금액이 크다는 것은 당초계획보다 비용이 늘어났다는 것을 의미한다. 비용초과는 규모에 따라 달라질 수 있으며, 각 사업의 비용이 얼마나 늘어났는지 알 수 있다. <표 4>는 비용초과를 계산하여 나타낸 것이다.

표 4 비용초과액의 차이, 비용초과율의 동일

	당초예산(C)	실제예산(D)	비용초과(D-C)	비용초과율(%): ((D-C)/C)*100
A 사업	1,000만원	11,000만원	10,000만원	{(10,000/1000)*100} = 1,000
B 사업	100만원	1,100만원	1,000만원	{(1,000/100)*100} = 1,000

한편, 비용초과와 동시에 비용초과율이라는 것을 검토하고자 한다. 비용초과율은 100을 기준으로 얼마나 사업비용이 증가했는지에 대한 비율이다. 비용초과율은 규모에 따른 초과액 차이 때문에 사업간 비교를 할 수 없는 경우를 막기 위하여 계산하는 것이다. 예를 들어 비용초과액이 동일하더라도 비용초과율에서 차이가 있을 수 있음을 생각해 볼 수 있다.

표 5 비용초과의 동일, 비용초과율의 차이

	당초예산(C)	실제예산(D)	비용초과(D-C)	비용초과율(%): ((D-C)/C)*100
A 사업	1,000만원	2,000만원	1,000만원	{(1,000/1,000)*100} = 100
B 사업	100만원	1,100만원	1,000만원	{(1,000/100)*100} = 1,000

<표 5>는 A라는 사업과 B라는 사업이 동일하게 1,000만원의 사업비가 초과되었을지라도, 비용초과율에서는 차이를 보일 수 있다는 것을 보여준다. 동일한 1,000

만원의 초과액을 보일지라도 A사업은 당초예산 1,000만원보다 2,000만원이 증가되는 것이고, B사업은 당초예산 100만원보다 1,100만원이 증가되는 것이다. 결국, 사업의 규모차이로 인한 초과가 아닌 사업자체로 인한 초과임을 살펴볼 수 있는 것이다. B사업의 비용초과율이 1000%라는 의미는 B사업의 당초예산 초과율이 높다는 것을 의미하며, B사업이 사업집행을 더 소홀히 하였음을 알 수 있는 것이다.[22] 이러한 이유 때문에 종속변수에서 비용초과와 비용초과율을 구분하고자 한다.

(2) 소요초과시간: 기간연장과 기간연장율

먼저, 기간연장은 실제 진행된 기간에서 원래 계획한 기간을 제외한 것을 의미한다. 그러므로, 이 점수가 높다는 것은 원래계획보다 기간이 늘어났다는 것을 말하는 것이다. <표 6>은 기간연장을 계산하여 나타낸 것이다. <표 6>과 같이 A사업과 B사업 간의 기간연장의 차이가 있음을 알 수 있는데, 이것의 의미는 장기계획사업과 단기계획사업의 차이로 말미암아 기간연장의 차이를 보일 수 있음을 나타내는 것이다.[23] 한편, 기간연장과 동시에 기간연장율이라는 것을 검토하려 한다. 기간연장율은 100을 기준으로 당초계획에서 얼마나 기간이 연장되었는지에 대한 비율이다.

표 6 기간연장 차이, 기간연장율의 동일

	계획		변경		기간연장: $\{(d-c)-(b-a)\}$	기간연장률(%): $[\{(d-c)-(b-a)\}/(b-a)]*100$
	시작(a)	완공(b)	시작(c)	완공(d)		
A 사업	1983년	1993년	1983년	2001년	8년	$(8/10)*100 = 80\%$
B 사업	1997년	2002년	1997년	2006년	4년	$(4/5)*100 = 80\%$

<표 7>에서 살펴보듯이 A사업과 B사업의 기간연장은 동일하나, 기간연장율에서는 차이가 있음을 알 수 있다. A사업은 당초계획 2년보다 4년이 증가하였지만, 기간연장율에서는 당초계획보다 200% 연장된 것이다.

---

22) 당초예산에 대한 사업계획에서 사업에 알맞은 추정가격이 잘못 계상되었다고 지적가능하다.
23) 완공년도가 지연된다는 것은 전반적인 사업추진이 체계적으로 집행되지 못하고 있음을 의미한다고 볼 수 있다.

표 7 기간연장 동일, 기간연장률의 차이

	계획		변경		기간연장*: $\{(d-c)-(b-a)\}$	기간연장률(%): $[\{(d-c)-(b-a)\}/(b-a)]*100$
	시작(a)	완공(b)	시작(c)	완공(d)		
A 사업	1996년	1998년	1998년	2004년	4년	$(4/2)*100=200\%$
B 사업	1997년	2002년	1997년	2006년	4년	$(4/5)*100=80\%$

B사업의 경우 당초계획 5년보다 동일한 4년이 증가하였지만, 기간연장률에서는 80%증가에 지나지 않음을 알 수 있다. 결국, 이는 사업계획의 준비 부족으로 인하여 사업기간의 연장이 더욱 늘어날 가능성을 내포하고 있는 것으로 단기계획사업 간의 비교 혹은 장기계획사업 간의 비교를 할 경우 기간연장률의 의미가 더욱 큰 것이다. 이러한 이유 때문에 종속변수에서 기간연장과 기간연장률을 구분하여 분석하고자 한다.

2) 독립변수

(1) 정치적 선거주기

정치적 선거주기는 대통령선거의 유무로 구성하여 대형국책사업의 비용 및 시간 초과와의 인과관계를 분석한다.[24] 정치적 선거주기의 경우 대형국책사업의 계획이 준비되지 않은 상태에서 선거를 위하여 선심성 사업을 추진할 가능성이 있으며,[25] 또한 선거에 유리하게 작용하도록 무리하게 사업완공을 추진하여 대형국책사업 집행이 실패할 가능성과 관련이 클 것으로 판단되기 때문이다. 구체적으로 1) 정치적 선거가 대형국책사업 집행 실패와 인과관계가 있는지 확인하고(선거유무), 2) 대통령선거의 유무(대선 유무)로 구분하여 분석한다.[26]

---

24) 대통령선거는 주로 사업의 규모가 큰 대형국책사업(예: 새만금 사업, 시화호 사업, 청주공항 사업 등)과 관련이 클 것으로 생각되기 때문이다.

25) 최근 공무원들이 털어놓은 예산낭비 및 비리 백태를 살펴보면, 전남 광양시의 경우 2006년 종전과 달리 12개 읍·면·동에 소규모 숙원사업비를 일률적으로 10억원씩 책정했다고 밝혀졌다. 이는 12개 읍·면·동 등 기반시설의 필요성과 개발 정도를 감안하지 않은 것이어서 선거철을 맞아 '선심성 예산'을 편성했다는 지적을 받고 있다(2006년 9월 19일자 경향신문).

26) 구체적으로 대통령 선거가 있는 해에 대형국책사업이 시작된 사업=1, 대통령 선거와 무관하게 시작된 사업=0으로 계산하였으며, 이를 가변수(dummy variable)화하여 검토하였다. 예를 들어, 2002년 3월에 시작된 사업의 경우 2002에 대통령 선거가 실시되었으므로 대통령 선거와 관련있다고 판단하여 계산하였다.

(2) 복잡성

정책의 복잡성은 크게 관련기관의 복잡성과 사업자체의 복잡성, 재원의 복잡성으로 구분한다. 먼저 관련기관의 복잡성 정도는 대형국책사업의 주관부처와 사업과 관련된 부처 간의 관계에서 일어나는 여러 가지 갈등 상황으로 파악한다.[27] 이는 구체적인 사례분석과 다른 변수의 통계적 분석을 통하여 파악된 간접적인 결과를 바탕으로 대형국책사업 집행 실패와의 인과관계를 분석한다. 또한, 사업자체의 복잡성은 대형국책사업을 추진해 나가는 과정에서 일어난 계획변경여부로 파악하고, 객관적인 실증자료(계획변경횟수)를 기반으로 통계적 분석을 시도하였다.[28] 이를 통하여 복잡성과 대형국책사업의 실패와의 인과관계를 분석한다. 재원의 복잡성은 대형국책사업을 추진하기 위한 자본의 구성 비율(재원유형)로 파악하고, 객관적인 실증자료를 기반으로 통계적 분석을 하였다. 재원이 다양할수록 많은 기관의 이해가 섞여 있으며, 사업의 성공적인 추진을 위하여 기관들의 조정이 매우 중요한 것이 된다. 재원의 유형은 국고, 지방비, 공사 및 공단비, 민간자본 등으로 구분한다.[29] 이를 통하여 사업집행능력과 대형국책사업 집행 실패와의 인과관계를 분석한다.

(3) 정부 외 갈등 정도

정부 외 갈등 정도[30]는 정부와 이해관계자 집단 간의 갈등 상황을 사회갈등 정도로 파악하고, 계량적 변수가 아닌 구체적인 사례를 기반으로 대형국책사업 집행 실패와의 관계를 검토한다.

---

27) 정부 내 갈등 정도를 파악하기 위하여 객관적인 실증 데이터를 기반으로 한 통계적 분석은 실시하지 못했다. 이는 연구의 한계에서 제시하겠지만, 추진조직 내의 문제를 상대적으로 다루지 못한 결과이다. 이는 향후 연구에서 보완해야 할 점으로 생각한다.

28) 물론, 정보분석 예측 능력을 나타내는 것이 계획변경횟수라고 보는 것은 논란의 여지가 있다. 연구를 위한 최초 계획은 사업을 추진해 나가는 과정의 복수타당도 유무였는데, 정부 내부자료일 뿐만 아니라, 외부적으로 공개된 것도 그리 많지 않았다. 계획변경을 했다고 해서 상황에 따라 유연하게 대처하는 것까지 잘못되었다는 것은 아니지만, 기본적으로 최초 계획을 변경하는 횟수가 많다는 것은 그만큼 계획단계에서 체계적이지 못했다는 비난은 피하기 어렵다.

29) 재원유형에 대한 변수는 민간자본=1, 국고자본=2, 국고, 지방비=3, 국고/지방비/공사·공단비=4, 국고/지방비/공사·공단비/민간자본비=5로 구분하여 계산하였고, 각각의 유형에 대하여 가변수화하여 검토하였다.

30) 정부 외 갈등 정도를 파악하기 위한 객관적인 실증 데이터는 대형국책사업과 관련한 이해관계자 집단의 시위빈도수, 시위가담인원, 공청회빈도 등을 고려할 수 있을 것이다. 하지만, 이에 대한 자료를 충분히 정리하지 못하여 통계적 검증을 위한 자료로 사용하기에는 무리가 있었다. 이 부분 역시 향후 연구에서 보완해야 할 점으로 생각한다.

(4) 대형국책사업 집행 실패 통제 요인

앞서 살펴본 5개의 실패 요인과 대형국책사업 집행 실패와의 인과관계를 분석함에 있어 사업의 규모, 사업의 종류(예: 철도, 도로, 항만, 공항, 환경 및 삶의 질, 수리발전, 기타) 등에 따라 대형국책사업 집행 실패 가능성이 달라질 수 있으므로 이들을 통제요인으로 구분하여 분석한다.[31]

표 8 독립변수 개념화 및 측정, 검토방안

변수	개념화	측정 및 검토방안
정치적 선거주기	선거주기	선거유, 선거무
	선거유형	대통령 선거 유, 대통령 선거 무
복잡성	관련기관 갈등	주관부처와 관련된 부처간 갈등상황
	계획변경여부	계획변경횟수
재원유형	자본의 구성비율	민간자본, 국고, 지방비, 공사·공단비
통제요인	통제요인	사업규모, 사업종류

V. 실증분석결과

1. 실증분석을 위한 기초통계분석

먼저, <표 9>는 대형국책사업 집행 실패 영향요인 분석을 위해 수집한 통계자료의 기초통계분석 결과를 정리한 것이다. 기간연장에 대한 결과에서 '변경없음'이 139개를 차지하고 있으며, 변경된 총 67개 사업 중에서는 철도 사업이 18개로 가장 많으며, 도로 사업이 두 번째로 16개를 차지하고 있다.

표 9 대형국책사업 유형과 기초통계결과

(단위: 개, 억원)

구분		대형국책사업 사업유형							계[32]
		도로	항공	철도	수리발전	항만	삶의 질[33]	기타	
기간연장	변경없음	80	16	3	1	8	19	12	139(65.3%)
	기간단축	4	0	0	0	1	1	1	7(3.3%)
	기간연장(1~5년)	16	2	10	5	0	10	9	52(24.4%)

[31] 사업의 유형은 각 유형을 가변수화 하여 각각의 사업유형이 미치는 영향을 검토하였다. 아울러, 새로운 사업과 보수사업에 대한 요인(신사업=1, 계속사업=0)도 구분하여 통제한 후 분석하였다.

									계
	기간연장(6년이상)	0	1	8	4	0	2	0	15(7.0%)
	계	100	19	21	10	9	32	22	213(100.0%)
계획 변경	변경없음	0	0	0	0	0	0	0	0(0%)
	1~2 번	11	2	8	1	3	6	11	42(24.3%)
	3~4 번	24	3	8	1	3	5	6	50(28.9%)
	5~6 번	33	0	1	1	0	1	4	40(23.1%)
	7 번	28	0	3	7	2	1	0	41(23.7%)
	계	96	5	20	10	8	13	21	173(100%)
비용 초과	당초사업예산(A)	246,510	230,532	766,900	192,518	199,741	79,066	52,780	246,714
	실제사업예산(B)	246,766	412,298	1,208,254	458,189	218,883	86,292	64,274	322,116
	증감된 사업예산(C=B-A)	▲256	▲181,766	▲441,353	▲265,670	▲19,142	▲7,227	▲11,494	▲75,402
비용 초과 율	변경없음	4	14	1	0	1	19	2	41(19.2%)
	15%이상 비용절감	23	0	1	1	1	1	2	29(13.6%)
	15%미만 비용절감	27	2	1	1	2	0	0	33(15.5%)
	30% 미만 비용증가	37	1	3	0	3	8	12	64(30.0%)
	30% 이상 비용증가	9	2	15	8	2	4	6	46(21.6%)
	계	100	19	21	10	9	32	22	213(100.0%)
신, 계속 사업	신규사업	17	18	21	10	9	32	21	128(60.1%)
	계속사업	83	1	0	0	0	0	1	85(39.9%)
	계	100	19	21	10	9	32	22	213(100%)
재원 유형	국고	0	14	0	0	0	0	0	14(6.6%)
	국고/지방비	74	3	10	3	9	2	18	119(56.1%)
	국고/지방비/공사(단)비	22	0	11	0	0	22	1	56(26.4%)
	국고/지방비/공사(단)비/민간자본	1	2	0	7	0	0	2	12(5.7%)
	민간자본	3	0	0	0	0	8	0	11(5.2%)
	계	100	19	21	10	9	32	21	212(100.0%)

32) 본 연구에서 사용한 사례는 213개인데, 각 사항마다 사례합계가 다른 것은 해당 부분의 실증적 수치를 확보하지 못하여 결측값이 발생한 결과이다.

33) 본 논문에서 삶의 질은 새만금, 시화호, 남포지구 간척개발 등 환경문제와 관련된 대형국책사업 사례를 의미한다.

'사업기간단축'은 7개로 3.3%를 차지하고는 있으나, '1−5년 이하'의 사업기간 연장이 52개로 24.4%를 차지하고 있으며, '6년 이상' 사업기간 연장도 15개로 7.0%를 차지하고 있음을 알 수 있다.[34] 계획변경횟수와 대형국책사업 사업유형의 결과는 '변경없음'이 하나도 없는 것으로 나타나, 분석에 사용된 대형국책사업은 최소한 1번 이상 계획을 변경한 것으로 나타났다. 3번 이상이 131개로 75.7%를 차지하고 있음을 알 수 있다. 이러한 결과는 대부분의 대형국책사업이 3번 이상의 계획변경을 한다는 것으로 최초 계획 단계에서 체계적이지 못한 사업계획이 이루어지고 있을 가능성을 예상해 볼 수 있다. 비용초과와 대형국책사업 사업유형에 대한 결과는 모든 사업에서 당초사업예산보다 실제예산이 더 늘어났음을 알 수 있다. 비용초과율과 대형국책사업 사업유형 분석결과는 '변경없음'은 41개로 19.2%를 차지하고 있으며, 비용초과율이 높은 도로 사업이 96개로 45.0%를 차지하고 있다. 이는 비용초과의 절대적 액수도 많지만, 당초비용대비 증감율을 고려할 때 많은 사례에서 공사비용이 증가하여 사업추진이 원활하게 추진되지 못했을 가능성을 예상해 볼 수 있다. 또한, 신규 및 계속사업과 대형국책사업 사업유형에 대한 결과는 신규 사업이 128개로 60.1%, 계속사업의 경우 85개로 39.9%를 차지하고 있다. 재원조달 유형과 대형국책사업 사업유형에 대한 분석결과, 국고와 지방비로 진행한 대형국책사업이 119개로 56.1%를 차지하여 가장 많음을 알 수 있다. 다음으로 <표 10>은 종속변수와 독립변수간의 평균값 및 교차분석 결과를 정리한 내용이다. 먼저, 도로의 경우 비용초과율이 상대적으로 다른 사업에 비해서 낮은 것을 확인할 수 있는데, 이는 대형 사업이라도 도로 건설의 노하우가 있어서 비용 산정이 비교적 정확할 수 있음과 도로 사업의 경우 원가산정에 대한 부풀리기가 워낙 심해서 비용증가가 더 이상 이루어지지 않았을 가능성,[35] 그리고 도로사업의 경우 대규모로 진행되는 사업이 아니라 지방에서 소규모로 나누어 진행되기 때문에 이러한 결과가 나왔을 가능성이 있음을 생각해 볼 수 있다. 또한, 항만의 경우 비용초과율은 높으나, 기간연장률이 높지 않다는 것에 주목할 필요가 있는데, 이는 항만

---

34) 경실련 국책사업감시단(2006)은 2006년 개통 및 개통예정인 57건의 국도건설공사에 대한 분석결과 공사기간 지연은 93%에 달하는 53건의 사업에서 나타나고 있었으며, 3년 이상 공사기간이 지연된 사업은 25건으로 전체의 44%를 차지하고 있음을 지적하였다. 또한, 공사기간의 지연으로 인하여 2006년 개통 및 개통예정인 국도건설공사 중 57건의 계획된 총 공사비는 4조 2,176억원이었으나, 실제 투입된 총 공사비는 5조 1,990억원으로 약 1조원(23%)이 초과되었으며, 공사비가 늘어난 상당 부분이 공사기간 지연 때문에 발생한 추가비용이라고 지적한다.

35) 경실련 국책사업감시단은(2005, 2006) 건교부 국도건설 공사에 대하여 분석한 결과, 건교부 5개 지방국토관리청이 시행하는 8개 국도사업의 토공사(깍기, 운반, 쌓기 등)에서 정부가 책정하는 가격이 시장가격보다 2.6배나 부풀려져 막대한 예산낭비가 초래되고 있는 것을 지적하였다.

은 사람이 별로 살지 않고, 환경 및 사회적 갈등이 비교적 낮은 사업임을 감안할 때 환경 및 사회적 갈등이 낮은 사업일수록 기간연장률이 낮다고 생각해 볼 수 있다. 이러한 맥락에서 수리발전, 철도 등은 비용초과율과 기간연장률이 동시에 높았는데, 이러한 사업인 경우 대규모로 진행되고, 삶의 터전과 관련된 사업들이므로, 환경갈등 및 사회적 갈등이 높은 사업일수록 비용초과율과 기간연장률이 증가한다고 유추할 수 있을 것이다. 이러한 분석내용을 도식으로 표현하면 <그림 2>와 같다.

그림 2 사업유형과 기간연장률 및 비용초과율

		비용초과율	
		낮음	높음
기간연장률	높음	환경과 삶의 질	철도, 수리발전
	낮음	도로, 항공	항만

　한편, 재원에 따른 기간연장률과 비용초과율을 검토한 결과, 민간재원으로만 구성된 유형이 비용초과율과 기간연장률이 낮은 것으로 나타났다. 이는 민간자본과 관련된 사업집행이 잘되고 있음을 알 수 있다. 또한 국고 부문의 경우, 국고로만 구성된 유형이 비용증가율과 기간연장률이 대체적으로 낮은 것으로 나타나서, 국고와 관련된 사업집행이 상대적으로 잘되었음을 알 수 있다. 여러 재원으로 구성된 사업유형의 경우, 비용초과율과 기간연장률이 모두 높은 것으로 나타났는데, 이는 여러 기관에서 재원이 구성된 사업은 사업집행이 어렵다는 것을 의미하며 사업집행능력이 사업성공여부에 중요한 부분임을 시사하고 있는 것이다. 지방선거 및 대선 당해의 계획시작사업의 경우, 기간연장률(2년 이상)과 비용초과율(50% 이상)의 평균값이 높은 것으로 나타났는데, 이는 정치적 선거주기와 대형국책사업 실패와의 관련성이 있는 것으로 보인다. 대통령선거관련 완공사업의 경우 비용초과율과 기간연장률이 높은 것으로 나타났는데, 이는 해당사업이 특별한 경우인지 아니면 일반화할 수 있는지 여지가 있겠지만, 대통령선거 전에 현 정부의 치적을 높여 여당에게 좋은 점수를 받게 하려는 의도가 어느 정도 있다는 것을 확인시켜주는 것으로 보인다. 또한, 대통령 선거 당해에 성급하게 추진한 계획들이 비용초과율과 기간연장률이 높은 것으로 보아 성급하게 추진한 계획들이 부실집행으로 이어질 가능성이 있어 보인다.

표 10 종속변수와 독립변수의 평균값 및 교차분석

구분		평균	비용초과(백만원)	비용초과율	기간연장	기간연장률
신/계속사업	계속	.60	−3,925	98.09	0.28	107.29
	신규		66,816	133.43	1.52	137.68
계획변경횟수	변경없음	3.46	−	−	−	−
	1–2번		108,155	119.95	1.24	131.85
	3–4번		28,974	117.02	1.12	138.17
	5–6번		9,944	104.41	0.68	117.69
	7번이상		44,632	154.93	2.10	137.78
사업유형 (n=371)	도로(n=100)	2.97	−4,742	97.72	0.18	104.74
	항공(n=19)		5,108	115.57	0.58	115.0
	철도(n=21)		409,333	174.43	4.24	211.14
	수리발전(n=10)		0.3	242.96	5.4	207.33
	항만(n=9)		0.02	129.63	−0.56	96.03
	환경 및 삶의 질36)(n=32)		0.007	109.82	1.22	125.22
	기타(n=22)		0.012	121.72	0.55	123.01
선거유형	선거 유	.39	39,192	125.79	1.28	128.34
	선거 무		38,200	115.21	0.87	123.78
대선유무37)	대통령 선거가 있는 해	0.23	12,572	126.17	1.39	132.20
	대통령 선거가 없는 해		46,359	117.29	0.92	123.57
재원유형	민간자본	2.47	−32,366	99.79	0.00	100.00
	국고		7,356	113.99	0.71	118.00
	국고/지방비		131,740	122.44	1.68	141.09
	국고/지방비/공사, 공단비		9,599	192.07	2.58	166.83
	국고/지방비/공사, 공단비/민간자본		0.02	107.02	1.0909	124.09
초과소용비용	비용초과(백만원)	38,586	−	−	−	−
	비용초과율	119.33	−	−	−	−
초과소요시간	기간연장	1.02	−	−	−	−
	기간연장률	125.56	−	−	−	−

주: 초과율 및 연장률의 경우 비교를 쉽게 하기 위하여 100을 더하여 계산하였음.

36) 환경 및 삶의 질의 경우 비용초과액이 그리 높지 않음을 볼 수 있는데, 이는 새만금사업 등과

2. 다중회귀분석: 비용초과(율), 기간연장(율)과 집행 실패요인간의 관계

본 연구의 분석모형에 따라 주요 개념변수들의 인과관계를 검증하기 위한 사전 절차로서 대형국책사업 집행 실패에 영향을 주는 요인들과 대형국책사업 집행 실패 간의 상관관계 분석을 실시하였다.

표 11 각 변수간의 상관분석

	1	2	3	4	5	6	7	8	9
신규·계속사업	1.00								
사업유형	.67(**)	1.00							
계획변경	−.25(*)	−.23(**)	1.00						
대선유무	−.10	−.05	.09	1.00					
재원유형	.22(**)	.28(**)	−.21(**)	.13	1.00				
비용증감	.17(*)	.01	−.09	−.07	.09	1.00			
비용증액율	.29(**)	.18(**)	.21(**)	.06	.16(*)	.41(**)	1.00		
기간연장	.24(**)	.14(*)	.16(**)	.08	.19(**)	.43(**)	.70(**)	1.00	
기간연장률	.25(**)	.15(*)	.02	.06	.19(**)	.41(**)	.54(**)	.91(**)	1.00

주: ** $p < 0.001$, * $p < 0.05$

같은 환경 관련 대규모 국책사업과 관련된 구체적인 수치를 확보하지 못하여 통계분석에서 제외한 결과로 여겨진다.

37) 대선유무와 선거유형은 최초 대통령선거와 지방선거를 구분하여 대통령선거를 계획된 사업 (대통령 선거와 무관한 계획사업, 대통령 선거 당선을 위한 당해 계획사업, 대통령 선거 당선을 위한 선거전년도 계획사업)과 계획된 사업의 완공(대통령 선거와 무관한 완공사업, 대통령 선거 당선을 위한 당해 완공사업, 대통령 선거 당선을 위한 선거전년도 완공사업으로 계산하였고, 지방선거 역시 동일하게 구성하여 분석하였으나 유의미한 결과를 얻지는 못하였으며, 분석의 단순성을 위하여 본문에서 제시되어 있는 변수로 구성하였다.

표 12 대형국책사업 집행실패와 실패영향요인의 다중회귀분석 결과: 비용초과(율)[38]

	Unstandardized Coefficients		Standardized Coefficients	t	Sig
	B	Std. Error	Beta		
종속변수: 비용초과					
(Constant)	−54,343.09	140,271.26		−0.39	0.699
신/계속사업	−6,979.97	45,992.74	−0.02	−0.15	0.880
계획변경횟수	6,713.11	5,102.17	0.09	1.32	0.190
국고	40,189.51	131,144.69	0.09	0.31	0.760
국고+지방비	197,240.76	136,141.16	0.38	1.50	0.149
국고+지방비+공사·공단비	44,897.08	138,531.17	0.05	0.32	0.746
국고+지방비+공사·공단비+민자비	149,510.34	161,254.07	0.10	0.93	0.355
대통령선거 유무	−19,697.21	30,363.29	−0.04	−0.65	0.517
철도사업[39]	352,5398.57	57,234.62	0.51	6.16**	0.000
환경 및 삶의 질 사업	−136,801.39	71,449.25	−0.16	−1.92*	0.057
R^2	.45				
Adjusted R^2	.41				
F	10.115**				
종속변수: 비용초과율					
(Constant)	49.95	40.13		1.25	0.215
신/계속사업	10.92	13.16	0.08	0.83	0.408
계획변경횟수	7.36	1.46	0.34	5.04**	0.000
국고	41.65	37.52	0.31	1.11	0.269
국고+지방비	69.93	38.95	0.46	1.79*	0.075
국고+지방비+공사·공단비	33.25	39.64	0.13	0.84	0.403
국고+지방비+공사·공단비+민자비	85.63	46.14	0.20	1.86*	0.065
대통령선거 유무	9.85	8.69	0.07	1.13	0.259
도로사업	−43.83	16.15	−0.34	−2.72**	0.007
항공사업	48.94	26.21	0.13	1.87*	0.064
철도사업	35.01	16.38	0.17	2.14**	0.034
수리발전사업	91.87	23.25	0.33	3.95**	0.000
환경 및 삶의 질	−41.22	20.44	−0.17	−2.02**	0.045
R^2	.48				
Adjusted R^2	.43				
F	11.126**				

주: ** $p < 0.001$, * $p < 0.05$

---

38) 자기상관에 대한 검증결과 Durbin−Watson값이 1.46 ~ 2.03으로 나타났으며, 다중공선성에 대한 검증 결과, VIF의 값이 대부분 10이하로 나타났다.

39) 사업유형변수는 통계적으로 유의미한 변수만 제시하였으며, 이하 다른 회귀분석에서도 동일하다.

표 13 대형국책사업 집행실패와 실패영향요인의 다중회귀분석 결과: 기간연장(율)

	Unstandardized Coefficients		Standardized Coefficients	t	Sig
	B	Std. Error	Beta		
종속변수: 기간연장					
(Constant)	−4.23	1.44		−2.94	0.004
신/계속사업	−0.15	0.47	−0.03	−0.31	0.757
계획변경횟수	0.28	0.05	0.32	5.43**	0.000
국고	4.45	1.35	0.79	3.30**	0.001
국고+지방비	5.98	1.40	0.95	4.28**	0.000
국고+지방비+공사·공단비	2.34	1.42	0.22	1.64	0.103
국고+지방비+공사·공단비+민자비	7.79	1.66	0.44	4.70**	0.000
대통령선거 유무	0.26	0.31	0.04	0.83	0.406
도로사업	−1.89	0.58	−0.35	−3.28**	0.001
항공사업	3.05	0.94	0.19	3.24**	0.001
철도사업	2.61	0.59	0.31	4.44**	0.000
수리발전사업	4.74	0.84	0.42	5.68**	0.000
항만사업	−2.15	0.75	−0.17	−2.88**	0.004
R^2	.60				
Adjusted R^2	.57				
F	18.611**				
종속변수: 기간연장률					
(Constant)	38.10	38.84		0.98	0.328
신/계속사업	−8.90	12.73	−0.07	−0.67	0.486
계획변경횟수	3.71	1.41	0.17	2.63**	0.009
국고	87.75	36.31	0.65	2.42**	0.017
국고+지방비	118.81	37.69	0.79	3.15**	0.002
국고+지방비+공사·공단비	67.79	38.36	0.27	1.77*	0.079
국고+지방비+공사·공단비+민자비	156.27	44.65	0.37	3.50**	0.001
대통령선거 유무	5.61	8.41	0.04	0.67	0.505
도로사업	−47.35	15.63	−0.37	−3.03**	0.003
항공사업	52.65	25.36	0.12	2.08*	0.040
철도사업	70.75	15.85	0.36	4.47**	0.000
수리발전사업	76.68	22.50	0.28	3.41**	0.001
항만사업	−40.69	20.08	−0.13	−2.03*	0.044
R^2	.49				
Adjusted R^2	.45				
F	11.905**				

주: ** $p<0.001$, * $p<0.05$

<표 11>은 상관분석 결과를 나타내는 것으로 독립변수인 신규·계속사업의 유무, 사업의 유형, 계획변경, 대통령선거 변수 등과 대형국책사업 집행 실패의 상관정도가 높은 것으로 나타났다. 한편, 종속변수인 비용초과(율)과 기간연장(율)은 대체로 정(+)방향의 관계를 가지는 것으로 나타나 기간이 연장되면 비용이 증가한다는 것을 예측할 수 있는 분석결과를 보여주고 있다.

상관분석 결과를 토대로 비용초과(율)와 기간연장(율)을 종속변수로 하여 집행실패영향요인과 대형국책사업 집행 실패간의 다중회귀분석 결과를 정리한 내용은 다음 <표 12>와 <표 13>에 제시되어 있다. 각 회귀계수에 대해 T분포를 이용한 유의도 검증을 실시한 결과, 4개의 종속변수에 유의미한 영향을 주고 있는 변수는 대통령선거 등 정치적 선거주기, 계획변경횟수 등 복잡성, 재원유형 등임을 알 수 있다.

1) 정치적 선거주기와 대형국책사업

먼저, 선거주기와 같은 정치적 요인은 대형국책사업의 비용초과 및 기간연장과의 회귀분석 결과 상대적으로 유의미한 영향을 주지 않는 것으로 나타났으나,[40] <표 9>와 <표 10>의 평균분석, 교차분석 등에서와 같이 대통령선거의 유무에 따라 비용 및 기간이 연장되는 것으로 보아 이는 대통령선거와 같은 정치적 선거주기에 따라서 비용이 연장되는 것으로 유추해 볼 수 있으며, 가설 1을 간접적으로 확인하였다.[41] 대형국책사업을 결정하는 과정에서 합리적인 절차를 거치지 않고 정치논리를 앞세운 졸속적 결정이 이루어진 사업들은 비용과 기간이 초과될 수 있음을 알 수 있다(김창수, 2002: 30-31).[42] 예를 들어 새만금 사업의 경우 사업이 탄력을 받기 시작한 것은 1987년과

---

40) 본문에서 제시하지는 않았지만, 분석과정에서 지방선거의 경우 비용초과, 기간연장과 부(-)의 관계를 가지는 것으로 나타났는데, 이는 대형국책사업이 상당부문 지방정치의 선거이슈보다는 중앙정치의 선거이슈가 되는 경우가 많으며, 이로 인하여 지방선거가 있었던 해에 추진된 사업계획 또는 지방선거를 위해 무리하게 완공하려는 사업이 상대적으로 적은 경우가 많기 때문에 비용초과와 시간 연장에 대해서는 그리 중요한 인과관계를 가지지 않는 것으로 보인다. 물론, 새만금의 경우처럼 지방선거에서도 득표를 최대화할 수 있는 방향으로 나아갈 가능성이 클 수 있다. 그러나, 지방선거만을 위하여 새로운 사업이 계획되거나, 계획했던 사업을 완공하는 경우는 그리 많아 보이지 않는다.

41) 하지만, 정치적 선거주기와 비용증가, 기간연장과의 관계에 대해서는 조심스럽게 해석해야 하며, 이에 대하여 후속 연구시에 보다 충실한 통계자료를 확보하여 논리적 인과관계를 명확히 해야 하는 노력이 필요하다고 보여진다.

42) 많은 대형국책사업이 제대로 추진되지 못한 채 표류하면서 "혈세 먹는 하마"로 변질되고 있는 원인이 첫 단추를 꿸 때부터 표심과 지역, 그리고 리베이트를 의식한 이른바 정치논리로 잘못 덧칠되어온 점과 이것이 대통령 단임제라는 우리 권력구조와 맞물려 있음을 지적하고 있다 (2001. 3. 23일자 경향신문).

1992년 대선을 통해서였다고 지적하고 있다(김서용, 2004: 73).[43] 또한 경부고속철도 건설사업의 경우 정치적 논리에 압도되어 행정의 합리성 및 일관성이 훼손된 대표적 정책이라고 지적된다.[44] 정치논리에 휘말려 졸속으로 추진한 경부고속철도의 경우 기본설계기간은 1989년 7월부터 1991년 2월까지 1년 8개월에 불과했는데, 이러한 요인들은 사업 계획부터 제대로 되지 않았기 때문에 비용초과는 물론, 사업추진조직의 체계적 운영이 어려울 수밖에 없다는 것이다(임동욱, 1999: 101). 아울러 1997년 4월 28일 개항한 청주 국제공항의 경우 751억원의 투자에도 불구하고, 국제선 탑승률이 7%뿐인 것으로 나타났는데(1997. 5. 30일자 중앙일보),[45] 이러한 사례들은 대형국책사업이 정치논리로 진행되었을 때 사업집행이 제대로 될 수 없다는 것을 보여주고 있다.[46]

---

43) 1987년말 민정당의 노태우 후보는 새만금사업을 선거공약으로 내세웠으며, 농림수산부는 1987년 12월 12일 새만금사업 추진계획을 발표하였다. 1988년 2월 농림수산부는 농업진흥공사에 새만금사업을 담당하도록 시달하였다. 그러나 새만금사업이 본격적으로 추진되기 시작한 결정적인 계기는 1991년 7월 16일 당시 야당의 김대중 총재가 노태우 대통령과의 영수회담에서 새만금사업을 선거 공약이니 만큼 약속대로 이행할 것을 약속하면서부터이다. 다음날 여야는 200억원의 새만금사업비가 포함된 추경예산을 만장일치로 통과시켰다. 1992년 대통령선거에서 김영삼 민자당 총재는 새만금사업을 적극 추진하겠다는 공약으로 전북발전을 약속했고, 1995년의 지방자치선거에서 유종근 후보는 새만금사업의 성공적인 수행을 공약으로 내걸었으며, 1997년의 대통령선거에서는 김대중, 이인제, 이회창 후보 모두 새만금 지역을 공업단지로 발전시킬 것을 약속하였다. 국회의원들의 경우 전북을 지역기반으로 하는 의원들 모두는 새만금사업을 전적으로 찬성하는 입장을 보였다고 한다(김서용, 2004: 73).
44) 이는 1989년 건설계획 발표, 1990년 6월 노선확정, 1992년 6월 착공이라는 초고속 착공을 초래했고, 그 문제점은 사후적으로 확대 재생산되었다. 따라서 차종선정, 설계도면도 없이 기초공사를 시작하고 설계도는 표준설계도로 대체하며, 기술조사는 착공 후 이루어지는 무모함이 드러났음이 지적된다(임동욱, 2001: 101).
45) 청주공항은 원래 박정희 정부가 대전의 신수도 계획이 수립되면서 계획되었는데, 박정희 대통령의 사후 사실상 포기되었으나, 전두환 정부에서 1984년 김포공항을 대체할 국제공항을 건설한다는 취지에서 사업계획이 공포되어 1985년 구체적 계획이 수립되었으나 노태우 정부는 이를 포기하였고, 나중에 12, 13, 14대 총선에서 주민의 환심을 사기위한 공약으로 활용되었으며, 1991년에 공군에 의하여 활주로 공사가 이미 시작되어 15%의 공정을 보이고 있었음에도 불구하고, 1992년 총선 공고일 하루를 앞두고 기공식을 가짐으로써 전시행정이라는 비난을 받았다(김준봉, 1999: 117).
46) 물론, 대형국책사업에 정치논리가 반영된다는 것은 국책사업의 태생적 한계일 것이다. 하지만, 모든 대형국책사업을 정치적으로 결정 혹은 추진하여 집행할 수는 없다. 그에 투입되는 예산과 인력을 생각하면 더욱 그렇다.

2) 복잡성과 대형국책사업

사업자체의 복잡성의 경우 계획변경횟수는 비용초과율에서 유의미한 통계결과가 나왔으며, 기간연장과 연장률에서 유의미한 통계결과가 나타남으로써 가설 3은 부분적으로 검증되었다. 이는 타당성 조사 등 사전점검의 어려움이 나타났음을 알 수 있다.[47] 예를 들어 경부고속철도는 애당초 산이 많은 우리나라에서는 적합하지 않다는 비판과 논란이 있었으나, 정부가 충분한 타당성 조사를 거치지 않고 졸속으로 고속철도 사업을 추진하였다. 사정이 이러하다 보니 총괄적인 사업관리기능이 부재하여 제대로 된 감리를 받아가며 설계, 시공을 한 것이 아니며 철저한 준비 없이 진행되었다 (김준봉, 1999: 118-120). 또한, 경인운하의 경우 사업 시작 전부터 논란이 극대화되어 손도 못 대보고 사업계약비에 대하여 손해를 보았으며[48] 이후 감사원은 감사를 통해 기존의 경인운하 사업은 경제적 타당성이 낮고, 왜곡돼 있다고 분석했고, 이를 원점에서 재검토하기로 결정하면서 아직도 계획단계에 있다. 건교부가 경인운하를 적극 추진하겠다고 밝혔고, 굴포천 방수로 확장공사가 완료되기는 하겠지만, 낭비한 시간과 국고는 되찾기 어려워 보인다. 계획변경은 물가인상, 현장여건 변동 등으로 불가피하게 발생하기는 하지만, 자주 변경된다는 것은 최초 계획자체가 부실하게 작성되었을 가능성이 있음을 예상케 한다.[49]

한편, 관련기관 복잡성의 경우 다양한 기관이 국책사업을 추진할 경우 기간과 비용이 초과될 수 있음을 의미한다. 실제로 새만금사업의 경우, 농림부는 찬성의 입장을 대외적으로 표명했지만, 정부 내에서 관계부처가 모두 새만금사업을 찬성한 것은 아니었다. 사업의 결정단계인 1989년 당시에도 경제기획원은 ① 새로운 농지조성이라는 사업목표는 농지의 자연감소에 대해 기존 농지의 생산성을 높여 대응해야 한다

---

47) 경기도 화성, 안산, 시흥 등 3개 시군에 걸쳐 있는 시화호에 대하여 총 공사비 8천억원의 간척사업을 통해 담수호를 만들어 농공단지를 만들겠다는 계획은 1994년부터 호수가 썩어가면서 좌초되었다. 이러한 환경재앙은 1986-1987년 졸속으로 진행된 계획수립단계에서 비롯된 것이다. 당시 전두환 정권은 중동 건설경기가 침체하자 남아도는 건설인력을 활용하기 위해 겨우 7개월간 타당성 조사를 한 뒤 사업에 들어갔으며 착수하기 전에 환경영향평가조차 하지 않은 것으로 드러났다.

48) 경인운하의 경우 1965년부터 논의를 거듭해 왔으나 환경단체의 문제제기로 2003년 정부가 사업자인 경인운하(주)와의 사업계약을 해지하면서 1,500억원 이상의 국고 손실을 감수했다.

49) 도로공사, 수자원공사, 철도시설공단 등 건설교통부 산하 14개 기관이 국회 건설교통위 정갑윤 의원에게 제출한 자료에 의하면, 2000년 이후 완공되거나 현재까지 진행 중인 100억원 이상 규모의 공사 1,322건 중 1,185건이 설계변경 등을 통해 59조 6천억이던 공사비는 69조 1천억원으로 증가했으며, 특히 수자원공사가 발주한 공사 중에는 설계가 20회 넘게 바뀐 경우가 많았음이 나타났다(2004. 10. 25일자, 조선일보).

는 기본방향과 맞지 않으며, ② 공업단지로 활용할 경우 인접한 군산, 장항의 군장산업기지와 중복되고, ③ 막대한 투자규모에 비해 경제적 실익이 크지 않다며 본 사업의 추진에 반대했다(이시재, 2003). 이러한 경제기획원의 비협조적인 자세는 새만금사업의 진행속도를 늦추는 결과를 가져왔다.[50] 또한 새만금사업에 대해서 부정적 입장을 표명했었던 부처는 환경부와 해양수산부를 들 수 있다. 환경부는 소관사항으로 검토한 수질측면에서 볼 때 동진수역의 연평균 수질은 4급수 수준으로 예측되나, 만경강 수역은 수질관리상 상당한 어려움이 있을 것으로 예상된다는 의견을 제출하였다. 환경부는 1999년 새만금 논쟁 초기 사업추진에 부정적인 입장을 보였으나, 새만금 강행이 결정된 후에는 반대의사표시를 자제하고 있으며, 해양수산부는 항만개발과 해양보전의 두 가지 목적을 동시에 달성해야 하기 때문에 상황에 맞게 정치적으로 대응하였다(정정화, 2003; 김창수, 2002).[51]

　　재원의 복잡성의 경우 다양한 출처의 재원변수와 민간부분 이외의 국고와 지방비 등으로 구성된 변수는 비용초과율에서 유의미한 통계결과가 나왔으며, 기간연장과 연장률에서 유의미한 통계결과가 나타남으로써 가설 4와 가설 5는 부분적으로 검증되었다. 이것은 2가지 차원으로 해석이 가능하다. 먼저 민간자본으로만 추진된 사업 또는 최소한 민간자본이 포함된 사업은 비용초과(율)과 부(−)의 인과관계를 가진다는 것이다. 이는 민간부문의 경영관리와 관련이 있는 것으로 생각되는데, 최소한 민간자본이 투입된 사업의 경우 사업집행이 원활하게 될 가능성이 있음을 내포하는 것이다. 두 번째로 다양한 자본의 구성으로 추진된 사업일수록 초과 비용(율)이 발생한다는 것을 의미하는 것이다. 이는 다양한 기관에서 제공한 사업비용에 대하여 집행하는 것이 매우 어려운 일이며, 이러한 사업집행이 체계적으로 이루어져야 대형국책사업이 원활하게 진행될 수 있음을 의미한다. 재원이 다양하면 많은 이해관계자의 이해 조정을 필요로 하며, 그만큼 사업집행의 중요성은 커지게 되는 것이다. 이런 맥락에서 다양한 기관이 관련되어 있는 대형국책사업일수록 시간과 비용의 초과정도가 높다는 정책의 복잡성 요인과 관련된 가설 2를 간접적으로 확인하였다.

---

50) 1994년에 새만금사업은 예산이 없어서 진척을 보지 못했으며, 착공 3년째 재정지원은 전체사업비의 6%에 머물러 있었다.

51) 갯벌의 가치가 높기 때문에 부분적으로 반대의사를 표명했지만, 2011년까지 5,300억원을 투입하는 새만금 신항 건설계획이 이권으로 걸려있기 때문에 한편으로는 긍정적인 자세를 취하기도 하였다는 것이다.

3) 정부 외 갈등 요인과 대형국책사업

한편, 관련 변수를 구할 수 없어 통계적인 분석을 거치지는 않았지만 사례분석을 통하여 정부 외 갈등이 비용 및 시간 연장(율)에 크게 영향을 미치는 것으로 나타났으며, 간접적으로나마 가설 6을 확인할 수 있었다. 정부 외 이해관련자들의 갈등은 대형국책사업 실패에 영향을 주는 중요한 이유가 된다. 특히 대형국책사업의 경우 개발과 보전에 대한 사회적 합의를 하지 못한 채 대안 없이 극한대립과 갈등이 계속되면서 정부 및 정책에 대한 불신과 사회비용이 증대되고 있는 것이다.[52] 물론 1980년 이전까지 국책사업은 비교적 원활하게 추진되었다. 그것은 사회기반시설이 부족하다는 인식 하에 많은 국민들이 암묵적으로 동의해준 결과였다. 그러나, 1980년대 이후 정부주도의 일방적인 대형국책사업 추진과 환경을 고려하지 않은 경제성·효율성 중심의 사업추진 방식에 대한 문제점이 공론화되었고, 이를 계기로 기존의 대형국책사업을 재평가하는 사례들이 나타났다(김선희, 2005).[53] 새만금 사업의 경우 환경단체 등의 반대에도 불구하고 정부가 사업 강행을 추진하자 시민단체가 정부의 정책결정 과정과 환경정책 전반에 대해 문제를 제기하며 협력거부의 뜻을 밝히기도 하였다.[54] 이렇듯 정부 외 관련자들의 갈등은 대형국책사업 집행 실패의 주요원인이 될 수 있는 것이다.[55]

VI. 맺음말: 연구의 함의 및 한계

기존 연구에서는 대형국책사업의 경우 다양한 이해당사자가 관여하기 때문에 정치적·사회적 갈등을 이해하는 것이 매우 중요하다는 점을 지적하였다. 이러한 갈등 요소는 대형국책사업을 추진하는데 있어서 많은 갈등비용을 초래하기 때문이다. 하지

---

52) 대형국책사업의 주요갈등사례로 새만금 간척사업, 영월 동강댐, 한탄강댐, 서울외곽순환 고속도로, 경부고속철도 천성산 구간을 들 수 있다.
53) 향후 대형국책사업의 실패를 최소화하기 위해서는 사업을 추진하는데 있어 사회갈등에 대한 이해를 도모하고 조정하기 위한 적극적인 제도적 뒷받침이 필요할 것으로 보인다(김선희 외, 2005).
54) 관련 집단의 지지는 집행기관이 의도하는 변화의 방향과 내용에 대하여 관련 집단의 중요성 인식 여부에 의해 결정되는데, 다른 요인들과 상호작용을 통해 집행과정에 영향을 미치게 된다(Beyer et al., 1983: 233).
55) 대규모의 공동사업을 추진할 경우에는 참여자들 상호간에 상당한 정도의 불확실성이 조성되기 마련인데 이러한 불확실성이 지연을 유발시킬 수 있다는 것이다. 이러한 경우 불확실성을 감소시킬수 있도록 정책집행자와 대상자간의 끊임없는 협상과 대화가 진행되어야 한다고 지적한다(Bardach, 1977).

만, 기존 연구는 대형국책사업의 집행 문제에 대하여 종합적인 분석틀을 가지고 있지 못해 실증적인 자료를 활용하지 못함으로써 규범적 논의에 그치는 경우가 많았다. 본 논문은 기존 문헌에서 많이 사용했던 단일 사례분석이 아닌 다양한 사례에 대한 기초 데이터를 수집하고, 대형국책사업의 집행 실패를 가져오는 여러 가지 관련변수(정치적 선거, 관련기관의 복잡성, 사업자체의 복잡성, 재원의 복잡성 등)를 중심으로 계량적으로 분석하는 한편, 보다 구체적이며 분석적인 논의를 위하여 사례연구를 수행함으로써 대형국책사업 집행 성패의 결정요인을 실험적 수준에서 모형화하는 한편, 일반화할 수 있는 이론적 틀을 구성하였다.

본 연구결과를 요약하면, 대형국책사업 집행 성패의 결정요인으로 먼저 정치적 요인을 들 수 있다. 물론 여기서 정치경제학적인 엄격한 분석 방법을 사용하지는 않았지만, 대형국책사업이 대통령 선거주기 등과 같은 정치적 요인과 연관이 있음을 유추해 볼 수 있었다. 하지만 정치적 선거가 없다면 사업실패가 없을 것인가? 그럼 정치적 선거를 하지 말아야 하는가? 그럴 수도 없거니와 가능하지도 않다. 다만, 본 논문에서 지적한 내용은 대형국책사업이 필연적으로 정치적인 것임을 부인할 수 없기 때문에 정치적인 논리로서 추진되는 대형국책사업의 집행에 있어 관리적·경제적인 시각을 좀 더 보완하고 점검해야 한다는 문제제기의 성격이 강하다.

둘째, 관련기관의 복잡성과 사업자체의 복잡성 요인이다. 이는 사업자체의 복잡성과 관련기관의 복잡성 등으로 인해 대형국책사업의 집행 성패가 결정될 수 있다는 점을 시사한다(Levin and Ferman, 1986; Lester et al., 1983; Carlsson, 2000). 물론, 현대사회 문제를 해결하기 위한 정책에 있어 많은 부처가 관련되는 것은 당연한 일이며, 관련기관이 많다고 하여 갈등이 항상 발생하는 것은 아니다. 다만, 관련기관이 많으면 많을수록 소속 부처에 대한 이해관계 역시 복잡해지며, 이러한 복잡한 이해관계와 시간지연, 비용 증가의 논리적 개연성은 충분하다. 그러므로 대형국책사업을 집행하는 전담기관이 원활하게 사업추진을 할 수 있도록 관련 업무에 대한 조정기능을 더욱 강화해야 한다.

또한, 사업자체의 복잡성을 줄이기 위하여 사업타당성 확보가 중요한데, 대형국책사업의 성공적 추진을 위해서는 도입단계에서부터 철저한 사업타당성 검증이 필요하다(Magnussen and Samset, 2005). 여기에서는 문제가 복잡하고 불확실한 경우 하나의 해답이 없으며, 가외성을 긍정적으로 검토해야 한다는 지적을 상기해 볼 필요가 있다(김영평, 1991). 즉, 대형국책사업의 타당도 조사가 단일의 조사기관에서만 이루어진다면 사업타당성 검토의 오류에 대해 수정할 기회를 잃어버리게 된다. 복수 타당도 조사 등을 통하여 최초 의도했던 계획이 원활하게 집행되도록 하는 것이 필요하며,

이를 위한 관련 기관의 역량도 강화할 필요가 있다.[56]

셋째, 대형국책사업 재원의 복잡성 요인이다. 이는 관련기관의 복잡성 요인과 맞물려 다양한 기관이 사업에 참여함으로써 사업집행 등의 문제가 사업의 성패와 관련됨을 의미한다. 이와 관련하여 프로젝트 집행기관의 사업집행 능력을 향상시키고, 특히 감리와 관련된 독립된 전문업체를 지원하고 육성해야 할 것이다. 또한 민간에서 상당부분 발전되어 있는 재원관리의 전문가를 적극적으로 영입하는 동시에 공공부문 담당자들의 재원관리 역량을 키우는 관리적 노력이 필요하다고 판단된다. 넷째, 대형국책사업의 사회갈등비용을 고려해야 한다. 본 연구에서는 간접적으로 확인하기는 하였으나, 성공적인 사업집행을 하기 위하여 사업추진체제와 대상자간의 지속적인 설득과 협의 등이 시도되어야 한다는 것을 검토할 필요가 있다(Majone, 1989).

정책결정 및 집행과정은 일회적 행위가 아니라 가설검증의 과정으로서 연속적인 학습과정(learning process)이기 때문에(Browne & Wildavsky, 1983: 252–256), 앞으로 대형국책사업의 실패를 최소화하기 위해서는 지속적인 사업집행과 학습이 필수적 (Chun, 1992: 199–201; 김도훈, 2003; 정익재, 2002: 276; Leeuw and Sonnichsen, 2000)이라는 의미에서 본 연구의 의미는 매우 크다.[57]

이러한 대형국책사업 집행 실패모형에 대한 이론화 작업과 경험적 분석은 향후 추진될 대형국책사업의 성공을 위한 함의를 제공하는 한편 점차 대형화 되는 지방정부의 사회간접자본사업에 대하여 많은 이론적·실제적 함의를 제공할 수 있을 것이다.[58]

그러나 이 연구는 데이터의 제약으로 인한 계량분석모형의 한계를 보강해야 할 숙제를 안고 있다. 예를 들면 사업타당도 조사의 기준이 되는 500억 이상의 대형국책사업에 대한 통계자료를 수집하여 보다 충실한 통계자료를 기반으로 분석하려는 노력이 필요하다. 또한, 분석모형에서는 제시되었지만 환경갈등과 같은 갈등비용(독립변

---

56) 국회예산정책처와 기획예산처는 참여정부 이후 총사업비 500억원 이상 대형 국책사업 가운데 예비타당성 조사를 한 사업은 전체 766건 가운데 17%인 134건을 제외한 632건이라고 지적하면서 경제성에 대한 고려 없이 무분별하게 추진되고 있음을 밝히고 있다(2006. 10. 1일자, 한겨레).

57) 이러한 맥락에서 안문석(1994)은 행정의 주된 대상 중에는 되풀이하여 문제가 발생하는 것이 우리 주위에 상당히 많으며, 이러한 현상을 관료실패라고 정의한다. 이러한 관료실패를 치유하기 위해서 새로운 관료제는 변화하는 환경에 대해 잘 적응하고 학습하는 능력을 가지는 지능형 시스템으로 설계해야 한다고 지적한다. 또한, Daniels(1997)는 성공과 실패에 관계없이 정책실패는 "끝"이 아니라 변화와 발전의 "시작"을 의미한다고 지적하고 있으며, 과거의 경험과 현재에 대한 평가와 학습은 새로운 제도와 조직의 설계를 가능하게 한다고 지적한다 (Senge, 1990).

58) 김행범(1995)은 한국의 집행현실에서 널리 작용하거나 특정사례에서 강력한 작용을 하는 집행요인을 좀 더 발굴해야 한다고 주장한다.

수)이나 예상과 실제 간의 대형국책사업효과 차이(종속변수)와 같은 관련 자료를 수집하지 못하였다.[59] 동시에 사례에 대한 보다 상세한 분석과 유형화를 시도하여 일반화에 보다 더 접근하는 노력도 필요하다. 아울러 대형국책사업 집행에 대한 실증적 분석을 풍부하게 한다는 점에서 본 논문에서 다루지 못한 대형국책사업과 관련된 조직의 내부요인 —집행조직체계,[60] 사업추진담당 공무원과 정책대상자,[61] 사업추진절차의 구조 등— 에 대해 구체적으로 분석해야 할 것이다.

참고문헌

<국내외 단행본 및 논문>

감사원. (1998). 경부고속철도건설사업 감사결과.

강기동. (2004). "KTX를 통한 국내 기술의 발전: 경부고속철도 사업관리의 성과". 「토목」. 52(3): 18－22.

강창현. (2002). "화옹호 관련 수질보전대책". 「화옹호 토론회 발표논문집」.

권해수. (1992). "사회운동과 공공정책의 역동적 관계연구". 서울대학교 행정대학원 박사학위 논문.

김도훈. (2003). "학습조직과 시스템사고를 중심으로 본 시화호 정책실패의 원인과 교훈". 「한국정책학회보」, 12(1): 299－325.

_____·문태훈·김동환. (1999). 「시스템다이내믹스」. 서울: 대영문화사.

김동건·김재형. (1998). "경부고속철도사업의 타당성 재검토에 대한 소고". 「행정논총」, 36(2): 177－220.

김서용. (2004). "환경갈등의 문화적 분석: 새만금개발사업을 중심으로." 고려대학교 대

---

59) 예를 들어 갈등비용 또는 정도를 그리고 정책효과를 기준으로 대형국책사업 실패를 측정하는 노력을 기울여야 한다.
60) Elmore(1978)는 조직학으로부터 추출한 4개의 서로 다른 조직모형을 정책집행과정에 조명해 보는 시도를 하고 있으며, Calista(1987)는 거래비용이론을 활용하여 정책업무를 보다 효율적으로 집행할 수 있는 조직에 대하여 논의하고 있다. 또한, 집행체제의 구조에 대해서 조직간 집행이 조직 내의 집행보다 더 많은 집행의 지연과 실패를 좌우하게 되므로 정책의 성공적 집행을 위해서는 단순한 조직구조가 적절하다고 지적한다(O'Tools and Montjoy, 1984).
61) 정책대상집단이 해당 정책에 대한 수용 여부를 결정할 때 종전의 정책에 대한 우호적인 태도를 바꾸어 수용을 거부하거나 반대로 저항적 태도를 바꾸어 해당 정책을 수용할 수 있다는 점에서 중요한 요인 중 하나라고 할 수 있다(이종엽, 2003).

학원 박사학위논문.

김선희. (2005). "국책사업 갈등관리 사례분석". 「국토연구」, 283: 15－27.

김영평. (1991). "불확실성과 정책의 정당성". 서울: 고려대학교 출판부.

김영평. (1996). "정보화 사회와 정부구조의 변화". 「한국사회과학연구협의회 창립 20 주년 기념 학술심포지엄 논문집」.

김준봉. (1999). "대형국책사업 추진과정의 문제점과 대책". 「인문사회과학논문집」, 28: 109－126.

김재형 외. (2001). "예비타당성조사 수행을 위한 일반지침 연구(제3판)". 서울: 한국개 발연구원.

김창수. (2002). "정부사업집행 영향요인의 분석". 「한국 사회와 행정 연구」, 13(1): 53－80.

김태은. (2006). "정부규제의 영향 요인에 관한 실증 연구: 금융규제 사례 분석 및 다국 가 실증 분석을 중심으로". 고려대학교 대학원 박사학위논문.

김학송. (2004). "지금까지도 왔다 갔다하는 굴포천·경인운하 외 2편". 2004년 건교위 국정감사 자료집.

김행범. (1995). "실증적 정책집행에 관한 연구". 「한국행정학보」, 29(4): 1441－1462.

김현주 외. (1999). "대형국책사업의 효율적 추진방안". 서울: 삼성경제연구소.

김형렬. (1999). "정책실패요인에 관한 연구," 「사회과학논집」, 30: 1－37, 연세대학교.

노시평·박희서·박영미. (2006). 「정책학의 이해」, 서울: 비앤엠북스.

민진. (1995). "공공정책 실패원인에 관한 연구". 「한국행정학보」, 19(1): 243－261.

박경효·정윤수·최근희. (1998). "다조직적 구조하에서의 핵심적 집행문제: 국가GIS정 책의 사례". 「한국행정학보」, 32(2): 1－17.

박순열. (2002). "새만금을 통해서 본 전북성장연합의 생태통치전략에 대한 연구". 「ECO」, 2: 172－201.

박양호 외. (2001). "국토균형발전을 위한 전략사업의 추진평가와 개선방안". 서울: 국 토연구원.

박정은. (2003). "다부처 정보화사업의 협력 저해요인과 극복방안에 관한 연구". 정보 화정책 이슈. 서울: 한국전산원.

박재룡 외. (2005). "CEO Information: 대형국책사업의 시행착오와 교훈". 서울: 삼성 경제연구소.

사득환. (2003). "불확실성, 혼돈 그리고 환경정책: 시화호 매립사례를 중심으로". 「한국정책학회보」, 12(1): 223 – 250.

손정훈. (1995). "정책집행 실패 사례 연구 – 청주시 고체연료화 정책을 중심으로". 충북대학교 대학원 석사학위 논문.

송하진·김영평. (2006). 「정책성공과 실패의 대위법: 성공한 정책과 실패한 정책은 어떻게 가려지나」. 서울: 나남출판.

신상우. (2003). 「장기 국책사업의 성패요인에 관한 사례분석: 새만금 간척종합개발사업의 집행과정을 중심으로」. 연세대학교 대학원 석사학위논문.

안문석. (1994). "행정지능론: 관료실패의 증상분석". 고려대학교 「사회과학논집」, 19: 149 – 175.

안병철. (2002). "의약분업 정책변동과 정책실패: 정책 어그러짐의 개념을 중심으로". 「한국행정학보」, 36(1): 41 – 58.

염재호·박국흠. (1992). "정책의 비일관성과 딜레마: 제6공화국의 정책대응을 중심으로". 「한국행정학보」, 25(4): 23 – 44.

유영성. (2002). "화옹호 수질오염현황 및 생태계파괴". 「화옹호 토론회 발표논문집」.

윤양수·김선희. (1998). "시화지구의 지속가능한 관리방안 연구". 「환경정책」, 6(1): 151 – 164.

이동호. (1999). "정부국책사업 집행에 관한 연구: 경부고속철도 건설사업을 중심으로". 서울대학교 행정대학원 석사학위논문.

이시재. (2003). "새만금사업의 의사결정과정의 적정성 문제". 새만금갯벌을 살리기 위한 원주대회 한마당 발표논문.

이원희. (1999). "시화호 개발 정책실패의 정책학적 교훈". 「정책분석평가학회보」, 9(1): 137 – 155.

이주헌. (2002). "운동과정에 개입되는 요인을 통한 시민운동의 성격분석: 새만금간척사업반대 운동을 중심으로". 이화여자대학교 대학원 석사학위논문.

이종범. (2005). "불확실성, 모호성과 딜레마 상황하에서 절차적 합리성의 탐색". 「행정논총」, 43(4): 1 – 27.

이종엽. (2003). "의약분업정책의 정책수용성 평가: 정책수용성 확보전략 평가를 중심으로". 「한국행정학회 하계학술대회 발표논문집」.

이지한. (2005). "정책실패의 요인과 대응에 관한 연구: 방사성폐기물처분장 건설사업 정책을 중심으로". 서울대학교 행정대학원 석사학위 논문.

임동욱. (1999). "대형국책사업의 현실과 정책관리에 대한 시사점: 경부고속철도 건설정책을 중심으로". 「조세정책」, 6(2): 97-118.

전종섭. (1987). 「행정학: 구상과 문제해결」. 서울: 박영사.

전희진. (1996). "사회간접자본(SOC)의 민자유치와 프로젝트 파이낸스의 활용방안". 서강대학교 대학원 석사학위 논문.

정익재. (2002). "정보화정책 실패사례분석과 정책교훈". 「한국정책학회보」, 11(4): 273-302.

정정화. (2003). "부처간 정책갈등과 관료정치: 새만금간척사업을 중심으로". 「한국행정논집」, 15(1): 81-105.

채경석. (1999). "국책사업에 대한 지방정부의 집행대응: 영광 울진 원자력발전소 건설 사례 비교". 고려대학교 대학원 박사학위 논문.

최종원. (1996). "행정정보 공동활용 정책집행 사례분석: 주민등록DB를 중심으로". 「행정논총」, 34(2): 289-317.

Altshuler, A. D. Luberoff. (2003). Mega-Projects: *The Challenging Politics of Urban Public Investment*. Washington, DC: Brookings Institution Press.

Angela Browne and Aaron Wildavsky. (1983). "Implementation as Exploration". In Pressman, J. L. and A. Wildavsky, Implementation(1984). 3rd ed., 232-256, Berkeley: University of California Press.

Ascher, William. (1999). *Why Governments Waste Natural Resources: Policy Failure in Developing Countries*. Baltimore, MD: The Johns Hopkins University Press.

Bardach, Eugene. (1977). *Implementation Game: What Happens After a Bill Becomes a Law*. Cambridge, MA: MIT Press.

Barzley, Michael. (1993). The Single Case Study as Intellectually Ambitious Inquiry, *Journal of Public Administration Research and Theory* 3(3): 305-318.

Beyer, Janice M., Stevens, J. M. and Harrison M. Trice. (1983). "The Implementation Organization: Exploring the Black Box in Research on Public Policy". In Hall R. H. and R. E. Quinn(ed.), *Organizational Theory and Public Policy*, 227-243, Beverly Hills, CA: Sage Publications.

Calista, Donald J. (1987). "Employing Transaction Costs Analysis as a Theory of Public Sector Implementation". *Policy Studies Journal* 15: 461-480.

Campbell, Andrew, and Marcus Alexander. (1997). "What's wrong with strategy?".

Harvard Business Review. 75(6): 42−50.

Capka, R. J. (2004). "Megaprojects: They Are a Different Breed". *Public Roads* 68(1).

Chun, Young−Pyung. (1992). "Implementation Failure: A Framework for Analysis". *Journal of Public Affairs.* 1: 183−205.

Daniels, Mark R. (1997). *Terminating Public Programs.* Armonk, NY: M. E. Sharpe.

Davidson, J. Hugh. 1976. "Why Most New Consumer Brands Fail". *Harvard Business Review.* 54(2): 117−122.

Edward Ⅲ and Sharkansky. (1978). *Public Administration: Policy−Making in Government Agencies*, 4th, Chicago: Rand McNally College Pub.

Elmore, R. F. (1978). "Organizational Models of Social Program Implementation". *Public Policy* 26(2): 185−228.

Flyvbjerg, B., N. Bruzelius and W. Rothengatter. (2003). Megaprojects and Risk: An Anatomy of Ambition. New York, NY: The Cambridge University Press.

Fox, Daniel M. (1993). *Power and Illness: The Failure and Future of American Health Policy*, CA: University of California Press.

Frans L. Leeuw and Richard C. Sonnichsen. (2000). "Introduction: Evaluation and Organizational Learning: International Perspectives". In Can Governments Learn?: *Comparative Perspectives on Evaluation and Organizational Learning.* Frans L. Leeuw, Ray C. Rist & Richard C.(eds.). 1−13. New Brunswick: Transaction Publishers.

Goggin, M. L., Ann O'M. Bowman, James P. Lester, and Laurence J. O'Toole, Jr. (1990). *Implementation Theory and Pratice Toward a Third Generation*, Illinois: Scott, Foresman and Company.

Golembiewski, Robert T., and Gerald T. Gabris. (1994). "Today's City Managers: legacy of success−becoming−failure". *Public Administration Review* 54(6): 525−530.

Gurtov, Melvin, and Ray Maghroori. (1984). Roots of Failure: *United States Policy in the Third World.* Westport, CT: Greenwood Press.

Hogwood, B. W. and Gunn, L. A. (1984). *Policy Analysis for the Real World.* New York: Oxford University Press.

Ingram, Helen M. and Dean E. Mann. (1980). *Why Policies Succeed or Fail.* Bevery Hills, California: SAGE Publication.

James P. Lester, J. L. Franke, Ann O'M. Brown and Kenneth W. Kramer. (1983). "Hazardous Wastes, Politics, and Public Policy: A Comparative State Analysis". *The Western Political Quarterly.* 36(2): 257−285.

Kiel, L. D. (1994). *Managing Chaos and Complexity in Government: A New Paradigm for Managing Change,* Innovation, and Organizational Renewal, San Francisco: Jossey−Bass Publication.

Landau, M. (1977). "The Proper Domain of Policy Analysis". *In the Workshop of the Place of Policy Analysis in Political Science:* Five Perspective. American Journal of Political Science ⅩⅩⅩ−2: 423−427.

Lars Carlsson. (2000). "Non−Hierarchical Evaluation of Policy," *Evaluation* 6(2): 201−216.

Le Grand, Julian. (1991). "The theory of Government Failure". *The British Journal of Political Science.* 1(4): 423−442.

Lester, J. P., J. L. Franke, Ann O'M. Bowman and Kenneth W. Kramer. (1983). "Hazardous Wastes, Politics, and Public Policy: A Comparative State Analysis," *The Western Political Quarterly.* 36(2): 257−285.

Levin, M. A. and Barbara Ferman. (1985). *Policy Implementation and Youth Employment Programs,* New York : Pergamon Press.

_____. (1986). "The Political Hand: Conditions for Effective Implementation". *Research in Public Policy Analysis and Management.* 3: 141−169.

Majone, G. (1989). *Evidence, Argument and Persuasion in the Policy Process.* New Haven and London: Yale Univ Press.

Manzmanian, A. and Sabatier, P. (1989). *Implementation and Public Policy.* with a New Postscript, Lanham: University Press of America.

Manzoni, Jean Francois, and Jean−Louis Barsoux. (1998). "The set−up−to−Fail Syndrom". *Harvard Business Review.* 76(2): 101−113.

Martin A. Levin and Barbara Ferman. (1985). Policy Implementation and Youth Employment Programs. New York: Pergamon Press.

_____. (1986). "The Political Hand: Conditions for Effective Implementation". *Research in Public Policy Analysis and Management*. 3: 141−169.

Martin Landau. (1997). "The Proper Domain of Policy Analysis". In the Workshop of the Place of Policy Analysis in Political Science: Five Perspective. *American Journal of Political Science*. 30(2): 423−427.

Nakamura, R. T. and Smallwood, F. (1980). The politics of Policy Implementation. NY: Martin's Press.

National Research Council. (2000). *Characteristics of Successful Megaprojects*. Washington, DC: National Academy Press.

Nordhaus, W. (1975). "The Political Business Cycle". *Review of Economic Studies* 42(1): 169−190.

Ole Morten Magnussen and Knut Samset. (2005). "Successful Megaprojects: Ensuring Quality at Entry". Paper presented at the conference of Responsible Management in an Uncertain World(EURAM 2005), Munich, Germany.

Pressman, Jeffrey L. and Aaron Wildavsky. (1984). *Implementation*. 3rd ed., Berkeley: University of California Press.

Ripley, Randall and Grace Franklin. (1986). *Policy Implementation and Bureaucracy*. 2nd ed., Chicago: The Dorsey Press.

Rogoff Kenneth and Anne Sibert. (1988). "Elections and Macroeconomic Policy Cycles". *Review of Economics Studies* 55(1): 1−16.

Rogoff Kenneth. (1995). "Equilibrium Political Budget Cycles". Persson, Torsten, and Guido Tabellini, eds., *Money and Fiscal Policy* Vol 2: Politics. 47~70. Cambridge. Massachustts: The Mit Press.

Senge, P. M. (1990). *The Fifth Discipline: The Art & Practice of the Learning Organization*. NY: Currency Doubleday.

Simon, H. A. (1976). *Administrative Behavior*. 3rd ed, NY: Free Press.

Simon, H. A. (1981). *The Science of the Artificial*. 2nd ed, Cambridge, MA: MIT Press.

Tafte, E. (1975). "Determinants of the Outcomes of Midterm Congressional Elections". *American Political Science Review* 69: 812−826.

Warrack, A. (1993). *Megaproject Decision−making: Lessons and Strategies*. Albert,

Canada: Western Center for Economic Research.

Yin, R. (1989). *Case Study Research: Design and Methods*. Newbury Park, CA: Sage Publications.

<정부 및 관련 연구원, 시민단체 측 자료>

국회 건설교통위원회 국정감사자료(2001 – 2005).

건설교통부. (2005 – 2006). 국정감사 보고자료.

경실련. (2005). "건교부 국도건설 공사 예산낭비 실태 분석". 경실련 국책사업감시단.

경실련. (2006). "2006년 개통 및 개통예정 국도건설공사 57건 실태분석". 경실련 국책 사업감시단.

기획예산처. (2003). 「예비타당성조사 대상사업선정지침」.

김선희·조진철·박형서. (2005). 「국책사업의 효과적 추진을 위한 사회합의형성시스템 구축방안 연구」. 국토연구원 연구보고서.

김성일·유재윤·김민철·이승훈. (2005). 「대형공공건설사업의 효율적 추진방안 연구」. 국토연구원 연구보고서.

김종호·이창훈·신창현. (2004). 「환경분야 갈등 유형 및 해결방안 연구」. 한국환경정 책·평가연구원 정책보고서.

농업기반공사. (2001). 「새만금 사업추진현황」. 서울: 농업기반공사.

이기영·성현찬·송미영·이상협. (1999). 「화옹호 오염원 및 부영양화 평가와 수질개선」. 경기개발연구원 연구보고서.

한국수자원공사. (1998). 「시화지구 사업 추진현황」. 서울: 한국수자원공사.

<관련 인터넷 사이트>

갯벌자연생태정보시스템(http://www.wetland.or.kr)

녹색연합(http://www.greenkorea.org)

한국농촌공사(http://www.karico.co.kr)

농림부(http://www.maf.go.kr)

새만금사업단(http://www.samanguem.karico.co.kr)

전라북도(http://www.provin.chonbuk.kr)

한국농촌경제연구원(http://www.krei.re.kr)

한국해양수산개발원(http://www.kmi.re.kr)

한국해양연구소(http://www.kordi.re.kr)
해양수산부(http://www.momaf.go.kr)
환경부(http://www.me.go.kr)
환경운동연합(http://sos.kfem.or.kr)

＜관련 일간지: 1980년－2006년＞
경향신문(http://khan.co.kr)
동아일보(http://www.donga.com)
조선일보(http://www.chosun.com)
중앙일보(http://www.joins.com)
한겨레신문(http://www.hani.co.kr)
한국경제신문(http://hankyung.com)

▶ ▶ ▶ **리뷰**

정광호(서울대학교 행정대학원)

1. 본 논문의 의의와 시사점

민주화 이후 한국의 공공정책은 정책결정과 집행과정에서 다양한 이해관계자가 참여하게 되었고, 정책조정역량 또한 떨어져 정책을 둘러싼 갈등과 비용이 상당하다. 특히 민주화 이후 정치과정의 복잡성과 정파적 갈등 그리고 글로벌화에 따른 정책복잡성과 불확실성이 증가하여, 대형국책사업의 경우 대부분 정치경제적 논란으로부터 자유롭지 못하다. 이로 인해 각종 정책갈등과 비효율성으로 인한 국가적 낭비가 크다는 비판이 많다.

그동안 행정수도 이전과 세종시 건설과정, 4대강 개발사업, 동남권 신공항 사업 등 굵직한 대형국책사업의 경우 정치적 논란도 클 뿐만 아니라 정치적 영향 때문에 과학적인 타당성 조사와 평가를 제대로 수행하기도 어려운 실정이다. 특히 5년 주기로 대통령 선거가, 4년 주기로 국회의원 선거와 지방선거가 반복되고 있어 선거가 정책에 미치는 영향도 매우 크다. 대형국책사업을 둘러싼 불확실성과 더불어 이와 관련된 정부기관도 많아져 과학적인 정책판단이나 효과적인 정책조정을 하기도 쉽지 않다.

이와 같이 급증하는 각종 정책갈등에 대한 논란 때문에, 학계에서는 정치적으로 사회문제가 된 각종 정책들에 대한 수많은 사례연구를 해 왔다. 이들 사례연구는 개별 정책의 문제점을 깊이 있게 분석하고 실패의 원인을 찾아 오류를 교정한다는 의미에서 나름대로 학술적 의의를 가진다. 그렇지만 단일사례나 소수의 비교사례를 가지고 정책실패를 분석하는 것만으로는 정책실패의 체계적인 원인이나 양상을 파악하는데 한계가 있다. 이러한 한계를 극복하기 위해서는 다수의 정책실패 사례들을 모아 실증적으로 분석한 후 공통적으로 나타나는 원인과 실패양상을 파악할 필요가 있다. 본 논문은 역대 213개 대형국책사업을 실증적으로 분석함으로써 위에 서술한 사례연구의 한계를 잘 극복하고 있다.

2. 해당 논문의 개요 및 주요 내용

1) 개요

본 논문은 2006년에 종료된 213개 대형국책사업을 대상으로 어떤 요인이 당초 계획에 비해 많은 시간과 비용을 들이게 했는지를 실증적으로 분석한다. 이를 위해 첫째, 213개 각 정책마다 당초 계획에 비해 초과된 예산과 정책완료시간을 측정하였다. 둘째, 사업계획 일정을 초과하거나 비용을 초과한 경우, 관련 요인으로 정치적 변인(대통령 선거), 정책관리적 변인(정책 관련기관의 숫자, 정책계획의 변경회수), 정책특성 변인(재원조달의 복잡성, 정책의 규모와 종류) 등을 고려하고 있다. 셋째, 실증분석결과를 바탕으로 정책실패 관련 요인을 식별한 후, 정책과정의 한국적 특성과 맥락 속에서 향후 정책실패를 줄이기 위한 정책 시사점을 서술하고 있다.

본 연구는 다음과 같은 연구질문을 바탕으로 정책실패의 원인을 실증적으로 규명한다. 첫째, 선거주기가 정책실패에 영향을 미치는가에 대한 질문이다. 본 연구에서는 대통령 선거가 있는 해에 시작된 정책의 경우 정치적 영향으로 객관적 정책결정이나 정책분석이 적절하게 수행되지 않아 정책실패 가능성이 높을 것으로 추정한다. 선거에 이기기 위한 정치적 결정과정에서 배경에 놓인 정치적 이해관계로 인해 합리적 정책결정이 제약될 가능성이 높기 때문이다. 둘째, 정책관리적 변인이 정책실패에 영향을 미치는가에 대한 질문이다. 본 연구에서 주로 문제되는 정책관리적 변인은 크게 두 가지로 볼 수 있다. 하나는 목표나 계획의 잦은 변경이다. 선거나 그 밖에 여러 가지 요인으로 목표나 계획이 변경되거나 추가된다면 집행에 더 많은 시간과 비용이 초래될 가능성이 있기 때문이다. 또한, 다수 기관이 연루되기 쉬운 대형국책사업의 관리상 특성이 기관 간 정책조정 실패 및 관리상 비효율성을 야기하여 정책비용을 증가시킬 가능성도 있다. 셋째, 재원이 정책실패에 영향을 미치는가에 대한 질문이다. 여기서 고려하고자 하는 것은 대형국책사업에 소요되는 재원의 차이가 정책실패의 가능성이나 양상에 영향을 미칠 가능성이다. 이를테면, 정부예산을 재원으로 하여 집행하는 경우보다 민관합작 방식으로 민간자본이 함께 투자될 경우 민간투자자의 압박으로 본래 계획한 대로, 계획한 비용을 들여 계획한 시점에 정책이 완성될 가능성은 높아질 것이다. 그러나 계획대로 정책이 완성된다고 해서 반드시 국민에게 유리한 것은 아니다. 최근 민간자본투자를 병행한 각종 대형국책사업의 결과를 보면 국민이 매우 비싼 사용료를 지급하고 있어, 정부예산만을 재원으로 하는 경우보다 재정적으로도 오히려 비효율적이라는 비판 역시 유력하기 때문이다. 그 밖에 사업의 종류와 예산규모도 영향을 줄 수 있어 이 요인들도 통제하여 분석모형에서 고려하고 있다. 본 논문은 또한 집행에 부정적 영향을 주는 요인으로 관련기관의 복잡성, 사업자체의 복잡성, 재원의 복잡성 역시 고려하고 있다. 이와 같은 연구결과를 바탕으로, 본 연구는 정책오류를 줄이기 위해서는 사전에 타당성 조사를 철저히 하여 정책설계와 집행의 불확실성을 줄이고, 정책조정을 강화하고, 집행역량을 제고해야 함을 정책 시사점으로 제시한다.

2) 추천이유

민주화 이후 대형국책사업을 둘러싼 논란이 끊이지 않았다. 하지만 이에 대한 체계적인 실증연구는 없었다. 물론 수많은 정책사례연구가 있어 왔지만 사례연구가 갖는 일반화의 한계 때문에 반복되는 정책사례의 실패 원인을 체계적으로 규명하지 못하였다. 본 논문은 이러한 배경 속에 2006년까지 종료된 대형국책사업 213개를 대상으로 정책실패의 원인을 회귀분석을 통해 실증적으로 파악하고자 했다. 정책실패(Policy Failure)는 정책과정이나 정책분야에 따라 판단하는 기준이 다양하기 때문에, 일률적으로 이를 정의하기는 어려우나, 본 연구는 주로 집행과정에 초점을 맞추어 분석하고 있다. 본 논문에서는 대형국책사업을 중심으로 정책집행의 실패를 본래 목표나 계획과 비교하여 비용과 시간이 더 소요된 것으로 정의하고, 이를 중심으로 정책실패를 분석하고 있다. 정책목표에 비해 비용과 시간이 훨씬 더 많이 소요된다면 분명 정책설계 및 집행과정에 문제가 있을 것이라고 본 것이다. 이처럼 본 연구는 정책집행과정의 문제를 체계적으로 분석하고 있다. 또한 수많은 정책사례를 분석대상에 포함하고 있다는 것도 본 연구의 장점이다. 사례연구의 경우 사례가 가진 정책대상의 협소성이나 국지성으로 인해, 사례 내용을 일반화하는 데 어려움이 있지만, 본 연구는 213개의 정책사례를 분석함으로써 사례연구가 가진 단점을 극복하고 있다. 그리고 학술연구에서 구하기 어려운 대형국책사업의 비용 및 시간 초과에 대한 실증자료의 사용도 본 연구의 가치를 높여준다.

3) 최근의 상황과의 비교

최근 정책실패를 둘러싼 각종 이론들이 나오고 있으나 여전히 두 가지 요인이 정책실패의 핵심이라 판단된다. 하나는 민주정치과정에서 나타나는 유권자의 의사결정에 내재된 문제점과 정치절차에 내재된 절차적 비효율성이다. 다른 하나는 점점 정책자체가 복잡해지고 파급효과를 예상하기 어려워 타당성 있는 정책설계-결정-집행이 어려워지고 있다는 점이다. 기술발전과 정보화로 정책에 대한 지식이 증가하는 한편, 글로벌화와 정책행위자 간 연계의 복잡성으로 인하여 정책복잡성과 불확실성이 더욱 증가했기 때문이다.

최근 한국은 예비타당성 제도를 통해 사전에 정치적 판단에 따른 정책오류를 제도적으로 걸러 내려는 시도를 하고 있고, 나아가 정책실명제 등을 통해 정책의 책임성을 높이고자 노력하고 있다. 그렇지만 정파적 갈등이 지속되고 예상치 못한 정책의 부작용도 증가하고 있어 정책실패에 대한 비판의 목소리가 줄어들 것 같지는 않다. 더구나 정책을 담당하는 관료집단의 이기주의와 오류가 여전히 개선되지 않은 채 남아 있다. 자기 부처의 사업추진만 우선시하고 부처입장만 배타적으로 대변하는 부처이기주의가 온존하고 있기 때문이다. 이와 같은 경향으로 인해 어떻게든 사업을 부분적으로 시행하고, 이를 근거로 지속적으로 예산을 쏟아 붓는 '시행의 덫'을 의도적으로 만들고 있다.

더구나 민주주의가 아직까지는 좋은 정책보다는 나쁜 정책을 만드는 쪽으로 흘러가는 경향이 크기 때문에(Caplan, 2008) 민주주의와 정책실패에 대한 분석은 정책이론 발전에 매우 적절한 아이디어를 제공할 수 있을 것으로 기대된다. 한국의 경우 아직도 정책문제를 놓고 객관적 공론화가 쉽지 않은 상황이라 민주주의와 합리적 의사결정에 대한 연구가 더욱 절실하게 다가온다.

3. 향후 연구에 대한 제언

정책실패에 대한 체계적 실증연구는 많지 않다. 그렇지만 최근 행정부 및 국회에 정책정보에 대한 데이터베이스(database)가 구축됨에 따라 향후 정책을 분석단위로 한 실증연구가 가능할 것으로 판단된다. 정책 데이터베이스가 구축되면서 정책형성단계에서 정책종결 후 평가단계에 이르기까지 정책전반에 걸친 정책특성별 실증분석도 가능할 것으로 예상된다. 그러면 정책과정에서 나타나는 각종 오류와 문제점을 이론적으로 정리한 후, 정책연구가 필요한 연구주제를 설정하여 실증분석을 시도할 수 있다. 과거 신문사설에서 제기한 각종 정책실패사례들을 모아 분석한 연구가 있으나(정광호 외, 2009) 실제 정책자체에 대한 자세한 정보를 분석하지 못한 한계가 있었다. 최근 국회 홈페이지에서 행정부와 의원이 제안한 각종 법률의안에 대한 정보를 축적해 놓고 있어, 이를 잘 정리하면 유용한 정책연구 자료가 될 것으로 보인다. 나아가 다양한 정책자료를 가지고 정책과정을 정책형성과정과 정책집행과정으로 나누어 정책실패의 원인을 분석해 보는 것도 중요하다. 정치적 갈등이 많은 정책이나 선거주기에 영향을 받는 정책의 경우 정책형성 및 결정 과정에 각종 인지적 오류가 발생할 수 있고(Caplan, 2008), 정책관리나 집행과정상의 문제 등으로 인한 집행 실패 가능성도 있다(Matland, 1995; Pressman & Wildavsky, 1973). 앞으로 이러한 다양한 정책사례에 관한 각종 정보를 수집·정리하여 통계자료로 전환한 후 정책과정별로 오류나 실패의 메커니즘을 설명할 수 있는 실증적 정책이론 개발이 활성화되길 기대해 본다.

참고문헌

정광호·최슬기·장윤희. (2009). 정책실패의 연관 요인 탐색─ 중앙일간지 사설의 내용분석을 중심으로. 한국거버넌스학회보, 16(1): 1─29.

Caplan, Bryan. (2008). The Myth of the Rational Voter: Why Democracies Choose Bad Policies. Princeton University Press.

Matland, Richard E. (1995). Synthesizing the Implementation Literature: The Ambiguity─Conflict Model of Policy Implementation. Journal of Public Administration Research and Theory, 5(2): 145─174.

Pressman, Jeffrey, and Wildavsky, Aaron. (1973). Implementation. Berkeley: University of California Press.

관료제를 위한 변론:
한국관료제의 성과제고 방안

관료제를 위한 변론:
한국관료제의 성과제고 방안*

임도빈(서울대학교 행정대학원)

I. 들어가며

　　우리나라는 1960년대 2백 달러 남짓하던 1인당 국민소득이 2009년 현재 약 2만 달러에 달하고 있으며, 세계 14위의 경제규모를 자랑하고 있다. 이와 같이 비약적인 경제성장의 견인차 역할을 한 주체는 최고 정책결정권자를 중심으로 한 관료들이라고 할 수 있다. 한국의 공무원들이 그동안 이러한 발전의 촉진자로서의 역할을 비교적 성공적으로 수행해 왔음에도 불구하고, 국민들은 그들을 느리고 무능하며 복지부동하는 집단으로 인식하고 있으며, 개혁의 대상으로 여기고 있다.

　　특히 신공공관리론(New Public Management)이 전 세계적으로 유행하게 되면서 정부와 그의 구성원인 공무원의 성과가 주 관심사가 되었으며, 공무원에 대한 부정적인 인식은 더욱 심화되었다. 개혁과정에서 정부와 관료는 칭찬의 대상이기 보다는 비판의 대상이 되었으며, 흔히 공무원들은 무능하고 비효율적일 뿐만 아니라 불필요한 규제만 일삼는 국가발전의 걸림돌이라는 혹평에 직면해 왔다.

　　오늘날 문제가 되고 있는 정부불신 현상의 핵심 대상은 곧 정부 관료제이다. 여기에는 두 가지 이유가 있다(박천오·박경효, 2002). 하나는 시민들이 정부의 올바른 기능과 역할에 관한 거시적·본질적 문제보다는 비생산성·비능률성·비대응성·부패와 같은 정부의 운영상의 문제를 더 잘 이해하고 이에 주목하는데 있고, 또 다른 하나는 대다수 나라에서 새로 들어서는 정권마다 정부 관료제가 마치 정부 문제의 전부인 양 지목하고 이를 개선하겠다고 천명해 온 데 있다.

　　본 연구는 이러한 관료제에 대한 부정적 인식이 과연 정당한가에 대한 문제 의식 하에서 시작되었다. 특히 역대정부에서 시도한 관료제 내부운영에 대한 개혁조치가

---

* 이 논문은 2009년 『한국조직학회보』, 제6권 제4호, pp. 173-209에 게재되었다.

바로 잘못된 문제 진단에 의한 잘못된 처방이 아니었는가라는 의문이다.[1] 즉, 지금까지 관료들을 후려치기에 바빴는데 이러한 관료 후려치기의 실질적인 이유는 무엇이었는지에 대해서 살펴보고자 한다. 그리고 개혁을 위한 개혁들이 관료제를 오히려 더 비효율적으로 만들거나 관료제의 진정한 개혁과는 먼 것들이 아니었는가를 생각해 볼 필요가 있다.

이러한 문제점을 제대로 인식하면 공무원에 대한 부정적 인식의 정당성에 대해 판단을 할 수 있고 나아가서 개선방안을 생각할 수 있을 것이다. 공무원은 범위가 넓으므로, 본 연구에서는 그 연구범위를 국가정책을 주도하는 핵심 브레인 집단으로서 주로 5급 이상의 고위직을 대상으로 한정할 것이다.[2]

II. 이론적 시각: 관료제 개혁모델

한국의 관료제는 조선시대이후의 관료제적 전통에 기반하여 일제 강점기의 일본식 행정 관료제를 거쳐 오늘날에 이르렀다. 관료제는 때와 장소를 불문하고 대규모 조직에서는 나타나는 현상이다. 이러한 관료제에 대해서 막스 베버가 최초로 그 이념형을 제시하면서 관료제가 하나의 이론모형이 되었다. 당시 봉건체제나 교회체제에 작동하던 조직에 비교할 때, 법적 정당성에 근거한 관료제는 안정성과 효율성면에서 우월한 것이었다. 그러나 한국 상황에서는 다른 모습으로 나타났다.

1. 관료제의 개혁모델: 신공공관리론적 개혁의 추구

베버의 관료제의 효율성에 대한 비판을 한 학자도 많이 있으나 신분이 보장되는 관료제는 여전히 한국 정부조직의 근간이 되어 왔다. 현재 한국 정부조직은 조선시대의 유교관료제 전통이 남아있는 상황에서, 일제식민지의 착취관료제가 정착한 것이 그 시작이 되었다. 그 후 집권한 박정희 대통령은 60년대부터 관료들에게 연금혜택을 주는 등 관료제를 중요한 행정수단으로 활용하였다(임도빈, 2008: 223-225). 물론 1960년대에도 정치체제 변동 후 관료들에 대한 대대적인 숙정작업 등이 있었다. 이 당시에는 근대적 관료제가 형성되고 있는 과정에 있었으며 특히 부정부패 척결이 관료제 개혁의 주요 목표로 등장하였다.

---

1) 여기서 개혁이란 관료체제내부, 특히 인사 및 조직분의 인위적인 개혁을 의미한다. 행정개혁, 행정쇄신, 정부혁신, 등의 정권에 따라 다양한 용어가 사용되었고, 이들이 포함하고 있는 범위는 서로 다르므로 이렇게 한정하고자 한다.
2) 그러나 6급이하 지방 하위직을 포함한 관료전반에 관련된 논의는 부분적으로 혼재되어 있다.

한국의 정부 관료제가 부패의 문제는 가지고 있었지만, 상대적으로 우수한 인재들이 포진하여 국가발전에 앞장선 것도 사실이다. 인재들로 구성된 관료들은 국가발전의 방향을 세우고 자원을 집중함으로써 국가발전에 지대한 공헌을 하였다(Chibber, 2002). 즉, 관료제 내부에서의 분열과 경쟁보다는 긴밀한 협동과 협업에 의해 목표가 달성된 것이다. 한국의 경우처럼 발전도상국의 공무원은 법과 질서의 유지에 필요한 전통적인 기능을 수행하는 것은 물론이고, 국가 형성(nation building)과 발전의 촉진에 관하여 폭넓고 능동적인 역할을 맡아줄 것으로 기대된다(조성대, 2003).

그러나 1990년대 이후 정치민주화와 더불어 시민사회의 성장으로 정부의 독주에 대한 비판이 거세게 일게 되었다. 이런 국내적 상황에 더하여 세계적으로 무역장벽을 제거하는 움직임과 더불어 세계화의 물결이 몰려왔다. 더욱이 미국 유학파를 중심으로 형성된 정부보다는 시장을 맹신하는 학계의 분위기도 한국 관료들을 비판하는데 앞장서게 되었다. 즉, 한국 관료가 갑자기 하루아침에 열등해진 것도 아닌데, 관료제에 대한 비난이 이때부터 더욱 강해진 것이다.

미국에서와 마찬가지로 한국에서 "관료 후려치기"는 대중매체나 정치인 등이 주도한다. 관료제도 사실상 긍정적인 면을 가지고 있다(Goodsell, 2003). 정부의 무능함과 부패를 뉴스로 삼으려는 기자들에게 관료제는 가장 훌륭한 기사감이다. 민간부문에도 무능한 사람들이 있음에도 불구하고 기사거리가 별로 되지 않는데 비해, 무능한 관료에 대한 보도는 국민들을 분노케 하기 충분하기 때문이다. 특히 각국의 정치인들은 관료제를 비난함으로써 표를 얻고 이를 개혁한다는 것 자체로 시간을 보내고 있다.[3] 집권당은 자신들의 국정운영 실패나 선거공약 불이행을 정부 관료제의 무능이나 비협조 탓으로 돌리는 반면, 야당 정치인들은 선거운동과정 등에서 정부 관료제의 어두운 측면을 부각시키고 이를 개혁하는 것이 자신들의 주요 정치목표임을 천명한다. 클린턴 정부의 정부재창조 개혁이나 현 하토야마 정권의 일본에서 일어나고 있는 행정개혁이 대표적인 예이다.

한편 한국에서의 관료제에 대한 비판은 매스컴과 정치인은 물론이고 관료제 내부의 일부 구성원과 이를 뒷받침해주는 일부 학자들의 적극적인 가담으로 이루어지고 있다. 이들은 특히 외환위기를 극복해야 하는 김대중 정부 이후 현재까지 개혁주도자들로 지칭할 수 있다.[4] 관료제에 대한 개혁을 주도했던 사람들은 대부분 기존의

---

3) 이것은 각 나라의 상황에 따라 다르다. 예컨대, 유럽의 여러 나라 중에서 네덜란드에는 관료에 대한 이미지가 긍정적인 편이다.

4) 학계에서는 개인의 성향에 따라 참여의 정도가 다르나, 대표적인 예로 관료제 내부의 인사개혁에

계급제가 문제의 핵심인 것으로 보고 미국식 '직위분류제'를 도입하려고 하였고, 미국식 직업이동에 준하는, 개방형 임용제를 제시하였다.

물론 전 세계적으로 기존 관료제 모델과 달리 행정환경의 변화에 대응하여 정부의 성과향상과 관리의 효율성을 제고하려는 움직임이 있었다.[5] 미국에서도 신분안정을 누리는 관료제를 시대에 뒤떨어진 것으로 비판한(O'tool & Meier, 2003) 움직임이 있었는데, 이것이 바로 신공공관리론(New Public Management)운동이다. 신공공관리론은 독점성, 권력성, 경직성 그리고 획일성으로 요약되는 기계적 효율성에 집착하면서 규칙과 절차를 중시하는 통제중심의 관료적 패러다임으로는 이러한 변화에 대응할 수 없다는 시각을 견지한다(김태룡, 윤영진 외, 2002; 217–218). 또한 신공공관리론은 경쟁과 고객주의를 중시하는 시장주의와, 기업가적 정부운영을 강조하는 사명지향적·성과지향적·탈통제적 관리로 표현되는 신관리주의로 압축될 수 있다(정정길, 2000). 관료제 모델과 이상의 신공공관리론의 모델을 비교하면 <표 1>과 같다.

표 1 관료제 모델과 NPM 모델

	관료제 모델	NPM 모델
특징	계서제 각 관료들의 일정한 자격에 의해 임명 직위에 맞게 보수 관료로서 직업이 유일한 직업 연공서열에 의한 경력관리 문서에 의한 관리 직위에 관련된 수단과 자원은 관료개인의 것이 아님 관료들은 획일적인 규율(law like) 에 의해 규제 법률에 기반	목표관리에 의한 성과관리 날씬하고(lean), 납작한(flat), 작고(small), 전문화(specialized)된 조직 계서제보다는 계약(contract)에 의한 규율 고객(customer)이란 관점의 중시 규율보다는 인센티브에 의한 규제 시장원리에 의한 외부위탁 등 효율성 의 강조
요점	행정의 계속성과 영속성	시장원리와 단기적 효과의 강조

출처: Pollitt, 2009: 199–201를 토대로 구성.

관해서는 **학회의 역대회장들이 이런 역할을 했다. 구체적으로 용역의 참여 및 자문위원으로 활동 등이다. 중앙인사위원회도 정실인사를 막기 위한 노력보다는 인사제도 개혁에 더욱 앞장섰다.
5) 영국과 미국을 비롯한 각국에서 신공공관리론이 대두되게 된 배경이나 원인으로는, 과중한 복지비용 부담과 공공부문의 비효율성으로 인한 재정적자에 대해 유권자들이 개혁을 요구하기 시작하면서 비롯되었다(윤영진·김태룡외, 2002: 219). 이처럼 신공공관리론은 공공부분의 비효율성에 대한 개혁요구로부터 시작되었기 때문에 관료제를 구성하는 공무원에 대한 부정적 인식을 더욱 심화시켰다.

한국의 많은 행정학자들은 이러한 외국의 물결에 맞게 한국행정도 경제발전 시대의 권위주의적 구태를 벗고 새로운 전환이 요구되며, 그 대안으로서 신관리 주의에 따른 인사행정 개혁이 필요하다고 주장하였다(김번웅, 1994; 김영평, 1994; 김판석, 1994; 남궁근, 2002a,b). 그 내용은 주로 미국의 관리이론을 한국의 행정 현장에 보급하여 관리기술의 창의력과 경쟁력, 그리고 서비스의 질을 향상시켜 나가야 한다는 것이다. 구체적으로는 다면평가제 기법을 공직사회에 적용하자는 주장(김판석·오성호·이선우, 2000; 조경호·박천오, 2004)과 개방형 임용제도를 도입하자는 주장(이선우·정진석, 1999), 고위공무원단 제도 도입의 필요성(오성호, 2007), 책임운영기관을 도입하자는 주장(박천오·김근세·박희봉·안형기, 2003) 등이 관리이론에 기반하여 제시된 개혁의 내용이다.

2. 관료제 개혁집행의 메커니즘: 카센터 모형

여느 관료제와 마찬가지로 한국의 관료제도 완벽하지는 않기 때문에 변화의 필요성이 있었음에는 많은 학자들이 동의를 해왔으며 현재도 마찬가지이다. 하지만 그 방향이 신공공관리론적 개혁이어야 하는가에 대해서는 어떠한 경험적 증거도 없는 상태이다. 또한 미국에서도 실제로 신공공관리론적 개혁들이 실패로 이어진 경우가 많다. 설혹 미국에서 성공한 제도라 하더라도 조직의 문화와 구조가 다른 한국에 그대로 적용하였을 경우 성공한다는 보장이 있는 것도 아니다. 이처럼 잘 검증되지 않은 외국의 개혁아이디어를 한국의 관료제에 실험적으로 도입하면서 한국은 신공공관리론적 개혁아이디어의 실험장이 되었다. 여러 번 실패했음에도 불구하고, 미국식 직무분석을 도입하는 것이 마치 훌륭한 해결책인 것처럼 전제하고 집행실태를 호도하는 연구가 문제이다(이창길·문명재·이근주; 2008).

우선 한국의 행정개혁은 행정조직 내부의 개혁에 집중하며, 그 방법이 상의 하달식이고 급변하며 단기적으로 가시적인 효과를 추구하는 특성을 보인다(임도빈, 1998). 그러나 신공공관리론적 개혁을 주장하는 입장에서는 일부 이와 같은 한국의 행정개혁은 비하하는 반면, 선진국의 극히 일부 개혁성공 사례를 일반화하고 이상화하는 양태를 보인다.6) 더 나아가 관료는 비효율의 주범으로서 곧 불신의 대상이며, 심지어

---

6) 익명의 심사자들은 특정집단을 꼬집어 비판하는 것이 '학술적 논문에 부적절하다'는 지적과 구체적으로 밝히라는 서로 다른 주문을 했다. 이 논문의 목적은 이제 이 문제에 대해 서로 토론을 하자는 것이지 누구를 비난하려는 것은 아니다. 사실 행정학이 기본적으로 효율성을 증진하고자 하는 학문이므로 신공공관리론의 주장을 모두 부정하기 어렵기 때문에 그들 저작물의 문구라는 측면에서는 비판의 대상여부를 가려내기 어렵다. 필자가 토론대상으로 생각하는 사람

한국관료제의 DNA를 바꿔야 한다고 주장하기도 한다.

이러한 시각을 바탕으로 하여 개혁이 반복되는 것은 관료제에 대한 개혁을 시도하는 것 자체로 이익을 보는 집단이 있기 때문이다. 개혁을 주창함으로써(가시적인 무엇인가의 성과를 내고자 하는) 대통령(과 그 측근)에게 잘 보이려는 일부 고위관료들, 그리고 이를 이론적으로 뒷받침하는 역할을 하는 일부 학자들이 그러한 집단이라고 할 수 있다. 이러한 개혁과정은 실질적으로 일부 고위관료에 의해 주도된다. 실제 대통령과 장관들은 사실 관료제 내부나 외국행정의 실제를 잘 알지 못하는 경우가 대부분이며, 각종 자문위원회나 용역을 통해 개혁과정에 참여하는 일부 학자들은 한국에서 실무자로 일한 경험이 없는 경우가 많기 때문이다. 또한 이들은 외국에서 학위를 마치고 돌아왔으면서도 외국에서 실무자로 일한 경험이 없을 뿐만 아니라 외국의 현실에 대해서는 잘 모르는 경우가 대부분이기 때문에 결국 일부 고위관료들이 이 개혁과정에서 중심인물이 된다.

이렇게 개혁 작업을 통해 전통적 관료제 내부에서 일어나던 게임룰이 바뀌면서 개인적 이익을 얻는 사람들이 생기게 된다. 즉, 이러한 개혁 작업 과정에는 이를 둘러싼 각종 이해관계들로 연결된 집단들이 포진하고 있으며, 이들은 일종의 신(新) 철의 삼각관계(New Iron Triangle)를 형성하고 있는 것으로 볼 수 있다(임도빈, 2007c). 이들은 다음과 같은 방법으로 개혁과정을 주도한다.

첫째, 국민들에게 충격적인 인상을 남길만한 정도의 부정적인 사례나 현상을 찾아내기 위해 노력한다. 물론 이 과정의 목표는 개혁대상인 한국의 관료제의 개선점을 찾고 이를 수정해나가는 것이지만 이들은 관료제의 좋은 점보다는 문제점을 찾아내기 위해 온갖 노력을 기울인다. 즉, 개혁과제의 선정과정에서부터 선택의 오류와 일반화의 오류가능성이 다분히 있는 것이다.

둘째, 개혁의 이슈화와 대안개발에 도움이 될 만한 학자를 선별한다. 즉, 관료에 의한 역선택이 일어난다. 예컨대 위원회의 구성에 있어서도 표면적으로는 다양성을 확보하는 것으로 보이게끔 하지만 결국에는 자신들에게 유리한 성향을 가지고 있는

은 다음과 같다.

- 학술논문이나 저서에 명시적으로 외국의 신공공관리론을 소개하며 한국에 도입을 주장하거나, 한국에 효과가 있다고 주장한 사람. 학술적 논문이므로 가장 중요하다.
- 정부용역, 토론회, 자문활동(대표적인 예는 정부혁신위원회)을 통해 위와 같은 주장을 한 사람. 사실 본고는 무책임한 개혁의 실행에 초점이 있으므로 이들이 더 대상집단이다. 이중 일부는 학술적 글을 잘 저술하지 않거나 분명한 입장을 취하지 않아(예, 단순 실증연구를 수행한 후, 장단점 한계 등을 논하는 논문) 가려내기가 쉽지 않다.

학자들이 핵심적인 활동을 하게 된다.

셋째, 대안의 개발단계에서는 상부에 과시하기 좋은 것들을 찾아낸다. 이들에게는 윗사람에게 잘 보이는 것이 진정한 관료제의 개혁보다 더 중요한 목적이기 때문이다.

넷째, 개혁의 성과를 성급하게 보여주려고 한다. 개혁의 결과 정부 관료제가 얼마나 성과(즉 Outcome)를 향상시켰는가를 보여주기 보다는, 개혁과제가 얼마나 집행(일종의 output)되었는가와 같은 진도체크가 이루어진다. 그리고 이것을 마치 성공적인 개혁을 보여주는 척도인 것처럼 보여준다. 예컨대 관료제에 새로운 피를 수혈하여 전체성과를 향상시키기 위해 개방형 임용제도를 도입했다면, 성과향상의 여부보다는 개방형 임용자리 중 외부인사를 임용한 숫자를 이 제도의 성공여부로 본다.

다섯째, 개혁이 성공했다고 하면서도 한편으로 끊임없이 다른 개혁과제를 발굴하여 시행하려고 한다. 각 개혁 프로그램에 대한 평가를 급박하게 하면서[7] 항상 긍정적인 효과가 있다고 결론을 내리고, 더 개선해야 할 점과 반성 면에서는 또 다른 개혁을 하라고 주문한다. 그 결과 이제는 심지어 역대 정권의 개혁시도 때문에 새로운 것이 거의 없을 정도이다. 그러자 포장만 바꿔서 마치 새로운 개혁과제인 것처럼 보이게 하기도 한다.

이러한 일련의 개혁과정에서 개혁주도자들은 인사상의 혜택을 본다. 한 마디로 이들은 개혁으로서 개인의 이익을 극대화하는 개혁기업가(reform entrepreneur)들인 것이다. 노무현 정부에서는 자신들이 정의한 '혁신'을 중요한 평가기준으로 사용했다. 바로 개혁주도자들이 이런 기준에 의해 혜택을 받아 국장, 차관, 장관으로 승진하는 개인적 이익을 누렸다.

일부 관료들은 개혁 작업을 주도한 후 정부를 떠나 정부개혁관련 컨설팅 회사를 차리고 계속해서 정부의 용역수주를 받는다. 민간의 참여를 강조하는 거버넌스 시대에 이들은 마치 '중립적'인 민간인 전문가들의 대표인 양 취급된다. 또한 민간전문가로 참여한 학자들도 관련 과제에 대한 용역을 받거나 다른 부처의 일을 수행하는 등의 관련된 역할이 지속된다.

이처럼 진정한 개혁효과에 대해서 논하지 않고 개혁프로그램의 진도체크에 열중하기 때문에 이 개혁은 정작 관료제에는 진정한 효과를 가져 오지는 못한다. 개혁분위기가 위협적일 때는 일부 문제성이 있는 무능한 관료들이 긴장하는 효과가 있기는 하다. 그러나 현실적합성이 떨어지는 개혁프로그램은 곧 진정한 집행이 불가능하다는

---

7) 개혁프로그램에 대한 평가도 제대로 하지 않는다. 심지어 그 제도개혁을 주도한 사람자신이 자원하여 평가위원으로 들어가기도 한다.

것을 이들은 안다.[8] 그래도 위에서 시키기 때문에 개혁을 하는 척이라도 해야 한다. 결국 관료제에 미친 영향은 실제 성과 향상으로 이어지는 것이 아니라 개혁관련 각종 회의와 문서작성의 증가로 이어졌을 뿐이다.[9]

이 과정을 마치 자동차를 고치는 카센터[10]의 경우와 비교해 볼 수 있다. 물론 실력이 있고 양심적인 카센터의 경우 아무 문제가 없으나, 행정개혁의 경우는 그렇지 않은 경우와 유사하다. 예를 들어보자. 양심적이지 않은 카센터에서는, 차에 문제가 있어서 찾아오면 잘 알지도 못하면서 문제가 생긴다고 생각하는 특정 부속품의 교체를 권한다. 고객은 이를 받아들이고 돈을 지불한 뒤 다시 운행한다. 그러나 낡은 차일수록 곧 또 다른 문제가 생긴다. 고객은 다른 카센터로 가기 보다는 그래도 자기 차에 대해서 잘 안다고 생각하는 기존 카센터로 가져온다. 카센터 주인은 다시 다른 부속의 고장을 문제로 수리를 해야 한다고 한다. 이러한 과정이 반복되면 고객(즉, 국민)은 끊임없이 돈을 지불하는 셈이고, 카센터 주인(즉, 개혁주도자)은 돈을 벌게 되는 것이다.

마치 부정직한 카센터 주인이 자신의 이기적인 목적을 위해 멀쩡한 자동차의 부품을 계속해서 바꾸는 것과 같이 한국의 인사행정의 개혁에서도 그동안 잘못된 개혁이 계속되어 왔다. 반복되는 잘못된 개혁의 과정에서 박경효(1999)가 표현했듯이 공직사회는 '표류하는 공직사회'의 모습을 가지게 되었으며, 정치권력을 비롯한 사회의 제 세력으로부터 쏟아지는 무수한 비난과 개혁의 요구 속에서, 목표와 의욕을 상실한 채 흔들리게 된 것이다. 따라서 공직사회에 도입된 대부분의 행정개혁은 이를 실천해야 하는 공무원들로부터 외면 받고 있으며, 오히려 근무 의욕을 떨어뜨리고 관료체제를 불안정하게 만들고 있는 것이 현실이다.

---

8) 실제로 이들의 의견에 따라 이런 단정을 하기는 어려울 때도 많다. 왜냐하면 변화를 싫어하기 때문에 나오는 관료제의 저항인 경우도 있기 때문이다.

9) 여기서 아무런 개혁을 시도하지 않았을 때보다는 무엇인가 조금이라도 달라지지 않았냐라는 반론이 가능하다. 개혁의 내용에 따라서는 이런 경우도 있을 것이다. 그러나 개혁과정에 투입하는 시간과 노력에 비하여 이들 효과를 비교한다면(일종의 B/C분석개념) 실망스런 경우가 대부분이다. 특히 이런 미미하나마 있는 개혁효과의 장기적 지속성이라는 측면에서 보면 더욱 그렇다.

10) 익명의 심사자는 이를 한글로 쓰는 것을 권하였다. 그러나 이 개념은 외국의 경우에도 적용될 수 있는 보편적인 것으로 실제 필자의 국제세미나 발표에서 의사소통이 용이하여 그대로 쓰기로 하였다.

Ⅲ. 한국관료제의 현실: 과연 인적 자원 관리인가?

모집과정에서는 "우수한 인재의 확보"와 함께 "사회전체 인력활용의 효율성"이라는 두 가지 목표를 동시에 추구해야 한다. 더욱이 인적 자원은 물적 자원과는 달리 잘만 관리하면 무한대의 활용가능성이 있는 것이다(유민봉·임도빈, 2002: 8). 그렇기 때문에 관료들이 공직으로 유입되고 나면 정부는 그들이 일할 동기가 되는 유인을 제공하고, 업무수행능력 제고와 자기계발을 위한 포괄적인 관리를 하게 된다. 이러한 관리활동은 단기적으로는 공무원에게 경제적 안정과 일할 유인을 제공하고, 장기적으로는 공무원의 잠재적인 능력을 계발하고 인사행정 체제의 개발에 도움이 된다. 이렇듯 관료 관리는 공무원 개개인과 인사행정 체제 양자가 모두 매끄럽게 돌아가도록 하는 윤활유 기능을 한다.

1. 출발점: 관료들은 우수한 집단이다.

한국의 관료제는 흔히 벤치마킹하는 미국 등 선진국과는 다른 독특한 점이 있다. 한국에서는 전통적으로 관직을 중시하였고 관료가 되는 것을 가문을 빛내는 출세의 수단으로 생각하는 경향이 그것이다. 즉, 공직 진출이 개인의 출세에 머무르는 것이 아니고 가문의 생계까지 책임진다는 의미를 내포하고 있다(조석준, 2004). 이는 개인주의를 기반으로 하고 있는 서구와는 달리 가족주의에 기반한 유교문화권의 특성이라고 할 수 있다.

이러한 경향은 오늘날까지 지속되어 우리나라의 고시제도는 조선시대의 과거제도부터 현재의 행정고시제도에 이르기까지 관료의 등용문으로서 인식되어 왔고, 관료는 신분상승의 욕구 실현 장치이자 명예로우며 안정적인 직업으로 인식되어 직업으로서의 매력도가 비교적 높은 편이다. 다음 <표 2>에서 보이는 바와 같이 수많은 유능한 젊은이들이 고시준비에 청춘을 불태우고 있고, 그중 일부가 관직에 들어온다. 아래 표의 수치는 실제 응시인원이므로 고시를 준비하고 있음에도 불구하고 그 해에 응시하지 않은 숫자까지 포함하면 훨씬 많아질 것이다.

| 표 2 | 연도별 행정고시 선발예정인원 및 응시인원수 |

(단위: 명)

연도	행정고등고시	
	선발예정인원	응시인원
1999	220	19,594
2000	243	15,867
2001	271	13,496
2002	296	13,122
2003	272	15,794
2004	265	18,124
2005	293	12,711
2006	306	14,213
2007	303	13,153
2008	304	14,096

출처: 행정안전부(2009).[11]

따라서 한국은 우수한 인재를 관료로 유치하기 위해 적극적인 모집정책을 꾀하는 외국과는 다른 상황에 있다. 또한 한국에는 대부분 한번 선택한 직장을 바꾸지 않는 평생직장의 개념이 아직 지배적이다. 즉, W. Ouchi(1981)의 Theory Z적 성향이 완화되고 있기는 하나 한국에서는 아직 지배적이라고 볼 수 있다. 이처럼 우수한 젊은이들이 스스로 공직에 지원하여 평생을 관료로 남으려는 경향이 강한 것이 한국적 특수성이므로 이 특성을 관료제 개혁의 기본전제로 삼아야 한다. 이런 경향성 자체를 일시에 없애는 방향의 개혁을 목표로 삼을 수도 있겠으나, 그것은 시간이 오래 걸릴 뿐만 아니라(즉, 실현가능성의 문제) 기존 체제의 장점을 모두 잃어버리기도 하는 것이다(즉, 타당성의 문제). 그러므로 이러한 실현가능성의 문제와 타당성의 문제를 고려하여 한국적 특수성을 전제로 한 개혁을 추진해야 할 것이다.

2. 형식적인 교육훈련

직업공무원제도에서는 유능한 젊은이를 공직에 들어오게 하여 적절한 시기에 교육훈련을 함으로써 관료들의 능력을 지속적으로 개발해야 한다. 공무원 교육훈련이 수행하는 기능은 공무원 개개인의 직무수행능력을 개발하고 자기실현 욕구를 충족시

---

11) 행정안전부 홈페이지: http://www.mopas.go.kr/

켜줌으로써 급격한 행정환경의 변화에 대응할 수 있는 새로운 지식과 기술을 습득하게 하고, 태도와 가치관을 변화시킴으로써 그들의 근무의욕 및 직무만족도를 제고하여, 궁극적으로 정부의 일반적인 생산성제고로 이어지는 것이라 할 수 있다(백철현, 2000). 따라서 교육훈련을 통한 효율적인 인력 관리가 중요하게 부각된다.

그러나, 최근 정부 경쟁력을 제고하기 위한 개혁노력은 주로 정부조직의 개편 등과 같은 거시적·제도적 측면에 치중하였으며, 공무원의 직무수행능력과 근무의욕 향상에는 소홀하였다.12) 반면에 중앙공무원 교육원의 교육훈련은 수요자를 고려하지 않은 공급자위주로 이뤄진 매우 심각한 문제를 안고 있다.

다음의 <표 3>은 2003년과 2008년의 공무원 총조사를 바탕으로 국가직 공무원과 지방직 공무원의 교육훈련 현황이다.13) 응답자중 90% 이상의 공무원이 중앙공무원교육원에서 시행하는 기본·전문교육훈련을 받고 있는 것으로 나타났으며, 교육훈련을 이수하는 비율도 또한 2003년에 비해 2008년에 증가하고 있는 것을 볼 수 있다. 하지만 국내위탁교육을 받은 공무원의 비율은 2008년 21%정도에 달해 2003년의 16.5%에 비해서는 상승하였지만 기본·전문교육훈련에 비해서는 낮은 수치이다. 국외훈련의 경우는 2008년 20.2%로 2003년의 26%에 비해서 낮아졌다. 특히 4,5급 공무원의 국외훈련 기회가 현저히 축소되고 있는 것을 볼 수 있는데, 이는 최근의 글로벌 경제위기의 상황에서 공무원의 국외훈련 기회가 축소되었음을 나타내고 있다.

직급별로 보면 기본·전문교육이나 국내위탁교육을 받은 이수자의 비율은 고위공무원과 5급 공무원간에 큰 차이가 없지만, 국외훈련의 경우는 고위공무원의 이수비율이 5급 공무원에 비해 상당히 높다는 특징이 있다. 특히 고위직일수록 국내위탁교육보다는 국외훈련을 이수한 비율이 높다는 점에서 국외훈련의 기회는 직급상승에 따른 인센티브의 역할을 하고 있다는 것을 알 수 있다. 한편 기본·전문교육 및 국내위탁교육과 국외훈련의 비율 변화를 살펴보면 국외훈련의 비율이 낮아지는데 비해 기본·전문교육이나 국내위탁교육을 받는 공무원의 비율이 상승하고 있다. 이는 비용절감 차원에서는 긍정적인 변화로 볼 수 있을 것이다. 그러나 교육훈련의 내용과 질이 향상되지 않는 한 이것은 긍정적 변화이기는 커녕 부정적 변화라고 생각해야 한다.14)

---

12) 국가공무원법상의 교육근거규정에서는 교육의 내용을 "담당직무와 관련된 학식·기술 및 응용능력의 배양"으로(국가공무원법 제50조 제1항), 특별법인 공무원교육훈련법에서는 직무관련능력의 배양 외에 "국민전체에 봉사자로서 갖추어야 할 정신적 자세"를 추가하고 있다(공무원교육훈련법 제1조).

13) 여기에서는 행정·기술직 5급 이상을 분석대상으로 하였다.

14) 또한 지방공무원의 경우 국외훈련의 이수율이 국가직 공무원에 비해 상당히 낮은 것으로 나

표 3 국가직·지방직 공무원의 교육훈련 현황

(단위: 명, %)

	합계(응답인원)				기본·전문교육				국내위탁교육				국외훈련			
	국가직		지방직		국가직		지방직		국가직		지방직		국가직		지방직	
	03	08	03	08	03	08	03	08	03	08	03	08	03	08	03	08
고위공무원[5]	344	601	43	30	313 (91.0)	586 (97.5)	39 (90.7)	28 (93.3)	74 (21.5)	137 (22.8)	8 (18.6)	13 (43.3)	245 (71.2)	409 (68.1)	18 (41.9)	12 (40.0)
3급	642	412	195	259	600 (93.5)	408 (99.0)	194 (99.5)	245 (94.6)	134 (20.9)	90 (21.8)	39 (20)	82 (31.7)	398 (62.0)	266 (64.6)	40 (20.5)	50 (19.3)
4급	3,625	4,071	1,665	2,436	3,441 (94.9)	3,991 (98.0)	1,613 (96.9)	2,378 (97.6)	689 (19.0)	953 (23.4)	256 (15.4)	547 (22.5)	1,323 (36.5)	1,282 (31.5)	86 (5.2)	199 (8.2)
5급	7.985	10,725	10,499	14,939	7,119 (89.2)	10,403 (97.0)	10,302 (98.1)	14,674 (98.2)	1,181 (14.8)	2,141 (20.0)	12,73 (12.1)	3.135 (21.0)	1,307 (16.4)	1,238 (11.5)	304 (2.9)	571 (3.8)
계	12,596	15,809	12,402	17,664	11,473 (91.1)	15,388 (97.3)	12,148 (98.0)	17,325 (98.1)	2,078 (16.5)	3,321 (21.0)	1,576 (12.7)	3,777 (21.4)	3,273 (26.0)	3,195 (20.2)	448 (3.6)	832 (4.7)

출처: 2003, 2008년 공무원 총조사를 바탕으로 재구성. 괄호 안은 합계대비 이수인원비율.

한국의 공무원 교육훈련의 문제점은 이와 같은 교육훈련의 양적성장에 비해 질적 개선이 이루어지고 있지 않다는데 있다. 중앙인사위원회(2004)의 자료에 따르면 우리나라의 교육훈련은 교육수요를 무시한 획일적인 교육, 피교육자의 선택권제한, 창조적 문제해결능력 부족, 대국민 설득력 및 협상력 부족, 정책관리능력 향상 교육미흡, 교육훈련기관의 기능 및 역할 취약 등의 문제점을 가지고 있는 것으로 나타났다. 특히 권경득(2009)은 교육훈련을 성과창출의 핵심수단으로 활용하려는 인식과 노력이 부족하며 오히려 인사관리의 수단으로 활용되고 있다는 점을 지적한다.

공직은 공개경쟁을 통해 선발된 우수한 젊은이들로 채워지므로 적어도 충원 당시에는 민간부문에 들어가는 인력에 비해 열등하다고 보기는 어렵다. 만약 관료들이 무능하다면 적어도 이는 공무원 각자의 잠재력부족 때문이라기보다는 공직에서 제공하는 교육훈련이 적절치 못해서 일 것이다. '일류대학을 나온 수재가 공직생활 1년이면 범재가 되고, 3년이면 그 범재가 바보가 된다'(오형국, 2009)고 할 정도로 공직에

───────────

타났다. 지방자치 실시후 지방공무원들의 역할이 커짐에 따라 지방관료들의 자질향상이 절실히 요구된다.

15) 고위공무원 인원은 연도에 따라 1, 2급 인원의 합계임.

오래 있으면 있을수록 무능해진다고 봐도 과언이 아니다.

지식정보 사회에서는 방대한 양의 지식이 매우 빠른 속도로 변화하기 때문에 학습을 게을리 한다면 충분히 바보가 될 수 있다. 그만큼 교육훈련이 중요해진다는 의미이다. 따라서 지금처럼 교육훈련의 이수횟수와 이수율과 같은 양적성장에 대한 강조보다는 교육훈련의 고객인 공무원의 만족도, 프로그램의 다양화정도, 교육의 질(quality)과 같은 질적 성장을 위한 노력을 중시해야 할 것이다.

3. 전문성 저하의 보직관리

경력개발은 '개인의 경력 상의 요구를 고려한 인사관리활동'으로 정의할 수 있다(유민봉·임도빈, 2002: 316). 그런데 우리나라 인사행정의 비효율의 원인 중 자주 지적되는 것이 잦은 순환전보 및 경력개발의 소홀이다. 잦은 순환보직과 경력개발에의 소홀로 공무원의 전문성은 떨어지고, 정부의 경쟁력은 낮아질 수밖에 없다. 오늘날과 같이 정보와 전문성이 힘의 원천인 지식정보화사회에서는 이러한 문제는 더욱 심각하게 다가온다.

<표 4>는 조사 당시 재직하고 있는 공무원의 계급별 보직기간 및 계급별 전보횟수를 나타내고 있다. 각 직급에는 갓 승진한 사람과 승진한지 오래된 사람들이 섞여 있는 수치이다. 즉, 각 직급에 현재 몇 년 정도 근무한 사람들이 일하고 있는가를 보여주고 있는 것으로 직급별 평균재임기간을 의미하는 것은 아니다.

국가 일반직공무원의 현 직급 평균 보직(근무)기간은 4.1년으로 지난 2003년 조사치(4.3)에 비하여 0.2년 단축되었으며, 지방의 경우는 4.5년으로 2003년(5.0)에 비하여 0.5년 단축되었다. 현 직급에 재직한 년수를 전보횟수로 나누면 현 직급까지로 볼 때 한 자리에 재직한 기간이 나온다. 거의 1년 정도에 불과함을 볼 때 상당히 짧은 기간 재임한다고 할 수 있다. 이것은 관료들이 특정업무에 집중하여 얻을 수 있는 전문성을 쌓을 수 없다는 것을 의미한다. 나아가서 자신이 시작한 업무를 마무리할 시간이 없으므로 책임의식의 약화를 가져올 수도 있다.

| 표 4 | 현 계급 재직년수 및 전보횟수 |

(단위: 연, 회)

구분		평균 (1−9급)	고위 공무원	1급	2급	3급	4급	5급
2003 년	국가	4.3 (2.2)*	−	1.0 (1.0)	2.1 (1.5)	2.3 (2.0)	4.2 (3.1)	4.7 (3.0)
	지방	5.0 (2.3)	−	2.0 (1.2)	1.8 (1.3)	2.4 (1.6)	3.5 (2.3)	5.4 (3.4)
2008 년	국가	4.1 (2.1)	1.9 (1.5)	−	−	2.2 (1.4)	4.4 (2.7)	4.4 (2.6)
	지방	4.5 (2.0)	−	−	2.5 (2.0)	2.5 (1.7)	3.0 (1.8)	4.7 (2.9)

출처: 공무원 총조사(2008)
*괄호 안은 전보횟수

이런 현실에도 불구하고 관료제 개혁은 팀제 도입, 고위공무원단제 도입 등으로 구조가 변함에 따라 더 잦은 보직이동을 가져왔다. 이 문제를 해결하기 위해 최소 전보제한 기한을 2년으로 하고 경력개발제도(CDP)를 도입하려고 하였다.

그런데 2년의 전보제한 기한조차도 위의 표에서 보여주는 바와 같이 전 부처에서 제대로 지켜지지 않았다. 특히 요직으로 여겨지는 것은 더욱 그렇다. 여러 후보자들이 이를 희망하기 때문이다.[16) 그러므로 앞으로 분야별 전문 인력 확보 및 개발과 행정의 전문성 제고를 위해서는 전문가를 선호하는 공직풍토를 조성하고, 잦은 보직변경으로 인한 공무원의 전문성 부족과 행정서비스 질의 저하를 방지하기 위한 대책이 강구될 필요가 있다(최무현·이종수·송혜경, 2004).

---

16) 이런 상황에서 경력개발제도도 제대로 도입될 수 없었다. 경력개발제도라고 하여 각 부처에서 가능한 경력발전 경로를 설정하는 회의와 용역발주가 계속 되었을 뿐이다. 각 직원들은 어느 경로를 선택할 것인지에 대해 서류를 작성해야 했다. 그러나 특정 요직(경로)에 대한 선호도가 집중되는 '쏠림현상' 때문에 이런 선호 조사결과를 실제 실현시키기는 원천적으로 불가능한 것이었다. 실현 불가능한 제도를 위해 직원회의와 서류작성 요구 등으로 시간을 뺏기게 한 것이다.

4. 수용성 낮은 성과급적 보수

직무동기는 사람으로 하여금 직무를 수행토록 하는 내적 힘(internal force)을 말한다(박천오, 2009: 242) 또한 직무동기는 직무나 직무를 수행하는 과정에서 얻을 수 있는 욕구만족 수준에 따라 결정되며, 직무동기가 높을수록 직무수행의 효과성이 높아진다(Pinder, 1984: 8). 따라서 공무원들의 직무동기를 고취시킬 수 있도록 인적자원관리가 효과적으로 이루어지는 조직은 보다 나은 직무수행 결과를 기대할 수 있다.

이러한 직무동기의 고취와 이를 유발할 수 있는 인센티브에 대한 연구로 Ingraham & Barrilleaux(1983)는 미국의 관리자들에게는 성취감이 강한 동기부여의 요인이지만 동시에 경제적 보상 또한 동기부여의 요인이 된다는 내용을 제시하였다. 박천오(2009)는 이들이 연구에 사용한 질문 문항을 재구성하여 우리나라 중앙부처 실·국장급 공무원들과 과장급 공무원들을 포괄하는 중상위직 관리자들을 대상으로 한 설문조사를 통해 실증조사를 하였다. 그 중 인센티브 중요도와 만족도에 대한 조사 결과를 보면 다음의 표와 같다.

<표 5>에 의하면 실·국장급 관리자들은 신분보장, 승진기회, 보수 등의 외적 인센티브가 자신들의 기대에 못 미치는 것으로 인식하고 있고, 과장급 공무원들의 경우 외적 인센티브의 중요도와 그에 대한 만족도 간의 격차는 더 큰 것으로 나타나고 있다(박천오, 2009: 254). 뿐만 아니라 외적 인센티브 가운데 높은 보수에 대한 만족도는 실 국장, 과장급 모두 2.81로 가장 낮은 수치를 보이고 있을뿐만 아니라 중요도와 만족도 간의 차이 또한 각각 0.62와 0.88로 높은 수치를 보이고 있어, 높은 보수에 대한 공무원들의 기대와 만족도 간의 괴리가 큰 편임을 알 수 있다.

이같이 보수와 같은 경제적 보상의 불만족은 한국 공무원의 공직생활 불만요인 중 가장 심각한 것이다. 경제적 보상에는 정규보수와 연금, 의료보험, 생활복지 등 여러 가지가 있겠으나, 그 중 공무원 보수의 절대적 수준, 그리고 대외적 형평성 낙후의 문제는 가장 빈번하게 주장되어 온 문제이다(조경호·김미숙, 2000). 특히 민간부문에 비해 공공부분의 보수는 낮은 편으로, 입직할 당시 유능한 인재들이었던 5급 이상의 공무원들이 민간부분과의 보수 편차에서 느끼게 되는 상대적 박탈감은 상당한 불만을 야기할 수 있다.

> ### 표 5 인센티브 중요도와 만족도 간의 차이

인센티브		구분	중요도 평균 (A)	만족도 평균 (B)	평균차 (A-B)
외 적	승진 기회	실 국장	4.11	3.42	0.69
		과장(팀장)	4.02	3.21	0.81
	신분보장	실 국장	4.57	3.47	1.10
		과장(팀장)	3.98	3.40	0.58
	성과에 대한 보상	실 국장	3.71	3.47	0.24
		과장(팀장)	4.06	3.38	0.68
	동료들과의 원만한 관계	실 국장	3.68	3.63	0.05
		과장(팀장)	3.81	3.75	0.06
	높은 보수	실 국장	3.43	2.81	0.62
		과장(팀장)	3.69	2.81	0.88
내 적	성취감	실 국장	4.23	4.11	0.12
		과장(팀장)	4.06	3.65	0.41
	의미 있는 업무수행	실 국장	4.14	4.06	0.08
		과장(팀장)	3.92	3.58	0.34
	다양한 업무수행	실 국장	3.69	3.64	0.05
		과장(팀장)	3.50	3.27	0.23
	특정 분야에서의 전문성 확보	실 국장	3.83	3.53	0.30
		과장(팀장)	3.85	3.40	0.45

출처: 박천오(2009: 254)에서 발췌
*1 낮음; 5 높음

　　이러한 낮은 보수에도 불구하고 신공공관리론적 시각에서 동료 간 차이를 주는 성과급 제도가 도입되었다. 그러나 공공부문에서는 민간부문에 비해 성과를 측정하기 곤란하다는 것은 잘 알려진 사실이다. 또한 앞의 보직관리에서 지적했듯이 잦은 인사이동으로 성과급을 주기 위한 평가대상기간이 자신의 재임기간과 반드시 일치하지도 않는다. 따라서 대부분의 공무원들이 성과급에 대해서 부정적인 인식을 하고 있다(황성원, 2007; 장지원, 2007; 공동성 외, 2006).

　　결과적으로 성과급 지급시기에 직원 간 불신감이 생긴다. 한국관료제는 집단주의적 업무처리를 하는 전통이 있는데, 이러한 개혁으로 인한 조직 내 불신은 집단주의적 전통을 저하시키는 결과를 가져온다. 또한 그렇다고 하여 이러한 개혁이 전반적으로 각 개인들에게 동기를 부여하여 생산성을 높이는 것도 아니다.

결국 이러한 접근은 관료들의 감성적인 측면은 등한시하고 이들을 일차원적인 경제인으로 단순화시킨 오류를 범한 것으로 볼 수 있다. 더욱이 성과급제 개혁은 카 센터모델로 비판받을 만한 대표적인 예 중의 하나이다. 심지어 서구의 경우에도 개인별 성과급이 직무성과에 영향을 미치는 요인은 아니라고 밝혀졌다(Perry et al., 2009). 그럼에도 불구하고 개혁의 주도자들은 외국의 문헌이나 사례를 근거로 마치 이것이 도입되면 한국 관료제의 문제가 해결될 것으로 주장하고 이를 도입한 것이다.

5. 감사공화국: 관료 발목잡기

공공부문의 부정부패는 오랫동안 세계 모든 국가들이 공통적으로 직면해 온 가장 큰 문제 중의 하나이다. 따라서 세계 각국은 공공부문의 부정부패를 해결하기 위한 여러 가지 방안을 모색해 왔다. 각 국의 정부 및 공공기관들은 조직 내 부정의 예방과 적발이 경쟁력의 큰 요인이 된다는 점에서 인식을 같이 하고 있으며, 국가 간의 경쟁에서 살아남기 위한 노력의 일환으로 공공부문의 개혁을 시도하고 있다(안홍복, 2005). 이 중에서도 부정부패의 예방과 적발이 가장 시급하고 중요한 사안이라는 인식이 공유되고 있다.

감사원은 당해 기관이 발족한 1963년 이래 그의 예산과 정원을 지속적으로 증가시켜왔다. <표 6>은 1997년에서 2007년에 걸친 감사원의 총예산과 총 정원을 정리하고 있는데, 이에 따르면 1997년 약 400억이었던 감사원의 예산 총액은 2007년 현재 약 820억으로 50.7% 증가하였고, 1997년 829명이었던 정원도 2007년 1000명으로 17.4% 증가했다. 이 같이 감사원의 인력과 예산이 늘어난 것은 행정 수요 증가에 대응하기 위한 것으로 볼 수 있을 것이다.

그러나 같은 기간, 공무원 정원은 1997년 919,154명에서 952,846명으로 3.54% 증가했으며(행정안전부, 2008), 정부의 예산(인건비)은 1997년 11.4조에서 2007년 21.8조로 47.4% 증가한 것으로 나타났다(기획재정부, 2009). 즉 10년 전과 대비 공무원 전체 정원이 3.54% 증가한 것에 비해 감사원의 정원은 17.4% 증가하였으며, 정부 예산이 47.4% 증가한 것에 비해 감사원의 예산은 50.7% 증가하였다. 다시 말해, 감사원의 인력 및 예산증가는 행정부 전체의 인력 및 예산 증가를 훨씬 상회하고 있는 것이다. 이는 행정수요에 따른 대응이라는 측면에서 감사원의 인력과 예산의 확장이 이루어졌다기보다 정치적 사유 등 그 외의 이유에 의해 필요 이상으로 감사인력을 늘리고 예산을 높이 책정한 것이라 해석할 수 있으며, 특히 인력 규모가 과도하게 늘어났다고 해석할 수 있다. 이러한 과도한 감사는 공무원의 막중한 부담으로 연결된다.

표 6 1997~2007년 감사원의 예산과 정원

(단위: 천원, 명)

연도	예산*	정원**
1997	40,637,430	829
1998	38,195,440	822
1999	40,330,445	822
2000	48,431,416	892
2001	58,016,441	892
2002	61,985,674	892
2003	66,657,850	892
2004	73,469,334	921
2005	77,875,536	961
2006	79,370,520	964
2007	82,365,854	1004

출처: 감사 60년사(2009)
*예산 = 인건비 + 기획운영비 + 감사활동비
**정원 = 정무직 + 별정직 + 일반직 + 기능직 등

한편 최근 정부에서 진행된 정보화와 전자정부화, 법인카드 사용 등의 결과에 따라 투명성이 획기적으로 개선된 것이 사실이다. 각종 공직윤리제도의 강화도 과거 감사원 혼자 공직자부패를 막는 역할을 할 때와는 달라졌다. 물론 이러한 제도의 변화가 부정부패를 제거하는 완벽한 수단은 아니지만 그만큼 감사원의 현장조사 중심의 감사의 필요성을 감소시켰다고 볼 수 있다. 그럼에도 불구하고 감사인력과 감사예산을 지속적으로 늘리는 것은 일종의 낭비라 볼 수 있다.

감사원은 그의 임무를 "행정기관의 사무와 공무원의 직무를 감찰하여 행정운영의 개선·향상을 도모함"이라고(감사원, 2009) 밝히고 있다. 그러나 이와 같은 측면에서 볼 때 감사원은 행정운영의 개선 및 향상을 위해 감사를 하고 있다기보다는, 공무원에 대한 통제와 압박을 위한 감사를 하고 있는 면도 있는 것으로 보인다. 감사원의 인력과 예산은 꾸준히 늘어왔지만 이는 실제적인 적발건수의 증가로 이어지기 보다는 '보여주기 식'의 외양에 지나지 않았다.

이와 관련하여 김명수·이영균·노승용(2004)이 전국 공무원을 대상으로 실시한

설문조사에서 공무원들은 가장 부담이 되는 감사가 감사원의 감사라고 응답하였다. <표 7>에 따르면 감사원의 감사는 필요성이 높지만 문책위주의 위압적 감사로 공무원들이 두려워하고 의식하는 대상이 되는 동시에, 감사의 빈도수도 잦아 공무원에게 상당한 부담을 주는 것이다. 이 같은 위압적이고 잦은 감사는 공무원들로 하여금 소신 있는 업무처리보다 감사에 걸리지 않는 수준의 업무처리에 만족하게끔 하여 전반적인 업무수준의 하향을 가져왔다.

표 7 감사원 감사의 문제점

설문내용	빈도수(명)	백분율(%)
과도한 감시자료 제출 요구	47	11.5
정치성 감사	33	8.1
문책위주의 위압적 감사	121	29.7
지나치게 잦은 감사	120	29.5
전문성 부족	1	0.2
무효	16	3.9
무응답	69	17.0
유효한 응답자의 수	407	100.0

출처: 최유성, 1999.

Ⅳ. 관료제 성과관리의 핵심변수

관료로 들어온 사람들은 오직 승진만을 위해 살고 있는 사람들이라고 봐도 과언이 아니다. 그럼에도 불구하고 연구가 미진한 영역으로 제기되어 왔던 부분 중 하나도 바로 승진이다. 승진에 가장 큰 영향을 미칠 것으로 예상되는 것이 성과이나, 미국에서도 성과급제도가 직무성과에 미치는 영향이 별로 없는 상황에서 한국도 마찬가지로 성과보다 근무연수나 직급이 승진에 미치는 영향이 그만큼 더 커질 것으로 볼 수 있을 것이다. 또한 평생직장개념에서는 '어떻게 관료제 체제에서 나가는가'가 중요하다. 불필요한 인력을 내보내는 일도 중요하고, 평생을 공직에 봉사한 인재들이 퇴직 후 적절한 삶을 누리는 것은 더욱 중요하다.

1. 승진

1) 승진의 의미

공직에 들어오는 것을 출세라고 생각한다면, 승진을 하는 것도 일종의 출세이다. 또한 공직에서의 승진은 자신의 명예뿐만 아니라 가문의 영광이다. 승진에는 부하 직원의 증가 및 권한의 증대뿐만 아니라 보수의 인상 등 다양한 부수적 요인이 따라온다. 따라서 관료들에게 가장 중요한 동기부여 요인은 승진이라고 할 수 있다.

그러나 승진이 적체될 경우 이는 공직생활의 스트레스 증가로 연결되고 결국 공직 이탈을 유발하는 요인이 된다. 특히 고시동기 등 준거집단과의 비교가 이루어질 경우 상대적 박탈감이라는 극도의 스트레스를 가져오기도 한다. 이처럼 승진 문제는 공무원 개인의 자존감과 밀접한 관계를 가지고 있으며 가족생활이나 사회생활에서의 삶의 질을 결정짓는 중요한 요소가 되고 있음에도 불구하고 해소되지 못하고 있다(조경호·김미숙, 2000). 이처럼 승진문제가 제대로 관리되지 않는 근본적인 이유는 승진할 자리는 한정되어 있는데 승진을 기다리는 관료들은 점점 많아지는 것에 있다. 관료들이 승진을 위해 극도의 경쟁을 거쳐야 한다는 현실은 이 때문이다.[17]

2) 승진의 소요기간

우리나라 법령상 승진소요 최저연수는 5급 공무원이 4년, 4급 공무원이 5년, 3급 공무원은 5년이다. 그러나 임도빈(2000b)은 실제로 승진에 소요되는 연수는 법정 최저 승진소요연수보다 훨씬 높은 편이어서 대부분의 직급에서 10년 안팎의 연수가 소요된다고 한다.

이는 2008년 행정안전부가 실시한 공무원 총 조사 결과에서도 나타난다. 현재 고등고시 및 특채를 통해 5급으로 입직한 후 고위공무원으로 승진하기까지는 평균 23.8년이 소요된다. 관료의 최대 목표가 승진임을 감안할 때, 행정고시를 통해 5급으로 들어온 공무원이 고위공무원이 되기까지의 소요연수가 23.8년으로 상당히 긴 것은 관료들에게 상당한 불만 요인이 될 수 있다. 더구나 <표 8>의 수치는 이미 승진을 한 사람만 대상으로 한 수치이다. 승진을 하지 못하고 퇴직하는 사람들은 포함되지 않았기 때문에 실제보다 과소하게 나왔을 가능성이 크다.

---

17) 조경호·김미숙(2000)은, 공무원과 민간기업 종사자를 대상으로 한 직업 만족도 조사에서 '승진 기회' 영역에서의 공무원의 만족도가 2.63인 데 비해, 민간기업 종사자의 만족도는 3.37로 그 차이가 상당하다는 연구결과를 발표하였다. 이는 민간기업보다 정부의 구성원들이 승진에 고통받고 있음을 의미한다.

표 8	계급별 평균승진소요연수 변화추세

(단위: 연)

구 분		고위 공무원	1급	2급	3급	4급	5급
국가	'08	2.6	–	–	8.9	8.9	9.7
	'03	–	3.2	4.3	7.6	9.6	9.8
	'98	–	5.7	5.6	9.0	11.0	11.0
지방	'08	–	–	4.7	7.4	10.4	11.2
	'03	–	4.4	4.6	6.9	9.9	10.1
	'98	–	8.1	7.3	7.9	10.7	11.1
법령상 승진소요최저연수		–	–	5	5	4

출처: 공무원 총조사(2008).

추세를 보면 국가직 공무원의 경우 대체적으로 승진 소요연수가 줄어들고 있는 것으로 나타났지만 그 감소정도는 매우 작고, 특히 3급 공무원의 경우는 7.6년에서 8.9년으로 5년 전에 비해 오히려 1.3년 증가하는 모습을 보여 4급에서 3급으로 승진 하는데 적체현상이 가중되고 있음을 알 수 있다. 관료제의 계급 피라미드 하에서 고위 공무원으로 승진할 수 있는 공무원의 수는 제한되어 있으므로 승진하지 못하는 공무 원이 발생하는 것은 당연하다. 더욱이 모든 사람들이 승진을 하고자 하기 때문에 고위 직에 올라갈수록 정치의 영향력으로부터 자유로울 수 없게 된다. 비록 정권은 그런 의 도가 없었다고 하더라도 늘 승진에 연연하는 당사자인 관료들은 이러한 정권의 의중 에 과민하게 반응한다.[18] 따라서 이러한 승진적체 현상의 심화는 관료의 정치권 줄서 기와 같은 관료들의 정치화를 가중시키고, 정치적 중립성을 저해하는 요인이 된다.

3) 도입된 개혁의 내용

그동안 개혁주도자들은 승진경쟁 과열 문제를 중심으로 상이한 진단을 내린바 있다. 하나는 관료들이 무능하고 동기부여가 되어 있지 않다는 것이다. 이것은 관료 들이 승진보다는 현상유지를 하려는 소위 '철밥통'이라는 진단과 일맥상통한다. 그러 나 한편 또 다른 시각은 승진경쟁이 과열 상태이며 이것이 문제라고 주장한다. 본고 는 고시를 통해 공직에 들어온 엘리트 의식이 있는 5급 이상 고위공무원을 주 대상으

---

18) 정권교체기에 상관이 주말에 출근하면 할 일도 없으면서 부하들도 소위 '눈도장을 찍기 위해' 사무실에 출근하는 것이 한 예이다.

로 하기 때문에, 공직에 들어온 이후 이들 사이의 승진경쟁이 치열하다고 보는 진단에 동의한다. 물론 5급 이상 관료 중에는 하급직으로부터 충원된 경우도 있고 고시 출신임에도 승진경쟁심이 없는 경우도 있을 것이나, 이들 중에는 원래 무능하거나 아예 승진가능성이 낮기 때문일 경우도 있을 것이므로 일반적인 5급 이상 관료들의 승진경쟁은 치열할 것이라고 볼 수 있다.

이러한 상황에서 그동안 도입된 다양한 개혁조치들은 승진경쟁을 더욱 심화시켰다. 물론 이러한 개혁조치들이 의도한 바가 승진경쟁을 심화시키는 것은 아니었을 지라도 직간접적으로 이러한 결과를 가져온 제도들을 포괄적으로 고찰하고자 한다.

우선, 외교부, 기상청 등을 대상으로 시범 도입된 직위분류제이다. 이것은 기존의 1-5급의 계급보다는 직무가 가진 가치를 좀 더 세분화하고 이를 통해서 공무원 자신의 역량을 등급화 하고자 하는데 제도 도입의 목적이 있었다. 그런데 사실상 직무등급의 분류에 대해 동의하기 어려운 점이 많기 때문에 이러한 자리에 보임되지 못한 사람들은 그 공정성을 의심하기도 한다. 결국 이러한 직위분류제의 도입은 관료들의 승진예측가능성을 낮추는 결과를 가져오게 되었다.

다음으로 살펴볼 것은 개방형임용제이다. 소위 새로운 피를 수혈하여 조직에 활기를 불어넣는다는 것이 제도 도입의 목적이다. 각 부처에 개방형 직위를 지정케 하고, 이 자리가 공석이 되면 조직 내외로부터 공개모집하는 방법이다. 이것은 그렇지 않아도 승진적체기간이 길어져 초조해하는 관료들에게 승진가능성을 더 낮추는 효과를 가져왔고, 결국은 그 나머지 자리를 놓고 경쟁을 해야 하기 때문에 승진경쟁의 분위기는 더욱 심화되었다.

세 번째로 근무성적 평정제도에 대한 개혁이다. 이와 관련한 여러 개혁을 통해 목표관리(MBO), 다면평가 등 과거와는 다른 여러 가지 제도가 도입되었다. 그 결과 공무원들로 하여금 승진심사 기간이 아닌 시기에도 이러한 평가를 의식하게 하고 따라서 장기적인 행정서비스의 성과향상보다는 단기적인 평가점수를 위한 서류작성에 더 많은 투입을 하게 만들었다. 결국 성과측정이 어려운 공공부문에 성급하게 도입된 개인성과 평가제도는 오히려 조직의 생산성을 낮추는 부작용을 가져오게 되었다. 또한 관료들이 이러한 성과평가를 지나치게 의식하게 되면서 관료사회에 승진에 대한 경쟁을 더욱 심화시키는 결과를 가져오게 되었다.

네 번째로 역량평가제도와 고위공무원단 제도이다. 관료들에 대해 소위 역량 평가라는 것을 도입하여 평가하고, 이것을 통과하여야 고위공무원단으로 진입할 수 있게 한 것이다. 역량평가의 타당도와 신뢰도의 문제는 여기서는 논외로 하더라도 이 개혁으로 인해 고위공무원단 진입은 관료들에게 고시 합격 후 다시 통과해야 하는 커다란 관문이 되었다. 또한 고위공무원단으로 보하는 자리에 임용될 때 거쳐야 하는 심사는 관료들에게 과거와 같은 자리임에도 두 단계의 심사를 더 받게 하였다. 관료들로서는 그만큼 더 '승진'에 신경을 쓰지 않을 수 없게 된 것이다.

4) 관료들의 반응

위에서 예시한 개혁들은 승진을 더 어렵게 만들거나 그렇게 보이게 하는 것들이다. 그러나 실제로 누가 승진하느냐의 결정과 운영은 과거의 연공서열에 의한 승진 관행이 완전히 파괴되지 않은 상태에서 이루어지고 있는 것이 현실이다. 또한 승진에 대한 복잡한 제도의 도입은 오히려 승진심사 과정에서 주관적인 요인이 미칠 수 있는 여지를 확대시켰다.

위 개혁들을 통해 승진 문제가 개선되지 않는다는 것은 승진에 이르기까지 실제 어떤 과정을 거치는가의 문제와 관련이 깊다. 묵묵히 자신의 일을 하는 사람이 승진을 할 확률이 높은지, 아니면 일 자체보다는 위 사람들에게 잘 보이려고 노력한 사람에게 확률이 높은지의 문제인 것이다. 그동안 여러 가지 평가 제도상의 개혁을 했음에도 불구하고, 결국 승진의 가능성이 높은 사람들은 정권의 비위를 잘 맞추는 사람들이다. 노무현 정권에서 '혁신'이 무엇인지도 잘 모르는 상태에서 고위공무원단 승진 등 각종 인사평가에서 혁신을 중요한 부분으로 본 것이 그 예이다. 직급이 올라갈수록 업무수행자체보다는 정권의 코드에 맞는 사람들이 더 승진을 하게 된 것이다. 이것이 공직사회의 분위기를 업무수행보다는 '아부' 분위기로 바뀌게 한 원인이다. 이런 분위기에서는 일본의 사무차관같이 관료들이 자신의 능력을 최대한 발휘하여 꽃을 피울 수 있는 길이 없다(임도빈, 2005). 장차관은 물론이고 국장까지 승진하기 위해서는 정권의 기조에 맞추기에 급급해야 하는 현실인 것이다.

직업공무원제에서 승진은 어느 정도 보장되어야 한다. 이를 위해서는 장기적인 관점에서 공직에 들어오는 사람의 숫자와 나가는 숫자 등을 고려하여 인력관리가 되어야 한다.[19] 또한 경력 개발의 차원에서 승진은 곧 각 개인의 경력에 대한 속도관리(speed management)로 보아야 한다. 그러나 지금까지 각 부처의 채용은 매년 인력수요에 맞

---

19) 예컨대, 외무고시 합격자의 경우 모두 대사가 되기를 희망하고 평생을 근무하는데, 매년 50명을 채용한다면 일정 기간 근무 후 대사로 임명될 근무연수에 이르면 매년 신규 대사 자리가 50개(대사 임기가 1년이라고 가정) 내지 100개(대사 임기가 2년이라고 가정하면 고시 2개 기수가 대기하고 있음)가 생기는 것은 불가능하다. 따라서 외무관료들 간에는 극심한 경쟁과 좌절감이 있다.

게 이루어져 왔다. 각 부처는 늘 인력이 부족하다고 느끼고 승진을 위해 자리를 늘려야 하기 때문에 인력증원을 요구하는데, 이러한 요구에 따라 늘어난 인력수요에 맞게 신규채용을 많이 늘려 놓으면 결국 수 년 후 이것이 바로 인사적체의 요인이 된다는 것을 생각하지 못하는 것이다. 이른바 '장님 제 닭 잡아먹기'식 관리이다. 과거 고도성장 시대에는 행정조직과 유사조직이 계속 팽창하였기 때문에 이런 문제가 어느 정도 해결되었으나, 감축의 시대인 오늘날에는 결국 이것이 상당한 문제를 야기하고 있다. 따라서 공직채용부터 퇴직을 고려하는 장기적 관점에서 인력계획(manpower planning)이 이뤄져야 한다.

2. 출구관리

유능한 사람을 선발하는 일이 중요하듯이, 사람들이 조직을 떠나는 일을 관리하는 것도 정부인력 관리에서 다루어야 할 중요한 분야이다. 그럼에도 불구하고 그동안의 정부 인력관리에 관한 연구는 유능한 자의 선발과 선발된 인력의 능력발전에만 초점이 맞추어져 왔다(오석홍, 2000: 256; 김병섭·양재진, 2003 재인용). 정부에서 빠져나가는 인력을 관리하는 것은 떠나는 사람뿐만 아니라 현직에 있는 사람에게도 경력개발 및 관리의 측면에서 심리적 안정이나 기대감을 줄 수 있기 때문에 중요하게 다루어져야 한다. 또한 실무적으로도 IMF 위기 이후 구조 조정에 따른 명예퇴직을 포함한 퇴직공무원의 규모가 급격히 증대됨에 따라 이에 대한 관심이 증대되고 있다(박천오·박경호, 2002). 여기서는 현재 관료제의 시스템 하에서 공무원이 빠져나가는 메커니즘인 퇴직 및 휴직 과정이 바람직하지 않은 방향으로 작동하고 있다는 문제점을 살펴본다.

1) 퇴직

퇴직은 개인의 생애주기에서 피할 수 없는 사건이다. 퇴직자는 직업과 직위의 상실, 수입의 감소, 사회적 관계망의 축소 등으로 인해 사회적, 경제적, 인간 관계적 측면에서 큰 변화를 겪게 된다(박철민·김대원, 2005). 더욱이 노령화가 급속히 진전되고 있는 한국사회에서 퇴직 후의 문제점은 더욱 크게 작용할 수밖에 없다.

공무원들은 한번 임용되면 정년까지 안정적으로 근무할 수 있다는 강한 신분보장을 누리는 것으로 여겨지지만, 최근의 행정개혁과 기업가적 경영은 공직사회에서도 조기퇴직의 가능성이 상당함을 보여주고 있다. 또한 최근 늘어나는 명예퇴직의 경우처럼 공무원의 의지와 관계없이 이들을 인사행정 체제 외부로 퇴출시키는 사례가 빈번해지고 있다. 많은 시간과 비용을 들여 공직 내로 들어온 공무원들을 역시 많은 시간과 비용을 들여 관리·개발하였음에도 불구하고 충분히 활용하지 못하고 퇴직시키는 것은 결국 정부 인력관리의 손실이자 국가 전체의 손실이라 할 수 있다.

(1) 퇴직 연령

그림 1 일반직 공무원 평균 퇴직 연령

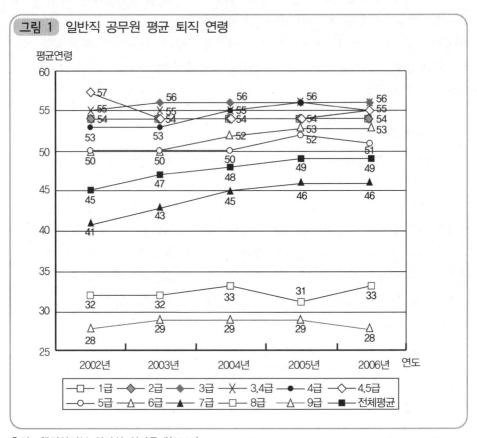

출처: 행정안전부 인사실 인사통계(2009).

<그림 1>은 2002년에서 2006년에 걸친 일반직 공무원 퇴직 연령을 나타내고 있다. 계급이 올라갈수록 평균 퇴직연령이 낮아진다는 것을 알 수 있다. 또한 퇴직연령은 해가 갈수록 높아지는 추세에 있음을 알 수 있다. 이는 아직 일할 의지와 능력을 갖춘 공무원을 너무 일찍 공직에서 퇴출시키는 것이라 해석할 수 있다. 퇴직 연령을 연장시키는 등의 방법으로 비효율을 시정할 필요가 있는 것이다.

물론 정년을 연장하는 것은 심도 있는 연구를 해야 할 문제이다. 현재 출산율 저하를 보면 장차 인구구조의 불균형 때문에 정년연장이 이뤄질 가능성이 크다. 이러한 상

태에서 여기서 지적하고자 하는 것은 유능한 인재를 뽑는 것에만 급급하지 말고 조기퇴직 하지 않도록 유도하는 정책이 필요하다는 것이다. 더욱이 관료 인적자원에 대한 관리가 잘 이루어지지 않으면 유능한 인재의 유출이 발생하면서 남아있어야 할 사람은 떠나고, 떠나야 할 사람은 남아있게 되는 경향이 발생할 것이다. 뿐만 아니라 관직 생활의 정점에 이른 후 공직을 떠나던 현상이 두드러지던 과거에 비해 과장급 등 비교적 젊은 나이에 공직에 대한 매력을 잃어버리는 경우가 많아지는 것 또한 문제이다.

(2) 휴 · 퇴직 사유

일반직 공무원의 퇴직사유별로 보면 명예퇴직이 매년 전체 퇴직의 30% 안팎의 높은 비중을 차지한다. 특히 2008년에는 42.25%의 매우 높은 수치를 기록함을 알 수 있다. 명예퇴직이 원칙적으로는 자신의 의사에 기해 이루어지는 것이지만, 실제 조직 내에서는 정치적인 사유에 기하여 암묵적인 요구에 의해 상당부분 진행됨을 감안한다면 퇴직자의 상당수가 본인의 진정한 의사에 반하여 퇴출되는 것은 아닌지 의심해볼 필요가 있다.

특히 5급 공무원을 뽑는 행정고시 경쟁률이 50:1에 육박하고 7·9급 공무원시험의 경쟁률이 100 : 1을 넘어가는 상황에서, 어렵게 들어간 공직사회에서 이와 같은 불합리한 사유로 퇴출당한다면 이는 공무원 개인에 대한 불합리한 인사 조치임은 물론 국가 전체의 공무원 관리라는 거시적인 틀에서도 매우 비효율적 인력 운영이 아닐 수 없다.

표 9 일반직 공무원 퇴직 현황

(단위: 명, %)

| | 합계 | 의원면직 | 직권면직 | 당연퇴직 | | | | 명예퇴직 | 징계퇴직 | 기타 |
				계	법33조 해당자	정년	사망			
2005	2268	723	1	798	24	709	65	697	43	6
		31.89	0.00	35.19	0.01	31.26	2.87	30.73	1.90	0.26
2006	2538	858	0	830	24	733	73	802	44	4
		33.81	0	32.70	0.95	28.81	2.88	31.60	1.73	0.16
2007	2630	1052	0	797	23	714	60	737	44	0
		40.00	0	30.30	0.87	27.15	2.28	28.02	1.67	0
2008	2954	788	0	865	11	784	70	1248	35	18
		26.68	0	29.28	0.43	26.50	2.37	42.25	1.18	0.61

출처: 행정안전부 인사실(2009) 자료 수정.

휴직 또한 중요하게 분석해봐야 할 요소이다. 휴직사유는 장기요양과 병역복무를 포함하는 "직권휴직"과, 국제기구 등 임시고용, 해외유학, 연구교육기관 연수, 육아휴직, 가사, 배우자동반을 포함하는 "청원휴직"으로 나누어진다. 조사결과 공무원이 휴직하는 가장 큰 이유는 자녀양육(육아휴직)인 것으로 나타났다. 한편, '국제기구 등 임시고용'은 파견과는 달리 본인의 의사에 따른 것으로, 기관장의 승인에 따라 외부기구에서 채용된 기간만큼 휴직할 수 있으며, 여기서의 '해외유학'은 국비가 아닌 자비로 외국에 유학을 하는 경우를 말한다.[20] 또한 '연구교육 기관연수'도 교육훈련에 속하는 것이 아니라 자신의 의사에 따라 일정기간 연구기관에서 있는 것을 말한다.[21]

문제는, 청원휴직 중 '국제기구 등 임시고용'과 '해외유학', '연구교육 기관연수'의 항목의 비율이 상당히 높다는 것이다. 이들이 전체 휴직 중 차지하는 비율은 2005년 22%(262명), 2006년 20%(314명), 2007년 18%(363명), 2008년 11%(305명)이다. 공무원들은 국제기구나 연구교육기관에 지원하여 공무원이 아닌 다른 일터를 탐색하는 한편, 해외유학을 통해 향후 관료가 아닌 대학교수가 되기를 희망한다. 많은 시간과 비용을 투입하며 어려운 시험을 통과하여 정부로 들어온 공무원들이 정부가 아닌 다른 잠재적 직업을 준비를 하는 것이다. 다시 말해, 정부가 관료들에게 정부 내에 머무를 유인을 제대로 제공하고 있지 못한다는 것이며, 이는 정부 인력관리의 비효율을 다시 한 번 보여주는 예라 할 수 있다.

더욱 중요한 것은 아직 각 관료조직에 남아있는 '조직부적응자' 혹은 '저성과자'에 대한 문제이다. 앞서 표에서 볼 수 있는 바와 같이 직권면직과 직위해제의 경우는 그 수가 아주 적다. 심지어 법원에서도 범법자인 관료들에 대한 처벌이 관대하다.

이 사람들이 바로 언론이 관료를 '철밥통'으로 일반화하도록 만드는 장본인들이다. 한국과 같은 온정주의적 문화에서는 인사권자들이 이들을 직위 해제하는 일이 드물다. 명백한 문제를 일으켰을 때나 겨우 경고나 보직이동을 시키는 정도이다. 이러한 사람들이 그대로 남아있는 한에서는 조직 내 정의(organizational fairness)가 실현되기 어렵다. 열심히 일해도 표도 나지 않고 직무수행이 불가능한 사람도 건재한다면 누가 열심히 일하겠는가? 그동안 역대 정권에서 실시한 개혁들도 요란하기만 했을 뿐 대부분의 경우 이들을 걸러내지 못한 것이다.

조직은 유기체와 같아서 항상 유능한 자와 무능한자를 공존하게 만든다. 극단적

---

20) 「국가공무원법」 제72조 제5호에서는 유학을 3년 이내로 규정하고 있고, 2년 기간 내 연장 가능하다.
21) 마찬가지로, 「국가공무원법」 제72조 제6호에서 규정하고 있으며, 기간은 2년 이내이다.

인 저성과자에게 그에 상응하는 제재를 가하는 메커니즘이 일상화되지 않으면, 이들로 인해 조직성과가 저하되고 다른 사람들의 근로의욕도 떨어진다. 따라서 행정 관료제에서는 저성과자들에 대한 제재제도를 좀 더 강화시키고 온정적 인사권자들이 이들을 방치하지 못하도록 하는 것이 관료제 성과를 올리는 방법의 핵심이다. 이미 이런 사람들에 대한 제재방법은 존재한다. 그러므로 이러한 방법을 통해 이들을 적극적으로 제재해야 하며, 또한 법원도 범법자들을 일벌백계하는 쪽으로 바뀌어야 할 것이다.

V. 반성과 정책과제

정권이 바뀔 때마다 혹은 정부에 대한 비판이 심해질 때마다 각 정권은 자신의 정당성을 공고히 하기 위한 수단으로 관료제 개혁을 단행하는 경우가 많았다. 정치권에서는 정부신뢰의 부족과 시민들의 소외감을 관료제의 병폐현상과 동일시하고 있으며, 관료제의 개혁은 정부신뢰 향상과 보다 나은 사회로의 변화라는 결과를 가져오는 방안이라고 생각하게 만들었다(Suleiman, 2003: 308-310).

본 연구가 현재의 행정관료제를 개혁이 필요 없는 이상적인 것으로 미화하고자 하는 것은 아니다. 관료제란 오래된 자동차와 같아서 분명히 개혁이 필요하다. 그러나 부정직한 카센터주인과 같은 개혁자들은 사라져야 한다.

우선 한국 관료제의 우수성을 인정해야 한다. 역대 개혁론자들이 모델로 했던 미국의 관료제도 비효율성이 많은 조직이다. 관료의 시간사용 조사를 통해서 보면 국민에 대한 서비스 제공부분도 한국의 관료제에 비하여 그리 월등한 것은 아니다(임도빈, 2007b). 따라서 최고 정치인은 물론이고 일반국민들의 관료제에 대한 인식이 달라져야 한다. 그동안 양산되었던 관료 때리기 개혁조치들은 원점(zero base)부터 다시 검토되어야 한다(임도빈, 2007a). 관료가 정부 문제의 근원이라는 식의 개혁은 지양하여야 하며, 관료를 개혁의 정치적인 수사로서 이용하거나 수단으로서 이용하려는 시도는 단절하고, 유능한 관료를 무능하게 만든 현 관료제의 시스템에서 문제를 찾아야 할 것이다.

둘째로 관료제에 대한 개혁은 조용하고, 지속적으로 그리고 강력하게 이뤄져야 한다. 이것이 실현되기 위해서는 적어도 10년 이상을 내다보는 장기적이고 전략적인 수준에서 개혁이 추진되어야 한다. 정부가 바뀔 때마다 요란하게 정치적인 수사(political rhetoric)를 동원하여 여론의 지지를 얻어내는 데 관료제 개혁이 이용되는 것은 지양해야 한다. 또한 개혁과정에서 그래도 묵묵히 일하는 관료들을 폄하하지 않아야 한다. 행정조직에는 계속해서 유능한 인재들이 유입되어 일을 해야 하는데, 전체 공무원을 '사회의 기생충'인 양 매도하는 한 장래 행정을 맡을 인재의 부족 현상이 나오지 않을까 걱정된다(임도빈, 2004). 이러한 문제의식 하에서 관료제에 대한 Input과 Throughput, 그리고 Out 각각에 대한 개선방안을 간단히 생각해보면 다음과 같다.

일단 공직에 들어온 관료들을 잘 활용하는 Throughput 과정에서는 개혁자들이 인식을 달리해야 한다. 우수한 인재들이 경쟁하여 들어오는 한국의 관료제는 침체된 외국관료제와는 달리 역동적이고 내부에서 경쟁이 치열한 조직이다. 이러한 현실에서 내부 경쟁 심리를 제고한다는 목적 하에 도입하는 각종 개혁은 잘못된 것이다. 그러나 한편, 그럼에도 '철밥통'과 같은 관료들이 존재하는 것도 사실이다. 역대 정권의 개혁에도 불구하고 이런 유형이 관료들이 계속 건재하고 있는 것은 기존 개혁이 효과가 없다는 것을 반증해주는 것이다. 이를 개선하기 위해 우선적으로 관료제를 한 사람의 부적응자도 없는 완벽한 체제로 만들려는 목표를 낮춰야 한다. 마치 생물체 중 세포나 기관이 일부 쇠퇴하듯이 조직에는 저성과자, 부적응자, 비윤리자 등이 존재하기 마련이고, 만약 언젠가 이들을 제거한다고 해도 시간이 지나면 또 생기는 유기체의 순환과정으로 봐야 한다. 하지만 장기적으로 볼 때는 이러한 저성과자를 걸러내는 제도를 정착시켜야 할 필요는 있다. 현 법규상으로는 기존의 성과평가제도로 이런 것을 이룰 수 있지만, 현실적으로 존재하는 '남에게 나쁘게 하면 벌을 받는다'는 한국식 온정주의, 관대화 경향 때문에 극단적인 관료도 건재 하는 것이다.[22) 이들이 공직의 분위기를 실추시키고 공직이미지를 나쁘게 하는 장본인들이다. 기관장이나 간부급들의 성과를 확실히 평가하는 것은 이들이 가진 기존 인사권을 솜방망이로 만들지 않게 하는 방법일 것이다.

다음으로 무늬뿐인 직위분류제적 요소의 도입을 중지해야 한다. 한국의 관료제는 우수한 인재들이 경쟁하여 들어오기 때문에, 침체된 외국관료제와는 달리 역동적이고 내부에서 경쟁이 치열한 조직이다. 이런 곳에 경쟁을 도입한다는 것은 불난 집에 기름을 붓는 것과 같다. 오히려 '개혁병 환자'처럼 불필요하고 과도한 경쟁을 하도록 강제하던 것을 건전한 방향의 개혁을 하도록 유도하도록 해야 할 것이다. 물론 이것은 전술한 낙오자에 대한 엄격한 제재가 작동한다는 선행조건이 만족되어야 효과가 있는 것이다. 위의 두 가지 핵심조건을 충족시킨다는 전제하에 세부적인 변화방향을 제시하면 다음과 같다.

---

22) 이것이 평소에 작동이 되지 않아서, 간헐적으로 정치적 필요에 따라 퇴출시키는 조치를 한다. 이 제도가 평상시에 작동해야 한다.

첫째, 공무원의 전문성을 높이기 위해 교육훈련 시간을 늘리는 동시에 교육훈련의 질을 높이기 위해 내용을 개발해야 할 것이다. 평생교육시대를 맞이하여 고비용의 해외유학보다는 교육휴직제 등을 도입하여 국내대학에서 학위과정을 밟도록 배려해 주는 것도 좋은 해결방안이 될 것이다. 물론 국내대학의 경우도 교육과정을 좀 더 보완해서 실무에 도움이 될 수 있도록 노력해야 할 것이다. 또한 부실한 각종 교육원의 교육훈련을 대폭 축소하고 실무에 도움이 되는 교육훈련이 되기 위한 방향으로 나아가야 할 것이다.

둘째, 지금보다 전보횟수를 줄이고 보직기간을 늘리는 방향으로 하여 "전문화된 일반 행정가(specialized generalist)"를 창출하기 위한 노력을 경주해야 할 것이다.

셋째, 승진적체의 문제점 해소를 위한 장기적 인력관리 계획을 수립하여 지속적으로 관리해야 한다. 공직에 들어오는 인력과 나가는 인력의 모델을 수립하여 항시 적절한 인력이 관리되도록 인력의 흐름(flow)관리를 해야 한다. 현직자들은 항상 단기적으로 인력부족을 호소하므로 10년 이상의 장기적이고 거시적인 안목의 관리가 필요하다.

마지막으로, 거의 모든 공무원들이 감사에 대해 심리적·물리적 압박을 받고 있다는 점에서 비효율적인 감사의 시정이 요구된다. 비효율적인 감사야말로 행정비효율의 원인이고 공무원 복지부동의 원인이 되는 것이다. 특히 국정감사와 감사원 감사의 문제를 본질적으로 해결하기 위해서 지나친 자료 요청에 대한 통제와 지적사항의 적절성에 보다 향상된 노력이 경주되어야 할 것이다. 기본적으로는 국회 스스로 초법적 합목적성 감사를 대폭 줄이고, 감사원 인력을 대폭 감축해야 한다.

관료제에서 나가는 Out의 과정에서는 아직 일할 의지와 능력이 충분한 유능한 공무원들이 공직외부로 빠져나간다는 위기의식 하에, 인구고령화와 평균수명 증가에 따른 정년 조정문제를 심도 있게 연구해야 한다. 적절한 시점에서 수정이 필요하면 해야 할 것이다. 그러나 중요한 것은 비교적 젊은 나이에 정치적 사유에 의해 상당 부분 좌우되는 명예퇴직에 직면하거나 징계퇴직 되는 비율을 줄여야 한다는 것이다. 공직에 들어온 후 근무한 기간에 비례한 합리적인 제도, 특히 불합리한 사유에 의해 공직 외부로 퇴출당한 이들에 대한 실질적이고 실효성 있는 구제제도가 있어야 할 것이다.

많은 노력을 들여 공직 내로 유입된 관료에게 충분한 유인을 제공하지 못하고 있는 관료제 시스템에서 그 이유를 찾아야 한다. 무분별하게 외국의 제도를 도입하려하지 말고 현재의 관료제의 장점을 살려 개선해 나가야 한다. 고시와 같이 전 부처에 배치될 인력을 정부차원에서 선발하여 배치하는 것은 일반가적 안목을 갖춘 전(全)

정부적 인재를 육성하여 서로 협력하는데 도움이 된다(大森彌, 2007). 만약 부처별 채용을 한다면 그렇지 않아도 심각한 부처이기주의가 더 심각해질 염려가 있으므로 현재의 고시를 통한 일반가적 인력 채용 방법 또한 중요한 장점이다. 또한 한국 관료들에게 승진경쟁심이 있는 것은 긍정적인 현상이므로 이것이 적절한 수준에서 발휘되도록 적절한 제도설계를 해야 한다. 저동기자에게 동기부여를 하는데 초점이 있는 외국의 제도를 도입하는 것은 그만큼 현실성이 없다. 즉, 한국의 관료제가 세계 최고의 관료가 되도록 독자적인 모델을 발전시킬 필요가 있다.

참고문헌

공동성 외. (2006). 「행정자치부 성과관리체계 및 운영에 관한 진단 및 메타평가 보고서」 행정자치부(미발간).

권경득. (2009), 공무원과 국가발전: 교육훈련, 정책 & 지식 438회 발표문: 1－25.

김명수·이영균·노승용. (2004). 지방자치단체의 바람직한 자체감사기구 기능 정립에 관한 고찰. 한국정책분석평가학회 동계학술대회.

김번웅. (1994). 행정개혁의 뉴비젼: 개방과 경쟁의 패러다임, 노정현 편. 「행정개혁의 이론과 실제」. 서울: 나남출판사. pp. 33－53.

김병섭. (2000). 정부 조직 개혁의 방향과 과제. 「한국행정학회 추계학술대회 발표논문집」. pp. 79－98.

_____·박상희. (2005). 한국의 정부개혁: 성과, 문제, 그리고 과제. 「한국행정학회학술대회 발표논문집」. pp. 1－21.

김병섭·양재진. (2002). "공무원의 퇴직관리: 실태와 정책적 이슈". 「행정논총」. 40(1): 1－21.

_____. (2003). "퇴직공무원의 퇴직관리에 관한 인식 분석". 「행정논총」. 41(2): 31－51.

김영평. (1994). 행정의 경쟁력, 맥락, 그리고 새로운 패러다임, 노화준·송희준 편 「세계화와 국가경쟁력: 21세기의 국가경영전략」. 서울: 나남출판사. pp. 241－274.

김판석. (1994). "관료혁신과 행태변화를 통한 새로운 행정개혁의 방향 모색". 「한국행정학보」, 28(3): 1015－1032.

_____. (2002). 차기정부의 개혁추진과제. 「한국행정학회 2002년도 토론회 발표 논문

집」, pp. 61-79.

_____·오성호·이선우. (2000). "업적평가제계로서의 다면평가제도 도입과 추진방법에 관한 사례연구".「한국행정학보」. 34(4): 343-364.

김현구. (1990). "효율적 국가감사체계의 확립방안: 국정감사와 감사원감사의 연계".「한국행정학보」. 24(1): 1181-2109.

남궁근. (2002a). "열린정부를 향한 개혁의 성과: 개방형 직위제도 집행과정 및 결과 평가".「중앙인사위원회 출범 3주년 기념 국제회의 발표논문집」, pp. 153-179.

남궁근. (2002b). "국민의 정부 개혁성과에 대한 평가".「한국행정학회 2002년도 토론회 발표논문집」, 5-35 大森彌. (2005), 「官のシステム」東京大學出判: 동경 pp. 4-65.

박천오. (2009). 「정부관료제-이론과 실제」. 서울: 법문사.

_____·김근세·박희봉·안형기. (2003). "한국 책임운영기관 제도의 운영 평가: 조직구성원의 인식을 중심으로".「한국행정연구」. 12(3): 3-32.

_____·박경효. (2002). 「한국관료제의 이해」. 서울: 법문사

박철민. (2005). "지방공무원의 퇴직에 대한 인식과 퇴직준비: 구조방정식의 적용을 중심으로".「한국행정논집」. 17(2): 405-429.

백철현. (2000). "공무원 교육훈련의 발전방안에 관한 연구: 지방공무원교육훈련의 교육운영과정을 중심으로".「한국인간관계학회보」, 5(1): 25-44.

서울행정학회·중앙인사위원회. (2006). 2006년도 공무원 삶의 질에 관한 연구보고서, 미발간.

안홍복. (2005). "부정예방과 적발을 위한 세계감사기준의 변화와 공공부문 감사기준의 개혁방안".「한국부패학회보」, 10(1): 61-85.

오성호. (1997). "공무원의 능력발전 진흥방안: 행정개혁을 전제한 근무평정과 교육훈련제도의 개선".「한국행정학보」, 31(4): 37-55.

오형국. (2002). "공직적성평가(PSAT)의 추진배경과 과정".「행정포커스」. 7, 8: 56-59.

유민봉·임도빈. (2002). 「인사행정론」. 서울: 박영사.

유승현. (2008). "정부기관 평가활용의 현황과 과제: 책임운영기관평가 사례를 중심으로".「한국정책학회보」, 17(3): 95-130.

윤영진·김태룡 외. (2002). 「(새) 행정이론」. 서울: 대영문화사.

이종수. (2002). "공무원의 전문성 향상방안으로서 경력개발제도(CDP)에 관한 연구:

CDP의 시각에서 분석한 한국 인사행정체계의 문제점과 개선방안". 「한국행정연구」, 11(4): 149−175.

이창길·문명재·이근주. (2008). 직무분석이 조직성과에 미치는 영향. 한국행정학회동계학술대회 발표논문.

임도빈. (2001). "한국 행정관료제의 조직운영 원리에 관한 연구: 행위체제(action system)로서 A 도청의 사례". 「한국정치학회보」, 35(1): 381−426.

_____. (2003). "한국 신공공관리론적 개혁에 대한 비판적 고찰: 지방자치단체 행정 서비스헌장제 도입사례". 「한국행정논집」, 15(1): 1−23.

_____. (2004). 「한국지방조직론」, 서울: 박영사.

_____. (2005). "시간관리측면에서 본 조직분석: P청 사례". 「한국행정학회 학술대회발표논문집」, 477−498.

_____. (2007a). "관료제, 민주주의, 그리고 시장주의: 정부개혁의 반성과 과제". 「한국행정학보」. 41(3): 41−65.

_____. (2007b). "시간관리 측면에서 본 행정조직관리: 미국과 한국의 비교". 「행정논총」, 45(2): 51−78.

_____. (2007c). "한국 행정현상에 대한 설명모델을 찾아서: 악순환모델". 「한국거버넌스 학회보」, 14(1): 1−30.

_____. (2008). "역대 대통령 국정철학의 변화: 한국행정 60년의 회고와 과제". 「행정논총」. 46(1): 211−251.

_____. (2009). 「정부조직과 시간관리」. 서울: 서울대출판원.

장지원. (2007). 「행정에 관한 공무원 인식조사」. 한국행정연구원 보고서.

조경호·김미숙. (2000). "공무원과 민간기업종사자 간 삶의 질 만족도 비교연구". 「한국행정학보」, 34(3): 27−45.

조석준. (1997). 「한국행정조직론」. 서울: 법문사.

_____. (2004). 「한국행정과 조직문화: '마을'을 모형으로」. 서울: 대영문화사.

조성대. (2003). "국가발전을 위한 인사행정의 개혁방안". 「한국정책과학학회보」. 7(1): 151−180.

최관섭. (2000). "공무원의 삶의 질 : 공무원의 삶의 질 향상을 위하여". 「지방행정」. 49: 38−44.

최무현·이종수·송혜경. (2004). "한국 공무원의 보직 및 경력관리 체계 개선방안 연구". 「한국행정연구」. 13(2): 125−153.

황성원. (2007). 「성과관리제도의 수용성 제고방안에 관한 연구」. 한국행정연구원 보고서.

Chibber, Vivek. (2002). Bureaucratic rationality and the Developmental State. *American Journal of Sociology* 107(4): 951−989.

Goodsell, C. (2003). *The Case for Bureaucracy: A Public Administration Polemic(4th)*, London: Sage.

O'Toole Jr. Laurence and Meir, Kenneth. (2003). Plus Ca Change: Public Management, Personnel Stability and Organizational Performance, JPART 13(1): 43−64.

Ouchi, W.G. (1981). *Theory Z: How American Business can meet the Japanese challenge*, Cambridge: The Addison−Wesely Publishing Company, Inc.,

Perry, J. Engbers, T., and Jun, S. (2009). Back to the future? Performance−related pay, empirical research, and the perils of persistence, PAR, 69(1): 39−51.

Pollitt, C. (2009). Bureaucracies Remember, Post−Bureaucratic Organizations Forget?, *Public Administration*, 87(2): 198−218.

Suleiman, Ezra. (2003). *Dismantling Democratic States*. Princeton, N.J.: Princeton University Press.

공무원 총조사(2008)

감사 60년사(2009)

기획재정부(2009) 연도별 예산서

행정안전통계연보(2008)

▶ ▶ ▶ **리뷰**

정창화(단국대학교 행정학과)

1. 서론

관료제(Bureaucracy)에 대한 기존의 선행연구의 경향은 Weber 관료제에 대한 일 반연구, 한국의 정부개혁 및 정부조직 개편과 관련된 관료제의 비판, 관료제와 민주 주의 그리고 법학, 정치학 또는 사회학 등 간(間)학문적으로 수행되어 왔다.

특히, '97년 경제위기이후 신공공관리론(NPM)에 근거한 다수의 연구에 의하면, 관료제는 한편으로 공무원에 대한 부정적인 시각과 함께 개혁의 대상으로써 간주된 반면에, 다른 한편으로 우리나라 경제성장의 견인차 또는 촉진자로서의 역할은 간과 되었다. 특히, Weber가 영·미의 관료제를 언급하면서 정치가 관료제를 무력화시킬 것이라는 정치권을 통한 "관료 후려치기"의 현상이 바로 한국에서 발생하고 있는 것 이다.

이에 본 연구는 미국식 성과주의 연구에 기초한 관료제에 대한 비판적 관점이 아 니라, 관료제의 근본가치 또는 공공가치를 위한 변론(辯論)적 관점을 논리적으로 기 술하였음에 그 의미를 둘 수 있다.

2. 해당논문의 개요

1) 추천사유

본 논문은 한국관료제에 대한 부정적인 인식이 과연 정당한가에 대한 문제의식 에서 출발하여, 정치권과 미국식의 성과주의적 개혁조치가 관료제에 대한 오류적 진 단과 처방이었음을 지적하는 연구이다. 이러한 논거를 입증하기 위하여 ① 관료제에 대한 이론적 시각과 ② 한국관료제의 현실 그리고 ③ 관료제 성과관리의 핵심변수를 언급하였다. 또한 결론적으로 한국관료제에 대한 반성과 함께 향후 정책과제를 제시 하였다. 본 논문은 한국의 행정관료제를 미화하는 것도 아니고(p.435), 정권용(政權用) 개혁논리도 아닌 것이다. 관료가 정부 문제의 근원이라는 잘못된 진단을 역진단하는 논문으로써 추천하고자 한다.

2) 이론적 측면

본 논문은 다음과 같은 두 가지의 이론적 측면에서 접근하고 있다.

첫째, 관료제의 개혁모델로써 신공공관리론적 개혁의 추구는 잘못된 방향이라는 것이다. 지나친 경쟁과 시장주의 그리고 기업가적 정부운영을 강조하는 풍토가 한국 관료제에 적실한 것인가에 대한 이론적 비판이다. 즉, NPM적 방식에 대한 경험적 증거도 부재한 상태에서, 한국이 NPM의 개혁실험장이 되어서는 안된다는 것이다.

둘째, 미국식 이론의 일방주의에 대한 비판이다. 예를 들면, 미국식 직무분석을 도입하는 것이 마치 관료제 개혁의 최적정책(Optimal Policy)으로 간주하여 그 집행실태를 호도하는 경향을 지적하고 있다. 최적의 정책이 아닐 경우, 발생하는 추가 비용은 국민이 계속적으로 지불하는 반면에, 개혁주도자는 이익을 얻게 되는 소위 '카센터'현상이 발생하는 것이다. 부정직한 카센터 주인이 자신의 이기적인 목적 때문에, 적실하지 못한 정책을 계속적으로 추진하면, 결국 자동차의 정상부품을 계속해서 교체하는 현상이 발생하게 된다는 것이다.

3) 실천적 측면

본 논문에서 저자는 한국관료제의 현실을 다음의 5가지로 제시하고 있다. 첫째, 관료들은 우수한 집단이며, 둘째 형식적인 교육훈련을 지양해야 한다는 것이다. 셋째, 전문성이 저하되는 순환보직제와 경력개발의 소홀함을 지적하였으며, 넷째 성과급제 개혁이 대표적인 카센터모델에 해당하게 됨을 비판하였다. 마지막으로 과도한 감사로 관료를 압박하고 있음을 지적하였다.

결국, 관료제 성과관리의 핵심변수로써 관료의 ① 승진, ② 휴·퇴직에 관한 출구관리 등의 현실적·실천적 측면을 기술하고 있다.

3. 관료제 후속연구 방향

1) 반성과 정책과제(p.435-438)

본 논문에서는 저자는 적실하지 못한 NPM적 요소(예를 들면, 무늬뿐인 직위분류제)의 지양 등에 대한 반성과 함께 한국관료제의 우수성에 대한 강조, 관료제 개혁의 방식(조용하게, 지속적으로 그리고 강력하게) 등의 정책과제들을 제시하고 있다. 향후 후속연구는 상기한 한국관료제의 우수성, 관료제 개혁방식, 관료제개혁의 적실성 제고 등에 관하여 진행되어야 할 것이다.

2) 미국식 일방주의에 대한 균형적 시각

그동안 한국관료제의 골간을 잠식하고 있는 시장주의, 성과주의 등의 요소를 지닌 일방주의에 대한 균형적 접근을 시도할 수 있는 연구가 진행되어야 한다. 특히, 관료제의 공공가치 등을 체현할 수 있는 연구가 시급하다고 판단된다. 예를 들면, 유럽대륙의 프랑스와 독일의 관료제가 그것이다. 공법(公法)체계를 지닌 우리 행정에서 관료적 합리성을 최고의 과제로 설정한 Weber 관료제와 결별할 수 있는지? 미국의 입장(Gore, 1993)에서 보면, 관료를 "나쁜 제도의 함정에 빠진 좋은 사람(good people trapped in bad system)"이라고 묘사하지만, 관료(제)는 과연 bad system인지? 오히려 Weber관료제를 실현하는 독일식 관료제에 대한 연구를 강화할 필요는 없는지? 관료제에 대한 균형적 연구가 시급하다고 할 수 있다.

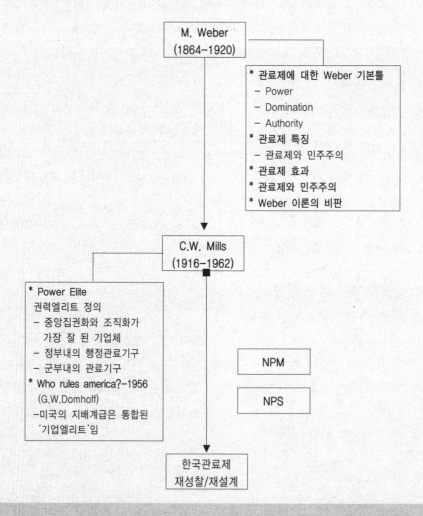

공공기관 임원의
정치적 임명에 관한 연구:
법제도 및 대통령의 영향을 중심으로

공공기관 임원의 정치적 임명에 관한 연구:

법제도 및 대통령의 영향을 중심으로*

김병섭(서울대학교 행정대학원) · 박상희(Boise State University 행정학과)**

Ⅰ. 연구의 목적과 필요성

공공기관의 수와 비중이 증가하고 있다. 1960년대 정부관료제의 대안적 조직으로 유행하던 공공기관이 1970년대 후반 비판에 직면하여 움츠러들었으나 1980년대 신공공관리(NPM: New Public Management)의 흐름을 타고 다시 그 수가 현저히 증가하고 있다(Flinders, 1999).

한국의 경우, 공공기관 유형 분류 방식에 따라 차이가 나기는 하지만[1] 지난 2007년 정부혁신·지방분권위원회(2007)가 발간한 보고서에 의하면, 정부가 관리하는 기관은 총 314개로 정부예산보다 더 많은 예산(정부예산의 1.1배)을 사용하고 있으며, 이는 우리나라 GDP의 31%에 이른다. 인력도 약 21만 명 수준으로 지방자치단체 공무원 규모에 근접하고 있다. 공공기관 경영정보 공개시스템에 따르면 2010년 6월 현재 공기업, 준정부기관, 기타 공공기관을 합쳐 전체 임직원수가 242,810명으로 5년 전에 비해 약 3만 명이 늘어났음을 알 수 있다.

이렇게 공공기관의 수와 비중이 늘어나면서, 자연스럽게 공공기관의 자율과 통제에 대한 관심도 늘어나고 있다(Bertelli, 2006; Koppell, 2001; Moe, 1979, 2001). 먼저, 자율의 논리는 정책목표 달성을 위한 수단적 필요에 근거하고 있다. 이를 부연 설명하면 첫째, 기관의 설립 이유 자체가 정부와 어느 정도 거리를 두고(at arm's length) 독립적으로 조직운영을 하는 것을 전제로 하기 때문에 자율성이 필요하다는 것이다. 정부관료제와 같은 행·재정적 통제를 하려면 굳이 공공기관을 설립할 이유가 없기

이 논문은 2010년 『한국행정학보』, 제44권 제2호, pp. 85-109에 게재된 글을 전제하였다.
** 서울대학교 행정대학원에서 박사학위를 받고, Boise State University 행정학과 조교수로 있다.
1) 발표기관에 따라 공공기관의 규모가 크게 차이가 나며, 대략 300개에서 700개 사이에 분포하고 있다.

때문이다. 예를 들어, 정부예산은 늘 정부의 편성절차와 국회의 심의를 받아야 하기 때문에, 필요한 만큼의 돈을 필요한 시기에 사업에 투입할 수 없다. 이에 반해 공공기관은 자체예산의 수립이 가능하고 이 과정에서 국회나 감사기관 등의 통제가 약하다. 때문에 많은 나라에서 경제발전을 위한 정책수단으로 공공기관을 활용하고 있는 것이다(Cole, 2005; Moe and Stanton, 1989). 둘째, 조직관리 측면에서 상급기관의 통제가 많을수록 이러한 통제에 부응하는 업무(가령 보고, 감사, 회의 등), 즉 부가가치가 낮은 업무 때문에 정작 조직의 존립 이유인 정책목표 달성을 하기 어렵다(Moe, 2001). 셋째, 통제는 주로 자신의 이익을 위해서 사기를 치고 속이는 인간관을 가정하는 대리인 이론에 근거하나, 인간은 이기적이기도 하지만 이타적이기도 하고, 낮은 수준의 욕구를 갈망하기도 하지만 동시에 고급 수준의 욕구도 추구한다. 그리고 청지기 이론(stewardship theory)에 의하면 관리자는 선한 청지기로서 주인과의 이해관계 갈등은 존재하지 않는다(Ghoshal and Moran, 1996). 때문에 자율을 부여하는 것이 정책목표 달성에 유리하다고 보는 것이다.

다음 통제의 논리는 공공기관의 도덕적 해이에 대한 비판에 근거하고 있다. 공공기관이 주인의 이익을 위하고 정책목표를 달성하는 청지기보다는 기관과 기관 종사자의 이익을 우선하는 타락한 대리인으로 기능한다는 것이다. 때문에 방만경영과 비능률의 문제는 선진외국에서도 심각하게 제기되어 왔고(Cole, 2005), 이에 따라 공공기관을 개혁해야 한다는 목소리도 같이 높아졌다(Lœgreid and Roness, 2003; Newland, 1996; Nolan, 2001). 우리나라에서도 공공기관은 오랫동안 방만경영과 도덕적 해이로 비판받아 왔다. 과도한 인건비 인상과 성과급, 해외출장, 각종 특혜 제공 등으로 공공기관은 '신이 내린 직장'에서 더 나아가 '신이 부러워하는 직장'으로까지 불리게 되었다.[2] 효율성은 민간기업에 비해 낮으면서도, 과도한 인건비와 복리후생비를 지급하는 방만경영 행태는 감사원의 단골 감사 지적사항이 되어 왔다. 때문에 공공기관의 책임성을 확보하는 문제가 늘 중요한 과제로 부상하게 되었고(Koppell, 2001; Schillemans, 2008), 이를 위한 장치로 책임성을 확보할 수 있는 적절한 통제수단을 강구하게 되었다(Cole, 2000).

이와 같이, 자율과 통제가 공히 요구되기 때문에, 한국의 경우 때로는 자율성을

---

2) 공기업과 공공기관 감사 21명이 혁신포럼 참여 명목으로 브라질 이과수 폭포로 관광성 출장을 떠나 물의를 빚은 적이 있으며(매일경제 2007. 5. 16), 휴가나 성과급(동아일보 2007. 1. 24~23), 직원 주택 및 학자금 대출, 해외 출장(동아일보 2006. 12. 12) 등에서 여전히 특혜를 받고 있다는 비판을 받았다.

추구하는 개혁이 이루어지고 또 때로는 통제를 강화하는 조치가 이루어졌다(정부혁신·지방분권위원회, 2007). 1945년~1960년 사이에는 경성전기, 대한조선 등 소수의 귀속사업체가 공공기관으로 전환된 것이 공공기관의 전부였다. 그러다가 「경제개발 5개년 계획」에 따라 경제개발이 본격적으로 시작되면서, 수자원공사(1966년), 포항제철(1968년), 도로공사(1969년)를 비롯한 다수의 공공기관들이 설립되었다. 경제개발 중심의 공공기관 운영 시기(1960~1983) 동안, 공공기관들은 정부 주도의 경제개발을 목적으로 설립이 되었기 때문에, 정부부처와 거의 같은 통제가 이루어졌다. 즉 사업계획 및 예산 등이 정부부처와 유사하게 정부에 의해 수립·편성되었다. 그러다가 정부 주도의 경제개발이 어느 정도 마무리됨에 따라 정부 통제 위주의 공공기관 운영방식이 자율성 확대 방향으로 전환되었다. 정부는 「정부투자기관관리기본법」을 시행(1984년)함으로써 공기업에 대한 사후평가 체제를 도입하여, 그 결과에 따라 자율성을 확대하였다. 다시 말해 예산과 인력 등의 운영에 있어서 자율성을 대폭 강화하였으며, 경영평가 결과에 따른 경제적·인사상 인센티브를 부여하기 시작하였다. 이렇게 자율성이 확대된 시기는 대략 1984년부터 1997년까지이다. 그러다가 1998년 IMF 외환위기 직후 출범한 김대중 정부는 민영화, 폐지·통폐합, 인력감축, 자산매각 등 다양한 구조조정 정책을 추진하게 된다. 공공기관에 대한 강도 높은 통제정책을 실시한 것이다. 그 뒤 노무현 정부는 자율성 강화를 기저로 하는 투명성 중심의 공공기관 관리정책을 실시하였고, 현 이명박 정부는 다시 인력구조조정 정책 등 공공기관에 대한 통제를 강화하고 있다.

이러한 관리정책의 변화에 따라 제도개혁의 평가에 관한 연구가 많이 이루어져 왔다. 그동안의 선행연구를 보면 공공기관에 대한 일반적 내용과 운영실태, 개선방안을 제시하거나(곽채기, 1999; 김판석, 2003; 송희준, 2002, 이수철, 1997; 이창원, 2009), 공기업 민영화(김준기, 1999; 이주선, 1998) 및 경영평가제도에 관한 논의(권민정·윤성식, 1999; 이상철·박병식, 2004; 이창길·최성락, 2009)가 많이 이루어졌다.

그런데 이와 같은 제도개혁 과정에서 이를 추진할 공공기관 임원의 인사에 관한 논의도 지속적으로 이루어져 왔지만, 임원 인사의 개혁에 관한 평가연구는 많지 않다. 다시 말해서, 공공기관에 대한 통제가 필요할 경우 임원을 정치적으로 임명하여 책임성을 확보할 수 있고, 또 공공기관에 대한 자율성이 필요할 경우 임원 구성에서 내부 승진의 비율을 확대할 수 있기 때문에 제도개혁시 인사개혁을 포함하게 되지만, 그럼에도 불구하고 이것과 관련한 논의와 제도개혁에 관한 평가를 찾기가 쉽지 않다.

따라서 본 연구는 공공기관 임원 인사의 개혁에 관한 평가연구를 실시하고자 한다. 이를 위해 첫째, 공공기관 임원 인사에 관한 선행 연구를 살펴보고, 둘째, 공공기관 임원 인사에 관한 주요 제도개혁을 설명한다. 셋째, 이를 통해서 본 연구에서 분석하려고 하는 연구문제와 가설을 제시하고, 답을 구하는 과정에 대한 연구설계를 제시하고자 한다. 넷째, 자료의 분석을 통해서 제도개혁의 효과를 평가하고 이를 통해서 정책적 함의를 제시하고자 한다.

Ⅱ. 선행연구의 검토

1. 공공기관 임원 인사에 관한 선행연구

공공기관의 임원 인사에 관한 연구는 나라마다 조금씩 차이를 보이고 있다. 먼저 미국의 경우, 공공기관의 통제 필요성에 대한 지적은 많은 연구들이 하고 있으나(예: Bertelli, 2006; Koppell, 2001; Moe, 1979, 2001; Moe and Stanton, 1989; Stanton, 1990; Stanton and Moe, 2002), 임원 인사에 관한 언급은 많지 않다. 그 이유는 행정기관과 달리 공공기관은 임원 인사에 관해 연방의회의 통제를 받지 않기 때문으로 보인다 (Kosar, 2007). 그나마 있는 소수의 연구(예: Moe, 2001)는 임원의 정치적 임명을 대통령의 뜻을 반영하기 위한 관점에서 이해한다. Mackenzie(2001)는 공공기관을 한정하지 않고 정치적 임명을 전반적으로 볼 때 오늘날 대통령의 이념적 성향 뿐만 아니라 서로 다른 상원의 기준에 맞는 피임명자를 찾아내야 하기 때문에 쉽지 않은 과정이라고 지적하면서 미국의 정치적 임명의 발전 과정을 역사적으로 살펴보고 있다.[3] 특히 최근 미국의 정치적 임명과정은 정책과 관련된 전쟁터와 같아 과거에 비해 여러 행위자들이 참여하게 되어 매우 가시적이고 투명한 대신, 검증 과정이 지나치게 길고 지루해졌다고 비판한다.

이에 비해 영국은 공공기관 임원 인사에 관한 문제점이 일찍부터 제기되어 연구가 상대적으로 많은 편이다. Cole(2005)에 의하면 영국의 경우 1974년부터 공공기관 임원 임명에 관한 문제가 공식적으로 제기되었다고 한다. 부처장관이 공공기관 임원의 임명을 좌지우지하고, 자의적으로 한다는 비판과 여당이 공공기관 임원 자리를 지지자들을 위한 논공행상용으로 활용한다는 비판이 많이 제기되었다. 정실 임명이 유력한 정치집

---

3) 건국 초기에 특권층의 유산이자 책임으로 인식되던 엘리트 시대를 지나, 잭슨 대통령의 당선으로 엽관주의(patronage)가 발전했으며, 정치적 기반이 약했던 케네디 대통령이 정당을 초월하여 적극적으로 전문가를 충원했던 코포라티즘(corporatism) 시기를 거쳐, 레이건 대통령 이후 보다 엄격한 임명 과정을 거치게 되었다고 한다.

단의 지지를 확보하기 위해 필요하다거나(예: Doig, 1978), 정부기관의 일부인 공공기관에 정부정책을 기꺼이 집행하려는 사람을 임원으로 임명하는 것은 너무나도 당연하다는 주장(예: Skelcher, 1998)이 없었던 것은 아니나, 언론과 국민여론은 여전히 비판적이었다. 1990년대에는 공공기관의 주요 임원 자리에 기업인 출신들이 많이 포진하게 되었고, 이들은 보수당의 정실 임용이라는 비판을 많이 받았다. 그래서 공공기관의 임용을 심사하기 위한 목적으로 공공성위원회(Committee for Standards in Public Life, CSPL)가 1995년 설립되었다. 이 위원회의 주목적은 공공기관 임용의 공정성을 기하기 위한 강령을 제정하고, 그러한 임용 여부를 감독하는 공직임용위원회(Commissioner for Public Appointments)를 설치하며, 공공기관 임원의 외부통제를 강화하는 것이었다. 그러나 그 뒤에도 공공기관 임원 임용과 관련하여 잡음이 계속되었다. 가령 Skelcher(1998)는 영국의 공공기관(NDPB)에 대한 개혁의 역사를 소개하면서, 공공기관 구성원에 대한 인사가 여전히 비공식성(informality)과 인적 네트워크(personal network)로 이루어져 있다고 지적하고 있다. 그래서 공공성위원회는 2005년 발간된 제10차보고서에서 다음과 같은 개선안을 제시하게 된다. 첫째, 임명권을 부처로부터 중앙인사기관(central appointments unit)으로 이전하고 임원 임용에 대한 연차별 계획서를 수립하는 등의 공직임용절차의 표준화를 강화하고, 둘째 공직임용위원회(Commissioner for Public Appointments)의 권한을 강화하고 부처의 개입 정도에 관한 지침을 설정하는 등 공직 임용 절차에 관한 규제를 강화하는 것을 제시하였다(Macleavy and Gay, 2005). 하원 공직선발위원회(House of Commons Public Administration Select Committee, 2003)는 왕실에서 임명하는 임원의 경우에도 이러한 공직임용위원회의 관할범위 안에 두도록 제안하고 있다. 이러한 제안들은 공공기관 임원의 정치적 임용이 줄어들지 않는다는 것을 전제로 한 것인데, Flinders(2009)는 부처의 정치적 임용 권한이 근래 들어 줄어들고 있다고 하면서 이를 제도개혁의 효과로 평가하고 있다.

한편, 일본의 경우는 공공기관 임원의 관료지배를 비판하는 논문이 많다. Yoshimoto(2006)는 일본에서 낮은 정부 성과를 치유하려는 목적으로 공공기관 개혁을 시작했으나 별로 효과가 없었다고 하면서, 일본 공공부문의 가장 중요한 문제로 인사문제와 재정문제를 들고 있다. 특히 일본 공공부문은 CEO를 정부관료가 차지하고 있는데, 이들 아마쿠다리는 조직 내부와 심리적인 유대감이 부족하며, 직업안정성, 승진, 보수 등에만 관심이 있고, 정부에서 좌천된 인물인 경우가 많아서 공공기관에 종사하는 사람들의 사기도 저하되는 문제점이 있다고 지적하고 있다. 한편, Usui & Colignon(1995)은 1963년부터 1992년까지 일본의 민간기업에 재고용된 퇴직관료 205명을 조사하여 아마쿠다리의 변화 패턴 및 원인을 연구하였다.[4] 이 연구는 공공기관을 대상으로 한 것은 아니지만, 이 연구를 통해 일본에서 통산성 출신 관료의 영향력과 관료조직 및 민간기업 간 비공식 네트워크의 중요성을 확인할 수 있다.

그 외 동유럽(예: Meyer-Sahling, 2008)이나 남미(예: Gordin, 2002) 등에서도 공공기관 임원의 정치적 임용에 대한 연구결과가 발표되는 등 공공기관 인사의 정치적 임용은 많은 국가에서 보편적으로 나타나는 문제점으로 지적되고 있다. OECD가 2005년 공공기관 지배구조 가이드라인(OECD Guidelines on the Corporate Governance of State-Owned Enterprise)을 제시하게 된 것도 바로 이런 점을 인식했기 때문으로 보인다.

한국의 경우도 다른 많은 나라와 마찬가지로 공공기관 임원의 정치적 임용에 대한 비판이 많았다. 공공기관의 임원 선임과 관련해서 끊임없이 정치적인 '낙하산 시비'에 시달려왔다. 과거 권위주의 시대부터 자질이나 적격성과 상관없이 정파적 이해에 따라 밀실에서 결정해서 공공기관 임원으로 내려 보내는 인사가 많았으며, 이를 언론에서는 '낙하산 인사'[5]라고 칭하였다. 그런데 이러한 낙하산 인사에 관한 논란은 최근까지도 끊이지 않고 있으며,[6] 낙하산 인사는 공공기관이 가진 모든 문제의 주범이라고 비판받고 있다.[7] 낙하산 임원들은 전문성도 낮고 노조나 간부 조직에 비해 정보와 장악력이 약하므로 공공기관의 개혁을 적극적으로 추진하는 것이 어렵기 때문에, 공공기관 임원에 대한 낙하산 인사가 공공기관의 도덕적 해이와 방만 경영의 원인이라는 것이다(박천오·김상묵, 2004; 박천오·주재현, 2005; 이명석, 1997). 특히 이명석(2001)은 정부투자기관 경영 부실의 근본적인 원인을 '정치적 임용' 혹은 '낙하산 인사'라고 보고, 정부투자기관 임원의 정치적 임용과 정부투자기관의 경영실적과의 관계를 분석하였다. 18개 정부투자기관의 1985년부터 1996년까지 이사장 및 사장의 임

---

4) Usui & Colignon(1995)에 의하면 아마쿠다리 체제는 세 가지 관점으로 이해될 수 있다. 1) 일본의 산업화에 대한 필요에 의해 발전된 것으로 특정 엘리트집단을 위한 부패 형태로 보는 고립과 규제의 관점, 2) 관료서열을 보충해주는 메커니즘으로써 퇴직한 고위관료의 지식과 인맥을 활용하여 정치적 불확실성을 줄일 수 있기 때문에 오히려 증가한다고 보는 제도적 요청 관점, 3) 정부 통제의 메커니즘으로써 민간영역에 대한 관료적 통제의 정도를 측정하는 단위가 된다고 보는 정부통제적 관점이 그것이다.

5) 동아일보 시론(2007. 1. 24) "'낙하산'이 부른 공기업 모럴해저드"(이종수 한성대 교수), 동아일보(2006. 10. 3) "'낙하산' 착륙비용"(홍권희 논설위원).

6) 한국무역협회(2006. 2. 23), 한국증권선물거래소(연합뉴스 2006. 10. 15), 한국전력 계열사 및 발전자회사의 임원선임과 관련한 마찰(2007. 1. 20) 등이 있었고, 한국방송공사(KBS) 사장 및 국책연구기관의 기관장 선임과 관련해서도 낙하산 인사가 문제된 바 있다(2008. 8).

7) 동아일보 특집(2006. 10. 26~27) "公기업 空기업", "공기업 부패 만연 인사도 파행" 서울신문(2008. 7. 24) 등 다수.

용유형과 경영실적을 대상으로 분석한 결과, 임원이 비실적요인에 의해 정치적으로 임용된 경우 상대적으로 낮은 경영실적을 보이는 것으로 나타났다. 또한 관료 출신의 경영실적이 매우 저조한 것으로 나타나고 있는데, 이는 관료의 전문성을 옹호하는 사람들의 주장과 반대되는 것이다. 이러한 결과를 바탕으로 그는 정부투자기관의 개혁을 위해서 정치적 임용은 반드시 근절되어야 한다는 정책적 함의를 도출하고 있다. 그러나 1999년부터 2005년까지 사장경영계약이행실적평가 점수를 대상으로 13개 정부투자기관 사장에 대한 낙하산 인사가 경영성과에 어떤 영향을 미쳤는지 분석한 김헌(2007)의 연구는 사장의 대표경력보다는 관련 기관 경험 유무와 투자기관의 특성이 사장의 경영성과에 통계적으로 의미있는 영향을 미친다고 상반된 결론을 내리고 있다.

이와 같이, 많은 사람들이 공공기관 임원의 정치적 임명에 대해서 부정적 인식을 가지고 있기 때문에 이를 시정·개선하기 위한 대책을 제시하는 경우가 많았다. 공공기관 임원에 대한 인사 제도를 개선하기 위해 임원의 직무에 대한 과학적인 분석과 역량모델을 통해 객관적인 기준을 마련하거나(박천오·김상묵, 2004; 박천오·김상묵·윤태범, 2003; 한국국정관리학회, 2004; 한상일, 2003), 공정하고 투명한 인사의 정착을 위해 기관장 공모제 등의 개선 방안을 제시하는 연구(박천오·주재현, 2005; 이수철, 2004), 그리고 공공기관 지배구조의 개편과 경영평가제도를 통해 관리효율화를 꾀하는 연구(김판석, 2003; 곽채기, 1999) 등이 있다. 반면, 정부부문과 민간부문의 인사교류 측면에서 공공기관에 대한 정치적 충원의 가능성을 열어두고 있는 연구(박천오·김상묵·이종훈, 2004; 박천오·주재현, 2007; 김일중·조준모, 1999)도 적지 않다.

그런데 많은 관심과 비판에도 불구하고, 정작 공공기관 임원의 정치적 임명의 실태가 어떠하고 어떻게 변화되어 왔는지에 대한 연구는 충분히 이루어지지 못하고 있다. 초기의 공공기관 인사에 관한 연구는 낙하산 인사를 주제로 하기보다, 임원의 출신 배경에 관한 관심으로부터 시작되었다. 즉, 초기에는 임원의 학력, 전공분야, 재임기간, 연령 등의 분포를 분석한 연구(안용식·박종두, 1990; 안용식, 1993)로 시작하였는데, 이들 연구들은 임원의 사회적 배경을 기술(description)함으로써 공공기관 인사상의 불균형 문제를 지적하였다.

임학순(1994)은 준정부조직 인원 492명과 간부 1,180명 등 총 1,692명의 이전 경력을 조사하여, 준정부조직의 성장 요인으로 정부 성장의 맥락과 정부관료제를 제시하였다. 정부 성장의 맥락에서 준정부조직은 관료에게 이동할 자리(position)를 제공하며, 정부관료제는 준정부조직의 임원을 임명하거나 승인함으로써 임원선임에 관여

한다고 하면서 이를 바탕으로 준정부조직의 임원 자리는 정치적인 고려에 따라 정부 각 부처의 관료가 차지할 가능성이 크다는 것을 증명하였다. 이 연구는 공공기관 임원의 정치적 임용을 핵심 주제로 하는 것은 아니지만, 왜 관료가 공공기관의 임원으로 임용되는지 그 원인을 처음으로 규명했다는 점에서 의의가 크다.

본격적으로 낙하산 인사의 실태에 관한 연구를 시작한 것은 이명석(1997)이다. 그는 낙하산 인사를 광의로 "외부압력에 의한 하향식 비전문가 외부충원"이라 정의하고, '정치적 외부 충원'과 '관료적 외부 충원', '군부적 외부 충원'으로 분류하여 군인, 관료, 정치인 출신을 낙하산 인사로 조작적 정의하였다. 1984년부터 1996년까지, 즉 전두환 정부부터 김영삼 정부 중반까지 정부투자기관관리기본법의 적용을 받는 18개 정부투자기관의 이사장, 사장, 감사 등의 임원 284명을 대상으로 실적요인(주요 경력, 재임기간, 전공분야)과 실적외 요인(출신학교, 출신지역, 정치적 연고)으로 나누어 살펴보고 있다. 그 결과 주요 경력 측면에서 내부승진, 전문가, 기업인의 비율이 전반적으로 매우 낮으며, 전문성 제고를 위해 내부승진에 의한 충원이 필요하다고 한다. 또한 우리나라 정부투자기관 임원의 87%는 낙하산 인사에 의해 충원되었고, 전두환 정부, 노태우 정부, 김영삼 정부를 살펴보면 전체적인 낙하산 비율은 대체로 비슷하나, 내용면에서 전두환 정부에서는 군의 외부충원의 비중이 높고, 김영삼 정부에서는 정치적 연고에 의한 충원이 심해지고 있다고 지적하고 있다.

다음 김연진(2002)이 2001년 10월 현재 공공기관 중에서 60개 조직을 선정하여 비상임이사를 제외한 임원에 대한 현황 분석을 시도하였다. 분석 결과, 공공기관 임원은 공무원 출신이 39%로 가장 높은 비율을 차지하는 것으로 나타났다. 직위별로는 최고위직인 기관장 자리에 공무원 출신이 68%로 가장 높은 비율을 차지하고 있다. 또한 정부로부터 재정 지원을 60% 이상 받는 공공기관에 공무원 출신 임원이 64%로 나타나고 있는데, 이러한 결과를 토대로 재정의존도가 심할수록 부처의 이해를 더 많이 반영하게 된다고 주장하고 있다.

2. 선행연구의 비판

정말 많은 사람들이 공공기관 임원의 정치적 임명을 비판하고 이를 시정·개선하기 위한 대책을 제시하고 있는데다가 정부도 이를 위한 다양한 제도개혁을 수립 및 시행하고 있는데, 이러한 제도개혁의 효과를 평가한 연구를 찾기가 쉽지 않다. 공공기관 임원 선임의 투명성과 공정성을 제고하기 위해 1999년 2월부터 추천위원회 제도를 도입하여 시행하고 있고, 김대중 및 노무현 대통령의 경우 출범 초기부터 이른바 '낙하산 인사'를 하지 않겠다고 공언하였음에도 불구하고 이를 평가한 연구를 찾아보기 어렵다.

예외적으로 김미라(2005)의 연구가 있는데, 이는 최초로 정부투자기관관리기본법과 정부산하기관관리기본법의 효과를 분석하고자 했다는 점에서 의미가 있다. 2004년 10월 현재 54개 정부산하기관의 임원(상임이사와 감사) 현황을 먼저 파악하고, 1997년 및 2001년 정부투자기관 임원현황, 그리고 2004년 정부산하기관 임원현황을 비교하였다. 분석결과 1999년 개정된 정부투자기관관리기본법 시행 이후 낙하산 인사는 감소하였고, 2001년의 현황과 정부산하기관관리기본법 적용 직후(2004년 2월)의 현황을 비교한 결과 역시 낙하산 임원의 비율은 감소하는 것으로 나타났다.

그러나 김미라의 연구는 몇 가지 중요한 문제를 지니고 있다. 즉 2004년 10월 현재 54개 정부산하기관의 임원(상임이사와 감사)을 대상으로 분석하여, 기관 선정 과정에서 대표성의 문제가 있을 뿐만 아니라, 각각 분석 대상으로 한 임원의 범주도 달라서 정확한 현황을 파악하는 데 한계가 있다. 또한 연구 시점상 2004년 2월에 시행된 정부산하기관관리기본법 제정의 효과가 제대로 나타나기까지 충분한 시간이 확보되지 못했고, 하나의 연도에 대해 분석이 이루어져 선정의 오류(selection bias)가 지적될 수 있다.

따라서 보다 많은 공공기관을 대상으로 보다 긴 시간에 걸쳐 제도개혁의 효과를 평가할 필요가 있다. 이에 본 연구는 낙하산 인사를 줄이기 위한 제도개혁의 효과를 평가하는 것을 그 목적으로 한다. 그런데 제도개혁의 효과는 이를 추진할 대통령의 의지와 전략에 따라 달라질 수 있기 때문에 이를 아울러 살펴보고자 한다.

III. 공공기관 임원 인사 제도의 개혁과 집행

1. 공공기관 임원 인사 추천위원회 제도

우리나라에서 공공기관은 정부가 경제발전을 주도하던 1960년대 초부터 경제발전의 전략적 수단으로 활용되어 왔다. 1962년 정부투자기관예산회계법을 시작으로 하여 1983년 정부투자기관관리기본법이 제정될 때까지 약 20년간은 공공기관에 대한 통제가 극히 강화된 시기였다(유훈, 1997).[8] 그러다가 1983년 주무부처와 정부의 과

---

8) 1973년에는 정부투자기관관리법이 제정되어 기존에 각 정부투자기관의 설립법에 의한 관리를 벗어나, 임원의 명칭이나 자격, 임기, 선임방법에 대한 통일된 원칙을 규정하였다. 이 법에서는

도한 통제를 완화하고 자율책임 경영체제를 확립하기 위해 정부투자기관관리기본법(이하 정투법)이 제정되었다. 임원의 인사와 관련해서는 정당가입자의 임원 임용금지 조항을 폐지하고, 경영평가위원회를 두어 경영실적에 대한 평가를 하도록 하였다.

　　1997년 IMF 금융위기와 함께 출범한 국민의 정부(김대중 대통령)는 공공부문 개혁을 4대 개혁과제의 하나로 선정하고, 민영화와 인력감축, 구조조정, 민간위탁 등을 시도하였다. 이를 위해 정부투자기관관리법을 개정(1997년 1차 개정)하여 정부투자기관의 자율성을 강화하고, 비판의 대상이 되었던 이사장 제도를 폐지하여 사장이 이사회를 소집하고 의장의 역할을 담당하게 하였다. 그리고 1999년에 재차 개정된 정부투자기관관리기본법(1999년 2차 개정)은 정부투자기관운영위원회 설치, 최고경영자의 인사·예산·조직에 관한 자율성 보장, 정부이사제도 폐지, 예산편성지침의 임의규정화 등을 통해 규제를 완화하였다. 특히 사장임면절차를 개편하여 종전에는 주무부장관의 제청으로 대통령이 임면하게 되어 있던 사장을 비상임이사와 민간위원들로 구성되는 **사장추천위원회**의 추천을 받아 주무부장관의 제청으로 대통령이 임면하도록 하였다.

　　그러나 공공기관의 대부분을 차지하는 정부산하기관을 규율하는 정부산하기관관리법(이하 정산법)은 노조와 주무부처의 반발로 인해 뒤늦게 제정(2003년 12월), 시행(2004년 4월)되었고 내용상으로도 정투법에 비해 미숙한 단계에 그쳤다. 정산법은 정부산하기관의 책임경영체제 확립을 위해 자율적 운영을 보장하고, 이사회 운영 및 기관장 선임의 공정성과 투명성을 확보하기 위해 **기관장추천위원회**를 두었다. 또한 주무부처가 아닌 기획예산처에 정부산하기관운영위원회를 설치함으로써 주무기관으로부터의 영향력을 최소화하고자 하였다. 이 법은 정부 전체차원에서 우리나라 공공기관의 대부분을 차지하는 정부산하기관을 관리할 수 있는 체계를 구축했다는 점에서 의의가 크지만, 통제가 사실상 없다고 할 수 있는 '공기업구조조정및민영화특별법'에 포함되는 기관(한국가스공사, 한국공항공사, 인천공항공사)과 한국방송공사법(KBS) 및 금융기관에 관한 법률(산업은행, 기업은행)로 인해 주요 기관들에 대한 적용이 여전히 배제되었다는 문제가 있다. 뿐만 아니라 정투법 및 정산법 그리고 공기업민영화에관한 법률의 규정범위가 사실상 불분명하다는 한계가 있다.

　　2007년 1월에 제정, 4월부터 시행된 공공기관의운영에관한법률(이하 공운법)은 기존의 정부투자기관, 정부산하기관의 명칭과 분류를 없애고, 공공기관의 유형에 대

　　정당에 가입한 사람이 임원이 되는 것을 금지하였고, 주무부처 장관이나 재무부 장관에 의한 통제가 가능하도록 하는 등, 공공기관에 대한 통제가 매우 강하게 이루어졌다.

해 새로운 분류를 제시하였다. 기획예산처장관 소속하에 공공기관운영위원회를 두고, 경영공시, 고객만족도 조사 등을 규정하고 있다. 또한 기관장, 상임이사, 상임감사를 공공기관의 임원으로 보고, 공공기관 임원의 임면과 관한 사항은 **임원추천위원회**가 관여하도록 하고 있어 기존 사장 및 기관장에 대해서만 적용되던 추천위원회 제도의 범위를 한층 확대하였다.

표 1 우리나라 공공기관 관리체계의 변화

법체계	적용 시점	제도	대상직위	적용기관
정부투자기관관리기본법 (정투법)	1999년 2월	사장추천위원회	기관장	정투법 대상 13개, 민영화법 대상 3개 기관
정부산하기관관리기본법 (정산법)	2004년 4월	기관장추천위원회	기관장	정산법 대상 88개 기관
공공기관의운영에관한법률 (공운법)	2007년 4월	임원추천위원회	기관장, 상임이사, 상임감사	공공기관(공기업+ 준시장형 공기업)

우리나라 공공기관에 대한 전반적인 사항을 규율하는 체계는 이처럼 크게 세 개의 법률이 제·개정되면서 변화해 왔다. 특히 공공기관의 임원 선임과 관련해서는 추천위원회 제도의 적용기관 및 직급의 범위가 계속 확대되어 왔으며, 2007년 공운법의 제정으로 사장(기관장)뿐만 아니라 기타 공공기관을 제외한 모든 공공기관의 임원에 대해 임원추천위원회가 도입되었다. 분석 시점을 고려해볼 때 2007년 4월부터 시행된 제도의 효과를 분석하는 것은 시기상조라 할 수 있으나, 추천위원회 제도의 전반적인 효과를 파악하기 위해서 분석에 포함시켰다.

2. 임명권자(대통령)의 전략

제도개혁의 효과는 그 제도가 어느 정도 강하게 실질적으로 추진되는지에 따라서 달라진다. 그런 의미에서 공공기관의 임원 임명에 관한 권한을 가지고 있는 대통령의 의지와 전략적 판단은 대단히 중요하다.

대통령의 권한은 일반적으로 외부에 알려진 것과 달리, 그 행사에 많은 제약이 있으며, 이러한 현상은 민주화가 진행될수록 더욱 심화되는 경향이 있다(Neustadt,

1990). 실제로 대통령의 중요한 자원(권한)이라 할 수 있는 인사, 조직, 예산에 관한 권한 중 조직권의 행사는 집단적인 저항이 심하고 예산권은 경직성 경비 비중이 높은 데다 의회의 통제를 받기 때문에 권한행사에 제약이 많다. 따라서 대통령이 실질적으로 활용할 수 있는 자원인 인사권을 통해 자신의 정책 방향과 이념을 실현시키는 것이 중요해지고, 이 과정에서 대통령은 결국 정책적 이념과 방향을 같이하는 사람들(핵심참모, 장차관 등)에게 많이 의존하게 된다. 대통령이 임명하는 사람은 주로 장·차관이나 비서관 등과 같이 좁은 의미의 정무직 공무원 뿐만 아니라 정치적으로 임명되는(politically appointed) 공공기관의 장이나 감사도 포함된다(Pfiffner, 2001; Maranto 2005). 대통령은 자신을 직접 지지하는 사람들을 확보하고 끊임없이 관리하면서 움직여야 민주화된 체제하에서 리더십을 발휘할 수 있기 때문에 정치적 임명의 비중을 확대하려는 유인을 가지는 것이다.

그러나 정치적 임명은 실적주의(merit system)와는 상충하는 측면이 있어 항상 논란이 된다. 정치적 임명은 직업 관료를 통제하는 측면에서 필요하지만, 동시에 직업 관료를 지지세력화하기 위해서는 삼가야 할 일이기도 하다. 따라서 관료제와 민주주의의 조화를 이루는 제도적 방안이 요구되는 것이다(Durant, 1992; Lewis, 2005; 박천오·주재현, 2007). 그런데 행정부 고위관료에 대한 정치적 임명과 달리 공공기관의 경우에는 정부관료들이 임원으로 이동하는 것을 원하고 있기 때문에 정부관료들의 지지를 확보하기 위해서는 이들의 임용을 고려해야 한다. 반면, 공공기관에 대한 외부의 임용 비중을 확대하면 공공기관에 종사하는 사람들의 지지를 확보하지 못하게 된다. 따라서 공공기관이 대통령의 의지대로 움직이도록 하려면, 이들 공공기관 직원들의 임원으로의 승진도 함께 고려하는 것이 필요하다. 뿐만 아니라 정치적 후진국의 경우 부정부패와 맞물리거나(Cohen, 1998), 제왕적 대통령제로 전락할 가능성이 있으며(Pfiffner, 1987), 심지어는 정부규모의 팽창을 야기할 수 있다는 비판(Light, 1999)에 직면하게 된다.

이렇게 여러 가지 다양한 집단의 요구를 수렴하고 충족해야 하기 때문에 대통령은 정치적일 수밖에 없고, 또한 정치적이어야 한다(Heclo and Salamon, 1981). 이러한 상황에 처해있는 대통령은 인사권 행사를 전략적으로 할 수밖에 없고, 전략적 임명(strategic appointment)은 일종의 게임 상황과도 같이 전개되어 대통령의 의지와는 다른 결과를 낳을 수도 있다(Bertelli and Feldmann, 2006).

이렇게 전략적으로 공공기관 임원 임명을 할 수밖에 없지만 오히려 그렇기 때문에 다수의 이해관계자들에 의한 협상(negotiated bureaucratic policymaking)에 노출되어 있어서 개인의 의지보다는 그를 둘러싼 환경과 구조에 더욱 많은 영향을 받게 된 다고 할 수 있다.

특히 우리나라에서 정치적 임명은 흔히 대통령의 '자기사람 챙기기'나 부패한 권 력의 일면으로 간주되는 것이 일반적이다. 기본적으로 '정치적인' 고려가 반영되는데 다가, 과거 권위주의 정권의 부정적인 유산으로 인해 '낙하산 인사'라는 오명을 얻었 고 이러한 인식은 쉽게 바뀌지 않을 것으로 보인다. 그러나 김영삼 정부의 '윗물맑기 운동'으로 시작된 부패 청산운동은 IMF를 기점으로 부패와 투명성에 대한 요구와 기 대치가 크게 상승하면서 빠른 속도로 투명해지고 있다. 이러한 정치적 상황의 변화는 공공기관 임원 인사에도 영향을 주었을 것으로 생각된다.

IV. 연구설계

1. 연구가설의 설정

정부투자기관관리기본법과 정부산하기관관리기본법 및 공공기관의운영에관한법 률에 의해 도입된 추천위원회 제도가 의도했던 효과를 나타낸다면 다음과 같은 추론 을 해볼 수 있다. 즉 정부투자기관에 대한 사장추천위원회의 도입은 13개 정부투자기 관과 3개 민영화대상기관의 기관장에 대한 정치적 임용을 감소시킬 것이다. 정부투자 기관의 경우에도 그러나 기관장이 아닌 직급에서는 제도 도입으로 인한 정치적 임용 의 비중이 달라진다고 할 수 없을 것이다. 물론 정부투자기관이 아닌 다른 공공기관 의 경우에는 기관장의 경우에도 정치적 임용의 비중이 변화될 가능성이 없다고 할 수 있다. 다음 2004년 4월에 시행된 정부산하기관관리기본법에 시행에 따라 도입된 기 관장추천위원회 제도는 이 법의 적용대상인 88개 정부산하기관 기관장에 대한 정치 적 임용을 감소시킬 것이다. 반면, 기관장이 아닌 직급에서는 제도 도입으로 인한 유 의미한 차이를 발견할 수 없을 것이다. 물론 정부투자기관이나 민영화 대상 기관의 경우에는 이러한 기관장추천위원회제도의 효과가 나타날 수 없을 것이다. 2007년 4 월에 도입된 공공기관에 대한 임원추천위원회의 도입은 모든 공공기관의 모든 임원 들에게 그 영향이 미친다고 보아야 한다. 따라서 모든 공공기관 임원에 대한 정치적 임용을 감소시킬 것이라고 추론할 수 있다. 이러한 설명을 가설적 언명으로 표현하면 다음과 같다.

가설 1. 추천위원회 제도의 도입은 공공기관 임원에 대한 정치적 임용의 비율을 줄일 것이다.

세부가설1-1: 정부투자기관에 대한 사장추천위원회의 도입은 정부투자기관 사장에 대한 정치적 임용을 감소시킬 것이다.

세부가설1-2: 정부산하기관에 대한 기관장추천위원회의 도입은 정부산하기관 기관장에 대한 정치적 임용을 감소시킬 것이다.

세부가설1-3: 공공기관에 대한 임원추천위원회의 도입은 공공기관 임원에 대한 정치적 임용을 감소시킬 것이다.

위 가설을 검증하기 위해서 준실험설계 방식에 의한 실험집단과 비교집단을 설정하였다. 즉 2007년 4월 공운법 제정 이전까지의 공공기관을 정부투자기관과 정부산하기관으로 구분하고 임원의 직급을 기관장과 기관장이 아닌 직급(상임감사, 상임이사)으로 나누어 분석하였다. 공공기관을 정부투자기관과 정부산하기관으로 나누어 분석하는 것은 추천위원회 제도의 도입이 정투법 개정 및 정산법 제정으로 인해 기관별로 순차적으로 이루어졌기 때문에 이 효과를 나누어 분석하기 위함이며, 임원을 기관장과 비기관장으로 분류한 이유는 사장(기관장)추천위원회의 적용 대상 직급과 적용되지 않는 직급을 횡적으로 나누어 실험집단과 비교집단으로 활용하기 위함이다.

다음 <그림 1>에 표시된 그룹을 가지고 세부가설을 다시 설명하면 다음과 같이 표현할 수 있다. 세부가설1-1의 경우, 그룹2가 그룹1에 비해 정치적 임용이 줄어들 것이다. 그러나 그룹3과 그룹4는 정치적 임용에 있어서 차이가 없을 것이다. 아울러 그룹5와 그룹6, 그리고 그룹7과 그룹8은 차이가 없을 것이다. 세부가설1-2의 경우, 그룹11은 그룹6에 비해서 정치적 임용이 줄어들 것이다. 그러나 그룹2와 그룹9, 그룹4와 그룹10, 그리고 그룹8과 그룹12는 정치적 임용에 있어서 차이가 없을 것이다. 또한, 세부가설1-3이 지지된다면 그룹14는 13에 비해서 정치적 임용이 줄어들 것이다.

그림 1 분석대상 비교

연도		93.2	94	95	96	97	98.2	99.2	00	01	02	03.2	04.4	05	06	07.3	07.4	08.2	09
정투법 적용	기관장	그룹1						그룹 2					그룹 9						
	비기관장	그룹3						그룹4					그룹10						
정산법 적용	기관장	그룹5						그룹6					그룹11						
	비기관장	그룹7						그룹8					그룹12						
공운법 적용		그룹13																그룹14	
김영삼 대통령		YS																	
김대중 대통령							DJ												
노무현 대통령												ROH							
이명박 대통령																		MB	

다음 대통령의 전략적 판단이 미치는 영향을 분석하기 위해서 김영삼 대통령 (1993년 2월~1998년 2월), 김대중 대통령(1998년 3월~2003년 2월), 노무현 대통령(2003년 3월~2008년 2월), 이명박 대통령(2008년 3월~2009년 12월 현재)의 집권기를 비교하였다. 한국사회의 민주화와 이로 인한 사회적 압력이 정치적 임용의 비중을 낮출 것이라고 본다면, 현 정부로 진행할수록 정치적 임용의 비중이 낮아질 것이라고 추론할 수 있다.

그러나 사회의 민주화도 중요하지만 대통령의 의지와 전략적 판단도 중요하기 때문에, 대통령의 국정목표를 살펴보는 것이 필요하다. 대통령이 자신의 정치이념과 국정 철학을 가장 잘 표현하는 것 중의 하나는 바로 대통령 취임사이다. 김영삼 대통령(문민정부)은 취임초기 연설문에서 '깨끗하며 작고 강한 정부'를, 김대중 대통령(국민의 정부)은 '작지만 효율적으로 봉사하는 정부', 그리고 노무현 대통령(참여정부)은 '국민과 함께 하는 일 잘하는 정부'를 표방하였다(김병섭·박상희, 2005). 이명박 대통령은 선진화를 위한 5대 국정지표를 제시하고 정부조직 개편과 공공부문 개혁에 있어 '섬기는 정부'를 지향하고 있다(청와대 홈페이지). 특히 김대중 대통령과 노무현 대통령은 출범 초기부터 그동안 공공기관의 고질적인 문제로 지적되어 온 '낙하산 인사'의 근절과 투명한 인사를 강조하였다. 따라서 김대중, 노무현 대통령 집권기에 상대적으로 정치적 임용의 비중이 줄어든 것이라고 할 수 있다. 이렇게 역사의 발전과 대통령의 의지 두 가지를 감안할 때 노무현 정부 시절로 갈수록 정치적 임용의 비중이 줄어 들 것이라는 가설을 설정할 수 있다. 이명박 정부의 경우에는 이를 공언하고 있지 않 기 때문에 과거로 회귀하지 않을까 여겨진다.

> **가설 2:** 김영삼 대통령 집권기에서 김대중, 노무현 대통령 집권기로 갈수록 공공기관 임원에 대한 정치적 임용자의 수 및 비율이 감소할 것이다.

2. 자료의 수집과 조작적 정의

본 연구에서는 1993년 2월부터 2009년 12월 현재까지 17년에 걸쳐 임명된 85개 공공기관 정부투자기관 및 정부산하기관의 임원(기관장, 상임감사, 상임이사)을 대상으 로 하였다.

정부투자기관관리기본법은 1983년에 처음 제정되었음에도 본 연구에서 1993년 이후의 자료를 사용하는 이유는 자료 습득의 문제 뿐만 아니라 그 이전에는 임원 인 사에 관한 규정이 없었기 때문이기도 하고, 실험집단과 비교집단의 시간적 범위를 유 사하게 하기 위해서였다. 1993년 이전에 이루어진 임원 충원에 대해서는 이명석 (1997)의 연구를 참고할 수 있다.

본 연구의 목적이 사장추천위원회제도 등의 제도개혁이 공공기관 임원의 정치적 임명[9]을 줄이는 것인지를 평가하는 것이기 때문에, 정치적 임명을 어떻게 조작적 정 의하여 측정할 것인가가 중요한 문제로 남는다. 정치적 임명은 기본적으로 임명권자 의 '의도'가 반영되는 개념이기 때문에 임명권자의 정치적 임명 여부를 판단하기 곤 란한 측면이 있다. 한국의 대통령 선거에서 정치적 지지는 정치가들만 하는 것이 아 니라, 직업과 관계없이 학연이나 지연 등의 다양한 연줄을 통해서 이루어지고 있기

---

9) 본 연구에서는 '낙하산 인사'라는 용어 대신 '정치적 임용'을 사용한다. 그 이유는 '낙하산 인사' 에 대한 개념 정의가 모호하기 때문이다. '낙하산 인사'는 일반적으로 정치적인 영향력이 개입 되어 전문성 없는 외부 인사가 합리적인 절차를 거치지 않고 임용되는 것을 의미하는 것으로 보인다. 그러나 '낙하산 인사'를 정의할 때, 1) 정치적 영향력 개입, 2) 전문성 결여, 3) 외부 인 사, 4) 합리적 절차 결여라는 네 가지 개념 요건을 모두 갖추었을 때 낙하산 인사라고 할 것인 지, 아니면 네 가지 중에 한두 가지만 충족하더라도 낙하산 인사라고 할 것인지가 모호하다. 뿐만 아니라, 위의 네 가지 요건에 대해서도 누구 입장에서 어떤 기준으로 판단하느냐에 따라 그 결과는 판이하게 달라질 것이다. '합리적인 절차'나 '전문성' 또한 누구 입장에서 어떤 기준 으로 판단할 것인지 애매하다. 실제로 '낙하산 인사'에 대해 상반된 입장을 보이는 사람들은 나 름대로의 정당한 논리와 근거를 가지고 있다.

때문에 과거의 경력만을 가지고 정치적 임명 여부를 판단하는 것은 문제가 있다. 또한 부처에서 쌓은 전문성 때문에 임용된 경우에도 관료 출신이라는 이유로 정치적 임명으로 분류될 수 있다는 것도 문제이다. 즉, 이러한 조작적 정의는 전문성 여부와 임용 과정의 투명성을 반영하지 못한다는 점에서 한계를 가지고 있다.

그럼에도 불구하고, 본 연구에서는 정치적 임명을 판단하는 기준으로 대표경력을 활용하였다. 대표 경력은 임명권자의 결정에 있어 중요한 요인이 될 뿐 아니라, 개인의 경험 및 전문성을 판단할 수 있는 중요한 기준이 되기 때문이다. 따라서 대표 경력을 임명권자의 임명 의도를 판단하는 대리변수(proxy)로 가장 적합하다고 보았다. 선행연구에서도 임원의 대표 경력이 가장 빈번한 기준으로 활용되고 있으며 낙하산 인사를 정의할 때에도 관료, 군인, 정치인 출신으로 정의하고 있음을 확인할 수 있다(박영희, 2002; 이명석, 1997, 2001; 김연진, 2002; 김미라, 2005; 김헌, 2007). 본 연구의 목적이 공공기관 임원에 대한 정치적 임명을 판단하는 것이라기보다는 제도 도입의 효과 측면에서 임원의 대표 경력이 유의미한 변화가 있었는지, 특히 정치적 임명이 감소했는지 여부를 확인하는 것이므로 선행연구와의 통일성을 기한다는 측면에서 대표 경력을 사용하기로 하였다.

대표 경력은 임원이 가장 오래 재직했던 경력으로서, 직전 경력이 내부승진이라 하더라도 오랜 기간 공무원 경력을 가지고 있었던 경우에는 관료로 분류하였다. 이러한 기준에 따라 임원의 대표 경력은 관료, 군인, 정치인, 민간전문가, 내부승진 및 기타의 6개의 범주로 구분하였다.

이들 대표 경력 중 관료, 군인, 정치인을 정치적 임명으로 분류하는 것은 논의의 여지가 적으나 지연, 학연에 의하여 임명된 사람을 민간인이라고 비정치적이라고 할 수 있는지에 대한 반론이 있기 때문에 한 번은 정치적 임명에 포함하고 또 다른 경우는 비정치적 임명으로 분류하는 방식을 택하였다. 그리고 기타의 범주는 한 사람의 대표 경력이 관료, 군인, 정치인, 민간전문가, 내부승진 중 어느 하나의 범주로 분류하기 어려운 경우가 있기 때문에 포함시켰다. 대표 경력 판단이 애매한 경우에도 반드시 어느 하나에 포함시켜야 한다면 연구자의 주관이 개입될 수 있기 때문이다. 따라서 기타는 정치적 임명과 비정치적 임명 그 어느 유형에도 포함되지 않는 것으로 하고 분석을 실시하였다.

그리고 공공기관 임원 중 기관장을 제외한 상임이사(부기관장 포함)와 상임감사는 비기관장으로 분류하였고, 이들이 임명된 연월(시점)을 기준으로 소속하는 그룹을 구분하였다. 이들 분류에 필요한 임원의 경력 자료는 공공기관 경영정보 공개시스템(알

리오)과 각 공공기관 홈페이지, 그리고 공공기관의 개별 백서, 기관에 대한 협조 요청 및 정보공개청구 등을 통해서 입수하였다.

V. 분석결과

1. 추천위원회제도 도입의 효과 검증

먼저, 연구설계에서 제시된 가설1을 검증하기 위해서 집단 간 평균의 차이가 통계적으로 유의미한지 판단하는 t-검정(T-Test)을 실시하였다. 세부가설1-1은 그룹1과 그룹2가 차이가 날 것으로 가정하였으나, 분석결과 두 그룹 간에는 통계적으로 유의미한 차이가 나타나지 않은 것으로 나타났다. 즉 정부투자기관의 기관장을 대상으로 하여 사장추천위원회제도가 도입되기 전과 후의 정치적 임명을 보았는데, 두 집단이 평균값 1.195, 1.194 정도로 공히 정치적 임명의 비율이 높은 것으로 나타났다.

표 2 집단 간 차이검증(T-Test): 관료, 군인, 정치인을 정치적 임명으로 가정할 경우

	표본수	평균값	표준오차편차	표준오차오류	T-Test 유의확률(양쪽)
그룹1	46	1.1957	.40109	.05914	.989
그룹2	36	1.1944	.40139	.06690	
그룹3	238	1.7647	.42508	.02755	.769
그룹4	197	1.7766	.41755	.02975	
그룹5	183	1.1366	.34438	.02546	.002
그룹6	161	1.2733	.44704	.03523	
그룹7	457	1.3982	.49007	.02292	.004
그룹8	362	1.5000	.50069	.02632	
그룹2	36	1.1944	.40139	.06690	.048
그룹9	34	1.4118	.49955	.08567	
그룹4	197	1.7766	.41755	.02975	.126
그룹10	197	1.8376	.36979	.02635	
그룹6	161	1.2733	.44704	.03523	.032
그룹11	158	1.3861	.48840	.03885	
그룹8	362	1.5000	.50069	.02632	.255
그룹12	384	1.5417	.49891	.02546	
그룹13	2109	1.4927	.50006	.01089	.003
그룹14	391	1.5754	.49491	.02503	

1점은 정치적 임명을, 2점은 비정치적 임명을 의미한다. 그룹3과 그룹4도 통계적으로 의미있는 차이가 나타나지 않았으며, 그룹5와 6, 그룹7과 8은 차이가 없을 것이라는 가설과 달리 차이가 있는 것으로 나타났다. 따라서 세부가설1−1은 기각되었다.

이렇게 법제도의 효과가 잘 나타나지 않는 이유에 관해서 기획재정부 고위공무원과 심층면접을 실시한 결과 몇 가지 시사점을 얻을 수 있었다. 사장추천위원회제도가 처음 도입된 정부투자기관관리기본법 2차 개정은 1999년 2월부터 적용되었지만, 그 시행은 이미 김대중 정부가 출범하자마자인 1998년 3월부터였다는 것이다. 1998년 3월부터 이미 외부공모제가 시행되고 사장추천위원회 시행을 위한 위원이 구성되었기 때문이다. 실제로 1998년 3월부터 1999년 2월 이전까지 공공기관 임원 인사에 관한 신문 공고를 확인한 결과, 이러한 제도가 실제로 시행되고 있었음을 확인할 수 있었다. 뿐만 아니라, 전형적인 '낙하산 인사'로 채워지는 것이 관례였던 이사장 제도가 1997년 말 IMF 직후 폐지되면서, 이것이 사장추천에 영향을 주었기 때문에 제도의 효과가 1998년 3월을 기점으로 나타났을 것으로 보인다는 설명이었다. 그래서 1999년 2월이 아니라 1998년 3월 이전을 그룹1로 하고 3월 이후를 그룹 2로 하여 그룹1과 그룹2의 차이검증을 실시하였다. 그러나 이 경우에도 다음 <표 3>에서 보는 바와 같이 통계적으로 의미있는 차이가 나타나지 않았다.

표 3 집단 간 차이검증(T−Test): 관료, 군인, 정치인을 정치적 임명으로 가정하고, 사장추천위원회의 시행 시기를 1998년 3월로 하는 경우

	표본수	평균값	표준오차편차	표준오차오류	T−Test 유의확률(양쪽)
정치적 임명(1)	35	1.1143	.32280	.05456	.114
비정치적 임명(2)	47	1.2553	.44075	.06429	

다음, 세부가설1−2를 검증하기 위해서 그룹6과 그룹11을 비교하였는데, 95%수준에서 통계적으로 의미있는 차이가 나타나고, 이에 비해 비교집단인 그룹8과 그룹12는 차이가 없는 것으로 나타나, 정부산하기관의 경우는 기관장추천위원회제도의 효과가 있는 것으로 나타났다. 그런데 정부투자기관의 경우에도 기관장의 경우(그룹2와 그룹9)에는 차이가 나타나고, 비기관장의 경우(그룹4와 그룹10)에는 나타나지 않아 정부산하기관장 추천위원회제도의 효과가 아니라 공공기관 전체에 미치는 다른 요인이 영향을 미친 것이 아닌가 하는 의심을 가지게 한다. 따라서 세부가설1−2는 추가

적인 정보에 의해서 판단할 때까지 잠정적으로 채택되었다고 할 수 있다.

그리고 세부가설1-3을 검증하기 위하여 그룹13과 그룹14을 비교하였는데, 그 결과 <표 2>에서 보는 바와 같이, 공공기관운영에 관한 법률의 제정 이후 공공기관 임원의 정치적 임용 비중이 통계적으로 의미있게 줄어든 것으로 나타났다. 그러나 이 경우 제도의 효과라기보다 점진적으로 관료, 군인, 정치인의 비중이 줄어들고 대신 민간인의 비중이 늘어나는 추세적 경향, 즉 실험설계에서 내적타당도를 저해하는 성장요인(growth) 때문일 수 있다는 비판이 가해질 수 있다. 그래서 민간전문가를 정치적 임용으로 분류하여 그룹13과 그룹14를 비교한 결과, <표 4>에서 보는 바와 같이 통계적으로 의미있는 차이가 나타나지 않았다. 따라서 세부가설1-3은 기각되었다고 할 수 있다.

표 4 집단간 차이검증(T-Test): 관료, 군인, 정치인, 민간인을 정치적 임명으로 가정할 경우

	표본수	평균값	표준오차 편차	표준오차 오류	T-Test 유의확률(양쪽)
그룹1	46	1.1087	.31470	.04640	.705
그룹2	36	1.0833	.28031	.04672	
그룹3	238	1.7269	.44650	.02894	.566
그룹4	197	1.7513	.43338	.03088	
그룹5	183	1.0219	.14662	.01084	.599
그룹6	161	1.0311	.17401	.01371	
그룹7	457	1.2538	.43568	.02038	.023
그룹8	362	1.3260	.46938	.02467	
그룹2	36	1.0833	.28031	.04672	.638
그룹9	34	1.1176	.32703	.05609	
그룹4	197	1.7513	.43338	.03088	.476
그룹10	197	1.7817	.41413	.02951	
그룹6	161	1.0311	.17401	.01371	.378
그룹11	158	1.0506	.21994	.01750	
그룹8	362	1.3260	.46938	.02467	.090
그룹12	384	1.3854	.48733	.02487	
그룹13	2109	1.3632	.48104	.01047	.773
그룹14	391	1.3708	.48365	.02446	

세부가설1－1경우에도, 민간인을 정치적 임명으로 분류하여 <표 2> 및 <표 3>과 같은 방식으로 T－Test를 실시하였으나, 정치적 임명의 조작적 정의에 관계없이 결과는 동일하게 나타났다. 즉 세부가설1－1은 기각되었다고 할 수 있다. 한편 세부가설1－2의 경우 그룹6과 그룹11은 차이가 나타나고, 그룹8과 그룹12는 차이가 없는 것으로 되어야 하나, 결과는 오히려 반대에 가깝게 나타났다. 따라서 세부가설1－2는 기각되었다고 할 수 있다.

2. 대통령 교체(정치적 변화)의 효과 검증

이상의 분석에서 추천위원회의 도입이라는 법제도의 변화가 공공기관 임원의 대표 경력에 유의미한 차이를 가져오는 요인이라는 증거를 찾기 어려웠다. 정부산하기관의 경우에는 잠정적으로만 전제될 뿐 다른 설명의 가능성을 찾아볼 필요성을 느끼게 되었다. 따라서 정치적 임명의 주체는 대통령이므로, 대통령의 교체라는 정치적 환경의 변화가 공공기관 임원의 경력 분포에 변화를 가져오는지를 확인하고자 하였다. 그래서 김영삼, 김대중, 노무현, 이명박 대통령 집권기에 임명된 공공기관 임원의 대표경력 분포에 차이가 있는지를 확인하기 위해 분산분석(ANOVA)을 실시하였다. 분산분석은 세 개 또는 그 이상의 집단에서 연속형 변수의 평균 차이가 유의미한지 판단하기 위한 것이다.

표 5 대통령의 정치적 임용에 관한 분산분석

정치적 임명	대통령	표본수	평균값	표준편차		제곱합	df	평균제곱	유의확률
관료, 군인, 정치인	김영삼 대통령	699	1.422	.494	집단간	11.656	3	3.885	.000
	김대중 대통령	813	1.480	.500	집단내	613.266	2496	.246	
	노무현 대통령	668	1.590	.492	합계	624.922	2499		
	이명박 대통령	320	1.575	.499					
	합계	2500	1.506	.500					
관료, 군인, 정치인 민간인	김영삼 대통령	699	1.326	.469	집단간	4.405	3	1.468	.000
	김대중 대통령	813	1.340	.474	집단내	574.627	2496	.230	
	노무현 대통령	668	1.430	.495	합계	579.032	2499		
	이명박 대통령	320	1.375	.485					
	합계	2500	1.364	.481					

김영삼, 김대중, 노무현, 이명박 대통령 집권기에 정치적 임명 수준에 있어서 차이가 있는지를 분산분석한 결과, <표 5>에서 보는 바와 같이 집단의 평균이 동질적이라는 귀무가설이 기각되고 역대 정부 간 통계적으로 유의미한 차이가 있는 것으로 나타났다. 이러한 결론은 관료, 군인, 정치인을 정치적 임명으로 개념 정의하는 경우와 관료, 군인, 정치인, 민간인을 정치적 임명으로 개념 정의하는 경우에 공히 나타나고 있다.

그런데 이때 귀무가설은 적어도 하나는 다르다는 것이므로 어떤 집단 간에 차이가 있는지 알 수 없기 때문에 사후검정(Post-Hoc Test) 혹은 다중비교(multiple comparison)를 실시하게 되는데, 사후분석의 방법은 여러 가지가 있으나 이 논문에서는 Scheffe 분석방법을 활용하였다.[10] 그 결과, 관료, 군인, 정치인을 정치적 임명으로 정의하는 경우, 김영삼 대통령과 김대중 대통령 간에는 통계적으로 의미있는 차이가 나타나지 않았으나, 이들과 노무현, 이명박 대통령 간에는 유의미한 차이가 있는 것으로 나타났다. 노무현, 이명박 대통령의 정치적 임명의 값은 1.589, 1.575로 김영삼, 김대중 대통령의 값 각각 1.422, 1.480보다 상당히 커 정치적 임명의 정도가 줄어든 것으로 나타나고 있다. 그러나 노무현, 이명박 대통령 간에는 통계적으로 의미있는 차이가 나타나지 않았다.

다음, 관료, 군인, 정치인, 민간인을 정치적 임명으로 정의하는 경우, 노무현 대통령과 나머지 대통령 간에는 통계적으로 유의미한 차이가 나타났으나 나머지 대통령 간에는 그러하지 않은 것으로 나타났다. 이명박 대통령의 경우에도 민간인 출신을 정치적 임용으로 이해하면 다른 대통령과 통계적으로 차이가 없는 것으로 나타났다. 다시 말해서 전통적으로 내려오는 정치적 임명의 정의에 의하면 전임 김영삼, 김대중 정부에 비해서, 노무현, 이명박 정부에서 낙하산이 통계적으로 유의하게 줄어들었으

---

10) Scheffe 검정은 유의수준을 지정하여 다중 비교하는 것으로, 각 비교집단의 관찰치(N)가 다를 때 많이 활용한다. 두 집단의 평균 차이가 유의미하지 않은데 유의미하다고 검증할 제1종 오류(Type I Error)가 나타날 확률을 줄이기 위해 α값을 낮게 설정한다. 이 밖에도 LSD 검정, 본페로니 검정, Tukey 검정, Duncan 검정 등이 있으나, LSD(Least Significant Difference) 검정은 집단의 모든 쌍에 대해 여러번의 t-test로 도출된 평균을 일대일로 비교하는 방식이며, 본페로니(Bonferroni) 검정은 단순히 관찰치(N)로 α값을 나누어 계산한다. Tukey's HSD 검정은 정규성, 등분산성, 독립성 등의 통계적 가정이 성립될 때 보통 집단 간 관찰치(N)가 동일한 경우 많이 쓰인다. 한편 Scheffe 검정은 가장 유연하고 보수적인 기준으로 가장 널리 활용되지만 다중비교가 아니라면 제2종 오류가 발생할 가능성이 높아진다. 사후분석 기법의 선택은 연구의 특성에 따라 달라져야 하겠지만 이 연구에서는 보수성을 특징으로 하는 Scheffe 검정을 선택하였다(최종성, 2000; Stevens, 1999).

나, 이명박 정부는 대신 민간인을 공공기관의 임원으로 많이 임명했기 때문에 그것을 감안하면 세 대통령 간 차이를 발견할 수 없다는 것을 보여주고 있다. 이렇게 볼 때 노무현 대통령이 상대적인 의미에서 정치적 임명을 줄이겠다는 약속을 실천했다고 할 수 있다. 즉 대통령의 의지와 전략적 판단에 따라서 정치적 임명은 통계적으로 유의미하게 줄어들 수 있음을 보여주고 있다. 따라서 가설2는 채택되었다.

　　이것을 좀 더 구체적으로 살펴보기 위해서 대표경력의 각각에 대해서 역대 정부별로 어떻게 차이가 나는지를 살펴보았다.11) 결과 <표 6>에서 보는 바와 같이, 최근 대통령으로 올수록 군인 출신 임원의 비율은 문민정부를 지향한 김영삼 대통령 시절 이미 상당한 감소가 이루어졌으나 그 뒤로도 지속적으로 줄어들고 있음을 알 수 있다. 노무현, 이명박 정부에서는 1%도 채우지 못하고 있는 것으로 나타났다. 다음 관료의 경우에는 김영삼 정부 이후 지속적으로 감소추세를 보이는 것으로 나타났다. 그러나 외부 출신 중에서는 관료가 여전히 가장 많은 비중을 차지하고 있음을 알 수 있다. 정치인 출신의 비율은 거의 10% 내외를 유지하고 있는데, 노무현 대통령 집권기에 가장 낮고, 이명박 대통령 집권기에 증가하였다. 이것은 노무현 대통령의 경우 다른 대통령에 비해 상대적으로 정치인 집단에 진 빚이 많지 않기 때문인 것으로 보인다. 그러나 민간전문가 임원의 비율은 최근 대통령으로 올수록 꾸준히 증가하고 있다. 그러나 내부승진 임원의 경우 노무현 정부에서 많이 늘어났으나 이명박 정부 들어서 다시 줄어들고 있는 모습을 보이고 있다. 이러한 경력분포의 차이는 Pearson 카이제곱의 점근 유의확률이 0.000로 99%수준에서 통계적으로 유의미한 것으로 나타났다.

---

11) 정부투자기관 및 정부산하기관 임원의 대표 경력 변화를 그림으로 도시하면 다음과 같다.

　　[그림 2] 정부투자기관 임원의 경력분포 변화　　　[그림 3] 정부산하기관 임원의 경력분포 변화

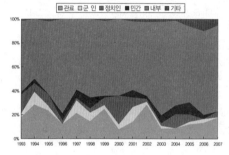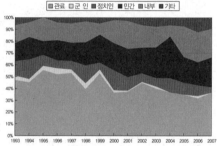

표 6 대통령 집권기별 공공기관 임원의 대표경력 변화

		YS 김영삼 대통령	DJ 김대중 대통령	ROH 노무현 대통령	MB 이명박 대통령	전체
관료	인원(명)	299	298	207	87	891
	비율(%)	41.4%	35.4%	28.8%	26.8%	34.2%
군인	인원(명)	33	29	6	3	71
	비율(%)	4.6%	3.4%	0.8%	0.92	2.72%
정치인	인원(명)	72	95	61	46	274
	비율(%)	10.0%	11.3%	8.5%	14.2%	10.5%
민간전문가	인원(명)	67	115	107	64	353
	비율(%)	9.3%	13.7%	14.9%	19.7%	13.5%
내부승진	인원(명)	228	276	287	120	911
	비율(%)	31.5%	32.8%	39.9%	36.9%	34.9%
기타	인원(명)	24	28	52	5	109
	비율(%)	3.3%	3.3%	7.2%	1.5%	4.2%
전체	인원(명)	723	841	720	325	2609
	비율(%)	100.0%	100.0%	100.0%	100.0%	100.0%

또한 Scheffe 다중비교를 기관장을 대상으로 한 경우 정치적 임명자수의 감소는 김영삼, 김대중 대통령과 노무현, 이명박 대통령 집권기 사이에서 유의미한 차이가 나타났다. 그러나 기관장이 아닌 직급의 경우 정치적 임명자수는 노무현 대통령 집권기에 유의미한 감소가 나타났으나 이명박 대통령 집권기에 다시 증가하여 전임 대통령들과 동질적인 집단으로 묶이는 것으로 나타났다. 이것은 노무현 정부에서 임원의 내부승진 비율이 높은 것과 같은 의미라고 할 수 있다.

VI. 결론과 정책적 함의

본 연구는 그동안 논란이 되어왔던 공공기관 임원의 정치적 임명에 대한 연구로서 1993년 2월부터 2009년 12월말 현재까지 임명된 공공기관 임원의 대표경력 변화를 분석하였다. 구체적으로 법제도적 변화(추천위원회 제도)와 정치적 변화(대통령의 교체)에 의해 공공기관 임원의 대표경력에 유의미한 변화가 일어났는지, 일어났다면 어느 집단에서 특히 차이가 나는지 살펴보았다.

분석결과 공공기관 임원의 경력분포는 법제도적 요인보다는 정치적 요인에 의해 영향을 받는 것으로 나타났다. 추천위원회 제도는 공공기관 임원에 대한 정치적 임명을 줄이고자 하는 목적을 가지고 도입되었음에도 불구하고 그 효과가 나타나지 않았다. 정부투자기관 및 정부산하기관, 그리고 기관장과 비기관장 집단을 각각 분리하여 통제 및 실험집단으로 하고 제도 도입 전후의 효과를 살펴보았지만 유의미한 차이가 나타나지 않았다. 그러나 대통령 집권기를 기준으로 분류한 집단 사이에는 통계적으로 유의미한 차이를 발견할 수 있었다. 김영삼 정부와 김대중 정부에 비해 노무현 정부와 이명박 정부 시절에 관료, 군인, 정치인으로 정의된 정치적 임용의 비율은 줄어드는 것으로 나타났다. 그러나 민간인을 정치적 임용에 포함할 경우 노무현 대통령 시절에 비해 이명박 대통령 집권기에 정치적 임용의 비율이 올라가는 것으로 나타났다. 소위 낙하산 인사의 비중을 줄이겠다고 공언한 노무현 대통령의 경우, 정치적 임용의 개념정의가 어떠하던 가장 그 비율이 낮은 것으로 나타났다.

이러한 결과는 몇 가지 정책적 시사점을 제공한다. 첫째, 분석결과상으로는 공공기관 임원의 대표경력은 법제도적 요인(추천위원회 도입)보다는 대통령의 교체라는 정치적 상황에 의해 변화하는 것으로 나타났으나, 이러한 결과만으로 제도의 효과가 없다고 단정하기는 곤란하다. 제도가 의도하는 효과가 단기간에 나타나지 않더라도 학습 효과가 존재하고 변화의 추세를 역행하지 못하도록 하는 역할을 할 수 있기 때문이다. 다만 제도 그 자체보다 변화를 적극적으로 이끌어내는 행위자(대통령)의 역할이 보다 중요하다는 것을 확인했다는 의미가 있다.

둘째, 이것은 제도도 중요하지만 제도의 집행을 책임지는 사람과 조직이 보다 중요하다는 의미도 되고, 동시에 이들이 그 시행을 적극 추진할 수 있도록 제도의 설계를 하는 것이 중요하다는 의미이기도 하다. 따라서 개인의 자유재량에 의해서 시행해도 되고 또 안해도 되는 것이 아니라 제도가 반드시 시행되도록 통제 장치를 마련하는 것이 중요함을 의미한다. 그리고 이를 위해 제도의 집행을 감시 감독하는 것을 주된 목적으로 하는 기관의 설립을 고려해 볼 만하다. 예를 들어 영국처럼, 공직임용위원회(Commissioner for Public Appointments)나 하원 공직선발위원회(House of Commons Public Administration Select Committee)와 같은 기관을 설립할 수 있을 것이며, 현재 설립되어 있는 공공기관운영위원회가 이 역할을 담당하도록 하되 임원인사에 관한 심사 사항을 공개하는 등의 투명성 제고를 기할 수도 있을 것이다.

셋째, 정치적 임용의 개념정의에 대한 공론이 더 필요하다. 정치적 임명에 관한 개념적 정의와 조작적 정의를 어떻게 하느냐에 따라 정치적 임명의 추세 여부가 달라진다. 그런데 이와 관련하여 서로 다른 시각이 공존하고 있다. 하나는 점차 민주화되면서 능력과 전문성을 갖춘 인사라면 출신 배경이 큰 문제가 되지 않는다고 보는 견해이다. 권위주의 유산이 강하던 시기에는 출신 배경이 관료나 군인, 정치인이면 그 것이 곧 '낙하산 인사'라고 주장할 수 있었지만, 관료나 군인, 정치인 출신이라고 해 서 이들을 정치적 임명이라고 의도적으로 배제하는 것은 곤란하다는 의견이다. 이에 비해 다른 시각은 정치적 임명을 넓게 보는 입장이다. 학연, 지연을 중심으로 한 민 간부문 지지그룹에 대한 보은인사가 광범위하게 이루어지고 있기 때문에, 민간인을 정치적 임명에서 제외하는 것은 적절하지 않다고 보고 이들도 정치적 임명의 범주에 포함해야 한다는 시각이다. 전문성 여부를 판단하기 어렵기 때문에, 내부승진이 아니 고 외부에서 임명되는 모든 임원들을 정치적 임명으로 보는 입장이다.

넷째, 정치적 임명의 적절성에 대한 논의이다. 정치적 임명에 대해서 부정적 의 견이 많지만, 선출직이 선거과정에서 국민에게 한 약속을 실현하기 위한 기제로서의 성격도 지니고 있다. 따라서 어느 정도, 어느 부문에 대한 정치적 임명이 적절하고 또 그렇지 않은지에 대한 논의가 필요하다. 특히 개혁을 내걸고 집권한 세력이 정치 적 임명을 줄여서 개혁을 실천하지 못하는 문제점도 지적되고 있기 때문에(Bearfield, 2009), 정치적 임명의 적절성은 획일적으로 결정지을 사항은 아니다. 정치적 임명을 자율과 통제의 관점에서 이해하는 것이 중요하다.

참고문헌

곽채기. (1999). "공기업 경영혁신과 정부 – 기업 관계의 재구조화 방안 – 정부투자기관 의 기업지배구조를 중심으로". 「한국사회와 행정연구」, 10(2): 319 – 337.

권민정·윤성식. (1999). "정부투자기관의 규모와 특성에 따른 경영평가결과의 차별화 에 관한 분석". 「한국행정학보」, 33(1): 47 – 62.

김미라. (2005). "정부산하기관 임원충원제도의 효과 분석". 서울대학교 행정대학원 석 사논문.

김병섭. (2010). 「편견과 오류 줄이기: 조사연구의 논리와 기법」 제2판, 파주: 법문사.

_____·박상희. (2005). "한국의 정부개혁: 성과, 문제, 그리고 과제". 한국행정학회 하 계학술대회 발표논문집.

김연진. (2002). "정부산하기관 임원충원에 관한 연구". 서울대학교 행정대학원 석사학 위논문.

김일중·조준모. (1997). "규제의 부정부패: 한국관료의 전직 패턴에 관한 이론 및 계량

분석". 「경제학연구」, 47(3): 99-141.

김판석. (2003). "정부산하기관의 실태와 관리효율화 방안 연구". 「한국사회와 행정연구」, 13(4): 43-70.

김준기. (1999). "공기업 민영화 정책의 평가와 개혁과제". 「공공부문 개혁의 평가와 앞으로의 방향」, 서울대학교 행정대학원 국가정책과정 제56회 세미나 자료.

김헌. (2007). "정부투자기관 관리제도 변화에 따른 사장 임용유형별 경영성과 차이 분석: 낙하산 인사를 중심으로". 한국행정학회 동계학술대회 발표논문.

박영희·염도균·김종희·현근·허훈. (2005). 「공기업론」. 다산출판사.

박천오·김상묵. (2004). "정부산하단체 임원의 공통 직무수행역량 설정에 관한 연구". 「한국사회와 행정연구」, 15(1): 1-25.

박천오·김상묵·윤태범. (2003). 「정부산하단체 직무수행요건 설정」 중앙인사위원회 정책연구보고서.

박천오·김상묵·이종훈. (2004). "정부·비정부부문간 인사교류: 필요성과 활성화 방안". 「한국행정연구」, 13(2): 65-91.

박천오·주재현. (2005). "정부산하기관 기관장 공모제 개선방안에 관한 연구: 기관장 공모제의 합리적 모델 개발". 「한국행정연구」, 14(2): 33-69.

박천오·주재현. (2007). "정부관료제와 민주주의: 정부관료제의 책임과 통제 확보를 통한 조화의 모색". 「행정논총」, 45(1): 221-253.

송희준. (2002). "정부산하기관의 현황 분석 및 운영 개선 방안". 「정책분석평가학회보」, 12(2): 267-287.

안용식. (1993). "정부투자기관 임원의 사회적 배경에 관한 비교 연구". 「사회과학논집」, 24: 79-101.

_____·박종두. (1990). "정부투자기관의 임원 및 집행간부의 사회적 배경에 관한 연구". 「사회과학논집」, 21: 107-130.

유훈. (1997). "정부투자기관 통제제도의 변모". 「행정논총」, 35(2): 205-219.

이명석. (1997). "정부투자기관 임원의 충원에 관한 연구". 「한국행정학보」, 31(3): 295-311.

_____. (2001). "정부투자기관임원의 정치적 임용과 경영실적". 「한국행정학보」, 35(4): 139-156.

이상철·박병식. (2004). "정부산하기관 경영평가시스템의 효율적 구축방안". 「한국사회와 행정연구」, 15(1): 27-49.

이수철. (1997), "정부산하단체의 관리·운영의 현황과 문제점". 한국행정학회 학술대회 발표논문집: 565－582.

_____. (2004), "정부산하단체 인사제도 효율적 운영에 관한 연구". 「생산성논집」, 18(1): 81－98.

이주선. (1998). "공기업의 민영화와 구조개혁". 「공기업논총」, 10(1): 103－133.

이창길·최성락. (2009). "정부산하기관 경영평가에서의 후광효과(Halo Effect)에 관한 연구". 「한국행정학보」, 43(3): 151－172.

이창원. (2009). "이명박 정부 공공기관 선진화의 추진성과와 문제점". 「한국조직학회보」, 6(2): 153－177.

임학순. (1994). "준정부조직의 성장과 기능에 관한 연구". 서울대학교 행정대학원 박사논문.

정부혁신·지방분권위원회. (2007). 「공공기관의 혁신: 지배구조개선과 종합관리대책」.

최종성. (2000). 「현대통계분석」. 복두출판사.

한국국정관리학회. (2004). 「정부산하단체 인사시스템 연구」. 한국행정연구원.

한상일. (2003). "한국의 정부산하단체개혁을 위한 시론: 국제적 관심과 그 시사점". 한국행정학회 2003년도 하계학술대회.

Bearfield, D. A. (2009). What Is Patronage? A Critical Reexamination, *Public Administration Review* 69(1): 64－76.

Bertelli, A. M. (2006). "Governing the Quango: An Auditing and Cheating Model of Quasi－Governmental Authorities," *Journal of Public Administration Research and Theory*, 16(2): 239－261.

Bertelli, A. M. & Feldmann, E. S. (2006). "Strategic Appointments," *Journal of Public Administration Research and Theory* 17(1): 19－38.

Cohen, D. (1998). "Amateur Government," *Journal of Public Administration Research and Theory*, 8(4): 450－497.

Cole, M. (2000), "Quangos: UK Ministerial Responsibility in Theory and Practice," *Public Policy and Administration*, 15(3): 32－45.

Cole, M. (2005). "Quangos: The Debate of the 1970s in Britain," *Contemporary British History* 19(3): 321-352.

Doig, A. (1978). "Public Bodies and Ministerial Patronage," *Parliamentary Affairs*, 31(1): 86－94.

Durant, F. R. (1992). *The Administrative Presidency Revisited*, Albany: State University of New York Press.

Flinders, M. V. (1999). "Setting the scene: quangos in context," In Flinders, M. V. & Smith, M. J. (Ed.) Quangos, Accountability and Reform: *The Politics of Quasi－ Government.* St. Martins Press.

Flinders, M. V. (2009). "The Politics of Patronage in the United Kingdom: Shrinking Reach and Diluted Permeatio," *Governance,* 22(4): 547－570.

Ghoshal, S., & Moran, P. (1996). "Bad for practice: A critique of the transaction cost theory," *Academy of Management Review,* 21(1): 13－47.

Gordin, J. P. (2002). "The Political and Partisan Determinants of Patronage in Latin America 1960－1994: A Comparative Perspective," *European Journal of Political Research,* 41(4): 513－549.

Heclo, H. and Salamon, M. L. (1981). *The Illusion of Presidential Government.* Westview Press.

House of Commons Public Administration Select Committee, (2003). *Government By Appointment: Opening Up The Patronage State,* Fourth Report of Session 2002–3.

Koppell, J. G S. (2001). "Hybrid Organization and the Alignment of Interests: The Case of Fannie Mae and Freddie Mac," *Public Administration Review,* 61(4): 468－482.

Kosar, K. R. (2007). Government－Sponsored Enterprises (GSEs): *An Institutional Overview,* CRS Report for Congress.

Lægreid, P. and Roness, P. G. (2003). "Administrative Reform Programs and Institutional Response in Norwegian Central Government," in J. J. Hesse, C. Hood and B. G. Peters (eds.) (2003). *Paradox of Civil Service Reform.* Berlin: Duncker & Humblot.

Lewis, E. David. (2005). "Staffing Alone: Unilateral Action and the Politicization of the Executive Office of the President, 1988－2004," *Presidential Studies Quarterly* 35(3): 496－514.

Light, C. P. (1999). *The True Size of Government.* Brookings Institution.

Mackenzie, G. C. (2001). "The State of the Presidential Appointment Process," in Mackenzie, G. C. (2001). *Innocent Until Nominated.* Washington: Brookings

Institution.

Maranto, R. (2005). *Beyond a Government of Strangers: How Career Executives and Political Appointees Can Turn Conflict to Cooperation*, Lexington Books. USA.

Macleavy, J. and Gay, O. (2005). "The Quango Debate," Parliament and Constitution Centre, House of Commons Library, Research Paper 05/30.

Meyer−Sahling, J.−H. (2008). "The Changing Colours of the Post−Communist State," *European Journal of Political Research* 47(1): 1-33.

Moe, R. C. (1979). "Government Corporations and the Erosion of Accountability: The Case of the Proposed Energy Security Corporation," *Public Administration Review*, 39(6): 566−572.

Moe, R. C. (2001). "The Emerging Federal Quasi Government: Issues of Management and Accountability," *Public Administration Review* 61(3): 290−312.

Moe, R. C. & Stanton, T. H. (1989). "Government−Sponsored Enterprises as Federal Instrumentalities: Reconciling with Public Accountability," *Public Administration Review*, 49(4): 321−329.

Nolan, B. C. (2001). *Public Sector Reform: An International Perspective*, Basingstoke: Palgrave.

Neustadt, E. R. (1990). *Presidential Power and the Modern Presidents*, The Free Press, Ch. 3.

Newland, C. A. (1996). "Transformational Challenges in Central and Eastern Europe and Schools of Public Administration," *Public Administration Review* 56(4): 382−389.

Pfiffner, P. J. (1987). "Political Appointees and Career Executives: the Democracy −Bureaucracy Nexus in the Third Century," *Public Administration Review* 47(1): 57−65.

Pfiffner, P. J. (2001). "Presidential Appointments: Recruiting Executives Branch Leaders," in Mackenzie. ed. *Innocent Until Nominated*. Washington: Brookings Institution. pp. 50−80.

Schillemans, T. (2008), "Accountability in the Shadow of Hierarchy: The Horizontal Accountability of Agencies," *Public Organization Review*, 8(2):

175－194.

Seidman, H. (1989). "Government－Sponsored Enterprises," *Public Budgeting and Finance*, 9: 77－80.

Skelcher, C. (1998). "Reforming the Quangos," *Political Quarterly*, 69(1): 41－47.

Stanton, T. H. (1989). "Govemment－Sponsored Enterprises," *Public Budgeting and Finance*, 9: 81－86.

Stanton, T. H. (1990). "Increasing the Accountability of Govemment－Sponsored Enterprises: First Steps," *Public Administration Review*, 50(5): 590－93.

Stanton, T. H., and Moe, R. C. (2002). "Government Corporations and Government－Sponsored Enterprises," in Lester M. Salamon, (Ed.) *The Tools of Government: A Guide to the New Governance*, New York: Oxford University Press.

Stanton, T. H., (2002). *Government－Sponsored Enterprises: Mercantilist Companies in the Modern World*, Washington, D. C. : The AEI Press.

Usui, C. and R. A. Colignon, "Government Elites and Amakudari in Japan, 1963－1992," Asian Survey, 35(7): 682－698.

Yoshimoto, M. T. (2006). "Why the Third Sector in Japan Did Not Succeed － A Critical View on Third Sector as Service Providers," *Public Performance & Management Review*, 30(2): 139－154.

▶ ▶ ▶ 리뷰

이선우(한국방송통신대학교 행정학과)

1. 서론

이 연구는 공공기관 임원의 임명에 있어 소위 낙하산 인사에 대한 논의를 발전시켰다는 점에서 의미가 있다. 특히 공공기관에 대한 자율과 통제의 필요성에서 출발하여 관리정책의 변화와 제도개혁 과정에 관한 선행연구의 검토와 비판은 그동안 우리나라에 뿌리 깊게 이어져 온 논공행상적 엽관제에 대한 논의의 한계를 지적하였다. 그리고 정권별로 낙하산 인사와 그로 인한 병폐를 줄이기 위한 제도의 변화와 그 실효성을 살펴보았다는 점에서 의미가 큰 논문이라고 할 수 있다.

2. 해당 논문의 개요 및 주요내용

1) 개요

이 연구는 역대 정부의 정치적 임명, 즉 낙하산 인사에 대한 영향 및 요인을 살펴보기 위해 정부투자기관기본법과 정부산하기관관리기본법 및 공공기관의운영에관한법률에 의해 도입된 추천위원회 제도의 실효성을 분석하였으며, 이를 기반으로 하여 추천위원회 제도의 효과성과 정권별 정치적 임용에 대한 가설을 설정하였다.

분석 결과, 공공기관 임용의 경력분포는 법제도적 요인보다 정치적 요인의 영향을 강하게 받는 것으로 나타났으며, 추천위원회 제도는 정치적 임용을 방지하지 못하는 것으로 확인되었다. 그리고 대통령 정권별 차이를 살펴보았을 때, 김영삼, 김대중, 노무현 정부로 이어지는 흐름에서 관료, 군인, 정치인 임용에 있어 정치적 임용이 줄어드는 것으로 나타났으나, 노무현 정부에서 이명박 정부로의 흐름에서는 민간인의 정치적 임용이 증가하는 것으로 확인되었다.

분석 결과, 제도의 운영보다는 정권의 특성, 즉 제도의 집행을 책임지는 인력과 조직의 특성과 역량이 중요하다는 함의를 확인할 수 있었으며, 이에 대한 제도적 보완의 필요성 또한 확인할 수 있었다. 그리고 추후 이를 공론화 할 수 있는 위원회 등을 설립함으로써 임원인사에 대한 투명성을 확보할 필요성이 있음을 강조하였다.

2) 추천이유

각 정권에서 시도하는 공공기관 낙하산 인사에 대한 문제점이 지속적으로 발생하고 있는 점을 고려할 때, 공공기관의 정치적 임명에 대한 연구, 특히 낙하산 인사에 대한 제도적, 정권별 종단적 연구는 학문적·사회적으로 의미가 크다고 할 수 있다. 역사적으로 공무원의 임용은 정치적 인사와 그에 따른 엽관제의 문제점을 극복하기 위한 과정이며, 이것이 인사행정의 발전의 축이라고 할 수 있다. 많은 국가에서 정치적 임용의 문제점을 극복하고자 하는 노력은 언제나 있어 왔으며, 우리나라 역시 정부의 형태와 정권의 변화에 따라 항상 문제가 되어 왔던 이슈이기도 하다.

이러한 맥락에서, 이 연구는 법제도 및 대통령이 공공기관의 정치적 임용에 어떠한 영향을 미치는지를 근래의 정부를 중심으로 살펴보았다는 점에서 시의적 적절성과 학문적 유의성이 크다고 할 수 있다.

3) 최신 자료 혹은 최근 상황과의 비교

우리나라의 역대 정권에서 정치적 임용에 대한 논쟁은 언제나 있어왔으며, 이러한 논의는 현재까지 이어지고 있다. 이러한 측면에서 본 연구가 김영삼 정부에서부터 시작하여, 이명박 정부까지의 공공기관 임원의 경력변화를 살펴보는데 있어 비교적 최신의 자료를 활용한 것은 이 연구가 시의적으로 적절하다는 것을 방증하는 것이라 할 수 있다. 이러한 맥락에서, 추후 연구에서는 기존 정부에 대한 분석에 더해 최근의 상황과 비교하여 연구의 함의 또는 제도적 대안을 제시하는 식으로 발전이 가능할 것이다.

3. 향후 연구에 대한 제언

이 연구의 시의적 적절성과 정책적 함의가 활용될 수 있도록 하기 위해 다음과 같은 측면을 고려한 후속연구가 필요하다.

첫째, 이 연구가 역대 정권의 정치적 임명에 대한 분석을 통해 제도와 정치적 요인을 분석하고 그 함의를 제시하였으나, 엽관제적 인사의 긍정적인 면을 살리면서 역량을 갖춘 후보자를 임원으로 선발할 수 있는 방안에 관한 측면은 다루지 않았다. 차후 관피아니 정피아니 하는 논란에서 벗어나, 출신여부에 관계없이 우수한 인재를 공공기관의 임원으로 선발할 수 있는 방안에 대한 실험적 연구가 이루어질 필요가 있다.

둘째, 분석의 결과를 해석하고 정책적 함의를 제시하기 위해서는 연구 결과에 대한 다면적인 이해가 필요하다. 정치적 임용, 즉 낙하산 인사에 대해서는 여러 가지 맥락이 존재할 수 있다. 엽관제의 측면에서 정권 확보의 결과에 대한 논공행상 또는 정책의 일관성을 위하여 불가피한 정치적 인사의 임용이 있을 수 있다. 그리고 이와는 다른 맥락에서 정무적 인사에 대한 정치적 영향력 또는 전문성과는 상관없는 정부의 부패관리의 실패 측면에서의 인사가 존재할 수 있다. 그리고 이러한 차이는 각 정권의 특성과 역사적 맥락에 따라 다르게 이해할 수 있다. 이러한 관점에서, 이 연구는 각 정부의 정치적 임용 수를 비교하였다는 점에서 통계적 차이점에 대한 유의성을 확인할 수 있다는 장점은 있으나, 각 정권의 정치적 임용에 대한 내용적 차이에 대해서는 고려하지 않았다.

그러므로 추후 연구에서는 이러한 정치적 임명의 내용적 측면을 고려한 연구도 가능할 것이다. 국민의 여론과 언론의 보도 형태 등 폭 넓은 자료를 활용한다면 새로운 접근방법의 연구가 가능할 것이다.

공동체주의 이론의 부상과
자치공동체에 대한 함의

공동체주의 이론의 부상과 자치공동체에 대한 함의*

이종수(연세대학교 행정학과)

I. 들어가는 말

지방자치는 '지방'과 '자치'의 합성어이다. 지방화와 자치화는 함께 굴러가야 할 두 가지의 바퀴인 셈이다. 지방화가 전제되지 않는 자치는 허구이며, 자치가 수반되지 않는 지방화는 독선으로 흐를 위험을 안고 있다. 대다수의 국가들이 분권과 자치를 함께 굴러가야 할 두 가지의 바퀴로 인식하고, 동시에 추진하려 하는 이유도 여기에 있다. 전 세계 약 95%의 국가가 행정적, 재정적, 정치적 업무를 하위정부로 이양하고 있는 가운데(World Bank, 2000: 107), 지역공동체의 자치를 함께 회복하려 노력하고 있다.

한국에 있어서도 최근 자치의 부진이유를 공동체의 와해에서 찾고, 공동체의 회복 가능성을 모색하는 연구들이 증가하고 있다(곽현근, 2008: 125). 그러나, 지금까지 한국에서의 지방자치에 대한 연구가 '지방행정'의 관점에 천착하며 관료제 속에 갇혀 있던 것을 상기하면, 상대적으로 지역공동체에 대한 연구는 충분하지 않았다. 지방자치의 만개를 위해서는 중앙-지방정부 사이에서의 분권화 뿐 아니라 지방정부-지역사회 사이에서의 분권화가 중요하고, 궁극적으로는 지역사회 내에서의 공동체 형성이 중요하다.

공동체는 '국가'와 '개인' 사이에 존재하는 것으로, 국가주의(國家主義)의 폐해를 완화하는 동시에 개인주의(個人主義)의 한계를 보완할 수 있는 효과들을 제공한다. 일종의 '동네효과(community effect)'를 창출하는 셈이다. 민주적 자치를 성숙시키고, 공공서비스의 효율성을 증대시키며, 주민들의 친밀성을 증가시켜 행복도를 제고시키는 것으로 평가되고 있다.

여기서는 자치 공동체를 강조하는 공동체주의 이론에 대해 살펴보고자 한다. 공동체주의는 1982년 이후 공동체주의 이론가들이 자유주의를 상대로 논쟁을 시작하며

---

* 이 논문은 2010년 『지방정부연구』, 제14권 제3호, pp. 5-22에 게재된 글을 수정·보완한 것이다.

부각되었다. 개인과 경쟁, 그리고 시장(市場)을 핵심으로 하는 자유주의에 맞서 '좋은 사회'를 위한 구상, 자아의 형성에 대한 공동체의 역할 그리고 공민의 덕을 강조하여 왔다. 자치에 대한 논의를 중시하는 지방자치의 분야에 공동체주의가 소개되지 않은 것은 오히려 의아스런 일이라 할 수 있다. 공동체주의는 지방자치학에 이론적 지평을 넓힐 수도 있으며, 1980년대 이후 풍미한 신자유주의 사조에 균형을 이루게 하여 줄 수 있다.

Nisbet의 지적대로, '모든 시대는 그 시대가 필요로 하는 재생의 학문을 가지고 있다.' 공동체주의는 현 단계 한국사회에 필요한 재생의 학문으로 기여할 가능성이 크다.

II. 공동체주의와 자유주의의 논쟁: 전개와 내용

1. 공동체주의의 등장

1840년대 밤비(Goodwyn Barmby)가 공동체주의라는 개념을 만든 이후, 20세기 들어와서는 1982년 샌델(Michael Sandel)이 자유주의에 대한 비판을 *Liberalism and the Limits of Justice*로 출판하면서 공동체주의가 부상하였다(Mulhall and Swift, 1994: 40). 1981년 MacIntyre가 *After Virtue*를 출간하였지만, 학자들 관심이 공동체주의에 집중된 것은 1982년부터라고 할 수 있다.

샌델은 롤즈가 「정의론」을 통해 '원자화 된 개인'을 전제로 하며, 권리를 우선시 하는 것에서 문제를 발견한다.[1] 롤즈는 사회계약론적 자연상태를 가상적 조건으로 재구성하여 합리적 개인들이 각자의 권리를 최적화 할 수 있는 '공정성으로서의 정의관'을 제시한 바 있다. 우선, 개인의 자유와 권리에 대한 자유주의적 가정이 비현실적이라고 샌델은 포문을 열었다. 개인들이 평등한 자유와 권리를 바탕으로 합의와 계약을 거쳐 사회를 구성한다는 자유주의 입장이 비현실적이라는 것이다. 자유주의가 상정하는 조건을 샌델은 '원초적 상태'나 '무지의 장막'[2]으로 표현하고, 거기에 주어진

---

1) 롤즈는 <정의론>을 통해 사회계약론과 자유주의 시각을 결합한 분배정의론을 전개하였다. 개인들에게 기회가 주어지고, 최소 수혜자에게 이득이 될 수 있도록 차등이 있어야 한다는 정의의 원칙을 주장하였다.

2) 무지의 장막이란 이상적인 논의조건을 전제하기 위한 공정성의 실험장치다. 사회에 관한 일반 지식은 알려져 있지만, 자신이 누구로 어떤 세대에 태어날지, 혹은 자신의 구체적인 선호와 입장을 모르는 상태를 뜻한다. 여러 사람이 자유주의적 계약 혹은 분배정의의 원칙에 합의하려면 모두 자신의 능력과 지위, 재산과 소유, 지능 등 분배에 영향을 미칠 수 있는 조건들을 몰라야

자아도 '형이상학적 자아'일 뿐이라고 지적한다. '원초적 상태'란 상대적 우열은 물론 정서적 애착, 종교적 본능, 무조건적 집착의 가능성도 배제하는 상태이고, 자연스럽게 나타날 수 있는 특정 집단이나 공동체에의 소속을 외면하고 있다고 비판한다.

롤즈와 자유주의자들이 주장하는 개인의 권리에 대한 주장은 규범적 차원에서도 위험성을 내포한다고 지적된다. 개인이 보유하는 권리가 공공선(公共善)이나 목적에 우선한다는 시각은 비사회적(asocial) 개인주의의 성향을 잉태시킬 수 있다는 것이다. 개인의 권리가 일반적인 선을 위하여 희생될 수 없으며[3] '좋은 삶'에 대하여 어떤 특정한 견해를 전제할 수 없다는 자유주의 입장은[4] '좋음에 대한 옳음의 우선성(the right is prior to the good)'으로 요약되는데,[5] 샌델은 이를 비판한다. 인간은 실제적 약점을 지닌 존재로, 목적에 의해 일부가 구성되는 존재라는 것이다. 공동체의 공공선과 목적을 배제한 채 설명하는 인간은 호모 사피엔스는 될 수 있을지언정, 사람(human being)이 될 수는 없다. 인간은 공동체를 구성하고, 공동체에 의해 형성되는 존재이기 때문이다. 나는 어떤 이야기의 일부인가를 이해하기 전에 인간이 그 존재의 의미를 깨닫기는 어려운 일이다. 이것을 자각할 때, 각 개인들은 자신의 의미는 물론 독자적으로 성취할 수 없는 선에까지 접근할 수 있다는 것이다.[6]

샌델과 함께 현대 공동체주의는 매킨타이어(Alasdair MacIntyre), 셀즈닉(Philip Selznick), 왈쩌(Michael Walzer), 에치오니(Amitai Etzioni), 갤스튼(William A. Galston), 테일러(Charles Taylor) 등에 의해 발전되었다. 이들은 구미 특히 미국의 개인주의적 자유주의에 의해 사회의 무질서가 조장되고 불평등이 심화되었다고 비판하며, 공동체의 덕을 강조하였다. 상황적 측면에서 보자면, 20세기 후반 신자유주의가 이념적으로 군림하는 데 대한 거부감을 배경으로 공동체주의가 주목되었다고 볼 수 있다. 이후 공동체주의는 급진 공동체주의와 온건 공동체주의로 갈리기도 하고(Mason, 1993: 227), Tocqueville이나 Robert Putnam의 이론과 연계되기도 하였다. 급진 공동체주의는 공동체의 가치에 대한 설명을 도덕적 측면에서 접근하는데 반해, 온건 공동체주의는 타산적 측면에서 접근한다. 시민사회론이 상대적으로 규범적 입장을 취한다면,

---

한다(이근식, 2009: 92). 각자 상이한 입장과 이해관계를 가지고 계약에 참여하면, 자유주의가 전제하는 합의나 공정한 분배의 정의에 도달하는 것은 불가능하다.

3) 이러한 진술은 공리주의에 대한 반대 입장에 해당한다.

4) 이러한 진술은 목적론적 견해에 대한 반대 입장에 해당한다.

5) 롤즈는 '자아는 그것에 의해 인정되는 목적들보다 우선한다'(the self is prior to the ends which are affirmed by it)고 요약한다(Rawls, 1971: 560).

6) 자유주의는 동시에 개인들의 인위적 선호를 중시하고, 선험적으로 개별화 된 자아 개념을 주장하지만 실제는 종종 자아를 상호주관성의 관점에서 해석한다.

사회자본론은 상대적으로 타산적 입장을 취하고 있다.

2. 공동체주의의 내용과 논점: 자유주의와의 논쟁

공동체주의에 대한 이해는 자유주의와의 논쟁을 살펴봄으로써 가장 쉽게 도달할 수 있다. 더구나 공동체주의가 일관되고 체계적인 이론체계를 제시하지 않고 있기 때문에, 자유주의와 비교를 함으로써 가장 쉽게 그 특징을 이해할 수 있다.

1) 나는 어떤 이야기의 일부인가? ― '연고적 자아(encumbered self)'

공동체주의는 인간을 온전한 존재, 혹은 선험적으로 주어지는 존재가 아니라 결함 있는 존재로 파악한다. 인간의 자아가 공동체에 의해 구성되는 '연고적(緣故的) 자아'를 상정하는 것이다. 인간의 자아를 관습, 역할, 목적, 정체성에 의해 형성되는 것이라고 보는 것인데, 단순화 시켜 표현하자면 자아는 그것의 목적들에 의해 구성되고 그 경계는 유동적이다. 인간은 사회적 상호관계, 관행과 현실, 전통에 의해 규정되고, 이로부터 자신의 정체성을 이룰 수 있다. MacIntyre(1994: 72)는 '도덕에 핵심적인 것은 관행에 근거한 덕인데, 덕은 자유주의자들 주장처럼 개인적 선호나 선택에 의해 결정되지 않는다. 그것은 우리가 속한 관행의 종류에 따라 결정된다'고 주장한다. 그가 인간의 삶을 서사적 탐색으로 이해한다든지, 스토리텔링의 성격으로 설명하는 것은 이러한 맥락에서이다.[7]

전통적으로 자유주의는 특정한 목적이나 상황으로부터 독립되어 있는 무연고적 자아(unencumbered self)를 설정하여 왔다. 자아는 목적들에 우선하는 것으로, 둘 사이의 경계는 고정되어 있다고 보았다. 사회의 원리를 합의하는 장으로서 정치를 종교와 도덕으로부터 분리하여 설명하려 노력한다(齋藤純一, 2000: 36).[8] 종교와 정치, 어떤 경우 철학이야말로 개인의 선택여지가 가장 적은 분야인 동시에 인간 삶의 가치들을 정립해내는 분야여서, 이것은 자유주의의 핵심적 관심과 충돌하는 분야이기 때문이다. 이렇게 자신이 속한 사회, 놓여진 맥락과 상황에 앞선 존재를 무연고적(無緣故的) 자아라 한다. 자발적 선호로 동기부여 되는 자아로부터 규범과 합의, 계약이 도출된다.[9][10] 결국 인간의 자아를 어떤 목적보다 선행하는 존재로 파악하고, 인간의 선

---

7) 인간은 서사적 탐색으로서 삶을 살아간다는 뜻이다. '나는 무엇을 해야 하는가?'라는 물음에 대답하려면 그 전에 '나는 어떤 이야기의 일부인가'에 답할 수 있어야 한다고 주장한다(Sandel, 2010: 310).

8) 근대의 자유주의는 '공공성'을 정의할 때, 종교나 신앙을 '사적인 것'으로 다룸으로써 공적인 쟁점에서 제거하려 하였다.

택이나 권리가 선보다 우선한다고 보았던 것이다(Sandel, 1984: 5).

공동체주의는 자아의 무연고성을 비판한다. 목적에 선행하는 자아는 아무런 성격
도, 도덕적 깊이도, 자아에 대한 인식조차도 없을 뿐이라고 비판한다. '구성적 목적들'
이 자아를 이루고, 자아조차도 결국은 '각인된 자아'가 실질적 지위를 차지하게 된다
고 본다. 자유주의가 상정하는 상대적으로 완전한 자유는 결국 아무런 가치와 목적도
없는 공허함으로 귀결되며, 오직 권력에의 의지만이 남게 될 것이라고 비판한다. 무
연고적 자아를 둘러싼 '원초적 상태'는 비현실적이고, 인간은 무조건적 집착이나 애착
그리고 목적에 영향을 받는 존재라고 공동체주의는 주장한다.

결국, 자유주의는 독립된 자아를 상정하는 데 반해, 공동체주의는 상황속에 놓여
진 자아를 주장한 셈이다. 자유주의에서는 개별적 구성원이 선호에 따라 공동체를 선
택하였다면, 공동체주의에서의 개인은 공동체적 자아(communal self)의 보유자인 것
이다.11)

2) 공민의 덕성과 참여에 대한 초점

자유주의에 핵심적인 단어가 '권리'라 한다면, 공동체주의에 핵심적인 개념은 '덕
성(德性)'이다. 권리는 개인의 단위에 부합하는 의미인데 반해, 덕성은 사람들 '사이'
의 생활에서 희구되는 덕목이다. 공동체주의는 바로 덕성에 근거를 두는 공공선의 추
구를 중시한다. 인간의 사회적 행위의 텔로스(telos: 목적, 본질)를 바탕으로 우리는 정
의를 이야기하고, 바람직한 삶을 이야기 할 수 있다는 것이다(Sandel, 2010: 262). 공
동체적 합의를 중시한다는 점에서 공동체주의는 목적론적 윤리관을 지닌 것으로 평
가된다. 목적론적 가치관은 결국 공동체의 통합성을 유지하는 데 기여한다.12)

---

9) 자유주의는 사회의 형성을 개인의 자발적인 선택 결과로 본다. 본질적으로 개인의 자발적 선
택에 의해 계약이 형성되고 사회가 구성되는 것으로 보는 것이다. 그러나, 공동체주의는 개인
의 자발적 선택에 의한 것만이 아니라, 가족처럼 비자발적인 유대가 강력하게 존재한다는 사
실을 주목한다. 합리적 판단 이전의 본능적 호, 불호에 의해서도 강력한 유대가 형성되고, 공
동체의 목적이나 공공선이 강력한 구성작용을 한다고 본다.
10) 개인의 권리, 본성, 계약으로부터 도덕적 규범이 출발하는 것으로 보는 것이다.
11) 공동체주의가 목적론적 윤리체계를 기반으로 한다면, 자유주의는 권리 근거적 윤리체계를 기
반으로 한다.
12) 이에 비해 자유주의는 의무론적 윤리체계를 지녔다고 평가된다. 자유주의 전통에서 의무는
두 가지다. 하나는 인간이기에 생기는 자연적 의무다. 이는 수단이나 조건을 내세우지 않는
무조건적이고 도덕적인 명령이라는 의미에서 정언적 의무라고도 불리운다. 바로 칸트 윤리관
의 요체라고도 할 수 있는 내용이다. 둘째는, 합의에서 생기는 자발적 의무다. 각 개인이 권리
를 바탕으로 합의한 내용에 대한 계약적 의무를 말한다(Sandel, 2010: 313).

전통적으로 자유주의는 개인의 자유와 권리에 초점을 맞추고 있지만, 공동체 안에서 개인의 자유와 권리 그리고 복지가 얼마나 가능할 것인지에 대해서는 눈을 감아 왔다(Kymlicka, 2002). 자유주의가 상정하는 고립된 개인, 합리적 이기주의는 비사회적 사회(asocial society)의 상태를 의미하는 것이고(Walzer, 1995: 54), 현실적으로 자유주의적 권리는 불평등과 사회적 파편화를 초래하기 일쑤이다.

자유주의자들은 또 자신들이 선호하는 정의와 원칙이 모든 사회가 따라야 하는 기준이라고 믿는 것처럼 보인다. 이에 대해 공동체주의는 정의와 원칙을 비역사적, 외재적 규범으로 규정하는 것에 반대한다. 정의는 보편적이거나 역사와 무관한 원칙들이 아니라, 사회의 공유된 이해를 기반으로 형성된 것이라고 본다.

'권리의 정치'가 횡행하고, '공공선의 정치'가 부재하는 상태를 공동체주의는 우려한다. 자애나 연대감, 덕성이 없이 정의에 기초한 '원리'만 가지고 바람직한 사회를 이룰 수는 없기 때문이다. 공동체의 목적을 함께 설정하는 정신, 공동체적 유대, 이웃 시민들에 대한 의무, 돌봄을 공동체주의는 공공선으로 간주한다. 개별적 권리가 이보다 우선할 수는 없다는 것이다. 공공선보다 개인의 권리가 우선한다면, 호모 사피엔스는 존재할 수 있을지언정, 인간(human being)은 존재하기 어렵게 된다. 고립된 자아들의 병렬적 존립으로 사회를 환원하는 것은 실제의 삶을 잘못 반영하고 있다고 지적한다.

상대적 관점에서 보면, 자유주의가 개인이 공동체를 구성하는 단계에 초점을 맞추는 데 반해, 공동체주의는 공동체의 성숙이 개인에 미치는 영향의 측면에 초점을 맞춘다. 자유주의가 국가와 권력으로부터(from) 인간이 해방되는 단계에 관심을 기울여 왔다면, 공동체주의는 좋은 사회를 향한(to) 요건을 갖추는 데 초점을 맞추는 편이다. 상대적으로 자유주의가 국가의 공권력이나 절대 권력의 압제에 대한 비판을 더 치열하게 수행하여 왔고, 이러한 억압으로부터 인간의 자유와 권리를 회수하는 데 역사적으로 기여하여 온 것이 사실이다. 그러나, 좋은 사회를 향하여(to) 요청되는 조건으로서 공동체주의는 공민의 덕성과 참여를 제시하는 것으로 보인다. 공공선과 이에 입각한 참여야말로 개인의 자아실현과 공동체의 발전에 필요한 덕목이라고 공동체주의는 강조한다.

3) 공공선의 개념적 범위에 대한 차이

공동체주의는 공공선을 '좋은 사회'를 지향하기 위한 실질적인 관념이라고 여긴다. 이것은 자유주의가 내포하는 공공선보다 개인들이 보유하고 있는 선호나 선관(善觀) 만큼의 중요성을 갖는다. 적어도 우선순위에 있어, 공유된 목적의 공적인 추구는 개인들이 자신들의 선을 추구하는 데 필요한 자원과 자유에 대한 요구보다 우선한다 (Kymlicka, 2002).

자유주의는 종종 공공선에 무관심한 것으로 비판받는다. 공공선 자체를 공동체주의의 속성으로 분류하고, 자유주의는 공공선을 보유하지 않은 것으로 평가되기도 한다. 선관념(善觀念)이 공정성을 강조하는 정의의 원칙을 설정하는 데서 배제되는 한, 이러한 평가는 불가피하다. 누구든 불편부당한 관점에 서서 절차를 확정하고 그 절차에 따라 구체적이고 실질적인 문제를 처리하게 되면 그 결과는 정당화 될 수 있다고 자유주의는 본다. 물론, 합의도출 과정에서 개인의 특수성이 배제되고, 정체성 집단들이 간과되어 결국 좋은 사회는 요원하게 된다는 비판에 노출되곤 한다(김선욱, 2008: 23).

그러나, 자유주의가 개인들의 선호에 의해 사회적 선택기능이 작동하면서 구성원들의 이익이 극대화되는 것을 상정하고 있는 한, 이것을 자유주의가 상정하는 공동선이라 볼 수도 있다. 이 경우일지라도, 자유주의가 상정하는 공공선의 범위는 대단히 협소하기는 하다. 자유주의는 개인이나 집단, 공동체가 선호하는 가치, 즉 무엇이 좋은가에 대한 관념(善)이 공공선의 개념에서 배제되어야 한다고 주장한다. 자유주의에 있어 공공선을 강조하는 정의의 원칙이란 문화적 차이나 공동체의 선호, 사회의 우선순위를 넘어[13] 누구에게나 불편부당한 보편적 절차를 확정하고 그 절차에 따라 실질적 문제를 해결하는 것이라고 믿는 것이다.[14]

개인의 특수성이 배제되고[15] 구성원 사이에 합의가 어려워져, 결국은 자유주의가 지향하는 옳은 사회가 불가능하게 될 가능성을 공동체주의는 우려한다. 자유주의가 정의의 우선성에 입각하여 최소한의 공공선을 수용한다 할지라도, 공공선의 부재

---

13) 이런 점에서 자유주의는 특정한 도덕적, 종교적 입장이 정치로부터 배제되어야 한다고 주장한다. 한 개인의 자유는 자신이 선택하지 않은 도덕적, 시민적 속박들로부터 억압받지 않는 것이며, 좋은 삶이 어떤 삶인지에 대한 개념을 강요받지 않아야 한다(김선욱, 2008: 26). 반면, 공동체주의는 도덕적이고 종교적인 신념이 정치적 담론의 장에 포함되어야 한다고 본다. 이들 사이의 분리는 가능하지도, 바람직하지도 않다는 것이다.

14) 자유주의는 어떤 정의관을 진리의 차원에서 제시하는 것이 아니라, 민주사회의 정치적 합의를 위한 토대로써 제시하려 한다(Sandel, 2008: 94).

15) 자유주의에게 있어 개인은 특정 목적이나 애착에 구속되지 않고, 자발적으로 초래한 의무를 떠맡는 존재이기도 하다.

로 말미암아 파생되는 현실적 부작용은 막대할 수 있다. '옳은 사회'가 '좋은 사회'로 귀결되지 않을 가능성이 얼마든지 존재하는 것이다.

비판의 한 예는 인간소외의 문제다. 소외(Entfremdung)란 헤겔과 마르크스가 사용할 때는 자기 본연의 모습이나 관계를 상실한다는 의미로 사용되었지만(이근식, 2009: 131), 여기서는 이를 포함하여 이웃들과의 진정한 만남의 소멸 현상, 인간의 수단화, 물질적 차별 등을 포함하는 의미다. 자유주의가 직접적으로 인간소외를 의도하지 않았을지라도 자본주의와의 결합과 개인주의의 옹호과정에서 소외를 확대시켰다는 비판을 외면할 수가 없다. 경제적 이해관계와 경쟁, 개인을 옹호하는 자유주의에게 인간의 소외문제 확대와 방치의 책임을 돌리지 않을 수 없다는 것이다.

자유주의자들 역시 사회적 선을 완전히 외면하지는 않는다. 예컨대, 롤즈는 최소수혜자에게 이익이 돌아가는 차등의 원칙을 정의의 주요 개념으로 제시한다. 이러한 그의 개념이 보편적 정의의 원리로 제시된 것이다. 이에 비해 공동체주의자들은 모든 사회를 관통하는 보편적 정의의 존재를 신뢰하지 않는다. 이보다는 개별 공동체의 가치관을 전제로 하는 사회적 특성과 개별성에 근거한 공공선을 지지한다(Taylor, 1985: 185).

4) 국가와 정책에 대한 시각

자유주의는 아나키즘[16](Godwin, 1793)과 최소국가론(Nozik, 2003) 이래로 국가에 대한 부정적 이미지를 내포하여 왔다. 그들에게 있어 국가는 인간의 무지와 부족이 탄생케 한 결과였으며, 억압이나 전제정치 그리고 전쟁 같은 무모한 재앙의 프로젝트를 양산해 왔다.

현대 자유주의는 국가에 대한 부정적 시각을 희석시켜 보유하고 있지만, 국가에 대하여 보이는 최선의 호의가 중립성[17]을 열망하는 정도이다. 좋은 삶에 대한 관념의 본질적 우월성이나 열등성에 기반하여 국가행위를 정당화시키지 않는 국가, 이러한 다양한 개념들의 가치에 대한 사람들의 판단에 영향을 주려는 의도적 시도를 하지 않는 국가를 지지한다(Kymlicka, 2002). 자유주의의 '좋음에 대한 옳음의 우선성'[18] 주장

---

16) 대표적 아나키스트는 William Godwin(1756-1836)이다.
17) 중립성이라는 개념 대신 '완전주의적 이상'을 사용하는 학자도 있다.
18) 자유주의는 합의될 수 있는 관념을 찾기보다는, 자유롭고 평등한 조건에서 이상적으로 합의될 수 있는 절차적 조건에 관심을 기울인다. 어떤 선(善)한 목적보다는 절차적 정의를 모색하는 데 관심을 갖는다. 칸트의 의무론적 자유주의에 따르면, 인간이 선택하는 목적보다는 인간의 자아, 곧 능력이 중요하다. 목적에 대한 주체의 우선성, 혹은 목적에 대한 자아의 우선성을 계승한 롤즈를 샌들이 '좋음에 대한 옳음의 우선성'으로 규정한 것이다.

이 국가의 중립성을 이념화 할 뿐 아니라,19) 이것을 개인적 권리의 우월성에 연결시키는 것이다(Sandel, 2008: 79). 칸트적 자유주의 이래로 권리는 개인들이 쥐고 있는 최고의 토대로 간주된다. 이 권리로 인해 개인들은, 선호되는 어떤 가치를 시민들에게 부과하는 규범으로부터 보호받는다(Sandel, 2008).

이에 반해, 공동체주의자들은 국가의 중립성 명분에 반대한다. 대신 그들은 공공선의 정치를 위해 국가가 역할을 수행하며, 완전주의적 이상을 유지할 것을 기대한다(Talyor, 1985).20) 중립국가는 자기 결정에 필요한 사회적 환경을 적절히 보호할 수 없다고 보기 때문이다. 공적 영역에 들어 갈 때 어떤 도덕적 신념을 내려놓으라고 자유주의자들은 요구하는데, 이것이 얼핏 관용과 상호존중을 보장하는듯 보이지만, 현실은 정반대다(Sandel, 2010: 337). 가능하지도 않은 중립을 가장한 채 공적 문제에 특권과 비민주성, 시장(市場)의 논리를 용인하기 일쑤이다.

오히려, 국가는 시민들에게 가치 있는 삶에 관해 가르칠 책임이 있다는 것이다. 고대 정치이론에서도 정치의 목적은 시민의 덕, 곧 도덕적 탁월성을 길러내는 것이었다. '진정으로 명실상부한 폴리스는 선(goodness)을 장려하는 목적에 매진해야 한다. 그렇지 않으면, 정치적 결사체는 단순한 동맹관계일 뿐이고 …… 법률은 단지 계약일 뿐이다.'라는 아리스토텔레스(Aristotle, 1946: 119)의 지적을 공동체주의는 지지한다.

상대적으로 자유주의는 개인을 신뢰하고, 공동체주의는 공적 기구를 신뢰하는 편이다. 바꾸어 말하면, 공동체주의는 개인을 충분히 신뢰하지 못하고21) 자유주의는 공적 기관을 충분히 신뢰하지 못한다. 자유주의는 국가온정주의에 반대하며, 복지조차도 자기결정권을 침해한다고 본다. 이에 반해 공동체주의는 국가의 공공선을 위한 적극적 노력과 개입을 지지하는 편이다.

5) 역사적 발전과정에 대한 공동체주의의 문제제기

공동체주의자인 매킨타이어(1981: 192)는 권리라는 개념이 선험적으로 주어진 것이 아니라 역사적으로 형성된 것이라는 사실을 설명한다. 서양에 권리라는 개념으로

---

19) 물론, 자유주의자들은 어떤 권리가 근본적인 것인지, 중립성을 위해서는 어떤 장치가 제도적으로 필요한 것인지에 대해서는 일치를 보이지 않고 있다. 평등주의적 자유주의자들은 개인의 역량을 존중하는 복지제도를, 자유지상주의적 자유주의자들은 시장경제를 주장한다.
20) 자유주의는 중립적 국가를 선호하고, 공동체주의는 공동체지향적 국가를 선호한다. 공동체지향적 국가란 '좋은 삶'에 대한 성찰을 바탕으로, 서로 돌봄의 역할을 수행하는 동시에 상호간의 무임승차 문제가 발생하지 않도록 조정하는 질서체계다.
21) 이론적으로 국가를 변호하는 이론은 대체적으로 인간의 본성에 대한 부정적 시각을 내포하는 경우가 많다(Wolf, 1995: 128).

번역될 만한 표현이 중세말까지 존재하지 않다가, 18세기에 들어와서야 자연권 개념으로 만들어졌다는 것이다. 일정한 역사적 상황 속에서 만들어진 개념을 허물 경우, 자유주의가 주장하는 합리성이나 판단의 근거가 약화된다. 역사적 상황 속에서 만들어진 개념을 절대적 전제로 출발하는 자유주의의 바탕이 온전하지 못하다는 비판이다.

동양에서는 근대적 의미의 '권리'라는 개념이 처음 사용된 것이 1864년 중국에서 Henry Wheaton의 저서 *Elements of International Law*를 선교사 윌리엄 마틴(William Martin)이 <만국공법>으로 번역할 당시로 소급된다. 이 번역에 사용된 권리 개념이 1865년 일본에서 복간되면서 일본으로 유입되고, 한국에서는 1883년 한성순보가 11월 10일자에 인민의 자주권리라는 용어를 사용하였다(정용화, 1999: 65). 물론, 단어가 존재하지 않았던 시대라고 해서 현상까지 존재하지 않았다고 보는 것은 무리이지만, 개념의 존재여부는 현상의 확산에 커다란 영향을 준다고 하지 않을 수 없다.

따라서, 18세기 이후에나 완성된 개념을 원초적 상태나 자연적 상태부터 존재해 온 것으로 상정하는 것은 자유주의의 설명력에 상처를 입힐 수밖에 없다. 권리라는 개념이 역사적으로 상황적 맥락에 의해 형성되었다는 설명은 자유주의의 무연고적 자아 개념을 약화시키고, 공동체주의가 주장하는 공공선의 역사성과 맥락성을 지지하는 영향을 주었다.

III. 논쟁에 대한 재해석과 평가, 그리고 자치공동체에 대한 함의

1. 두 이론의 관계에 대한 재해석

스프라겐스(Spragens, 1995: 37)는 공동체주의와 자유주의의 관계에 대해 뛰어난 통찰을 제시하고 있다.[22] 역사적 맥락에서 볼 때 자유주의는 특정한 억압과 압제에 대한 항거를 지지하는 논리로서 발전하여 왔으며, 인간의 존엄성을 위한 본질적 가치를 함유하는 것이었다. 사상과 표현, 종교, 경제활동에 대한 억압으로부터의 자유를 추구했다. 특히 국가에 의한 억압으로부터의 자유를 주장하는 규범적 입장으로부터 시작되었고, 국가가 권력과 공공성을 독점하는 것을 해체하고자 하였다.

개인의 자유와 권리는 여기서 평등이나 번영, 사회안정을 위한 수단으로써도 가

---

22) Spragens, Thomas A., Jr.(1995) "Communitarian Liberalism," Amitai Etzioni, ed., *New Communitarian Thinking: Persons, Virtues, Institutions and Communities*, Charlotteeville: University Press of Virginia, 37−51.

치 있는 것이었다. 복합적인 가치와 융합성을 내포하는 초기 자유주의는 20세기에 들어와 경쟁적인 이데올로기적 정파로 나누어지면서, 그 본래의 미덕과 문화로부터 유리되게 된다. 다른 이론적 구성요소들의 희생 하에 개인의 권리에 초점이 맞추어진 현대 자유주의는 선한 사회(the good society)에 대한 매력적인 설명을 제시하지 못하고 있다. 그 공간이 공동체주의가 등장하는 배경이었다. 공동체주의는 자유주의에 대한 전면적인 혁명이라기보다, 자유주의가 상실한 규범적 통합성과 도덕적 소망성을 회복하려는 시도의 일종이라는 것이다(박종훈, 1998: 222).

자유주의가 전근대적 악으로부터의 탈출(from)과 국가의 억압으로부터의 해방에 관심을 기울였다면, 공동체주의는 여기서 어디로 지향해야 할 것인지(to)에 초점을 맞춘다.23) 어떤 의미에서 공동체주의는 자유주의를 전제로 하고 있으며, 발전 단계상 자유주의를 암묵적인 토대로 하고 있음을 발견할 수 있다. 자유주의가 자족적인 개인에 대한 원자주의를 내용으로 한다면, 공동체주의는 자유로와진 개인들의 좋은 삶을 위한 사회적 조건을 구상하는 데 관심을 갖는다. 개인의 자유와 권리, 선택을 위한 능력도 일정한 사회적 환경 속에서만 가능하다고 보는 것이다.

이렇게 본다면, 자유주의와 공동체주의는 하나의 연속선상에 상반되는 극점에 존재하는 것이 아니라, 두 개의 서로 다른 방향에 존재하는 요소로 볼 수 있다. 하나의 연속선상 위에 두 이론이 대척점으로 존재하지 않고, 양자 사이에는 공통분모와 비례 관계가 존재할 수 있다는 의미다. 예를 들어, 어떤 사회는 자유주의적 개인주의가 강하고, 다른 어떤 사회는 공동체성이 강하다는 논리만이 성립할 수 없다는 의미이다. 그보다는 자유주의가 성숙한 국가가 공동체주의 역시 높은 수준을 보일 가능성이 크다. 유럽의 성숙한 민주주의 국가가 동유럽이나 아프리카의 권위주의 국가보다 개인주의와 공동체성 모두에서 앞서 있을 가능성이 크다.

<그림 1>은 공동체주의와 자유주의의 관계에 대하여 OECD 10개 국가를 대상으로 실증분석을 간단히 시도한 결과이다. 공동체주의가 중시하는 지표를 Y축, 자유주의가 강조하는 지표를 X축에 놓았을 때, 그림과 같은 정비례의 관계가 나타났다. 공동체주의가 강조하는 공공선과 공공성을 대표하는 지표로는 사회적 투명성 수준, 1인당 연간 기부액수, 복지와 의료의 공적 부담비율을 선정하였다(이종수, 2008: 5). 자

---

23) 자유주의는 인간의 <개체적 본능>을, 공동체주의는 인간의 <사회적 본능>을 강조한다. 이 점에 있어서는 자유주의와 공동체주의는 인간의 본성에 대하여 상이한 시각을 내포하고 있다. 자유주의는 자유와 자율을 근원적 가치로 중시하고, 공동체주의는 인간이 본질적으로 자족적인 존재가 아니라는 사실을 주목한다. 그 결과 전자는 인간의 개체성을 중시하고, 후자는 상대적으로 사회적 관계성을 중시하게 되었다(황경식, 1999: 9).

유주의에 부합하는 지표로는 개인의 자유를 지표로 설정하였다. 국제기구에 의해 평가된 각국의 인권과 언론자유 수준을 100점 만점으로 치환하였다.

분석 결과는 흥미롭다. 한 나라의 공동체성 수준은 명백하게도 자유주의적 인권이나 자유의 수준과 정비례하는 것으로 나타났다. <그림 1>은 양자의 정비례 관계를 간명하게 보여주고 있다. 현대적 공동체성은 '개인의 발견'을 전제로 가능하다는 사실과 함께, 공동체성의 수준은 자유주의화 수준과 명백히 비례한다는 사실이 규명된 것이다.[24] 흔히 서구를 개인주의 내지는 자유주의 사회로 규정하고, 동양을 공동체적 사회로 규정하지만 기실 개인주의 내지 자유주의와 공동체적 성격은 대립적 관계에 존재하지 않고 다른 방향 축에 존재하면서 실제적 성숙 수준은 정비례 관계에 있다는 사실이 입증된 셈이다.

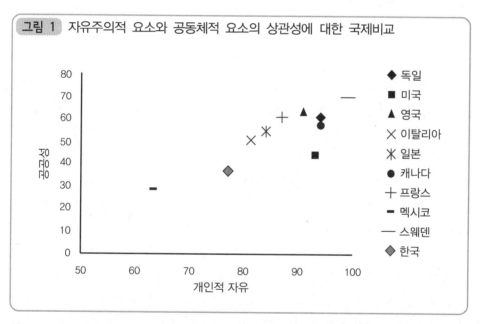

그림 1 자유주의적 요소와 공동체적 요소의 상관성에 대한 국제비교

두 이론의 논쟁에서 공동체주의는 사회적 연대(連帶)의 중요성을 역설하고, 그것의 와해 위험성을 환기시키는 데 기여하였다. 현대 자유주의가 개인을 잇는 띠를 간과함으로써, 불평등을 심화시키고 덕의 상실을 초래하고 있음을 경고하였다. 왈쩌(Walzer, 1986: 144)는 무한정한 권한이나 부의 집중은 필시 타인의 기회를 박탈하는

---

24) 개인의 인권과 존엄성, 프라이버시가 보호되고 숭앙되는 속에서 공동체성은 성숙될 수 있음을 시사한다. 역으로, 공동체적 여건이 성숙될 때 개인의 권리와 자유도 확장될 수 있음을 의미한다.

것으로 귀결된다고 경고한다. 이것은 결국 시장을 장악하고, 공직의 불공정한 매수 같은 부패로 연결되기도 한다. 자유주의는 그래서 소수 지배의 가능성을 열게 될 것이라는 게 공동체주의의 비판이다. 소수의 자의적 지배에 의한 인간 존엄성의 파괴를 무수히 경험하여 왔는데, 좋은 삶을 구현하기 위해서는 사회적 조건을 주목해야 한다고 한다. 공동체적 요건이 충족되지 않는 개인의 자유와 권리는 특권화 되고 정의롭지 못하게 되기 때문에,25) 공동체적 발전을 통해 인간 존엄성을 보호하고 인간의 가치를 향유토록 하자는 뜻이다. 좋은 삶을 위한 발전은 곧 공동체의 형성과 발전을 통해 가능하다고 보는 셈이다.

사회를 인식하는 구도에 있어서 공동체주의는 자유주의가 선호하는 국가와 시장이라는 이분법을 넘어서는 전망과 지향(Wolfe, 1995: 128)을 보여 왔다. 양자를 넘어 공동체를 형성해야 하는 필요성을 조명하였다. 인간은 사회적 본성을 타고 났고, 공동체적 삶을 살아가도록 태어났음을 각인시켜 준다. 인간적이라는 의미와 사회적이라는 의미는 공동체주의자에게 동의어인 셈이다.

그런데, 공동체주의는 역설적으로 스스로 주장하는 공동체 내에서의 권력의 비균질성을 주목하지 못한다(齋藤純一, 2000). 공동체 내에서도 현실적으로 거대한 불평등이 존재하는데, 탈권력적26) 개념을 중시하는 나머지 이에 대한 분석과 처방에는 약하다. 유사하게, 공동체 내에 자유와 다양성을 어떻게 수용할 것이냐는 딜레마도 안고 있다. 공공선과 덕을 중시하는 공동체주의는 공동체의 통합성을 중시하지 않을 수 없다. 그래서 많은 사람들은 공동체주의를 전통적 공동체의 획일주의와 권위주의에 연결시켜 비판을 가하기도 한다.

본질적으로 공동체는 동화/배제의 메커니즘을 내포하고 일정한 정체성(identity)을 속성으로 한다. 이 정체성이 공동체 구성원들로 하여금 외부 세계에 대하여 배타성을 보이고 배척하도록 유인할 수 있다고 비판하는 사람들도 있다. 그런데, 공동체의 정체성이라는 것이 오직 하나의 집합적 정체성에 의해 정의되고 지배되는 것은 아니다. 종교집단, 테니스클럽, 동창회, 이익단체 등 하나의 정체성이 지배하고, 또 외

---

25) 현대의 자유주의는 평등의 문제에 관심을 상대적으로 기울이고 있다. 예컨대, 롤즈의 '차등의 원리'와 노직의 '평등주의적 일반원리'가 그것이다. 불평등은 그로 인한 최하층의 편익이 불평등의 비용보다 클 때에만 정당화 될 수 있다(An inequality is justified only if its benefits to the worst-off is greater than the cost of inequality)(Nozick, 1974: 210).

26) '공동체'가 정치를 대체하는 경향은 공동체주의가 오히려 전제정치가 들어설 수 있는 가능성을 오히려 열어줄 수 있다고 자유주의자들은 비판한다.

부세계를 배척하는 집단도 있기는 하다.[27] 그러나, 우리가 논의하는 공동체란 삶의 극단적 일부분이 아니라 삶의 전체성이 어우러지는 공동체를 지칭하는 것이다. 또, 태생적 조건 혹은 극단적 이념이나 이익으로 외부세계를 배척하거나 기본 가치관이 보편적 가치와 충돌하는 집단은 공동체로 분류할 수 없다. 적어도 인류의 보편적 가치관과 가치를 존중하고, 다원적 구성요소를 존중하며, 외부세계에 대하여 호혜적 관계를 추구하는 집단을 우리는 공동체라 칭할 수 있을 것이다.

자유주의가 공동체주의에 대하여 퍼붓는 가장 극단적 비판은 전체주의화 가능성이다. 20세기 인류에게 가장 강력한 위협은 전체주의였으며, 그 이름이 시사하듯 전체주의는 권위의 한계를 경계 짓지 않고 시민생활의 거의 모든 측면까지 지배하고자 했다(황경식, 1999: 11). 모든 것을 책임지는 정치공동체를 이룩한다는 명분 아래 개인의 자유와 권리를 파괴하고, 가정과 교회, 전통적 결사체까지도 와해시키는 무자비한 폭력을 행사하여 왔다. 공동체주의가 자칫 집합주의와 연루되고, 다시 국가주의와 닿게 되면 전체주의로 귀결될 수 있다는 비판이다. 국가주의와 연루되지 않는 경우라 하더라도, 전체주의적 통제질서를 공동체주의는 잉태시킬 수 있다는 내용이다.

그런데, 공동체주의가 추구하는 공동체는 비국가적 공동체라는 사실이 자유주의의 비판에는 간과되어 있다. 자유주의 못지않게 공동체주의는 국가의 비민주적 권력행사를 경계한다. 공동체주의가 중시하는 공공권역(public sphere)은 국가의 공식성과 다른 개념이다. 그것은 공동체의 담론을 형성하는 시민사회와 오히려 유사한 개념이다.[28] 그래서 공동체주의자들은 공공성이 갖는 공권력과의 혼돈 가능성을 피하고자, 비판적 공공성이나 민주적 공공성 혹은 시민적 공공성이란 표현을 자주 사용한다.

자유주의 역시 20세기 들어와 부당한 비판의 표적이 되곤 했다. 경제적 자유주의가 신자유주의라는 이름으로 대세를 이루게 되었고, 이 때문에 공동체주의로부터 부당한 비판을 받아야 했다.[29] 자유주의는 그것이 태동될 때의 역사적 기여[30]와 단절

---

27) 거대 종교집단, 아파트 주민회가 자폐적 이익보호에 몰입하는 양상을 목격한 사람들 가운데 이러한 공동체의 개념 자체에 거부감을 보이는 사례가 나타난다.

28) 자유주의는 전통적인 국가-사회라는 이분법적 구도(Keane, 1988)에서 발아하여 장구한 이론적 진화를 통해 발전해 왔다. 이에 비해 공동체주의는 국가-시장-시민사회라는 삼각 구도(Cohen and Arato, 1992)를 넓은 각도에서 전제함으로써, 시민사회를 시장에 포함시키는 난점을 극복하고 시민사회의 중요성을 조명하고 있다.

29) 공동체주의 역시 산업사회 이전의 전통적 공동체가 갖는 권위적 성격과 부정적 요소들을 연상하는 논자들로부터 부당한 비판을 받아왔다.

30) 카스트나 계급, 신분이나 서열, 관습이나 전통, 타고난 지위로 운명이 정해진다는 정치론에 대하여 자유주의는 해독제 역할을 수행하였다(Sandel, 2010: 309).

된 채, 시장(市場)과 경쟁 그리고 개인주의를 변호하는 정치경제적 이념으로 비판받는 처지가 되고 말았다.[31] 자유주의가 20세기 자본주의와 결합하는 과정에서, 변형된 것이다. 현대 자본주의는 봉건질서나 농경사회 혹은 역사적으로 존재했던 그 어떤 사회체제보다도 '개인'을 단위로 한다. 이 점에서 자유주의와 일치한다. 심지어는 대규모 조직도 개인의 자유와 행동, 권리를 기반으로 작동한다. 자본주의와 자유주의의 이러한 결합이 민주주의에 기여한 측면이 있기는 하지만(이근식, 2009: 129), 적어도 최근 자유주의가 강조하는 경제적 시장과 경쟁 그리고 개인주의는 역사적으로 자유주의가 기여한 바에 비하면 부박한 것이다.

상황적으로 보면, 20세기 후반의 이러한 상태가 공동체주의의 대두 배경이 되었다. 서구에서 시장(市場)의 무자비한 지배에 대한 반성과 개인 간 관계의 해체에 따른 삶의 질 저하를 배경으로 나타났다. 샌델(Sandel, 2008: 10)에 따르면, 자유주의적 개인주의가 너무도 일반화 되어 대부분의 공적 담론에서 지배력을 보유한 정통이론으로 군림하는 토양 위에 공동체주의가 태동되었다. 시장과 경쟁, 방임적 자유주의, 개인의 권리, 중립성의 존중을 전제로 국가의 역할이 대안으로 숭배되는 세파 속에서 공동체의 회복을 주창한 것이었다. 자유주의는 사회적 제도 차원에 있어서는 시장(市場)을 선호하는데, 시장에 존재하는 합리적 개인들은 공익을 보호할 인센티브를 갖지 않고 있다. 이러한 특성 때문에 개인 간에 존재하는 자유와 권리조차도 깨지기 쉬운 상태에 놓이게 된다. 이 속에서 공동체주의는 더 나은 공적 삶을 위한 대안의 메시지를 던지려 하였다.

마지막으로, 인식론적 차원에서 공동체주의는 도덕적 상대주의로 흐를 위험성이 있다고 경고되어 왔다. 특정 공동체가 규정하는 것은 무엇이든 정의가 될 수 있다는 상대론적 견해를 암시하는 느낌이 있기 때문이다(Sandel, 2010: 309). 이러한 가능성은 자칫 현상의 유지 논리에 봉사하는(Sutch, 2001: 172) 보수화에 기여할 가능성에 닿아 있다. 정의를 보편적 원리의 문제가 아니라, 문화적 해석에 관한 문제로 보는 것은 상대주의의 위험성을 안고있는 것이다.

2. 자치공동체에 대한 함의

첫째, 우선 공동체주의는 공동체의 형성을 강조한다는 점에서 지방자치와 조우한다. 딜래니(C.F. Delaney)는 공동체주의자를 전체사회의 통일적 이상을 지향하는 총체

---

31) 이런 의미에서 Bruce Ackerman 같은 자유주의의 거장은 스스로 자유주의자로 분류되는 것을 사양하고 있다.

적 공동체주의와 진정한 공동체의 미덕을 구현할 수 있는 지역적 공동체주의로 구분한다(Delaney, 1994). 어떤 사회 내의 전체 구조에 대한 변혁이론들에 대한 관심이 줄어들고, 사회변화를 위한 총체적 전면전의 시도가 위축된 시기일수록 지역적 공동체주의자들[32]의 입장은 주목을 받는다. 딜래니의 이러한 구분과 지역적 공동체주의에 대한 관심은 현대의 어떠한 거대담론도 사회문제의 해결에 궁극적 해답을 제시하는 대안이 될 수는 없다는 인식을 딛고 있다.[33]

둘째, 공동체주의와 자유주의의 논쟁에서 두 이론이 접점을 이루는 부분은 '자치공동체'라는 지점이다. 자유주의는 태생 단계부터 국가주의에 대한 거부감을 내포하여 왔고, 국가에 의한 공공성의 독점을 해체하며 개인의 자치권을 핵심 요소로 주장하여 왔다. 개인이 보유하는 자기결정권 곧, '자치권'을 매우 중시하는 것이다. 공동체주의자들이 말하는 공동체 역시 어디까지나 비국가적 공동체다(齋藤純一, 2000: 27). 상대적으로 자유주의는 개인의 자치권을 강조하고, 공동체주의는 시민사회적 자치를 옹호하는 것이 다른데, 양자는 자치공동체에서 공통분모를 갖고 있다. '자치'에서 일치하면서, 개인과 공동체에 대한 강조점에 상대적인 차이가 날 뿐이다. 공동체를 구성하는 단위에 대한 강조점이 상이하긴 하지만, 마치 주민자치와 단체자치 사상처럼 자치공동체를 지향하는 이론으로서 접점이 찾아질 수 있다. 자유주의가 중시하는 '왜곡된 사회'이전의 자아와 사회, 그리고 공동체주의가 추구하는 '탈출'이후의 좋은 사회가 자치공동체라는 지점에서 만날 수 있다.

공동체주의와 자유주의가 서로 상대방의 잠재적 위협으로 간주하는 요인을 최소화하는 방책으로써도 두 이론은 자치공동체에서 만난다. 자유주의는 공동체주의와 국가주의의 결합을 우려하고, 공동체주의는 자유주의의 원자화 된 개인주의를 우려하기 때문이다.[34] 다만, 자유주의는 분권의 단계에 초점을 맞추고, 공동체주의는 공동체의 형성 단계에 강조점을 두는 점이 차이가 날 뿐이다(이종수, 2008: 4).

셋째, 자유주의와 공동체주의는 모두 국가권력의 적합한 범위와 한계를 성찰하는 데 근본적인 관심을 기울인다(Walzer, 1995: 66). 자유주의는 개인이 보유하는 권리의

---

32) 공동체주의의 일반적인 두 가지 구분, 곧 강경 공동체주의와 온건 공동체주의 가운데 이는 온건 공동체주의에 해당한다고 볼 수 있다. 강경 공동체주의는 공동체의 구성원이 되는 것을 선한 생활과 동일시하며, 개별적 구성원의 정치적 권리를 거부한다. 온건 공동체주의는 이에 비해 공동체 생활을 선한 삶으로 인도할 수 있는 통로로 보며, 개별적 구성원의 권리를 인정한다. Andrew Mason과 Allen E. Buchanan의 입장이 이를 대변한다.
33) http://en.wikipedia.org
34) 공동체주의는 자유주의의 산물인 시장에 대해 우려하고, 공공성을 담보해줄 수 있는 중간 형태의 공동체들이 파괴되는 것을 우려한다.

우선성에 입각하여, 국가권력의 억제와 개인의 권리와 자율에 초점을 맞춘다. 이러한 점에서 자유주의는 역사적으로 분권 사상을 내포하여 왔다. 지방분권 사상이 John Stuart Mill(1861: 346), De Tocqueville(1956: 30), H. Laski(1989: 155) 등 자유주의 이론가들에 의해 발전되어 온 것은 이를 증명한다(이종수, 2002: 41). 공동체주의 역시 비국가적 시민사회를 일차적인 관심의 대상으로 천명한다. 매킨타이어는 '현대국가는 진정한 공동체가 되기 위해 필수적인 공통의 도덕적 신념을 견지하지 못하는 단위이고, 가족 종족 이웃 등과 같은 소규모 사회만이 진정한 공동체가 될 수 있다'고 지적하고 있다.

국가의 적합한 관여 수준에 대한 자유주의와 공동체주의의 성찰은 공적 영역 (public sphere)에 대한 강조로 귀결된다. 공적 영역은 초정치적 혹은 전(前) 정치적 성격을 띠어, 권력이 지배하는 정치의 개입 없이 이성적 담론을 통해 사회적 합의가 도출되도록 하여준다. 테일러는 공적 영역을 공론의 장으로 정의한다. 사회의 구성원들이 다양한 미디어를 통해 소통할 수 있는 공유공간으로 정의하는 것이다(Taylor, 1995: 185). 이 곳을 통해 구성원들은 공동의 관심사를 논의하고, 합의를 형성해 갈 수 있다. 공적 영역은 사회의 중간형태의 공동체들에 의해 강화될 수 있다. 자유주의는 개인들이 자발적 의사로 합의과정을 통해 결사체를 구성하는 과정을 중시하고, 공동체주의는 공공성35)을 담보해줄 수 있는 중간 형태의 공동체들이 파괴되는 것을 강력히 견제한다.

현실적으로 많은 경우에 있어 자유주의와 공동체주의는 하나의 결합물로 대안화되고 있다. 공동체의 도덕적 중요성을 인식하면서 동시에 인간의 자유를 존중하는 이념과 사회체제를 모색하는 것이다(Sandel, 2010: 309). '공동체적 자유주의', '상생적 자유주의', '느슨한 연대' 등은 양자가 결합되어야 할 필요성을 보여주는 사례들이다. 자치를 기반으로 공동체가 형성되어야 하며, 공동체적 여건의 성숙 없이는 자치 또한 불가능하다는 인식이 확산되고 있는 중이다.

IV. 맺음말: 한국의 상황

공동체주의를 자유주의와의 논쟁 속에서 파악하려 할 때, 한국사회에서 심리적 저항이 나타날 수는 있다. 자유주의를 제대로 꽃피워보지 못한 사회에서 자유주의에

---

35) 공공성에 대해서는 Habermas(1992: 27)를 참조할 것.

대해 비판을 가하고 극복을 모색하는 것에 대한 거부감이다. 1945년까지 '자유'는 한국인에게 민족의 해방을 의미했고, 1970년대까지도 자유는 대부분 '반공'을 의미했다. 그 후 1980년대 혼란을 거쳐 1990년대 들어와 신자유주의의 물결을 맞았다. 이러한 관점에서 공동체주의에 대한 한국사회의 반응을 생각해보기로 하자.

1. 공동체주의와 자유주의에 대한 한국사회의 반응

<그림 1>은 공동체주의 요소와 자유주의 요소가 모두 한국사회에서 발전단계에 있음을 시사한다. 자유주의가 충분하지 않은 이상으로 공동체주의 역시 미흡한 실정이라 하겠다.[36] 이 그림은 '서구가 자유주의 성향이 강하고, 한국에는 공동체주의 성향이 강하다'는 주장이 타당하지 않음을 의미한다. 이러한 오해는 한국에서 공동체주의에 대한 부당한 거부감으로 직결되곤 한다. 공동체주의가 이야기 하는 '공동체'를 전통적 소집단이나 연고적 집합주의와 혼동하기 때문이다.

전통적 소집단과 집합주의가 강한 한국에서는 근대화가 자유주의적 개인주의의 확산을 의미했다(Sandel, 2008: 10). 과거의 폐쇄성이나 권위주의로부터(from) 탈출하려는 욕구가 강한 만큼, '좋은 사회'를 향한(to) 논의는 위축될 수밖에 없고 현대적 의미의 공동체주의는 부당한 거부감에 직면하게 된다. '개인의 발견'을 향한 욕망이 강렬한 한국사회에서 공동체주의에 대한 부당한 거부감을 제거하고 균형 있는 논의를 전개하기 위해서는 집합주의와 전통적 공동체로부터 현대적 공동체주의를 식별할 필요가 있다.

우선, 집합주의와 공동체주의를 구별할 필요가 있다. 한국사회에 강력하게 존속하는 집합주의 문화는 현대적 의미의 공동체성과는 거리가 멀다. 집합주의는 역사 문화적 전통 속에서 배태된 소집단주의로, 근대 이후 외세에 대한 저항으로서의 정치적 성향이 내재된 현상이라 할 수 있다. 연고적 요소로 강력히 결합된 집합주의는 개인의 자유를 억압하고, 자발성을 수용하는 공간이 작다. 집합의 단위를 넘어서는 타자에 대하여는 '사이'를 존중하는 공공성이 부족하고, 배타성을 강하게 띤다. 집합의 내에서는 개인의 권리와 프라이버시가 충분히 인정되지 않고, 집합의 밖에 대하여는 공공성이나 약자에 대한 배려가 미흡하다.

집합주의는 현대 공동체주의가 추구하는 민주적 덕성이나 공공선의 추구와 거리

---

36) 한국 사회의 개인에 대한 저조한 관심을 서구 사회와 대비시켜 공동체 중심의 문화로 해석하는 것은 논리적 비약이다. 개인에 대한 관심이 저조한 반면, 그것이 공동체의 미덕으로 표출되지 못하고 집합주의로 귀결되는 경향이 크다.

가 멀다. 집합주의 하에서는 고립적인(disembedded) 개인이 충분한 영역을 확보하기 어려워, 의무론적이고 절차적인 자유도 확보하기 어렵고 목적론적 가치통합을 주장하는 공동체주의 요소도 만개하지 못한다. 집합주의는 결국 개인의 자유와 권리를 변론하는 자유주의의 토대를 견고하게 하지도 못하고,[37] 민주적 공동체주의를 수용하고 착근시키는 데에도 일정한 걸림돌로 작용을 하는 셈이다.

유교문화에 바탕을 둔 한국의 전통적 공동체의 잔영은 집합주의와 상당 부분 연루되어 있다. 전통적 공동체의 비민주성과 폐쇄성에 대한 거부감이 민주적 공동체주의에 대한 거부감으로 귀결된다는 점을 상기하면, 두 가지의 식별은 중요하다. 현대 한국사회는 전통적 유교질서와 현대적 민주주의가 결합된 유교식 민주주의적 특징을 보여주고 있다. 유교 민주주의에 내포된 전통적 공동체는 몇 가지 점에서 현대적 공동체와 상이하다. 권위주의와 비자발성이 대표적 차이다. 권위주의는 수직적 사회윤리에 대한 순응을 강요할 수 있고, 비자발성은 규범의 과도한 지배와 직결되어 있다. 이러한 권위주의와 비자발적 폐쇄성은 인권과 자유 그리고 권리 같은 보편적 자유주의 덕목들을 소홀히 하여 현대적 공동체로 나아가기 위한 공공성의 형성을 저해할 수 있다.

유교식 민주주의 체제는 긍정적인 요소를 내포하고 있으나,[38] 그것이 상정하는 도덕적 혹은 이타적 리더십이 사라지게 되면 독재나 권위주의체제로 타락할 가능성이 농후하다. 만일, 민본(民本) 내지 위민(爲民)의 이상을 포기하고 권력이 사적인 이익추구에 탐닉하면, 유교식 민주주의의 가치는 인정받을 여지를 잃게 되고 만다. 이러한 위험을 회피하기 위해서는 도덕적 리더십에 대한 기대를 충족시키고, 구성원들의 의사가 충분히 모아질 수 있는 담론의 통로를 확보하는 일이 중요하다. 전통적 규범에 대한 맹목적인 긍정을 지양하고, 민주적 공동체의 덕목을 모색해야 하는 과제라 하겠다.

2. 자치 공동체의 회복 방향과 실천과제

자치 공동체의 관점에서 한국사회에 대한 조명과 실천과제의 정리이다. '지방' '자치'를 추진하기 위해서는 '분권(지방화)'과 자치가 모두 필요한 요소이지만(김석태,

---

37) 그것은 반공을 위해 양보될 수 있는 허약한 자유였고, 국가주의와도 언제든 결합될 수 있는 자유주의에 불과했다고 비판할 수 있다. 해방 이후 한국에서 자유주의는 정치적으로는 반공, 독재를 의미했고 경제적으로는 정경유착과 노동유착을 의미했다. 이승환, "한국에서 자유주의-공동체주의 논의는 적실한가?",「철학연구」, p. 68.

38) 예를 들면, 사회적 의사결정의 비용을 절약할 수 있다.

2008: 177), 상대적으로 한국사회에서 자치가 발아하지 않고 있는 사실을 지적할 수 있다. 이는 분권화가 정부 내부의 분권화 곧, 중앙정부에서 지방정부로의 분권화에 치중해서 논의되는 것으로는 충분하지 않다는 사실을 의미한다(전상경, 2006: 325). 지방정부에서 지역사회로의 분권화, 다시 말해 자치공동체로의 분권화가 궁극적으로 지방자치의 구현에 있어 중요하다는 사실을 뜻한다. 지역사회 차원의 공동체를 복원하는 일이 결국은 한국에서 지방자치를 성숙시키는 가장 중요한 과제라 할 수 있다. 이러한 원칙에 따라 공공성을 확대하고 공동체적 덕성을 함양하는 일이 매우 중요한 실천과제이다. 자치 공동체의 구성원들이 개인의 울타리에서 나와 공동의 공간에서 만날 수 있도록 학교, 공원, 도서관, 민회(民會), 보건소, 공유재산(박경돈·박민정, 2010: 203) 등을 확충하고, 여기서 공공선이 형성될 수 있도록 기회를 제공하는 일이 긴요하다.

자치 공동체의 강화를 위해서는, 강력한 국가주의를 억제하고 지역사회 내의 중간집단을 육성하는 것이 필요하다. 국가주의(장용석, 2010: 8)는 개인의 정체성이 국가에 의해 압도적인 영향을 받고, 개인의 권리와 자유가 국가의 권위에 비해 왜소한 현상을 지칭하는 상대적 개념이다. 이른바 민주화 이후에도 과도한 정치권력의 개입, 국가의 규제, 정부주도의 산업정책과 관치금융, 국가에 대한 의존 의식은 강력히 남아있다.[39] 이에 비례하여 지역사회 내지 시민사회는 느린 성장을 하고, 이에 비례하여 공공권역(public sphere)은 취약한 수준에 머물게 된다.

공동체주의가 비국가적 공동체에 주목하고, 국가주의에 동의하지 않는다는 사실은 위에서 지적한 바와 같다. 국가-공동체-개인의 관계에서 어느 극단의 일방적 지배가 초래하는 폐단을 공동체주의는 우려한다. 국가 역시 압도적 지위를 점유하기보다는 공동체와 개인의 역할을 강화하고 지원해주는 패러다임의 전환이 필요한데, 이는 자치 공동체의 강화를 통해 구현될 수 있다. 자치 공동체를 강화하는 하나의 방안은 중간집단(이민창, 2008: 151)을 강화하는 것이다. 일본 동경의 23개 구 가운데 하나인 세타가야 구는 시민들로 구성되는 주민협의회를 다양하게 만들어 이러한 목표를 실현한 사례이다. 중간집단이란 주로 주민협의회를 의미했다. 세타가야 구는 주민이 주체가 되는 마치즈쿠리[40]를 위해 주민들로 이루어진 협의체를 형성토록 전략적

---

39) 시장(市場)과 경쟁중심의 정부정책도 한국사회의 공동체성을 파괴시키는 데 일조하였다. 현대적 공동체와는 상이하지만, 한국은 공동체중심의 사회문화적 토양을 다분히 보유하고 있는 상태였다. 이러한 토양과 충돌하는 정책을 일방적으로 수입하여 강요하여 온 면이 있다.
40) 마을 만들기, 동네 만들기로 번역될 수 있다.

으로 지원하여 성공한 바 있다(곽현근, 2008: 142).[41] 영국은 지방정부에 대하여 Audit Commission이 평가를 수행할 때, 지역사회에 공공성을 확산시키기 위하여 얼마나 약속을 준수했는지 평가하고 있다. 자치공동체를 강화하는 이러한 노력들이 결국은 '좋은 사회'를 위해 어디로(to) 나아가야 할지를 모색하는 데 기여한 것으로 평가된다. 한국에 있어서도 다양한 중간집단, 주민협의회, 마을 만들기를 촉진하는 것이 가장 강력한 분권화의 수단이자 아름다운 자치공동체를 만드는 매개가 될 수 있을 것이다.

참고문헌

강성철·이기영·이종식·김도엽. (2006). "부산의 지속가능성 분석: '부산의제21'을 중심으로". 「지방정부연구」, 10(1): 241 – 265.

곽현근. (2008). 현대 지역공동체의 의의와 형성전략. 이종수(편). 「한국사회와 공동체」, 서울: 다산출판사.

김선욱. (2008). 「공동체주의와 공공성」, '서문', 서울: 철학과 현실사.

김석태. (2008). "지역간 정의와 분권 및 분산 정책간 선택: 정책 실무자의 인식을 중심으로". 「지방정부연구」, 12(1): 177 – 196.

박경돈·박민정. (2010). "지방자치단체 담장허물기 사업의 정책효과 분석". 「지방정부연구」, 14(1): 203 – 223.

박종훈. (1998). "공동체주의적 자유주의와 자유주의적 공동체주의". 「윤리연구」. 제40호, 한국국민윤리학회, 213 – 241.

박호성. (2009). 「공동체론」. 효형출판.

송태수. (2003). "지역사회 내 생활환경의 만족도 차이에 관한 연구: 성남시를 중심으로". 「한국지역개발학회지」, 15(2).

이근식. (2009). 「상생적 자유주의」. 서울: 돌베개.

---

41) 구청의 지원노력에 대부분의 주민들은 초기 '옛날 동네 조직을 다시 만들 필요가 없다'는 반응을 보였다. 주민참여를 지원하던 구청 공무원은 "동네 사람들과 융화하기 전 약 1년 동안 우리는 '두더지 때리기' 게임의 두더지가 된 기분이었다"고 술회할 정도였다. 구청 직원들의 진지한 노력을 확인하면서 주민들의 신뢰가 싹텄고, 주민들의 참여에 도화선이 마련되었다. 주민협의체가 만발하여 약 160개의 주민협의체가 만들어져 활동하고 있다. 현재 세타가야 구는 일본에서 주민참여와 제안으로 다양한 발전을 이룬 성공적 사례로 평가되고 있다(곽현근, 2008: 143).

이민창. (2008). "우리나라 자원봉사 연구의 경향분석". 「지방정부연구」, 12(1): 151－175.

이종수. (2002). 「지방정부이론」. 서울: 박영사.

＿＿＿＿. (2008). "공공성과 지역공동체". 살기좋은 지역공동체학회 학술대회 발표논문. 2008년 2월 15일. 서울대학교 Engineer House.

장용석. (2010). "국가주의와 개인주의: 갈등사회를 넘어 열린사회로". 연세대학교 국가관리연구원 2010년 연례학술회의 발표논문집.

전상경. (2006). "재정분권화와 연성예산제약 및 지방재정규율". 「지방정부연구」, 10(1): 325－341.

정용덕. (2001). 「현대국가의 행정학」. 서울: 법문사.

정용화. (1999). "유교와 인권: 유길준의 '인민의 권리'론". 「한국정치학회보」, 33(4): 63－81.

조경련·김영기. (2008). "우리나라 주민소환제 운용에 관한 연구". 「지방정부연구」, 12(1): 197－220.

최병두. (2006). "살기좋은 도시를 위한 지역공동체 복원 방안". 「지리학연구」, 40(4): 513－528.

Arendt, Hannah. (2010). *The Human Condition.* 이진우·태정호(역). 「인간의 조건」. 한길사.

Cohen, Jean & Andrew Arato. (1992). *Civil Society and Political Theory.* Cambridge, Mass.: The MIT Press.

Godwin, Wiliam. (1793). *An Enquiry Concerning Political Justice, and Its Influence on General Virtue and Happiness.* London: G. G. J. and J. Robinson.

Gutman, Amy. (1994). Communitarian Critics of Liberalism. Markate Daly(ed.). *Communitarianism.* Belmont, Cal.: Wadsworth Publishing Company.

Habermas, Jurgen. (1992). *Structural Transformation of the Public Sphere.* MIT Press.

Keane, John. (1988). *Democracy and Civil Society.* London: Verso.

Kymlicka, Will. (2002). *Contemporary Political Philosophy.* 장동진 역. 「현대 정치철학의 이해」. 서울: 동명사.

MacIntyre, A. (1981). *After Virture: A Study in Moral Theory.* Duckworth.

Mason, Andrew. (1993). "Liberalism and the Value of Community." *Canadian*

Journal of Philosophy. 23(2). 215−239.

Mulhall, Stephen & Adam Swift. (1994). *Liberals and Communitarians.* Oxford: Blackwell.

Nisbet, Robert. (1969). *The Quest for Community.* Oxford: Oxford University Press.

_____. (1970). *Social Bond: An Introduction to the Study of Society.* New York: Alfred A. Knopf.

Nozick, Robert. (2003). *Anarch, State and Utopia.* 남경희(역). 「아나키에서 유토피아로」. 서울: 문학과 지성사.

Offe, C. (2000). "Civil Society and Social Order: Demarcating and Combining Market, State. and Community." *European Journal of Sociology.* 41(1): 71−94.

Sandel, Michael J. (ed.). (1984). *Liberalism and Its Critics.* Oxford: Basil Blackwell.

_____. (2008). *Liberalism and Unencumbered Self,* 다산 기념 철학강좌 9. 「공동체주의와 공공성」, 철학과 현실사.

_____. (2010). *Justice.* 이창신(역). 「정의란 무엇인가」. 김영사.

Sutch, Peter. (2001). *Ethics, Justice and International Relations : Constructing an International Community.* Routledge.

Taylor, Charles. (1985). Alternative Futures: Legitimacy, Identity and Alienation in Late Twentieth Century Canada. Alan Cairns and Cynthia Williams. (eds.). *Constitutionalism, Citizenship and Society in Canada.* Toronto: University of Toronto Press. 183−229.

_____. (1995). Liberal Politics and the Public Sphere. Amitai Etzioni (ed.). *New Communitarian Thinking: Persons, Virtues, Institutions and Communities.* The University Press of Virginia. 183−217.

Tocqueville, Alexis. (1968). *Democracy in America.* London: Fontana.

Walzer, Michael. (1986). Justice Here and Now. Frank S. Lucash (ed.). *Justice and Equality Here and Now.* Ithaca: Cornell University Press.

_____. (1995). Critique of Liberalism. Amitai Etzioni (ed.). *New Communitarian Thinking: Persons, Virtues, Institutions and Communities.* The University Press of Virginia. 52−70.

Wolfe, Alan. (1995). The Quest for Community. Amitai Etzioni (ed.). *New Communitarian Thinking: Persons, Virtues, Institutions and Communities.* The University Press of Virginia. 126−140.

World Bank. (2000). *Entering the 21st Century.* World Development Report. 1999/2000.

▶ ▶ ▶ 리뷰

조정래(이화여자대학교 행정학과)

1. 서론

　지방자치는 단체자치와 주민자치라는 두 측면을 가진다. 단체자치는 중앙정부와 지방정부 사이의 관계, 즉 중앙정부로부터 지방정부로의 분권화를 강조하며 주민자치는 지역의 문제를 주민 스스로 정의하고 해결하는 자치를 강조한다. 지방자치를 실현하기 위하여 지방정부는 자치권을 가져야 하며 주민은 정책결정 및 집행과정에 적극적으로 참여하여야 한다. 분권화와 주민참여를 통한 자치는 지방자치의 핵심요소이다. 그러나 지난 20여 년 동안 우리의 지방자치는 주로 단체자치의 측면을 강조하여왔다. 중앙정부의 권한을 지방정부에 이양하는 제도적 장치에 많은 관심을 가져왔다. 분권화를 통한 지방자치의 발전을 도모하여 왔다고 할 것이다. 그 결과 상대적으로 주민자치 부분에 대한 관심이 부족하였다. 따라서 이제는 다음과 같은 연구질문에 관심을 가져야 할 것이다. 중앙정부로부터 부여 받은 자치권을 어떻게 주민에게 나누어 줄 것인가? 어떻게 주민들을 정책결정 및 집행과정에 참여 시킬 것인가? 지역공동체를 어떻게 형성·발전시켜 나갈 것인가? 즉, 지역공동체 형성(community building), 지방정부로부터 주민에게로 권한 이양, 주민참여 같은 부분에 이론적이고 실천적인 연구 노력을 기울여야 할 것이다.

　지역 주민들이 상호 협력적 관계를 유지하면서 지역의 문제를 스스로 정의하고 해결하는 주민자치는 지방자치의 최종 목적지이다. 주민자치를 위하여 지역공동체의 활성화는 필수불가결하다. 그러나 공동체가 무엇이며 공동체가 왜 필요한지, 왜 국가나 개인이 아니고 공동체가 사회문제 해결자로 적합한지, 왜 자치를 하고 분권을 해야 하는지 등 지방자치, 주민자치, 지역공동체와 관련된 근본적 질문에 대한 논의는 부족한 형편이다. 이종수의 논문 "공동체주의 이론의 부상과 자치공동체에 대한 함의"는 이러한 근본적인 질문에 해답을 제시하고자 노력한다. 공동체주의와 자유주의 이론의 비교를 통하여 공동체주의에 대한 깊은 이해를 제공하고 있을 뿐만 아니라 공동체주의와 자유주의의 재해석을 통하여 지역공동체 형성과 필요성의 이론적 근거를 제시한다. 이종수의 논문을 통하여 독자들은 자치와 공동체에 대한 충분한 이해가 가능할 것이며 우리 사회의 지방자치 성숙을 위한 방안을 모색할 수 있을 것이다.

2. 논문의 주요 내용

지역공동체를 중심으로 하는 주민자치는 지방자치의 핵심적 내용이다. 따라서 지방자치를 이해하기 위해서 공동체에 대한 이해가 필요하다. 이를 위하여 이종수는 공동체주의와 자유주의를 비교한다. 공동체주의와 자유주의는 각 이론의 강조점, 인간관, 국가관, 공공선에 대한 이해에서 뚜렷한 차이를 보인다. 자유주의가 국가권력으로부터 독립된 인간, 즉 개인의 자유와 권리를 강조한다면 공동체주의는 좋은 사회의 요건을 강조한다. 인간관에 있어서도 자유주의는 개인이 속한 사회와 상황에 앞서 존재하는 무연고적 자아로, 공동체주의는 사회적 상호작용, 관행, 현실, 전통에 의하여 규정되어지는 연고적 자아로 인간을 이해하고 있다. 공공선에 있어서 자유주의는 기본적으로 공공선을 인정하지 않으며, 인정한다고 하더라도 개인의 선호에 의해 사회적 선호가 형성되고 사회구성원의 이익이 극대화되는 것을 공공선으로 본다. 이에 반해 공동체주의는 공동체가 선호하는 가치의 존재를 인정하고 이를 추구한다. 국가관에 있어서 자유주의는 개인의 자유와 권리를 최고의 가치로 생각하고 이에 위협이 되는 국가에 대하여 부정적 시각을 가지고 있다. 자유주의가 국가를 인정한다면 이는 사회적 가치에 대하여 중립적인 국가이다. 국가가 어떤 가치를 선호하고 국가가 선호하는 가치를 개인에게 강요해서는 안 된다는 것이다. 이에 반하여 공동체주의에서 국가는 공공선을 위하여 국가의 맡은 바 역할을 수행해야 한다고 인식한다. 공동체주의는 좋은 사회를 위한 국가의 역할을 기대하는 것이다. 이처럼 개인의 자유와 권리를 강조하는 자유주의와 공공선, 좋은 사회를 강조하는 공동체주의는 이론적으로 뚜렷한 차이를 보인다.

자유주의와 공동체주의의 이론적 차이에도 불구하고 이종수는 두 이론의 재해석을 통하여 둘 간의 보완적 관계와 공통점을 제시한다. 개인적 자유주의는 사회적 불평등의 심화, 사회구성원 간의 관계 단절이라는 사회적 문제를 야기하고 이로 인한 공동체의 와해는 자유주의 최고 가치인 개인의 자유와 권리마저도 위협하게 된다. 이와 같은 사회적 상황은 최종적으로 개인의 삶의 질 저하로 귀결된다. 이러한 사회문제를 해결하기 위하여 공동체주의는 좋은 사회, 좋은 삶을 위한 대안으로 공동체 회복을 주장한다.

자유주의는 국가의 억압으로부터 개인을 자유롭게 하며 공동체주의는 국가로부터 자유로워진 개인에게 좋은 사회, 좋은 삶의 조건을 제시하여 준다. 자유주의라는 이론적 토대 위에 개인의 자유와 권리가 보장되고 공동체주의라는 이론적 토대 위에 인간과 인간 간의 관계가 회복되어진다. 즉, 자유주의는 관계, 배려, 돌봄과 같은 인간의 사회적 관계에 대한 설명이 부족하며 공동체주의는 개인의 자유, 권리에 대한 설명이 부족하다. 따라서 자유주의와 공동체주의는 서로의 부족한 부분을 보완할 수 있다.

자유주의와 공동체주의는 보완관계뿐만 아니라 공통점도 가지고 있다. 자유주의는 국가로부터 독립된 개인의 자기결정권, 즉 개인의 자치권을 강조한다. 공동체주의에서 주장하는 공동체는 비국가적 공동체로서 지역공동체, 시민사회를 통한 자치를 강조한다. 자유주의와 공동체주의는 '자치'라는 교차점에서 서로 만나며 자치의 주체는 국가가 아니다. 이처럼 자유주의와 공동체주의는 서로 보완관계에 있을 뿐만 아니라 국가가 아닌 다른 주체에 의한 자치라는 공통점을 가지고 있다. 즉, 자유주의와 공동체주의라는 두 이론을 바탕으로 자치공동체는 그 목적과 필요성에 있어 보다 견고한 논리적 토대를 갖추게 된다.

공동체주의는 국가주의, 집합주의, 전통적 공동체와 구별된다. 공동체주의에서의 공동체는 비국가적 공동체이며 국가 권력을 경계한다. 공동체주의에서 강조하는 공적영역(public sphere)은 국가의 공권력이 작용하는 곳이 아니라 담론이 형성되는 곳이다. 공적영역은 공동체 구성원의 공동 관심사가 논의되고 담론을 통해서 사회적 합의가 도출되는 공론의 장이다. 집합주의는 집단 구성원 개인의 자유를 억압하고 집합의 경계를 넘어 존재하는 타자에 대한 배려와 이해가 부족하다. 집합주의에서는 타자에 대한 배려, 관심, 이해가 부족하므로 공동체 구성원이 공유할 수 있는 공간, 즉 담론의 장이 형성되기 어렵다. 전통적 공동체는 권위주의와 비자발성이라는 특징으로 인하여 공동체주의와 구별된다. 전통적 공동체 구성원은 수직적 사회윤리와 공동체 규범을 조건 없이 수용해야 하며 이를 미덕으로 여긴다. 이러한 국가주의, 집합주의, 전통적 공동체는 공동체주의가 주장하는 민주적 공동체와 전혀 다른 모습이다. 민주적 공동체는 개인의 자유, 권리가 존중되면서 공동체의 공공선을 위해 구성원 간의 존중과 배려, 더 나아가 공동체 외부의 타자에 대한 배려까지 포함한다.

이종수는 지방자치 실현을 위한 실천방안으로 공동체 구성원이 공공의 공간에서 만날 수 있도록 공적영역의 확대가 필요하며 이를 위한 방안으로 지역사회 내 중간집단의 육성을 강조한다. 주민협의회 같은 중간집단의 적극적 활동을 통하여 지방자치의 실현이 가능하며 이는 공동체주의가 추구하는 좋은 사회로 연결될 수 있다는 것이다.

3. 지역공동체 실현을 위한 노력과 향후 연구에 대한 제언

지방자치에서 지역공동체의 중요성을 인식하고 이를 제도적으로 활성화하려는 노력이 나타나고 있다. 「지방분권 및 지방행정체제개편에 관한 특별법」제27 – 29조는 주민자치회의 설치, 기능, 구성에 관한 규정을 구체적으로 명시하고 있다. 현재 행정자치부는 31개 읍면동을 선발하여 주민자치회 시범사업을 실시하고 있으며, 주민자치회의 성과에 대한 연구가 진행되고 있다. 또한 공동체주의에서 강조하는 공동체의 좋은 삶에 대한 연구도 '커뮤니티 웰빙'이라는 이름으로 이루어지고 있는데 이 연구들은 지역주민 복지의 구성요소 및 결정요인에 관하여 탐색한다. 이종수의 논문이 지역공동체, 주민자치의 이론적 토대를 견고하게 하는 연구라면 주민자치회, 커뮤니티 웰빙과 관련된 일련의 연구들은 지역공동체, 주민자치의 실현을 위한 실천적 방안을 탐색하는 성격이 강하다고 할 것이다.

지역공동체, 주민자치와 관련된 향후 연구에 대해서 두 가지를 언급할 수 있다. 첫째는 우리의 지방자치에 적합한 중간집단의 개발과 운영방법에 관한 실천적 연구이다. 공적영역의 확대를 위하여 다양한 형태의 중간집단 및 운영방법을 실험하고 우리 사회에 적합한 중간집단을 개발함으로써 지역공동체의 활성화를 가져오도록 해야할 것이다. 둘째는 개인의 참여를 이끌어 내기 위한 방안에 관한 연구이다. 현대의 원자화된 개인들을 어떻게 공적영역으로 이끌어 내어 참여를 확대하고 개인 간의 연대를 회복하며 지역공동체를 형성하여 갈 것인가에 대한 실천적 방안을 지속적으로 실험하고 탐색해 나가야 할 것이다. 이러한 연구는 개인 간의 연대회복, 지역공동체 활성화, 주민자치 실현, 그리고 최종적으로 공동체주의가 희망하는 좋은 사회로의 근접에 기여할 수 있을 것이다.

찾아보기

저자약력

박순애

(현) 서울대학교 행정대학원 교수
(현) 공공기관운영위원회 위원
(현) 인사혁신추진위원회 민간위원
한국행정학회 연구위원장
University of Michigan 행정학(Planning) 박사

김병섭

(현) 서울대학교 행정대학원 교수
서울대학교 행정대학원장
정부혁신지방분권위원회 위원장
한국행정학회장
University of Georgia 행정학 박사

남궁근

(현) 서울과학기술대학교 총장
한국행정학회 회장
교육부 대학설립심사위원장
행정정보공유추진위원장
University of Pittsburgh 행정학 박사

문명재

(현) 연세대학교 행정학과 언더우드 특훈 교수
한국행정학회 영문학보 International Review of Public Administration 편집장
미국행정학회 국제위원장
미국행정한림원(National Academy of Public Administration) 종신회원
Syracuse University 행정학 박사

박통희

(현) 이화여자대학교 행정학과 교수
한국행정학회 편집위원장
규제개혁위원회 위원
행정안전부 자체평가위원회 위원장
University of Texas 정치학 박사

오석홍

(현) 서울대학교 행정대학원 명예교수
서울대학교 행정대학원 교수·원장
서울대학교 교수윤리위원회 위원
University of Pittsburgh 행정학 박사

오연천

(현) 울산대학교 총장
제25대 서울대학교 총장
New York University 재정관리 박사

윤성식

(현) 고려대학교 행정학과 교수
정부혁신지방분권위원장
공인회계사
텍사스대학(오스틴)경영대학원 교수
University of California, Berkeley 경영학 박사

이명석

(현) 성균관대학교 행정학과/국정관리대학원 교수
한국행정학회 총무위원장
공공기관경영평가위원회 평가위원
한국정책학회 편집위원장
성균관대학교 국정관리대학원 원장
Indiana University 정치학 박사

이승종

(현) 서울대학교 행정대학원 교수
한국지방행정연구원 원장
한국행정학회 회장
지방자치단체합동평가위원회 위원장
제22회 행정고시
Northwestern University 정치학 박사

이종수

(현) 연세대학교 행정학과 교수
헌법재판소 제도개선 위원
대통령 소속 지역발전위원회 위원
행정자치부 자문위원
지역브랜드 평가 심사위원장
University of Sheffield 대학교 박사

임도빈

(현) 서울대학교 행정대학원 교수
(현) 한국행정학회 회장
서울대학교 한국행정연구소 소장
I.E.P. de Paris(파리정치대학원) 사회학 박사

최병선

(현) 서울대학교 행정대학원 교수
대통령직속 규제개혁위원회 위원장
서울대학교 행정대학원장
한국규제학회장
한국정책학회장
Harvard University 정책학 박사

최종원

(현) 서울대학교 행정대학원 교수
서울대학교 행정대학원장
공공기관 경영평가단장
공정거래위원회 비상임위원
규제개혁위원회 위원
University of Michigan 정책학 박사

홍준형

(현) 서울대학교 행정대학원 교수
(현) 한국학술단체총연합회 이사장
(현) 개인정보분쟁조정위원회 위원장
베를린자유대 한국학과 초빙교수·한국학연구소장
한국공법학회·한국환경법학회·한국행정법이론실무학회 회장
Universitat Göttingen 법학 박사

김동환 중앙대학교 공공인재학부 교수
김혜정 선문대학교 행정학과 교수
고길곤 서울대학교 행정대학원 교수
곽채기 동국대학교 행정학과 교수
서재호 부경대학교 행정학과 교수
윤견수 고려대학교 행정학과 교수
이민창 조선대학교 행정복지학부 교수
이선우 한국방송통신대학교 행정학과 교수
전영한 서울대학교 행정대학원 교수
정광호 서울대학교 행정대학원 교수
정창화 단국대학교 행정학과 교수
조정래 이화여자대학교 행정학과 교수
하연섭 연세대학교 행정학과 교수

다시 읽고 싶은
한국행정학 좋은 논문 14선

초판인쇄   2015년 3월 2일
초판발행   2015년 3월 16일

엮은이   박순애
펴낸이   안종만

편 집   배근하
기획/마케팅   조성호·정병조
표지디자인   홍실비아
제 작   우인도·고철민

펴낸곳   (주) 박영사
             서울특별시 종로구 새문안로3길 36, 1601
             등록 1959. 3. 11. 제300-1959-1호(倫)

전 화   02)733-6771
f a x   02)736-4818
e-mail   pys@pybook.co.kr
homepage   www.pybook.co.kr
ISBN   979-11-303-0194-5   93350

copyright©박순애(공공성과관리연구센터장), 2015, Printed in Korea

* 잘못된 책은 바꿔드립니다. 본서의 무단복제행위를 금합니다.
* 엮은이와 협의하여 인지첩부를 생략합니다.
* 본 저서는 서울대학교 행정대학원 공공성과관리연구센터 연구총서로 발간되었습니다.

정 가   32,000원